Grfsm. Finnland
Helsingfors
St. Petersburg
Stockholm
Estland
Livland
Riga
Kurland
Kasan
Moskau
Samara
Rjasan
see
Litauen
Smolensk
Wilna
KAISERREICH
Königsberg
Danzig
SEN
Minsk
Kursk
Warschau
Brest-Litowsk
Kgr. Polen
("Kongress-Polen")
1815 russ.
b. 1831 autonom
Wolhynien
RUSSLAND
Kiew
REP. KRAKAU
1846 österr.
Lemberg
Kgr. Galizien
Rostow
Podolien
TUM
Bburg
Buko-
wina
Bessarabien
Kischinew
Pest
Ofen
Kgr. Ungarn
ÖSTERREICH
Moldau
osman.
Vasallenstaat
Odessa
Siebenbürgen
Sewastopol
Banat
Walachei
osman. Vasallenstaat
Belgrad
Bukarest
Schwarzes Meer
Serbien
1817 tributpflicht. Fsm.
Bulgarien
MONTENEGRO
Sofia
OSMANISCHES REICH
Konstantinopel
Rumelien
Albanien
Angora
Saloniki
Thessalien
Anatolien
IONISCHE INSELN
1815–64 Rep. unter brit. Schutz
Livadien
Smyrna
Ägäisches Meer
Athen
Rhodos
Zypern
Kreta
Beirut
Damaskus
Syrien
telmeer
Jerusalem

Inhalt

1

2

3

4

Online-Link zum Buch

Geschichte und Geschehen beinhaltet auch einen eigenen, abgeschlossenen Onlinebereich. Dort finden Sie Hintergrundinformationen zu Malern oder Karikaturisten von Bildquellen einzelner Kapitel. Darüber hinaus wurden zu bestimmten Themen Spielfilmtipps und vielfältige Linkempfehlungen zusammengetragen. Auf diese Weise hilft Ihnen der Onlinebereich, nicht nur konkrete Arbeitsaufträge des Buches besser erfüllen zu können, sondern unterstützt Sie bei eigenen Recherchen zur Vertiefung prüfungsrelevanter Lerninhalte.

Um zum Onlinebereich des Buches zu gelangen, geben Sie einfach auf www.klett.de oder auf www.klett.de/online in das Link-Feld am oberen linken Bildfeldrand die Nummer 430027-0000 an. Diese führt Sie zum Überblick der Zusatzmaterialien.

Durch Eingabe der auf den Auftaktdoppelseiten der Kapitel angegebenen Nummer gelangen Sie direkt zu den spezifisch diesem Kapitel zugeordneten Online-Materialien.

Einheitliche Prüfungsanforderungen in der Abiturprüfung Geschichte

(Beschluss der Kultusministerkonferenz vom 1.6.1979 i. d. F. vom 10.02.2005)

Die Anforderungen in der Abiturprüfung liegen schwerpunktmäßig im selbstständigen Erklären, Bearbeiten und Ordnen bekannter Inhalte und dem angemessenen Anwenden gelernter Inhalte und Methoden auf andere Sachverhalte (Anforderungsbereich II). Diese Anforderungen verlangen, dass nicht ausschließlich mit der Wiedergabe von Kenntnissen (Anforderungsbereich I) eine ausreichende Leistung erbracht werden kann. Gute und bessere Bewertungen setzen Leistungen voraus, die deutlich über den Anforderungsbereich II hinausgehen und mit einem wesentlichen Anteil dem Anforderungsbereich III zuzuordnen sind.
Die Lösung der Aufgabenstellung erfolgt in Textform. Die Bewertung berücksichtigt die Einhaltung standardsprachlicher Normen und die stilistische Angemessenheit einschließlich der korrekten Verwendung der Fachsprache.

Fachspezifische Beschreibung der Anforderungsbereiche

Operatoren sind handlungsinitiierende Verben, die signalisieren, welche Tätigkeiten beim Lösen von Prüfungsaufgaben erwartet werden. In der Regel sind sie den einzelnen Anforderungsbereichen zugeordnet. Einige Operatoren haben integrierenden Charakter, beinhalten in sich ohne weitere Differenzierung alle drei Anforderungsbereiche und formulieren übergeordnete Prüfungsaufgaben, die durch untergeordnete Teilaufgaben ergänzt werden können:

Übergeordnete Operatoren, die Leistungen **in allen drei Anforderungsbereichen** verlangen:

interpretieren	Sinnzusammenhänge aus Quellen erschließen und eine begründete Stellungnahme abgeben, die auf einer Analyse, Erläuterung und Bewertung beruht
erörtern	Eine These oder Problemstellung durch eine Kette von Für-und-Wider- bzw. Sowohl-als-Auch-Argumenten auf ihren Wert und ihre Stichhaltigkeit hin abwägend prüfen und auf dieser Grundlage eine eigene Stellungnahme dazu entwickeln. Die Erörterung einer historischen Darstellung setzt deren Analyse voraus.
darstellen	historische Entwicklungszusammenhänge und Zustände mit Hilfe von Quellenkenntnissen und Deutungen beschreiben, erklären und beurteilen

Operatoren, die Leistungen im **Anforderungsbereich I** (Reproduktion) verlangen:

nennen aufzählen	zielgerichtet Informationen zusammentragen, ohne diese zu kommentieren
bezeichnen schildern skizzieren	historische Sachverhalte, Probleme oder Aussagen erkennen und zutreffend formulieren
aufzeigen beschreiben zusammenfassen wiedergeben	historische Sachverhalte unter Beibehaltung des Sinnes auf Wesentliches reduzieren

Operatoren, die Leistungen im **Anforderungsbereich II** (Reorganisation und Transfer) verlangen:

analysieren untersuchen	Materialien oder historische Sachverhalte kriterienorientiert bzw. aspektgeleitet erschließen
begründen nachweisen	Aussagen (z. B. Urteil, These, Wertung) durch Argumente stützen, die auf historischen Beispielen und anderen Belegen gründen
charakterisieren	historische Sachverhalte in ihren Eigenarten beschreiben und diese dann unter einem bestimmten Gesichtspunkt zusammenfassen
einordnen	einen oder mehrere historische Sachverhalte in einen historischen Zusammenhang stellen
erklären	historische Sachverhalte durch Wissen und Einsichten in einen Zusammenhang (Theorie, Modell, Regel, Gesetz, Funktionszusammenhang) einordnen und begründen
erläutern	wie erklären, aber durch zusätzliche Informationen und Beispiele verdeutlichen
herausarbeiten	aus Materialien bestimmte historische Sachverhalte herausfinden, die nicht explizit genannt werden, und Zusammenhänge zwischen ihnen herstellen
gegenüberstellen	wie skizzieren, aber zusätzlich argumentierend gewichten
widerlegen	Argumente dafür anführen, dass eine Behauptung zu Unrecht aufgestellt wird

Operatoren, die Leistungen im **Anforderungsbereich III** (Reflexion und Problemlösung) verlangen:

beurteilen	den Stellenwert historischer Sachverhalte in einem Zusammenhang bestimmen, um ohne persönlichen Wertebezug zu einem begründeten Sachurteil zu gelangen
bewerten Stellung nehmen	wie Operator „beurteilen", aber zusätzlich mit Offenlegen und Begründen eigener Wertmaßstäbe, die Pluralität einschließen und zu einem Werturteil führen, das auf den Wertvorstellungen des Grundgesetzes basiert
entwickeln	gewonnene Analyseergebnisse synthetisieren, um zu einer eigenen Deutung zu gelangen
sich auseinandersetzen diskutieren	zu einer historischen Problemstellung oder These eine Argumentation entwickeln, die zu einer begründeten Bewertung führt
prüfen überprüfen	Aussagen (Hypothesen, Behauptungen, Urteile) an historischen Sachverhalten auf ihre Angemessenheit hin untersuchen
vergleichen	auf der Grundlage von Kriterien historische Sachverhalte problembezogen gegenüberzustellen, um Gemeinsamkeiten, Unterschiede, Teil-Identitäten, Ähnlichkeiten, Abweichungen oder Gegensätze zu beurteilen

Das neue Buch auf einen Blick

Zielsetzung und zentrale Inhalte des Buches

Die neue Oberstufenausgabe „Geschichte und Geschehen" ist ein facettenreiches und multiperspektivisches Lern- und Arbeitsbuch. Seine auf den neuen G8-Oberstufenlehrplan des Freistaates Bayern basierende Themenvielfalt vermittelt zentrale Grundlagen und Anregungen, sich mit Längsschnitten der bayerischen, deutschen, europäischen und außereuropäischen Geschichte, ihren Entwicklungslinien und Gegenwartsbezügen sowie dem oft immer noch kontroversen Diskussionsstand der Geschichtswissenschaft auseinanderzusetzen.

Aufbau des Buches: Kapitel, Themen, Register, Glossar

Das Buch gliedert in fünf Kapitel, die wiederum in mehrere Themen unterteilt sind. Ein Sach- und Namensregister sowie die Verknüpfung mit unterschiedlichen, ergänzenden Onlinematerialien erleichtern das zielorientierte Arbeiten.

... Verfassertext und Materialteil

Jedes Thema bzw. Unterthema wird durch einen Verfassertext (VT) und einen sich anschließenden Materialteil (M) inhaltlich aufbereitet. Letzterer berücksichtigt neben Karten und Statistiken alle Gattungen von Text- und Bildquellen.

Jungtürken

Innerhalb der Verfassertexte wird mitunter auf wichtige Fachbegriffe Bezug genommen, die nicht immer als bekannt vorausgesetzt werden können. Solche Begriffe sind mit einer Kurzerklärung im Glossar aufgenommen, darauf verweist das links stehende Signet.

Online-Link
430027-0000

Jedes der fünf Kapitel ist mit einem eigenen Online-Link versehen, welcher mit einer Pin-Codenummer auf den jeweiligen Auftaktdoppelseiten vermerkt ist. Hinter diesen Online-Links sind zusätzliche Materialien zu dem spezifischen Kapitel hinterlegt. Teilweise wird im VT oder an bestimmten Bildquellen noch einmal auf den Online-Link Bezug genommen.

Arbeitsvorschläge

Die Themen oder Unterthemen enden in der Regel mit Arbeitsvorschlägen, wobei Wert darauf gelegt wurde, diese unterschiedlich zu gewichten. Neben Arbeitsaufträgen, die dem Verarbeiten der Darstellungstexte und des Materials dienen, gibt es solche, die darüber hinausgehen:

Nebenstehendes Signet kennzeichnet Arbeitsvorschläge, die dazu anregen, übergreifende Zusammenhänge herzustellen, Vergleiche vorzunehmen, Urteile abzugeben. Um diese Arbeitsvorschläge realisieren zu können, werden Sie häufig auf andere Themen in diesem Band oder auf Wissen zurückgreifen müssen, das Sie sich im bisherigen Geschichtsunterricht erarbeitet haben.

Ein weiteres Signet (links) verweist darauf, dass die Aufgabenlösung eine eigenständige Recherche erfordert und selbstständiges forschendes Lernen ermöglicht. Dabei kann es sich sowohl um Literaturrecherche aus Fachbüchern bzw. dem Internet handeln (entsprechende Tipps finden sich im Online-Begleitmaterial) als auch um die Arbeit an außerschulischen Lernorten wie Archiven, Museen oder Gedenkstätten. Auch die Expertenbefragung und die Oral history können hierbei Berücksichtigung finden.

Das vorliegende Buch ermöglicht es, sozialwissenschaftliche Fragestellungen aufzuwerfen. Die dafür geeigneten Querverweise zum bayerischen Oberstufenlehrplan Sozialkunde sind mit dem nebenstehenden Signet gekennzeichnet.

Alle Arbeitsaufträge sind generell als Vorschläge zu betrachten, sie zu modifizieren ist Sache aller am Lernprozess Beteiligten. Ihre interessengeleitete Abwandlung und Ergänzung ist ausdrücklich erwünscht.

Historiker in Beruf und Gesellschaft

Wozu ist Geschichte eigentlich gut? Warum muss man Geschichte in der Schule pauken?
Immer wieder wird die Berechtigung des Faches Geschichte als gleichwertige Disziplin besonders neben wirtschaftsnahen Fächern wie Wirtschaftskunde oder Naturwissenschaften in Frage gestellt. Aber ist Geschichte allenfalls von Bedeutung, um Doktorarbeiten zu schreiben oder Geschichtslehrer zu werden? Das natürlich auch, doch ist das bei weitem nicht alles!

Mehrere Absolventen, die in der zweiten Hälfte der 1990er-Jahre gemeinsam an der Universität Göttingen Geschichte studierten, stellen sich diesen Fragen.

Cornelia Meyer, Jugendreferentin

Wann begeisterte Sie erstmals Geschichte?
Mein Interesse für Geschichte wurde vor allem durch die Auseinandersetzung mit dem Nationalsozialismus geweckt. Schon in der 5. Klasse habe ich diverse Kinderbücher zu dem Thema gelesen und früh eine KZ-Gedenkstätte mit meinen Eltern besucht. Die Frage, was Menschen dazu gebracht hat, sich aktiv am Holocaust zu beteiligen, beschäftigt mich immer wieder, denn die Deutschen, die so unfassbare Verbrechen begangen haben, sind ja nicht so sehr verschieden von den Leuten heutzutage.

Für mich ist es spannend, dem Denken und Handeln von Menschen in früheren Zeiten auf den Grund zu gehen. Auch wenn Geschichte sich nie eins zu eins wiederholt, kann man immer wieder Parallelen erkennen und eventuell Gefahr abwenden.

... und wie ging es dann weiter?
Ich wollte mehr über das Leben früherer Generationen erfahren und habe deshalb Geschichte studiert, den Studiengang Mittlere und Neuere Geschichte, also grob die Zeit von ca. 500 bis 1960. Mein zweites Fach war Pädagogik. Mein Ziel, in einer KZ-Gedenkstätte tätig zu werden, ließ sich zunächst nicht realisieren; eine interessante Stelle gab es für mich jedoch beim Volksbund Deutsche Kriegsgräberfürsorge e. V. Dieser Verein pflegt die Gräber der deutschen Soldaten und Zivilisten aus den beiden Weltkriegen in 45 Ländern. Als Bildungsreferentin hatte ich die Aufgabe, Schülerinnen und Schülern die Hintergründe zu erläutern und mit ihnen auf Kriegsgräberstätten auch in Deutschland auf Spurensuche zu gehen. Unter dem Motto „Aus der Geschichte lernen" stand auch die Durchführung von Projekttagen gegen Rassismus, um deutlich zu machen: Das Gedankengut der Nazis ist leider nicht verschwunden, deshalb muss man sich immer wieder mit der Geschichte auseinandersetzen und heute Zivilcourage zeigen.

Für diese Arbeit war es sehr wichtig, Geschichtskenntnisse mitzubringen, um Fragen zu beantworten, Zusammenhänge zu erkennen und zu recherchieren. In meinem aktuellen Job spielt Geschichte leider kaum eine Rolle. Mein Traumjob bleibt die Arbeit in einer Gedenkstätte.

Dr. Nicole Zeddies, Referentin im Leitungsstab des Beauftragten der Bundesregierung für Kultur und Medien im Bundeskanzleramt in Berlin

Sie sind tagtäglich von deutscher Zeitgeschichte umgeben, aber was hat Sie zur Historie geführt?
Neugierde ist sicher die stärkste Triebfeder dafür, Historiker zu werden. Herauszufinden, wie Herr-

schaft und Gesellschaft entstehen und welche Rolle dabei Religionen und Weltbilder spielen, hat mich schon früh fasziniert. In meiner Schulzeit in Hessen geriet das Fach Geschichte zugunsten von Sozialkunde sehr ins Hintertreffen. Wer sich durchgängig mit Geschichte beschäftigen wollte, musste auf Geschichts-AGs ausweichen. Wir waren zu sechst in unserer AG – drei von uns haben dann auch tatsächlich Geschichte oder Kunstgeschichte studiert.

Aber ist Geschichte auf dem Weg in der „großen Politik" wirklich hilfreich?

Nach dem Magister in den Fächern Mittlere und Neuere Geschichte, Anglistik und Kunstgeschichte begann ich meine Doktorarbeit über Religionsgeschichte in Spätantike und frühem Mittelalter. Als Wissenschaftliche Assistentin an einem Lehrstuhl für Rechtsgeschichte in Frankfurt und an der TU Chemnitz habe ich nicht nur geforscht und einen Teil der Bibliotheksarbeit übernommen, sondern auch Studienanfänger in den Grundzügen der mittelalterlichen Geschichte und in Mittellatein unterrichtet. Die Universitätslaufbahn schien vorgezeichnet, als ich unmittelbar darauf eine Stelle am Lehrstuhl für mittelalterliche Geschichte in Göttingen antrat, um mich zu habilitieren.

Ich entschied mich aber schließlich, einen neuen Weg einzuschlagen. Als Projektreferentin der Stiftung beriet ich dann im ganzen Bundesland Antragsteller aus dem Kulturbereich dabei, die nötigen finanziellen Mittel für ihre Vorhaben zu beantragen. Ich bereitete die Gremiensitzungen der Stiftung vor, referierte dort Projekte und konnte auch selbst stiftungseigene Schwerpunkte anregen, zum Beispiel einen Preis für Landschaftskunst. Nach vier Jahren wechselte ich als Referentin für Museen und Bildende Kunst ins Ministerium für Wissenschaft und Kultur des Landes Niedersachsen. Das spannende Tätigkeitsfeld umfasste ebenso die Betreuung der großen Landesmuseen bei Fragen der inneren Organisation und der Planung bis zu Vorbereitungen für Staatsbesuche, wie beispielsweise eines Besuchs des Ministers für Wissenschaft und Kultur in Syrien. Zudem schreiben Referenten für den parlamentarischen Bereich Vorlagen und Unterrichtungen für Ausschüsse. Aufgrund der Erfahrungen, die ich im politischen und administrativen Sektor gesammelt hatte, eröffnete sich kaum zwei Jahre später die Chance, als Referentin im Leitungsstab des Beauftragten der Bundesregierung für Kultur und Medien im Bundeskanzleramt in Berlin tätig zu werden.

Auch wenn ich jetzt da bin, wo Geschichte gemacht und nicht erforscht wird, profitiere ich täglich von meinem Studium. Die Fähigkeit, schnell Informationen einzuholen und zu sortieren, die wir als Historiker trainieren. Auch das gesunde Misstrauen gegenüber angeblichen Wahrheiten sowie natürlich die intensive Beschäftigung mit dem politischen Handeln der Vergangenheit kommen mir bei meiner verantwortungsvollen täglichen Arbeit sehr zugute. Etliche meiner Kolleginnen und Kollegen sind auch Historiker.

Im politisch-administrativen Bereich kann man viel und unmittelbar gestalten und sich für unsere Gesellschaft einsetzen, arbeitet mit interessanten Menschen zusammen und bekommt einen direkten Einblick in das Funktionieren unseres Staatswesens. Darum liebe ich meinen jetzigen Beruf. Zwar gibt es manchmal eine leise Sehnsucht danach, selbst wieder einmal zu forschen, doch ich würde nicht tauschen wollen. Es hat mir allerdings über viele Jahre große Freude bereitet, Studierende an meinem Wissen teilhaben zu lassen und sie für Geschichte zu begeistern.

Silke Köhler, Manager Internal Communications

Wie früh begann bei Ihnen die Begeisterung für Geschichte?

Geschichte hat mich schon in der Kindheit fasziniert. Was mich besonders interessiert hat, waren die Menschen. Wie haben sie in vergangenen Zeiten gedacht, gefühlt, gehandelt? Wie haben sie unsere heutige Kultur und unser Denken geprägt? Fast jede Woche war ich in der Stadtbücherei und habe gelesen, gelesen, gelesen. Ich wollte unbedingt die Zusammenhänge verstehen und begreifen, warum die Menschen in bestimmten Zeiten so und nicht anders gehandelt haben. Und was wir fürs Heute und Jetzt daraus lernen können.

Mein Berufswunsch stand schon lange vor dem Abitur fest: Ich wollte Journalistin werden! Reisen, Menschen kennen lernen, schreiben Das war genau mein Ding!

Ich entschied mich dazu, Geschichte und Politik sowie Kommunikationswissenschaften zu studieren. Nebenbei arbeitete ich als Reporterin für eine Tageszeitung. In der Woche beschäftigte ich mich mit Martin Luther, Wilhelm II. und Walter Ulbricht, an den Wochenenden schrieb ich als Lokalreporterin über Lesungen, Konzerte und Schützenfeste. Dieser Kontrast und die Mischung aus Theorie und Praxis haben mir unheimlich viel gebracht – fachlich, aber auch menschlich.

Mein Berufsweg hat mich schließlich in die Wirtschaft geführt. Heute verantworte ich die Interne Kommunikation eines Industrieunternehmens und arbeite sehr eng mit Betriebswirten, Ingenieuren und Physikern zusammen. Als Historikerin bin ich so etwas wie eine Exotin. Dennoch profitiere ich im Job sehr davon, was ich im Studium gelernt habe. Eine ausführliche, systematische Recherche zum Beispiel. Ich kann mich in kürzester Zeit in Themen einarbeiten und sie von unterschiedlichen Perspektiven beleuchten. Außerdem gelingt es mir sehr schnell, Abstraktes zu konkretisieren und in Worte zu fassen. Geschichte an sich ist für mich heute fast nur noch Hobby – es sei denn, ich bearbeite ein unternehmenshistorisches Thema für das Mitarbeitermagazin. Dann läuft die Geschichtswissenschaftlerin in mir zur Höchstform auf.

„In einer globalisierten Wirtschaftswelt sind historische Einsichten wichtig."

Dr. Christian Hecker, Banker

Wie kommt ein Banker zur Geschichte?

Eigentlich ist mein Interesse an Geschichte so richtig geweckt worden, als ich im Alter von 13 Jahren von Ost-Berlin aus den Fall der Berliner Mauer und die anschließende Wiedervereinigung beider deutscher Staaten miterleben konnte. So habe ich für mich ganz persönlich und anschaulich erfahren, wie ein epochales geschichtliches Ereignis mein Leben und das Leben vieler meiner ehemaligen Mitschüler „umgekrempelt" hat. Auch in den Folgejahren konnte ich in Ost und West bei verschiedenen Anlässen erleben, wie unterschiedliche historische Erfahrungen Menschen prägen können.

So habe ich dann später nach dem Abitur neben meinem Hauptfach Volkswirtschaftslehre auch noch Mittlere und Neuere Geschichte studiert, um meine Neugier auf Vergangenes zu stillen.

Blieb Geschichte also nur ein Hobby?

Inzwischen arbeite ich seit mehreren Jahren als Diplomvolkswirt in der Banken- und Finanzmarktaufsicht. Dabei prüfe ich in erster Linie, inwieweit die Banken in Deutschland die für sie geltenden gesetzlichen Bestimmungen einhalten und damit die Einlagen der Sparer gesichert sind. Rückblickend kann ich mit Gewissheit sagen, dass mir mein Geschichtsstudium auch dabei geholfen hat, ökonomische Zusammenhänge besser zu verstehen. So kann ein Blick in die Geschichte dazu beitragen, die Hintergründe gegenwärtiger Probleme in Wirtschaft und Gesellschaft besser zu durchdringen und wahrzunehmen, welche Weichenstellungen und in der Vergangenheit begonnenen Entwicklungsprozesse noch heute Auswirkungen auf unser Leben haben. Auf diese Weise lässt sich beispielsweise leichter verstehen, warum in Teilen der Welt noch immer ein hohes Maß an Armut vorherrscht oder inwiefern Arbeitsverhältnisse bei uns in Deutschland anders organisiert sind als in den USA. Gerade in einer Welt, die zunehmend durch wirtschaftliche Globalisierungsprozesse gekennzeichnet ist, können solche Einsichten von großem Wert sein. Auch in Anbetracht der derzeitigen Wirtschafts- und Finanzkrise hilft eine historische Betrachtung bei der Einordnung der gegenwärtig beobachteten ökonomischen Probleme. Deutlich wird dabei zum einen das Ausmaß der augenblicklichen Krisenerscheinungen und zum anderen die Vielschichtigkeit der Wechselwirkungen zwischen den Aktivitäten in Unternehmen, Banken, Gewerkschaften, Interessenverbänden und Politik.

„Je besser ich mich in Geschichte auskenne, desto mehr weiß ich von den Menschen."

Guido Pauling, NDR-Hörfunkjournalist

Wieso interessierten Sie sich für Geschichte?

Geschichtliche Ereignisse dienen in heutigen Debatten immer wieder als „Argumente" – nicht selten in instrumentalisierter, entstellter Form. In etwa so: „schon damals hat ... und deshalb muss heute ...“; gerne auch: „die aktuelle Lage erinnert fatal an ...“, und am liebsten: „dies ist das größte/aufwändigste ... seit ...“. Für einen aufgeklärten Zeitgenossen lohnt sich historische Grundbildung, um solche Behauptungen hinterfragen zu können. Geschichtskenntnisse sind Kenntnisse der Entwicklung von Städten, von Gesellschaften, von Nationen und Völkern; ganz allgemein also von menschlichem Handeln und Denken, von menschlichem Leben und Zusammenleben. Je besser ich mich in Geschichte (z.B. Hamburgs, Deutschlands, Europas, Asiens, Geschichte der Familie, der Arbeiter, des Reisens usw.) auskenne, desto mehr weiß ich von den Menschen. Ich habe im Hauptfach Osteuropäische Geschichte studiert, mich darin bald auf die Sowjetunion spezialisiert, über die ich mehr wissen wollte als das, was man Zeitungen entnehmen kann. Die Nebenfächer a) Slavische Philologie und b) Mittlere und Neuere Geschichte lieferten mir den kulturellen Hintergrund, nämlich a) russische und polnische Sprache und Literatur und b) die Entwicklung Westeuropas in Mittelalter und Neuzeit als Vergleich.

... und was bringt Ihnen nun das Verständnis um sowjetische Geschichte beim Radio?

Im Geschichtsstudium habe ich gelernt, mit diversen Quellen umzugehen (Urkunden, Briefe, Reden, Sitzungsprotokolle, Flugblätter, Tagebücher usw.). Als Journalist habe ich nun im Grunde dieselbe Aufgabe, wenn ich Quellen auswerte (Pressemitteilungen, Reden, Interviews, Augenzeugenberichte usw.). Das heißt, die im Studium gelernten Arbeitsmethoden nützen mir tagtäglich. Natürlich sind nicht bei jedem Thema meine Geschichtskenntnisse, also das Inhaltliche gefragt. Und doch nützen auch sie mir stets aufs Neue, etwa bei einem Beitrag über Tschetschenen im Exil, über den 125. Todestag des Schriftstellers Iwan Turgenjew oder über Verstimmungen im deutsch-polnischen Verhältnis. So halte ich ein Geschichtsstudium für einen Journalisten geradezu für ideal.

Dr. Björn Opfer-Klinger, Schulbuchredakteur

Warum gerade Geschichte?

Geschichte ... das fand ich schon mit zehn oder zwölf Jahren spannend. Wie hat Hannibal seine Elefanten eigentlich übers Meer nach Europa bekommen? Warum hat sich unsere Welt, unsere Kultur so entwickelt wie sie heute ist? Als Schüler habe ich den Fall der Mauer, das gerade beginnende Auseinanderbrechen Jugoslawiens und die Diskussion um eine „deutsche Leitkultur“ und „westliche Wertegemeinschaft“ miterlebt. Das warf viele Fragen auf und ich suchte Antworten. Jede Antwort reizte aber zum Weiterfragen ... und das hörte nicht mehr auf.

Ich habe Geschichte und Politikwissenschaft studiert. Später habe ich mir Grundlagen in Betriebswirtschaft und Marketing angeeignet. Heute bin ich Schulbuchredakteur. Dabei muss ich Lehrmaterialien von der Idee und der Kostenkalkulation über die Autorensuche bis zur Drucklegung betreuen. Dies muss nach Maßgabe der jeweiligen Lehrpläne der Bundesländer, dem Bedarf der Schulen und den wirtschaftlichen Interessen des Verlages geschehen.

Geschichte ist dafür von großer Bedeutung. Um gute Schulbücher betreuen zu können, muss ich komplexe Sachverhalte rasch erfassen und unter ganz unterschiedlichen Fragestellungen auf wenig Platz für jugendliche Lernende und studierte Lehrende erklären können.

Geschichtswissen ist für mich aber auch wichtig, um unabhängig von meiner Arbeit viele Ereignisse deuten und einordnen und bei gesellschaftlichen Fragen mitdiskutieren und mitgestalten zu können. Geschichte ist für mich ein unverzichtbarer Bestandteil eines Allgemeinwissens für jeden, der aktiv und mit offenen Augen durchs Leben gehen will.

Thomas T. Müller, Museumsdirektor

Hatten Sie besondere Vorbilder, die Sie für Geschichte „gewinnen" konnten?

Als Schüler war ich begeistert von den Abenteuern des Film-Archäologen Indiana Jones. Die Vorstellung, selbst irgendwann auf „Schatzsuche" zu gehen, sorgte schließlich für meine Entscheidung, Ur- und Frühgeschichte zu studieren. Naja, außerdem hatte ich eine Geschichtslehrerin, die es verstand, uns Historie wirklich anschaulich und lebendig zu vermitteln. Also entschloss ich mich, darüber hinaus auch Mittlere und Neuere Geschichte zu studieren. Außerdem wählte ich Kunstgeschichte als drittes Fach aus.

Während des Studiums merkte ich dann, dass mir die Beschäftigung mit alten Handschriften und Urkunden mehr lag als das Ausgraben mit Pinsel und Pinzette. Außerdem schickte mich einer meiner Professoren ins Universitätsarchiv, um dort als wissenschaftliche Hilfskraft zu arbeiten. Die Arbeit gefiel mir so gut, dass ich mich schließlich nach dem Studium auf eine Stelle in einem Stadtarchiv bewarb und auch fünf Jahre lang dort tätig war. Nun grub ich also nicht in Ägypten oder Lateinamerika nach „Schätzen", sondern in alten Folianten und Aktenbündeln.

Eine ständige Schatzsuche?

Inzwischen trage ich als Direktor eines größeren Museumsverbundes u.a. die Hauptverantwortung für die archäologischen, kultur- und kunsthistorischen Sammlungen des Hauses. Außerdem bin ich für die Planung der Sonder- und Dauerausstellungen zuständig und muss die Personalentscheidungen fällen. Angewiesen bin ich dabei natürlich auf die Mithilfe zahlreicher Kollegen. So gibt es für jede Sammlung des Museumsverbundes einen eigenen Fachreferenten und für die Sonderausstellungen werden Kuratoren eingesetzt, die sich um die Auswahl der Exponate und die Gestaltung kümmern.

Am Ende muss ich aber immer selbst entscheiden, ob und wie eine Exposition gezeigt werden kann. Dabei hilft mir sehr, dass ich neben den Forschungen auf meinen Spezialgebieten, wie z.B. der Reformationsgeschichte, während des Studiums mindestens einen Überblick über fast alle Fachbereiche erhalten habe, die durch unsere Sammlungen abgedeckt werden.

Die Indiana-Jones-Filme mag ich immer noch, doch um Schätze zu entdecken, muss man nicht erst große Expeditionen unternehmen, manchmal reicht dafür schon der Weg ins nächste Museum.

Methode: Klausurentraining

Jede Aufgabe erhält durch bestimmte Formulierungen einen klaren Arbeitsauftrag, bei dem ein Sachverhalt benannt, erläutert oder gar bewertet werden soll.

vorgegebene/bekannte Inhalte mit eigenen Worten wiederholen/zusammenfassen	**wiedergeben**
einen Sachverhalt in logischer Abfolge mit Text, Diagramm, Tabelle und/oder Zeichnung unter Verwendung der Fachsprache wiedergeben	**darstellen**
Typisches/Auffälliges herausstellen und ggf. veranschaulichen	**kennzeichnen**
an einen Gegenstand gezielte Arbeitsfragen stellen und gewonnene Erkenntnisse begründet darlegen	**untersuchen**
zu vorgegebenen oder selbst gewählten Gesichtspunkten Gemeinsamkeiten und Unterschiede feststellen	**vergleichen**
den Grund für etwas abgeben; komplexe Grundgedanken schlüssig entwickeln und im Zusammenhang darstellen	**begründen**
Zusammenhänge so verdeutlichen, dass der Leser sie versteht	**erklären**
ein neues Konzept in Ansätzen entwickeln	**erarbeiten**
einen Sachverhalt im Hinblick auf positive und negative Erscheinungen/Wirkungen ausführlich untersuchen, die Ergebnisse darstellen und bewerten	**erörtern**
zu einer Behauptung eine eigene und begründete Meinung äußern	**Stellung nehmen**

Einzelne Arbeitsschritte helfen die Aufgabe zu bewältigen:

Lesen Sie die Aufgabenstellungen genau durch und überlegen Sie: Was wird gefordert? Welches Material kann welchen Aufgaben zugeordnet werden?

- Erstellen Sie zunächst eine knappe, übersichtliche Gliederung.
- Legen Sie einen groben Zeitplan fest.
- Arbeiten Sie dann das Arbeitsmaterial aufgabenweise gründlich durch.
- Verknüpfen Sie Aussagen unterschiedlicher Materialien miteinander.
- Stützen Sie eigene Darstellungen durch aussagekräftige Beispiele und Materialbezug. Verzichten Sie dabei auf kleinschrittiges Aneinanderreihen von Daten

Häufig behandelt die Klausur ein übergeordnetes Thema; die Arbeitsanweisungen sind in der Regel aufeinander folgende Arbeitsschritte. Es ist daher darauf zu achten, dass vom Anfang bis zum Ende der schriftlichen Darstellung ein „roter Faden" erkennbar bleibt und sich die Aussagen sinnvoll aufeinander beziehen.

Die Klausur ist nicht nur inhaltlich, sondern auch formal erkennbar zu gliedern. Übliche Gliederungshilfen sind: Absätze, Leerzeilen, Spiegelstriche. Jede Aufgabe sollte ein thematisches Stichwort als Überschrift erhalten. Die wörtliche Übernahme von Textpassagen ist als Zitat zu kennzeichnen.

1 „Volk“ und „Nation“ als Identifikationsmuster

Die Französische Revolution und die napoleonische Expansion forcierte in großen Teilen Europas die Herausbildung nationaler Identifikationsmuster. Oft unter Rückgriff auf antike Persönlichkeiten und Ereignisse dienten nun vielerorts „nationale Helden“ als Vorläufer der modernen Nationen.

Aber waren die Franken der Spätantike wirklich die Vorläufer der Franzosen und Deutschen?

Warum entwickelten sich die Vorstellungen von „Volk“ und „Nation“ nun zum Idealbild einer neuen Gemeinschaft?

Cheruskerfürst Arminius mit seiner Frau Thusnelda, der Tochter des Segestes, kolorierter Holzstich um 1860

1800

1789 Französische Revolution

1813 „Befreiungskriege“ gegen französische Hegemonie

1832 Hambacher Fest

1839–1841 Rheinkrise

Arminius – Nationalheld der Deutschen,
Holzstich ca. 1900

Online-Link
430027-0101

1850 · 1900

1848/49 Revolution

1861 Nürnberger Sängerfest

1871 Gründung des Deutschen Reiches

1878–1890 Sozialistengesetze

1912 Deutsches Staatsangehörigkeitsgesetz

1914 Erster Weltkrieg

1.1 „Volk“ als Konstrukt eines Geschichtsbildes am Beispiel des Arminius

Nationales Gedenkjahr 2009

Im Jahre 2009 gab es zumindest drei historische Jubiläen, die die Deutschen an die besondere Geschichte ihres Volkes erinnern konnten. 1949 wurden zwei deutsche Staaten gegründet, die Bundesrepublik Deutschland und die Deutsche Demokratische Republik infolge des Zweiten Weltkrieges. Die Präambel des Grundgesetzes aber legte den Anspruch des deutschen Volkes auf eine friedliche Wiedervereinigung, die Bildung eines gemeinsamen deutschen Nationalstaats fest. 2009 erinnerte man sich auch an die demokratische Revolution in der DDR, in der die Menschen sich in den ständig wachsenden Montagsdemonstrationen mit dem Slogan: „Wir sind das Volk“ gegen die SED-Diktatur wehrten. Volk in diesem Sinne meinte, dass die Menschen dieses Staates für sich beanspruchten, dass alle politische Gewalt von ihnen ausgeht, dass sie in Wahlen und Abstimmungen die Volkssouveränität ausüben können. In diesem Sinne ist das „Volk“ ein demokratischer Kampfbegriff. Nach dem Fall der Berliner Mauer vom 9. November 1989 allerdings änderte sich das politische Ziel in den Slogan: „Wir sind ein Volk“. Dieses Mal meinten sie, dass die Deutschen in der Bundesrepublik Deutschland und der DDR ein Volk, eine Ethnie bilden, das eine Sprache, Kultur, Geschichte besitzt, eine Abstammungsgemeinschaft darstellt.

Der dritte Gedenktag blickte 2000 Jahre zurück in das Jahr 9. n. Chr. und erinnerte an den Sieg des Cheruskerfürsten Arminius über den römischen Statthalter Varus

1 Friedrich Tüshaus (1832–1885), Schlacht zwischen Germanen und Römern am Rhein

2 Hermann zersprengt die Kette von Germania, Radierung 1813, Germanisches Nationalmuseum

mit seinen drei Legionen im Teutoburger Wald. Legenden, Sagen rankten sich lange um diese Schlacht, die die Freiheit der Germanen vor dem römischen Unterdrückern verteidigt haben soll, die verhindert haben soll, dass die Germanen wie die Gallier zu Römern wurden und ihren Volkscharakter bewahren konnten. Mitunter klang es früher so an, als sei diese längst vergangene Schlacht die Geburtsstunde des deutschen Volks, dass 2000 Jahre später endlich im Frieden mit sich und seinen Nachbarn leben konnte. Das Jahr 2009 bot also genug Anlass, darüber nachzudenken, dass der Volksgedanken eine geschichtsmächtige Idee war, auch wenn ein Volk an sich gar keine natürliche Gegebenheit und Selbstverständlich darstellt, sondern das Ergebnis eines vielschichtigen Geschichtsprozess darstellt. Die Varus-Schlacht kann einige Einblicke in diese komplizierten Zusammenhänge gewähren.

Populus Romanus

Im Jahre 9 n. Chr. befand sich das Römische Imperium auf dem Höhepunkt seiner Macht. Kaiser Augustus hatte knapp 40 Jahre vorher nach einem langen Bürgerkrieg gestützt auf seine siegreiche Armee die uneingeschränkte Macht im Staat errungen. Anders als sein Vorgänger und Großonkel Caesar allerdings wollte er seine Alleinherrschaft in Rom nicht monarchisch entfalten, sondern kleidete sie in die Rechtsformen der römischen Republik ein, deren Verfassung fast ein halbes Jahrtausend die politischen Verhältnisse geregelt hatte. Der Senat und die Volksversammlung galten als die wichtigsten Organe des römischen Stadtstaats, so dass die offiziellen Inschriften und Dokumente mit der Formel „Senatus populusque romanus" (der Senat und das römische Volk) begannen. Für die Römer in den Zeiten der frühen Republik um 300 v. Chr. war die Frage leicht beantwortet, wer das römische Volk bildete: Es waren die Bewohner der Stadt Rom und der Landschaft Latium. Sie waren zumeist Bauern, verteidigten in einem Bürgerheer ihre Stadt und besaßen deswegen das Bürgerrecht und konnten an der Macht teilhaben. Sie führten ihren Staat auf Romulus und Remus zurück, die Söhne des Kriegsgottes

Mars, die von der Wölfin gezeugt waren und deren Bruderstreit den spannenden Rahmen der Gründung der Stadt Rom bildete. Aber alle Römer glaubten, dass Nüchternheit, Sparsamkeit, vor allem aber militärischer Mut und Disziplin zum gemeinsamen römischen Charakter, zum Erbe des Kriegsgottes Mars zählten.

Nation durch Kulturpolitik

Unter Augustus gab es das römische Bauernvolk schon lange nicht mehr. Die meisten Bewohner Roms waren zwar römische Staatsbürger, aber sie lebten nicht mehr als Bauern und dienten nicht mehr im römischen Heer, dessen Erfolge lang dienende Berufssoldaten garantierten. Sie erhofften wie andere treue Untertanen des römischen Kaisers das römische Bürgerrecht. Schon unter Augustus verbreitete sich das römische Bürgerrecht über das Reich rund um das Mittelmeer. Hatte sich Augustus mit der Verleihung des Bürgerrechts an Nichtrömer zurückgehalten, so änderte sich dies schrittweise. Augustus hatte noch versucht, die Besonderheit des römischen Volks als des herrschenden Reichsvolks hervorzuheben. Deswegen beauftragte er auch den Dichter Vergil, in dem Werk „Äneis“ die Abstammung der Römer von den Trojanern, besonders von deren aufrechtem Helden Äneas, literarisch zu gestalten. Der fromme Äneas war mit Vater und Sohn aus dem brennenden Troja vor den plündernden Griechen geflüchtet und wurde nach abenteuerlichen Irrfahrten zum Stammvater der Römer. Somit sorgte sich der römische Kaiser und der mächtigen Staat um die Weitererzählung der Entstehungslegende der Römer. Mittels dieser Konstruktion sollte es gelingen, die römische Herrschaft gegenüber den Griechen und den orientalischen Kulturvölkern zu rechtfertigen – durch gezielte Kulturpolitik.

3 „Germanisches Gehöft um Christi Geburt: Wehrhaftes Bauerntum“ (1935)

4 „Germanisches Gehöft um Christi Geburt“ (Zeichnung 1952)

Von solchen Sorgen waren die germanischen Stämme, die vor allem im Gebiet des heutigen Deutschlands östliche des Rheins siedelten, weit entfernt. Sie bildeten kein gemeinsames Volk. Caesar bekam Kontakt mit den Germanen, als er Gallien mit seiner Armee unterwarf. Sein Großneffe Augustus setzte dieses militärische und politische Vorhaben in Mitteleuropa zwischen Rhein und Elbe fort, zweifellos mit dem Ziel, entlang der Elbe eine gesicherte Grenze für sein Reich gegen die Barbaren zu errichten. Die unterworfenen Gebiete wurden – wie überall im Römischen Reich – als Provinzen der römischen Staatsverwaltung und dem römischen Rechtssystem unterworfen, es wurden Städte als Zentren der überlegenen römischen Zivilisation errichtet und die Romanisierung der einheimischen Bevölkerung setzte ein.

Arminius der Cherusker

Die Germanen siedelten als Bauern in den waldreichen Gebieten und hatten sich zu Stammesgemeinschaften zusammengetan, die meist von einem Stammeskönig oder Fürsten geeinigt worden waren. Allerdings hatten diese Stämme meist noch keine festen staatlichen Organe ausgebildet, einmal im Jahr traten die Männer, die Kriegsdienst leisteten, zu einer Volksversammlung zusammen und erfuhren in gemeinsamer Verehrung der Götter und gemeinsamen Beschlüssen ihre Zusammengehörigkeit. Die adeligen Führungsgruppen und Fürsten mussten nach altem römischen Brauch ihre Söhne als Geißeln stellen, die in Rom als vornehme Römer erzogen wurden und als Stammesführer später Garanten der römischen Kultur und Herrschaft werden sollten. Einer von ihnen kam aus dem Stamm der Cherusker, die im heutigen Niedersachsen lebten, von dem wir nur noch den latinisierten Namen Arminius kennen.

Katastrophe der Varuslegionen

Der Statthalter Varus galt als erfahrener Feldherr und Verwalter, der in den neuen Provinzen das römische Recht und Steuersystem einführen sollte, dabei jedoch auf die vorhandenen Stammesgewohnheiten keine Rücksichten nahm. In seiner nächsten Umgebung befand sich Arminius als Berater, der andererseits ein Bündnis der oppositionellen Germanenstämme vorbereitete. Als Varus sich im Sommer in dem Legionslager an der Weser, also im Stammesgebiet der Cherusker befand, hörte er von Aufständen, gegen die er mit drei Legionen, insgesamt rund 20 000 Soldaten einschreiten wollte. Arminius lockte das Heer in den Urwald, wo seine Armee sich fast 20 km lang hinzog und so eine leichte Beute für die germanischen Stammeskrieger aus dem Hinterhalt wurden. Das Heer des Varus wurde völlig aufgerieben. Augustus zog die Truppen hinter die Rheinlinie zurück, doch in dem nächsten Jahrzehnt fanden wiederholt römische Feldzüge östlich des Rheins statt. Arminius hatte dank seiner geschickten Strategie die römische Niederlage herbeigeführt und konnte das Bündnis der elf Stämme noch halten, bis Kaiser Tiberius sich mit der Rheingrenze zufrieden gab. 21 n. Chr. wurde er von Verwandten ermordet, die wahrscheinlich seine Vormachtstellung im Cheruskerstamm befürchteten.

Dünne Quellenlage

Tatsächlich besaß die Schlacht eine entscheidende Bedeutung, als sie dafür sorgte, dass die Gebiete östlich des Rheins nicht in das römische Imperium eingegliedert wurden. Somit blieben sie in den nächsten Jahrhunderten Siedlungsraum für verschiedene Germanenstämme, die ab dem 4. Jahrhundert ins Römerreich einwanderten. Von den Germanen, die keine Schriftkultur besaßen, ist keine Überlieferung über die Schlacht bekannt, die römischen Schriftsteller aber suchten vermehrt nach der Ursache der unerwarteteten Niederlage. Am bekanntesten wurde die Schrift des Tacitus über die Germanen, in denen der Autor die Germanen als ein natürliches und tapferes, sittliches und unverbildetes Volk den von ihm kritisierten verkommenen und unmoralischen Römern gegenüberstellte. Neben den interessanten Berichten findet man also auch durchaus einseitiges Lob der mehr oder weniger zivilisierten Germanen, von denen die Römer nach Meinung des sehr konservativen Tacitus lernen sollten.
Ein besonderes Gewicht bekam der Fall des Cheruskers Arminius jedoch für die Römer nicht, noch weniger für die späteren Germanen, die auf dem Gebiet des Römerreichs neue Königreiche errichteten.

5 **„Arminius ein Fürst zu Sachsen"**, Darstellung während des Dreißigjährigen Krieges

Über 1000 Jahre blieben der Bericht des Tacitus und andere Quellen unbekannt, doch die humanistischen Gelehrten förderten den Tacitus und seine Werke wieder zutage. Die deutschen Humanisten wie Ulrich von Hutten (1488–1523) jedoch entdeckten nun einen deutschen oder germanischen Helden. Hutten feierte ihn in seiner Schrift „Arminius" als den „ersten unter den Vaterlandsbefreiern", der die römische Unterdrückung abgeworfen und die Germanen von der Fremdherrschaft befreit habe. Die Deutung passte in die Zeit der Reformation, die antikatholisch und antirömisch eingestellt war und erste Tendenzen eines frühen Nationalismus zeigte. So verwundert es auch nicht, dass Luther den Herzog Hermann, wie sein eingedeutschter Name nun verwendet wurde, besonders schätzte.

Auf jeden Fall war mit Huttens Deutung ein Mythos geboren, der die Deutschen im Heiligen Römischen Reich Deutscher Nation nicht nur unbedingt mit den Germanen anderthalb Jahrtausende früher gleichsetzte, ihre positiven Eigenschaften, die Tacitus so einseitig lobte, zum deutschen Nationalcharakter erklärte, sondern der auch noch einen Held aufwies, dem man sich zum Vorbild nehmen konnte. Arminius und die Schlacht im Teutoburger Wald, von der man so wenig Genaues wusste, wurden nun zum spannenden Thema vieler deutscher Literaten über drei Jahrhunderte hinweg. Als während des Dreißigjährigen Krieges Deutschland geschwächt, zerstört und politisch in viele Kleinstaaten geteilt war, galt es den französischen Nachbarn als rückständiges Volk, als „nation barbare“. Zumindest die siegreiche Hermannsschlacht konnte man im Vergleich zu den überlegenen Franzosen für sich verbuchen, deren Ahnen, die Gallier, unter Vercingetorix gegen die Römer verloren hatten.

Vercingetorix

Arminius-Kult

Einen besonderen Aufschwung bekam der Arminius-Kult zu Beginn des 19. Jahrhunderts. Das Deutsche Reich hatte sich im Krieg gegen das revolutionäre Frankreich aufgelöst und unter Kaiser Napoleon beherrschte Frankreich den halben Kontinent und alle deutschen Länder. Gegen diese französische „Fremdherrschaft“ lief der junge deutsche Nationalismus Sturm und fand in Arminius ein Vorbild zum Befreiungskrieg.
Besonders in der Zeit um die deutsche Reichsgründung und die Zeit des Kaiserreichs fand der Arminius-Kult seinen Höhepunkt. Wieder fand man in Frankreich wie einst in Rom den Unterdrücker, wieder bewährten sich die tapferen Deutschen und Germanen in ihrem biederen Sinne gegen die überfeinerten Vertreter einer degenerierten Kultur, die Römer und Franzosen.

Ein großes Nationaldenkmal

So konnte endlich 1876 das 53m hohe Hermannsdenkmal im Teutoburger Wald vollendet werden. Bereits zu Beginn des 19. Jahrhunderts entstanden Pläne für ein solches Nationaldenkmal. Als 1838 mit den Arbeiten für das Denkmal begonnen wurde, sammelten Fördervereine in ganz Deutschland dafür, doch nach der Errichtung des knapp 27m hohen Unterbaus stockte das Unternehmen, es fehlte an Geld und allgemeinem Interesse. Als Preußen das Deutsche Reich in drei Kriegen herstellte, wurde die Riesenstatur, die knapp 27m hoch ist, bis 1877 gegossen und aufgestellt.

Die Inschrift verdeutlicht den nationalistischen, fremdenfeindlichen Grundzug des Arminius-Kultes, der im steten Einheitsappell auch demokratiefeindliche Züge enthält:
Der lang getrennte Stämme vereint mit starker Hand
Der welche Macht und Tücke siegreich überwand
Der längst verlorne Söhne heimgeführt zum Deutschen Reich
Armin dem Retter ist er gleich
Wilhelm Kaiser

Kaiser Wilhelm I. wurde durch diese Inschrift als der neue Arminius oder Hermann gefeiert, der die nationale Aufgabe gelöst hat. In diesem Sinne rief der deutsche Kaiser Wilhelm II. zu Beginn des Ersten Weltkrieges die Deutschen zur Einheit und nicht etwa zur öffentlichen Diskussion über den Sinn des Krieges auf: „Noch nie ward Deutschland überwunden, wenn es einig war“. Dass die Nationalsozialisten an diese Inhalte des Arminius-Kultes anknüpften, als sie ihre Diktatur aufbauten und den Zweiten Weltkrieg entfesselten, versteht sich von selbst. Allerdings bestand die Heldenverwandtschaft nun zwischen Arminius und Adolf Hitler.

6 Hermannsdenkmal in einer Propaganda-Aufnahme 1935

7 Der Arminius-Mythos
Bundeskanzlerin Angela Merkel bei der Eröffnung der Ausstellung „Imperium – Konflikt – Mythos“ des Lippischen Landesmuseums in Detmold 15. Mai 2009. Im selben Jahr fanden wichtige Landtagswahlen und die Bundestagswahl statt.

8 Der Germanen-Exkurs in Julius Caesars „Gallischem Krieg“

Caesars literarischer Streifzug durch Germanien diente wohl eher dazu, den Römern zu begründen, warum er dieses Land nicht auch unterwarf. Weiterhin wollte der Autor seinen Landsleuten einen Spiegel vorhalten, indem er die Tugenden der noch unverdorbenen Wilden akzentuierte:

An diesem Punkt des Berichtes scheint es nicht unangebracht zu sein, die in Gallien und Germanien herrschenden Sitten zu schildern und aufzuzeigen, wodurch sich diese Völkerschaften voneinander unterscheiden. […]

Die Lebensweise der Germanen ist wesentlich anders. Sie haben weder Druiden, welche die gottesdienstlichen Einrichtungen beherrschen, noch hegen sie besondere Vorliebe für Opfer. Unter die Götter zählen sie nur die, die sie sichtbar wahrnehmen und deren Eingreifen sie augenscheinlich erfahren, nämlich die Sonne, das Feuer und den Mond. Die Übrigen kennen sie nicht einmal vom Hörensagen. Ihr ganzes Leben besteht in Jagd und kriegerischem Treiben. Von klein auf sind sie auf Strapazen und Abhärtung bedacht. Wer am längsten keusch blieb, erntet bei ihnen den höchsten Ruhm. Hierdurch werde der Wuchs gefördert, wüchsen die Kräfte und würden die Muskeln gestärkt. Vor dem 20. Lebensjahr Umgang mit einer Frau zu haben, halten sie für die größte Schande. Dabei gibt es in dieser Beziehung kein Verheimlichen, weil man in den Flüssen gemeinsam badet und nur Felle oder kleine Pelzüberwürfe trägt, wobei ein großer Teil des Körpers unbekleidet bleibt.

Ackerbau betreiben sie nicht sonderlich eifrig, und der größere Teil ihrer Nahrung besteht aus Milch, Käse und Fleisch. Keiner hat einen abgegrenzten Grundbesitz oder eigene Felder, sondern die Behörden und Fürsten teilen immer für ein Jahr den Sippen und Geschlechtern und anderen Genossenschaften so viel Acker und an der Stelle zu, wie sie für gut befanden, und zwingen sie, ein Jahr später anderswohin zu ziehen. Hierfür führen sie viele Gründe an: Sie sollen nicht, durch anhaltende Gewohnheit verleitet, das Kriegshandwerk gegen den Ackerbau eintauschen, sollen nicht danach streben, große Ländereien sich anzueignen, und die Mächtigeren sollen nicht die Schwächeren aus ihrem Besitz vertreiben. Sie sollen ferner nicht mit zu großem Bedacht Häuser als Schutz gegen Kälte und Hitze bauen. Es soll auch keine Geldgier groß werden, die Quelle von Parteiungen und Spaltungen. Man will das Volk durch Genügsamkeit zusammenhalten, dadurch, dass jeder sieht, dass sein Besitz dem der Mächtigsten gleicht.

Es gilt für die Stämme als höchster Ruhm, möglichst weite Landstriche in ihrem Umkreis zu verwüsten und dort Ödland zu haben. Sie halten es für einen Beweis von Tapferkeit, wenn die Nachbarn, aus ihrem Lande vertrieben, das Feld räumen und niemand wagt, sich in der Nähe anzusiedeln. Zugleich glauben sie, dadurch in größerer Sicherheit zu sein, wenn ihnen die Furcht vor einem plötzlichen Einfall genommen sei. Wenn ein Stamm einen Verteidigungs- oder Angriffskrieg führt, werden Obrigkeiten gewählt mit dem Auftrag, die Führung in diesem Krieg zu übernehmen und Gewalt über Leben und Tod zu üben. In Friedenszeiten gibt es keine gemeinsame Staatsbehörde, sondern die Häuptlinge der Bezirke und Gaue sprechen unter ihren Leuten Recht und legen Streitigkeiten bei. Raubzüge außerhalb der Grenzen eines Stammes ziehen keine Schande nach sich, und sie prahlen damit, dass sie zur Übung der Jugend und zur Bekämpfung des Müßigganges unternommen würden. Wenn einer von den Vornehmen im Thing erklärt, er werde die Führung übernehmen, und die, welche ihm folgen wollen, aufruft, da erheben sich die, die am Unternehmen und am Manne Gefallen finden, sagen ihre Hilfe zu und finden den Beifall der Menge. Wer von ihnen dann nicht Gefolgschaft leistet, gilt als fahnenflüchtig und Verräter und verliert das Vertrauen in allem. Einen Gast zu verletzen halten sie für Sünde. Wer aus irgendeinem Anlass, welcher es auch sei, zu ihnen kommt, den schützen sie vor Gewalttat und halten ihn für unverletzlich. Ihm steht das Haus aller offen, und man teilt mit ihm die Nahrung.

C. Julius Caesar: Der Gallische Krieg. Hg. von Georg Dorminger: Artemis Verlag, München und Zürich 1986, S. 263, 273, 275 (Buch VI, 11, 21–23).

9 Der römische Geschichtsschreiber Publius Cornelius Tacitus (ca. 55–120 n. Chr.) über die Germanen

Ich für meine Person schließe mich der Ansicht an, dass sich die Bevölkerung Germaniens nicht mit Fremden durch Heiraten vermischt hat und so ein reiner und nur sich selbst gleicher Menschenschlag geblieben ist. Deshalb ist auch die äußere Entscheidung, trotz der so großen Menschenzahl, bei allen die gleiche: trotzige blaue Augen, rotblondes Haar und hoher Wuchs […]. Bei der Wahl von Königen ist die adlige Abkunft, bei der von Herzögen die persönliche Tapferkeit ausschlaggebend. Die Könige besitzen keine unbegrenzte oder willkürliche Macht, und die Herzöge, mehr durch ihr Vorbild als durch ihre Befehlsgewalt Führer, verdanken ihre Stellung der Bewunderung, die sie erregen, wenn sie tatbereit sind, sich hervorzutun oder in vorderster Linie zu kämpfen […]

Manche Schlachtreihe, die schon ins Wanken geraten war und zurückflutete, brachten die Frauen, wie es heißt, wieder zum Stehen; sie bestürmten die Krieger unablässig mit Bitten, hielten ihnen ihre entblößte Brust entgegen und wiesen auf die unmittelbar drohende Gefangenschaft hin, die den Germanen weit unerträglicher und schrecklicher im Hinblick auf ihre Frauen ist. Infolgedessen fühlen sich die Stämme, die auch Jungfrauen von adliger Herkunft als Geiseln stellen müssen, stärker gebunden. Den Frauen ist sogar, wie die Germanen meinen, eine gewisse Heiligkeit und Sehergabe eigen, und deshalb achten sie ihren Rat und hören auf ihren Bescheid. […]

Über weniger wichtige Angelegenheiten entscheiden die Fürsten, über wichtigere die Gesamtheit der Freien, jedoch so, dass auch das, worüber das Volk zu entscheiden hat, vorher von den Fürsten beraten wird. Außer den unvorhergesehenen und plötzlichen Ereignissen kommen die Germanen an bestimmten Terminen zusammen, entweder bei Neu- oder Vollmond; denn für Unternehmungen erscheint ihnen diese Zeit als ein besonders verheißungsvoller Anfang. […]

Eine Schattenseite ihrer persönlichen Ungebundenheit ist es, dass sich die Thingteilnehmer nicht alle auf einmal und nicht wie auf Befehl einfinden. Infolgedessen verstreicht ein zweiter und auch ein dritter Tag wegen des unpünktlichen Eintreffens des Einzelnen ungenützt. Sobald es der Menge beliebt, nimmt man Platz, und zwar in Waffen. Dann schenkt man dem König oder einem Fürsten je nach Alter, Kriegsruhm oder Beredsamkeit des Einzelnen Gehör, wobei er mehr ein Vorschlagsrecht als eigentliche Befehlsgewalt besitzt. Missfällt ein Vorschlag, so lehnt ihn die Menge durch Murren ab; findet er jedoch Beifall, so schlägt man die Waffen aneinander. Dieser mit den Waffen gezollte Beifall ist die ehrenvollste Art der Zustimmung. […]

Gleichwohl halten die Franken auf strenge Zucht in der Ehe, und wohl keine ihrer Sitten verdient größeres Lob; denn fast als die einzigen von allen nichtrömischen Völkern begnügen sie sich mit nur einer Gattin. […] So lebt die Frau in wohlbehüteter Sittsamkeit, nicht verdorben durch lüsterne Schauspiele oder verführerische Gelage. […] Daher kommt auch in einem so zahlreichen Volke nur ganz selten ein Ehebruch vor. Die Bestrafung erfolgt auf der Stelle und steht dem Manne zu. Vor den Augen der Verwandten schneidet er der Ehebrecherin das Haar ab, reißt ihr das Gewand herunter und treibt sie mit Rutenstreichen durch das ganze Dorf.

Tacitus: Germania. reclam, Stuttgart 1968, S. 4–19. Übers. Curt Woyte.

10 Tacitus über Arminius

Arminius galt nämlich mehr bei ihnen (den Germanen), weil er zum Kriege riet. Denn je mehr Kühnheit und Entschlossenheit jemand bei den Barbaren zeigt, für desto zuverlässiger und tüchtiger gilt er in bewegten Zeiten […] Übrigens hatte Arminius, als er nach dem Abzug der Römer und der Vertreibung Marbods die Königsherrschaft anstrebte, den Freiheitssinn seiner Landseite gegen sich. Er wurde angegriffen, kämpfte mit wechselndem Glück und fiel zuletzt der Arglist seiner Verwandten zum Opfer. Unstrittig war er der Befreier Germaniens und hat das römische Volk nicht in den ersten Anfängen seiner Macht, wie andere Könige und Heerführer, sondern in seiner höchsten Blüte herausgefordert. In seinen Schlachten war er nicht immer glücklich, im Kriege aber blieb er unbesiegt. Siebenunddreißig Jahre hat er gelebt, zwölf Jahre geherrscht. Noch heute besingen ihn die Barbarenvölker, während er den griechischen Geschichtswerken, die nur die Taten ihres eigenen Volkes bewundern, unbekannt ist. Auch die römischen Geschichtsschreiber würdigen ihn nicht gebührend, weil wir nur die graue Vorzeit preisen und gegen die neueren Ereignisse gleichgültig sind.

Tacitus: Annalen Buch I und II. Ed. Carl Hoffmann. Emil Vollmer Verlag, Wiesbaden, o.J, S. 42 f. und 107.

11 Arminius besiegt die Römer

Gemälde von Wilhelm Lindenschmit d. Ä. (1806–1848) um 1840. Das Gemälde entstand unter dem Eindruck der sog. „Rheinkrise“ (1839–1841). Frankreich forderte damals den Verlauf des Rheins als „natürliche Ostgrenze“ Frankreichs. Die Krise rief sowohl im Deutschen Bund als auch in Frankreich starke nationalistische Töne hervor.

12 Richard Suchenwirth über die Grenzen (1937)

Der Mittelschullehrer Suchenwirth (1896–1965) gründete 1926 in Wien die österreichische NSDAP, war ab 1934 illegal aktiv und wiederholt inhaftiert. In dieser Zeit verfasste er seine „Deutsche Geschichte“, die in den 1930er-Jahren eine Auflage von mehreren hunderttausend Exemplaren erreichte.

Von dem Tag an, da die Scharen der Cimbern und Teutonen nach dem Süden dringen, oder genauer, da ein Arminius im Teutoburgerwalde über die Römer siegt, gibt es eine deutsche Geschichte. Reich an leuchtenden Taten, an großen Männern, am Beispielen unvergänglicher Tapferkeit zieht sie an uns vorüber, die deutsche Wissenschaft der Nation und zugleich ihre lebendigste. Hier begegnen wir nirgend weltfremder Öde, nirgends Erstorbenem, dem Leben entrückten. Im Gegenteil!
Wenn wir das Buch der deutschen Geschichte aufschlagen, in dem jede Seite getränkt ist mit dem Blut unseres Volkes, jedes Jahr umwittert von Schauern des Geschehenen, nachhallend von errungenem Sieg oder empfangenen Schlägen, durchbebt von dem Erleben einer Generation, so fühlen wir, dass die Vergangenheit eines Volkes, solange es lebt, ewig wirkende Gegenwart bleibt. Deutsche Geschichte kann uns in ihrem glücklichsten Zeiten nichts sein als Mahnung zu gleichem Vollbringen, in der Tragik ihrer düsteren Stunden aber aufblitzender Sendung und Ruf zur Tat [...].
In einem grünen Lande, das noch wenig durch Getreidefelder und ausgedehnte Rohdungen erhellt ist, von Wäldern umgeben, deren riesige Buchen und Eichen noch unberührte Schönheit ausweisen, wohnen kampffrohe Stämme, jung und voll unbändiger Kraft. Eben hat das römische Volk als letztes unter den Völkern des Mittelmeeres die Höhe seiner weltumspannenden Macht erreicht, als die Germanen in den Bannkreis der Antike eintreten. Nun erhebt sich zwischen den Legionen und den wieder und wieder vorstürmenden nordischen Volksscharen ein jahrhundertelanger Kampf. Nach schwersten Blutopfern erringt der stärkere Norden den Sieg über die damals besten Soldaten der Erde. Er erobert sich das Römische Reich in seiner westlichen Hälfte und begründet eine neue Epoche der Geschichte.
Germanentum! Inbegriff urwüchsiger Stärke, sittlicher Reinheit und gewaltiger Schicksale! Germanentum ist auch der Mutterschoß alles Deutschtums, unser Stolz, unsere Kraft, unsere unlöschbare Gebundenheit. Die deutsche Geschichte wurzelt in der Geschichte der Germanen. Ihr Schauplatz deckt sich im Wesentlichen mit der germanischen [...]. Die Deutschen sind das Hauptvolk unter den Germanen. Sie haben ihre Sprache rein erhalten und dürfen sich in allem, was sie geschichtlich erlebt haben, als die Erben des Germanentums bezeichnen.

Aus: Richard Suchenwirth: Deutsche Geschichte. Von der germanischen Vorzeit bis zur Gegenwart. Leipzig 1937, S. 13ff.

13 Der Althistoriker Stephan Schmal über die Rezeption von Tacitus' „Germania“

Der zu seiner Entstehungszeit wohl eher unspektakuläre Traktat über Ort und Herkunft der Germanen hat seit dem Humanismus eine Rezeption erfahren, die den Autor angesichts der traditionellen Unbelesenheit der nordischen Völkerschaften nur staunen gemacht hätte. [...]
Die Ausgangslage war die folgende: Im 15. Jahrhundert regte sich in vielen Städten Nordmitteleuropas ein kräftiges wirtschaftliches, politisches und kulturelles Leben, das einherging mit Emanzipationsbestrebungen gegen den nach wie vor dominanten geistigen Führungsanspruch Italiens und des Papsttums.

Als die Germania gedruckt vorlag (1472 Bologna, 1473 Nürnberg), kam sie nur auf einen geringen Bekanntheitsgrad. [...] Der Sturm der Begeisterung, den die Germania jetzt auslöste, wird nur verständlich, wenn man sich nüchtern klarmacht, dass es im 15. Jahrhundert keine „deutsche Nation“ und, abgesehen vielleicht von ein paar Staufermythen, auch keine „deutsche Geschichte“ gab. Viele Bayern, Sachsen, Tiroler oder Deutsch-Elsässer sahen sich daher im Argumentationsrückstand gegenüber Italienern, Franzosen, auch Engländern. Ersatzweise wurde Regional- und „Stammes“-Geschichte betrieben, man war regelrecht auf der Suche nach Abgrenzung und historisch begründbarer Identität. [...] In diesem Moment fällt ihnen eine römische Quelle vor die Füße, die zu beweisen scheint, dass auch die Deutschen eine uralte Geschichte besitzen, ja dass sie schon immer eines Blutes und einer Kultur waren! Die Humanisten sind voller Enthusiasmus. [...]

Viele Gelehrte schießen dabei allerdings weit über das Ziel hinaus. Ihrer Ansicht nach ist Deutschland das größte und schönste Land Europas, seine Geschichte gar älter als diejenige Roms und Griechenlands. Ohne die Germanen sei nichts Großes auf Erden geleistet worden [...].

In diesen chauvinistischen Zug der Germania-Rezeption passt der Aufbau des Arminius zum deutschen Heros, dessen schönen Namen Hermann die Römer mutwillig verfälscht hätten. Der Dialog Arminius des Ulrich von Hutten (gedruckt 1529) begründet den Kult des Rom-Bezwingers, der eine lange eigene Geschichte haben wird. 1531 publiziert Beatus Rhenanus seine Rerum Germanicarum libri tres, den ersten Versuch, dem römischen Imperium eine pangermanische, sozusagen „großdeutsche“ Nationalgeschichte entgegenzustellen. [...]

Die alten Deutschen sind den anderen, vor allem den romanischen Völkern moralisch überlegen, die Einfachheit ihrer Lebensumstände wird zur freiwilligen Enthaltsamkeit umgedeutet. Sie sind treu und ehrlich, tapfer und bescheiden, halten sich frei von ausländischen Einflüssen und kennen nicht Silber noch Gold. Sie sind – auch das ein schon im Humanismus hervorgehobener Punkt – „unvermischt“ und autochthon. Von Trunk und Spiel dagegen ist bei den Gelehrten weniger die Rede. [...] Die Germanen hielten menschenähnliche Darstellungen ihrer Götter für unwürdig, ein wichtiger Punkt für die Lutheraner. Gute Sitten zählten bei ihnen mehr als anderswo gute Gesetze.

Opposition gegen das (römische) Recht war ein verbreiteter Standpunkt der Reformation („gut“ Juristen, „böse Christen“), der sich mit Tacitus vortrefflich belegen ließ. Und nicht zuletzt schien es bereits Tacitus gewesen zu sein, der mit der Erwähnung der carmina auf Wert und Tradition einer original deutschen Sprache und Dichtung hingewiesen hatte.

In der Mitte des 16. Jahrhunderts reißt die Germania-Begeisterung wieder ab. Rund 250 Jahre lang ist außerhalb engster Philologenkreise wenig davon zu hören [...].

In Deutschland kam die Germania erst wieder Anfang des 19. Jahrhunderts ins Gespräch, als die napoleonischen Kriege und die Geisteshaltung der Romantik ein heftiges Wachstum nationaler Ideologien provozierten. 1807/08 hielt Johann Gottlieb Fichte seine Reden an die deutsche Nation, die mächtigen Einfluss hatten. Tacitus stand Pate dafür, dass sich die Deutschen wieder ihrer uralten Geschichte, ihrer Tugenden und ihrer Unbezwinglichkeit besinnen sollten. Immer noch zweifelte kaum jemand daran, dass es sich bei den taciteischen Germanen um die direkten Vorläufer der Deutschen handelte und dass der Römer genau wusste, wovon er schrieb. [...] Ein weiterer Reiz der Germania für die Deutschen des 19. Jahrhunderts war das dort implizit präsente Gegenbild des dekadenten Römers. Das ließ sich auf die Franzosen als „Romanen“ ebenso übertragen, wie es zuvor auf die Italiener und die römische Kirche projiziert worden war.

In einer Zeit, in der das Detmolder Hermannsdenkmal gefeiert wurde und die pseudowissenschaftlichen Rassentheorien in Europa Hochkonjunktur hatten, blieb die vulgär-chauvinistische Interpretation und Vereinnahmung der Germania populär und steigerte sich noch einmal nach dem verlorenen Ersten Weltkrieg – obwohl die Fachwissenschaft zu dieser Zeit bereits gewichtige Argumente dafür lieferte, den Text des Tacitus mit Distanz zu betrachten und ihn zunächst einmal nüchtern in die Gattung der antiken Ethnographie einzureihen. In der Zeit des Nationalsozialismus wurden solche Argumente schon gar nicht mehr gehört.

Stephan Schmal: Tacitus. Hildesheim 2005, S. 173 ff.

14 **Das Hermann Heights Monument in New Ulm (Minnesota/USA)**
Nach Vorbild des Hermannsdenkmals bei Detmold wurde 1897 auf Initiative von deutschen Einwanderern ein weiteres, 31 m hohes Hermannsdenkmal in New Ulm im US-Bundesstaat Minnesota errichtet. Zur Einweihung kamen über 10000 deutsche Einwanderer nach New Ulm. (**Online-Link** 430027-0101)

15 **Rede von Bundeskanzlerin Angela Merkel anlässlich der Eröffnung der Ausstellung „Mythos“ des Lippischen Landesmuseums in Detmold (15. Mai 2009)**

Hier in Detmold setzt sich die Ausstellung „MYTHOS“ mit der Rezeption der historischen Ereignisse vor zwei Jahrtausenden auseinander. Es wird anschaulich illustriert, wie die Varusschlacht über Jahrhunderte hinweg jeweils für die aktuelle politische Auseinandersetzung herhalten musste. Das eigene Handeln sollte immer wieder durch den Rückgriff auf die Geschichte in eine vermeintliche Tradition gestellt werden. Deshalb sind die Deutungen über die Varusschlacht eben auch sehr unterschiedlicher Natur.

Das unweit von hier errichtete Hermannsdenkmal ist nicht nur die bekannteste Darstellung des Arminius. Es ist auch ein Sinnbild dafür, wie sich in seiner Person Fakten und Phantasien vermengten. Tacitus führte Arminius als „Befreier Germaniens“ ein. Fast 100 Jahre nach dem Tod des Cheruskerfürsten zeichnete der römische Schriftsteller ein ziemlich stereotypes Bild von Arminius und wollte damit auch letztlich die im Niedergang befindliche römische Gesellschaft maßregeln.

Im Mittelalter geriet die Varusschlacht in Vergessenheit. Doch als Mitte des 15. Jahrhunderts die Schriften des Tacitus wiederentdeckt wurden, wurde sie von deutschen Humanisten und Reformatoren begeistert aufgenommen. In ihrer Auseinandersetzung mit dem römischen Papst stilisierten sie den römischen Bürger Arminius zu „Hermann, dem ersten deutschen Helden [...]“.

Damit begann dann die vielseitige Rolle von Arminius alias Hermann als eine der bekanntesten Symbolfiguren der Deutschen. Es entstanden die ersten Phantasiebilder von Arminius. Zahlreiche Romane und Gedichte im 17. und 18. Jahrhundert zeigten ihn als Stammvater der Deutschen oder auch als Retter in der Not. Als Theater- und Opernheld erfuhr Hermann internationale Aufmerksamkeit. Mit den Befreiungskriegen gegen die napoleonische Besetzung Deutschlands wurde Hermann zum Symbol des deutschen Widerstands gegen die Besatzer, zum Vorbild für die Befreiung und Einigung Deutschlands. Besonders nach der gescheiterten nationalstaatlichen Einigung 1815 diente der Hermann-Mythos als Projektionsfläche der deutschen Einheitssehnsucht. [...]

Ein Vergleich mit entsprechenden historischen Symbolfiguren der Nachbarstaaten zeigt aber auch: Diese nationale Mythenbildung war kein isoliertes Phänomen. Sie spielte sich im 19. und 20. Jahrhundert in vergleichbarer Form in vielen europäischen Nationen ab. [...] Diese ähnlichen Phänomene sagen wiederum auch etwas darüber aus, wie einheitlich wir Europäer doch schon seit einer ganzen Weile sind. [...]

Die Nationalsozialisten postulierten die Varusschlacht als historischen Sieg der angeblich überlegenen Germanen. Bis 1945 instrumentalisierten sie den Hermann-Mythos für ihre menschenverachtenden Zwecke. Diese Vereinnahmung markierte schließlich das Ende des nationalen Hermann-Mythos.

Die Ausstellung „MYTHOS“ belegt anschaulich: Die Rezeptionsgeschichte der Varusschlacht, der Germanen und der Symbolfigur Hermann ist stark von dem Bild geprägt, das sich die Deutschen im Laufe der letzten 500 Jahre von sich selbst gemacht haben. Hier wird immer wieder klar, welche politischen Sehnsüchte und Befindlichkeiten die Deutschen hatten. Damit zeigt die Detmolder Ausstellung eben auch, wie Geschichte instrumentalisiert und vom eigentlichen Ereignis völlig entfremdet werden kann.

[...] Ich glaube, wenn man sich einmal überlegt, dass wir in diesen Tagen an 60 Jahre Grundgesetz und an 60 Jahre Bundesrepublik Deutschland denken, dann haben wir wirklich einen Grund zur Dankbarkeit dafür, dass wir in Einigkeit und Recht und Freiheit seit nunmehr fast 20 Jahren leben dürfen und dass schon seit 60 Jahren immerhin ein Teil Deutschlands in Recht und Freiheit leben darf, dass die europäische Einigung und das Bekenntnis zur eigenen Nation keine Gegensätze mehr sind, sondern zwei Seiten ein und derselben Medaille.

http://www.bundesregierung.de/Content/DE/Rede/2009/05/2009-05-15-rede-merkel-varus-schlacht-detmold.html Zugriff vom 27.01.2010.

Arbeitsvorschläge

a) Erläutern Sie ausgehend von der jüngeren deutschen Geschichte die Vielschichtigkeit der Begriffe „Volk" und „Nation" sowie deren enorme historische Wirksamkeit.

b) Verdeutlichen Sie ausgehend von der antiken römischen Geschichte Sinn und Zweck eines kollektiven Mythos für den Zusammenhang einer Gesellschaft und eines Staates.

c) Vergleichen Sie die verschiedenen Standbilder und Monumente für „Hermann, den Cherusker" nach Aussage und Wirkung. Berücksichtigen Sie dabei auch die Entstehungszeit und den Aufstellungsort (M 6, M 14, eigene Recherche, weitere Beispiele **Online-Link** 430027-0101).

d) Bis heute verfolgen internationale Organisationen wie die Vereinten Nationen oder die Europäische Union in Krisenregionen die Politik, zerfallende Gesellschaften durch ein forciertes „nation-building" zu stabilisieren. Informieren Sie sich über den Begriff „nation-building" und diskutieren Sie Grenzen und Möglichkeiten einer solchen Politik.

e) Stellen Sie die Eigenschaften und Lebensweisen der Germanen zusammen, die Caesar den Germanen bescheinigt. Inwiefern schimmert in dieser Darstellung der „unverdorbenen Wilden" eine Kritik an römischem Denken und römischer Lebensweise durch (M 8, M 9)?

f) Untersuchen Sie das Bild „Hermann zersprengt die Kette von Germanien" und entwickeln Sie an wichtigen Details, welche politische Botschaft hier verkündet wird (M 2).

g) Untersuchen Sie eingehend die beiden Zeichnungen über die Germanen: Welche Personen und Tätigkeiten stehen im Mittelpunkt, wie werden diese Personen dargestellt und wie sind die Gehöfte jeweils ausgestattet? Vergleichen Sie die beiden Schaubilder und diskutieren Sie deren jeweilige politisch-ideologischen Intentionen (M 3, M 4).

h) Beziehen Sie die Ergebnisse Ihrer Bildanalyse auf den Text von Suchenwirth. Welche ideologischen Intentionen werden mit dieser „Erfindung" der Germanen verbunden (M 12)?

i) Erläutern Sie anhand des Textes des Althistorikers Schmal, warum Humanisten ein großes Interesse an Tacitus' „Germania" hatten. Warum erlebte die Rezeption des Werkes gerade im 19. Jahrhundert ihren Höhepunkt (M 13)?

1.2 Chlodwig einigt das Frankenreich – ein Beispiel für den historischen Prozess einer Ethnogenese

Konstruktion einer Gemeinschaft

Mythen und Legenden können zur Identifikation der Mitglieder eines Kollektivs mit der eigenen Gruppe oder Gesellschaft beitragen. Mitunter können sie auch dazu beitragen, den Menschen erst eine Vorstellung oder ein Gefühl der Gemeinsamkeit zu vermitteln; früher ebenso wie heute. Allerdings bildeten sich die Stämme, die gegen Ende des Römischen Reiches die Grundlage für die neue Staatenwelt in Europa legten, weder durch die gemeinsame Abstammung und Herkunft, noch durch nur wegen der Einigung verschiedener Stammesgruppen durch einen Heerkönig. Die Stammesbildung der Franken, deren Reich für die Entwicklung Mitteleuropas ausschlaggebend wurde, wurde oft mit der Herrschaft König Chlodwigs (ca. 466–511) und seinem Übertritt zum katholischen Christentum gleichgesetzt. Tatsächlich handelt es sich jedoch um einen vielschichtigen und längeren historischen Prozess.

Ausbreitung der Franken

Zu Beginn des 3. Jahrhunderts vereinigten sich mehrere westgermanische Kleinstämme zu einem größeren Stamm und nannten sich „Franken“, was ursprünglich die „Mutigen“, später auch die „Freien“ hieß. Die Franken bekamen von den Römern im 3. Jahrhundert Siedelland im Grenzraum des Imperiums zugestanden und übernahmen dafür die Grenzverteidigung. Sie erhielten zwar kein römisches Bürgerrecht und lebten teilweise nach ihrer Tradition, übernahmen aber auch römische Lebensformen. Als 406 die römische Rheingrenze zusammenbrach, bildeten sich als Stammesgruppen die Salfranken. Ende des 5. Jahrhunderts herrschten über diese Könige aus der Familie der Merowinger. Historisch können wir König Childerich I. belegen, denn er kämpfte als Verbündeter Westroms und wurde 482 in Tournai mit reichen Grabbeigaben bestattet, die 1653 gefunden

1 Aufstieg des Frankenreiches unter dem Geschlecht der Merowinger im 6. Jahrhundert

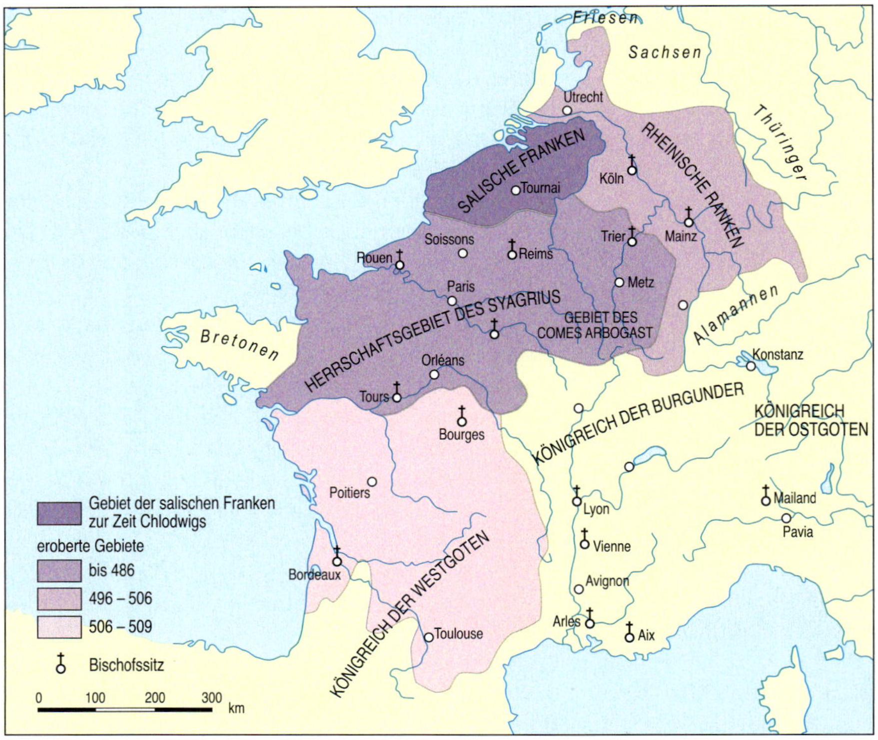

wurden. Man könnte von einer ersten Phase der Stammesbildung sprechen, die im Schatten der römischen Herrschaft geschah. Menschen verschiedener Herkunft wuchsen in einem begrenzten Raum zu einem Stamm zusammen, wobei die gemeinsame militärische Aufgabe und das Heerkönigtum den Prozess beschleunigten.

Aufstieg von Chlodwig

476 n. Chr. dankte der letzte weströmische Kaiser Romulus Augustulus ab, die Herrschaft in Italien lag nun bei einem germanischen Heeresführer. In Konstantinopel regierte weiterhin der Kaiser der östlichen Reichshälfte, beanspruchte jedoch die Herrschaft im gesamten ehemaligen Römischen Reich. Im heutigen Nordfrankreich konnte der bisherige Statthalter Syagrius seine Herrschaft aufrechterhalten, während in dem Gebiet westlich davon, im heutigen Belgien und den südlichen Niederlanden bis hin zum Rhein, die Franken lebten. Verschiedene Könige regierten die verschiedenen Kleinstämme, die nicht bereit waren, sich einer gemeinsamen Oberhoheit zu unterstellen. Bei den Salfranken gelang es Chlodwig I. mit Krieg, List und Mord die konkurrierenden Kleinkönige zu beseitigen und den Stamm der Franken unter seiner Herrschaft zu einigen. 486 gelang ihm der Sieg über Syagrius, so dass er Nordfrankreich bis zur Loire seinem Reich eingliederte. Chlodwig übernahm den intakten, römischen Verwaltungsapparat, der in den Städten (civitates) verankert war, wo oft die örtlichen Bischöfe Verwaltungsaufgaben über-

Syagrius

2 **„Die Taufe Chlodwigs I. in Reims am 25. Dezember 496"**, Gemälde des französischen Malers François-Louis Dejuinne (1784–1844) im Jahr 1837, 145 x 188 cm

3 Taufe von Chlodwig I. und seiner Anhänger in der Kathedrale von Reims. Gemälde des französischen Malers Jules Alfred Vincent Rigo (1810–1892) im Jahr 1874, 58x92 cm

nommen hatten. Die katholische Kirche verblieb in ihrer öffentlichen Stellung und entwickelte sich zu einer neuen Machtstütze des Königs. Damit vereinte Chlodwig zwei kulturell unterschiedliche Gebiete im Merowingerreich, eine römische und eine germanische Hälfte. Allerdings trennte die Religion die beiden Regionen, denn die Franken hielten noch am Vielgottglauben fest, während die Romanen der katholischen Kirche angehörten.

Übertritt zum katholischen Christentum

Die Frage der Religionszugehörigkeit war für das Reich Chlodwigs entscheidend, denn verschiedene germanische Herrscher, die ihren vorchristlichen Glauben behielten, konnten ihre Herrschaft über eine katholische und romanische Mehrheit nicht festigen. Als 496 die Entscheidungsschlacht mit den angreifenden Alamannen für Chlodwig auf des Messers Schneide stand, soll der Frankenkönig den christlichen Gott mit Erfolg um den Sieg angerufen haben. An Weihnachten taufte Bischof Remigius den Frankenkönig in der Kathedrale von Reims und sein Gefolge von 3000 Männern folgte dem König im Glaubensübertritt. So berichtet Gregor von Tours, ein Mitglied der römischen Oberschicht, über den Glaubensübertritt mit einer Geschichte, die schon den Sieg des Christentums unter Konstantin erklärte durch die göttliche Unterstützung des Herrschers gegen seine Feinde. Man wird hier bei kritischer Betrachtung eine Legendenbildung des Bischofs Gregor von Tours annehmen dürfen, die letztlich dem christlichen König Chlodwig eine neue christliche Legitimierung anstatt der vorchristlichen lieferte. Jetzt stammte er nicht mehr von den Göttern ab, sondern regierte im Auftrag des einzigen Gottes wie schon die römischen christlichen Kaiser.
Der Übertritt zum katholischen Glauben lag aus mehreren Gründen nahe, denn Chlodwig hatte eine katholische Prinzessin geheiratet und gewann als katholischer König die Unterstützung der straff organisierten Kirche. Wesentlich war,

dass der religiöse Gegensatz zwischen den katholischen Romanen und den nichtkatholischen Germanen überwunden wurde. Auch die romanische Bevölkerung sah in Chlodwig nun nicht mehr einen Eroberer, sondern den legitimen Herrscher und Beschützer ihres Glaubens.
Die Merowinger stützten sich in ihrer Regierung stark auf die Führungsschicht der kulturell überlegenen romanischen Bevölkerung. Sie beließen die gesellschaftlichen und wirtschaftlichen Verhältnisse, förderten lateinische Dichter, Bischöfe, sowie Künstler und Handwerker, die christlichen Kirchen und königlichen Pfalzen errichteten. Das Heereswesen allerdings blieb den germanischen Franken vorbehalten.

Ein neues Zusammengehörigkeitsgefühl

Romanen und Germanen wuchsen in einigen Generationen zu einem gemeinsamen Stamm, dem der Franken, zusammen. Sie bildeten eine neue kulturelle und politische Einheit und entwickelten ein Zusammengehörigkeitsgefühl, das auch in den Zeiten der verschiedenen Reichteilungen unter den Nachfolgern Chlodwigs nicht verloren ging. So konnten die Familie der Karolinger nach längeren Auseinandersetzungen im 8. Jahrhundert schließlich die Königsmacht von den inzwischen völlig entmachteten Merowingern erringen. Erst die Eroberung der rein germanisch besiedelten Gebiete östlich des Rheins verstärkte den germanischen Einfluss im Frankenreich und trug schließlich im 9. Jahrhundert dazu bei, dass das Reich in eine westfränkische, französische, und eine ostfränkische, die deutsche Hälfte, geteilt wurde.

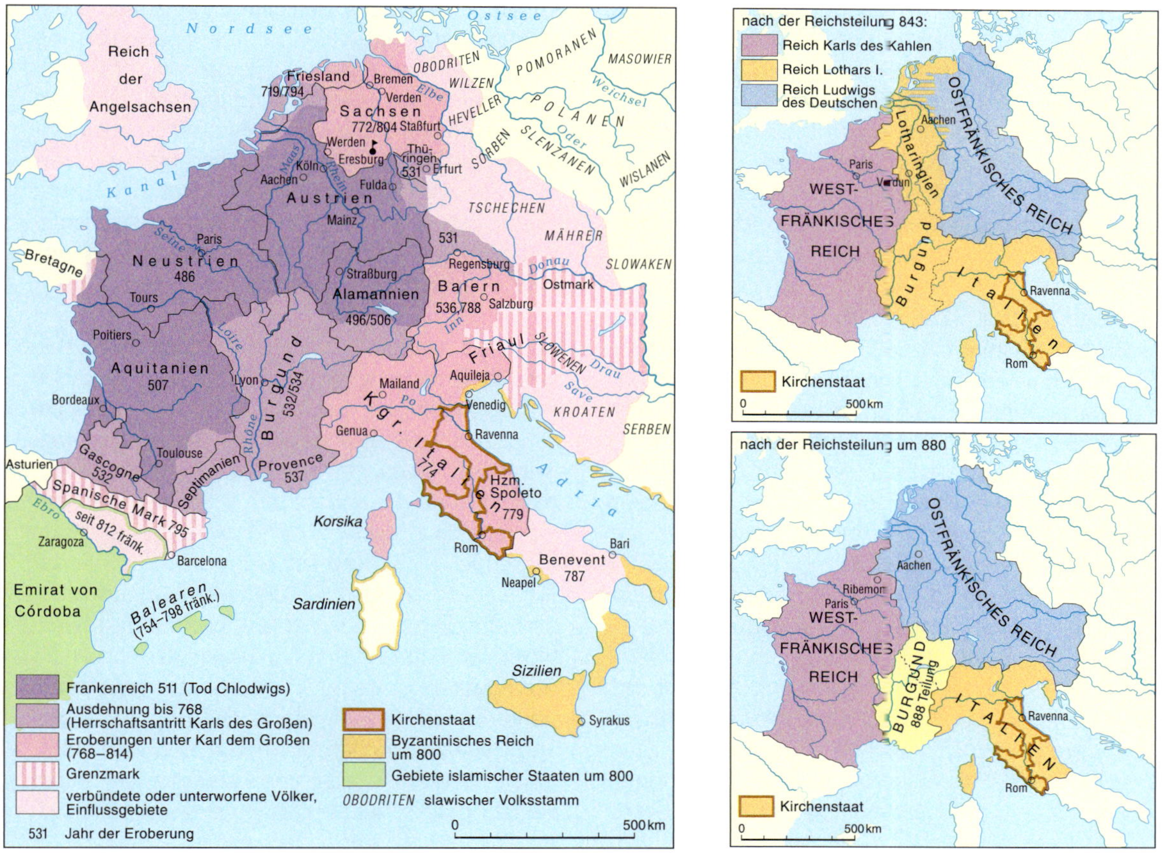

4 Reichsteilungen des Frankenreiches im 9. Jahrhundert

Von den Franken zu Frankreich

In weiten Teilen Frankreichs ging die fränkische Sprache verloren, weil – im Unterschied zu dem ostfränkischen Siedlungsgebiet – die eingewanderten fränkischen Bauern unter der gallo-romanischen Bevölkerung in der Minderheit blieben. Das Altfranzösische wies nur 100 fränkische Lehnwörter aus dem militärischen Bereich auf. Deswegen konnte die Teilung im Vertrag von Verdun 843 entlang eindeutigen Sprachgrenzen erfolgen und die Entstehung der Staaten Frankreich und Deutschland nach sich ziehen. Auf Grund dieser Zusammenhänge bezogen sich in der Neuzeit Frankreich und Deutschland auf das Frankenreich und betrachteten es als ihren Ursprung und sich als die eigentlichen Erben der alten Franken.

Zum Problem der Ethnogenese

Ist Ethnizität nur eine ideologische Fiktion? Ein Historiker oder ein Repräsentant der Nationalbewegung des 19. Jahrhunderts hätte diese Frage noch entrüstet zurückgewiesen: Natürlich gibt es Völker! Ethnien – oder Völker – seien Gruppen von Menschen mit gemeinsamer Abstammung, Sprache und Kultur, die bereits äußerlich erkennbar seien an gemeinsamer Tracht und Bewaffnung. Sie seien verbunden durch eine gemeinsame Religion und Recht, Ernährungsgewohnheiten, äußere Feinde, geprägt und integriert durch spezifische ökologische Bedingungen und gemeinsame historische Erfahrungen. Bereits Gottfried Herder stilisierte Völker gar zu Individualitäten mit einer gemeinsamen „Volksseele“. Sie seien die Subjekte der Geschichte, ihre Heerführer oder Könige gehören zu den nationalen Idolen, denen Denkmäler gesetzt werden müssen.

Derartige Vorstellungen von Völkern als „naturwüchsige“, „homogene“ Einheiten sind auch heute noch in der Bevölkerung weit verbreitet und viele populäre Geschichtsdarstellungen operieren bisweilen noch mit emotionalisierten oder ideologischen Vorstellungen von „den“ Germanen, Vandalen, Goten, Bayern oder Burgundern usw., die – angeblich verbunden durch eine gemeinsame Geschichte oder gar ein „Schicksal“ – gemeinsam erfolgreich oder in tragischer Weise ein bestimmtes Projekt verfolgt hätten.

Die moderne Geschichtsforschung bemüht sich um eine Entmythologisierung dieser Konstrukte und fragt vielmehr nach dem Prozess der Ethnogenese von „Völkern“, also nach den Bedingungen, unter denen sich langwierige Integrationsprozesse von disparaten Menschengruppen vollzogen haben. Denn für die Heerführer der Völkerwanderungszeit zählte wohl eher das Motto, „wer für uns treu kämpft, der gehört zu uns“. Persönliche Verwandtschaftsverhältnisse oder ethnische Kriterien spielten dabei womöglich – wenn überhaupt – nur eine nachgeordnete Rolle.

Aus solchen – nicht biologisch entstandenen – polyethnischen Gemeinschaften, die sich um mehr oder minder erfolgreiche Heerführer und/oder Könige bildeten, formten sich dann während der Völkerwanderungszeit und in Auseinandersetzung mit den Römern „Stämme“, die dann durch ein gemeinsames Interesse geeint und von den Römern als eine solche Einheit wahrgenommen oder besser: konstruiert wurden. Die Wahrnehmung bzw. die Konstruktion von „Stämmen“ durch die Römer prägte bis in unsere Zeit auch die Geschichtsschreibung, die die „Erfindungen“ der Römer (vgl. Kapitel 1.1) für bare Münze nahmen.

Ethnogenesen vollzogen sich in langen Prozessen. Die Forschungsdiskussion hierzu steckt noch in den Anfängen, dabei werden ältere wissenschaftliche „Gewissheiten“ zunehmend problematisiert. Gegenwärtig wird danach gefragt, welche Rolle die Römer bei diesem Prozess der Ethnogenese spielten, denn immerhin agierten führende Herrscherpersönlichkeiten – etwa der Franken – in relativer Abhängigkeit und auch Unabhängigkeit vom Imperium Romanum. Gleichwohl sind tiefgreifende Wirkungen der Römer auf die Franken vielfältig identifizierbar, zumal die gallo-römischen Eliten (vor allem die Bischöfe) stark von kulturellen und religiösen römischen Vorstellungen imprägniert waren. Die neuen Herrscherpersönlichkeiten taten gut daran, sich mit diesen traditionellen römisch geprägten, christlichen zu arrangieren.

1.3 Moderne Nationsvorstellungen

Territorialprinzip versus Sprachprinzip

Der Begriff „Volk“ scheint ganz einfach und klar zu sein, jeder versteht ihn, jeder weiß, was damit gemeint ist. Die Deutschen bilden eben das deutsche Volk. Bei genauerem Hinsehen stellt sich dies jedoch als nicht mehr einfach dar. Sind mit Volk die „einfachen“ Menschen gemeint? Im Mittelalter bildeten das „Volk“ die Edlen, die bei einer Königswahl nicht wählen, vielmehr nur zustimmen durften. Was müssen Menschen gemeinsam haben, um ein Volk zu bilden? Müssen alle ein gemeinsames kulturelles Erbe besitzen oder eine gemeinsame Sprache sprechen? Dann gibt es aber kein Volk der Schweizer, kein spanisches oder US-amerikanisches Volk. Dort wird unter „Volk“ das „Staatsvolk“ verstanden, das ganz unterschiedliche Ethnien umfassen kann. Daher wird in der Entwicklung der Nationsidee zwischen Staatsbürgernation nach dem Territorialprinzip (etwa die USA, Frankreich, Schweiz) und Kulturnation nach dem Sprachprinzip (z. B. Polen, Deutschland) unterschieden. Die Staatsbürgernation beruht auf einem gemeinsamen politischen Handeln und ging in der Regel aus dem gemeinsamen revolutionären Kampf um eine Verfassung hervor; die Kulturnation erlebte hingegen (im frühen 19. Jahrhundert) ein „nationales Erwachen“ und definiert sich über eine gemeinsame Sprache und Kultur.

Territorialprinzip, Sprachprinzip

Doppelgesicht des Nationalgedanken

Vor allem innerhalb der Kulturnation bildete sich eine eigentümliche doppelte Frontstellung heraus. Das eigene Vaterland wurde einerseits aufgewertet und in einer fast religiösen Weise verklärt („heiliges Vaterland“), insofern wurde die eigene Nation nach außen scharf von anderen Nationen abgegrenzt, die abgewertet wurden. Diese Außenabgrenzung sollte die Nation als Partizipationsgemeinschaft zusammenschließen. Andererseits sollte der Nationsgedanke in der ersten Hälfte des 19. Jahrhunderts auch der inneren Integration im Kampf gegen die absolutistisch regierenden Fürsten, das mittelalterliche Ständedenken und die Kleinstaaterei dienen. Er hatte zunächst eine deutlich egalitäre, antiständische Stoßrichtung. Der Nationsgedanke erhielt so ein Doppelgesicht: Er war einerseits eine Befreiungsideologie (gerichtet gegen die Fürsten und die alte ständische Ordnung), er schuf oder förderte andererseits Vorstellungswelten und Selbstbilder, die Aggressionen nach außen legitimierten.

Nationalvorstellungen im „vereinten Europa“

Schwierig gestaltet sich der Versuch, solche Nationsvorstellungen in Übereinstimmung mit einer gemeinsamen Identität in einem „vereinten Europa“, wie es die EU anstrebt, zu bringen. Wie kann oder soll sich aber das moderne Europa definieren? Hier konkurrieren verschiedene Modelle, die entweder auf gemeinsame Institutionen, gemeinsame aufklärerische Grundüberzeugungen oder religiöse („christlich-abendländische“) Orientierungen abzielen. Während einige ein „Europa der Vaterländer“ beschwören, in dem nationale Souveränitätsrechte betont werden, sprechen andere von „Europa als Wertegemeinschaft“, wobei nicht selten offen bleibt, welche Werte hier im Vordergrund stehen sollten.

Mit dem Fragekomplex Volk und Nation befassen sich seit etwa 200 Jahren, vor allem seit der Französischen Revolution und den napoleonischen Kriegen, zahlreiche Menschen. Damals gab es noch kein Deutschland oder eine deutsche Nation, sie formierte sich erst allmählich. Zu dem Problem, was ein Volk oder eine Nation ausmacht, entwickelten die verschiedenen politischen Strömungen und Parteien recht unterschiedliche Antworten, die bis in die Gegenwart für die davon betroffenen Menschen weitreichende Folgen haben.

5 Der Historiker Ian Wood über das römisches Erbe bei den Franken (1996)

Niemand hätte im 4. Jahrhundert geglaubt, dass sich die Franken in den folgenden 200 Jahren zu dem mächtigsten unter den germanischen Völkern entwickeln würden. Als eine Ansammlung von Stämmen, die lange unmittelbar östlich der nördlichsten Rheingrenze gesiedelt hatten, gehörten die Franken nicht zu den Völkern, die eine wesentliche Bedrohung für das Römische Reich darstellten. Weder war ihre Macht mit derjenigen der Goten zu vergleichen, noch verbündeten sich die Franken mit den Alanen, Vandalen und Sueben, als diese im Jahre 406 den Rhein überquerten und als Folge davon das römische Gallien und Spanien in die Knie zwangen. Wie ihre südlichen Nachbarn, die Alamannen, begnügten sich die Franken damit, an ihrem angestammten Platz zu bleiben, nämlich an der Grenze des Römischen Reiches.

Wie sich die Franken von der verhältnismäßig schwachen Völkerverbindung, die wir aus dem 4. Jahrhundert kennen, in die bedeutende militärische Macht verwandelten, die sie am Ende des 5. Jahrhunderts darstellten, ist nicht klar. Es ist anzunehmen, dass sie als Grenzvolk verhältnismäßig stark romanisiert waren und dass ihnen dieser Grad der Romanisierung nach dem militärischen Zusammenbruch des Weströmischen Reiches im Laufe des 5. Jahrhunderts zugute kam. Mit der Zeit galten die Franken als Nachkommen der Trojaner, und obwohl dies vom biologischen Standpunkt aus unmöglich ist, spiegelt es wahrscheinlich kaiserliche römische Diplomatie wider, die im 4. Jahrhundert politische Verbindungen mit den Franken unterstützen sollte. Sicherlich war es zu dieser Zeit, dass die benachbarten Burgunden als Brüder der Römer anerkannt wurden.

Anders als die meisten barbarischen Gruppen machten sich die Franken nicht auf eine weite Wanderung. [...] Während das Wandern eindeutig einen Faktor in der Identitätsfindung anderer Völker darstellte, könnte die Tatsache, dass die Franken lediglich ihr Machtzentrum vom Rhein westwärts verlegten, eine verhältnismäßig friedliche Machtübernahme in Nordostgallien ermöglicht haben. Nichtsdestoweniger sollten fränkische Kriegsherren eine bedeutende Rolle in den verworrenen Feldzügen spielen, die den Norden Galliens vom mittleren bis ins späte 5. Jahrhundert verwüsteten. [...]

Die christliche Ideologie der Merowinger sollte nicht mit der katholischen Ideologie verwechselt werden, die Gregor von Tours Chlodwig zuschrieb. Gregor, der wie die moderne Geschichtsschreibung mit dem Problem konfrontiert war, Chlodwigs Erfolg zu erklären, schrieb ihn seiner Bekehrung zum Katholizismus zu, im Gegensatz zum Arianismus, dem häretischen Christentum, dem viele andere germanische Anführer anhingen. Im Zuge dieser Interpretation könnte Gregor Chlodwigs Taufe sehr wohl mehr als zehn Jahre zu früh angesetzt haben. Er datiert sie in das Jahr 496, obwohl es Hinweise darauf gibt, dass die Taufe erst 508 stattfand; er stellt den Konflikt zwischen Arianern und Katholiken größer dar, als er im späten 5. und frühen 6. Jahrhundert war; und er ignorierte die Tatsache, dass die Aneignung Aquitaniens mit burgundischer, das heißt arianischer Hilfe geschah.

Ian Wood: Die Franken und ihr Erbe – „Translatio Imperii". In: Reiss-Museum Mannheim, Die Franken. Wegbereiter Europas, Mannheim 1996, S. 358 ff.

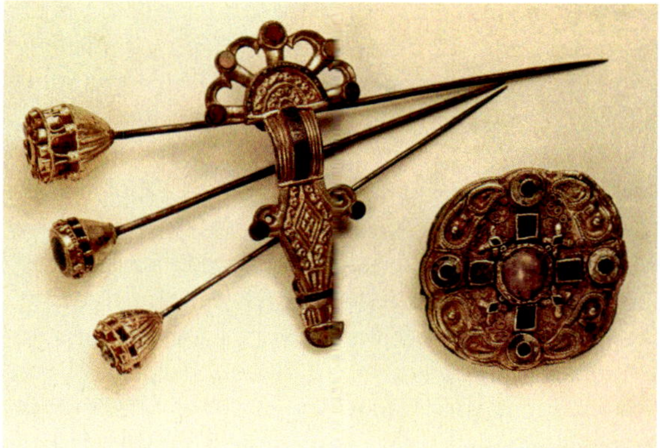

6 Funde in einem fränkischen Frauengrab aus dem 7. Jahrhundert

Zur Erforschung der Geschichte der spätantiken Franken sind Historiker aus Mangel an schriftlichen Quellen sehr stark auf archäologische Funde angewiesen. Rheinisches Landesmuseum Bonn

7 Gregors von Tour: Die Einigung der Franken durch Chlodwig

Bischof Gregor von Tours (538–594), gebürtig aus einer gallo-römischen Adelsfamilie aus der Auvergne, verfasste „Zehn Bücher Geschichte", die er als eine christliche Universalgeschichte angelegt hat. Diese zählen zu den wichtigsten schriftlichen Quellen des 6. Jahrhunderts, die besonders im 16. Jahrhundert große Beachtung fanden.

Als aber Chlodovech nun seinen Sitz zu Paris hatte, schickte er heimlich zum Sohne des Sigibert (Teilkönig in Köln) und sprach: „Siehe dein Vater ist alt geworden und hinkt auf einem verkrüppelten Bein. Stürbe er, so würde dir zugleich mit unserer Freundschaft mit Recht sein Reich zuteil werden." So wurde jener zur Herrschsucht und sann darauf, wie er den Vater tötete [...] und sein Sohn ließ ihn töten, um selbst die Herrschaft an sich zu reißen. Aber Gott ist gerecht, und er fiel in die Grube, die er seinem Vater schändlich gegraben hatte. Er schickte nämlich alsbald Boten an König Chlodovech und ließ ihm den Tod seines Vaters melden; sie sprachen: „Mein Vater ist tot, und sein Reich und seine Schätze sind mein. Sende etliche von deinen Leute zu mir, uns willig will ich dir schicken, was dir von meines Vaters Schätzen gefällt.“ Jener aber sprach: „Dank für deinen guten Willen; wenn unsere Leute zu dir kommen, so zeige ihnen, ich bitte dich, nur alles, du magst es dann selbst behalten.“ Und da sie kamen, öffnete er ihnen den Schatz seines Vaters. Als sie nun dies sahen und jenes in Augenschein nahmen, sagte er: „In diesen Kasten pflegte mein Vater seine Goldstücke zu legen.“ „Stecke doch einmal deine Hand hinein bis auf den Boden.“ Er tat dies und beugte sich tief, da aber erhob einer den Arm und hieb ihm mit der Axt in den Hirnschädel; so traf ihn selbst das Schicksal, das er ruchlos seinem Vater bereitet hatte. Da aber Chlodovech hörte, daß Sigibert wie auch sein Sohn tot waren, kam er an Ort und Stelle und berief alles Volk: „Hört“, sprach er darauf, „was sich zugetragen hat. Während ich die Schelde entlang fuhr, trachtete Childerich, der Sohn meines Blutsvetters, seinem Vater nach der Herrschaft und machte ihn glauben, ich wolle ihn töten. Als dieser deshalb durch den Buchonischen Wald floh, schickte er ihm Mörder nach und ließ ihn töten. Darauf wurde er selbst, während der seines Vaters Schätze auftat, von irgendeinem mir unbekannten Manne gleichfalls erschlagen. An all diesem bin ich durchaus ohne Schuld. Denn das Blut meiner Stammvettern darf ich ja nicht vergießen, und schändlich wäre es, wenn ich es täte. Da es jedoch einmal so gekommen ist, so gebe ich euch diesen Rat, wenn es euch genehm ist: Wendet euch zu mir, daß ihr sicher lebt unter meinem Schutze.“ Als sie dies hörten, schlugen sie an ihre Schilde, riefen Beifall, hoben ihn auf den Schild und setzten ihn auf den Schild und setzten ihn zum König über sich. So empfing er Sigiberts Reich und seine Schätze und es kamen die Leute desselben unter seine Herrschaft. Gott aber warf Tag für Tag seine Feinde vor ihm zu Boden und vermehrte sein Reich, darum daß er rechten Herzens vor ihm wandelte und tat, was seinen Augen wohlgefällig war.

Geschichte in Quellen, Bd. 2. München 1970, S. 29 f. Übers. R. Buchner

8 Abstammungsmythos der Franken

Von den Frankenkönigen, die vor alter Zeit gelebt haben, schreibt der heilige Hieronymus , und die Geschichte des Dichters Vergilius erzählt, zuerst sei Priamus König der Franken gewesen, als Troja durch die Ränke des Ulysses fiel, und dann seien von dort ausgezogen und hätte später seinen König mit Namen Friga gehabt, bis endlich eine Spaltung unter ihnen ausgebrochen sei und der eine Teil nach Mazedonien gegangen wäre [...] Dann teilten sie sich von neuem und ein Teil von ihnen zog unter dem Könige Francio mitten nach Europa hinein. Sie durchzogen Europa, ließen sich mit ihren Weibern und Kindern am Ufer des Rheins nieder und fingen nicht weit vom Rhein nach dem Muster von Troja an eine Stadt zu bauen, die sie auch Troja nannten. Der Bau blieb aber unvollendet. [...] Die anderen dagegen, die nach Francio Franken hießen, lebten lange Zeit hindurch unter ihren Herzögen und beugten sich niemals unter die Herrschaft fremder Völker.

Fredegar, 4.Buch, cap. 2. Nach: Geschichte in Quellen, Bd. 2. München 1970, S. 65. Übers. W. v. Giesebrecht

9 Der Historiker Bernhard Jussen über die Ursachen für Chlodwigs Erfolgsgeschichte

Von nun ab (400 n. Chr.) erlebten die Gallier eine ganze Reiher dieser auf regionaler Ebene mehr oder weniger autonom agierenden Figuren [...], daneben eine Menge kleinerer, lokal agierender Herrscher im Norden Galliens. Alle gründeten ihre Autorität auf militärische Stärke, wie immer sie sie legitimierten. Manche wurden mit römischen Amtstiteln „wie Heermeister“ oder „Administrator“ bezeichnet, manche – darunter Chlodwig – wurden mit beiden Varianten angeredet. Mit vielen dieser mächtigen Figuren unterhielten die Kaiser die eine oder andere Beziehung, aber keinen von ihnen hatten sie politisch in der Gewalt, und keiner konnte zu seiner Sicherheit auf den Kaiser bauen.

In den 100 Jahren zwischen der Entmachtung Valentinians II. und dem Eintritt Chlodwigs in die politische Geschichte können wir beobachten, wie die auf Reichsebene ausgemusterten gallischen Reicharistokraten sich eingerichtet haben in der neuen Situation [...] In kaum mehr als zwei Generationen hatten die politischen Leitfiguren in Gallien die Kirche als neuen Rahmen politischer Legitimation entdeckt und das zentrale Amt kirchlicher Administration, das des Bischofs, fundamental umfunktioniert. Bischöfliche Kompetenz, so verteidigte sich um die Mitte des 5. Jahrhunderts der Aristokrat Sidonius Apollinaris, das neue Modell, sollte nun weniger „den Seelen vor dem himmlischen Richter“ nützen, dafür gebe es ja Mönche, als eher „dem Schutze der Leiber beim weltlichen Richter“. [...] Nicht weniger signifikant war sein (eines mit Chlodwigs verbündeten Bischofs) zweiter Rat: „Mit dem vom Vater geerbten Reichtum befreie Gefangene und Sklaven“. Auch dies war in gewisser Weise ein Rat in eigener Sache. Denn die alte Aristokratie setzte sich inzwischen weniger mit dem althergebrachten Vorrat kaiserzeitlicher Repräsentation in Szene als über die Inszenierung des christlichen Weltuniversums. Sie stiftete keine Zirkusspiele mehr, sondern organisierte Prozessionen, beschaffte Reliquien, kaufte Sklaven frei. [...]

Lange hatte die Geschichtswissenschaft den Erfolg Chlodwigs auf seine Taufe geschoben. [...] Inzwischen weist die Forschungsliteratur bisweilen darauf hin, dass das Wesen Christi wohl doch nicht so wichtig für die Weltgeschichte war. Auch die Burgunder waren, wenn auch einige ihrer Herrscher dem Arius anhingen, weitgehend Anhänger des römischen Glaubens, was sie nicht vor dem Untergang bewahrt hat. [...]

Einige signifikante Unterschiede machten die Startbedingungen für Chlodwig erheblich besser als die seiner Nachbarherrscher: (1) Die Franken waren dort, wo Chlodwig herrschte, keine Eindringlinge und (2) sie hatten bereits ein Jahrhundert unter den Romanen gesiedelt, ohne eine eigentliche Herrschaft zu etablieren; (3) der Aufstieg Chlodwigs zum mächtigsten Mann der Gallia beeinträchtige die romanische Führungselite kaum; (4) die Franken betrieben keine Desintegrationspolitik wie Goten und Vandalen; (5) Gallien lag nicht wie Oberitalien. Nordafrika und der griechischsprachige Teil des Imperiums in der vitalen Interessensphäre der Kaiser. Diese Differenzen dürften wesentlich die unterschiedlichen Stabilitäten der Herrschaften bedingt haben.

Bernhard Jussen: Chlodwig und die Eigentümlichkeit Galliens. Ein Warlord im rechten Augenblick. In: Mischa Meier (Hg.): Sie schufen Europa. Historische Portraits von Konstantin bis Karl dem Großen. München 2007, S. 141 ff.

10 Chlodwig I., König der Franken
Gemälde des französischen Malers François-Louis Dejuinne (1784–1844) im Jahre 1835, 145 x 92 cm

11 Die nationale Identität in Frankreich und die Rolle von Chlodwig

Im Dezember 2009 publizierte der französische Staatspräsident Nikolas Sarkozy einen Beitrag zu einer Debatte über die nationale Identität in Frankreich, auf den die monarchistische Bewegung Renaissance catholique (Katholische Wiedergeburt, **Online-Link** 430027-0101*) antwortete:*

Worin bestand das Königtum Chlodwigs? Wie kann man es zusammenfassen? Ich will es in wenigen Worten versuchen: das Herz des alten Gallien zwischen Soisson und Orléans zu halten; Lutetia, Paris, das Lutetia der Genovevam die im Norden am meisten den Glauben und die Vaterlandsliebe der Galloromanen ausdrückte. Burgund, dieses so zivilisierte Land, in eine Bewegung zur Mitte hin zu versetzen und die katholischen Bretonen ebenfalls; die Ost- und Nordgrenze zu schließen. Er schlug die ewigen Alamannen zurück, die von ihrem Räthien, ihrem Dekumatsland (Südwestdeutschland), wo sie lebten, nicht wissen, ob sie sich nach Süden in Richtung Tirol und Italien, oder nach Westen in Richtung Gallien einfallen sollen. Kurz, er setzte den Invasionen ein Ende, Schluss mit den Überfällen der Horden. […] Vom Rhein bis zu den Pyrenäen ist die Einheit hergestellt und die Ordnung wieder aufgestellt, das salische Gesetz durchgesehen und überarbeitet, die Gerechtigkeit erneuert. […] Das kaiserliche Modell ist in das königliche Modell Chlodwigs integriert, eine politische Form für dieses Gallien, das einmal Frankreich werden wird. Und, um die Jahrhunderte zu streifen, warum haben unsere Könige aus den Familien der Valois und Bourbons bis Ludwig XVI. sich als römische Kaiser darstellen lassen? Über das Modell, das in der Antike entwickelt wurde, hinaus, gibt es diesen Willen noch immer und immer, der Nachfolger der römischen Ordnung und des Römischen Reichs zu sein […] das ist der König von Frankreich, der Nachfolger Chlodwigs und nicht der andere, der germanische König.

http://www.renaissancecatholique.org/Naissance-d-une-nation-Clovis-et,163.html, Zugriff vom 27. Januar 2010.

12 Die Franken – zwei nationale Wertungen

Chlodwig und seiner Taufe wird in Frankreich ein ganz anderer Stellenwert zugemessen, als dies in Deutschland der Fall ist. Jeder Schülerin und jedem Schüler ist Chlovis, wie Chlodwig dort genannt wird, als der erste König Frankreichs geläufig; mit seiner Taufe sei die Zeit der „invasion barbares“ – die Zeit der Invasion Galliens durch „barbarische Völker“ – endgültig zu Ende gegangen. Die Taufe Chlodwigs und der 3000 Personen seines Heeres in Reims markiert in den Schulbüchern Frankreichs die Einbindung der „barbarischen“ Beherrscher Galliens in das christlich geprägte galloromanische Umfeld. Dabei wird dieser Vorgang nicht als Synthese zwischen verschiedenen Völkerschaften, sondern als die Assimilation der „Barbaren“ empfunden. Für die gallo-römische Bevölkerung

Galliens mit ihrer aus der Antike bewahrten „gallischen" Kultur waren die fränkischen Herrscher nur ein Teil ihres Wertesystems, die Bewahrer der christlich geprägten gallo-römischen Kultur. Mit Chlodwigs Anerkennung der Werte der großen gallo-römischen Bevölkerungsmehrheit – im Taufakt zum Ausdruck gebracht – hatte er zugleich auch seine Herrschaft über Gallien legitimiert. Nach all den Wissen der „invasions barbares" und nach der langen Zeit römischer Fremdherrschaft gab Chlodwig als legitimer Herrscher Galliens seine Eigenstaatlichkeit zurück. Mit der Taufe war auch die Geburtsstunde Frankreichs gekommen. Und Chlodwig steht am Beginn dieses neuen Staatswesens, legt die Grundlagen für die neue Einheit Galliens. Die französische Nation ist geboren! […] Chlodwig selbst erhielt in deutschen Schulbüchern keine gute Noten. „Rücksichtslos war sein Machtwille." „Durch Mord, Verrat und List beseitigte er seine nächsten Verwandten, die anderen Gaufürsten, und machte sich zum König aller Franken." Kein Germane im Sinne von Tacitus. Er unterjocht die freien Franken und untergräbt das angestammte Volksrecht. „Nach und nach ging manches Volksrecht auf den König über", heißt es da mit bedauerndem Unterton. „Doch vermochte er nicht, von den freien Germanen nach römischer Sitte Steuern einzutreiben", folgt fast triumphierend in der Schulbuchdarstellung. […]

Lothar Mark: Eine Geschichte – zwei Geschichten. In: Die Franken, Wegbereiter Europas. Mainz 1996, S. 3–9, hier 3 ff.

13 **Peter Staab: Die Franken – Wegbereiter Europas (1996)**

Das neu geeinte und konsolidierte Reich der Franken nahm eine integrierende Entwicklung, welche die seit dem späten 6. Jahrhundert immer stärker gewordenen Unterschiede zwischen Austrasien, Neustrien und Burgund weitgehend verschwinden ließ. Die neue Aufspaltung nach dem Tod Ludwigs des Frommen 840 mit dem eingangs erwähnten Vertrag von 843, die letztlich für die Entwicklung der modernen Staatenwelt des kontinentalen Europa weitgehend verantwortlich ist, beruht nach Karl Ferdinand Werner sehr viel weniger auf den merowingischen Teilreichen als vielmehr auf neu gebildeten fränkischen Unterreichen des 9. Jahrhunderts. Die heutigen Staaten Europas von den Pyrenäen bis zur Elbe stehen daher durchaus in einer gemeinfränkischen Tradition, die seit der erneuten Einigung des Frankenreiches im späten 7. Jahrhundert durch die Hausmeier wirksam wurde. […] Während politischer Einfluss, materielle Kultur, Fernhandel des Frankenreiches seinerzeit ganz Europa erfassten und das wirtschaftliche Schwergewicht aus dem Mittelmeerraum nach dem Norden verlagerten, etablierten sich auch die charakteristisch fränkischen Anfänge des Lehnswesens, aus dem im Lauf des Mittelalters eine gemeinsame europäische Ritterkultur hervorging.

Peter Staab: Die Franken – Wegbereiter Europas in Die Franken, Wegbereiter Europas. Vor 1500 Jahren. König Chlodwig und seine Erben. Mainz 1996, S. 10–22, hier S. 21 f.

Arbeitsvorschläge

a) Untersuchen Sie die Beziehungen zwischen den Franken und den Römern. Bedenken Sie dabei, dass das Römische Reich bereits in zwei rivalisierende Hälften geteilt war (VT, M 5).

b) Stellen Sie zusammen, welche Elemente der römischen Kultur offenbar von den Franken übernommen wurden (M 5).

c) Analysieren Sie die verschiedenen Stufen der fränkischen Stammesbildung und stellen Sie dabei die jeweils wichtigen Faktoren der fränkischen Ethnogenese heraus (Verfassertext, M 7).

d) Erläutern sie, welche Rolle Gregor von Tours König Chlodwig einerseits, dem Wirken Gottes andererseits bei der fränkischen Stammesgeschichte zuteilt. Klären Sie, welche Rolle in dem Kontext dem Abstammungsmythos des Fredegar-Textes zukommen kann (M 8, M 9).

e) Vergleichen Sie in den Darstellungen über die Taufe Chlodwigs, welche Rolle der König, die Vertreter der Kirche und das Gefolge des Herrschers spielen. Diskutieren Sie, inwiefern die Bilder eine historische Bedeutung vermitteln wollen, und prüfen Sie, ob das Ereignis eine solche Bedeutung besitzt.

f) Untersuchen Sie die verschiedenen Interpretationen über die historische Rolle der Franken für Deutschland, Frankreich und Europa und diskutieren Sie die Gründe, warum Menschen von vor 1500 Jahren für gegenwärtige Vorstellungen als Begründung herangezogen werden (M 11–M 13).

Methode: Umgang mit Historiengemälden

Historiengemälde gab es bereits in der Antike, man denke an das berühmte Mosaik über die Alexanderschlacht mit seinen gewaltigen Ausmaßen von ca 3 x 6 Metern. Besonderer Beliebtheit erfreuten sich Historiengemälde im 19. Jahrhundert. Dies war eine Zeit, in der die Idee der „Nation" entdeckt wurde und unter Rückgriff auf – in der Regel glorifizierte historische Vorbilder – eine nationale Identität gefördert wurde. Auf diese Weise reflektieren derartige Gemälde das Geschichtsbild ihrer jeweiligen Zeit bzw. die nationalen Träume und Erwartungen an die eigene Nation. Sie sparten nicht mit nationalen Klischees und Stereotypen. Und sie befriedigten wahrscheinlich tief sitzende Bedürfnisse und Hoffnungen, mit denen sich der Betrachter identifizieren sollte. Historiengemälde sind vor allem aufschlussreiche Quellen für die Epoche, in der sie entstanden sind, sie sagen kaum etwas über die Zeit oder die Ereignisse aus, die sie vorgeben darzustellen, auch wenn das ein oder andere Detail des Gemäldes als „realistisch" erscheint.

Wenn wir Historiengemälde näher untersuchen, erfahren wir aber auch etwas über uns selbst, wer wir sind, wer wir sein oder nicht sein wollen. Denn wir nehmen zu dem Bild ja unbewusst oder gar bewusst Stellung. Wir lehnen das Dargestellte ab, wir identifizieren uns oder aber uns lässt das Bild vielleicht völlig kalt. Wir konfrontieren das Bild mit unseren Werthaltungen und Interessen, mit unserer Wahrnehmung und Deutung der Gegenwart. Wenn wir ein Bild aus dem 17. Jahrhundert von einer ärmlichen Bauernbehausung betrachten, haben wir auch unsere eigenen Wohnverhältnisse im Blick. Geschichtsbewusstsein entsteht dann, wenn wir diese Distanz reflektieren oder wenn wir eine historische Darstellung mit einer anderen vergleichen.

1 **Das sog. Alexandermosaik** (ca. 150–100 v. Chr.; 5,82 x 3,13 m) wurde bei Ausgrabungen in Pompeji entdeckt. Viele Interpreten sehen hier eine Darstellung der Schlacht bei Issos (333 v. Chr.), andere die Schlacht von Gaugamela (331 v. Chr.); bei beiden Kämpfe wurde eine persische Übermacht von Alexander dem Großen besiegt. In der Bildmitte wendet sich der persische Großkönig Dareios III. zur Flucht, links Alexander der Große bei dem Versuch, den persischen König gefangenzunehmen oder zu töten. (Beachten Sie u. a. das Durcheinander in den persischen Reihen, die Richtung der Speere rechts. In der glänzenden Spiegelung eines Schildes sieht man einen persischen Wagenlenker.)

2 Feierabend auf dem Lande
(1659) von Adriaen von Ostade, 37,5 x 45,2 cm

3 Radierung Fränkisches Bauerngehöft von F. E. Weirotter (1730–1771), ca. 1750

4 **Chlodwigs Taufe**, Wandgemälde aus dem Panthéon von J. Blanc, 1877

Arbeitsschritte

a) Beschreiben Sie im ersten Schritt zunächst spontane Eindrücke. Notieren Sie diese. Vergleichen sie diese und leiten Sie daraus Fragen an das Bild ab.

b) In einem zweiten Schritt werden wichtige Details des Bildes näher untersucht. Welchen Bildaufbau und welche Farben wählte der Maler? Welches sind besonders hervorstechende Bildelemente? Wie groß ist das Bild? Beschreiben Sie Position und Körperhaltung dargestellter Personen. Welche Blickrichtung nimmt der Betrachter auf den oder die Dargestellten ein (Perspektive)?

c) In einem letzten Schritt wird das Gemälde interpretiert, d.h. es wird danach gefragt, welche „Botschaft“ das Bild transportieren will und auf welche Weise der Künstler das versucht. Dazu ist es nötig, Informationen über den Künstler und die Bildentstehung zu sammeln. War das Bild beispielsweise eine Auftragsarbeit? Wo wurde das Gemälde aufgehängt? War es für einen privaten, einen repräsentativen oder gar für einen öffentlichen Raum bestimmt?

d) Abschließend kann das Historiengemälde interpretiert werden. Formulieren Sie dazu die Wirkung, die das Bild auf die Menschen erzielte, und mit welchen Mitteln dies der Maler erreichte. Vergleichen Sie in einem letzten Schritt dies mit den am Anfang notierten „ersten eigenen Eindrücken“. Wie wirkt das Bild auf den heutigen Betrachter?

in den letzten zwei Jahrhunderten möglich gemacht hat, dass Millionen von Menschen für so begrenzte Vorstellungen weniger getötet haben als vielmehr bereitwillig gestorben sind.

Dieses Sterben konfrontiert uns mit dem zentralen Problem, vor das uns der Nationalismus stellt: Wie kommt es, dass die kümmerlichen Einbildungen der jüngeren Geschichte (von kaum mehr als zwei Jahrhunderten) so ungeheure Blutopfer gefordert haben? Ich bin der Überzeugung, dass die Antwort in den kulturellen Wurzeln des Nationalismus liegt. [...]

Das 18. Jahrhundert markiert in Westeuropa nicht nur die Morgenröte des Zeitalters des Nationalismus, sondern auch die Abenddämmerung religiöser Denkweisen. Das Jahrhundert der Aufklärung, des rationalistischen Säkularismus, brachte auch seine eigene, moderne Dunkelheit mit sich. Mit dem Verfall der Religiosität verschwand das Leid, in das der Glaube eine Ordnung gebracht hatte, keineswegs. Der Zusammenbruch des Paradieses macht den Tod willkürlich und überführt jeden Erlösungsgedanken der Absurdität. Notwendig wurde somit eine Umwandlung des Unausweichlichen in Kontinuität, der Kontingenz zu Sinn. Wie wir sehen werden, waren (und sind) nur wenige Dinge hierzu geeigneter als die Idee der Nation. Auch wenn man Nationalstaaten weithin als „neu“ und „geschichtlich“ versteht, so kommen die Nationen, denen sie den politischen Ausdruck verleihen, immer aus unvordenklicher Vergangenheit und, noch wichtiger, schreiten in eine grenzenlose Zukunft. [...]

Selbstverständlich will ich nicht behaupten, das Auftauchen des Nationalismus gegen Ende des 18. Jahrhunderts sei durch die Erosion religiöser Gewissheiten „produziert“ worden oder diese wiederum bedürfe keiner komplexen Erklärung. Genauso wenig möchte ich nahelegen, der Nationalismus hätte die Religion historisch „abgelöst“. Meiner Auffassung nach ist der Nationalismus nur zu verstehen, wenn man ihn nicht in eine Reihe mit bewusst verfochtenen Ideologien stellt, sondern mit den großen kulturellen Systemen, die ihm vorausgegangen sind und aus denen – und gegen die – er entstanden ist.

Die religiöse Gemeinschaft und das dynastische Reich stellen in unserem Zusammenhang die beiden herausragenden kulturellen Systeme dar. Beide wurden in ihrer Blütezeit als unhinterfragbar gegebene Bezugssysteme betrachtet, ganz so wie die Nation heutzutage. Es gilt also zu untersuchen, was diesen kulturellen Systemen ihre selbstverständliche Plausibilität verliehen hat, und die Schlüsselelemente für ihren Zerfall zu finden.

Benedict Anderson: Die Erfindung der Nation. Zur Karriere eines folgenreichen Konzepts. Berlin 1998, S. 14–16 und 18 f. Übers. Benedikt Burkard/ Christoph Münz © Campus Verlag 1988

11 **„Es ist der Nationalismus, der Nationen hervorruft ...“**

Nationen – nur ein willkürliches Konstrukt? Ernest Gellner zur Nationenbildung:

Wir aber dürfen den Mythos nicht akzeptieren. Nationen sind nicht in das Wesen der Dinge eingeschrieben, sie bilden nicht eine politische Version der Lehre von den natürlichen Arten. Ebenso wenig waren Nationalstaaten das manifeste letzte Ziel ethnischer oder kultureller Gruppen. Was existiert, das sind Kulturen, die sich häufig nach subtilen Unterschieden gruppieren, ineinander übergehen, sich überlappen, sich vermischen; und gewöhnlich, wenn auch nicht immer, gibt es politische Einheiten aller Formen und Größen. In der Vergangenheit waren die beiden im Allgemeinen nicht deckungsgleich [...]

Das große, aber reale Paradox lautet: Nationen können nur in Begriffen des Zeitalters des Nationalismus definiert werden, und nicht, wie man hätte denken sollen, umgekehrt. Es stimmt nicht, dass die „Ära des Nationalismus“ eine bloße Summe des Erwachens und der politischen Selbstbehauptung dieser, jener und jener anderen Nation darstellt. Vielmehr entsteht erst, wenn die allgemeinen sozialen Verhältnisse nach standardisierten, homogenen und durch staatliche Zentralgewalt geschützten Hochkulturen rufen – nach Hochkulturen also, die die Gesamtbevölkerung und nicht nur die Minderheiten der Elite durchdringen –, eine Situation, in der klar definierte, durch Ausbildung sanktionierte und vereinheitlichte Kulturen fast schon die einzige Art Einheit bilden, mit der sich Menschen bereitwillig und häufig glühend identifizieren. Nunmehr scheinen die Kulturen die natürlichen Lagerstätten der politischen Legitimität zu sein. Erst jetzt wird jede Verletzung kultureller Grenzen durch politische Einheiten als Skandal empfunden.

Unter diesen Bedingungen – wenn auch nur unter diesen Bedingungen – können dann Nationen tatsächlich sowohl über ihren gemeinsamen Willen als auch durch ihre gemeinsame Kultur definiert werden; und weiterhin dadurch, dass beide, also die gewollte und die kulturelle Gemeinschaft, auch mit den Grenzen der politischen Einheiten zusammenfallen. Unter diesen Bedingungen wollen Menschen mit all jenen – und nur mit denjenigen – politisch vereinigt werden, die ihre Kultur teilen. Politische Staatswesen streben nunmehr danach, ihre Grenzen bis zu den Grenzen ihrer Kulturen zu erweitern und ihre Kultur in den Grenzen ihres Machtbereichs zu schützen und durchzusetzen. Die Fusion von Wille, Kultur und staatlicher Einheit wird damit zur Norm, die nicht leicht oder häufig verletzt wird. (Früher war diese Norm fast überall straflos verletzt worden, und dies blieb durchweg unbemerkt und unbestritten.) Diese Bedingungen definieren nicht die menschliche Situation als solche, sondern nur eine ihrer Varianten: die der Menschen in modernen Industriegesellschaften.

1 **Die europäische Staatenwelt 1922 – Kontinent der Nationalstaaten?**

Kleindeutsche Lösung

Ein „geeintes“ Deutschland gibt es erst seit 1871 und das auch nur als sog. kleindeutsche Lösung. Die deutsch-österreichische Bevölkerung ging hingegen einen eigenen „nationalen“ Entwicklungsweg. Manche Historiker sprechen von Deutschland als einer „verspäteten Nation“, die eine „Sonderentwicklung“ durchlaufen habe. Andere kritisieren diese Auffassung einer vermeintlichen deutschen Sonderentwicklung und bestreiten, dass es eine solche gegeben habe.

Das beginnt bereits mit dem Problem, seit wann man von einer „deutschen“ Geschichte sprechen kann. Viele Gelehrte, die im 19. Jahrhundert gegenüber den damaligen politischen Verhältnissen oppositionell eingestellt waren, bemühten sich um die Schaffung einer deutschen Nation und kämpften für einen deutschen Nationalstaat, wie ihn bereits die Engländer, Franzosen, die Dänen und andere Völker hatten. Die Brüder Grimm interpretierten ihre Forschungs- und Sammlungsarbeit zur deutschen Sprache und Kultur als Beitrag, ein deutsches Nationalgefühl innerhalb der breiten Bevölkerung zu begründen und zu fördern.

2 **„Rundgemälde von Europa im August 1849“**, Karikatur auf die Niederlage der Revolution 1848/49 (**Online-Link** 430027-0101)

3 **Hagen Schulze: Was ist deutsche Geschichte?**

Was deutsche Geschichte sei, war für unsere Vorfahren keine Frage. Sie begann mit den Germanen und ihrem Kampf gegen Rom. Dass Hermann der Cherusker, der Sieger über die Legionen des Quinctilius Varus in der Schlacht im Teutoburger Wald im Jahr 9 n. Chr., ein deutscher Held war, duldete keinen Zweifel, und heute noch trägt das Schwert des Hermannsdenkmals bei Detmold in goldenen Lettern die Inschrift: „Deutschlands Einigkeit meine Stärke, meine Stärke Deutschlands Macht.“ Von Hermann zog sich ein großer, klar gezeichneter Bogen bis in die Gegenwart: Da war der Gotenkönig Theoderich, der in Sagen und Märchen als Dietrich von Bern weiterlebt, dann Karl der Große, der die römische Kaiserkrone erwarb und das Reich der Römer zu einem deutschen machte. Es folgten die staufischen Kaiser Friedrich Barbarossa und dessen Enkel Friedrich II., die in rätselhafter Einheit im Kyffhäuser auf ihre Wiederkehr in Deutschlands größter Not warten. Darauf Martin Luther, die „deutsche Nachtigall“, und Karl V., in dessen Reich die Sonne nicht unterging, Friedrich der Große und Maria Theresia, mit denen die Uneinigkeit der deutschen Stämme ihren tragischen Höhepunkt erreichte, der Freiherr vom Stein und Blücher, der „Marschall Vorwärts“, und schließlich Bismarck, der „Eiserne Kanzler“, Schmied des neuen Reichs der Deutschen, das in der direkten Nachfolge des Heiligen Römischen Reichs Deutscher Nation stand: Eine repräsentative Ahnengalerie deutscher Geschichte, auf die die Deutschen stolz waren.

Doch dann kam die „deutsche Katastrophe“ (Friedrich Meinecke), Hitlerreich und Weltkrieg, und 1945 die Höllenfahrt des deutschen Nationalstaats. Der Schweizer Historiker Jacob Burckhardt hatte einst den „siegesdeutschen Anstrich“ der deutschen Geschichte durch die deutsche Geschichtswissenschaft ironisiert – dieser Anstrich löste sich jetzt auf, und damit auch der sinnvolle Zusammenhang der deutschen Geschichte. Auf die goldene Legende vom geradlinigen Aufstieg des germanisch-deutschen Reichs folgte die schwarze Legende vom bösen, total verfehlten deutschen Sonderweg, dessen einzige Wahrheit in den Verbrechen des „Dritten Reichs“ bestand, wenn man es nicht vorzog, Nationalgeschichte überhaupt für sinnlos zu halten oder mit Alfred Heuss den „Verlust der Geschichte“ zu beklagen.

Eine Zeitlang war es für die Bewohner Westdeutschlands ein komfortabler Zustand, die Geschichte zu verdrängen, die Gegenwart mit ihren hohen industriellen Wachstumsraten und dem zunehmenden Massenwohlstand zu genießen und etwas erstaunt die übrige Welt zu betrachten, in der das Prinzip der nationalen Identität ungebrochen herrschte und seine politische Wirksamkeit Tag für Tag unter Beweis stellte. Die Deutschen, obwohl auf einem äußerst exponierten Posten der Weltpolitik beheimatet, schienen in allen ihren politischen Entscheidungen nur den einen Wunsch auszudrücken, keine Entscheidungen treffen zu müssen und in Ruhe gelassen zu werden. Die Menschen in der DDR dagegen waren einer vom Politbüro der SED aufgezwungenen, von Parteiideologen verfertigten und den jeweiligen politischen Veränderungen angepassten Geschichtssicht ausgesetzt, die jeder Diskussion entzogen blieb.

Aber der Zustand bekömmlicher innerer Prosperität und seliger außenpolitischer Verantwortungslosigkeit änderte sich schlagartig, als die Mauer fiel und ein neuer deutscher Nationalstaat ins Leben trat, dessen pure Existenz Europa verändert und der deshalb seinen Bürgern und den übrigen Europäern erklären muss, als was er sich versteht. Um mitten in Europa eine Zukunft zu haben, müssen wir wissen, auf welcher Vergangenheit die deutsche Gegenwart beruht. Denn niemand kann anfangen, sondern immer nur anknüpfen. Das heißt, dass diejenigen, die glauben, völlig Neues zu tun, nicht wirklich wissen können, was sie tun

Um uns selbst und unseren europäischen Nachbarn die „deutsche Frage“ zu beantworten, müssen wir erklären, was Deutschland ist, was es sein kann und was es sein soll. Dazu müssen wir erneut die deutsche Geschichte erzählen. Und weil nicht jedermann die Zeit oder Geduld aufbringt, vielbändige Kompendien durchzuarbeiten, erzählen wir diesmal die deutsche Geschichte in aller Kürze, mit dem Blick auf das Wesentliche.

Hagen Schulze: Kleine deutsche Geschichte. München (Beck) 1996, S. 6 f.

5 Ein nationales Projekt – Jakob Grimm: Aus der Vorrede zum „Deutschen Wörterbuch“ (1854)

Nachdem diese großen Dichter [Lessing, Klopstock, Goethe, Schiller] vor dem ganzen Volk mit immer steigendem Erfolg, was deutsche Sprachgewalt sei und meine, bewährt hatten und durch feindliche Unterjochung in den wehevollen Anfängen dieses Jahrhunderts allen Gemütern eingeprägt war, an diesem Kleinod unsrer Sprache stolzer festzuhalten; fand sich das Bewusstsein eines auch in ihr seit frühster Zeit waltenden Grundgesetzes so erleichtert, dass es nichts als der einfachsten

4 Humoristische Karte von Europa, Berlin 1870, Lithographie (**Online-Link** 430027-0101)

Mittel bedurfte, um es auf einmal zur Anschauung zu bringen. […]

So hat sich unter mancherlei Gunst und Abgunst allmählich eine deutsche Philologie in bedeutenderem Umfange als je vorher gebildet, deren selbständige Ergebnisse vielfache Frucht tragen, unabhängigen Wert behaupten und fortdauernde Teilnahme in Anspruch nehmen können. Früherhin ließ alles und jedes, was von den Denkmälern unseres Altertums mühsam gedruckt erschienen war, in ein paar Folianten und Quartanten sich beisammenhaben; jetzt stehn in den Bibliotheken ganze Gefache von altdeutschen Büchern erfüllt, und die Verleger zagen nicht mehr vor dieser Literatur. Wie viel noch übrig bleibe zu tun, ein rühmlicher Eifer regt sich, alle Lücken zu ergänzen und ungenügende durch bessere Ausgaben zu verdrängen.

Nicht länger verschlossen liegen die Quellen unserer Sprache, und ihre Bäche und Ströme dürfen oft bis auf die Stelle zurückgeführt werden, wo sie zum ersten Mal vorgebrochen sind; fortan aber kann eine deutsche Grammatik, ein deutsches Wörterbuch, die sich dieser Forschungen und aller daraus erwachsenen Fordernisse entäußern, weder gelten noch irgend ersprießlichen Dienst leisten.

Von an der Oberfläche klebenden, nicht tiefer eingehenden Arbeiten beginnt heutzutage auch die ernstere Stimmung des Volks sich loszusagen. Aufgelegt zum Betrieb der Naturwissenschaften, die den Verstand beschäftigen und mit einfachen Mitteln, wenn sie recht verwendet werden, das Nützlichste ausrichten, wird ihm auch sonst das Unnütze und Schlechte verleidet; wozu ihm noch immer Handbücher und Auszüge unseres gewaltigen Sprachhortes und alten Erbes vorlegen, die, statt dafür einzunehmen, davon ableiten und nichts als schalen Absud seiner Kraft und Fülle bieten, aus dem keine Nahrung und Sättigung zu gewinnen steht, als sei der unmittelbare Zutritt verschlagen und die eigne Anschau verdeckt. Seit den Befreiungskriegen ist in allen edlen Schichten der Nation anhaltende und unvergehende Sehnsucht entsprungen nach den Gütern, die Deutschland einigen und nicht trennen, die uns allein den Stempel voller Eigenheit aufzudrücken und zu wahren imstande sind. Der großen Zahl von Zeitgenossen, vor deren wachem Auge die nächsten dreißig Jahre darauf sich entrollten, bleibt unvergessen, wie hoch in ihnen die Hoffnungen gingen, wie stolz und rein die Gedanken waren; wenn nach dem Gewitter von 1848 Rückschläge lang und schwerfällig die Luft durchziehen, können Sprache und Geschichte am herrlichsten ihre unerschöpfliche Macht der Beruhigung gewähren. Auch die Kräfte der unendlichen Natur zu ergründen stillt und erhebt, doch ist nicht der Mensch selbst ihre edelste Hervorbringung, sind nicht die Blüten seines Geistes das höchste Ziel? Seiner Dichter und Schriftsteller, nicht allein der heutigen, auch der früher dagewesenen will das Volk nun besser als vorher teilhaft werden und sie mit genießen können; es ist recht, dass durch die wieder aufgetanen Schleusen die Flut des Altertums, so weit sie reiche, bis hin an die Gegenwart spüle. Zur Forschung über den Verhalt der alten, verschollenen Sprache fühlen wenige sich berufen, in der Menge aber waltet das Bedürfnis, der Trieb, die Neugier, den gesamten Umfang und alle Mittel unsrer lebendigen, nicht der zerlegten und aufgelösten Sprache kennenzulernen. Die Grammatik ihrer Natur nach ist für Gelehrte, Ziel und Bestimmung des allen Leuten dienenden Wörterbuchs […] sind neben einer gelehrten und begeisterten Grundlage notwendig auch im edelsten Sinne praktisch.

Durch warme Teilnahme des Volks allein ist die Erscheinung dieses deutschen Wörterbuchs möglich und sicher geworden, das also im auffallenden Gegensatz steht zu den Wörterbüchern anderer Landessprachen, die von gelehrten Gesellschaften ausgegangen auf öffentliche Kosten an das Licht getreten sind, wie es in Frankreich, Spanien, Dänemark geschah.

Jakob Grimm: Zum Deutschen Wörterbuch. Darmstadt (Wissenschaftliche Buchgesellschaft) 1961, S. 13 f.

6 Ernest Renan: Was ist eine Nation? (1882)

Eine Nation ist eine Seele, ein geistiges Prinzip. Zwei Dinge, die in Wahrheit nur eins sind, machen diese Seele, dieses geistige Prinzip aus. Eines davon gehört der Vergangenheit an, das andere der Gegenwart. Das eine ist der gemeinsame Besitz eines reichen Erbes an Erinnerungen, das andere ist das gegenwärtige Einvernehmen, der Wunsch zusammenzuleben, der Wille, das Erbe hochzuhalten, welches man ungeteilt empfangen hat […]

In der Vergangenheit ein gemeinschaftliches Erbe von Ruhm und von Reue, in der Zukunft ein gleiches Programm verwirklichen, gemeinsam gelitten, sich gefreut, gehofft haben – das ist mehr wert als gemeinsame Zölle und Grenzen, die strategischen Vorstellungen entsprechen […]

Eine Nation ist also eine große Solidargemeinschaft, getragen von dem Gefühl der Opfer, die man gebracht hat, und der Opfer, die man noch zu bringen gewillt ist. Sie setzt eine Vergangenheit voraus, aber trotzdem fasst sie sich in der Gegenwart in einem greifbaren Faktum zusammen: der Übereinkunft, dem deutlich ausgesprochenen Wunsch, das gemeinsame Leben fortzusetzen. Das Dasein einer Nation ist – erlauben Sie mir dieses Bild – ein tägliches Plebiszit, wie das Dasein des Einzelnen eine andauernde Behauptung des Lebens ist […]

Die Nationen sind nichts Ewiges. Sie haben einmal angefangen, sie werden enden. Die europäische Konföderation wird sie wahrscheinlich ablösen. Aber das ist nicht das Gesetz des Jahrhunderts, in dem wir leben. Gegenwärtig ist die Existenz der Nationen gut, sogar notwendig. Ihre Existenz ist die Garantie der Freiheit, die verloren wäre, wenn die Welt nur ein einziges Gesetz und einen einzigen Herrn hätte.

Mit ihren verschiedenen Fähigkeiten, die einander oft entgegengesetzt sind, dienen die Nationen dem gemeinsamen Werk der Zivilisation. Alle tragen zu dem großen Konzert der Menschheit eine Note bei, das, als Ganzes, die höchste ideale Realität ist, an die wir heranreichen. Voneinander isoliert, haben sie nur schwache Partien […]

Ich fasse zusammen: Der Mensch ist weder der Sklave seiner Rasse, seiner Sprache, seiner Religion noch des Laufs der Flüsse oder der Richtung der Gebirgsketten. Eine große Ansammlung von Menschen, gesunden Geistes und warmen Herzens, erschafft ein Moralbewusstsein, welches sich eine Nation nennt. In dem Maße, wie dieses Moralbewusstsein seine Kraft beweist durch die Opfer, die der Verzicht des Einzelnen zugunsten der Gemeinschaft fordert, ist die Nation legitim, hat sie ein Recht zu existieren. Wenn sich Zweifel an ihren Grenzen erheben, dann soll die Bevölkerung befragt werden. Sie hat durchaus ein Recht auf ein Urteil darüber.

Aus: „Ernest Renan: Was ist eine Nation? In: Michael Jeismann/Henning Ritter [Hg.]: Grenzfälle. Über neuen und alten Nationalismus. Leipzig 1993, S. 308 ff.

8 Was unterscheidet Kulturnation und Staatsnation?

Einer der bekanntesten und immer noch einleuchtendsten Ansätze, sich dem Phänomen der Nation zu nähern, stellt die Unterscheidung von Staatsnation und Kulturnation dar. Diesem Begriffspaar, für das es im Englischen oder Französischen keine Entsprechung gibt, hat der deutsche Historiker Friedrich Meinecke in der Nationalismusforschung zum Durchbruch verholfen. Ausgangspunkt waren für Meinecke die schon genannten Merkmale der Gleichheit oder Gemeinsamkeit als Bestimmungsfaktoren der Nation. Die Staatsnation, an der Idee der individuellen und kollektiven Selbstbestimmung orientiert, leitet sich danach aus dem freien Willen und dem subjektiven Bekenntnis des Individuums zur Nation her – in der anschaulichen, wenngleich zugespitzen Formulierung des französischen Religionshistorikers Ernest Renan aus dem Jahre 1882: „L'existence d'une nation est […] un plébiscite de tous les jours." Nachdem Renan in seiner Vorlesung über die Frage „Was ist eine Nation?" die üblichen Kriterien für die Unterscheidung von Nationen geprüft und sie unzulänglich gefunden hatte, kam er zu dem Schluss, dass es letzten Endes vom Willen der Individuen abhängt, ob eine Nation besteht oder nicht. Die Bevölkerung eines bestimmten, historisch entstandenen Territoriums begreift sich als Nation, Staatsangehörigkeit wird mit Nation gleichgesetzt.

7 **Deutsch kommentierter Nachdruck einer britischen Propagandakarte Ende 1914** (**Online-Link** 430027-0101)

Dagegen begreift sich die Kulturnation, die über keinen eigenen Staat oder ein anderes politisches Medium zur Vermittlung eines Gemeinschaftsgefühls verfügt, aufgrund angeblich objektiv vorgegebener Kriterien wie gemeinsame Herkunft und Sprache, geschlossenes Siedlungsgebiet, Religion, Gewohnheiten und Geschichte. Das Einheitsbewusstsein, das Gefühl der Zusammengehörigkeit, entwickelt sich unabhängig vom Staat. Die vorpolitische Kulturnation überwölbt partikularistische Staatsbildungen wie in Deutschland oder Italien im frühen 19. Jahrhundert. Sie vermag sogar, wie das Beispiel der Polen zwischen 1772 und 1918 zeigt, die Aufteilung unter drei multinationale dynastische Großstaaten über einen längeren Zeitraum hinweg zu überdauern. Sie lässt dem Individuum nur wenig Spielraum, über seine nationale Zugehörigkeit selbst zu entscheiden. Bei den nationalen Einheitsbewegungen seit dem 19. Jahrhundert erschien die Nation folglich „als eine vor dem Staat gegebene, entweder historisch oder kulturell oder als sozialer Verband begründete Größe". Indem sich die Kulturnation politisiert und „etatisiert", versucht sie, den Schritt zur Staatsnation zu vollziehen.

Der Begriff Staatsnation hat seinen konkreten geschichtlichen Bezugspunkt in Frankreich und England, aber auch in den Vereinigten Staaten, dem klassischen polyethnischen Einwandererland. In den drei Staaten entstand die Nation als politisch bewusste Gemeinschaft rechtsgleicher Bürger, unabhängig von sozialer und wirtschaftlicher Stellung, ethnischer Herkunft und religiöser Überzeugung, in einem innerstaatlichen Transformationsprozess.

Frankreich ist, so wird es in der Rückschau gern gesehen, eine Schöpfung des Willens: Das individuelle Bekenntnis zu den Ideen von 1789 und zur „grande patrie" konstituiert, in der Theorie jedenfalls, die Nation als politische Willensgemeinschaft, als mündige Staatsbürgerschaft. In den Worten von Hans Rothfels: „Politische Freiheit und Nationalität gingen eine eigentümliche Synthese ein, die den Optimismus von Generationen beflügelt hat." Nation und Staat fallen zusammen. Die einheitliche Sprache, ein einheitliches Rechts- und Verwaltungssystem, eine zentralistische Regierung und gemeinsame politische Ideale bilden das einigende Band. Grundlage der Staatsgewalt ist die Volkssouveränität.

Das Prinzip der Kulturnation, das Abstammung und Sprache betont, kennzeichnet die Entstehung der Nationen in Mitteleuropa, in Italien und – mit Einschränkungen – in Ostmitteleuropa. Dort war die Nationszugehörigkeit dem Belieben des Individuums weitgehend entzogen. Die Zugehörigkeit zur Nation ist ein durch Natur und Geschichte bestimmtes Schicksal. Einem voluntaristischen, liberaldemokratischen steht mithin ein deterministischer, vielfach als undemokratisch und irrational bezeichneter Begriff der Nation gegenüber.

Peter Alter: Nationalismus. Frankfurt/M. (Suhrkamp) 1985, S. 19–21.

9 Benedict Anderson: Die Erfindung der Nation (1998)

Es ist ratsam, zunächst den Begriff „Nation" kurz zu erörtern und eine praktikable Definition zu geben. Nationalismustheoretiker sind oft von drei Paradoxa irritiert: 1. Der objektiven Neuheit von Nationen aus dem Blickwinkel des Historikers steht das subjektive Alter in den Augen der Nationalisten gegenüber. 2. Der formalen Universalität von Nationalität als soziokulturellem Begriff – in der modernen Welt kann, sollte und wird jeder eine Nationalität „haben", so wie man ein Geschlecht „hat" – steht die marginale Besonderheit ihrer jeweiligen Ausprägungen gegenüber, wie zum Beispiel die definierte Einzigartigkeit der Nationalität „Griechisch". 3. Der „politischen" Macht des Nationalismus steht seine philosophische Armut oder gar Widersprüchlichkeit gegenüber. Mit anderen Worten: Anders als andere Ismen hat der Nationalismus nie große Denker hervorgebracht – keinen Hobbes, keinen Marx und keinen Weber. [...]

Ein Problem besteht auch darin, dass man unbewusst dazu neigt, die Existenz des Nationalismus zu hypostasieren und „ihn" als eine Weltanschauung unter vielen einordnet. Es würde die Angelegenheit leichter machen, wenn man ihn begrifflich nicht wie „Liberalismus" oder „Faschismus" behandelte, sondern wie „Verwandtschaft" oder „Religion".

In einem solchermaßen anthropologischen Sinne schlage ich folgende Definition von Nation vor: Sie ist eine vorgestellte politische Gemeinschaft – vorgestellt als begrenzt und souverän.

Vorgestellt ist sie deswegen, weil die Mitglieder selbst der kleinsten Nation die meisten anderen niemals kennen, ihnen begegnen oder auch nur von ihnen hören werden, aber im Kopf eines jeden die Vorstellung ihrer Gemeinschaft existiert. Ernest Renan hat sich auf dieses Vorstellen bezogen: „Das Wesen einer Nation ist, dass alle Einzelnen vieles gemeinsam und dass sie alle vieles vergessen haben." [...] In der Tat sind alle Gemeinschaften, die größer sind als die dörflichen mit ihren Face-to-face-Kontakten, vorgestellte Gemeinschaften. [...]

Die Nation wird als begrenzt vorgestellt, weil selbst die größte von ihnen mit vielleicht einer Milliarde Menschen in genau bestimmten, wenn auch variablen Grenzen lebt, jenseits derer andere Nationen liegen. Keine Nation setzt sich mit der Menschheit gleich. Selbst die glühendsten Nationalisten träumen nicht von dem Tag, da alle Mitglieder der menschlichen Rasse ihrer Nation angehören werden – anders als es in vergangenen Zeiten den Christen möglich war, von einem ganz und gar „christlichen" Planeten zu träumen. [...]

Schließlich wird die Nation als Gemeinschaft vorgestellt, weil sie, unabhängig von realer Ungleichheit und Ausbeutung, als „kameradschaftlicher" Verbund von Gleichen verstanden wird. Es war diese Brüderlichkeit, die es

10 **Friedensverhandlungen**, Karikatur in der Satirezeitschrift „Der wahre Jacob“, 22. November 1918
(**Online-Link** 430027-0101)

Es ist der Nationalismus, der die Nationen hervorbringt, und nicht umgekehrt. Zugegebenermaßen nutzt der Nationalismus die bereits bestehende, historisch ererbte Bandbreite von Kulturen oder kulturellem Reichtum, obwohl er sie sehr selektiv einsetzt und sie meistens radikal umwandelt. Tote Sprachen können wiederbelebt, Traditionen erfunden, recht fiktive Urzustände restauriert werden. [...] Die kulturellen Fetzen und Flicken, derer sich der Nationalismus bedient, sind häufig willkürliche historische Erfindungen. Jeder beliebige alte Fetzen und Flicken hätte die gleichen Dienste getan.

Ernest Gellner: Nationalismus und Moderne. Berlin (Rotbuch Verlag) 1991, S. 77, 86 f. Übers. Meino Büning

12 Deutschland – eine „verspätete Nation"

Die Entwicklung der deutschen Nation ist im Vergleich zu den westeuropäischen Nationalstaaten durch die lange Zeit gekennzeichnet, in der ihre Einheit bloß auf kulturellen Gemeinsamkeiten beruhte. Als schließlich 1871 mit der Errichtung des Deutschen Reiches auch die staatliche Einheit erreicht wurde, war diese Nationalstaatsgründung in vielfacher Hinsicht vorbelastet. Nachdem 1848/49 in der bürgerlichen Revolution das Bemühen gescheitert war, zugleich „Einheit und Freiheit" zu erringen, beruhte die Gründung des Bismarck-Reiches nicht auf einer nationalen und demokratischen Massenbewegung, sondern auf dem obrigkeitsstaatlichen Einigungsbeschluss der Fürsten. Er brachte mit dem kleindeutschen Reich die staatliche Einheit nur eines Teils der deutschen Nation und ließ die Deutsch-Österreicher außen vor; im Laufe der achtziger Jahre des 19. Jahrhunderts entwickelte sich in Teilen der Bevölkerung der Donaumonarchie ein „volksdeutsches" Selbstverständnis im ethnischen Sinne. Auf der anderen Seite umfasste das neugegründete Deutsche Reich nationale Minderheiten (Polen, Dänen, Elsass-Lothringer), deren Zugehörigkeit zur deutschen Nation in Frage gestellt wurde und die sich aufgrund der oftmals repressiven Politik nicht oder nicht mehr zu dieser bekennen konnten. Aber auch religiöse Minderheiten, die sich eindeutig zur Nation bekannten (z. B. die deutschen Staatsbürger jüdischen Glaubens), waren nicht vor Anfeindungen geschützt. Somit war die „verspätete Nation" (H. Plessner) schon 1871 kein unbestrittener und saturierter Nationalstaat. Deutschlands demokratisches Defizit und seine territoriale Instabilität schlugen in das aggressive und imperialistische Denken und Handeln des wilhelminischen Machtstaates um. Auch der Untergang dieses Staates durch die Niederlage im Ersten Weltkrieg, die territoriale Reduzierung des Deutschen Reiches und die Einführung einer parlamentarischen Republik brachten noch keine Aussöhnung von demokratischer Selbstbestimmung und nationaler Selbstbescheidung. Die Nationalsozialisten verstanden es vielmehr, das Ungenügen des deutschen Bürgertums an seiner nationalen Existenz aufzugreifen. Durch die imperialistische und diktatorische Politik verloren politische Gegner und die deutschen Juden zunächst ihre staatsbürgerlichen Rechte und später ihr Leben. Die Eroberungen der nationalsozialistischen Großraumpolitik dehnten die deutsche Herrschaft weit über die deutsche Nation aus und raubten vielen europäischen Nationen ihre staatliche Existenz, wenn sie nicht gar deren physische Existenz durch Völkermord auslöschen wollten. Diese Entwicklung der deutschen Nationalstaatsidee schien mit der totalen Expansion und der schließlichen Niederlage des Dritten Reiches auch zum Untergang der deutschen Nation zu führen.

Wilhelm Bleek/Christian Bala: Nation. In: Uwe Andersen/Wichard Woyke (Hg.): Handwörterbuch des politischen Systems der Bundesrepublik Deutschland. 5., aktual. Aufl. Opladen (Leske+Budrich) 2003. Lizenzausgabe Bonn: Bundeszentrale für politische Bildung 2003.

13 Gibt es einen deutschen Sonderweg?

Die These vom deutschen Sonderweg – dem Weg der Deutschen in die nationalsozialistische terroristische Diktatur als radikalster Realisierung des europäischen Faschismus – machte nach 1945 einsehbar, warum gerade in Deutschland, einer der entwickeltsten industriekapitalistischen Nationen, der Faschismus in dieser bisher einzigartigen Weise geschichtsbestimmend werden konnte mit Auswirkungen für die gesamte Weltzivilisation.

Die These vom „Sonderweg" der Deutschen entließ diese aber nicht in die Hoffnungslosigkeit, wenn ein dauerhafter Konsens darüber erzielt werden konnte, dass der deutsche Sonderweg 1945 zu Ende gegangen war, und wenn die Deutschen nunmehr die Chance wahrnahmen, den europäischen „Normalweg" zu gehen [...]

Diese Deutung der deutschen Geschichte der letzten zwei Jahrhunderte resultierte aus der Umkehrung der ursprünglich positiv verstandenen Vorstellung über Deutschlands Weg in die Modernität, wie sie in der deutschen Geschichtsschreibung seit der Reichsgründung 1871 entwickelt worden war. Die deutsche Geschichtswissenschaft hat sich damals als Sinngebungsinstanz für die Nation verstanden und ist von der nationalen Öffentlichkeit auch als solche angenommen worden. „Sonderweg" hieß für die deutschen Historiker der besondere, ja eigentlich der überlegene Weg der Deutschen: Seit der Französischen Revolution habe es ein deutsches Eigen- und Antibewusstsein gegeben; die deutsche Entwicklung nach der Revolution von 1848 sei als ein sinnvoller, auf die Reichsgründung 1871 zulaufender Prozess zu verstehen; das monarchisch-konstitutionelle System des Bismarck-Reiches sei dem englischen Parlamentarismus überlegen; die deutsche Wirtschaftsentwicklung sei anders und besser verlaufen als die englische. England und Frankreich setzten offenbar die Maßstäbe, waren diejenigen Nationen, mit denen man sich verglich, die man übertrumpfen wollte [...]

Gehörte schon vor 1918 das deutsche „Sonderbewusstsein" zur Vorstellung vom als überlegen angesehenen deutschen Weg, so gewann diese Bedeutung erst recht nach dem Zusammenbruch des Kaiserreiches im November 1918 an Gewicht. Die deutsche Niederlage wurde durch den bis zu Hassgefühlen sich steigernden Zweifel am Werte- und Normensystem der Sieger kompensiert, und folgerichtig wurden Zweifel und Hass auch auf die Weimarer Republik übertragen, die in ihrer Verfassungsform als eine schlechte Kopie des institutionellen Rahmens dieses westlichen Werte- und Normen-Systems angesehen wurde [...]
Doch mit der Zuspitzung der antidemokratischen Kritik an der westeuropäischen demokratischen Ideenwelt wuchs auf der anderen Seite die Kritik am deutschen Sonderweg. So haben sich vor allem die 1933 in die Emigration vertriebenen Historiker intensiv mit der in ihren Augen im Ergebnis verheerend negativen deutschen Sonderentwicklung auseinandergesetzt und insbesondere nach den geistesgeschichtlichen Voraussetzungen für die katastrophale Absonderung Deutschlands von Westeuropa gesucht. [...]
Eine weitere Richtung der Deutung des deutschen Sonderweges als Fehlentwicklung erhielt in den 60er Jahren ihre Anstöße von der Modernisierungsforschung in England und den USA, die von der Annahme ausging, dass ein positiver Zusammenhang zwischen industrieller Modernisierung und Demokratisierung bestehe. Auf dem Hintergrund dieser Voraussetzung war es unzweifelhaft, dass Deutschland den englischen Weg des Gleichschritts von kapitalistisch-industrieller Entwicklung, demokratischem politischen System und Nationalstaatsbildung nicht gegangen war. Die Gründe dafür lagen aus dieser Sicht in der Schwäche und in dem Versagen der progressiven Kräfte in der Gesellschaft: Bürgertum und Arbeiterschaft. [...]
Dass der deutsche Sonderweg 1945 sein Ende gefunden haben muss, ist auch die Überzeugung jener Historiker, die in den 60er und 70er Jahren der deutschen Geschichtswissenschaft eine neue produktive Orientierung gegeben haben. Inspiriert von zwei Historikern, die schon am Ende der Weimarer Republik zu den Kritikern jener Richtung, die den Sonderweg positiv bewerteten, gehört hatten – Eckart Kehr und Hans Rosenberg –, eröffneten sie ihrer Wissenschaft neue methodische Arbeitsfelder. [...]
Das methodologische Ziel ihrer Arbeit sollte nicht mehr das Nacherzählen der Vergangenheit sein, das immer nur vorgeblich wertneutral erfolgt, stattdessen wollten sie die deutsche Geschichte nach den Ursachen für den Nationalsozialismus durchmustern, und die Ergebnisse dieses Bemühens nicht mehr ereignisgeschichtlich, sondern strukturgeschichtlich bündeln.
Bei diesem Forschungsansatz kristallisierten sich inhaltlich einige Schwerpunkte heraus: die 1848er Revolution, der Weg zum Bismarck-Reich, das Deutsche Kaiserreich 1871–1918, insbesondere seine wilhelminische Phase seit 1890 und die Vorgeschichte des Ersten Weltkrieges [...].
Methodologisch betrachtet sollte die deutsche Geschichte von ihrem katastrophalen Ergebnis zwischen 1933 und 1945 wie in einem Krebsgang zurückverfolgt werden. Das Motiv für einen solchen Erklärungsvorgang war, über die Erhärtung der Sonderweg-These die Voraussetzungen dafür zu schaffen, dass eine Verlängerung oder gar ein Neubeginn dieses Sonderwegs für die Zukunft ausgeschlossen blieb. Im Einzelnen unterschiedlich ausformuliert, bestand jedoch Übereinstimmung darüber, dass der Sonderweg der Deutschen gekennzeichnet gewesen ist durch das folgende Faktorenbündel:
Deutschland wurde gemessen an der westeuropäisch-nordamerikanischen Entwicklung, zu spät eine moderne, industriekapitalistisch dominierte Gesellschaft, – zu spät eine Nation bzw. ein Nationalstaat, – zu spät eine Demokratie, weil eine erfolgreiche bürgerliche Revolution fehlte.
Als Deutschland dann seit Mitte des 19. Jahrhunderts seine ökonomische Rückständigkeit – zu schnell – überwand und am Ende des Jahrhunderts nach England auf den zweiten Platz unter den mächtigsten Industrienationen aufrückte, war die Nationalstaatsbildung von oben ohne Freiheit erfolgt und blieb die Struktur der Gesellschaft im Wesentlichen in ihren vorindustriellen Formen erhalten. Mehr noch, [...] das Bürgertum hatte auf die Umsetzung seiner ökonomischen Überlegenheit in politische Herrschaft nicht nur verzichtet, sondern sich der traditionellen Herrschaft von Junker, Bürokratie und Militär unterworfen. Einer rapiden ökonomisch-technologischen Modernisierung stand also eine gesellschaftliche und politische Rückständigkeit gegenüber. [...]
Aus dieser perspektivischen Verengung befreite die Diskussion um den Sonderweg der Deutschen erst der zweite Schub der Kritik, die von zwei jungen englischen Historikern in mehreren Anläufen immer zugespitzter vorgetragen wurde: Geoff Eley und David Blackbourn. Beide [...] versuchten nachzuweisen, dass die Sonderweg-Historiker die deutsche Wirklichkeit an einem Idealbild der britischen Entwicklung messen, das historisch-wissenschaftlich längst überholt sei. Sie kritisierten die Normvorstellung von einer vorgegebenen Entwicklung der Bourgeoisie, die angeblich, nachdem sie einen bestimmten ökonomischen Entwicklungsstand erreicht habe, die Demokratie durchsetzen müsse, und sie hielten den Vorwurf an die deutsche Bourgeoisie, diese habe keine richtige Revolution gemacht, für falsch [...]. Sie teilten nicht die mit dem Urteil des Versagens zusammenhängende Auffassung von der „Feudalisierung" des Bürgertums im Kaiserreich. Das Bürgertum hätte vielmehr im Kaiserreich durchaus seine Interessen durchsetzen können: nämlich seine ökonomischen Primärinteressen und ein bestimmtes Maß an Rechtsstaatlichkeit, das natürlich

nicht mit den Grundideen des Liberalismus verwechselt werden dürfte. Eher könnte man von einer „Verbürgerlichung“ des Adels bzw. der alten herrschenden politischen Klasse insgesamt sprechen. Die beiden Autoren wiesen auch darauf hin, dass in anderen Ländern Europas, vor allem in England, keineswegs die Bourgeoisie allein die politische Herrschaft übernommen hätte.

Helga Grebing: Einleitung: Der deutsche Weg – ein Sonderweg? In: dies. (Hg.): Der deutsche Sonderweg in Europa 1806–1945. Eine Kritik. Stuttgart 1986, S. 11–18.

Arbeitsvorschläge

a) Geschichte wird oft als eine „Konstruktion“ bezeichnet. Erläutern und begründen Sie dies mit Hilfe der Überlegungen von Hagen Schulze (M 3).

b) Erläutern Sie, welche nationalpolitischen Ziele Jakob Grimm mit seinen sprachwissenschaftlichen Forschungen und Sammlungen verfolgt. Bedenken Sie dabei, dass die Grimm`schen Märchen- und Sagensammlungen sich rasch zu Bestsellern entwickelten (M 5).

c) Stellen Sie gegenüber, was nach Peter Alter eine Kultur- und eine Staatsnation kennzeichnet (M 8). Warum wird der Begriff der Staatsnation nicht auf Deutschland angewendet?

d) Erläutern Sie, was Anderson unter einer „vorgestellten Gemeinschaft“ versteht und warum diese „Erfindung“ der Nation zum massenhaften Sterben und Töten in Europa beitrug (M 9).

e) Warum bringt Gellner zufolge der Nationalismus Nationen hervor und nicht umgekehrt (M 11)?

f) Vergleichen Sie die Karten von 1820 und 1922 und beschreiben Sie die Veränderungen in der nationalen Landschaft (M 1, Vorsatzkarte).

g) Erläutern Sie die Folgen, die sich aus der „Verspätung“ Deutschlands nach Meinung von Bleek und Bala ergaben, und nehmen Sie zu dieser Deutung Stellung (M 12).

h) Was verstanden Historiker des 19. und frühen 20. Jahrhunderts unter dem deutschen „Sonderweg“ und wie bewerteten sie diesen? Wie interpretieren Historiker der Bundesrepublik diesen „Sonderweg“? Stellen Sie die Einwände gegen dieses Konzept zusammen und nehmen Sie Stellung (M 13).

i) Identifizieren Sie auf den Kunstwerken die jeweiligen nationalen Symbole und die den Nationen zugeschriebenen Merkmale oder Eigenschaften. Recherchieren Sie den jeweiligen historischen Kontext. Erläutern Sie die jeweilige politische Aussage (M 2, M 4, M 7).

j) Interpretieren Sie das Bild „Im Friedenszirkus“ und beachten Sie dabei die Reaktion der Zuschauer – Zivilisten und Militärs – hinten auf den Rängen (M 10).

k) Formulieren Sie eine kurze Zusammenfassung zum Thema: Welche Rolle spielen Nationen und Nationalismus bei den Krisen und Kriegen in Europa?

l) Diskutieren Sie, ob nationale Ressentiments heute noch in Europa eine Rolle spielen.

Methode: Nationalhymne als Quelle

Mit der Herausbildung moderner Nationsvorstellungen setzten sich unter den Vertretern der Nationalbewegungen oft früh auch Symbole ihrer nationalen Überzeugungen durch, die später nicht selten Eingang in die offizielle Symbolik der Nationalstaaten übernommen worden. Seien es Nationalfarben, das Staatswappen oder „nationale" Begrifflichkeiten, der Sinn war stets der gleiche: Förderung eines nationalen Identifikationsgefühls mit der Nation im Inneren und Repräsentation nach außen. Dazu zählte auch das Singen einer Nationalhymne, die sich seit Anfang des 19. Jahrhunderts durchsetzte.

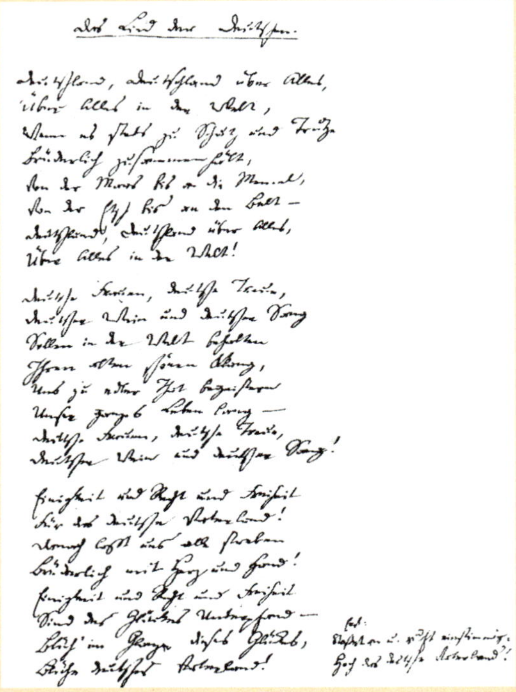

1 **Niederschrift des „Liedes der Deutschen"** Helgoland, 26. August 1841, von Hoffmann von Fallersleben (1798–1874)

Eine Nationalhymne besteht in der Regel aus einer Melodie und einem Text. Manche Melodien wurden von anderen Staaten übernommen, z. B. die der britischen Nationalhymne „God save the King" (bzw. „God save the Queen"), die zeitweise auch in Preußen oder der Schweiz verwendet wurde. Manche Hymnen bestehen hingegen nur aus einer Melodie wie etwa die spanische „Marcha Real". Die DDR beschränkte sich ab Anfang der 1970er-Jahre allein auf die Melodie, da der Text von „Auferstanden aus Ruinen" bei offiziellen Anlässen nicht mehr gesungen wurde.

Der Ursprung von Nationalhymnen ist unterschiedlich. Manche besitzen einen sehr ausgeprägten sakralen Charakter (z. B. der „Schweizerpsalm") oder haben einen militärischen Ursprung (z. B. die französische „La Marseillaise" oder die US-amerikanische „Star-Spangled Banner").

Beim methodischen Arbeiten in Geschichte werden Nationalhymnen wie politische Lieder behandelt, die sie ja letztlich auch sind.

- Recherchieren Sie bibliografische Hintergründe der Musik und des Textes bzw. des Komponisten und des Verfassers.
- Untersuchen Sie die Umstände und Hintergründe, unter denen die Melodie und der Text zur offiziellen Nationalhymne auserwählt wurden.
- Erschließen Sie zur inhaltlichen Analyse die sprachlichen und musischen Gestaltungselemente der Hymne. Gibt es beispielsweise einen erkennbaren „nationalen Gründungsmythos" oder werden Zukunftsvisionen vermittelt?
- Reflektieren Sie kritisch den Aussagegehalt bzw. die Aussageabsicht und ordnen Sie diese in den historischen Kontext ein.
- Überlegen Sie, wie die Hymne heute auf die Menschen wirkt.

Arbeitsvorschläge

a) Untersuchen sie mittels eigener Recherchen die Entstehungsgeschichte eine der Nationalhymnen (M 2 – M 7) und präsentieren Sie Ihre Ergebnisse in einem Kurzreferat. Befragen Sie ggf. unter dem Aspekt „Musik im Dienste politischer Ideen" Ihre Musiklehrkraft.

b) Rechechieren Sie die Geschichte des „Liedes der Deutschen" (Hoffmann von Fallersleben) und diskutieren Sie, inwiefern dieses Hymne das Selbstverständnis der Bundesrepublik Deutschland repräsentiert.

2 The Star-Spangled Banner (USA)

„Das sternenbesetzte Banner" wurde erst am 3. März 1931 zur offiziellen Nationalhymne der USA erhoben. Der Text entstand allerdings bereits während des Krieges zwischen den USA und Großbritannien (1812). Der junge Anwalt Francis Scott Key verfasste den Text am 14. September 1814. Er spielt dabei auf die Bombardierung des Fort McHenry durch die britische Flotte an. Er wollte damit seine Freude ausdrücken, dass das „Sternenbanner" auch nach dem zerstörerischen Beschuss noch über dem Fort wehte.

1. Strophe:
Oh, say can you see
By the dawn's early light
What so proudly we hailed
At the twilight's last gleaming
Whose broad stripes and bright stars
Through the perilous fight
O'er the ramparts we watched
Were so gallantly streaming?
And the rockets red glare
The bombs bursting in air
Gave proof through the night
That our flag was still there.
Oh, say does that star-spangled
banner yet wave
O'er the land of the free
And the home of the brave?

2. Strophe
On the shore dimly seen
Thru the mist of the deep
Where the foe's haughty host
In dread silence reposes
What is that which the breeze
O'er the towering steep
As it fitfully blows
Half conceals, half discloses?
Now it catches the gleam
Of the morning's first beam
In full glory reflected
Now shines in the stream.
This the star-spangled banner
O long may it wave
O'er the land of the free
And the home of the brave!

3. Strophe
And where is that band
Who so vauntingly swore
That the havoc of war
And the battle's confusion
A home and a country
Should leave us no more?
Their blood has washed out
Their foul footsteps' pollution.
No refuge could save
The hireling and slave
From the terror of flight
Or the gloom of the grave:
And the star-spangled banner
In triumph doth wave
O'er the land of the free
And the home of the brave!

4. Strophe
Oh! thus be it ever
When freemen shall stand
Between their loved homes
And the war's desolation!
Blest with vict'ry and peace
May the Heav'n-rescued land
Praise the Power that hath made
And preserved us a nation.
Then conquer we must
When our cause it is just
And this be our motto:
"In God is our trust."
And the star-spangled banner
In triumph shall wave
O'er the land of the free
And the home of the brave

3 „Our Flag Was Still There"
Francis Scott Key, der Verfasser von „The Star-Spangled Banner", war Zeuge des britischen Bombardements von Fort McHenry am 13./14. September 1814, Ölzeichnung von Edward Percy Moran (1862–1935).

4 **„La Marseillaise“**
Bildpostkarte nach einem Gemälde von Gustave Doré, um 1890, Farbdruck

5 **Marseillaise (Frankreich)**

Claude Joseph Rouget de Lisle verfasste die Marseillaise am 26. April 1792 in Straßburg zu Beginn des Krieges gegen Österreich. 1795 wurde das Lied (bis 1804 und wieder ab 1871) offizielle Nationalhymne Frankreichs.

Allons enfants de la Patrie,
Le jour de gloire est arrivé!
Contre nous de la tyrannie,
L'étendard sanglant est levé. *(wiederholen)*
Entendez-vous dans les campagnes
Mugir ces féroces soldats?
Ils viennent jusque dans vos bras
Egorger vos fils, vos compagnes.
Refrain:
Aux armes, citoyens,
Formez vos bataillons,
Marchons, marchons!
Qu'un sang impur
Abreuve nos sillons! *(wiederholen)*
Que veut cette horde d'esclaves,
De traîtres, de rois conjurés?
Pour qui ces ignobles entraves,
Ces fers dès longtemps préparés? *(wiederholen)*
Français, pour nous, ah! quel outrage
Quels transports il doit exciter!
C'est nous qu'on ose méditer
De rendre à l'antique esclavage!
Refrain
Quoi! des cohortes étrangères
Feraient la loi dans nos foyers!
Quoi! ces phalanges mercenaires
Terrasseraient nos fiers guerriers. *(wiederholen)*
Grand Dieu! par des mains enchaînées
Nos fronts sous le joug se ploieraient.
De vils despotes deviendraient
Les maîtres de nos destinées!
Refrain
Tremblez, tyrans, et vous perfides
L'opprobre de tous les partis,
Tremblez! vos projets parricides
Vont enfin recevoir leurs prix! *(wiederholen)*
Tout est soldat pour vous combattre,
S'ils tombent, nos jeunes héros,
La terre en produit de nouveaux,
Contre vous tout prêts à se battre!
Refrain
Français, en guerriers magnanimes,
Portez ou retenez vos coups!
Epargnez ces tristes victimes,
A regret s'armant contre nous. *(wiederholen)*
Mais ces despotes sanguinaires,
Mais ces complices de Bouillé
Tous ces tigres qui, sans pitié,
Déchirent le sein de leur mère!
Refrain
Amour sacré de la Patrie,
Conduis, soutiens nos bras vengeurs.
Liberté, Liberté chérie,
Combats avec tes défenseurs! *(wiederholen)*
Sous nos drapeaux que la victoire
Accoure à tes mâles accents,
Que tes ennemis expirants
Voient ton triomphe et notre gloire!
Refrain
Nous entrerons dans la carrière
Quand nos aînés n'y seront plus,
Nous y trouverons leur poussière
Et la trace de leurs vertus! *(wiederholen)*
Bien moins jaloux de leur survivre
Que de partager leur cercueil,
Nous aurons le sublime orgueil
De les venger ou de les suivre.
Refrain

6 **Schweizer Fußballfans** singen ihre Nationalhymne während der Endrunde der Fußball-Europameisterschaft 2008 in Bern.

7 Der Schweizerpsalm (Schweiz)

Der auch Landeshymne genannte „Schweizerpsalm“ wurde 1841 von Alberich Zwyssig, einem Mönch des Klosters Wettingen, komponiert. Der Text stammte ursprünglich von Leonhard Widmer. Offizielle Nationalhymne wurde der Schweizerpsalm aber erst 1965.

1. Strophe
Trittst im Morgenrot daher,
Seh ich dich im Strahlenmeer,
Dich, du Hocherhabener, Herrlicher!
Wenn der Alpenfirn sich rötet,
Betet, freie Schweizer, betet!
Eure fromme Seele ahnt
Eure fromme Seele ahnt
Gott im hehren Vaterland,
Gott, den Herrn, im hehren Vaterland
2. Strophe
Kommst im Abendglühn daher,
Find ich dich im Sternenheer,
Dich, du Menschenfreundlicher, Liebender!
In des Himmels lichten Räumen
Kann ich froh und selig träumen!
Denn die fromme Seele ahnt
Denn die fromme Seele ahnt
Gott im hehren Vaterland,
Gott, den Herrn, im hehren Vaterland.
3. Strophe
Ziehst im Nebelflor daher,
Such ich dich im Wolkenmeer,
Dich, du Unergründlicher, Ewiger!
Aus dem grauen Luftgebilde
Tritt die Sonne klar und milde,
Und die fromme Seele ahnt
Und die fromme Seele ahnt
Gott im hehren Vaterland,
Gott, den Herrn, im hehren Vaterland.
4. Strophe
Fährst im wilden Sturm daher,
Bist du selbst uns Hort und Wehr,
Du, allmächtig Waltender, Rettender!
In Gewitternacht und Grauen
Lasst uns kindlich ihm vertrauen!
Ja, die fromme Seele ahnt,
Ja, die fromme Seele ahnt,
Gott im hehren Vaterland,
Gott, den Herrn, im hehren Vaterland.

8 „Bundeshymne“ (Österreich)

„Land der Berge, Land der Ströme“ wurde von der Dichterin Paula Preradovic (1887–1951) verfasst. Als Bundeshymne wurde es 1947 zur offiziellen Nationalhymne erklärt.

Land der Berge, Land am Strome,
Land der Äcker, Land der Dome,
Land der Hämmer, zukunftsreich!
Heimat bist du großer Söhne,
Volk, begnadet für das Schöne,
Vielgerühmtes Österreich, (wiederholen)

Heiß umfehdet, wild umstritten
Liegst dem Erdteil du inmitten,
Einem starken Herzen gleich.
Hast seit frühen Ahnentagen
Hoher Sendung Last getragen,
Vielgeprüftes Österreich, (wiederholen)

Mutig in die neuen Zeiten,
Frei und gläubig sieh uns schreiten,
Arbeitsfroh und hoffnungsreich.
Einig lass in Brüderchören,
Vaterland, dir Treue schwören,
Vielgeliebtes Österreich. (wiederholen)

1.4 Nationale Fremd- und Selbstbilder – die deutsch-französische „Erbfeindschaft“

Nationale Mobilisierung gegen Napoleon

Im frühen 19. Jahrhundert entwickelte sich im Gefolge der napoleonischen Besetzung zahlreicher deutscher Staaten besonders unter akademischen Schichten ein „deutsches Nationalbewusstsein“. Bildete im 18. Jahrhundert für den deutschen Adel das absolutistische, später für die Liberalen das revolutionäre Frankreich noch ein Vorbild, so änderte sich dies mit dem Siegeszug Napoleons. Die neuen sich herausbildenden „nationalen“ Eliten entwickelten unter den demütigenden Erfahrungen der eigenen Unterlegenheit gegenüber dem revolutionären-napoleonischen Frankreich das Bild einer angeblichen deutsch-französischen „Erbfeindschaft“. Zugleich sollte dieses Feindbild einen mobilisierenden Beitrag zur Überwindung der deutschen Kleinstaaterei und somit zur Begründung eines deutschen Nationalstaats dienen, der zunächst von einigen wenigen Intellektuellen gefordert wurde. Aber diesem Einheitsbestreben, dieser Nationalbewegung schlossen sich im Verlauf der ersten Hälfte des 19. Jahrhunderts immer mehr Menschen in den deutschen Staaten an.

In dieser Nationalbewegung manifestierte sich rasch ein innerer Zwiespalt. Auf der einen Seite entwickelte sich eine eher emananzipatorische, aufklärerische Richtung, die nicht nur auf eine Überwindung des deutschen Partikularismus, der Kleinstaaterei abzielte, sondern auch die feudal-absolutistische Ordnung überwinden wollte und eine parlamentarische Mitbestimmung im Blick hatte. Die konservative Strömung des jungen Nationalismus stellte ideologisch ein mythologisiertes „deutsches Volk“ in den Mittelpunkt, ein Volk, welches einen eigenen, getrennt von dem westlich-demokratischen Weg suchte und sich scharf von dem romanisch-liberalen Nationalismus Frankreichs abgrenzte.

1 **„Der Ausmarsch der Freiwilligen“.** Jüdische Eltern verabschieden sich von ihrem Sohn, Holzstich 1813/14.

Einen beträchtlichen Aufschwung erlebte diese junge deutsche Nationalbewegung während der so genannten „Befreiungskriege“ (1813/14), an diesen Kämpfen waren auch einige kaum ausgebildete Freiwilligenverbände (Freikorps) beteiligt. Allerdings war die nationale Euphorie und die Zahl der begeisterten Freiwilligen, die auch vielmehr ihre „Freiheit“ anstatt nur ihre „Befreiung“ erkämpfen wollten, sehr begrenzt und beschränkte sich in erster Linie auf das akademische Bildungsbürgertum. Wenn es in manchen Regionen zu Aufständen kam, hatte dies vielmehr sozioökonomische Gründe. Die Kriege 1813–1815 wurden vorrangig mit Wehrpflichtigen geführt.
Gleichzeitig standen die meisten deutschen Fürsten der jungen Nationalbewegung sehr skeptisch bis ablehnend gegenüber, berührten doch die nationalen Ziele die Legitimität der von Gottesgnaden absolutistisch herrschenden Ordnung im Kern. Letztlich wurde die absolutistische Herrschaft der Monarchen in der Restaurationszeit ab 1815 eher gefestigt. Zwar führten die meisten deutschen Staaten Verfassungen ein, die den Honoratioren-Parlamenten eine

bescheidene Mitbestimmung einräumten. Die bisher einflussreichen ständischen Zwischengewalten verloren jedoch an politischer und sozialer Bedeutung.

Die 1814/15 ausgehandelte Nachkriegsordnung bestätigte grundsätzlich die Ergebnisse der napoleonischen „Flurbereinigung" des Reichsdeputationshauptschlusses von 1803, durch die viele Kleinststaaten und kirchliche Herrschaften aufgelöst wurden sowie freie Reichsstädte ihren unabhängigen Status verloren hatten und neuen Mittelstaaten zugeschlagen worden waren. Auf dem Wiener Kongress wurde der „Deutsche Bund" aus der Taufe gehoben, ein Bündnis von 35 souveränen Fürsten und vier Freien Reichsstädten, das eindeutig auch gegen die junge Nationalbewegung und erst recht gegen „demokratische Umtriebe" gerichtet war.

Träger der Nationalbewegung

Viele Träger der jungen Nationalbewegung entstammten der Strömung der Romantik. Diese beschworen nicht selten eine „Wiederbelebung" eines verklärten machtvollen „deutschen" Kaisertums, wie es angeblich im Mittelalter existierte; zugleich entwickelten sie ideale Vorstellungen von „den" Deutschen, wobei historische Gestalten wie Arminius („Befreier Germaniens") mystifiziert und heroisiert wurden. Wurde zunächst das romanische Frankreich als äußerer Feind der deutschen Nation dargestellt, entwickelte sich auch bald eine zunehmende Abgrenzung gegenüber „inneren Feinden". Juden, wanderndes Volk und andere Gruppen wurden mehr und mehr als bedrohliche „Fremdkörper" angesehen, denen kein gleichberechtigter Status zustehe. So formierte sich in Abgrenzung zu der im ausgehenden 18. und frühen 19. Jahrhundert diskutierten Judenemanzipation ein neuer Antisemitismus. Der bislang religiös motivierte Antijudaismus veränderte sich in einen rassistisch motivierten Antisemitismus. Ende des 19. Jahrhunderts entstanden schließlich sozialdarwinistische Vorstellungen, wie sich der deutsche „Volkskörper" von diesen Fremdelementen „reinigen" könnte. Keimzellen dieses Antisemitismus waren nicht selten die Hochschulen, wo die christlichen Studenten mit einer sehr motivierten und gut ausgebildeten jüdischen Konkurrenz konfrontiert wurden.

Judenemanzipation, Antijudaismus

„Vaterlandslose Gesellen"?

Im Lauf des 19. Jahrhunderts und vor allem nach dem teilweisen Scheitern der Revolution 1848/49 mutierte diese Nationalbewegung von einer antifeudal und partiell demokratisch orientierten Bewegung zu einer nationalistischen Strömung, der demokratische Zielsetzungen und Gesinnungen als „undeutsch" oder gar als „artfremd" erschienen und die sich vehement gegen soziale Bewegungen wie die Arbeiterbewegung (Sozialdemokratie und Gewerkschaften) richtete, die um (mehr) Mitsprache im politischen Prozess kämpfte. Die Arbeiterbewegung, die „vaterlandslosen Gesellen", machten sich auch dadurch verdächtig, dass sie – wie generell der marxistische Sozialismus – international orientiert waren und an Stelle eines nationalen Modells ein Klassenmodell setzten, das sich nicht an nationalen Bezügen orientierte.

„Nationale Tugenden"?

Als das Deutsche Kaiserreich nach dem Sieg über Frankreich (1870/71) im Spiegelsaal von Versailles von den deutschen Fürsten, und nicht von der Nationalbewegung, proklamiert wurde, beschwor diese als „nationale Tugenden" nunmehr Gehorsam, militärische Disziplin und vaterländischen Opfergeist, nun aber im Dienst und im Interesse einer deutschen Großmachtstellung oder gar Weltmachtgeltung. Nicht zuletzt infolge der 1871 provozierten Elsass-Lothringen-Frage blieb Frankreich die größte außenpolitische „Bedrohung" für das Deutsche Reich. Nationale Feiertage wie der Sedantag oder Denkmäler forcierten das Bild des französischen „Erzfeindes" bis zur Katastrophe des Ersten Weltkrieges.

Elsass-Lothringen-Frage

2 Französisches Propagandaplakat aus dem Ersten Weltkrieg, Hansi (Jean-Jacques Waltz 1873–1951). Im Hintergrund ist das Straßburger Münster zu sehen. Der Text lautet übersetzt: „... Dieser Himmel ist unser Azur. Dieses Feld ist unser Boden! Dieses Lothringen und dieses Elsass, das gehört zu uns! Victor Hugo“

3 Der deutsche Schriftsteller Karl Julius Weber über „die“ Franzosen (frühes 19. Jahrhundert)

Die Werke des Diplomaten, Abgeordneten und Schriftstellers Karl Julius Weber (1767–1832) wurden im 19. und frühen 20. Jahrhunderts viel gelesen.

Der Franzosen milder Himmel, ihre herrlichen Weine, ihr weißes Brod, ihr geselliges Leben mit Allen, mit Weibern und alt und jung, selbst ihr coin au feu, d. h. ihre Kamine, erzeugen und unterhalten ihren unverwüstlichen Hang zum Frohsinn und zur steten Munterkeit. Sie lachen, wo andere weinen oder vor Wuth knirschen, und so war es vor, in und nach der Revolution bis auf den heutigen Tag. Ihr geselliger Charakter und ihr Bienengehorsam gegen den Weisel (die französischen Lilien sind eigentlich schlecht gemalte Bienen) erklären alle Erscheinungen ihrer Geschichte und ihres Lebens. Sie sind Kinder, und ein Bouillon kurirt Alles.

Diese Kindlichkeit, oder wenn man lieber will, Weiblichkeit des Charakters ist ihre Haupteigenheit. Ihre Sitten, ihre Literatur, ihre ganze Philosophie haben das Gepräge des Weibersinns, d.h. das Gepräge des feinen, leichten, zierlichen und oberflächlichen, denn Weiber herrschen in Frankreich mehr denn anderwärts. Nur das Gegenwärtige rührt sie, das Vergangene ist vergangen und vergessen, und das Künftige kümmert sie nicht. Unstät, unruhig, ungerecht, immer zwischen dem Zuviel und Zuwenig hin und her schwankend, sind sie keiner stätigen Freiheit fähig und also auch keiner würdig. Ihre neueste Geschichte und ihre neueste Constitution [Verfassung] hat dies abermals bewiesen, und bald werden die, die wir als wilde Republikaner gesehen, ihr Wort Roi und Noblesse mit einem Nachdruck und einer respektsvollen Pause sprechen. [...]

Franzosen sind die wahren Repräsentanten der Ueberfeinerung, der Selbstsucht, Vergnügungs- und Zerstreuungssucht, des Glanzes und Flitters, der wesentlichen Charakterzüge der Ueberfeinerung. Jeder Eindruck ist oberflächlich und leicht, und daher fühlen sie selten das Elend Anderer, selten Dankbarkeit, wahre Freundschaft und leidenschaftliche Liebe; daher fallen sie so schnell in Extreme, und sind bald mitleidig, bald grausam, bald leichtsinnig in wichtigen, bald eifrig und ernst in unwichtigen Dingen. [...]

Die Franzosen sind sanft, bescheiden, lenksam und gut in Abhängigkeit und Aufsicht, und wenn man sie nicht reizt; wild aber, übermüthig, grausam und trotzig in gereiztem Zustande bei Freiheit und Gewalt. Voltaire, der seine Landsleute genau kannte, nannte sie Tigressinges [Tiger-Affen]. [...]

Nur etwas Neues, etwas Neues, selbst wenn es schlechter sein sollte als das Alte, und daher der Enthusiasmus für die Revolution. Sie, die ihre Könige so abgöttisch verehrt hatten, dass jener Gascogner noch unterm Galgen den Marschall Villars bat, doch ja dem Könige die Verlegenheit zu melden, in der er sich befinde, fluchten jetzt allen Königen, sie, die doch geborene Höflinge sind und deren wahres Wesen Schein ist. – Napoleon war die stolze Lilie nicht genug, er wählte den hochfliegenden Adler, den aber die Sonne so blendete, dass er sich dennoch hinter die irdische Lilie verkriechen musste. Louis XIV. hatte gar die Sonne zu seinem Sinnbilde gewählt, und der Britte, der darunter schrieb „Phaëton“, hat das Motto der ganzen Nation angegeben. Sie kommen mir mit ihrer Revolution vor wie ein Mädchen, das zuerst die Wilde, dann die Spröde, dann die Kokette und Buhlerin, dann die eheliche Haussclavin und zuletzt die Betschwester spielt – auf ihren Montagnes Russes oder Promenades aériennes [Rutschbergen oder Luftpromenaden].

Die Franzosen sind am besten, wo sie lachen, und ihr Ernst taugt selten viel. Ihre Lebhaftigkeit und ihr Witz hat aber schon oft das Wild aufgejagt, das britische und deutsche Festigkeit dann erlegt hat. Ihre eigentlichen Fertigkeiten sind Künste: Tanzen, Fechten, Musik und

Theater, Kochen und Frisieren. Tiefsinn und Genauigkeit muss man bei ihnen nicht suchen, dazu sind sie zu lebhaft und ungeduldig, und daher erfinden sie auch wenig, wissen aber die Erfindung anderer desto glücklicher aufzustutzen. Ihr Geschmak geht aufs Hübsche, Niedliche, Glänzende, nicht aufs Schöne, Große und wahre. Alles modeln sie nach ihrem Geschmack, der ja der erste sein muss und der beste, da er überall nachgeahmt wird.

Karl Julius Weber: Demokritos oder hinterlassene Papiere eines lachenden Philosophen. Von dem Verfasser der „Briefe eines in Deutschland reisenden Deutschen." Bd. 9, Leipzig o.J., S. 163 ff.

4 Der Schriftsteller und Literaturwissenschaftler Ernst Moritz Arndt (1769–1860): Über Volkshass (1813)

Es ist eine unumstößliche Wahrheit, dass alles, was Leben und Bestand haben soll, eine bestimmte Abneigung, einen Gegensatz, einen Hass haben muss; dass, wie jedes Volk sein eigenes, innigstes Lebenselement hat, es ebenso eine feste Liebe und einen festen Hass haben muss, wenn es nicht in gleichgültiger Nichtigkeit und Erbärmlichkeit vergehen und zuletzt mit Unterjochung endigen will. Ich könnte traurig hinweisen, wodurch die letzten Jahre über Deutschland gekommen sind. Wir liebten und erkannten das Eigene nicht mehr, sondern buhlten mit dem Fremden.

Den Hass, [...] der aus eingeborenen Verschiedenheiten der Völker entspringt, möchte ich einen äußerlichen Hass nennen: Innerlich wird er, wenn ein Volk sich einmal des Frevels unterstanden hat, seine Nachbarn unterjochen zu wollen: Dann brennt er bei edlen Völkern unauslöschlich. So muss bei den Deutschen jetzt der Hass brennen gegen die Franzosen, denn sie haben sich der Kühnheit erfrecht, ein Volk unterjochen zu wollen, das stärker und mächtiger wäre als sie, wenn ihre Hinterlist nicht schon lange verstanden hätte, es zu entzweien und zu zerreißen. Wir sollen die Franzosen nicht allein wegen dessen hassen, was sie uns in den letzten zwanzig Jahren Übels getan haben, nicht wegen der Gräuel und Schanden allein, wodurch sie die letzten acht Jahre unsere heilige Erde entheiligt haben und noch jede Stunde entheiligen; nein, wir sollen sie hassen, weil sie schon über drei Jahrhunderte unsere Freiheit hinterlistig belauert haben, weil sie von Geschlecht zu Geschlecht rastlos und planmäßig gearbeitet haben, diese Freiheit zu untergraben, bis sie unter ihren letzten Banditenstreichen hingefallen ist. Die Franzosen sind unsere mächtigsten und gefährlichsten Nachbarn, und sie werden es bleiben, auch wenn die Hand des Verhängnisses den Giganten Napoleon und alle seine stolzen Entwürfe hingestreckt hat: Sie können nie aufhören, unruhig, eitel, herrsüchtig und treulos zu sein. Gottlob, die Zeit ist erschienen, wo der Widerwille, den das brave deutsche Volk immer noch gegen die Welschen und ihre Sitten empfunden hat, zu einem brennenden Hass werden kann, dass er aus deutschen Brüsten künftig nicht mehr auszurotten ist: die Zeit ist erschienen, wo die allmächtige Meinung der Menschen der franösischen Äfferei und Ziererei und aller eitlen Nichtigkeit, wodurch die sogenannten gebildeten Deutschen entdeutscht waren, das Todesurteil spricht, wo das herrliche Deutsche oben schwimmen wird und nicht das lügnerische Welsche. [...]

Ich will den Hass gegen die Franzosen, nicht bloß für diesen Krieg, ich will ihn für lange Zeit, ich will ihn für immer. Dann werden Deutschlands Grenzen auch ohne künstliche Wehren sicher sein, denn das Volk wird immer einen Vereinigungspunkt haben, sobald die unruhigen und räuberischen Nachbarn überlaufen wollen. Dieser Hass glühe als die Religion des deutschen Volkes, als ein heiliger Wahn in allen Herzen und erhalte uns immer in unsrer Treue, Redlichkeit und Tapferkeit. [...]

Wir sind von Gott in den Mittelpunkt Europens gesetzt, wir sind das Herz unseres Weltteils, wir sind auch der Mittelpunkt der neuen Geschichte und der Kirche und des Christentums. Gerade weil wir in der Mitte liegen, stürmen und strömen alle verschiedensten Völker Europens immer auf uns ein und suchen uns wegzuspülen und wegzudrängen. [...] Wir haben also mehr als alle anderen Völker Ursache zu wachen, dass das Eigentümliche und Besondere, was uns als Deutsche, als ein bestimmtes Volk mit einem bestimmten Namen, auszeichnet, durch die Völkerflut und Geistesflut, die immer von uns und zu uns geht, nicht weggespült und weggewaschen werde; wir müssen dreifache und vierfache Bollwerke und Schanzen um uns aufführen, damit wir nicht zuletzt matte Bilder werden, welche Allem und Nichts ähnlich sehen und welche, weil sie Gestalt und Gepräge verloren haben, auch nichts andres gestalten und

5 Porträt von Ernst Moritz Arndt (1769–1860)
Gemälde von Julius Amatus Röting, 1859

bilden können; dass ich es mit einem Wort sage, damit der Deutsche der große geistige Spiegel der Welt bleiben könne, muss er seine Eigentümlichkeit nicht verschleifen noch vertändeln: Er muss ein Deutscher bleiben.

H.Vogt (Hg.): Nationalismus gestern und heute. Opladen 1967, S. 102ff.

6 Ernst Moritz Arndt: Gegen die Einfuhr der Juden (1814)

Man sollte die Einfuhr der Juden aus der Fremde in Deutschland schlechterdings verbieten und hindern. [...] Die Juden als Juden passen nicht in diese Welt und in diese Staaten hinein und darum will ich nicht, dass sie auf eine ungebührliche Weise in Deutschland vermehrt werden. Ich will es aber auch deswegen nicht, weil sie ein durchaus fremdes Volk sind und weil ich den germanischen Stamm so sehr als möglich von fremdartigen Bestandteilen rein zu erhalten wünsche. [...] Ein gütiger und gerechter Herrscher fürchtet das Fremde und Entartetete, welches durch unaufhörlichen Zufluss und Beimischung die reinen und herrlichen Keime seines edlen Volkes vergiften und verderben kann. Da nun aus allen Gegenden Europas die bedrängten Juden zu dem Mittelpunkt desselben, zu Deutschland, hinströmen und es mit ihrem Schmutz und ihrer Pest zu überschwemmen drohen, da diese verderbliche Überschwemmung vorzüglich von Osten her, nämlich aus Polen droht, so ergeht das unwiderrufliche Gesetz, dass unter keinem Vorwande und mit keiner Ausnahme fremde Juden je in Deutschland aufgenommen werden dürfen, und wenn sie beweisen könnten, dass sie Millionenschätze mitbringen.

H.Vogt (Hg.): Nationalismus gestern und heute. Opladen 1967, S. 102ff.

7 Der Politikwissenschaftler Kurt Lenk zur Volkstumsideologie von Ernst Moritz Arndt (1971)

Da der Appell zur politischen Einigung der Deutschen und zur Erneuerung des Kaisertums unter den gegebenen Bedingungen seiner Zeit aussichtslos erscheinen musste, unternahm Arndt eine Verankerung in der vorgeschichtlich naturhaften Ursprünglichkeit des deutschen Wesens. In diesem Rückzug in eine dezisionistisch verfahrende Wesensbestimmung dessen, was Volk sei, im Sinne einer Entdeckung seiner „Ursprünglichkeit“, verflüchtigt sich die konkrete historische Situation, nämlich die Aussichtslosigkeit, nationale Einheit und Größe zu realisieren, in die Sphäre mythisch legendärer Abstraktheit.
Der „naturalistische Grundzug im nunmehr völkischen Nationalismus entsprang der Einsicht, dass das Volk selbst noch nicht reif war, ein Bewusstsein seiner gemeinsamen historischen Vergangenheit und einen einheitlichen politischen Willen für die gemeinsame Zukunft zu entwickeln.“ (M. Braubach)
So erschien der Hass gegen die Franzosen als ein von der historischen Situation angebotenes, freilich willkommenes Vehikel zur Erreichung eines gesamtdeutschen Selbstbewusstseins. In ihm sieht Arndt denn auch den eigentlich integrierenden Faktor:
„Ich will den Hass gegen die Franzosen, nicht bloß für diesen Krieg, ich will ihn für lange Zeit, ich will ihn für immer. Dann werden Deutschlands Grenzen auch ohne künstliche Wehren sicher sein, denn das Volk wird immer einen Vereinigungspunkt haben, sobald die unruhigen und räuberischen Nachbarn darüber laufen wollen. Dieser Hass glühe als die Religion des deutschen Volkes, als ein heiliger Wahn in allen Herzen und erhalte uns immer in unserer Treue und Redlichkeit und Tapferkeit.“
Die nationale Identität wird im Kampf gegen die französischen Eroberer gesucht, so dass sich die Liebe zur Nation nur mehr als Kehrseite des Hasses gegen alles Welsche darstellt. Es bedarf dieses Hasses als eines schützenden Wahnwalls gegen französische Kultur.
„Wann dieses Brüderliche, Gemeinsame und Deutsche wieder in Dir atmet und glühet, deutsches Volk, dann muss auch Zorn und Rache in dir atmen und glühen, dann musst du auch den heiligen und von Gott und Natur gebotenen Hass gegen deine Unterdrücker walten lassen; der Name Franzos muss ein Abscheu werden in deinen Grenzen, und ein Fluch, der von Kind auf Kindeskind erbt. Hinweg mit dem mattherzigen Mitleid, mit der erbärmlichen und weinerlichen Halbheit, die sich den Teufel gefallen lässt und die Hölle anmutig findet. Geschieden werden das Fremde und Eigene auf ewige Zeit, geschieden werde das Französische und Deutsche, nicht durch Berge, nicht durch Ströme, nicht durch chinesische und kaukasische Mauern, nein, durch die unübersteigliche Mauer, die ein brennender Hass zwischen bei den Völkern aufführt!“
Auch biologische Vorstellungen fehlen nicht in Arndts Repertoire. Verwelschung wird unversehens identisch mit „Verbastardung“. Dies bedeutet einen entscheidenden Schritt von der Mythologisierung des deutschen Volkes als einem „ursprünglichen Volk“ durch die Sprache [...].

Kurt Lenk: Volk und Staat – Strukturwandel politischer Ideologien im 19. und 20. Jahrhundert. Stuttgart 1971, S. 90 f.

8 Deutschheit, Mannheit, Freiheit: Friedrich Ludwig Jahn und die deutsche Turnerbewegung

Gefesselt lag das deutsche Land/In wälscher Sklaverei,/Das Deutsche war verpönt, verbannt,/Verschwunden Ehr und Treu./Da büßten Viele ein den Muth;/Bei all dem Trug und Wahn;/Doch echtes deutsches Mannesblut/Pocht in der Brust von Jahn!“ Mit dieser Strophe beginnt ein Gedicht, das die Berliner Volks-Zeitung am 11. August 1861 auf ihrer Titelseite veröffentlichte. Anlass war die Grundsteinlegung eines Denkmals für Friedrich Ludwig Jahn. Der anonyme Verfasser präsentiert dessen Lebensgeschichte in sieben Strophen, beschreibt ihn als „echt deutschen Mann“, „mutigen Freiheitskämpfer“, „wackeren Vorturner“, „tapferen Krieger“ und „treuen Volksfreund“. [...]

Jahn, der Turnvater; Jahn, der erste freie Deutsche; Jahn, der erste Großdeutsche – wer immer auch Jahn wirklich war, er ist zweifellos eine der schillerndsten und widerspruchsvollsten Persönlichkeiten unter jenen „Patrioten", die nach der preußisch-sächsischen Niederlage von 1806/07 für eine nationale „Erhebung" gegen die französische Fremdherrschaft kämpften. Als Mann einer Periode des Umbruchs, der Kriege und Krisen verkörpert er bei allen Eigenheiten viel Zeittypisches. Nur so ist überhaupt seine enorme Wirkung in den entscheidenden Jahren zwischen 1810 und 1819 zu erklären. […]

Jahn wurde neben Ernst Moritz Arndt, den er seit seinen Greifswalder Studientagen kannte, zu einem Vordenker der entstehenden patriotisch-nationalen Bewegung. Er versuchte sich zunächst als politischer Netzwerker und Geheimkurier im Staatsauftrag sowie als Publizist. 1810 erschien sein bekanntestes Werk, das Deutsche Volksthum. Dieses Buch wurde wegweisend nicht nur für den zeitgenössischen Diskurs über „Volk" und „Nation", sondern auch für die praktische und symbolische Politik der frühen Nationalbewegung. In ihm verknüpfte er alte Vorstellungen von den „physischen" und „moralischen" Ursachen für die Unterschiede zwischen den Nationen mit neuen ethnischen und kulturellen Ideen. Das „Volk" – dieses „deutsche Wort" sollte das „fremdländische Wort" Nation ersetzen – war für ihn eine Abstammungs- und Kulturgemeinschaft mit einer langen gemeinsamen Geschichte, die alle sozialen Schichten umfasste. Als das Gemeinsame eines „Volkes" definierte er das „Volksthum": „sein innewohnendes Wesen, sein Regen und Leben, seine Wiedererzeugungskraft, seine Fortpflanzungsfähigkeit". Dies alles sah er durch den langjährigen französischen Einfluss in Deutschland bedroht.

Die Niederlage von 1806/07 schien ihm, wie vielen Gesinnungsgenossen, vorrangig eine Folge der „Ausländerei", „Verweichlichung" und „Entartung" der Deutschen zu sein. Deshalb propagierte er, ganz auf der Linie der preußischen Reformer, zum einen die Umwandlung von Heeres- und Staatsverfassung. Er wollte die stehende Armee abschaffen und die allgemeine Wehrpflicht in Form einer Landwehr einführen und plädierte für ein „allgemeines Bürgerrecht". Damit forderte er, anders als die meisten „Patrioten", für alle „wehrbereiten" und „rechtschaffenden" christlichen „Hausväter" mehr politische Rechte, nicht nur für die Besitzenden und Gebildeten.

Zum anderen trat er vehement für eine patriotisch-nationale „Erhebung", eine „Ermannung" des deutschen Volkes ein. Vor allem mittels einer „Sprachreinigung" wollte er dem „zersetzenden" Einfluss des „welschen Gestammels" entgegenwirken, durch nationale Feiern, Symbole und Rituale das „Volksgefühl" stärken und die Knaben, Jünglinge und Männer nach „alter germanischer Sitte" mithilfe einer Körper und Geist umfassenden „Nationalerziehung" wieder „wehrhaft" machen. […]

Im November 1810 gründete er gemeinsam mit dem Pädagogen Friedrich Friesen und anderen den Deutschen Bund als straff gegliederte Geheimorganisation, deren Hauptziel die Propaganda gegen die französische Fremdherrschaft war. Zugelassen waren nur Männer „deutscher Abstammung", damit blieben selbst getaufte Juden ausgeschlossen. Zu den 50 bis 80 Berliner Mitgliedern zählten überwiegend Offiziere, Studenten und Bildungsbürger, darunter viele alte Freunde Jahns.

Zur gleichen Zeit begann er mit dem Turnen; auf der Hasenheide bei Berlin entstand 1811 der erste Turnplatz. Von Anfang an diente die Körpererziehung erklärtermaßen nationalpolitischen Zwecken. Schüler und Studenten, Handwerkslehrlinge und -gesellen sowie junge Kaufleute sollten sich in der schichtenübergreifenden Männergemeinschaft zu „echt deutschen" Männern ausbilden. Ihre erklärten Hauptziele waren „Deutschheit, Mannheit und Freiheit". Die Bewegung wuchs schnell über Berlin hinaus. 1818 existierten rund 100 Turngemeinden (davon 84 in Preußen) mit etwa 12000 Mitgliedern. […]

Doch Jahn wollte mehr. Er wollte mit der Waffe für die „Befreiung" vom „welschen Joch" kämpfen. Mit seinem „Turnfreund" Friedrich Friesen half er deshalb beim Aufbau des Lützower Freikorps, einer im Februar 1813 (mit Billigung des preußischen Königs Friedrich Wilhelm III.) von Ludwig Adolf Wilhelm Freiherr von Lützow in Breslau gegründeten Freiwilligenformation, die vornehmlich junge Männer aus dem nichtpreußischen Ausland aufnehmen sollte. Das Korps wuchs bis August 1813 auf 3666 Mann aus allen Teilen Deutschlands an und wurde zu dem Symbol für die Breite der „nationalen Erhebung". Seinen Ruhm mehrten weniger seine militärischen Leistungen als zahllose Lieder und Gedichte.

Jahn selbst gab bereits im Frühjahr 1813 eine Sammlung Deutscher Wehrlieder für das Königlich-Preußische Frei-Corps heraus. Hauptziel der intensiven Propaganda, die von Kriegsbeginn an wie eine Flutwelle über das Land ging, war eine „wehrhafte Ermannung": Männer seien nur dann „wahrhaft mannlich" und „ehrhaft", wenn sie „wehrhaft" Familie, Heimat und Vaterland verteidigten. „Kein Wesen, männlichen Geschlechts, so nicht Wehr ist", heißt es etwa in der Vorrede zu den Wehrliedern, „kann als Mann gelten, nur als Mannsbild und Mannspuppe. Wehrlos! Ehrlos!" An die Pflicht zur Vaterlandsverteidigung wurde zugleich der Anspruch auf mehr Bürgerrechte geknüpft.

Besonders aber lag ihm die „Sprachreinigung und -veredelung" am Herzen; Anfang 1815 gründete er gemeinsam mit anderen Pädagogen und Philologen die Berlinische Gesellschaft für deutsche Sprache. Heute erscheinen uns die Vorschläge dieser Sprachgelehrten als lächerlich. Damals jedoch wurden sie in den Zeitungen heftig diskutiert: Schließlich ging es darum, sich von den gehassten „Welschen" und allen „Franzosenfreunden" symbolisch

9 Die „Wacht am Rhein“: Das Niederwalddenkmal bei Rüdesheim (Online-Link 430027-0101)

Zur Erinnerung an den Deutsch-Französischen Krieg (1870/71) wird 1883 das Niederwald-Denkmal im Beisein des Kaisers und vieler deutscher Fürsten eingeweiht. Der gewaltige Sockel – der Unterbau ist 25 hoch – trägt die Inschrift: „Zum Andenken an die einmütige und siegreiche Erhebung des deutschen Volkes und die Wiederaufrichtung des Deutschen Reichs 1870/71“. Auf dem Relief sieht man in Lebensgröße den Kaiser hoch zu Ross, er ist von Fürsten und Heerführern umgeben. Unter dem Relief steht das Gedicht „Die Wacht am Rhein“. Die 320 Zentner schwere Germania hat eine Höhe von über 12 Metern, das gesenkte Schwert eine Länge von 7 Metern, in der rechten Hand hält die Germania die Reichskrone, ihr Haupt ziert ein Eichenkranz. Kaum bekannt ist, dass ein von Anarchisten bei der Einweihung geplantes Attentat auf das Denkmal und die Ehrengäste scheiterte, weil die Attentäter eine zu billige und nicht wasserdichte Zündschnur verwendet hatten.

abzusetzen. Jahn allerdings übertrieb es selbst nach Ansicht wohlmeinender Zeitgenossen mit seiner Eindeutschungsmanie. Seine Texte wurden schlichtweg unverständlich, so, wenn er statt von „Patrioten“ nunmehr von „Biedermännern“ sprach. Dennoch: 1817 verliehen ihm die Universitäten Jena und Kiel die Ehrendoktorwürde – die lang erhoffte akademische Anerkennung empfand er als Krönung seiner rastlosen Arbeit.

Jahns umtriebiges Engagement trug, wie bei vielen „Patrioten“ seiner Generation, ein Janusgesicht: Zur einen Seite propagierte er frühliberale Ideen, zur anderen Franzosenhass und Judenfeindschaft. Vor allem Ersteres passte nach dem endgültigen Sieg über Napoleon im Juni 1815 immer weniger in die Zeit. Ruhe sollte allerorts wieder die erste Bürgerpflicht sein. Es setzte eine restaurative Wende ein; die nationalpolitische Oppositionsbewegung geriet ins Visier der obrigkeitlichen Kritik und der Zensur.

Karen Hagemann: Deutschheit, Mannheit, Freiheit. In: DIE ZEIT 42/2002

10 Der Historiker Dietmar Klenke über das Nürnberger Sängerfest von 1861

Mit dem Nürnberger Nationalfest der Sängerbewegung 1861 überschritten die Organisatoren die Schwelle ins Gigantomanische: Der eigens für das Sängerfest errichtete Nürnberger Festbau maß in der Länge 108 m, in der Breite 50 m, in der Höhe 18 m. Damit erzeugte er ein Raumgefühl, das an große Kirchenbauten heranreichte. Die Kapazität der Halle war auf 20 000 Personen angelegt, die Bühne sah einen Massenchor von 5 000 Sängern vor.

Das vom Festkomitee herausgegebene Sänger-Festblatt stimmte die Festgäste gleich zu Beginn auf die kriegerische Stimmungslage dieser Tage ein. Ein ins Auge fallender Festgruß rief die Erinnerung an Friedrich Barbarossa und den Germanenfürsten Arminius wach. In „Rotbart“ und „Hermann“ sah der Festgruß Vorbild und Ansporn zugleich: Die deutsche Nation sollte sich aufraffen, um ihre politische Rückständigkeit, ihre machtpolitische Schwäche und ihre imperiale Bedeutungslosigkeit zu überwinden. Folgerichtig appellierte er an die Sänger, deutsche „Kraft und Ehre“ dem Ausland gegenüber gebührend zur Geltung zu bringen. Was damit gemeint war, blieb kein Geheimnis.

Zunächst geriet der „Franzmann-Kaiser“ wegen seines angeblich auf den Rhein gerichteten Machthungers ins Visier, sodann die Dänen wegen ihrer Herrschaft über die Elbherzogtümer. Den Höhepunkt bildete der Schluss des Festgrußes. Dort löste sich das Denken in Feindbildern von den zwei aktuellen Spannungsherden und sah

11 Größer als Kathedralen – die eigens für das Deutsche Sängerfest errichtete Festhalle in Nürnberg 1861.
Sie bot Platz für 20 000 Personen (zeitgenössisches Gemälde).

Deutschland von einer Welt von Widersachern umringt. In der damals üblichen Diktion hieß es: „Die Deutschen singen fest im Takt, so haben sie auch das Schwert gepackt und stehen alle Mann für Mann: Auf Ungarn, Russland kommt heran! Und komm nur her Italia! Für dich ist auch ein Hermann da. Wir sind zum letzten Kampf bereit, es dämmert schon die große Zeit für deutsche Kraft und Ehre“. Aus diesem fiktiven Krisenszenarium sprach nicht nur ein gewisser Hang zur Dramatisierung, sondern auch ein bemerkenswerter kriegerischer Bewährungsdrang, mit dem sich einige radikale Wortführer der Sänger publizistisch hervortaten. Alles in allem handelte es sich um auftrumpfende Gesten, aus denen unbefriedigte Geltungs- und Machtansprüche gegenüber der europäischen Staatenwelt sprachen. Dahinter stand die Erwartung, dass die staatliche Einheit der Deutschen nicht ohne Krieg zu haben sei. Diese Einschätzung zeugte insofern von Realitätssinn, als mit massivem ausländischem Widerstand zu rechnen war, falls es mit der nationalen Einigung der Deutschen einmal ernst werden sollte. Hinzu kam, dass die nationalen Einigungsvisionen den Anspruch einschlossen, sämtliche deutschsprachigen Gebiete, auch die, die unter fremdländischer Herrschaft standen, in den ersehnten Nationalstaat zu integrieren. Einige Sänger hatten dabei auch das „Elsass“ im Auge. Aber im Vordergrund stand nach wie vor die Schleswig-Holstein-Frage.

Dietmar Klenke: Der Singende „Deutsche Mann“. Gesangvereine und Deutsches Nationalbewusstsein von Napoleon bis Hitler. Münster (Waxmann) 1998, S. 107 f.

12 **Das Innere der Festhalle des Deutschen Sängerfestes von 1861 während einer Hauptaufführung**

13 Deutscher Blick auf „Charakter und Sinnesart der Franzosen“

Auszug aus dem Artikel „Frankreich (Nationalcharakter)“ in Meyers Konversationslexikon (1885–1892), dem neben dem „Brockhaus“ wichtigsten Nachschlagewerk des Deutschen Kaiserreiches:

[…] Der Franzose nennt mit Selbstgefühl sein Volk la grande nation, und es ist groß, insofern es Sinn für das Große hat. Die Begriffe Vaterland, Ehre, Ruhm (oder richtiger gloire) haben über ein französisches Herz eine wunderbare Macht. Die Gloire besteht aber vor allem in Kriegsruhm, der den Franzosen in hohem Maß zu teil geworden ist. Sie sind ein tapferes, heldenhaftes Volk; […] Der Franzose ist ferner der geselligste aller Menschen; er hat bis in die untern Schichten herunter für die Kunst des Umganges eine glückliche Leichtigkeit, eine liebenswürdige Feinheit und Gewandtheit, eine anmutige Aufmerksamkeit für das schöne Geschlecht (galanterie), das in jedem Betracht eine hohe Stelle einnimmt; er ist gegen Fremde artig und gefällig. Das Savoir-faire und Savoir-vivre des Franzosen ist andern Nationen fremd. […] Auch im Essen und Trinken liebt er Feinheit und Maß und sieht mehr auf Qualität als auf Quantität. Diesen mannigfachen Vorzügen der Nation gegenüber macht sich ein Fehler in lästiger Weise geltend: die überall hervortretende Eitelkeit, wohl ein Erbteil ihrer keltischen Vorfahren. Für französische und nichtfranzösische Verhältnisse hat der Franzmann verschiedene Maße. Ihrem Wesen nach ganz auf den Verstand angewiesen, sind die Franzosen ein verständiges Volk, aber ohne rechte Tiefe des Geistes und Gemüts. […] Mit einer gewissen Oberflächlichkeit, welche alles, auch das Höchste, durch die Beinamen brilliant, joli, curieux am meisten zu ehren glaubt, verbindet sich das, was Cäsar schon an den Galliern erkannte: Leichtigkeit, Lebendigkeit, Heftigkeit, aber auch die gallische Unstetigkeit und Unruhe, den gallischen Wankelmut und Wechsel. Der Leichtsinn steigert sich bei dem Franzosen bis zur Frivolität, und eine spöttische Behandlung ernster, selbst religiöser Dinge, eine leichtfertige Auffassung der Moral, besonders im Verhältnis beider Geschlechter, gehören in Frankreich nicht zu den Seltenheiten.

Meyers Konversationslexikon, Bibliographisches Institut Leipzig und Wien 1885–1892, Bd. 6, S. 520.

14 Wird die Sonnenfinsternis total sein? (L’éclipse sera-t-elle totale ?)
Karikatur der französische Satirezeitschrift Le Charivari, 17. Mai 1871

15 Antifranzösische Klischees
1887 führte ein Spionagefall zu neuen Spannungen zwischen Deutschland und Frankreich. Die deutsche Satirezeitschrift „Kladderadatsch“ nahm dies zum Anlass, alte Klischees über das revolutionäre Frankreich wieder ins Bewusstsein zu rufen.
Republik (Frankreich): „Wollen Sie sich denn nicht an unserem Familienfeste beteiligen?“
Die Zaungäste stellen verschiedene europäische Staaten dar: „Wir können alles von hier aus ebenso gut sehen.“
Kladderdatsch Nr. 20, 1. Mai 1887

Arbeitsvorschläge

a) Überlegen Sie, warum das Bild M1 im späteren Deutschen Reich so gut wie unbekannt blieb. Vergleichen Sie M1 auch mit den Aussagen von M7.

b) Stellen Sie zusammen, welche Charaktereigenschaften und nationale Eigentümlichkeiten Weber den Türken und Franzosen attestiert. Welches Selbstbild der Deutschen lässt sich aus diesen Fremdbildern ableiten? Diskutieren Sie, über wen oder was das Fremdbild tatsächlich etwas aussagt (M3, M4).

c) Welche Eigenschaften und Eigenheiten bescheinigt Arndt den Franzosen? Überlegen Sie, welche politischen Ziele mit diesem Franzosenhass verfolgt werden (M4).

d) Warum gilt der Fremdenhass von Arndt besonders den Juden (M6)?

e) Vergleichen Sie Ihre Ergebnisse zur Funktion des Fremdenhasses mit den Thesen des Politikwissenschaftlers Lenk (M7).

f) Untersuchen Sie die Verbindung, die Jahn zwischen dem Turnen und dem Nationalbewusstsein herstellt, und nehmen Sie dazu Stellung (M8).

g) Überlegen Sie, warum deutsche Obrigkeiten diesen nationalen Vereinen bisweilen mit Argwohn und Verboten entgegentraten.

h) Recherchieren Sie den historisch-politischen Kontext des Nürnberger Sängerfests. Welche Widerstände gegen die Nationalbewegung werden hier erkennbar (M10–M12)?

i) Versetzen Sie sich in die Stimmung des Nürnberger Sängerfests und verfassen Sie eine zeittypische Schilderung der Atmosphäre.

j) Untersuchen Sie die Klischees und Ängste, die in den Karikaturen zum Ausdruck kommen. Stellen Sie eine Beziehung zu konkreten historischen Erfahrungen her, die beide Völker miteinander gemacht haben (M14, M15).

k) Erörtern Sie, inwieweit die von Ihnen untersuchten Vorstellungen auch heute noch in der wechselseitigen Wahrnehmung von Franzosen und Deutschen eine Rolle spielen.

Methode: Karikaturen entschlüsseln

Karikaturen erfreuen sich als Bestandteil von politischen Magazinen, Satirezeitschriften, Flugblättern und Tageszeitungen großer Beliebtheit. Die ersten Vorläufer der Karikatur gehen bis auf die „Schmäh- und Schandbilder" des späten Mittelalters bzw. der Reformation zurück. Damals standen Personentypen wie Priester oder Fürsten im Mittelpunkt der satirischen Kritik. Der Begriff kommt aus dem Italienischen („caricare") und bedeutet so viel wie „überladen" oder „übertrieben". Einen Boom erlebte die Karikatur, die sich mehr und mehr gegen individuell identifizierbare Personen richtete, zur Zeit Napoleons und im Zuge der Revolution 1848/49.

Der besondere Reiz von Karikaturen liegt in dem Widerspruch zwischen Darstellung und Realität. Dabei können Karikaturen sowohl eine humorvolle Ironie beinhalten als auch einen bissigen Sarkasmus transportieren. Die Palette der Möglichkeiten ist für Karikaturisten durchaus breit: Überladung, Übertreibung, Abstraktion, Vergleiche, Verfremdung oder Verzerrung. Auch Allegorien und Symbole werden gern verwendet.

1 Versailles
Aus der Satirezeitschrift „Simplicissimus" vom 3. Juni 1919:
Die im Frack dargestellten Personen sind von links nach rechts: der amerikanische Präsident Woodrow Wilson, der französische Ministerpäsident George Clemenceau und der englische Premierminister David Lloyd George.
„Auch Sie haben ein Selbstbestimmungsrecht: Wünschen Sie, dass Ihnen die Taschen vor oder nach dem Tod ausgeleert werden?"

Um die Botschaft des Karikaturisten verstehen zu können, muss die Zeichnung vor dem Hintergrund der jeweiligen aktuellen politischen und gesellschaftlichen Verhältnisse zur Zeit der Entstehung entschlüsselt werden. Dabei muss beachtet werden, dass eine Karikatur stets „nur" die persönliche Sicht des Zeichners ausdrückt. Entsprechend muss die Aussage der Karikatur immer in das Normensystem seiner Entstehungszeit eingeordnet werden.

In Deutschland verbreitete sich die Karikatur in hohem Maße seit der Jahrhundertwende in satirischen Wochenblättern wie dem „Simplicissimus" (**Online-Link** 430027-0101) oder dem „Kladderadatsch". Infolge der verbesserten Drucktechnik fanden die Karikaturen mehr und mehr den Weg in die Tagespresse. Spätestens seit Ende des Ersten Weltkrieges wurden Karikaturen zum beliebten Ausdrucksmittel der gesellschaftlichen Konflikte und politischen Kämpfe in der Weimarer Republik, Frankreich, Großbritannien und anderen Staaten.

The Tiger: “Curious! I seem to hear a child weeping!”

2 Ein weinendes Kind

Die „vier Großen“ der Versailler Friedensverhandlungen verlassen das Konferenzgebäude. Georges Clemenceau (Frankreich), hier als „Tiger“ bezeichnet, geht voran. Ihm folgen Woodrow Wilson (USA), Vittorio Orlando (Italien) und David Lloyd George (Großbritannien).
Karikatur der US-amerikanischen Zeitung Daily Harald 1919

3 „Prévoyance boche“

Französische Karikatur 1925 als Reaktion auf die Verleihung des Friedensnobelpreises an den deutschen Außenminister Stresemann. Germania fragt Stresemann: „Was machst Du denn da, mein Lieber?“ Stresemann: „Ich tue meinen Friedenspreis an seinen Platz.“

Mögliche Arbeitsschritte zur Deutung von Karikaturen:

- **Entstehung und Veröffentlichung:** Aus welcher Zeit stammt die Karikatur? Wegen ihres aktuellen Charakters entsteht eine Karikatur in der Regel zeitnah zum kommentierten Ereignis. In welchem Organ wurde sie veröffentlicht?
- **Historische Einordnung:** Auf welche geschichtliche Situation nimmt die Karikatur Bezug? Welche Personen werden karikiert? Hinweise liefern z. B. bekannte Personen, Jahreszahlen oder Text in der Zeichnung.
- **Beschreibung:** Aus welchen einzelnen Elementen (Personen, Gegenstände, Tiere, Textteile usw.) setzt sich die Karikatur zusammen? In welcher Beziehung stehen die Teile zueinander?
- **Entschlüsselung der Darstellungsmittel:** Was sollen Symbole, Metaphern, Allegorien, Sprachbilder, Vergleiche usw. jeweils ausdrücken? Wofür standen sie in der betreffenden Zeit?
- **Interpretation:** Welches Problem wird dargestellt, welcher Widerspruch aufgedeckt? Welche Rückschlüsse lässt die Zeichnung auf die Einstellung des Karikaturisten zu? Wessen Partei ergriff der Künstler? An wen war die Karikatur gerichtet, welches Publikum konnte sie erreichen? Welche Wirkung sollte die Karikatur bei den Zeitgenossen auslösen? Wie wirkt sie auf heutige Betrachter?

Geschichte erinnern: Nationale Gedenktage im Kaiserreich

Kaum einer der Jüngeren heute verbindet etwas mit dem Datum 17. Juni. Dabei war dieser Tag über Jahrzehnte ein Feiertag in der Bundesrepublik. Anders sieht es wahrscheinlich mit dem 3. Oktober aus. Aber was war am 9. November? Oder gar am 27. Januar?
Dass während eines Jahres Feiertage den Zeitablauf unterteilen, ist kirchlichen Ursprungs: Ereignisse des Kirchenjahres, die Stationen des Lebens Jesu wie Geburt oder Passionszeit, bestimmten den Jahresablauf ebenso wie die Gedenktage an die Heiligen und ihr Wirken.
Nationale Gedenktage, mit denen ein Staat und seine Bevölkerung politischer Ereignisse gedenkt, sind Marksteine historischen Erinnerns in einer säkularisierten Welt. Gedacht wird freudiger Ereignisse wie der Vereinigung der beiden deutschen Staaten, aber auch des Terrors der Pogromnacht 1938. Die Erinnerung daran ist nicht immer einfach. Überhaupt: Woran sich erinnern? Und vor allem: Wie sich erinnern?
Nationale Gedenktage schaffen ein Zusammengehörigkeitsgefühl. Gerade die Identifikation mit einem gemeinsam erlebten – und gemeinsam erinnerten – Ereignis war für die politische Kultur des Kaiserreichs wichtig, fehlte es doch noch an Normvorstellungen und Werten, die die Nation zusammenhielten. Nationale Festtage waren auch eine Möglichkeit, am politischen Geschehen mitzuwirken – als Mitglied eines nationalen Vereins oder auch als Teilnehmer einer Veranstaltung.
Gefeiert wurde der Geburtstag des Kaisers, noch wichtiger aber waren die militärischen Erfolge, die zur Reichsgründung führten: der Sieg über Österreich 1866 bei Königgrätz und besonders die französische Kapitulation am 1. und 2. September 1870 bei Sedan.
Begangen wurde der 2. September mit Festgottesdienst und Reden, Parademärschen und Militärmusik, Kinderfest und Feuerwerk. Eine zentrale Rolle im jährlichen Ritual der Festveranstaltungen spielten die Kriegervereine.
Die Erinnerung an „St. Sedan" war allerdings häufig nur ein Fest der „Reichsfreunde", vor allem in den ersten Jahren des Deutschen Reiches. Oppositionelle mieden die Feierlichkeiten: Der „Westfälische Merkur" schildert den offiziellen Festakt im katholischen Münster und schließt: „Die Bürgerschaft enthielt sich, wie in den Vorjahren, der Teilnahme an dem Nationalfeste." Auch die Anhänger der SPD nahmen an den Sedanfeiern demonstrativ nicht teil. Die Sozialdemokraten pflegten eine eigene Erinnerungskultur. So gedachte die SPD am 18. März in Berlin der „Gefallenen" der Revolution von 1848.
Die Erinnerung an Sedan gehörte nicht nur zum Gründungsmythos des Deutschen Reiches. Mit ihr manifestierte sich auch die „Erbfeindschaft" zu Frankreich. Besonders in den Jahren vor dem Ersten Weltkrieg waren vielerorts anlässlich der Sedanfeiern Reden zu hören, die von aggressivnationaler Rhetorik geprägt waren.
Heute ist das Thema nationale Gedenk- oder Feiertage in Deutschland umstritten. Ein Blick über die Landesgrenzen zeigt, dass sich europäische Nachbarn mit nationalem Gedenken leichter tun: Ganz selbstverständlich wird in Frankreich der 14. Juli gefeiert. Der Tag, an dem bewaffnete Bürger in Paris das Stadtgefängnis stürmen und die Insassen befreien, gilt als Ausgangspunkt der Revolution und der Befreiung von absolutistischen Herrschaftsverhältnissen. Die Erfahrungen der Gewaltherrschaft Hitlers sind es vor allem, die „Geschichte erinnern" in Deutschland zu einer schwierigen Aufgabe machen. Um Gegenwart zu verstehen und Zukunft zu gestalten, darf die Erinnerung an die Geschichte jedoch nicht enden. Die Frage ist also immer neu zu stellen, woran und wie gemeinsam erinnert werden soll – an welche positiven wie negativen Ereignisse in der Geschichte.

Arbeitsvorschläge

a) Analysieren Sie mit Hilfe von M1 bis M3 die Bedeutung und die integrative Wirkung des Sedantags für die Gesellschaft des Kaiserreiches.
b) Vergleichen Sie Haffners Schilderung des Sedantags (M3) mit den Feierlichkeiten zum 3. Oktober heute. Diskutieren Sie, welchen Stellenwert nationale Gedenktage für uns heute habe könnten und sollten.

1 Das Brandenburger Tor auf einer Ansichtspostkarte zum 25. Jahrestag der Schlacht bei Sedan 1895

2 Der Beginn eines neues Zeitalters

Die konservative Kreuzzeitung, 2. September 1870:

Mit dem 2. September beginnt ein neues Zeitalter – die Hegemonie des germanischen Geistes auf Erden. In ein Symbol, das jeder begreift, hat das Geschick diese Tatsache gekleidet. Als wir den Kaiser der Franzosen, seine Marschälle und Soldaten auf dem Schlachtfeld von Sedan gefangen nahmen, endete das Zeitalter französischer Gewalttaten, französischer Halbbarbarei und begann die Periode des deutschen Friedens und der deutschen Bildung.

Kreuzzeitung, 2. September 1870

3 Der Sedantag und die Deutschen

Der Publizist und Historiker Sebastian Haffner:

Der Sedantag war ein rundes halbes Jahrhundert lang der deutsche Nationalfeiertag, mit Paraden, Beflaggung, Schulfeiern, patriotischen Reden und allgemeinen Hochgefühlen. Und zwar war es, muss man wahrheitsgemäß und mit einiger Beschämung sagen, der einzige wirklich effektive Nationalfeiertag, den die Deutschen je gehabt haben.

Was nachher an seine Stelle trat, der 1. Mai der Nazis, der 17. Juni der Bundesrepublik, das war alles nichts Rechtes mehr: halt ein freier Tag und ein paar Weihestunden und Reden, die keinen sonderlich interessierten. Aber der 2. September, Sedantag, mein Gott, da war wirklich noch was los! Das war eine Stimmung – ich finde für die heutige Zeit keinen anderen Vergleich –, als ob die Nationalmannschaft die Fußballweltmeisterschaft gewonnen hätte, und zwar jedes Jahr aufs Neue. Alle Jahre wieder wurde die große Schlacht im Geiste noch einmal siegreich durchkämpft, immer wieder brachen die französischen Kavallerieattacken im deutschen Musketenfeuer zusammen, immer wieder übergab der französische Kaiser als gebrochener Mann, dem es nicht vergönnt war, an der Spitze seiner Truppen zu fallen, dem Preußenkönig seinen Degen. Jeder trug im Kopf die triumphalen Bilder, die damals zu hunderttausenden in Deutschlands guten Stuben hingen: König Wilhelm, der Heldengreis, inmitten seiner Paladine auf der Höhe von Frésnois; […] der gigantische Bismarck neben dem hässlichen Zwerg Napoléon auf der schütteren Holzbank vor dem Weberhäuschen in Domchérie – all diese Szenen des Triumphes jedes Jahr aufs Neue nachzuschmecken, das war ein wirkliches Fest. Von den Hochgefühlen patriotischen Selbstgenusses, von denen das gefeiert wurde, macht man sich heute kaum noch eine Vorstellung.

S. Haffner: Im Schatten der Geschichte. Historisch-politische Variationen aus zwanzig Jahren. Stuttgart 1985, S. 65

Geschichte erinnern: Die Symbolik historischer Orte – Versailles

Wie Ereignisse, Gegenstände oder Gesten können auch Orte, an denen sich bestimmte Vorgänge abgespielt haben, symbolische Bedeutung erlangen. Symbole vereinfachen Zusammenhänge: Menschen erkennen Symbole wieder und vergewissern sich damit einer Idee. Politische Symbole besitzen oft einen hohen emotionalen Gehalt und bergen deshalb die Gefahr des Missbrauchs. Umso wichtiger ist es, symbolische Inhalte zu kennen. Allerdings kann sich die Bedeutung politischer Symbole auch verändern.

Die Vergangenheit des Ortes: Das Schloss Versailles, das Ludwig XIV. in den Jahren 1661 bis 1689 erbauen ließ, war schon zu Zeiten seiner Entstehung Inbegriff von Macht und militärischer Selbstherrlichkeit. Die Spiegelgalerie verbindet die beiden Hauptflügel des Schlosses miteinander. Wand- und Deckenillustrationen schildern den Aufstieg Ludwigs: Ein Stuckrelief zeigt beispielsweise, wie der König über am Boden liegende Feinde hinweggaloppiert, im Hintergrund ist die Siegesgöttin zu erkennen.

Schlüsselereignisse für die symbolische Bedeutung: Am 18. Januar 1871 fand im Spiegelsaal die Begründung des Deutschen Reiches statt. Wilhelm I. wurde zum deutschen Kaiser gekrönt. Warum gerade in Versailles? Während des Deutsch-Französischen Krieges hatten die deutschen Generäle hier in sicherer Entfernung zu der von den deutschen Truppen belagerten Hauptstadt Paris ihr Quartier aufgeschlagen. Auch Wilhelm I. und Bismarck hielten sich dort auf. Der Spiegelsaal selbst diente wegen seiner Größe zunächst als Lazarett. Am 18. Januar 1871 fand hier die Kaiserproklamation Wilhelms I. statt. In der Folgezeit stand der Ort Versailles im deutschen Bewusstsein für das neue Kaisertum und die durch den gemeinsamen Krieg möglich gewordene Reichgründung. Doch welche Wirkung musste es auf die besiegten Franzosen haben, dass die feierliche Begründung eines gegnerischen Staates, der seine Machtstellung noch mit der Annexion von Elsass-Lothringen festigte, ausgerechnet auf ihrem Boden stattfand? „Der Durst nach Vergeltung quälte uns alle, die Hoffnung auf baldige oder spätere Revanche war der stete Gedanke des ganzen Landes“, schrieb der französische Essayist Paul de Saint-Victor im Juli 1871. Der Revanchismus bestimmte in der Folgezeit weitgehend das Verhältnis.

Und noch einmal wurde ein verlorener Krieg in Versailles besiegelt. Am 18. (!) Januar 1919 kam die Friedenskonferenz der alliierten Mächte im Spiegelsaal zusammen, um die Friedensbedingungen auszuhandeln. Der französische Ministerpräsident Clemenceau vertrat dabei – wenngleich nicht in allen Punkten erfolgreich – eine kompromisslose Deutschlandpolitik. Versailles wurde jetzt für die Deutschen, die nicht nur Elsass-Lothringen wieder abtreten mussten, von eigener symbolischer Bedeutung. Hier begann die „Schuldknechtschaft“. „Los von Versailles“ wurde zur schlagkräftigen Parole auch Hitlers Propaganda bereits in den 1920er-Jahren. Zwar führte die deutsch-französische Außenpolitik 1925 mit dem Vertrag von Locarno zu einer Annäherung beider Staaten, ausgeräumt war die „Erbfeindschaft“ aber noch nicht – erst recht nicht, als deutsche Truppen 1940 Frankreich unterwarfen.

Versailles heute: Durch die allmähliche Annäherung und Aussöhnung zwischen Frankreich und Deutschland nach 1945 hat sich das Bild vollkommen verändert. Der deutsch-französische Freundschaftsvertrag von 1963, viele Städtepartnerschaften und nicht zuletzt Austauschprogramme für Jugendliche beider Staaten verdeutlichen diesen Wandel. Das Schloss selbst ist zum beliebten Ausflugsort für Urlauber geworden. Wenn Versailles heute im kulturellen Gedächtnis verankert ist, dann als sinnfälliges Symbol für Glanz und die Schattenseiten des „Sonnenkönigs“. An Erbfeindschaft und Kriegsschuld denkt kaum einer mehr. Aber der Ort kann erinnern, dass Völkerverständigung ein schwieriger Prozess ist, den es ständig zu gestalten gilt.

Arbeitsvorschläge

a) Fassen Sie anhand der Materialien (M 1–M 4) die Entwicklung der symbolischen Bedeutung von Versailles zusammen. Beziehen Sie dazu auch ihr erarbeitetes Wissen der Klasse 11.2 heran.

b) Untersuchen Sie die Symbolik des historischen Ortes Weimar. (**Online-Link** 430027-0101)

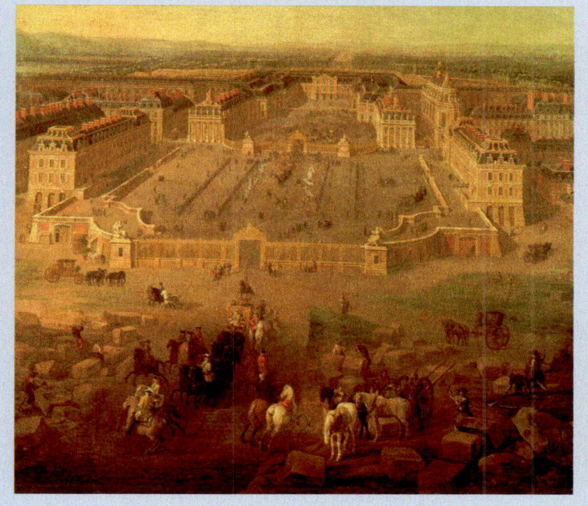

1 Versailles 1722
Ausschnitt eines Ölgemäldes von Pierre-Denis Martin

2 Ausrufung König Wilhelms I. von Preußen zum Kaiser im Spiegelsaal von Versailles, 1871
Ausschnitt eines Ölgemäldes von Anton von Werner, 1895

Los von Versailles!

Nieder mit der Schuldlüge

Der 28. Juni

der Tag der Trauer und der Schande, an dem das deutsche Volk durch das schmachvolle Diktat von Versailles nach dem Willen der rachsüchtigen Feinde für alle Zukunft zu einem unrühmlichen Sklavendasein verurteilt werden sollte, jährt sich zum ersten Male.

Die gemeinste Fälschung der Weltgeschichte

die schamlose Lüge von der Schuld des deutschen Volkes am Weltkriege

muß dazu herhalten, um den verbrecherischen „Friedensvertrag", der in der ganzen Geschichte beispiellos dasteht, vor der Welt moralisch zu rechtfertigen.

Deutsche Männer und Frauen!

Versailles ist schuld

an Eurem ganzen Elend! Wenn Ihr hungert und friert! Wenn Ihr kein Obdach habt!
Wenn Ihr als Lohnsklaven der Welt unter Eurer Arbeitslast zusammenbrecht!
Wenn Euer guter deutscher Name heute in der Welt geächtet ist!
Wenn Euer deutsches Vaterland zum hilflosen Spottgebilde seiner selbst geworden ist.

Versailles ist schuld!

3 Aufruf zur Protestkundgebung gegen den Versailler Vertrag
Flugblatt, 28. Juni 1919

4 Bundeskanzler Gerhard Schröder und der französische Staatspräsident Jacques Chirac, Paris 1998

2

2 Grundlagen moderner politischer Ordnungsformen in Mittelalter und Früher Neuzeit

Gibt es ein europäisches Selbstverständnis? Versteht sich die EU als eine Wertegemeinschaft? Diese Fragen werden nicht nur innerhalb der EU im europäischen Einigungsprozess gestellt.

Inwiefern legten historische Prozesse im vormodernen Europa die Grundlage für das Verständnis von politischer Gewalt in modernen westlichen Gesellschaften? Welche Bedeutung hatte die Trennung von weltlicher und geistlicher Gewalt für die Herausbildung des westlichen Staatsverständnisses?

Welchen Einfluss übte das föderalistische Prinzip auf spätere politische Ordnungsmodelle aus?

Mittelmeer um 800

750 | 1000 | 1250

800
Der fränkische König Karl lässt sich zum Kaiser krönen.

962
Ostfränkischer König Otto I. nimmt Kaisertitel an.

1122
Wormser Konkordat

Europäische Staatenwelt Mitte des 18. Jahrhunderts

Online-Link
430027-0201

1500 1750 2000

1663 Immerwährender Reichstag in Regensburg

1789 Französische Revolution

1815 Deutscher Bund

Exkurs: Europa – eine Wertegemeinschaft?

Der deutsche Historiker Heinrich August Winkler bezog 2007 zu der Frage, ob es ein europäisches Selbstverständnis gibt, mit folgenden Worten Stellung: „Werte und politische Kulturen haben ihre Geschichte. Die sollte kennen und anerkennen, wer sich zu den ‚westlichen Werten' bekennt. Wenn wir von der Europäischen Union als einer Wertegemeinschaft sprechen, meinen wir, ob wir uns dessen bewusst sind oder nicht, eine Staatengemeinschaft, die sich zu den westlichen Werten bekennt."
Damit sind die Menschenrechte und im politischen Sinne die Demokratie mit ihrer Vorstellung von Repräsentation und Gewaltenteilung gemeint. Diese politischen Ordnungsformen sind im Kern Europas in langwierigen und komplizierten Prozessen entstanden. Ungeachtet dessen sind sie in ihrer Gültigkeit nicht auf das alte Europa beschränkt, sondern umfassen ebenso auch Nordamerika, Australien, Neuseeland und Israel, eben jene Länder, die sich als westliche Welt verstehen.

Gibt es gemeinsame historische Wurzeln?

Will man also der Frage nachgehen, ob diese Wertegemeinschaft nicht nur eine schöne Idee der Gegenwart ist, sondern ein historisch gewachsenes System, dann muss man nach übereinstimmender Ansicht der Historiker die gemeinsamen Wurzeln in der europäischen Geschichte suchen. Hier erweist sich, dass entscheidende und prägende Elemente in einem Kerngebiet entstanden, das durch zwei Faktoren bestimmt wurde:

- die Zugehörigkeit zur römisch-katholischen Kirche, in Abgrenzung zur griechisch-orthodoxen Kirche auch Westkirche genannt,
- die Zugehörigkeit zum karolingischen Reich, bzw. seinen direkten Nachfolgern, also dem späteren Frankreich und ostfränkischen Reich, aus dem das Heilige Römische Reich Deutscher Nation hervorging. In diesem Kerngebiet entwickelten sich typische Formen der Aufteilung von Herrschaftsmacht bzw. der Teilhabe an der Herrschaft, die in dieser Form einzig sind und weder im orthodoxen Ost- und Südeuropa, noch in der muslimischen Welt, noch in weiter entfernten Kulturkreisen Asiens zu finden sind. Konkret werden diese Formen der Teilung von Herrschaftsmacht in den folgenden historischen Vorgängen:
- in der Trennung von geistlicher und weltlicher Gewalt, wie sie sich seit dem 11. Jahrhundert vollzogen hat;
- in dem ebenfalls im europäischen Mittelalter entstandenen und wirkenden Lehenswesen, das Mitsprache des Adels an der königlichen Herrschaft bedeutet;
- in den sich daraus entwickelnden ständischen Vertretungen in Städten und Territorien als einer erweiterten Form der Teilhabe an fürstlicher Herrschaft, so beschränkt sie auch im Einzelnen gewesen sein mögen;
- in der komplizierten Organisation des Heiligen Römischen Reiches nach dem Dreißigjährigen Krieg, in der sich Ansätze zu einer föderalistischen Struktur, also einer regionale Aufteilung von Herrschaft darstellten;
- und schließlich in den Gedanken des Rationalismus und der Aufklärung, die in ihren politischen Ideen den Gedanken der Gewaltenteilung gewissermaßen bündeln und bewusst formulieren und damit die Basis für die moderne politische und gesellschaftliche Entwicklung legen.

1 **Europa um das Jahr 1000**, dreigeteilt durch die lateinisch-katholische, byzantinische-orthodoxe und islamische Religion

2.1 Wurzeln „europäischer" Werte

Trennung von Kirche und Staat

In der modernen westlichen Welt sind Kirche und Staat grundsätzlich getrennte Bereiche. Dies unterscheidet uns z. B. von muslimischen Staaten. So galt bis ins 19. Jahrhundert in allen islamischen Staaten die Scharia, das auf der religiösen Offenbarung und dem Koran begründete Recht. In der Türkei wurde die Scharia 1926 abgeschafft, in Saudi-Arabien gilt sie noch heute, zu Beginn 2009 wurde sie in Teilprovinzen Pakistans und in Somalia auf drängen radikaler Gruppen wieder eingeführt. Religion und staatlich-rechtliche Ordnung werden hier als Einheit verstanden. Für die Staaten und Gesellschaften der westlichen Kultur ist dies undenkbar.

Im europäischen Mittelalter ist dieses Verhältnis zwischen Kirche und Staat ein ganz anderes. Seit dem Aufstieg des Christentums zur Staatsreligion im Römischen Reich im Jahre 391 waren Religion und Herrschaft eng miteinander verbunden. Im Denken der Menschen stellten sie eine selbstverständliche Einheit dar. Die Legitimation des Herrschers kam direkt von Gott und wurde durch unterschiedliche Zeichen und Symbole als heilig dargestellt.

Byzantinische Ostkirche

Im Oströmischen Reich, das wir auch unter dem Namen Byzantinisches Reich kennen, gab es zwar mit dem Patriarchen von Konstantinopel ein geistliches Oberhaupt der Kirche, der oströmische Kaiser aber stand unangefochten an der Spitze von Kirche und Staat zusammen. Die räumliche Nähe zum Kaiser, der ja seinen Sitz auch in Konstantinopel hatte, verhinderte wohl, dass sich der Patriarch mehr emanzipierte.

2

2 Die Taufe König Chlodwigs
Relief auf einem Buchdeckel aus Elfenbein, Frankreich, 10. Jahrhundert

Römische Westkirche

Anders verhielt es sich im Bereich der Westkirche, also des römisch-katholischen Christentums. Der Papst begründete seinen Anspruch als Führer der Kirche vor allem darauf, dass er als Bischof von Rom der direkte Nachfolger des heiligen Petrus war. Auch profitierte er davon, dass er in der alten Hauptstadt des römischen Weltreiches seinen Sitz hatte, in der es allerdings keinen Kaiser mehr gab, der Papst also in seinem Machtanspruch nicht durch eine vergleichbare Herrscherpersönlichkeit vor Ort gebremst wurde. Nach dem Ende des Weströmischen Reiches 476 kam es erst durch die Franken wieder zu einer dauerhaften Reichsbildung, allerdings weit entfernt im Gebiet zwischen Seine und Rhein. Der merowingische König Chlodwig begründete um 496 durch Übernahme des römisch-katholischen Christentums eine für beide Seiten fruchtbare Zusammenarbeit, die sich bis ins 11. Jahrhundert fortsetzte. Rund zweihundert Jahre später half der karolingische Hausmeier Pippin dem Papst gegen die Langobarden. Diese hatten in der Völkerwanderungszeit in Oberitalien ein Reich gegründet und bedrohten seither Rom. Für die Hilfe gegen diese Bedrohung erhielt Pippin vom Papst dessen Zustimmung zu seiner Erhebung als König der Franken. Damit wurde die Verbindung zwischen dem fränkischen König und dem Oberhaupt der Westkirche eng geknüpft.

Hausmeier

Der Kaiser als Schutzherr der Christenheit

Pippins Sohn Karl erneuerte durch die Kaiserkrönung am Weihnachtstag 800 in Rom das weströmische Kaisertum und verband es gleichzeitig mit dem Papst und der Stadt Rom. Der Papst fand dadurch Schutz vor den Langobarden und konnte seine Konkurrenzposition zum Patriarchen der Ostkirche in Konstantinopel ausbauen. Karl „der Große" und alle seine Nachfolger verstanden sich als Schutzherr der gesamten katholischen Christenheit, was ebenfalls eine deutliche Abgrenzung zum Oströmischen Reich darstellte. Damit ging der Anspruch des imperiums, des Kaisertums, deutlich über den Königstitel hinaus, denn das Regnum bezog sich auf eine relativ feststehende Gruppe, z. B. die Franken, während das Kaisertum Ausdruck eines weiteren universalen Machtverständnisses war. Der Kaiser war Schutzherr der Christenheit, Imperator Romani Imperii.

Geburt des Heiligen Römischen Reiches

Als der ostfränkische König Otto I. (936–973) sich im Jahre 962 von Papst Johannes XII. in Rom zum Kaiser krönen ließ, stellte er sich damit bewusst in die Tradition von Karl dem Großen und erhob den Anspruch, der Schirmherr der Christenheit zu sein. Von nun an war das Kaisertum einerseits endgültig an die Krönung durch den Papst gebunden und andererseits an die Königswürde im ostfränkischen,

später Deutschen Reich. Mit der Kaiserkrönung Ottos I. setzen viele Historiker die Geburtsstunde des „Heiligen Römischen Reiches Deutscher Nation" an, das bis 1806 bestand haben sollte.
„Vicarius Christi" oder „alter post christum", was beides so viel heißt wie Stellvertreter Christi, wird der aber bereits der König in den mittelalterlichen Quellen genannt. Damit steht er neben den geistlichen Würdenträgern, den Bischöfen und dem Papst, als sakrale Herrscherfigur über den normalen Menschen. Auch das Kaisertum ist Ausdruck des sakralen Herrschaftsverständnisses in universaler Form. Da beide Kronen von derselben Person getragen werden, vertieft dies den sakralen Charakter.
Diese Sicht der Welt wurde bereits im 5. Jahrhundert durch Papst Gelasius I. (492–496) in der Zwei-Schwerter-Lehre formuliert: Das Regnum, die königliche Herrschaft, und das Sacerdotium, das Priestertum, kommen beide gleich von Gott und sind daher gleichberechtigt. Auch wenn jede dieser Gewalten in ihrem Zuständigkeitsbereich autonom ist, sollen sie sich ergänzen. Das heißt auf die Wirklichkeit übertragen, die Kirche unterstützt die Herrschaft des Königs bzw. des Kaisers und der wiederum schützt die Kirche.

Kirchenreformbewegung

Den Höhepunkt dieser sich gegenseitig stützenden Zusammenarbeit zwischen König/Kaiser und Kirche stellte die Regierungszeit des Salierkaisers Heinrich III. (1017–1056) dar. Eine bereits seit längerem bestehende Krise erschütterte die Kirche. Missstände, wie der Kauf kirchlicher Ämter (Simonie), übler Lebenswandel vieler Geistlicher bis hin an die Kirchenspitze, Kämpfe zwischen Adelsfamilien in Rom um die Besetzung des heiligen Stuhles, verunsicherten die Gläubigen. Der zutiefst fromme Kaiser Heinrich III. fühlte sich aus seinem Amt heraus verpflichtet, die Kirchenreformbewegung zu unterstützen, die seit dem 9. Jahrhundert vom burgundischen Kloster Cluny ausging und die für eine Rückführung der Kirche zu ihren eigentlich Pflichten und ihrer Befreiung von weltlichen Einflüssen kämpfte.

3 **Karl wird zum Kaiser geweiht,** Malerei in der Gothaer Weltchronik, um 1270

2

4 Reichskleinodien ist der Sammelbegriff für die Herrschaftsinsignien, Gewänder und Reliquien, die dem König bzw. Kaiser bei der Krönung überreicht und zu einem Symbol für das Heilige Römische Reich wurden.
Vor allem die Heilige Lanze, die seit dem 5. Jahrhundert bezeugt ist, galt als Reliquie der Passion Christi, in ihr sollen Nägel des Kreuzes enthalten sein, und betont so den sakralen Charakter der königlich-kaiserlichen Herrschaft. Unter anderem verwahrte die Stadt Nürnberg die Kleinodien von 1424 bis 1796, danach wurden sie vor den französischen Truppen in Wien untergebracht.

Auf der Synode von Sutri im Jahre 1046 ließ Heinrich III. den Papst als unwürdig absetzen und seinen Vertrauten, den Bischof Suitger von Bamberg als Papst Clemens II. inthronisieren. Damit hielt der Geist der Kirchenreform Einzug in Rom und der Gedanke der Reinheit der Kirche von allen nicht geistlichen Einflüssen war beim obersten Amt der Kirche angekommen.

Großes Schisma

In gewisser Weise zeigte sich das auch an der endgültigen Trennung von der Ostkirche, dem sogenannten „Morgenländischen Schisma" von 1054. Wenn auch im Vordergrund der Auseinandersetzungen zwischen Rom und dem Patriarchen von Konstantinopel Glaubensfragen standen, so ging es doch auch um die Herrschaft des oströmischen Kaisers über die Kirche, die Rom ablehnte. Die Kirche müsse „frei" sein, war die Position Roms. Der verschärfte Streit führte zur gegenseitigen Exkommunikation, dem Ausschluss aus der Gemeinde der Christenheit, die erst 1965 von beiden Kirchen aufgehoben wurde. Das Schisma bekräftigte

5 **Heinrich IV. lässt Papst Gregor VII. aus Rom vertreiben.** Federzeichnung in der Weltchronik Ottos v. Freising. Neben Heinrich IV. sitzt der von ihm eingesetzte Papst Wibert von Ravenna.

eine bereits vorhandene Spaltung der beiden Kirchen, die sich in den folgenden Jahrhunderten noch vertiefte und dazu führte, dass sich die Einflussgebiete der Ost- und der Westkirche kulturell unterschiedlich entwickelten. Dies bleibt bis in die Gegenwart spürbar.

Reichskirche

Die beschriebene Verbindung von geistlicher und weltlicher Gewalt im Westen zeigte sich praktisch politisch in der sogenannten Reichskirche im ostfränkischen/deutschen Teil des Reiches. Historiker unserer Zeit nannten so das System, das seit den Karolingern entwickelt und von den ottonischen und ihnen nachfolgenden salischen Herrschern im 10. Jahrhundert ausgebaut wurde: Der König vertraute hohen Geistlichen, Bischöfen, Äbten, Erzbischöfen Regierungsaufgaben an, indem er sie zu Vasallen der Krone machte. Er ernannte sie zu Herzögen und schuf sich damit ein zuverlässiges Machtinstrument, das auch gegen die weltlichen Fürsten wirkte. Der Sinn für den König war einmal die Verfügung über zuverlässige Vasallen (siehe dazu 2.2), die ein Gegengewicht darstellten gegen die machtbewussten Fürsten, die ehrgeizige Eigeninteressen verfolgten. Zum anderen fiel durch die, zumindest offizielle, Kinderlosigkeit der Geistlichen mit deren Tod das Lehen immer wieder an die Krone zurück, so dass der König Besitz und Einfluss nicht verlor. Bedingung, dass dieses System im Sinne des Königs funktionierte, war, dass der König wesentlichen Einfluss auf die Wahl der jeweiligen Bischöfe behielt, um sich so geeignete Kandidaten zu suchen.

Der Höhepunkt der kaiserlichen Macht über die Kirche, wie er sich in Sutri darstellte, war gleichzeitig der Wendepunkt in der Beziehung zwischen geistlicher und weltlicher Macht. Denn als nach der Wahl des Cluniazensers Hildebrand zum Papst Gregor VII. im Jahre 1073 ein unerbittlicher Vertreter der Kirchenreform auf den Stuhl Petri kam, geriet das System der Reichskirche ins Wanken. Die Einsetzung der Bischöfe, die Investitur, sollte nur der Kirche vorbehalten sein und auch die Einmischung des Königs wurde von Rom abgelehnt, mit der Begründung, auch der König sei ein Laie. Damit war ebenso das Reichskirchensystem im empfindlichen Kern getroffen wie das Selbstverständnis des Königs als Stellvertreters Christi auf Erden.

Gang nach Canossa

Dieser Grundsatzstreit eskalierte zwischen Heinrich IV. und Gregor VII. Heinrich IV. ließ Gregor VII. auf dem Reichstag in Worms 1076 absetzen. Dieser antwortete, indem er Heinrich IV. in einem feierlichen Gebet an den heiligen Petrus exkommunizierte, damit alle Christen von ihren Eiden an Heinrich IV. entband und ihn so der Grundlage seiner Herrschaft beraubte, denn Herrschaft beruhte auf dem persönlichen Treueverhältnis zwischen König und Kronvasallen (siehe Kap 2.2). Die politische Folge war, dass die Fürsten Heinrich IV. das Ultimatum stellten, sich innerhalb eines Jahres von diesem Bannfluch zu lösen oder sie würden einen neuen König wählen. Darum zog Heinrich IV. im Winter 1077 über die Alpen und dem Papst entgegen, der bereits auf dem Weg nach Deutschland war, um sich mit den Fürsten zu treffen. Bei der Burg Canossa, in die sich Gregor VII. zurückgezogen hatte, erschien Heinrich IV. im Bußgewand als reuiger Sünder. Damit zwang er den Papst, ihm als Priester zu vergeben und ihn damit vom Bann zu befreien. Heinrich IV. hatte daraufhin seine Handlungsfreiheit zurück und konnte sich in Deutschland gegen die Fürstenopposition letztendlich durchsetzen. Einige Jahre später gelang es ihm sogar, Papst Gregor VII. aus Rom zu vertreiben, einen Papst einzusetzen und sich von ihm zum Kaiser krönen lassen.

Für das Weltbild der Menschen und damit für die weitere Entwicklung des Herrschaftsverständnisses im Kerngebiet Europas bedeutete Canossa etwas anderes: Der König, der noch wenige Monate zuvor vollmundig im vollen Bewusstsein seiner Position als vicarius christi den Papst absetzt, liegt als sündiger Mensch vor dem Priester nun im Staub. Grundsätzlich war Buße dieser Art für den mittelalterlichen Menschen keine Demütigung, aber durch den zeitnahen Bruch zwischen Anspruch und Handlung machte König Heinrich IV. allen Beobachtern in der aufgewühlten Öffentlichkeit klar, dass er nicht der über jedes Urteil erhabene sakrale Herrscher war, sondern ein irrender, sündiger Mensch.

Für die Menschen der Zeit war dies eine schwerwiegende Erschütterung, die die Einheit von geistlicher und weltlicher Macht zerbrach. Von nun an kämpften Kaiser und Papst gegeneinander um den Vorrang in der Welt. Man musste sich also im Denken für eine Seite entscheiden. Canossa war damit der erste, tiefste Schnitt in die Einheit von Kirche und Staat.

Wormser Konkordat

1122 wurde im Wormser Konkordat der Streit um die Investitur der Bischöfe durch einen Kompromiss beider Parteien beigelegt. Der Kaiser garantierte die freie kanonische Wahl nach Kirchenrecht und verzichtete auf die geistliche Investitur mit den Insignien Ring und Stab. Dafür fand die Wahl in Gegenwart eines kaiserlichen Gesandten statt – somit blieb die Möglichkeit informellen Einflusses erhalten – und dieser setzte den Bischof durch das Zepter in seine Funktion als Lehensmann des Kaisers ein.

Seit Canossa musste der König/Kaiser betonen, dass seine Herrschaft göttlich legitimiert ist, sie war es nicht mehr selbstverständlich und sie musste begründet werden. Dies lässt sich an den Staufern, vor allem an Friedrich I. Barbarossa (1152–1198) erkennen.
Unter Friedrich I. spitzte sich die Auseinandersetzung zwischen Kaiser und Papst zu einem Grundsatzkampf zwischen zwei Universalmächten zu, die sich auch in Begrifflichkeiten ausdrückt: Imperium contra Sacerdotium.
Die Gründung der Universität Bologna 1155 durch Friedrich I. stand unter dem Zeichen, das römische Recht wieder zu beleben und mit Hilfe gut ausgebildeter Juristen für die Krone verfügbar zu machen. In diesem Zusammenhang wurden die Regalien, die königlichen Rechte, nun rechtlich begründet und formuliert. Friedrich I. wollte die kaiserliche Macht als einen aus der römischen Tradition

6 **Diese Elfenbeintafel** zeigt Kaiser Otto II, den Sohn Ottos I, und seine Frau, die byzantinische Prinzessin Theophanu. Zwischen ihnen steht erhöht Christus und hält mit seinen Händen die Kronen des Königspaares. Diese Darstellung entspricht einem byzantinischen Bildmotiv einer durch Christus selbst vorgenommenen Kaiserkrönung, das seit der Ottonenzeit auch im westlichen Kaiserreich üblich wurde. Es verdeutlicht in zweierlei Hinsicht die sakrale Auffassung des Herrschertum: die direkte Legitimation durch Christus und die Funktion des Kaisers bzw. hier auch der Kaiserin, als servus dei.

sich selbstverständlich herzuleitenden Anspruch darstellen, der nicht abhängig war von der Zustimmung des Papstes. Dessen Krönung galt ihm und den anderen Kaisern nur als Bestätigung der von Gott gegebenen Herrschaft.
In der päpstlichen Kanzlei war der Begriff der „heiligen römischen Kirche“ üblich. Seit 1157 verwendet die Kanzlei des Stauferkaisers Friedrich I. die parallele Formulierung „Sacrum Imperium Romanum“, Heiliges Römisches Reich, für die Urkunden des Kaiser. Diese Betonung der sakralen Würde zeigt, dass sie nicht mehr selbstverständlich war bzw. der Kaiser sie nun extra zeigen wollte, war aber auch als Kampfansage an den Papst zu verstehen.
Die Trennung von kirchlichem und weltlichem Recht, die für unser modernes Staatsverständnis so wesentlich ist, nimmt also in diesen Entwicklungen ihren Anfang. Im Eherecht und im Schulwesen bewahrte die Kirche jahrhundertelang ihr Monopol, bis in der Französischen Revolution der moderne Staat hier seine Ansprüche stellte. Im Kulturkampf 1871–1878 zwischen dem Deutschen Kaiserreich bzw. Preußen und dem Vatikan beseitigte Reichskanzler Bismarck durch Zivilehe und staatliche Schulaufsicht auch diese letzten Überschneidungsbereiche zwischen kirchlichem und weltlichem Recht. Bezeichnenderweise griff er in einer Rede am 14. März 1872 auf Canossa zurück, um die Unabhängigkeit des Staates gegenüber kirchlichen Ansprüchen bildlich auszudrücken.

Kulturkampf

Andere weltliche Herrschaftsträger

Neben der Trennung von Kirche und Staat liegt in den dargestellten Entwicklungen des Mittelalters auch eine andere Wurzel für die Aufteilung von Herrschaft, nämlich die der Einschränkung der weltlichen, königlich-kaiserlichen Herrschaft durch andere weltliche Herrschaftsträger.
Ebenfalls in die Zeit der Staufer fällt der Aufstieg der Ministerialen, ehemals unfreier Dienstleute des Königs, zum niederen Adel, die die Lücke schließen sollten, die das zerbrochene Reichskirchensystem hinterlassen hatte. Denn der Kaiser musste seinen Machtanspruch nicht nur gegen den Papst, sondern auch gegen die reichen oberitalienischen Städte und selbstbewusste Fürsten, vor allem seinen Vetter Heinrich den Löwen, jahrzehntelang durchsetzen. Damit zeigt sich bereits in Barbarossas Regierungszeit, die bis ins 19. Jahrhundert als Mythos des mittelalterlichen Reiches verklärt wurde, dass die königlich-kaiserliche Macht in diesem Kernbereich Europas nie unangefochten von anderen Machtträgern blieb. Der Kampf zwischen Kaiser und Papst band beide Gewalten das ganze Mittelalter über und ermöglichte den Fürsten ihre Positionen so auszubauen, dass sie weitgehend unabhängige Landesherren wurden, die dem Kaiser als eigenständige Macht gegenüberstanden. Das Heilige Römische Reich war somit kein zentralistisch beherrschtes Imperium, sondern in viele Herrschaftsebenen aufgeteilt.

7 Widukind von Corvey über die Krönung König Ottos I. im Jahr 936

Nachdem nun also der Vater des Vaterlandes und der größte und beste der Könige, Heinrich, entschlafen war, da erkor sich ganze Volk der Franken und Sachsen dessen Sohn Otto, der schon vorher vom Vater zum König bestimmt worden war, als Gebieter. Und als Ort der allgemeinen Wahl bezeichnete und bestimmte man die Pfalz zu Aachen. Es ist aber jener Ort nahe bei Jülich, das nach seinem Gründer Julius Caesar benannt ist. Und als man dorthin gekommen war, versammelten sich die Herzöge und die Ersten der Grafen mit der Schar der vornehmsten Ritter in dem Säulenhof, der mit der Basilika Karls des Großen verbunden ist, und sie setzten den neuen Herrscher auf einen hier aufgestellten Thronsessel; hier huldigten sie ihm, gelobten ihm Treue und versprachen ihm Hilfe gegen alle seine Feinde und machten ihn so nach ihrem Brauche zum König. Während dies die Herzöge und die übrige Beamtenschaft taten, erwartete der Erzbischof mit der gesamten Priesterschaft und dem ganzen Volk innen in der Basilika den Aufzug des neuen Königs. Als dieser eintrat, ging ihm der Erzbischof entgegen, berührte mit seiner Linken die Rechte des Königs, während er selbst in der Rechten den Krummstab trug, bekleidet mit der Albe, geschmückt mit Stola und Messgewand, und schritt dann vor bis in die Mitte des Heiligtums, wo er stehen blieb. Dann zum Volk gewandt, das ringsumher stand – es waren nämlich in dieser Basilika Säulengänge unten und oben rundherum –, so dass er von allem Volk gesehen werden konnte, sprach er also: „Sehet, hier bringe ich euch den von Gott erkorenen und einst vom großmächtigen Herrn Heinrich bestimmten, nun aber von allen Fürsten zum Könige gemachten Otto; wenn euch diese Wahl gefällt, bezeugt dies, indem ihr die rechte Hand zum Himmel emporhebt.“ Darauf hob das Volk die Rechte in die Höhe und wünschte mit lautem Zuruf dem neuen Herrscher Heil. Sodann schritt der Erzbischof mit dem Könige, der nach fränkischer Art mit enganliegendem Gewand bekleidet war, hinter den Altar, auf dem die Abzeichen des Königs lagen, das Schwert mit dem Wehrgehenk, der Mantel mit den Spangen, der Stab mit dem Zepter und das Diadem. Erzbischof zu dieser Zeit war Hildebert, von Geschlecht ein Franke, seines Standes ein Mönch, erzogen und gebildet im Kloster Fulda und nach Verdienst zu dieser Ehre emporgestiegen, dass er zu dessen Abt bestellt wurde und hernach die höchste Würde des erzbischöflichen Stuhls zu Mainz erlangte [...] Dieser trat an den Altar, nahm hier das Schwert mit dem Wehrgehenk und sprach zum König gewendet: „Empfange dieses Schwert und treibe mit ihm aus alle Widersacher Christi, die Heiden und schlechten Christen, da durch Gottes Willen alle Macht im Frankenreich dir übertragen ist, zum bleibenden Frieden aller Christen.“ Sodann nahm er die Spangen und den Mantel und bekleidete ihn damit, indem er sagte: „Die bis auf den Boden herabreichenden Zipfel deines Gewande mögen dich erinnern, von welchem Eifer im Glauben du entbrennen und in Wahrung des Friedens beharren sollst bis in den Tod.“ Darauf nahm er Zepter und Stab und sprach: „Diese Abzeichen sollen dich ermahnen, mit väterlicher Zucht deine Untertanen zu leiten und vor allem den Dienern Gottes, den Witwen und Waisen die Hand des Erbarmens zu reichen; und niemals möge dein Haupt des Öls der Barmherzigkeit ermangeln, auf dass du in Gegenwart und in Zukunft mit ewigem Lohne gekrönt wirst.“ Darauf wurde er alsbald mit dem heiligen Öle gesalbt und mit dem goldenen Diadem gekrönt von den Bischöfen Hildebert und Wichfrid, und als nun die rechtmäßige Weihe vollzogen war, wurde er von eben denselben Bischöfen zum Thron geführt, zu dem man über eine Wendeltreppe hinanstieg, und er war zwischen zwei marmornen Säulen von wunderbarer Schönheit so errichtet, dass er von da aus alle sehen und von allen wiederum gesehen werden konnte.

Zit. nach: Ausgewählte Quellen zur deutschen Geschichte des Mittelalters, Bd. 8. Quellen zur Geschichte der sächsischen Kaiserzeit. Darmstadt 1971. Übers. Paul Hirsch. Bearb. Albert Bauer/Reinhold Rau

8 Kirchenrechtliche Grundsätze Gregors VII. (Dictatus papae, 1075)

1. Einzig und allein von Gott ist die römische Kirche gegründet.
2. Nur der römische Papst trägt zu Recht den Titel des universalen Papstes.
3. Er ganz allein kann Bischöfe absetzen und auch wieder einsetzen.
4. Sein Legat, auch wenn er einen geringeren Grad bekleidet, führt auf jedem Konzil den Vorsitz vor den Bischöfen; er kann diese absetzen.
5. Auch Abwesende kann der Papst absetzen.
6. Von anderer Gemeinschaft ganz abgesehen, darf man sich mit Exkommunizierten nicht einmal in demselben Hause aufhalten.
7. Nur er darf, wenn es die zeitliche Notwendigkeit verlangt, neue Gesetze erlassen, neue Gemeinden gründen, aus einer Kanonie eine Abtei machen und umgekehrt, ein reiches Bistum teilen und arme [Bistümer] zu einem einzigen zusammenlegen.
8. Nur er verfügt über die kaiserlichen Insignien.
9. Alle Fürsten haben die Füße einzig und allein des Papstes zu küssen.
10. Nur sein Name darf in der Kirche genannt werden.
11. In der ganzen Welt gilt nur dieser Papsttitel.
12. Der Papst kann den Kaiser absetzen.
13. Er kann im Falle der Not Bischöfe von einem in ein anderes Bistum versetzen.
14. Er kann in der ganzen Kirche, wie er will, Kleriker ordinieren.

9 Regensburger Sakramentar Heinrichs II.
Das Bild zeigt die Krönung Heinrichs II. Christus setzt ihm selbst die Krone auf. Als Zeichen seiner Macht werden ihm von St. Emmeran (rechts) das Reichsschwert und von Ulrich von Augsburg (links) die heilige Lanze überreicht.

15. Wer von ihm ordiniert ist, kann wohl eine andere Kirche leiten, aber nicht in ihr dienen; von einem anderen Bischof darf er keinen höheren Rang empfangen.

16. Keine Synode darf ohne seine Weisung eine allgemeine [Synode] genannt werden.

17. Gegen seine Autorität kann keine Kapitel und kein Buch als kanonisch gelten.

18. Sein Entscheid kann von niemandem aufgehoben werden; er selbst aber kann Urteile aller anderen Instanzen aufheben.

19. Über ihn besitzt niemand richterliche Gewalt.

20. Niemand darf den verurteilen, der an den apostolischen Stuhl appelliert.

21. Wichtigere Rechtsfälle aller Kirchen müssen vor ihn gebracht werden.

22. Die römische Kirche hat nie geirrt und wird nach dem Zeugnis der Heiligen Schrift auch in Ewigkeit nicht irren.

23. Wenn der römische Papst in kanonischer Wahl erhoben ist, dann wird er ohne Zweifel nach dem Zeugnis des heiligen Ennodius von Pavia heilig durch die Verdienste des heiligen Petrus, wie auch viele Kirchenväter bestätigen und wie es auch in den Dekreten des heiligen Symmachus enthalten ist.

24. Auf seinen Befehl hin und mit seiner Erlaubnis dürfen Untergebene [gegen ihre Vorgesetzten] Klage erheben.

25. Auch ohne Beschluss einer Synode kann er Bischöfe ein- und absetzen.

26. Wer nicht mit der römischen Kirche übereinstimmt, kann nicht als katholisch [= rechtgläubig] gelten.

27. Er kann Untertanen vom Treueid gegen unbillige Herrscher entbinden.

Zit. nach Geschichte in Quellen, Bd. 2. München 1970, S. 291f. Übers. W. Lautemann

10 Das Wormser Konkordat (23. September 1122)

a) Privileg des Kaisers Heinrich V.

Im Namen der heiligen und unteilbaren Dreifaltigkeit. Ich, Heinrich, von Gottes Gnaden Imperator Augustus der Römer, verzichte aus Liebe zu Gott und der heiligen römischen Kirche und zum Herrn Papste Calixtus und wegen meines Seelenheiles zugunsten Gottes und der heiligen Apostel Petrus und Paulus und der heiligen römischen Kirche auf alle Investitur mit Ring und Stab, und ich gestatte in allen Kirchen, die in meinem Regnum und Imperium liegen, kanonische Wahl und freie Weihe.

2. Besitzungen und Regalien des heiligen Petrus, die vom Beginn dieses Streites an bis zum heutigen Tage zur Zeit meines Vaters oder auch durch mich entfremdet worden sind, erstatte ich der heiligen römischen Kirche zurück, soweit ich sie im Besitz habe, falls aber nicht ich sie besitze, werde ich die Rückerstattung getreulich unterstützen.

3. Besitzungen aller anderen Kirchen oder von Fürsten oder von anderen Laien und Klerikern, die in diesem Streit verloren gegangen sind, werde ich nach dem Rate der Fürsten und der Rechtsgewalt, über die ich verfüge, zurückgeben; was ich aber nicht selbst besitze, werde ich getreulich zurückzugeben befehlen.

4. Und dem Herrn Papste Calixtus und der römischen Kirche und allen, die auf ihrer Seite sind oder waren, gebe ich wahren Frieden.

5.Auch werde ich in allen Fällen, in denen die römische Kirche Hilfe von mir erbitten sollte, ihr getreulich helfen und in allen Stücken, über die sie mir Beschwerden vorträgt, für schuldige Gerechtigkeit sorgen.

Das alles ist geschehen mit Zustimmung und nach Beratung mit den Fürsten, deren Namen unterschrieben sind: [...] [hier folgend die Zeugen].

Zit. nach: Geschichte in Quellen, Bd. 2. München 1970, S. 319. Übers. W. Wattenbach

b) Privileg des Papstes Calixtus II.

Ich, Bischof Calixtus, servus servorum Dei [Knecht der Knechte Gottes], gestehe dir, o mein geliebter Sohn Heinrich, von Gottes Gnaden Imperator Augustus der Römer, das Recht zu, dass die Wahlen von Bischöfen und Äbten im Deutschen Reiche, die zu deinem [nordalpinen] Regnum gehören, in deiner Gegenwart geschehen sollen, frei von Simonie und Gewalt; sollte zwischen den Parteien dabei Streit entstehen, dann sollst du mit dem Metropoliten und den Konprovinzialen gemeinsam beraten und entscheiden und dem Würdigsten deine Zustimmung und Hilfe leihen. Der Erkorene aber soll von dir mit dem Zepter die Regalien erhalten und dir dafür das leisten, was er von Rechts wegen schuldig ist.

2. In den anderen Teilen deines Imperiums soll der Gewählte binnen sechs Monaten mit dem Zepter von dir die Regalien erhalten und dir dafür leisten, wozu er von Rechts wegen verpflichtet ist; ausgenommen davon aber seien alle die bekannten Leistungen an die römische Kirche.

3. In allen Stücken, in denen du bei mir Beschwerde erhebst und Hilfe erbittest, werde ich dir nach Amt und Schuldigkeit beistehen.

4. Ich gebe dir wahren Frieden und ebenso allen, die auf deiner Seite stehen oder gestanden haben zur Zeit dieses Streites.

Zit. nach: Geschichte in Quellen, Bd. 2 München 1970, S. 353 f. Übers. W. Lautemann

11 Rundschreiben von Friedrich I. Barbarossa nach dem Reichstag in Besançon (1157)

Da Gottes Gewalt, von der alle Gewalt im Himmel wie auf Erden kommt, in unsere seines Gesalbten Hand das Königtum und Kaisertum gelegt und uns damit den Auftrag gegeben hat, mit unseren kaiserlichen Waffen den Frieden der Kirchen zu wahren, sehen wir uns zu unserem tiefsten Schmerze gezwungen, vor Euer Liebden diese Klage zu erheben: Vom Haupte der heiligen Kirche, welcher doch Christus das Mal seines Friedens uns seiner Liebe aufgedrückt hat, droht der Anstoß zur Zwietracht, Same zum Bösen und Gift verderblicher Seuche. Wir fürchten sehr, dass infolgedessen, wenn es Gott nicht noch abwendet, der ganze Körper der Kirche beschmutzt, die Einheit zerrissen und zwischen Königtum und Priestertum eine Spaltung eintreten wird.

Als wir nämlich vor kurzem zu Besançon einen Hoftag abhielten und pflichtgemäß unsere Regierungsgeschäfte zur Ehre des Reiches und zum Wohle der Kirchen sorgfältig erledigten, erschienen päpstliche Gesandte, die versicherten, sie hätten unserer Majestät eine Botschaft zu überbringen, welche die Ehre des Reiches nicht wenig fördern würde. Wir empfingen sie ehrenvoll am ersten Tage ihrer Ankunft und setzten uns dann wie üblich, am zweiten Tage mit den Fürsten zusammen, um ihre Botschaft entgegenzunehmen. Da legten sie uns, als wären sie vom Teufel der Bosheit aufgebläht, so ganz von oben herab, voll Stolz und Anmaßung, das Herz verfluchter Bosheit übervoll, ihre Botschaft in einem päpstlichen Handschreiben vor. Dies besagte, wie müssten uns immer vor Augen halten, wie der Papst uns die Auszeichnung der Kaiserkrone verliehen habe, und dass es ihn nicht reuen würde, wenn unsere Herrlichkeit noch größere Lehen von ihm empfangen hätte.

Das also war die Botschaft der väterlichen Liebe, dadurch sollte die Einheit zwischen Kirche und Reich gefördert,

das Band des Friedens um beide geschlungen und alle, die solches hörten, für die Eintracht zwischen beiden und für den Gehorsam gegen beide gewonnen werden.
Bei diesen ruchlosen und jeglicher Wahrheit baren Worten war die kaiserliche Majestät mit Recht empört, und alle anwesenden Fürsten erfasste solcher Grimm und solche Wut, dass sie die beiden Priester auf der Stelle zum Tode verurteilt hätten, wenn wir nicht dazwischengetreten wären. Nachdem bei ihnen noch viele Briefe gleichen Inhalts und zahlreiche, bereits mit Siegeln versehene, unbeschriebene Urkunden gefunden wurden, die sie nach ihrem Belieben hätten ausfüllen sollen und mit denen sie, wie sie bisher in Übung hatten, in die Kirchen des deutschen Reiches ihr boshaftes Gift spritzen, die Altäre entblößen, vom Hause Gottes die Gefäße wegschleppen und die Kreuze ihrer Hüllen berauben wollten, sorgten wir dafür, dass sie ihre Reise nicht fortsetzen konnten und auf dem gleichen Wege, auf dem sie gekommen waren, nach Rom zurückkehrten.
Da uns das Königtum und das Kaisertum einzig von Gott durch die Wahl der Fürsten zuteil wurde, von Gott, der bei dem Leiden seines Sohnes Christi die Welt der Regierung durch die beiden notwendigen Schwerter unterwarf, und da der Apostel Paulus der Welt die Lehre gab: „Fürchtet Gott, ehret den König!“, so ist jeder, der da sagt, wir hätten die Kaiserkrone vom Herrn Papste als Lehen empfangen, ein Widersacher der göttlichen Ordnung und der Lehre Petri; solch einer ist ein überwiesener Lügner.

Zit. nach: Geschichte in Quellen Bd. 2. München 1970, S. 401 f. Übers. J. Bühler

12 Allgewalt des Papstes: Die Bulle Unam sanctam (13. November 1302)

Eine heilige katholische apostolische Kirche müssen wir im Gehorsam annehmen und festhalten. Und wir glauben diese fest und bekennen sie schlicht, und außer ihr gibt es kein Heil und keine Vergebung der Sünden. […]
Dass dieser über zwei Schwerter zu verfügen hat, ein geistliches und ein weltliches, das lehren uns die Worte des Evangeliums (Lukas 22,38). Denn als der Apostel sagte: „Siehe, hier sind zwei Schwerter“, nämlich in der Kirche […] da antwortete der Herr nicht: „Es ist zu viel!“ sondern: „Es ist genug!“ Wer nun sagt, in des Petrus Hand sei das weltliche Schwert nicht, der merkt nicht recht auf des Herrn Wort, der da sagt: „Stecke dein Schwert in die Scheide!“ (Matth. 26,52). Beide Schwerter hat die Kirche in ihrer Gewalt, das geistliche und das weltliche. Dieses aber ist für die Kirche zu führen, jenes von ihr. Jenes gehört dem Priester, dieses ist zu führen von der Hand der Könige und Ritter, aber nur wenn und solange der Priester es will. Ein Schwert aber muss dem anderen untergeordnet sein; die weltliche Macht muss sich der geistlichen fügen. Denn der Apostel sagt: „Es ist keine Obrigkeit außer von Gott, wo aber Obrigkeit besteht, ist sie von Gott verordnet“ (Römer 13,1). Sie wäre aber nicht geordnet, wenn nicht ein Schwert unter dem anderen stände und gleichsam als das niedere von der Hand eines anderen nach oben gezogen würde. Dass aber die geistliche Macht an Würde und Adel jede weltliche überragt, müssen wir umso freier bekennen, als überhaupt das Geistliche mehr wert ist als das Weltliche. Das ersehen wir auch deutlich aus dem Regiment in der Welt. Denn in Wahrheit: Die geistliche Macht hat die weltliche einzusetzen und ist Richterin über sie, wenn sie nicht gut ist. So bewahrheitet sich über die Kirche und die kirchliche Gewalt die Voraussage des Propheten Jeremia: „Siehe, ich habe dich heute über Völker und Reiche gesetzt.“ (Jer. 1,10) […]
Wenn also die weltliche Macht in die Irre geht, so wird sie von der geistlichen gerichtet werden; irrt die geistliche auf der niederen Stufe, so wird sie gerichtet werden von der, die über ihr steht; irrt aber die höchste, so wird sie allein von Gott gerichtet werden können, nicht aber von einem Menschen, wie der Apostel bezeugt: „Der geistliche Mensch richtet alles, er selbst aber wird von niemand gerichtet“ (1. kor. 2,15). Es ist aber diese Macht, auch wenn sie einem Menschen gegeben ist und von einem Menschen ausgeübt wird, keine menschliche, vielmehr eine göttliche, nach Gottes Wort dem Petrus gegeben, ihm und seinen Nachfolgern von Christus selbst, den Petrus, der feste Fels, bekannte, zu dem dann der Herr sagte: „Was du auf Erden bindest …“ (Matth. 16,19).
Wer sich also dieser von Gott geordneten Gewalt widersetzt, der widerstrebt Gottes Ordnung […] So erklären wir denn, dass alle menschliche Kreatur bei Verlust ihrer Seelen Seligkeit untertan sein muss dem Papst in Rom, uns sagen es ihr und bestimmen es.

Zit nach: Geschichte in Quellen, Bd. 2. München 1970, S.786f. Übers. H. Rinn, J. Jüngst.

13 Kirche und Staat im Islam

Der pakistanische Rechtsgelehrte Abu al-Maududi (1903–1979) in seiner Vorlesung über islamisches Staatsrecht in Marrakesch 1952:

[…] Wer übt die politische Souveränität aus? So muss die einzige Antwort auf diese Frage lauten: „Sie wird von Gott ausgeübt“. Eine andere Antwort hierauf ist nicht möglich!
Zwar hat Gott die Menschen unter bestimmten Bedingungen zur Ausübung seiner göttlichen Souveränität mittels der politischen Gewalt ermächtigt, doch handelt es sich hierbei immer nur um die treuhänderische Ermächtigung der Menschen zur Wahrnehmung des göttlichen Rechtes, ohne dass der Grundsatz der ausschließlichen Souveränität Gottes als solcher angetastet wird. Somit kann man im politischen und staatsrechtlichen Sinn nicht sagen, dass mit dieser treuhänderischen Ermächtigung in irgendeiner Hinsicht Attribut der Souve-

14 Der Mythos von Canossa im Deutschen Kaiserreich während des Kulturkampfes
Diese Bronze-Medaille wurde 1872 im Kulturkampf herausgegeben. Sie trägt um das Porträt Bismarcks die Inschrift: „Der Kaiser ist Herr im Reich und muss es bleiben". Auf der Rückseite um die Figuren eines Kaisers und eines Papstes die Worte : „Nicht nach Canossa".

ränität selbst übertragen ist. Denn es liegt auf der Hand, dass diejenige Macht, welche die gesetzliche Souveränität nicht selbst besitzt und deren Vollmachten durch ein allerhöchstes Gesetz, das selbst unveränderlich ist, beschränkt werden, unmöglich selbst das Subjekt der Souveränität sein kann.

Mit welchem Begriff kann nun der Status dieser auf treuhänderischer Ermächtigung beruhenden Gewalt am treffendsten bezeichnet werden?

Diese Frage beantwortet der Koran. Denn wir sehen, wie er den Status dieser Gewalt mit dem Begriff „Kalifat" (Stellvertretung) kennzeichnet. Das heißt, dass diese Gewalt oder Macht nicht selbst der höchste Souverän ist, sondern nur auf dessen Stellvertretung beruht und somit auf der Stellvertretung Gottes des Allmächtigen und Erhabenen.

Hüten Sie sich bei dem Begriff der Stellvertretung vor dem Missverständnis, dass diese den Schatten Gottes auf Erden, das Papsttum oder Gottesgnadentum bedeuten würde. Denn der Koran hat bestimmt, dass dieser Status des Kalifats bzw. der Stellvertretung weder das Recht nur eines einzelnen Menschen, einer Dynastie noch einer bestimmten Klasse ist. Vielmehr ist dies das Recht der Gesamtheit aller, welche die Souveränität Gottes anerkennen und an die Superiorität des göttlichen Gesetzes glauben, das ihnen von Gott durch seine Propheten und Gesandten offenbart ist: „Gott hat denjenigen von euch, die glauben und tun, was recht ist, versprochen, dass er sie zu Nachfolgern (Stellvertretern) bestellen wird" (Koran 24,55).

Dies macht das Kalifat „demokratisch", im Gegensatz zu politischen Konzepten wie das Kaisertum, Papsttum oder die Theokratie – dem religiösen Staat –, wie sie in der Tradition des Westens bekannt sind. Allerdings ist dabei grundsätzlich zu beachten, dass jenes System, das der Westen heute als „Demokratie" bezeichnet, das Attribut der Souveränität total und ausschließlich der Allgemeinheit bzw. dem Volk zuerkennt. Dagegen ist in unserem System der Demokratie, das wir mit dem Begriff des Kalifats bezeichnen, die Allgemeinheit lediglich das Subjekt des Kalifats (der Stellvertretung), keinesfalls jedoch der Souveränität selbst.

Zwar erhebt auch unser Verständnis von Demokratie den Anspruch, dass die Regierung nur aufgrund des allgemeinen Willens des Volkes zustande kommen und abgelöst werden darf – so wie in der Demokratie des Westens die Regierung zur Regelung der Angelegenheiten des Staates durch den allgemeinen Volkswillen gebildet und beendet wird. Jedoch besteht der Unterschied zwischen uns und ihnen darin, dass sie ihr Verständnis der Demokratie auf das Prinzip ungezügelter Freiheit des Menschen gründen, während wir glauben, dass das demokratische Kalifat an das Gesetz Gottes gebunden ist.

Andreas Meier: Der politische Auftrag des Islam. Programme und Kritik zwischen Fundamentalismus und Reformen. Originalstimmen aus der islamischen Welt. Wuppertal 1994, S. 192 f.

15 „Der Gang nach Canossa" im Kulturkampf Bismarcks

Reichskanzler Bismarck hatte 1872 den Begriff „Gang nach Canossa" als polemischen Angriff im sog. Kulturkampf gegen die katholische Kirche verwendet. Als er ab 1878 aus innenpolitischen Gründen im Konflikt mit den Nationalliberalen sich dem politischen Katholizismus wieder annähern musste, wurde er selbst Ziel satirischer „Canossa"-Metaphern, besonders seitens liberaler Politiker und Publizisten.

In einer Karikatur der Zeitung „Berliner Wespen" vom 4. Juni 1880 wurde er beispielsweise in der Gestalt des biblischen Simson dargestellt. Der Bismarck'sche Simson versucht die Canossa-Säule umzustürzen, was der Karikaturist mit der Warnung verknüpft, nun unter Einfluss der Philister (gemeint ist der politische Katholizismus) zu geraten.

(**Online-Link** 430027-0201)

„Philister über Dir, Simson!"

Wie werden sich die Philister freuen!

Arbeitsvorschläge

a) Sammeln Sie Stellungnahmen zum Selbstverständnis der heutigen EU in politischen, journalistischen und kulturellen Äußerungen. Diskutieren Sie, davon ausgehend, eine Definition der westlichen Identität.

b) Stellen Sie anhand der Quelle M 9 fest, welche Elemente des sakralen und des Wahlkönigtums sich hier finden lassen und in welchem Verhältnis sie zueinander stehen.

c) Erklären Sie den Begriff „sakrales Herrschertum" und zeigen Sie es anhand der Bildmaterialien auf (genaue Bildbeschreibungen und Interpretation).

d) Erklären Sie die politische Basis für das Reichskirchensystem und die daraus resultierende Position des Königs im Investiturstreit. Erarbeiten Sie die Position des Reformpapsttums (M 10) und stellen Sie beide Positionen einander gegenüber.

e) Erklären Sie den Begriff Universalgewalten und zeigen Sie anhand der Quellen M 12 und M 13 die jeweils unterschiedliche Sichtweise vom Verhältnis der Universalgewalten zueinander.

f) Stellen Sie die unterschiedliche Auffassung des sakralen Königtums vor und nach dem Investiturstreit dar.

g) Stellen Sie anhand des Wormser Konkordates dar, wie sich die gedankliche Trennung der kirchlichen und weltlichen Sphäre rechtlich niederschlägt (M 10, M 11).

h) Informieren Sie sich über den Kulturkampf zwischen Bismarck und dem Zentrum im Deutschen Kaiserreich und erklären Sie in diesem Kontext M 14 und M 15.

i) Informieren Sie sich über den Begriff der „Scharia" und ihre aktuelle Bedeutung.

j) Erklären Sie das Verhältnis von Kirche und Staat im Islam. Gestalten Sie eine Skizze/Wandzeitung/Plakat, in der sie die Etappen der Auseinanderentwicklung von Kirche und Staat darstellen.

Methode: Herrschafts- und Machtausdruck im Bild

Seit der Antike stellen Bilder von Herrschern eine wertvolle historische Quelle dar, drücken doch solche Darstellungen sehr viel über das eigene Selbstbild des Auftraggebers (des Herrschers) und über sein Herrschaftsverständnis aus. Bilder werden inszeniert, um auf visuelle Weise politische Vorstellungen und Botschaften zu vermitteln. Dies gilt grundsätzlich auch für zeitgenössische Fotoinszenierungen von Staats- und Regierungschefs, die so verstanden werden können. Im Mittelalter hatten Herrscherdarstellungen meist einen religiösen Hintergrund. Um sie als Betrachter entschlüsseln zu können, bedarf es daher häufig eines guten Grundwissens über christliche Bildsprache. Zu jeder Zeit verwendeten die beauftragten Maler oder Fotografen viele Symbole und Allegorien. Spezifische Gesten, Körperhaltungen, um die im Zentrum stehende Person abgebildete Gegenstände oder Lebewesen, bestimmte Farben, Materialien und Größenverhältnisse standen in den unterschiedlichen Epochen für bestimmte Eigenschaften.

Methodische Arbeitsschritte:

a) Erste, spontane Eindrücke: Beschreiben Sie, was Ihnen auffällt und was Sie empfinden, wenn sie ein Bild das erste Mal betrachten. So halten Sie Eindrücke fest, die unterhalb der Bewusstseinsgrenze wirken, dadurch aber nicht weniger wirksam sind. Dies ist auch beim Austausch der Eindrücke in der Gruppe zu beachten.

b) Analyse: Beschreiben Sie die dargestellte Person sachlich konkret und systematisch. Beachten Sie dabei vor allem auch, in welcher Position und Körperhaltung sie dargestellt wurde und welche Blickrichtung dadurch der Betrachter gegenüber dem abgebildeten Herrscher hat (Perspektive). Prüfen Sie das Bild auf Details wie Kleidung, Herrschersymbole und scheinbar zufällig enthaltene Elemente neben der dargestellten Person sowie auf weitere Personen und Lebewesen. Beziehen sie auch die Farbwahl mit ein. Informieren Sie sich über das Format und die Größe des Gemäldes. Auch die verwendeten Materialien können wichtig sein.

c) Zeitliche Einordnung: Recherchieren Sie Informationen über den Maler, die Umstände der Bildentstehung und über die dargestellte Person. Von wem wurde das Bild für wen erstellt, in welcher historischen/politischen Situation fand es Verwendung? Überprüfen Sie die allgemeinen Zeithintergründe und welche Bildelemente besonders zeittypisch, eventuell eine „Mode" waren.

d) Interpretation: Analysieren Sie nun, ausgehend von Ihren Ergebnissen, welche Wirkung das Bild auf die Betrachter zur Zeit seiner Entstehung erreicht hat. Vergleichen Sie dies mit Ihren eigenen ersten, spontanen Eindrücken.

1 Anspruch Ottos III. auf die Weltherrschaft
Aachener Evangeliar. Buchmalerei der Reichenauer Schule, um 1000
Kaiser Otto III. wird unmittelbar durch die Hand Gottes gekrönt. Als ein „Vicarius Christi" hat er Platz genommen auf dem Weltenthron (ähnlich sakraler Christus-Darstellungen), der von der Erdgöttin Gaia getragen wird, eine Vereinnahmung altrömischer Symbole in den christlichen Reichsgedanken.
Otto III. hat, ähnlich wie Christus am Kreuz, die Arme ausgebreitet. Das Wort Gottes, von den vier Evangelisten gehalten, bedeckt sein Herz.
Aus respektvollem Abstand unter ihm schauen Könige, Fürsten und Bischöfe zu dem auserwählten Otto III. empor. Die Bedeutung der beiden ebenfalls gekrönten Personen links und rechts des Thrones sind in der Wissenschaft umstritten.

2 Kaiser Otto III. im Kreise seiner Würdenträger.
Miniatur im Reichenauer Evangeliar, ca. 1000.
Auch hier wird Otto III. ähnlich einem Christusbild dargestellt. Die Haltung des linken Armes ist auch bei Christusfiguren im Zusammenhang mit dem Jüngsten Gericht häufig zu finden.
Zu seiner Seite stehen, gekennzeichnet durch Bibel und Schwert, Reichsbischöfe und weltliche Reichsfürsten. Sie stehen zwar, auch optisch durch die Kopfhöhe gekennzeichnet, unter dem Kaiser, stehen ihm aber gleichzeitig doch zugewandt und nahe als Säulen seiner Herrschaft auch im Sinne des Reichskirchensystems. Weltliche und geistliche Gewalt sind hier in der Figur des Kaisers vereint.

3 Mittelalterliche Traditionen in der Herrschaftsdarstellung, Gemälde von François Pascal-Gerard 1805
Auch spätere Machthaber knüpften ganz bewusst an antike und mittelalterliche Darstellungsformen an. Anlässlich seiner Krönung zum Kaiser 1804 ließ sich Napoleon Bonaparte bewusst in einer Herrscherpose verewigen, die römisch-antike Elemente ebenso enthält wie Anlehnungen an Herrscherbilder des Mittelalters. Der goldene Lorbeerkranz wurde nach römischem Vorbild als Ausdruck seiner Kaiserwürde hergestellt. Leicht verdeckt an der linken Seite trägt er das Reichsschwert. Links hält er einen Zepter mit der mittelalterlichen Schwurhand, die erhobene rechte Hand hält den Stab mit dem Reichsadler. Dies alles sind aus dem Mittelalter Elemente. Allerdings verzichtete er dabei auf jegliche christliche Symbolik. Hier wird also ein typisches Element von Herrschaftsdarstellung deutlich, die Anknüpfung an Traditionen und gleichzeitig ihre Umdeutung nach den eigenen Interessen.

Darstellung von Herrschaft zu Beginn des 21. Jahrhunderts

Mittelalterliche und antike Vorbilder für den bildhaften Ausdruck von Herrschaftsanspruch tauchten immer wieder auf, bis hin zur faschistischen Bildsprache in den 1930er-Jahren. In der 2. Hälfte des 20. Jahrhundert verschwand hingegen die Bezugnahme auf die christliche Symbolik und die Tradition eines universellen Kaisertums. Jedoch gewann durch das Medienzeitalter gleichzeitig jede Form des Bildes an Gewicht. Regierungschefs, ob in westlichen Demokratien oder in diktatorischen Systemen, nutzen das Medium Bild als Foto oder Film für die Übermittlung visueller Botschaften. Dies gleicht vom Grundgedanken her dem Anliegen der mittelalterlichen Herrscher. Wenn der Auftritt z. B. des US-Präsidenten von seinen Beratern minutiös geplant wird, sind die offiziellen Bilder davon in der Regel nicht weniger symbolhaltig als kunstvoll angefertigte Bilder der Kaiser im Mittelalter.

Die beiden Fotos entstanden am 1. Mai 2003 auf dem Flugzeugträger „Abraham Lincoln", wo der damalige US-Präsident George W. Bush den Sieg über den Irak verkündete, ein Auftritt, der bis in kleinste Details inszeniert war. Entsprechend symbolhaltig sind auch die anschließend vom Weißen Haus veröffentlichten Fotos.

Es ist davon auszugehen, dass viele Details inszeniert wurden und ganz spezifische Botschaften für bestimmte Zielgruppen transportieren sollten: Der konservative Präsident umarmt mit dem linken Arm (Ehering sichtbar) einen afroamerikanischen Militärangehörigen, wird dabei umringt von Soldaten der wichtigsten Ethnien der USA (Latinos, Afroamerikaner usw.) und trägt die Montur des Kampfpiloten. Seine Rede hielt er wenig später im seriösen Anzug. Bei Bild 4 b wurde z. B. Einfallswinkel der Sonne und die Lichtintensität bewusst eingeplant. (**Online-Link** 430027-0201)

4a und **4b**: **US-Präsident George W. Bush**, der im Kampfflugzeug angereist war, wird mit Crew-Mitgliedern des Flugzeugträgers fotografiert.

2.2 Herrschaft und Mitsprache – das Lehenswesen

Die Vorstellung, Herrschaftsgewalt zu teilen, andere teilhaben zu lassen an politischen Entscheidungen, gehört zu den Spezifika der politischen Kultur im Rahmen der westlichen Werte. Diese Idee der Mitsprache, so sind sich heute die Historiker einig, lässt sich direkt zurückverfolgen zu den ständischen Verfassungen des Spätmittelalters, die ihrerseits wiederum aus dem Lehenswesen entstanden sind.
Auf den ersten Blick erscheint das Lehenswesen ein schier undurchschaubares Geflecht aus verschiedenen wechselseitigen Treueverhältnissen und weit entfernt von der auf Transparenz bedachten Verfassung eines modernen parlamentarischen Staates. Trotzdem liegt genau in dieser komplizierten Struktur ein wesentliches Merkmal der besonderen europäischen Entwicklung von Herrschaftsbeziehungen, denn der Gedanke von Teilhabe an Herrschaft entstand nicht nur bei wenigen großen Fürsten, sondern dieses Prinzip setzte sich auf allen Ebenen des Adels fort. Dadurch entstand in diesem Raum eine vergleichsweise sehr große Gruppe von Menschen, die es als ihr Recht beanspruchte, an der Regierung mitzuwirken, wodurch auch entsprechende Traditionen im Denken entstanden, die in späteren Jahrhunderten dann über den Adel hinaus wirken konnten.

Das Lehenswesen – Begriff und Prinzip

Unter Lehenswesen versteht man allgemein ein wechselseitiges Treueverhältnis zwischen zwei Adeligen, von denen der eine, der Lehensherr, seinem Lehensmann, dem Vasall, Land und darauf lebende Leute leiht, daher der Begriff Lehen, und von diesem dafür ehrenhafte Dienste in Form von Rat, consilium, und Hilfe, auxilium, erhält. Beide, Herr und Vasall schulden einander Treue und sind durch einen Eid lebenslang miteinander verbunden, es sei denn, einer der beiden erfüllt seine Verpflichtungen nicht. Diese Treue ist gegenseitig, das heißt, hier wird nicht einseitig Gehorsam vom Vasall gegenüber dem Herrn gefordert, sondern der Herr seinerseits schuldet seinem Vasall gewisse Pflichten, was seine Herrschaft an

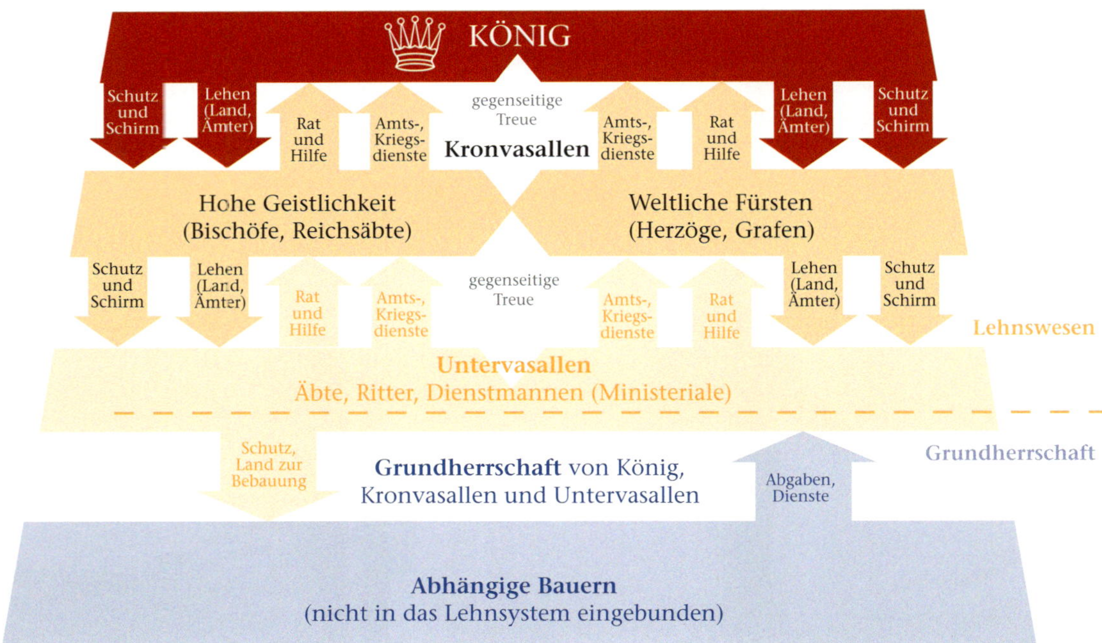

1 **Das Lehenswesen.** Die Grafik zeigt ein idealtypisches Ordnungsmodell. Die tatsächlichen Lebensbedingungen waren durch zahlreiche Überschneidungen oftmals komplizierter.

2 Fränkische Panzerreiter
Seit den Karolingern setzten sich die Reiterkrieger durch, deren Überlegenheit hier in einer Buchmalerei aus dem 9. Jahrhundert dargestellt ist.

Regeln bindet. Die lateinische Bezeichnung für das materielle Gut, das verliehen wird, ist beneficium oder auch feudum. Daher leitet sich der Begriff Feudalismus ab, der seit der Französischen Revolution, später in der marxistischen Sozialwissenschaft, als negative Beschreibung der mittelalterlichen Gesellschaft verwendet wurde: Die überwiegende Mehrheit der Bevölkerung, die Bauern, wurde von einer kleinen Gruppe, den adeligen Grundherren, ausgebeutet. Im Begriff des Lehenssystem wird dagegen eher die persönliche gegenseitige Treuebeziehung zwischen zwei Adeligen betrachtet, die im oben genannten Sinne auch eine Wurzel der Gewaltenteilung beinhaltet.

Entstehung und Wurzeln

Das Lehenswesen entwickelte sich aus verschiedenen Elementen in dem bereits genannten Kernraum der europäischen Geschichte, dem fränkisch karolingischen Reich. Hier flossen verschiedene Vorstellungen von Herrschaft und Gesellschaft zusammen. Einmal die keltisch- römische Praxis, dass sich ein Freier, unter Aufgabe eines Teils seiner Rechte, dem Schutz eines Mächtigen unterordnet, das sogenannte Klientelwesen. Eine andere Wurzel liegt in der sogenannten Gefolgschaft, wie sie bei germanischen Stämmen üblich war. Freie Krieger unterstellten sich, meist für Kriegszeiten, einem Heerführer, von dessen Ruhm und Erfolg sie profitierten, sowohl an materieller Beute als auch an Ansehen und Rang. Im Reich der fränkischen Merowinger vermischten sich diese Traditionen und entwickelten sich durch die Anforderungen weiter, die das entstehende fränkische Großreich stellte.

Differenzierung von bäuerlicher Unterschicht und Kriegeradel

Betrachtet man die materiellen Grundlagen für die Entstehung des Lehenswesens, dann wird deutlich, dass es eng mit der Differenzierung zwischen einem sich bildenden Adel und einer Masse von Unfreien verknüpft ist: Im 8. Jahrhundert veränderte sich die Militärtechnik des Karolingerreiches zu Gunsten schwer gepanzerter Reiterkrieger. Die militärischen Erfolge Karls des Großen waren durch die Reiterei überhaupt erst möglich. Da aber die Ausrüstung eines solchen Panzerreiters sehr kostspielig war, konnten sich viele der freien Bauern, die zu Kriegsdiensten verpflichtet waren, dies nicht leisten. Hinzu kommt, dass ausdauerndes Training erforderlich ist, um die Kampftechnik zu Pferde richtig zu erlernen. Die ständigen Kriegszüge belasteten die Kriegerbauern zusätzlich, da sie ja zur nötigen Arbeit nicht auf ihren Höfen waren. Dies wurde umso drückender, als Veränderungen im Agrarwesen, vor allem die Dreifelderwirtschaft, ganzjährige Feldarbeit erforderten und damit auch die Anwesenheit des Bauern. In Folge dieser einander widersprechenden Anforderungen gingen schon die Vorgänger Karls schließlich dazu über, ausgesuchte Krieger mit Land und Bauern zu versorgen, damit sie die materiellen Grundlagen hatten, um ihren Einsatz als Panzerreiter leisten zu können. Die Bauern waren vom Kriegsdienst befreit, unterstanden aber dem Krieger, der seinerseits von jeglicher Landarbeit befreit war. Es entstand eine kriegerische Herrenschicht, die sich deutlich von einer zunehmend unfreien Bauernschicht abgrenzte und sie beherrschte.

Persönliches Treueverhältnis auf Gegenseitigkeit

Dies ist ein Vorgang, der in vielen Kulturen beobachtet werden kann. Auch die Versorgung der Kriegerkaste mit Land durch den Herrn ist nicht ungewöhnlich. So war dies zum Beispiel auch im Byzantinischen Reich üblich. Was aber für den europäischen Kernraum spezifisch ist, ist die Kombination aus Ausstattung mit Land und Leuten und gegenseitiger persönlicher Treue.

3 **Belehnung Rolands durch Karl den Großen,** Weltchronik des Rudolf von Ems, entstanden 1250–54

Treueverhältnis auf Gegenseitigkeit

Die adeligen Lehensmänner verpflichteten sich dem König gegenüber mit einer festgelegten Zahl an Kriegern, an dessen Feldzügen teilzunehmen. Sie waren seine Vasallen, ehrenhafte Diener, und ihm in einer familienähnlichen Weise zur Treue verpflichtet, er schuldete ihnen seinerseits aber, neben dem dinglichen Lehen, Schutz und Treue. Das Verhältnis war also ein persönliches und auf Gegenseitigkeit beruhendes Treueverhältnis. Es wurde dadurch gefördert, dass die Vasallen meist einen Teil ihrer Jugend am Hof, in der Familie des Herrn verbrachten, also zur Loyalität erzogen wurden. Eine für diese Erziehung wichtige Rolle spielten die Ideale des Rittertums, die zur Treue verpflichteten. Dies ist umso bedeutender, als im Mittelalter weniger das geschriebene Recht als verinnerlichte Regeln entscheidend waren.
Für die Weiterentwicklung bis hin zur Herrschaftsteilung war von Bedeutung, dass die Vasallen des Königs meistens ein so großes Lehen bekamen, dass sie es in viele kleinere Lehen aufteilen und an Untervasallen weiterverleihen konnten, die es ihrerseits wieder weiterleihen konnten. Jeder dieser Vasallen vom Herzog bis zum kleinen Ritter war seinerseits auch Herr über Land und Leute. Damit setzte sich das Prinzip generell durch, dass dem Herrn jeweils Vasallen gegenüberstanden, die selbstbewusst über eigene Herrschaftsrechte verfügten.
Das ist so ist in keinem anderen Kulturraum zu finden. Dieser Dualismus trug dazu bei, den Anspruch einer Begrenzung der königlichen Macht in der gedanklichen Tradition Europas zu verankern.

Die Kirche als Kronvasall

Eine weitere Besonderheit der kerneuropäischen Entwicklung, ist die enge Einbindung der Kirche in das Lehenssystem. Das Reichskirchensystem (Kap 2.1) ist der moderne fachwissenschaftliche Begriff für die Tatsache, dass bereits seit den Karolingern ungefähr die Hälfte der Kronvasallen hohe Geistliche waren. Zudem stellte das Kirchengut auch einen großen Teil des Landes, den die Könige an ihre Lehensleute vergaben. Unter den Ottonen (911–1024) und Saliern (1024–1125) wurde im ostfränkischen Reich diese Beziehung weiter ausgebaut, bis sie im Investiturstreit an ihre Grenzen stieß. Die Einbeziehung der Kirche stärkte ursprünglich die Position des Königs gegen die Fürsten und förderte die religiöse Verankerung des Lehensverhältnisses. Durch die Trennung von Kirche und Staat, wie sie im Investiturstreit eingeleitet wurde, entstand aber gerade durch die geistlichen Fürsten eine starke moralische Gegengewalt zum König, die den Dualismus zwischen König und Fürsten vertiefte.

Von Rechten und Pflichten der Vasallen zu Ständeversammlungen

Die ständischen Vertretungen des Spätmittelalters und der Frühneuzeit, die eine Vorform der modernen Parlamente sind, entwickelten sich aus den Rechten und Pflichten des Lehenssystem. Die Leistung eines Vasallen bestand in consilium, der Beratung des Herrn, und auxilium, der konkreten Hilfeleistung durch Truppen.
Das consilium war sowohl als Pflicht als auch als Recht zu verstehen, denn durch die Beratung konnten die Kronvasallen Einfluss auf die Politik des Königs ausüben. Daher nahmen sie dieses Recht auch wahr und versammelten sich auf den Hoftagen, den sogenannten Curia regis. Aus diesen Hoftagen entwickelten sich zuerst unregelmäßige, später regelmäßige Ratsversammlungen. An ihnen nahmen die Kronvasallen, andere einflussreiche Adelige, Vertreter der hohen Geistlichen und auch der aufsteigenden Städte teil. Sie organisierten sich in sogenannten Ständen und erhoben im Namen derer, die sie vertraten Anspruch auf Mitsprache bei wichtigen Entscheidungen.
Während im ursprünglichen Lehensrecht nur der Vasall persönlich das consilium ausüben konnte, begann sich hier das Prinzip der Repräsentation, also der Vertretung einer bestimmten Gruppe durch einzelne Beauftragte, durchzusetzen. Ein erster Schritt in Richtung auf die Frühformen des Parlamentarismus ist somit getan.

4 **Veste Coburg**, erstmals 1225 urkundlich erwähnt als Sitz der Herzöge von Meranien

Hand in Hand damit ging die Entwicklung des auxilium. Im Laufe des Hochmittelalters und dem damit verbundenen Bedeutungsverlust der Ritter wurde die ursprünglich militärische Vasallenpflicht zunehmend ersetzt durch Geldzahlungen oder auch Leistungen im Befestigungsbau. Ursprünglich nur für besondere Anlässe in der Familie des Herrschers bestimmt, wurden diese Geldleistungen ausgeweitet und für die Fürsten bald zu einer wichtigen Finanzgrundlage ihrer Politik. Die zahlenden Stände konnten darüber entscheiden, ob sie die Forderung als rechtmäßig anerkannten, woraus sich das Steuerbewilligungsrecht der späteren Ständeversammlungen entwickelte, was wiederum eine Wurzel des Parlamentarismus darstellt.

Konsensrecht/Konsensuale Herrschaft

Hier wird ein Rechtsgrundsatz deutlich, den schon im 6. Jahrhundert Kaiser Justinian für das byzantinische Recht formulierte: „Was alle angeht muss auch von allen entschieden/beraten werden." Diesen aus dem römischen Recht abgeleiteten Grundsatz griff die römisch-katholische Kirche im 12. Jahrhundert auf und übertrug ihn auf das Gebiet der Westkirche, wo er seit dem 13. Jahrhundert allgemein anerkanntes Rechtsprinzip war. Allerdings war er nur auf die Gruppe der Adeligen bzw. der Kirche bezogen und bedeutete, dass die für das Reich oder Fürstentum wichtigen Entscheidungen nicht allein vom Herrscher getroffen werden konnten, sondern der Mitsprache seiner Adeligen bedurften. Die neuere Geschichtswissenschaft verwendet dafür den Begriff der „Konsensualen Herrschaft": Die Herrschaft des Königs ist abhängig von der Zustimmung der Großen seines Machtbereiches. Seine Macht ist damit durch sie begrenzt. Dieses Prinzip fand ebenso Geltung auf der Ebene des Reiches wie auf der der Fürstenstaaten. Erst der Absolutismus versuchte es zu umgehen.

Herrenburg als sichtbarer Ausdruck der dezentralen Herrschaftsstruktur

Vor allem seit der ottonisch-salischen Zeit entstanden überall adelige Herrenburgen, ein typisch europäisches Phänomen, auf der keine Befehle ausführenden Verwalter des König oder Fürsten saßen, sondern eigenständige Herren, die durch gegenseitige persönliche Treue mit ihrem Lehensherrn verbunden waren.

Die Burg war der Sitz eines Herrn, sei es des Vogtes eines Klosters oder eines weltlichen Herrn, der Gerichtsbarkeit ausübte, Abgaben und Dienste verlangte. Damit war die Burg für die in ihrer Umgebung lebenden Menschen sichtbares Herrschaftszentrum, das auch dann noch so blieb, als die Ritter militärisch im Spätmittelalter den mit Schusswaffen bewaffneten Soldaten wichen.

Unterschiedliche Entwicklungen in Frankreich und im Deutschen Reich

Durch die beschriebenen Faktoren entwickelte sich seit dem 9. Jahrhundert im karolingischen Reich und seinen ostfränkischen Nachfolgern eine regional und strukturell dezentrale Herrschaftsstruktur, die sich bis ins 19. Jahrhundert, noch über das Ende des Heiligen Römischen Reiches hinaus, in der Zersplitterung der Territorien gut nachvollziehen lässt.
Da die Lehensbeziehung zwischen zwei Personen bestand, bedeutete das, dass die Untervasallen nur ihrem direkten Lehensherrn, nicht aber dem König persönlich verpflichtet waren. Dadurch verlor der ostfränkische, später deutsche, König den Zugriff auf den wesentlichen Teil seines Adels und wurde von seinen Kronvasallen abhängig, die so immer mächtiger wurden. Hinzu kam, dass die Lehen im Verlauf der Zeit immer seltener an den König zurückfielen, sondern automatisch beim Tode des Vasallen an seine Erben übergingen. Im Gegensatz zu vielen verklärenden oder anklagenden Darstellungen des Mittelalters in späteren Zeiten war der mittelalterliche König also nur da wirklich mächtig, wo er sich gegen seine Kronvasallen durchsetzen konnte, bzw. wo er über persönlichen Besitz an Land verfügte.

Der Grund, warum sich im heutigen Frankreich, also im westfränkischen Reich eine andere Entwicklung ergab, ist in einer Sonderform des dortigen Lehensrechtes begründet. Der König vergab dort zunehmend sogenannte ligische Lehen, das heißt, Lehen, die Vorrang vor anderen hatten. Damit konnte er auch über die Untervasallen verfügen und baute so seine zentrale Machtposition aus.

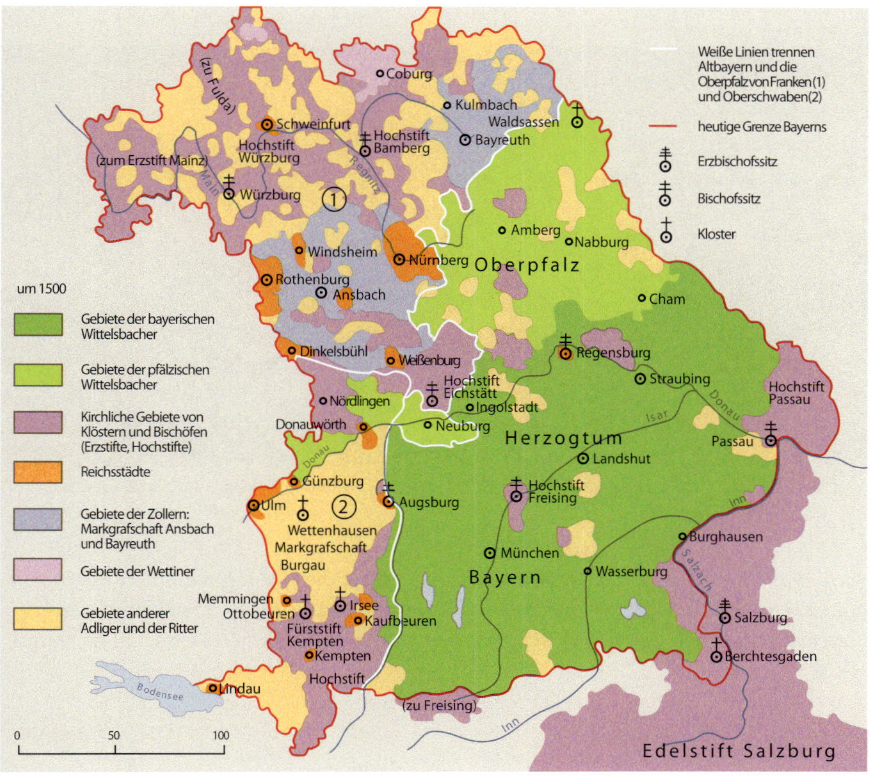

5 Herrschaftsverhältnisse in Bayern am Ende des Mittelalters

Ausbildung von Territorialstaaten und Ständeversammlungen

Im Heiligen Römischen Reich unterstützte das Lehensrecht im Unterschied zu Frankreich seit dem Hochmittelalter die Herausbildung eines fest umrissenen Kreises von Reichsfürsten, die königliche Rechte in Anspruch nahmen und so schließlich Territorialstaaten beherrschten. Ein erstes Beispiel sind die Sonderrechte, die Friedrich I. dem 1152 neugegründeten Herzogtum Österreich gewährte. Er tat dies, um den früheren Herzog von Bayern, den Babenberger Heinrich, zur Zustimmung zu bewegen, das Herzogtum Bayern an Heinrich den Löwen abzutreten, mit dem Friedrich einen Ausgleich suchte. An diesem Ereignis zeigt sich deutlich, dass der König nicht beliebig über die Lehen verfügen konnte, sondern an die Zustimmung seiner Kronvasallen gebunden war.

Die Entwicklung der Reichsfürsten zu selbstständigen Landesherren fand einen ersten Abschluss in den Reichsgesetzen Friedrichs II. von 1232 (Statutum in favorem principem), in denen der anerkannte, dass die Fürsten in ihren „Gebieten" königliche Rechte, Regalien, ausüben. Aber auch in dieser dezentralisierten Herrschaft wurde, ausgehend vom Lehenssystem die Praxis der Hoftage geübt. Daraus entwickelten sich ebenso wie auf der überregionalen Ebene des Reiches auch in den Territorien je nach Situation verschiedene Formen der Ständeversammlungen, auf denen aber vom Prinzip her die Fürsten ihren Landständen gegenüberstanden.

Auf den ersten Blick erscheint der mittelalterliche und frühneuzeitliche Staat verwirrend und unstrukturiert. Betrachtet man die Vielfalt der Herrschaftsträger und die dezentrale Herrschaftsorganisation unter dem Gesichtspunkt der Aufteilung von Herrschaft, wie sie im Lehenssystem vorgegeben ist, dann erkennt man eine nachvollziehbare Struktur, die deutliche Entwicklungslinien vom Lehenswesen zu einer ständischen Verfassung erkennen lässt. Das Prinzip der Aufteilung von Macht ist somit ein Strukturelement der europäischen Geschichte.

6 Die neuen Ritter

Motive auf dem Teppich von Bayeux um 1095. In der Schlacht bei Hastings, in der die Normannen unter ihrem Herzog Wilhelm England eroberten, erwiesen sich die normannischen Reiter als bestausgestattet. So waren alle Pferde mit Steigbügeln ausgestattet, was den Halt des Reiters im Kampf erhöhte. Dazu kommen Helm, Panzerhelm und Lanze.

7 Bericht Karls des Großen auf einem Hoftag über den Widerstand der Bauern gegen die Heeresfolge (811)

1. Vor allem wehren sie sich und erklären, die Bischöfe, Äbte und deren Vögte hätten keine Herrschaftsgewalt über ihre Geistlichen und übrigen Leute; ähnlich hätten auch die Grafen über ihre Gaugenossen [Einwohner eines gräflichen Zuständigkeitsgebietes] keine Herrschaftsgewalt.

2. Die Armen [Bauern] klagen, sie würden aus ihrem Eigentum vertrieben; und diese Klage erheben sie gleichermaßen gegen die Bischöfe, Äbte und deren Vögte wie gegen die Grafen und deren Centenare [nachgeordnete Beauftragte der Grafen].

3. Sie sagen auch: Wenn jemand sein Eigen dem Bischof, Abt, Grafen, Richter oder auch dem Amtmann oder Centenar nicht geben will, suchen sie Gelegenheit, diesen Armen zu verurteilen und ihn immer wieder gegen den Feind ziehen zu lassen, bis er, verarmt, sein Eigentum wohl oder übel übergibt oder verkauft; andere aber, die es schon übergeben haben, bleiben ohne Belästigung durch irgendjemanden zu Hause.

4. Die Bischöfe und Äbte oder Grafen, ähnlich auch die Äbtissinnen, lassen ihre freien Männer zu Hause im Ministerialenstand zurück: sie sind Falkner, Jäger, Zolleinnehmer, Vorsteher, Aufseher und andere, die die Sendboten und deren Gefolge aufnehmen.

5. Es sagen auch andere, dass sie jene Ärmeren zwingen und gegen den Feind ziehen lassen und die Besitzenden zum Eigengut entlassen.

6. Es sagen die Grafen selbst, dass einige ihrer Gaugenossen ihnen nicht gehorchen und dem Heerbann des Herrn Kaisers nicht folgen wollen mit der Erklärung, sie seien den Sendboten des Herrn Kaisers für den Heerbann Rechenschaft schuldig, aber nicht den Grafen; auch wenn der Graf jenem sein Haus unter Bann legte, empfange er von daher keinen Gehorsam, wenn er nicht in dessen Haus eindringe und tue, was ihm gut dünkt.

7. Einige aber sagen, sie seien Männer Pippins und Chlodwigs, und melden sich dann, sie gingen zum Dienst ihrer Herren, wenn die anderen Bauern zum Heer einrücken müssen.

8. Wieder andere bleiben zurück und sagen, ihre Lehnsherren blieben zu Hause und sie müssten mit ihren Lehnsherren ausrücken, was auch immer der Befehl des Herrn Kaisers sei. Einige aber begeben sich deshalb unter den Schutz von Lehnsherren, die, wie sie wissen, nicht gegen den Feind ziehen werden.

9. Überhaupt gehorchen die Gaugenossen selbst weniger dem Grafen und den außerordentlichen Sendboten, als es früher geschah.

Zit. nach: Quellen zur Geschichte des deutschen Bauernstandes im Mittelalter, hrsg. von G. Franz. Darmstadt 1967, S. 73f.

8 Aus dem Lehensverzeichnis des Rheingrafen Wolfram

Der Rheingraf Wolfram besaß Anfang des 13. Jahrhunderts einen großen Streubesitz von Lehen am Mittelrhein und am unteren Main die er teilweise vom König, teilweise von anderen geistlichen und weltlichen Großen als Lehen bekommen hatte. Eine Auswahl:

Jedermann soll wissen: Dies sind die Lehen des Rheingrafen Wolfram: Vom Reich hat er die Gerichtshoheit im Rheingau zu Lehen. Von jedem stromaufwärts oder -abwärts fahrenden Schiff erhält er in [der Reichszollstätte] Geisenheim ein Pfund Pfeffer. […] Vom Erzbischof von Mainz hat er die Grafschaft im Rheingau und die Burg Rheinsberg zu Lehen, außerdem ein Geldlehen von einem Pfund Silber jährlich in Östrich, das er an Volkmar weiterverliehen hat. […] Vom Erzbischof von Trier hat er einen Weinberg zu Lehen, den er an die Erben seines Vasallen Ernst weiterverliehen hat. Vom Landgrafen [von Thüringen] hat er die Rheininsel zwischen Ingelheim und Hattenheim zu Lehen, die Holzau heißt. […] Vom Dompropst von Speyer hat er einen Salhof und einen Weinberg sowie zwei Gärten bei und in Kreuznach zu Lehen, ferner eine halbe Hufe Ackerland und ein Haus ebendort. […] Vom Grafen von Veldenz hat er den Weinberg Markobrunn [bei Erbach] zu Lehen, Zehnteinnahmen und das Pfarrerwahlrecht in Kreuznach und außerdem dort zwei Mühlen […] Vom Grafen von Leiningen hat er die Zehnteinnahmen in Wiesbaden und eine Wohnung in der dortigen Burg zu Lehen. Vom Grafen von Nassau hat er alle Eigenleute zu Lehen, die ehemals zu Kloster Bleidenstadt gehörten und zwischen Wallau und Wiesbaden leben. Der gleiche Graf verlieh ihm das Dorf Hausen, einen Weinberg, alle Eigenleute, die der Nassauer selbst vom Kölner Domkapitel zu Lehen hat, ein Geldlehen von 20 Pfund Silber, sobald ein solches in Zukunft irgendwo frei wird, alle Lehen der Brüder Volchand und Arnold Smende in Lorchhausen, welche die beiden jetzt also nicht mehr vom Grafen von Nassau, sondern vom Rheingrafen zu Lehen haben, zwei Weinfurten in Horchheim, ein Wildbannrecht [im Taunus].

Wilhelm Fabricius (Hrsg.): Trierisches Archiv, Ergänzungsheft 12. Trier 1911.

9 Bericht über eine Lehnsvergabe zwischen einem Grafen und seinem Vasallen im Jahre 1127:

Zuerst leisteten sie ihm auf folgende Weise Mannschaft: Der Graf fragte den zukünftigen Vasallen, ob er ohne Vorbehalt sein Mann werden wolle, und dieser antwortete: „Ich will es." Alsdann umschloss der Graf die zusammengelegten Hände des anderen mit seinen Händen, und sie besiegelten den Bund durch einen Kuss. Zweitens gab derjenige, der Mannschaft geleistet hatte, dem „Vorsprecher" des Grafen mit folgenden Worten sein Treueversprechen: „Ich verspreche bei meiner Treue, von nun an dem Grafen

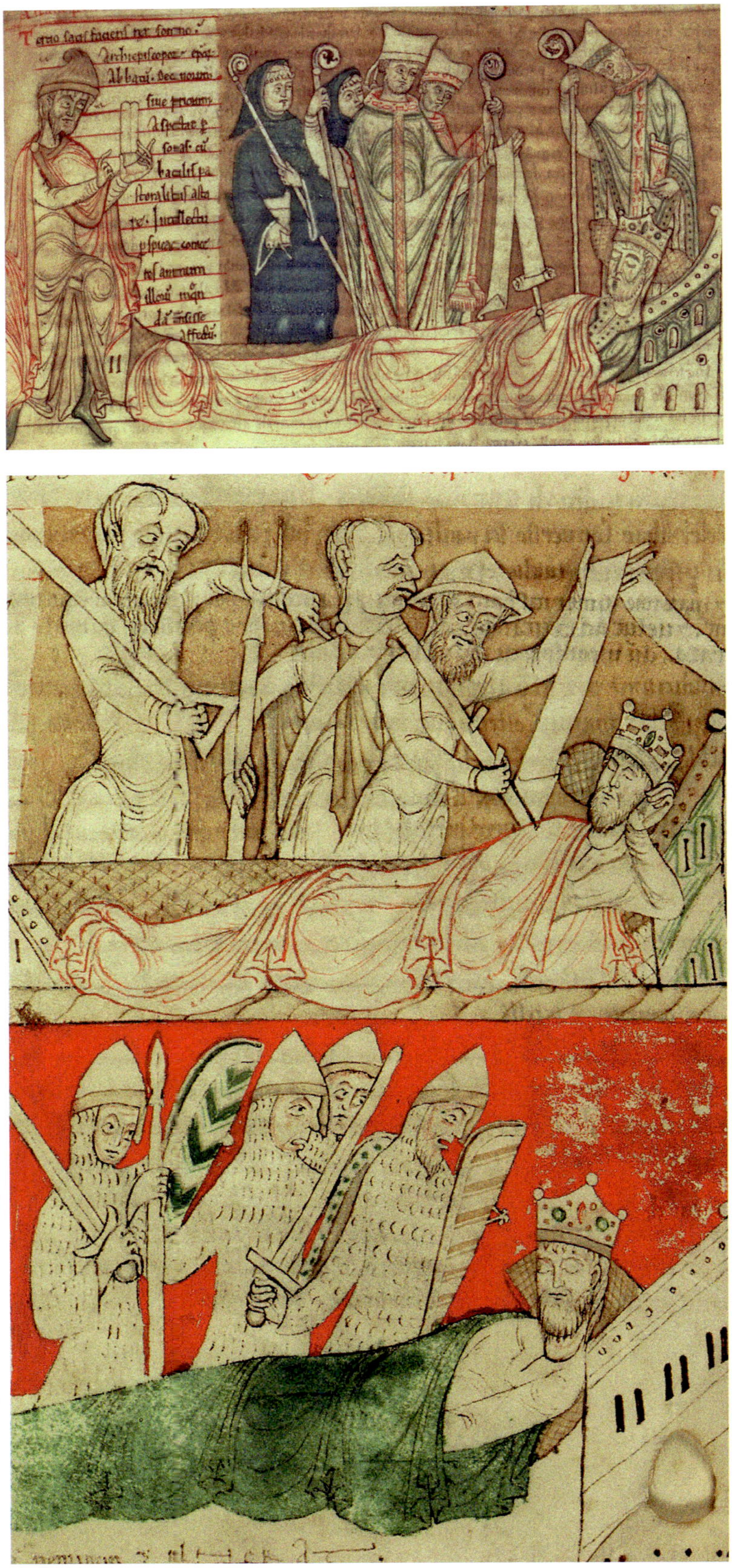

10 Die drei Stände Corpus Christi, der Traum Heinrichs I. in der Chronik von John Worcester. Die Vorstellung der drei Stände, von Gott als Weltordnung eingesetzt, war auch in anderen Gebieten Europas sinngebend (hier ein Beispiel aus England, ca. 1130).

Wilhelm treu zu sein und ihm gegen alle anderen meine Mannschaft unwandelbar zu erhalten, aufrichtig und ohne Trug." Drittens bekräftigte er sein Versprechen durch einen Eid, den er auf die Reliquien der Heiligen leistete.

Zit. nach: F. L. Ganshof: Was ist das Lehnswesen? Darmstadt 1961, S. 72f. Übers. Dietrich & Ruth Groh

11 Bestimmungen zum Lehenswesen Friedrichs I. Barbarossa vom Reichstag in Roncaglia (1154)

1. Er verordnete, dass ein Vasall sein Lehen einbüßen solle, wenn er nach dem Tode des Lehnsherren oder sein Erbe nach dem Tode seines Vorgängers Jahr und Tag verstreichen ließe, ohne dem Herren oder dem Erben des Herren den Treueschwur zu leisten und ohne um die Investitur zu bitten – falls nämlich es sich bei dem betreffenden Lehen um ein solches handele, für das ein Eid der Treue geschworen werden muss. Das ist von jeher so der Brauch gewesen, [...].

2. Er verordnete außerdem, dass es dem Herren erlaubt sein solle, alle vorgefallenen Entfremdungen von Lehensgut zu widerrufen, da einem solchen Verfahren keinerlei Bestimmung im Wege steht.

3. Ähnliches gilt für die Feldzugsbeiträge. Feldzugsbeiträge nennt man die Steuer, die von den Vasallen an die mit dem Könige nach Rom ziehenden Herren abzuführen sind, wenn sie nicht selbst mitmarschieren; in der Lombardei bedeutet das pro Scheffel 12 Denare, in Deutschland den dritten Teil der Ernte des Jahres, in dem der Feldzug stattfindet.

4. Endlich wurde verordnet: Wenn ein Kleriker, ein Bischof oder ein Abt, ein Lehen verliert, das er nicht nur für seine eigene Person, sondern für die Kirche vom Könige bekommen hat, und das durch seine persönliche Schuld, dann soll dieses Lehen, so lange er lebt und im Besitze seiner kirchlichen Ehren ist, dem Könige anheimfallen, nach seinem Tode aber an seinen Nachfolger wieder ausgegeben werden.

Wolfgang Lautemann (Hrsg.): Geschichte in Quellen, Bd. 2. München 1975, S. 397.

12 Privilegium minus

a) Unter dem ersten Stauferkönig Konrad III. war es zu einem schweren Konflikt zwischen den eng miteinander verwandten Familien der Staufern, Welfen und Babenbergern um das Herzogtum Bayern gekommen. Konrads Nachfolger, Friedrich I. Barbarossa, schuf aus Österreich ein separates Herzogtum, versah es mit großen Sonderrechten und übertrug es am 17. September 1156 den Babenbergern:

Im Namen der heiligen und unteilbaren Dreifaltigkeit. Friedrich, durch Gottes gnädige Vorsehung Kaiser und Augustus der Römer.

1. Wenn auch die Veränderlichkeit der Dinge aus ihrer irdischen Beschaffenheit klar hervorgeht und das, was nach Gesetz geschieht, durch keine Anfechtung erschüttert zu werden vermag, so muss doch die kaiserliche Autorität eingreifen, damit kein Zweifel eintrete an der Rechtlichkeit des Geschehenen.

2. So mögen es denn alle Getreuen Christi und unseres Reiches in der Gegenwart und in aller Zukunft wissen, wie wir mit Hilfe dessen, durch den vom Himmel auf die Erde den Menschen der Friede kommt, auf dem zu Regensburg am Tage der heiligen Maria mit aller Feierlichkeit begangenem allgemeinen Reichstage vor zahlreichen frommen und katholischen Fürsten den Streit und Gegensatz geschlichtet haben, der zwischen unserem Onkel, dem Herzog Heinrich von Österreich, und unserem geliebten Vetter, Heinrich, dem Herzog von Sachsen, um das Herzogtum Bayern tobte. Zu unseren Gunsten verzichtete der Herzog von Österreich auf das Herzogtum Bayern, das wir dann sofort dem Herzog von Sachsen zu Lehen gaben.

3. Der Herzog von Bayern aber verzichtete zu unseren Gunsten auf die Markgrafschaft Österreich, alle Rechte und alle Lehen, wie sie früher der Markgraf Leopold als Lehen von Bayern besessen hatte.

4. Auf dass nun aber hierdurch nicht Ehre und Ruhm unseres geliebten Onkels gemindert erscheine, haben wir auf Rat und Urteil der Fürsten, wie es Herzog Waldislaw von Böhmen unter der Zustimmung aller Fürsten vortrug, die Markgrafschaft Österreich zum Herzogtum erhoben und dieses Herzogtum mit allen Rechten unserem obengenannten Onkel Heinrich und seiner erhabenen Gattin Theodora zum Lehen gegeben, und durch ein ewiges Gesetz haben wir festgelegt, dass sie selbst und nach ihnen ihre Kinder, und zwar Söhne wie Töchter, das genannte Herzogtum Österreich durch Erbrecht vom Könige besitzen und behalten sollen.

5. Sollten aber der genannte Herzog von Österreich und seine Gemahlin ohne Kinder sterben, dann sollen sie die Freiheit haben, ihr Herzogtum jedem zu vermachen, dem sie es hinterlassen möchten. [...]

7. Der Herzog von Österreich soll dem Reiche keine anderen Dienste schulden, als dass er zu den Reichstagen, die der Kaiser in Bayern ansetzt, auf Einladung erscheint; er soll auch zu keinen militärischen Leistungen verpflichtet sein, wenn nicht vielleicht der Kaiser einen Feldzug in Staaten oder Länder, die an Österreich grenzen, anordnen sollte. Auf dass nun dieser unser kaiserlicher Wille in alle Ewigkeit unerschütterliche Geltung behalte, haben wir befohlen, diese Urkunde auszufertigen und durch Beidrückung unseres Siegels in Gegenwart vertrauenswürdiger Zeugen [...].

Wolfgang Lautemann (Hrsg.): Geschichte in Quellen, Bd. 2. München 1975, S. 397. Übers. W. Lautemann.

13 Der sogenannte Cappenberger Barbarossakopf, hergestellt im Auftrag von Otto v. Cappenburg (um 1100–1171), dem Taufpaten Friedrichs I. Barbarossa

b) Bericht des Bischofs Otto von Freising, Bruder des neuen österreichischen Herzogs und Onkel des Kaisers, über die Gründung und Verleihung des Herzogtums Österreichs:

Mitte September kamen die Reichsfürsten in Regensburg zusammen und warteten einige Tage auf den Kaiser. Nach der Ankunft ging dieser seinem Onkel ein Stück weit entgegen – denn jener befand sich etwa zwei deutsche Meilen entfernt von einem Zeltlager –, und alle Anwesenden von Adel und Bedeutung erfuhren nun, was man schon längst insgeheim ausgehandelt hatte. Der Kernpunkt der Übereinkunft war – wenn ich mich richtig erinnere – der folgende: Heinrich der Ältere [der Babenberger] gab dem Kaiser das Herzogtum Bayern zurück, veranschaulicht durch sieben Fahnenlanzen. Sie wurden dem jüngeren Heinrich [= dem Welfen Heinrich dem Löwen] übergeben, der aber mit zwei Fahnenlanzen die Ostmark [= Österreich] samt den seit alters dazu gehörigen Grafschaften dem Kaiser zurückgab. Dann wurde nach dem Urteil der anwesenden Fürsten aus dieser Markgrafschaft einschließlich der zugehörigen Grafschaften ein neues Herzogtum geschaffen und von dem Kaiser nicht nur Heinrich dem Älteren, sondern auch dessen Gemahlin mittels der beiden Fahnenlanzen lehensweise übergeben. Damit dies alles nicht später einmal infrage gestellt werden könne, bestätigte es der Kaiser durch ein feierliches Privileg.

Otto von Freising: Gesta Friderici I imperatoris, hrsg. von Georg Waitz, Bernhard Sismson, Mon.Germ.jos. Script.rer.German, Hannover/Leipzig 1912, S 160 f.

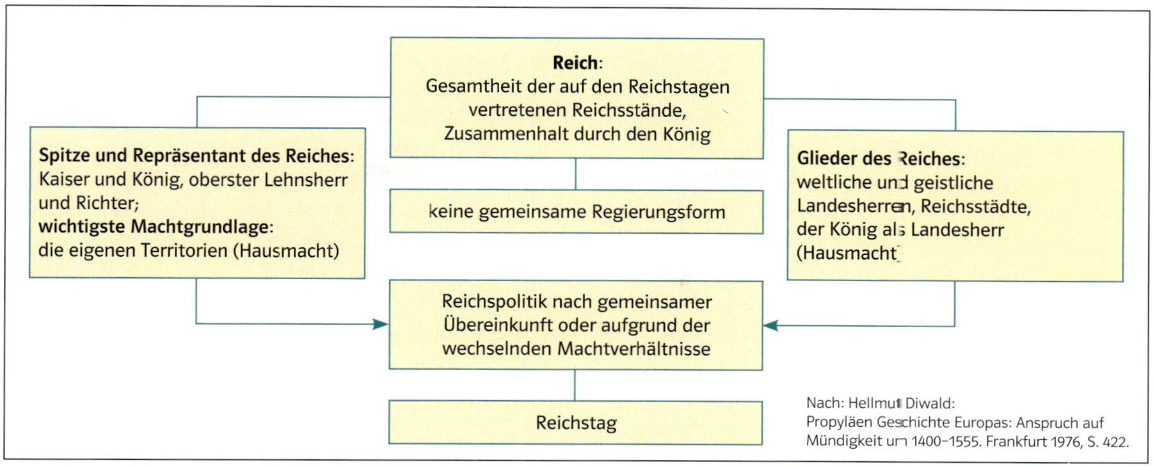

14 **Die politische Struktur des Deutschen Reiches im 15./16. Jahrhundert**

15 **Sonderweg Europa?**

a) Sonderentwicklung auf feudaler Grundlage

Die wichtigste Auswirkung des europäischen Sonderwegs von Lehenswesen und Ständeverfassung war sicher die Entwicklung der parlamentarischen Demokratie. Die skizzierten Grundlagen von Formen der Herrschaftsbeteiligung bzw. der Repräsentation sind zunächst noch weit von heutigen Möglichkeiten demokratischer Mitbestimmung entfernt. Was dazwischenliegt, sind keine ungebrochenen Kontinuitätslinien. Die Geschichte des englischen Parlaments stellt eine Ausnahme dar. Und auch hier lösen evolutionäre und revolutionäre Phasen einander ab. Es ist jedoch wichtig, zu sehen, dass es im ganzen Bereich des „Lehenseuropa" uralte Traditionen der Mitbestimmung gab, und zwar auf verschiedenen Ebenen. Auch jahrhundertelange Unterbrechungen in der Einberufung von Ständeversammlungen konnten das Bewusstsein der Mitspracheberechtigung nicht verschütten. Der Absolutismus als Gegenbewegung hat das Prinzip der kontrollierten Fürstengewalt nicht zu verdrängen vermocht. Außerhalb des „Lehenseuropa" sind solche Traditionen schwach. In Großreichen mit unkontrollierter Fürstengewalt und stark zentralstaatlich-bürokratischen Strukturen fehlen Ansätze dafür. Feudale Herrschaftsformen im Allgemeinen erscheinen ebenso wenig als eine bedingende Voraussetzung, auch nicht dem Lehenswesen ähnliche Formen der Heeresorganisation. Der Weg vom Lehenswesen über die Ständeverfassung zum Parlamentarismus stellt eine europäische Sonderentwicklung auf feudaler Grundlage dar.

Michael Mitterauer: Warum Europa? Mittelalterliche Grundlagen eines Sonderweges. München 2004, S. 149 f.

b) Der „Sonderweg" ein Gründungsmythos

Wichtiger wäre es heute, einmal eine Misserfolgsgeschichte zu schreiben: eine Geschichte, in der das Lehnswesen statt als Erfolgsmodell als der dürftige Notbehelf erschiene, der es war; in der Kerneuropa ein von einer Kriegerhorde beherrschtes Elendsgebiet wäre, über das die Nachbarn die Nase rümpften; in der die Geschichte von Päpsten und Westkaisern konsequent als verzweifeltes Sezessionsbestreben vom wahren Rom im Osten geschildert würde; […] in der Sizilien, Skandinavien und der Pyrenäenraum als die wahrhaft dynamischen Zentren erschienen, deren Marginalisierung im 13. Jahrhundert eine jahrhundertelange Depressionsphase einleitete; in der „1204" als die zentrale europäische Katastrophe benannt würde. Ein solches Buch würde ebenso wie Mitterauers (das mit zwei Landkarten schließt: dem Reich Karls des Großen und Europa mit den heutigen Staatsgrenzen), ob es wollte oder nicht, dazu beitragen, „Europa zu bauen". Es würde dies aber auf heterodoxe Weise und mit einer Nuance des Zweifels tun, die in einer Zeit des Triumphalismus eher not täte als die Wiederholung eines Gründungsmythos.

Rezension des Buches von Michael Mitterauer, Warum Europa? Rezensiert für H-Soz-u-Kult von: Jan Rüdiger, Institut für vergleichende Geschichte Europas im Mittelalter, Humboldt-Universität zu Berlin

16 **Nur ein Untertanenverband?**

a) Die Historikerin Barbara Stollberg-Rilinger schreibt über die Struktur des Heiligen Römischen Reiches Deutscher Nation (2006)

Wenn die Zeitgenossen selbst das Reich auf den Begriff bringen wollten, sprachen sie zumeist metaphorisch von einem Körper aus Haupt und Gliedern. Der Kaiser war das Oberhaupt, das den Körper überhaupt erst zu einem

Ganzen machte. Die gemeinsame Bindung an den Kaiser stellte das älteste verbindende Element der Reichsverfassung dar. Er war oberster Lehnsherr, oberster Richter, oberster Wahrer von Friede und Recht. Allerdings war er alles andere als ein absoluter Herrscher, er stand nicht über den Gesetzen. Gemäß der traditionellen konsensorientierten Rechtsauffassung konnte er nichts an der hergebrachten Ordnung willkürlich ändern, sondern war stets auf Rat und Zustimmung der Betroffenen angewiesen. Weder hatte er das Recht, noch hatte er die Macht, gegen den Konsens der Reichsglieder etwas durchzusetzen. […]

Dem Kaiser als Oberhaupt wurde die Gesamtheit der Glieder gegenübergestellt; die offizielle Formel lautete: „Kaiser und Reich". Bei diesen Gliedern handelte es sich um Herrschaftsträger verschiedener Art: Kurfürsten, Fürsten, Grafen, Prälaten, Ritter, Städte. […] Die Reichsglieder waren extrem unterschiedlichen Charakters: Personen und Korporationen, Klöster und städtische Kommunen, Geistliche und Weltliche, Mächtige und Mindermächtige. Das Spektrum reichte von großen Reichsfürsten auf der einen Seite, die über ganze Konglomerate von Territorien nahezu unabhängig herrschten und mit den europäischen Herrscherdynastien verschwägert waren, bis hinunter zu kleinen Reichsrittern auf der anderen Seite, die nur über ein paar Dörfer die Niedergerichtsbarkeit ausübten. […]

Aber das Reich bestand nicht nur aus den unmittelbaren Gliedern. Die meisten Reichsstände übten ihrerseits Herrschaft über Territorien aus, in denen es wiederum andere Herrschaftsträger gab, nämlich ebenfalls Adelsfamilien, Klöster, Stifte und Kommunen, die ihnen ihrerseits als konsensberechtigte Landstände gegenübertraten. Diese „landsässigen" oder „mediaten" Stände standen zu Kaiser und Reich aber eben nur in einem mittelbaren Verhältnis. Die Landstände verhielten sich zu ihrem Landesherrn ähnlich wie die Reichsstände zum Kaiser. Wie diese dem Kaiser, so leisteten die Landstände dem Landesherrn ihre Abgaben, wie die Reichsstände auf Reichstagen, so übten die Landstände auf Landtagen Partizipationsrechte aus. […] Das Reich war also alles andere als ein homogener Untertanenverband. Anders als bei moderner Staatlichkeit, wo alle Bürger ein einheitliches Staatsbürgerrecht genießen, alle hoheitliche Gewalt beim Staat konzentriert ist und allein von seinen Organen ausgeübt wird, wurde im Reich auf verschiedenen Ebenen autonome Herrschaft ausgeübt, und ein Glied hatte immer andere „Rechte und Freiheiten" als das andere. Über diese heterogene Vielfalt von Reichsgliedern und deren Untertanen übte der Kaiser keine einheitliche Gewalt aus. Das Reich besaß deshalb auch kein festes Territorium mit eindeutigen Gebietsgrenzen, wie es moderne Karten suggerieren. Im Laufe des Spätmittelalters und der Frühen Neuzeit vollzog sich allerdings ein Prozess zunehmender Territorialisierung; das heißt, Herrschaft verwandelte sich von einer Vielzahl verschiedener Herrschaftsrechte über Personen zu einer einheitlichen Herrschaft über ein bestimmtes Gebiet (samt allen darauf lebenden Personen). Diese territoriale Herrschaft wurde aber vor allem von einzelnen Reichsfürsten als Landesherren in ihren jeweiligen Ländern ausgebildet und nicht vom Reich in seiner Gesamtheit. Das Reich war bis zu seinem Ende kein Territorialstaat, sondern ein Personenverband, ein komplexes hierarchisches System von Personen und Korporationen, an deren Spitze der Kaiser stand und dem Ganzen symbolische Einheit und Legitimität verlieh.

Barbara Stollberg-Rilinger: Das Heilige Römische Reich Deutscher Nation. Vom Ende des Mittelalters bis 1806. München 2006, S. 14–17.

b) Der Historiker Wolfgang Reinhard skizziert und begründet die Besonderheiten der kaiserlichen Monarchie:

Ein Grundproblem der deutschen Geschichte ist, warum deutsche Könige anders als westeuropäische keinen nationalen Machtstaat zustande gebracht haben. Auch wenn heute das vergleichsweise schwache Reich des Spätmittelalters und der Frühneuzeit gerne als alternative politische Lebensform zum Machtstaat angepriesen wird, bleibt Erklärungsbedarf für diesen „Sonderweg". Bestimmte, seit den Anfängen des Reiches vorgegebene Strukturen erwiesen sich im Zusammenspiel mit kontingenten [zufälligen] Faktoren wie dem Aussterben von Dynastien als Wettbewerbsnachteile deutscher Monarchen. Sie lassen sich zu fünf Problemen bündeln (Karl-Friedrich Krieger):

1) Während in Westeuropa außer Spanien der König als oberster (Lehens-)Herr von Grund und Boden galt, war in Deutschland das Eigengut des Adels (Allod) und damit kronunabhängige Adelsherrschaft weit verbreitet. Zwar war es möglich, solche Herrschaft in Lehensbeziehungen einzubinden, aber das wirkte nur unter starken Königen integrierend. Der viel berufene „Leihezwang" für heimgefallene Lehen hat sich allerdings inzwischen als Legende erwiesen. Die Könige verfügten einfach über keine Beamten zur direkten Verwaltung, aber stets über zuverlässige Lehensnehmer. […]

2) Das Reich war für straffe Kontrolle einfach zu groß, sodass sich „königsnahe" Zonen (Schwaben, Franken, Obersachsen) von wenigstens noch „königsoffenen" (Rheinland) und ausgesprochen „königsfernen" (Norden, Westalpen) unterscheiden lassen. Erst im Spätmittelalter kam es zu einer „Verdichtung" der bis dahin ziemlich „offenen" Ordnung des Reiches (Peter Moraw), die bezeichnenderweise mit der Ausbildung eines deutschen Nationalgefühls Hand in Hand ging.

3) Der Versuch der planmäßigen Reichsgutspolitik mit Verwaltung durch Königsdienstmannen (Ministerialen) scheiterte an den dynastischen Kontinuitätsbrüchen. Das Reichsgut ging verloren, und die Ministerialen ver-

schmolzen mit dem Adel. Die Lösung, die königliche Gewalt planmäßig in Teile zu zerlegen und als Lehen an den Adel zu vergeben, bedeutete bei Schwäche der Krone ihren Verlust. Der König sollte nie mehr eine Reichsverwaltung zu Stande bringen, und Machtentfaltung war ihm nur noch auf der brüchigen Grundlage von Konsens oder kraft eines Hausguts als Territorialherr möglich.

4) [...]

5) Lange vor dem Aufkommen des österreichisch-preußischen Gegensatzes war das Reich schon durch dualistische Spannungen geprägt: Kaiser – Papst, Reich – Hausmacht, König – Kurfürsten, König, Stände. Das Kurfürstenkollegium beanspruchte neben der Königswahl und besonderen Privilegien für die Kurlande immer wieder die Mitregierung neben dem König. Das Kollegium der übrigen reichsunmittelbaren Fürsten kam hinzu, als der König Ende des 15. Jahrhunderts dringend Geld brauchte, dazu in untergeordneter Rolle die Reichsstädte. An die Stelle des Hoftags trat der Reichstag. [...]

In Deutschland hat sich der moderne Staat im Gegensatz zu allen anderen Ländern Europas auf der Ebene der Territorien durchgesetzt. Die Würfel dafür sind endgültig aber erst 1648 gefallen.

Wolfgang Reinhard: Geschichte der Staatsgewalt. Eine vergleichende Verfassungsgeschichte Europas von den Anfängen bis zur Gegenwart. 2., durchges. Aufl. München 2000, S. 53 ff.

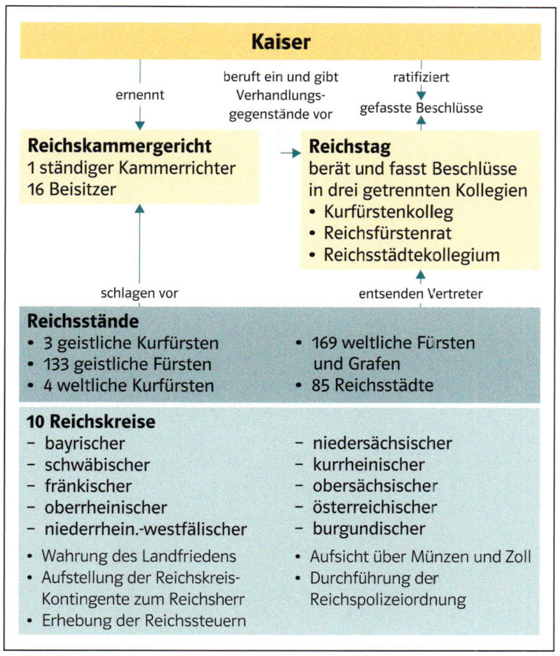

17 **Die politische Struktur des Reiches in der Frühen Neuzeit**

18 Die Ottonische Handfeste (1311)

In der Ottonischen Handfeste vom 5. Juni 1311 bewilligen die niederbayerischen Stände Herzog Otto III. eine einmalige Steuer: Dafür werden ihnen ihre Rechte und Privilegien bestätigt, wie z. B. Gerichtsbarkeit in ihren Besitzungen. Durch diese Abgrenzung von landesherrlicher Hochgerichtsbarkeit und der Niedergerichtsbarkeit der geistlichen und weltlichen Adeligen bildete die Ottonische Handfeste die Basis für das 1616 beschlossene niederbayerische Landrecht und ist ein Beispiel für die Ausbildung von ständischen Rechten gegenüber einem Fürsten, wie sie kennzeichnend für die komplexe Rechtsstruktur des Reiches waren.

Otto III., König von Ungarn und Herzog von Bayern, die bayerischen Herzöge Heinrich XIV. und Otto IV. sowie Agnes, Königin von Ungarn und Herzogin von Bayern, und Judith, Herzogin von Bayern, gestehen allen geistlichen und weltlichen Herren, die eine Steuer bewilligen, die Gerichtsbarkeit auf ihren Gütern zu, soweit diese mit Tür und mit Tor [...] beslossen sind. Dem herzoglichen Richter verbleiben jedoch alle Delikte, die zu dem Tode ziehen, wie Diebstahl, Totschlag, Notzucht und Straßenraub, sowie die Gerichtsbarkeit über Grund und Boden. Diebstahl fällt jedoch nur dann unter die Zuständigkeit des herzoglichen Richters, wenn das Diebesgut mehr als sechs lange Schillinge wert ist. Für die Verhaftung, Auslieferung und Bestrafung von Delinquenten werden eingehende Regelungen getroffen: Der Dieb soll dem herzoglichen Richter durch den Amtmann des Niedergerichtsbezirks so ausgeliefert werden, wie er mit gürtl ist umfangen, also ohne alle Habe. Wenn kein Amtmann zur Stelle ist, dürfen der herzogliche Richter oder seine Bediensteten den Täter selbständig verhaften. Der Dieb muss innerhalb von vierzehn Tagen abgeurteilt werden; geschieht das nicht, ist er freizulassen. Das Vermögen des Diebes fällt an den Grundherrn. Sind Frau oder Kinder vorhanden, so erhalten sie ein Drittel. Bei Totschlägen steht das Verhaftungsrecht allein dem herzoglichen Richter zu. Auch das Vermögen des Totschlägers (mit Abzug eines Drittels für Frauen und Kinder) fällt an den herzoglichen Richter, wenn die Tat nach dem Tode oder nach einer Flucht des Totschlägers abgeurteilt wird. In gleicher Weise soll bei Notzucht und Straßenraub verfahren werden.

Bei einem Totschlag durch einen graven, freien, dinstmannen, ritten oder edlen knecht behält sich der Herzog die Aburteilung vor. Auch alle sonstigen Streitigkeiten zwischen den benannten Personengruppen sollen nach altem Recht durch den Herzog, den Viztum, oder einen sonstigen herzoglichen Beauftragten entschieden werden. Des Weiteren wird das Verfahren geregelt, wenn ein herzoglicher Hintersasse gegen einen Hintersassen der geistlichen und weltlichen Herren zu klagen hat, und auf welche Weise die Bürger der Städte und Märkte gegen diese vollstrecken können. Den Landherren wird zugestanden, dass sie ihre Leibeigenen, die in eine herzogliche panstat gezogen sind, innerhalb von Jahr und Tag herausfordern können. Die Herzöge werden nicht gestatten, dass Bürger außerhalb der Stadt sitzen und sich auf diese Weise von ihren Herren freimachen. Unberührt bleiben alle früher erteilten Handfesten und alle sonst den Landherren zustehenden Rechte wie Dorfgerichte, Grafschaften und Hofmarken.

Bei keinem Gut, das der Herzog an die geistlichen und weltlichen Herren verpfändet hat oder das mit Tür und Tor beschlossen ist, sollen die herzoglichen Amtleute die Nachtsölde beanspruchen können. Für die den geistlichen und weltlichen Herren in dieser Handfeste zugestandenen Gnaden sollen diese eine Steuer entrichten, und zwar vom Ertrag ihrer Güter pro Scheffel Weizen 80 Pf., pro Scheffel Hafer 30 Pf. usw.; bei Schwaigen mit Viehhaltung den halben Wert der gewonnenen Käse; bei Schweinen den Geldwert der Fronkost. Die bäuerlichen Untertanen zahlen ein Achtel vom Wert ihres Vermögens. Die Steuer ist einmalig und wird von den herzoglichen Amtleuten erhoben. Steuerfrei sollen alle unmittelbar bebauten Güter der Dienstmannen, Klöster, Geistlichen und Spitäler sein.

Zur Steuer soll auch das Pfründevermögen der Geistlichen (widemb) herangezogen werden. Dafür wird ihnen die Gnade gewährt, dass weder der Herzog noch sonst jemand in Zukunft Ansprüche auf den Nachlass des Geistlichen geltend machen wird. Soweit der Geistliche nicht über seinen Nachlass zugunsten seiner Seele verfügt hat, soll dieser an die Kirche fallen und zu deren pesserung nach Anweisung der Zechleute oder anderer Pfarreimitglieder verwandt werden.

Verstöße gegen diese Handfeste sollen vor dem Viztum oder dem Herzog selbst geklagt werden. Erhält der Betroffene kein Recht, sollen ihm alle geistlichen und weltlichen Herren dazu verhelfen. Die Grafen, Freien und Dienstmannen haben einen Eid geschworen, dass sie sich zur Wahrung ihrer Rechte miteinander verbinden und dass sie sich gegen alle Eingriffe in ihre Rechte durch den Herzog oder seine Amtleute wehren können; und soweit sie sich dabei um Hilfe an andere Herren wenden, darf ihnen das nicht entgolten werden.

Als Vormund der beiden Herzöge Heinrich XIV. und Otto IV. siegelte auch Herzog Ludwig von Oberbayern diese Urkunde. Zur Mitsiegelung bzw. Zustimmung sollten ferner der römische König, die Herzöge von Österreich und Kärnten sowie die Bischöfe von Salzburg, Freising, Regensburg und Passau gewonnen werden, doch alles ohne Einfluss auf die Gültigkeit der Handfeste. Um eine päpstliche Zustimmung sollte man sich gemeinsam bemühen.

Reinhard Heydenreute: Die Hüter des Schatzes, hrsg. v. Bayer. Staatsministerium d. Finanzen. Regensburg (Verlag Friedrich Pustet) 2008, S. 16f.

Arbeitsvorschläge

a) Stellen Sie die Ausbildung einer adeligen Kriegerschicht seit der Karolingerzeit dar (VT, M 2, M 7).
b) Beschreiben Sie die Funktion des Lehenssystems anhand der Skizze M 1.
c) Beschreiben Sie anhand des Lehensverzeichnisses des Rheingrafen Wolfram M 8 die Komplexität der Lehensbeziehungen.
d) Beschreiben Sie anhand des Bildes M 3 und der Quelle M 9 die konkreten Vorgänge des Belehnungsaktes. Erklären Sie dabei die Funktion des jeweiligen Schrittes im Belehnungsakt.
e) Vergleichen Sie, was einen Lehensmann/Vasall von einem Verwalter oder Dienstmann unterscheidet.
f) Stellen Sie die lehensrechtlichen Bestimmungen aus den Gesetzen Friedrichs I. Barbarossa in Roncaglia zusammen (M 11) und informieren Sie sich über die Italienpolitik Friedrich Barbarossas.
g) Zeigen Sie an der Quelle M 8 die Entwicklung zur finanziellen Erfüllung der Vasallenpflichten.
h) Informieren Sie sich in ihrer Region über Herrschaftsverhältnisse und Ständevertretungen.
i) Informieren Sie sich über den Streit zwischen der Familie der Staufer und der Welfen.
- Stellen Sie die Sonderregelungen für das neugegründete Herzogtum Österreich dar und erklären Sie daraus die Formulierung, dass das Privilegium minus die Geburtsurkunde Österreichs sei (M 12 a).
- Stellen Sie anhand des Berichtes Otto von Freisings (M 12 b) den Vorgang der Belehnung dar.
- Stellen Sie Überlegungen an, welche Gründe Barbarossa für sein Vorgehen hatte, und ziehen Sie dabei auch die lehensrechtlichen Beziehungen in Betracht.

j) Erklären Sie den Begriff der „Konsensualen Herrschaft".
k) Fassen Sie die Thesen Mitterauers (M 15 a) zusammen und stellen Sie ihnen die Thesen der Rezension von J. Rüdiger (M 15 b) gegenüber. Nehmen Sie zu jedem der beiden Standpunkte Stellung.
l) Fassen Sie die Arbeitsergebnisse zum Themenbereich „Herrschaft und Mitsprache – Lehenswesen" in einem Essay über die Frage zusammen, ob Ihrer Meinung nach die Wurzeln eines europäischen Selbstverständnisses auch in der mittelalterlichen Geschichte zu finden sind.
m) Erklären Sie, was man unter der „heterogenen Machtstruktur" des Reiches versteht (M 16).
n) Stellen Sie dar, inwieweit die Besonderheiten des Heiligen Römischen Reiches zu einer besonderen Entwicklung der deutschen Geschichte beitrugen, und erörtern Sie, inwiefern dies bis heute nachwirkt (M 14–M 16).
o) Untersuchen Sie das Verhältnis zwischen Kaiser und Ständen (M 15–M 17).
p) Zeigen Sie, welche Regelungen zwischen Landesherr und Ständen in Niederbayern getroffen wurden (M 18).

2.3 Im freien Staat wird die Staatsgewalt geteilt

Jean Bodin (1529-1569)

Im 17. Jahrhundert bildeten in Frankreich die Kardinäle Richelieu und Mazarin und König Ludwig XIV. nach den Religionskriegen und den antiroyalistischen Adelsaufstände die absolutistische Herrschaftsform heraus, die sich als Machtvollkommenheit des Herrschers ohne die politische Mitwirkung ständischer Institutionen verstand. Ihre Durchsetzung war verbunden mit der Entwicklung des modernen staatlichen Exekutivapparates, zum Beispiel des stehenden Heeres und des Beamtentums, der staatliche Kirchenherrschaft und einer staatlich gelenkten Wirtschaftsform des Merkantilismus. Der französische Jurist Jean Bodin (1529–1569) begründete zur Zeit der Konfessionskriege die Souveränität des Staates und des Monarchen als Repräsentanten des Staates nicht mehr religiös oder theologisch, sondern mit der Aufgabe des Staates, Sicherheit und Ordnung unter den Menschen herbeizuführen. Dafür benötigt der Staat nach Bodin eine uneingeschränkte und ungeteilte Macht, die sich in dem Machtanspruch des Souveräns, des Staatsoberhauptes, ausdrückt. Allerdings forderte der Jurist Grenzen der Machtausübung, da die Fürsten die Naturrechte und die Gebote Gottes achten und die Familie und das Eigentum schützen müssten.

Thomas Hobbes (1588–1679)

Ein knappes Jahrhundert später legitimierte der britische Philosoph Thomas Hobbes (1588–1679) die uneingeschränkte Staatsgewalt rational aus dem Zusammenleben der Menschen ohne Rückgriff auf die christliche Religion. In seinem Hauptwerk „Leviathan" von 1651 behauptete er, dass die Menschen im Naturzustand ohne Gesetz und Staat lebten und aufgrund des Naturrechts alle natürlichen Güter für sich beanspruchen können. Negative Eigenschaften wie Wettstreben und Ruhmsucht führten zu einem „Krieg aller gegen alle", in dem „der Mensch [...] dem Menschen ein Wolf" sei. Hobbes führte diese Entwicklung weniger auf die schlechte Natur der Menschen, sondern mehr auf das Interesse, sich selbst zu erhalten, zurück. Um Sicherheit und Schutz für jeden Einzelnen zu erhalten und dem vernichtenden Bürgerkrieg zu entgehen, übertragen die Menschen in einem Gesellschaftsvertrag ihr Selbstbestimmungsrecht auf den Staat. Obwohl Hobbes keine spezifische Staatsform vorschlägt, fordert er die uneingeschränkte Staatsgewalt, damit der Staat seiner Aufgabe gerecht wird und die Untertanen zur Wahrung des Friedens nach innen und zur gegenseitigen Hilfe gegen Feinde von außen zwingen kann. Der Souverän des Staates entsteht erst mit dem Gesellschaftsvertrag, ist diesem jedoch übergeordnet und beansprucht Macht oberhalb jeglichen Rechts und Gerechtigkeit. Die individuelle Freiheit, die im Naturzustand noch den Status der Menschen ausmachte, ist im Staat völlig beseitigt. In der Vermeidung von Gefahren und Übeln, nicht mehr im allgemeinen Wohl aller, das in der Staatslehre des Aristoteles verankert war, bestand der Zweck des Staats. Wenn der Souverän das Leben der Untertanen direkt bedroht, räumt Hobbes ihnen ein sehr eingeschränktes Widerstandsrecht ein. Die Gefahr seiner Theorie liegt in der Legitimierung jeglicher Gewalt- und Willkürherrschaft, die auch die Versicherung, dass der gute Herrscher seine Macht nicht ausnutze, nicht mindert.

Curia Regis

An sich scheinen die Theorien nicht zur englischen Geschichte zu passen, die gerade zur Basis der Gewaltenteilung, nicht der Lehre von uneingeschränkter Gewaltenkonzentration wurde. Die Anfänge des englischen Parlaments gehen auf die angelsächsische Ratsversammlung Witenagemot zurück. Als König Johann Ohneland führenden Adligen in der Magna Charta bedeutende Rechte zugestanden hatte, entwickelte sich der königliche Rat, die Curia Regis, schrittweise zu einem Parlament, geteilt in das Unter- und Oberhaus. Sein wichtigstes Recht bestand in der Steuerbewilligung. Als die Könige Jakob I. und Karl I. aus dem Hause Stuart in der ersten Hälfte des 17. Jahrhunderts die absolute Königsmacht durchsetzten wollten,

1 Enthauptung König Karls I. vor dem königlichen Palast Whitehall.
Zeitgenössischer Stich, der in vielen Teilen Europas verbreitet wurde.

vertiefte sich der Konflikt zwischen Monarchie und Parlament zum englischen Bürgerkrieg (1642–1649). In dessen Verlauf konnte das Parlamentsheer unter Oliver Cromwell die königliche Armee besiegen und König Karl I. wurde vom Parlament zum Tode verurteilt und hingerichtet. Allerdings errichtete Cromwell als Lordprotector, als Staatsoberhaupt der englischen Republik gegen das Parlament eine Militärdiktatur.

Bill of Rights

Auf diesen Erfahrungen des Bürgerkriegs beruhten auch Hobbes Forderungen nach dem starken Staat, der Ruhe und Ordnung schuf. Das Parlament wehrte sich gegen die Diktatur der Exekutive und rief den Sohn Karls I. als König Karl II. auf den Thron zurück. Aber auch dieser König, besonders aber sein Nachfolger Jakob II. stießen mit ihren prokatholischen und absolutistischen Neigungen auf Widerstand. Erst Jakobs Schwiegersohn Wilhelm von Oranien, der auf Initiative des Parlaments in der „Glorious Revolution" den britischen Thron gewaltlos eroberte, anerkannte in der Bill of Rights von 1689 die Rechte des Parlaments, dass der Herrscher das Parlament regelmäßig einberufen muss und dessen Mitglieder

Steuern, Abgaben und die Anwendung von Folter sowie ein stehendes Heer in Friedenszeiten bewilligen müssen. Den Mitgliedern des Parlaments stand auch die Immunität zu, weswegen sie im Unterhaus völlige Redefreiheit besaßen und für Straftaten nur noch vom Parlament belangt werden konnten. Weitere Gesetze legten fest, dass alle drei Jahre parlamentarische Wahlen stattfinden mussten und die Richter nicht mehr der Kontrolle des Königs unterstanden.

2 John Locke
Porträt von Godfrey Kneller (1646–1723)

Zum politischen Theoretiker der Glorious Revolution wurde John Locke (1632–1704), der in seinem politischen Hauptwerk „Two Treatises of Government" eine Regierung für rechtmäßig erklärte, wenn sie auf der Zustimmung der Regierten aufbaut und die Naturrechte wie Leben, Freiheit und Eigentum garantiert. Liegen solche Umstände nicht vor, haben die Bürger das Recht, sich gegen die Staatsgewalt zu erheben. Wie Hobbes griff Locke auf die Lehre des Naturzustands, des Naturrechts und des Gesellschaftsvertrags zurück. Der höchste Zweck des Menschen ist das Leben, das er von Gott erhalten hat. Anders als Hobbes behauptete Locke, dass die Naturrechte des Einzelnen wie Freiheit, Leben und Eigentum auch im Naturzustand durch die der Mitmenschen beschränkt sind. Das wichtigste Recht der Menschen ist das des Lebens, und zwar nicht nur als Selbsterhaltung, sondern auch als Freude am Leben. Durch die Arbeit eignen die Menschen sich die Natur an und erwerben Eigentum, das Locke mit dem Recht auf Selbsterhaltung begründet. Allerdings entsteht im Laufe der Zeit eine zunehmende Ungleichheit an Eigentum, besonders in der Geldwirtschaft wird nach Meinung Lockes die soziale und wirtschaftliche Ungleichheit vertieft. Die damit verbundenen Konflikte machen eine schiedsrichterliche Instanz nötig, die die Konflikte friedlich regelt und Leben und Eigentum der Bürger sichert.

Theorie des Gesellschaftsvertrages

Locke greift auf die Theorie vom Gesellschaftsvertrag zurück, wobei er von der freiwilligen Vereinbarung der Menschen ausgeht. Sie verzichten nicht auf ihre Naturrechte, sondern setzen den Staat gerade zu deren Schutz ein. Eine Regierung, die die Naturrechte ihrer Bürger verletzt, hält Locke für illegitim, mit der Folge, dass sich die Bürger gegen sie wehren und sie absetzen dürfen. Um die Staatsvertreter am Missbrauch der Staatsgewalt zu hindern, schlägt Locke nach dem britischen Verfassungszustand eine Gewaltenteilung vor. Er nimmt insgesamt vier Formen der staatlichen Gewalt an: die Exekutive, die ausführende Gewalt mit Regierung und öffentlicher Verwaltung, die Legislative, die gesetzgebende Versammlung des Parlaments, die Föderative, die mit allen außenpolitischen Angelegenheiten verbunden ist, und schließlich die Prärogative, eine Macht, die ohne gesetzliche Bindung für das Gemeinwohl sorgen kann. Die beiden letzten Formen gehören nach heutigem Verständnis zur Exekutive.

Bildung und Wissen für alle Menschen

Lockes Staatstheorie beeinflusste das politische Denken der europäischen und amerikanischen Vertreter der Aufklärung in ihrem Kampf um die demokratische Herrschaft, die glaubten, dass Freiheit und Vernunft Unterdrückung und Armut überwänden. Deswegen forderten sie Bildung und Wissen für alle Menschen, was schließlich zur Erarbeitung des ersten Universallexikons, der Encyclopédie, führe. Unter der Leitung von Denis Diderot schrieben ab 1751 138 Autoren, darunter Voltaire, Montesquieu und Rousseau Artikel über alle wichtigen Wissens- und Sachbereiche der Zeit, wobei sie auch auf die interne Verflechtung des Wissens Wert legten. Voltaire, eigentlich François Marie Arouet (1694–1778), war einer der einflussreichsten Autoren der französischen und europäischen Aufklärung. Während eines Englandaufenthaltes studierte er das Werk Lockes und verstand den dortigen Parlamentarismus als vorbildhaft für Frankreich. Er trat für die rechtliche und religiöse Gleichheit der Bürger, allerdings nicht für die Gleichheit des Eigentums ein, befürwortete die religiöse Toleranz und bekämpfte die weltliche Macht der katholischen Kirche.

Lehre der Gewaltenteilung

Sein Zeitgenosse Charles Louis Baron von Montesquieu (1689–1755) untersuchte in seiner Schrift „Vom Geist der Gesetze" 1748 das von ihm befürwortete englische politische System. Im ersten Teil unterscheidet Montesquieu die drei Regierungsformen der Republik, der Monarchie und der Despotie, wobei er die Regierungsform als republikanisch bezeichnete, „bei der das Volk als Körperschaft beziehungsweise nur ein Teil des Volkes die souveräne Macht besitzt". Der zweite Teil enthält die Lehre von der Gewaltenteilung, die den Staatsaufbau für eine Gesellschaft freier Bürger festlegt. Bürgerliche Freiheit kann nur entstehen, wenn die Regierenden an Gesetze gebunden werden und nicht die Macht über die Gesetze besitzen. Dies führt zur Forderung, dass exekutive und legislative Aufgaben und Rechte in verschiedene Staatsorgane aufgeteilt werden. Über die Unterscheidung von Legislative und Exekutive, die schon Locke als konstitutiv für den freiheitlichen Staat analysiert hatte, hinaus forderte er die unabhängige Judikative als rechtsprechende Gewalt mit der Aufgabe, gemäß den Gesetzen Rechtsbrüche zu bestrafen. Die Unabhängigkeit ist für ihre Funktion und die alleinige Loyalität gegenüber dem Recht und Gesetz unabdingbar. So begründete Montesquieu die Lehre vom modernen Rechtsstaat, demgemäß die Staatsgewalten von einer im Prinzip unveränderlichen, dauerhaften Wert- und Rechtsordnung in ihrem Handeln bestimmt werden.

Volkssouveränität

Nicht die Gewaltenteilung, sondern das Prinzip der Volkssouveränität betonte Jean-Jacques Rousseau (1712–1778), das das Volk als souveräner Träger der Staatsgewalt über der politischen Ordnung und der Verfassung steht. 1762 begründete Rousseau in der staatstheoretischen Schrift „Vom Gesellschaftsvertrag oder Prinzipien des Staatsrechtes" die Rechte und Pflichte der einzelnen Menschen im Staat aus der Volkssouveränität. Ausgangspunkt für Rousseaus Theorie war die Annahme von der moralischen Verdorbenheit der Menschen in der Zivilisation und ihrer moralischen Güte im Naturzustand. Deswegen legte er auf eine natürliche Erziehung der Kinder, frei von gesellschaftlichen und Zwängen, besonderen Wert. Das Entstehen des Eigentums führte nach seiner Meinung dazu, dass gesellschaftliche Strukturen, damit auch Herrschaft und Knechtschaft sich entwickeln. Aus der damit verbundenen Unterdrückung der Menschen half nach Rousseau der Gesellschaftsvertrag, dem sich die Mitglieder der Gemeinschaft freiwillig unterordnen, um ein durch das Recht geordnetes Gemeinwesen zu errichten. Dessen Basis stellt der Gemeinwille dar, der auf das Wohl aller Menschen in der Gemeinschaft abzielt und uneingeschränkte Gültigkeit besitzt. Der Gemeinwille entsteht durch die Abstimmung, wobei die Bürger sich nicht an ihrem egoistischen Eigeninteresse, sondern am allgemeinen Wohl orientieren. Die Menschen sollten die wesentlichen Entscheidungen selbst treffen, weil die repräsentativen Versammlungen wie die gewählten Parlamente ein eigenständiges Interesse entwickelten, das sich vom Volkswillen unterscheidet, sich aber andererseits dem Gemeinwillen, ohne Opposition und Schutz der ablehnenden Minderheit völlig unterwerfen, weil dieser nicht irren kann.

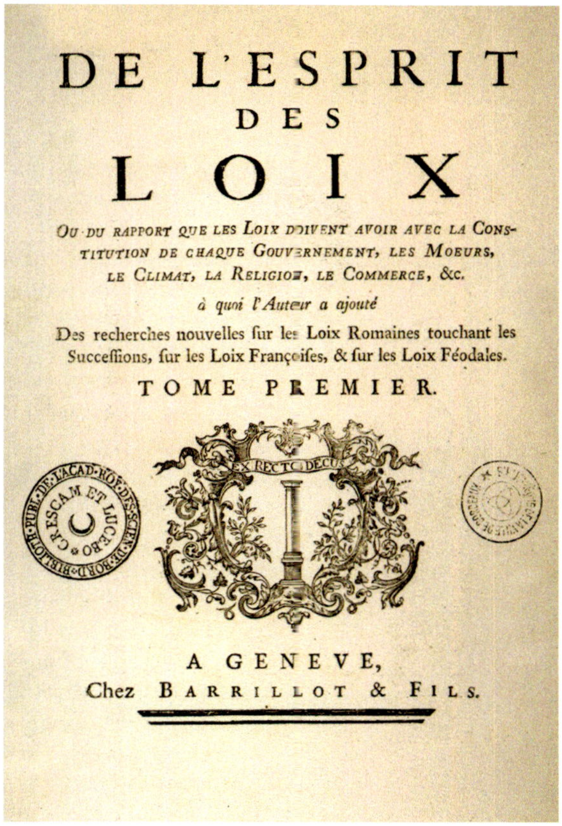
DE L'ESPRIT
DES
LOIX

OU DU RAPPORT QUE LES LOIX DOIVENT AVOIR AVEC LA CONSTITUTION DE CHAQUE GOUVERNEMENT, LES MOEURS, LE CLIMAT, LA RELIGION, LE COMMERCE, &c.

à quoi l'Auteur a ajouté

Des recherches nouvelles sur les Loix Romaines touchant les Successions, sur les Loix Françoises, & sur les Loix Féodales.

TOME PREMIER.

A GENEVE,
Chez BARRILLOT & FILS.

3 Montesquieus Hauptwerk vom „Geist der Gesetze", erschienen im Jahre 1748

Auf die Prinzipien der Volkssouveränität, der Gewaltenteilung und der Checks and Balances wurde 1787 die Verfassung der Vereinigten Staaten aufgebaut. Die wichtigen politischen Institutionen: Kongress – bestehend aus Repräsentantenhaus und Senat –, Präsident und Supreme Court sollen einander kontrollieren und verhindern, dass eine von ihnen mehr Macht gewinnt, als ihr gemäß der Verfassung zusteht, und das Machtgleichgewicht stört. Durch Checks and Balances kann die Gewaltenteilung gesichert werden, denn es reicht nicht, die Gewalten zu trennen und ihre Unabhängigkeit festzulegen. Vielmehr müssen die verschiedenen Gewalten über Machtmittel verfügen, ihre Interessen zu verteidigen: Mittels des Vetos kann der Präsident Gesetze des Kongresses verhindern, das Oberste Gericht kann die Gesetze und die Erlasse des Präsidenten als verfassungswidrig aufheben, während der Kongress die Richter des Obersten Gerichts und den Präsidenten der Ämter entheben kann.

Aufklärung in Deutschland

Weit entfernt von solchen revolutionären Forderungen und Vorstellungen verlief die Aufklärung in Deutschland. Ihr wichtigster Repräsentant, der preußische Philosoph Immanuel Kant, formulierte das freie und kritische Denken der Menschen als den Kern jeglicher Aufklärung und bürgerlicher Emanzipation. Deswegen trat er auch gegen die Beschränkungen von Glaubens- und Meinungsfreiheit auf. Wie Montesquieu unterschied Kant in seiner „Rechtslehre“ die drei Gewalten im Staate, gestand aber dem Volk keinen Widerstand gegen einen Staat, der diese Prinzipien nicht befolgt, zu. Vielmehr sei es Aufgabe des Souveräns, in Deutschland also der Monarchen, durch Reform die nötige Veränderung herbeizuführen, wodurch Kant indirekt die in Deutschland verbreitete Form des aufgeklärten Absolutismus unterstützte. Dessen Repräsentanten, der preußische König Friedrich II. und Kaiser Joseph II., waren insbesondere zur Einführung der Religionsfreiheit und rechtsstaatlichen Justizreformen bereit, sahen die Veränderung jedoch als ihre Aufgabe an, da sie als „erste Diener im Staate“ nach Maßstäben der Vernunft über das ungebildete Volk regieren mussten. In den meisten deutschen Staaten fanden die Ideen der Aufklärung deswegen auch nur unter Weglassung der politischen Ideen Eingang.

Aufklärungsideen in Bayern

In Bayern verbreiteten sich die aufklärerischen Gedanken seit der zweiten Hälfte des 18. Jahrhunderts. Die ersten bayerischen Aufklärer schlossen sich zum Geheimbund der Illuminaten zusammen, den ein Professor der Universität Ingolstadt 1776 gründete. Obwohl Kurfürst Maximilian III. Joseph bereits 1759 die Akademie der Wissenschaften eingerichtet hatte und damit der Kirche das Bildungswesen teilweise nahm, trugen erst die Illuminaten zu konkreten Staatsreformen und zur Popularisierung der Aufklärung in Süddeutschland bei. 1785 verboten, wirkte der Geheimbund mit seinen wissenschaftlichen, erzieherischen und politischen Konzepten bis weit ins 19. Jahrhundert hinein. Manche empfanden die Illuminaten als Bedrohung, da sie die Führungspositionen im Staat anstrebten. Dies gelang ihnen schließlich auch mit Freiherrn Maximilian von Montgelas, der als ehemaliger Illuminat und Freimaurer der erste Minister des bayerischen Königs Maximilian I. Joseph wurde. In einer umfassenden Reform schuf er einen modernen, rationalen und effizienten Staat, der aber auch zentralistisch und autoritär war und 1809 in seiner ersten Verfassung weit von der Realisierung der Gewaltenteilung entfernt war.

4 **Friedrich II. im Gespräch mit Voltaire**, Kupferstich nach einem Gemälde von P.C. Baquey (1759–1829)

5 **James I. über die Legitimierung von königlicher Macht im Parlament (März 1630):**

Die Monarchie ist das Höchste auf Erden, da Könige nicht nur Gottes Statthalter auf Erden sind und auf Gottes Thron sitzen, sondern weil sie von Gott selbst als Götter bezeichnet werden. Es gibt drei grundsätzliche Charakterisierungen der Monarchie: eine aus Gottes Wort entnommen und zwei andere aus den Bereichen der Politik und der Philosophie. In den Schriften werden die Könige Götter genannt und ihre Macht folglich in gewisser Weise mit der göttlichen Macht verglichen. Könige werden auch mit Familienvätern verglichen, denn ein König ist wahrlich ein parens patriae, der politische Vater seines Volkes. Und schließlich werden Könige mit dem Kopf eines Menschen als Mikrokosmos verglichen [...] Ich schließe also diesen Punkt, der die Macht von Königen betrifft, mit diesem Axiom der Göttlichkeit; so wie infrage zu stellen, was Gott tut, gotteslästerlich ist [...], so ist es aufrührerisch von Untertanen, infrage zu stellen, was ein König auf der Höhe seiner Macht tut. Aber gerade Könige werden immer gewillt sein zu erklären, was sie tun, wenn sie nicht den Fluch Gottes auf sich ziehen wollen. Ich werde nicht damit einverstanden sein, dass meine Macht infrage gestellt wird, aber ich werde immer gewillt sein, den Grund für alle meine Handlungen deutlich zu machen und meine Taten in Übereinstimmung mit meinen Gesetzen zu vollziehen [...].

http://www.northpark.edu/history/Classes/Sources/James.html, Übers. Wolfgang Geiger.

6 **Thomas Hobbes über die Natur des Menschen und die Grundlegung des Staates (1651)**

Über die Natur des Menschen:

Sooft [...] zwei ein und dasselbe wünschen, dessen sie aber beide nicht zugleich teilhaftig werden können, so wird einer des andern Feind, und um das gesetzte Ziel, welches mit der Selbsterhaltung immer verbunden ist, zu erreichen, werden beide danach trachten, sich den

7 Älteste bekannte Abbildung des Unterhauses, Stich 1624
Das Unterhaus, die gewählten Vertreter des niederen Adels und der Bürger, tagte in einer Kapelle. Der „Speaker" eröffnete die Verhandlungen und leitete sie im Namen des Königs. Seit 1376 bestand das Amt, dessen Träger sowohl vom Unterhaus gewählt, als auch vom König ausgesucht wurde. Bis ins 17. Jahrhundert galten die Speaker als Vertreter der Krone. 1641 allerdings betrat Charles I. das Unterhaus und verlangte die Wohnung von fünf Abgeordneten, die des Hochverrats angeklagt waren. Der Sprecher verweigert die Auskunft: „May it please your Majesty, I have neither eyes to see, nor tongue to speak in this place, but as the House is pleased to direct me, whose servant I am here."

andern entweder unterwürfig zu machen oder ihn zu töten. […]. Hieraus ergibt sich, dass ohne eine einschränkende Macht der Zustand der Menschen ein solcher sei, wie er zuvor beschrieben wurde, nämlich ein Krieg aller gegen alle. Denn der Krieg dauert ja nicht etwa nur so lange wie faktische Feindseligkeiten, sondern so lange, wie der Vorsatz herrscht, Gewalt mit Gewalt zu vertreiben. […]

Über die Grundlegung des Staates:
Die Absicht und Ursache, warum die Menschen bei all ihrem natürlichen Hang zur Freiheit und Herrschaft sich dennoch entschließen konnten, sich gewissen Anordnungen, welche die bürgerliche Gesellschaft trifft, zu unterwerfen, lag in dem Verlangen, sich selbst zu erhalten und ein bequemeres Leben zu führen; oder mit anderen Worten, aus dem elenden Zustande eines Krieges aller gegen alle gerettet zu werden. Dieser Zustand ist aber notwendig wegen der menschlichen Leidenschaften mit der natürlichen Freiheit so lange vebunden, als keine Gewalt da ist, welche die Leidenschaften durch Furcht vor Strafe gehörig einschränken kann und auf die Haltung der natürlichen Gesetze und der Verträge dringt. Alles, was die natürlichen Gesetze fordern, wie z. B. Gerechtigkeit,

[…] kurz, andern das zu tun, was wir wünschen, dass es uns von andern geschehe ist, wenn die Furcht vor einer natürlichen Zwangsmacht wegfällt, ist den natürlichen Leidenschaften, Zorn, Stolz und den Begierden aller Art, gänzlich zuwider. […] Um aber eine allgemeine Macht zu gründen, unter deren Schutz gegen auswärtige und innere Feinde die Menschen bei ruhigem Genuss der Früchte ihres Fleißes und der Erde ihren Unterhalt finden können, ist der einzig mögliche Weg folgender: Jeder muss all seine Macht oder Kraft einem oder mehreren Menschen übertragen, wodurch der Willen aller gleichsam auf einen Punkt vereinigt wird, so dass dieser eine Mensch oder diese eine Gesellschaft eines jeden einzelnen Stellvertreter werde und ein jeder die Handlungen jener so betrachte, als habe er sie selbst getan, weil sie sich dem Willen und Urteil jener freiwillig unterworfen haben. […] Auf diese Weise werden alle Einzelnen eine Person und heißen Staat oder Gemeinwesen. So entsteht der große Leviathan oder, wenn man lieber will, der sterbliche Gott, dem wir unter dem ewigen Gott allein Frieden und Schutz zu verdanken haben. Dieses von allen und jedem übertragene Recht bringt eine so große Macht und Gewalt hervor, dass durch sie die Gemüter aller zum Frieden unter sich gern geneigt gemacht und zur Verbindung gegen auswärtige Feinde leicht bewogen werden. […] Von dem Stellvertreter des Staates sagt man, er besitzt die höchste Gewalt. Die übrigen heißen Untertanen und Bürger.

Zit. nach: Thomas Hobbes. Leviathan: Stuttgart (Reclam) 2003, S. 113–121, 129, 151, 155 f. Übers. Jacob Peter Mayer

8 **Titelblatt des Erstausgabe des Leviathan, London 1651**

Der vollständige Titel lautet: Leviathan oder Wesen, Form und Gewalt eines kirchlichen und bürgerlichen Gemeinwesen. Leviathan ist ein biblisch mythologisches Ungeheuer, das in der oberen Hälfte aus Menschen zusammengesetzt abgebildet ist. Analysieren Sie die Aussage, die der Frontispiz des Buches über den Staat vermittelt.

9 John Locke: Über die Regierung (1690)

VIII. Die Entstehung politischer Gesellschaften

95. Die Menschen sind – wie schon gesagt wurde – von Natur aus alle frei, gleich, unabhängig, und niemand kann ohne seine Einwilligung aus diesem Zustand verstoßen und der politischen Gewalt eines anderen unterworfen werden. Die einzige Möglichkeit, diese natürlichen Freiheiten aufzugeben und die Fesseln bürgerlicher Gesellschaft anzulegen, ist die, dass man mit anderen Menschen übereinkommt, sich zusammenzuschließen und in eine Gemeinschaft zu vereinigen, mit dem Ziel, behaglich, sicher und friedlich miteinander zu leben – in dem sicheren Genusse des Eigentums und in größerer Sicherheit gegenüber allen, die ihr nicht angehören. […] sie bilden einen einzigen politischen Körper, in dem die Mehrheit das Recht hat, zu handeln und die übrigen Glieder mitzuverpflichten.

124. Das große und hauptsächliche Ziel also, zu dem sich Menschen in Staatswesen zusammenschließen und sich unter eine Regierung stellen, ist die Erhaltung ihres Eigentums.

XII Die legislative, exekutive und föderative Gewalt des Staates

143. Die legislative Gewalt ist jene, die das Recht hat zu bestimmen, wie die Macht des Staates zur Erhaltung der Gemeinschaft und ihrer Glieder gebraucht werden soll. Da aber jene Gesetze, die laufend vollzogen und die immer in Kraft bleiben sollen, während kurzer Zeit geschaffen werden können, muss sich die Legislative nicht notwendig immer im Amt befinden, wenn sie nicht ständig beschäftigt ist. Bei der Schwäche der menschlichen Natur, die stets bereits ist, nach der Macht zu greifen, dürfte es jedoch eine zu große Versuchung darstellen, wenn dieselben Personen, die die Macht haben, Gesetze zu geben, auch die Macht in der Hand hätten, sie zu vollstrecken, wobei sie sich selbst von dem Gehorsam gegen die Gesetze, die sie erlassen, ausschließen und das Gesetz in seiner Gestaltung wie auch in der Vollstreckung auf ihren eigenen persönlichen Vorteil

10 **Karikatur auf die englische Revolution von 1656**
Der Lord-Protector Cromwell steht links auf der Glückskugel, seine Anhänger fällen die „königliche Eiche“, rechts greift das Volk unterstützend ein. In diesem Baum hängen nicht nur die Bibel, sondern auch die Grundgesetze des britischen Reiches. Untersuchen Sie, wie die politischen Veränderungen der letzten Jahre beurteilt sind.

ausrichten könnten und damit schließlich von den übrigen Gliedern der Gemeinschaft gesonderte Interessen verfolgten, die dem Ziel von Gesellschaft und Regierung zuwiderlaufen. […]

144. Weil aber die Gesetze, die auf einmal und während kurzer Zeit geschaffen worden sind, von beständiger und dauerhafte Gültigkeit sind und fortwährend befolgt werden sollen, ist es notwendig, dass es eine dauernd im Amt befindliche Gewalt gibt, die darauf zu achten hat, dass die erlassenen und in Kraft bleibenden Gesetze vollzogen werden. So geschieht es, dass die legislative und die exekutive Gewalt oftmals getrennt sind. […]

XIII Die Gewaltenteilung im Staat

149. Obwohl es in einem verfassten Staatswesen, welches auf eigener Grundlage steht und der eigenen Natur gemäß handelt, d. h. zur Erhaltung der Gemeinschaft, nur eine höchste Gewalt geben kann, die Legislative, der alle übrigen Gewalten untergeordnet sein müssen, ist doch die Legislative nur eine Gewalt, die treuhänderisch zu bestimmten Zwecken handelt, und es verbleibt dem Volk dennoch die höchste Gewalt, die Legislative abzuberufen oder zu ändern, wenn es der Meinung ist, dass sie dem in sie gesetzten Vertrauen zuwiderhandelt. Denn aller Gewalt, die im Vertrauen auf ein bestimmtes Ziel verliehen wird, sind durch jenes Ziel die Grenzen gesetzt, und immer wenn dieses Ziel offenkundig vernachlässigt oder ihm zuwidergehandelt wird, ist dieses Vertrauen notwendigerweise verwirkt, und die Gewalt fällt zurück in die Hände derjenigen, die sie verliehen haben und die sie dann von neuem so vergeben können, wie es ihnen für ihren Schutz und ihre Sicherheit am besten erscheint. So behält sich die Gemeinschaft beständig die höchste Gewalt vor, um sich vor den Angriffen und Anschlägen jeder Körperschaft, selbst ihrer Gesetzgeber zu sichern, sooft diese

so töricht oder verwerflich sein sollten, Anschläge gegen Freiheit und Eigentum der Untertanen zu planen und zu unternehmen.

Zit. nach: John Locke: Über die Regierung (The Second Treatis of Government, 1690. Stuttgart (Reclam) 2003, S. 59 f., 62, 73, 96 f., 114. Übers. Dorothee Tidow

11 Montesquieu: Vom Geist der Gesetze (1748)

3. Kapitel. Worin die Freiheit besteht

Es stimmt, dass in der Demokratie das Volk scheinbar machen kann, was es will. Jedoch bedeutet politische Freiheit nicht, dass man machen kann, was man will. In einem Staat, das heißt in einer mit Gesetzen ausgestatteten Gesellschaft, kann Freiheit lediglich bedeuten, dass man zu tun vermag, was man wollen soll, und man nicht zu tun gezwungen wird, was man nicht wollen soll [...] Freiheit ist das Recht, all das zu machen, was die Gesetze gestatten. [...]

6. Kapitel. Über die Verfassung Englands

Es gibt in jedem Staat drei Arten von Vollmacht: die legislative Befugnis, die exekutive Befugnis in Sachen, die vom Völkerrecht abhängen, und die exekutive Befugnis in Sachen, die vom Zivilrecht abhängen. Aufgrund der Ersteren schafft der Herrscher oder Magistrat Gesetze auf Zeit oder für die Dauer, ändert geltende Gesetze oder schafft sie ab. Aufgrund der zweiten stiftet er Frieden oder Krieg, sendet oder empfängt Botschafter, stellt die Sicherheit her, sorgt gegen Einfälle vor. Aufgrund der dritten bestraft er Verbrecher oder sitzt zu Gericht über die Streitfälle der Einzelpersonen. Diese Letztere soll richterliche Befugnis heißen, und die andere schlichtweg exekutive Befugnis des Staates.

Politische Freiheit für jeden Bürger ist jene geistige Beruhigung, die aus der Überzeugung hervorgeht, die jedermann von seiner Sicherheit hat. Damit man diese Freiheit genieße, muss die Regierung so beschaffen sein, dass kein Bürger einen anderen zu fürchten braucht.

Sobald ein und derselben Person oder derselben Beamtenschaft die legislative Befugnis mit der exekutiven verbunden ist, gibt es keine Freiheit. Es wäre nämlich zu befürchten, dass derselbe Monarch oder derselbe Senat tyrannische Gesetze erließe und dann tyrannisch durchführte.

Freiheit gibt es auch nicht, wenn die richterliche Befugnis nicht von der legislativen und von der exekutiven Befugnis geschieden wird. Die Macht über Leben und Freiheit der Bürger würde unumschränkt sein, wenn sie mit der legislativen Befugnis gekoppelt wäre, denn der Richter wäre Gesetzgeber. Der Richter hätte die Zwangsgewalt eines Unterdrückers, wenn jene mit der exekutiven Gewalt gekoppelt wäre. [...]

Stets gibt es im Staate Leute, die durch Geburt, Reichtum oder Auszeichnungen hervorragen. Wenn sie aber mit dem Volk vermengt würden und wie die andern bloß eine Stimme hätten, so würde die gemeinsame Freiheit für sie Sklaverei bedeuten. Sie hätten keinerlei Interesse an der Verteidigung der Freiheit, denn die meisten Beschlüsse würden zu ihren Ungunsten gefasst. [...] Auf diese Weise wird die legislative Befugnis sowohl der Adelskörperschaft als auch der gewählten Körperschaft der Volksvertreter anvertraut. Jede hat ihre Versammlungen und Abstimmungen für sich sowie getrennte Gesichtspunkte und Interessen.

Zit. nach : Charles Louis de Secondat Baron de la Brède et de Montesquieu: Vom Geist der Gesetze. Stuttgart (Reclam), 1994, S. 213f., 216 f., 221. Übers. Kurt Weigand

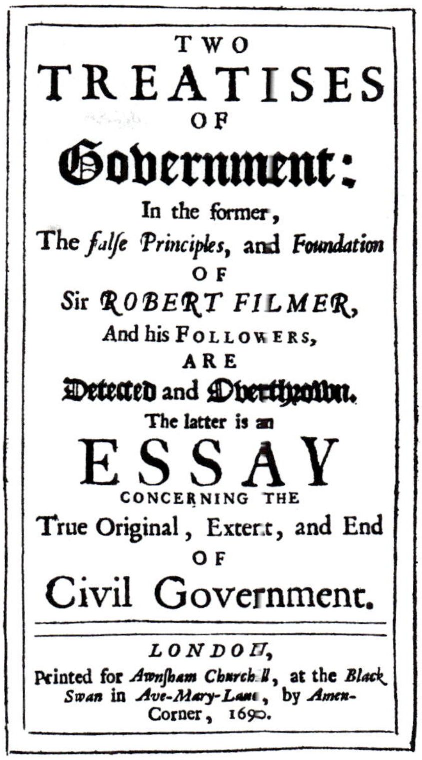
TWO
TREATISES
OF
Government:
In the former,
The false Principles, and Foundation
OF
Sir ROBERT FILMER,
And his FOLLOWERS,
ARE
Detected and Overthrown.
The latter is an
ESSAY
CONCERNING THE
True Original, Extent, and End
OF
Civil Government.

LONDON,
Printed for Awnsham Churchill, at the Black Swan in Ave-Mary-Lane, by Amen-Corner, 1690.

12 Titelseite von John Lockes politischem Hauptwerk, 1. Ausgabe von 1690

13 Rousseaus Lehre vom Gesellschaftsvertrag

Buch I. Kap 6.: Da die Stärke und die Freiheit jedes Menschen die Hauptwerkzeuge seiner Erhaltung sind, wie kann er sie hergeben, ohne sich Schaden zu tun und die Sorgfalt zu versäumen, die er sich selbst schuldet? Diese Schwierigkeit lässt sich in die Worte zusammenfassen: Wie findet man eine Gesellschaftsform, die mit der ganzen gemeinsamen Kraft die Person und das Vermögen jedes Gesellschaftsglieds verteidigt und schützt und kraft dessen jeder Einzelne, obgleich er sich mit allen vereint, doch nur sich selbst gehorcht und so frei bleibt wie vorher.

Buch III. Kap. 15: Die Staatshoheit besteht wesentlich im allgemeinen Willen, und der Wille lässt sich nicht vertreten; er bleibt derselbe oder er ist ein anderer [...] Die Abgeordneten eines Volkes sind also nicht seine Vertreter und können es gar nicht sein; sie sind nur seine Bevollmächtigten und dürfen nichts entscheidend beschließen. Jedes Gesetz, das das Volk nicht selbst bestätigt hat, ist null und nichtig: es ist überhaupt kein Gesetz. Das englische Volk wähnt frei zu sein; es täuscht sich gründlichst, nur während der Wahlen der Parlamentsmitglieder ist es frei; haben diese stattgefunden, dann lebt es wieder in der Knechtschaft, ist es nichts anderes als Objekt der Staatsgewalt.

Zit. nach: Grundzüge der Geschichte Oberstufe, Quellenband II, S. 5 f. Bearb. Hermann Meyer/Wilhelm Langenbeck

14 Virginia Bill of Rights (12. Juni 1776)

Eine Erklärung der Rechte, gegeben von der Vertretern des guten Volkes von Virginia zusammengekommen in vollzähliger und freier Versammlung darüber, welche Rechte ihnen und ihrer Nachkommenschaft als Grundlage und Fundament der Regierung zustehen:

I. Dass alle Menschen von Natur aus gleich frei und unabhängig sind und bestimmte angeborene Rechte besitzen, die sie ihrer Nachkommenschaft durch keinen Vertrag rauben oder entziehen können, wenn sie eine staatliche Verbindung eingehen, nämlich das Recht auf den Genuss des Lebens und der Freiheit, auf die Mittel zum Erwerb und Besitz von Eigentum, das Streben nach Glück und Sicherheit und das Erlangen beider.

II. Dass alle Gewalt im Volke ruht und folglich von ihm abgeleitet ist, dass die Behörden seine Bevollmächtigten und Diener sind und ihm zu aller Zeit verantwortlich.

V. Dass die gesetzgebenden und vollziehenden Gewalten eines Staates getrennt und von der richterlichen unterschieden werden sollen; und dass die Mitglieder der beiden ersten, um von einer Unterdrückung dadurch, dass sie die Lasten des Volkes mitfühlen und -tragen, zurückgehalten zu werden, in bestimmten Zeitabschnitten in eine bürgerliche Stellung zurückversetzt werden und in jene Gesellschaft zurückkehren sollen, aus der sie ursprünglich genommen wurden; und dass die freigewordenen Stellen durch häufige, bestimmte und regelmäßige Wahlen wieder besetzt werden sollten.

Zit. nach: Geschichte in Quellen Bd. 4, S.107 f. Bearb. Wolfgang Lautemann

16 James Madison: Das Prinzip der Gewaltenteilung

Schon bei oberflächlicher Betrachtung der britischen Verfassung werden wir bemerken, dass gesetzgebende, vollziehende und richterliche Gewalt keineswegs gänzlich voneinander getrennt und unterschieden sind. [...] Aus diesen Tatsachen, von denen Montesquieu ausging, kann mit voller Klarheit Folgendes geschlossen werden: Wenn Montesquieu sagt, „es kann keine Freiheit geben, wo gesetzgebende und vollziehende Gewalt in ein und derselben Person oder in ein und derselben Körperschaft vereinigt sind oder wo die richterliche Gewalt von der gesetzgebenden und von der vollziehenden Gewalt getrennt ist“, so meint er damit keineswegs, dass die drei Zweige der Regierung untereinander auf ihre spezifische Tätigkeit nicht ein gewisses Maß von Einfluss ausüben oder einander nicht wechselseitig kontrollieren sollten. [...] Wenn wir die Verfassungen unserer Einzelstaaten betrachten, so finden wir, dass – ungeachtet der pathetischen und in manchen Fallen kompromisslosen Art, in der jenes Axiom ausgedrückt ist – in keiner einzigen von ihnen die drei Zweige der Regierung absolut getrennt sind. New Hampshire, dessen Verfassung zuletzt entworfen wurde, scheint sich völlig bewusst gewesen zu sein, dass

15 Wilhelm von Oranien und seine Gattin Maria empfangen von Vertretern des Ober- und Unterhauses die englischen Königskronen
Kupferstich 1790 nach einem Gemälde von J. Northcote (1746–1831)

es unmöglich und unzweckmäßig ist, jede Vermischung zwischen den drei Zweigen zu vermeiden. Daher wurde dort die infrage stehende Doktrin durch die Erklärung ergänzt, dass gesetzgebende, vollziehende und richterliche Gewalt so weit voneinander unabhängig sein sollten, als das Wesen einer freien Regierung dies zulässt: Und soweit dabei die zahllosen Fäden intakt bleiben, die sich zu einem das Gefüge der Verfassung zusammenhaltendes Band der Einigkeit und des guten Einvernehmens verweben.

Zit. nach: A. Hamilton/J. Madison/J. Jay: Der Föderalist, Artikel 47, hrsg. v. F. Ermacora. Berlin 1958, S. 277–280ff. Übers. Kamilla Demaner

17 Das Licht der Vernunft in Bayern

Der preußische Aufklärer Friedrich Nicolai schrieb 1781 über die Aufklärung in Bayern:

Ich wusste zwar, dass Bayern einige verdiente Gelehrte hat, wusste aber ebenso gut, wie viel Macht dort die stumpfe Bigotterie und der Aberglaube noch haben. Als ich nun nach München kam, war ich auf eine sehr angenehme Weise überrascht, denn ich fand Aufklärung und Gedankenfreiheit sehr viel weiter verbreitet, als ich mir vorgestellt hatte. […] Die philosophische Klasse der Akademie bekam schon wenige Jahre nach ihrer Einrichtung Gelegenheit, einen für Bayern und für die Aufklärung in diesem Lande wichtigen Schritt zu tun: Don Ferdinand Sterzinger griff in einer viel beachteten Rede, die er 1766 vor der Akademie hielt, den Aberglauben und die Hexerei scharf an. Die Pfaffen, die sich die Einkünfte, die sie von ihren Zaubersegen und Exorzisationen hatten, nicht nehmen lassen wollten, machten einen gewaltigen Lärm. Doch unter dem Schutz der Akademie durften die Streiter gegen den Aberglauben viel freier schreiben, als ihnen sonst möglich gewesen wäre. Die Streitigkeiten um diese Rede bewirkten bei vielen ein gründliches Nachdenken über die Falschheit und Nichtigkeit abergläubischer Grillen. […] Am ersten Tag unseres Münchenaufenthaltes zog am Himmel ein bedrohliches Gewitter auf, und sofort wurde in jedem Haus ununterbrochen mit einem geweihten Lorettoglöckchen geläutet. Ich wusste nicht, was der viele Glockenklang bedeutete, und glaubte, in der Nähe führe man eine große Zahl beladener Esel vorbei. Da lachte man mich aus und erklärte mir, dass, so weit der Schall des Glöckchens reiche, der Blitz nicht einschlagen könne. Geschehe dies aber dennoch, so sei es nur ein Zeichen fehlendes Glaubens und Gottvertrauens der betroffenen Familie. Ich besitze die *Münchnerische Andachtsordnung* oder das Verzeichnis der Gottesdienste und Andachten, so wie sie in den Kirchen das ganze Jahr durch gehalten werden. Sie ist elf kleingedruckte Bogen stark, und man ist wirklich erstaunt, dass es kaum einen Tag im Jahr gibt, an dem nicht mit unnützen Andachten, Ablässen, Litaneien, Vespern und ähnlichem die Zeit vergeudet wird.

Friedrich Nicolai: Unter Bayern …, München, Beobachtungen aus dem Jahre 1781, http://www.aufklaerung-bayern.de/ (Stand 29.7.2009)

Arbeitsvorschläge

a) Erarbeiten Sie aus der Erklärung des britischen Königs James I. und der Schrift von Thomas Hobbes die Rechtfertigung der Staatsgewalt und vergleichen Sie beide Vorstellungen (M 5, M 6). Führen Sie Gemeinsamkeiten und Gegensätze tabellarisch auf.

b) Verdeutlichen Sie, inwiefern John Locke auf das Gedankengut Hobbes aufbaut und aus welchen Gründen er zu einer völlig unterschiedlichen Staatsauffassung kommt (VT, M 9). Stellen Sie auch die Gegensätze im Menschenbild heraus.

c) Zeigen Sie verbal oder in Schaubildern auf, wie Montesquieu die theoretischen Vorstellungen Lockes von der Gewaltenteilung weiterentwickelt. Erläutern Sie, ob Ihrer Meinung nach in der Weiterentwicklung auch eine Verbesserung der Theorie lag (M 9, M 11).

e) Erklären Sie den Zusammenhang, der zwischen dem Menschenbild der Virginia Bill of Rights und dem amerikanischen System der Checks and Balances besteht (M 14, M 16).

f) Fassen Sie Rousseaus Ablehnung der Gewaltenteilung und das Für und Wider zu dieser Argumentation zusammen (M 13). Informieren Sie sich darüber, inwiefern die Gedanken Rousseaus in Theorien der direkten Demokratie im 20. Jahrhundert ihren Niederschlag fanden.

g) Nicolai war preußischer Publizist und Anhänger der Aufklärung. Erschließen Sie seine Kritik an den Themen der bayerischen Öffentlichkeit (M 17).

2.4 Vom Gesandtenkongress der deutschen Fürsten zum Bundesrat

Horizontale Gewaltenteilung

Die Bundesrepublik Deutschland ist laut dem Grundgesetz ein föderativer Staat, ein Bundesstaat. Die staatliche Gewalt ist zwischen der Zentrale, in Deutschland dem Bund, und dezentralen Gliedern, den 16 Bundesländern, aufgeteilt. Diese horizontale Gewaltenteilung wird als eine Stärkung der Demokratie verstanden, weil in Bund und Ländern die Bürger nicht nur durch Wahl an der politischen Macht partizipieren, sondern auch die Machtträger in den Ländern näher an den Bürgern sind. Andererseits entspricht nach allgemeiner Vorstellung die Bundesstaatlichkeit der regionalen Vielfalt der politischen Tradition Deutschlands.
Anders als in Frankreich und Spanien gelang es den deutschen Königen vom 13. bis 17. Jahrhundert nicht, die zentrale Königsmacht über die hochadeligen weltlichen und geistlichen Fürsten durchzusetzen. Teils lag dies an der großen Ausdehnung des Heiligen Römischen Reiches Deutscher Nation, die die Bildung geschlossener und eigenständiger Territorien der Fürsten förderte. Anders als in Frankreich und England waren die Lehnsmänner der Fürsten nicht dem König als oberstem Lehnsherrn, sondern nur den direkten Lehnsherren zur Treue verpflichtet. Folglich beschränkte sich die Macht der deutschen Könige auf das Territorium, das sie als Landesherren beherrschten. Seit dem frühen 15. Jahrhundert wurden fast ausschließlich die Habsburger, die vom heutigen Österreich ihre Territorialherrschaft aufbauten, zu deutschen Königen, zum nominellen Oberhaupt des Reiches gewählt.

1 Das Rathaus der Reichsstadt Regensburg
In diesem Gebäude tagte der Immerwährende Reichstag von 1663 bis 1806 (Stich 1786).

Neben dem jeweiligen Kaiser und König bestanden die Reichstage, die Versammlungen der Reichsstände des Heiligen Römischen Reiches, als wichtigste Körperschaft des Reiches. Bei den Franken des frühen Mittelalters stellten sie eine Heeresversammlung dar, die im Frühjahr vor den Kriegszügen einberufen wurde.

Im hohen Mittelalter entwickelten sich die Reichstage zu Versammlungen der geistlichen und weltlichen Fürsten, die die Könige einberiefen. 45 Reichstage traten bis zur Mitte des 17. Jahrhunderts für mehrere Wochen oder Monate zusammen und beschlossen wichtige Gesetze für das Reich. Zu ihrem Beginn wurden die Vorschläge und die Tagesordnung des Kaisers vorgelesen, nach den Beratungen beendeten die Verkündigung und der Beurkundung der Entscheidungen, Reichabschiede genannt, diese Versammlungen.

1489 wurde der Reichstag in drei Kollegien oder Kurien aufgeteilt. Den Kurfürstenrat führte der Kurerzkanzler, der Erzbischof von Mainz, seine sieben Mitglieder wurden 1648 auf acht und 1692 auf neun Mitglieder erweitert. Im Reichsfürstenrat waren die weltlichen und geistlichen Fürsten, die Reichsgrafen, Reichsfreiherren und Reichsprälaten vertreten. Um 1800 war er in eine geistliche Bank mit 37 Mitgliedern und eine weltliche Bank von 63 Mitgliedern unterteilt. Im dritten Kollegium, dem Städterat, den Regensburg seit 1594 als die gastgebende Stadt leitete, verfügten die Reichsstädte über 51 Sitze.

2 **„Männleinlaufen“** (Detail eines Glockenspiels)
Zur Erinnerung an die Verkündigung der Goldenen Bulle in Nürnberg ziehen die sieben Kurfürsten, sich verneigend, am Kaiser vorüber. Dieses Bildwerk befindet sich an der von Kaiser Karl IV. gestifteten Frauenkirche in Nürnberg.

Die Reichstage behandelten politische Fragen wie Regierung und Organisation des Reiches, aber auch die Bewahrung des Landfriedens, Krieg und Frieden, Einige der Reichstage fassten grundlegende Beschlüsse zur politischen Ordnung des Reiches. Auf dem Frankfurter Reichstag 1338 verkündete Kaiser Ludwig der Bayer das Mandat „Licet Juris“, das festlegte, dass die deutschen Kurfürsten den deutschen König mit seinem Anspruch auf die römische Kaiserkrone ohne die Zustimmung des Papstes wählten. 1356 bestimmten die Reichstage von Nürnberg und Metz in der Goldenen Bulle, dass ausschließlich die sieben Kurfürsten den König in Frankfurt mit Mehrheit wählten und ihre Macht als Landesherren gefestigt wurde. Der Reichstag zu Worms wollte 1495 der Schwächung der Zentralgewalt und Stärkung der Fürstengewalt durch die Reichsreform entgegenwirken und in dem Reichsregiment Kaiser und Fürsten zur gemeinsamen Regierung veranlassen. Diesem gehörten neben den Kurfürsten nach einem bestimmten Schlüssel Vertreter der übrigen Reichsstände an, seine Kompetenzen waren weit gespannt, denn das Reichsregiment musste die Entscheidungen des Kaisers billigen, der jedoch keinen Einfluss auf die des Reichsregiments besaß. Allerdings fehlten dem Reichsregiment nicht nur eine eigene Exekutive, sondern auch die Unterstützung der Stände, deren Organ es eigentlich darstellte. Die Reichsstände tendierten jedoch dazu, die Eigenständigkeit der gemeinsamen politischen Willensbildung vorzuziehen. Deswegen bestand das Reichsregiment nicht einmal zwei Jahre.

Goldene Bulle

Reichskammergericht

Der Wormser Reichstag beschloss 1495 auch eine allgemeine Reichssteuer, den Gemeinen Pfennig, für die Kriege des Kaisers gegen das Osmanische Reich. Kaiser Maximilian verkündete einen Ewigen Landfrieden, der grundlegend das Fehdewesen der Ritter und Adeligen verbot. Das neu eingesetzte Reichskammergericht sollte die Einhaltung des Landfriedens überwachen und zum höchsten Berufungsgericht im Reich werden. Um gegen die Landfriedensbrecher vorgehen zu können (Reichsexekution), wurde das Reich in zunächst sechs, später zehn Reichskreise (**Online-Link** 430027-0201) eingeteilt, in denen die Landesfürsten mit ihrem militärischen Aufgebot gegen Kriegstreiber einschreiten sollten.

Reichstage

Seit dem Reichstag von Worms 1521 beherrschte der Konflikt der verschiedenen christlichen Konfessionen die Reichstage und das Deutsche Reich. 1547 widersetzten sich die katholischen und evangelischen Kurfürsten und die Reichsstände auf dem „geharnischten" Reichstag zu Augsburg den Plänen Kaiser Karls V., die reformierten Territorien zu unterwerfen und die kaiserliche Zentralgewalt zu stärken. Die Versammlung verzeichnete auch praktische Erfolge: Die Reichs-Polizeiordnung enthielt Regelungen über die staatliche Verwaltung, an denen sich die territorialen Polizeiordnungen orientieren mussten. 1555 wurde nach langen Verhandlungen der Augsburger Religionsfrieden verabschiedet, der den weltlichen Reichsständen, aber nicht deren Untertanen die Religionsfreiheit zusprach. Die geistlichen Fürsten verloren bei einem Wechsel zum protestantischen Glauben ihre Stellung (Geistlicher Vorbehalt). Die Untertanen mussten sich dem Glauben ihres Landesherrn anschließen oder aus ihrer Heimat auswandern. Damit war auch in religionspolitischen Fragen die Souveränität der Reichsfürsten festgeschrieben.

Westfälische Friedensverträge 1648

Zu Beginn des 17. Jahrhunderts blockierten die konfessionelle Spaltung und die Machtverhältnisse zwischen den Konfessionen und zwischen dem Kaiser und den Fürsten die Verhandlungen der Reichtage, die immer häufiger in Regensburg zusammentraten. In den Jahren 1618–1648 weiteten sich die Interessensgegensätze zu mehreren kriegerischen Konflikten aus („Dreißigjähriger Krieg"), der Deutschland wirtschaftlich, sozial und politisch weit zurückwarf. Er bedingte ein föderalistisches System, das in den Westfälischen Friedensverträgen von 1648 festgelegt wurde. Das komplexe Regelwerk wurde neben der Goldenen Bulle von 1356 zum wichtigsten Dokument der Reichsverfassung, die einen Ausgleich zwischen dem Kaiser und den Reichsständen anstrebte. Die Verhandlungen führten auch zu einer europäischen Friedensordnung gleichberechtigter Staaten, womit die Entwicklung des modernen Völkerrechts begann. Das wichtigste Organ des föderativen Systems im Reich wurde der Reichstag, der 1663 zu einer permanenten Versammlung der weisungsgebundenen Gesandten der Reichsstände wurde. Damit setzte eine Entwicklung zum heutigen Bundesrat ein. Der Frieden stellte auch die Territorialherrschaften und die verschiedenen Konfessionen auf eine einheitliche rechtliche Basis, denn alle Reichsstände erhielten die vollen landeshoheitlichen Rechte, durften jedoch keine Bündnisse gegen den Kaiser und das Reich, den Friedensvertrag und gegen den allgemeinen Landfrieden abschließen.

3 Die Kammer der sieben Kurfürsten
Diese hatten das Privileg der Königswahl und beanspruchten auch im Reichstag einen Vorrang (Stich 1786).

4 Sitzungssaal des Fürstenrates, Stich 1786

Immerwährender Reichstag

Der Übergang von den temporär zusammentretenden Versammlungen zum „Immerwährenden Reichstag" entsprang keiner politischen Absicht. Er wurde 1663 zusammengerufen, um Kaiser Leopold I. für die Verteidigung gegen das Osmanische Reich zusätzliche finanzielle Mittel zu bewilligen und den Konflikt zwischen den Kurfürsten und der Fürstenpartei, die die Fürsten an der Königswahl und der Aushandlung der Wahlkapitulation beteiligen wollte, zu klären. Bislang hatten ausschließlich die Kurfürsten die Kapitulation mit dem zukünftigen Kaiser, damit indirekt dessen Regierungsprogramm ausgehandelt. Eine allgemein gültige Capitulatio perpetua, an die sich die deutschen Kaiser zu halten hatten, sollte viele Regierungsprobleme des Reiches, die Zuständigkeiten des Kaisers und des Reichstag regeln. Die Verhandlungen innerhalb der und zwischen den Kollegien zogen sich hin, so dass nach drei Jahren der Kaiser den Reichstag zu größerer Eile mahnte, fünf Jahre später die Stände vom Kaiser ihrerseits die Festlegung eines Schlusstermins forderten. Nach 1670 beschäftigte sich der Reichstag mit den Angriffen Frankreichs auf Elsass und Lothringen, so dass er nicht mehr auseinanderging und zu einem „immerwährenden Reichstag" wurde. Die Beschlüsse hießen nicht mehr Reichsabschlüsse, die am Ende der Verhandlungsdauer eines Reichstages verkündet wurden, sondern wurden Reichsschlüsse genannt. Wegen der langen Verhandlungsdauer nahmen die Fürsten nicht mehr persönlich teil, so dass der Immerwährende Reichstag sich zu einem weniger angesehenen Gesandtenkongress entwickelte.

„Zweifache Regierung"

Zwar besaß der Reichstag theoretisch unbeschränkte legislative Kompetenz, doch waren die Beteiligten an die Beschlüsse nicht gebunden. Um die Struktur des Reiches entstand eine lebhafte geistige Auseinandersetzung. Der hannoversche Geheime Rat Ludolph Hugo (1630–1704) veröffentlichte eine Studie über den Status der Gebiete Deutschlands, in dem er den Begriff des aus Staaten zusammengesetzten Staates einführte: „Es liegt vor Augen, dass unser Reich durch eine zweifache Regierung gelenkt wird; denn das Reich als Gesamtheit bildet ein gemeinsames Staatswesen, und die einzelnen Gebiete, aus denen es zusammengesetzt ist, haben besondere Fürsten, Magistrate, Gerichte und Ratsversammlungen und überhaupt ein besonderes, jenem Höheren untergeordneten Staatswesen."
Die Arbeit des Immerwährenden Reichstages fand ihre Grenzen im Einverständnis von Kaiser und Reichsständen, das gewöhnlich nur nach sehr aufwändigen

Verhandlungen erreicht wurde. Seit 1648 diente die Kaiserwürde im Heiligen Römischen Reich besonders der Befriedigung der Ziele der Kaiser, der Habsburger, garantierte aber auch einen gewissen Zusammenhalt unter den einzelnen Staaten des Reiches. Der Reichstag versuchte durch seine Arbeit die Einheit des Heiligen Römischen Reiches in gewisser Weise zu erhalten. Vergeblich debattierte er über eine Reichskriegsverfassung, da der Gegensatz zwischen einer monarchisch-zentralistischen und einer ständisch föderalistischen Ordnung des Reiches nicht zu überwinden war. Erfolgreicher fiel seine Wirtschaftsgesetzgebung im 18. Jahrhundert aus, die wie die Reichshandwerksordnung von 1731 den Rahmen für die merkantilistische Wirtschaftsordnung in den Territorien schuf. Erfolglos endeten die Bestrebungen von Kaiser und Reichstag, das Münzwesen im Reich zu vereinheitlichen. Auch die Außenpolitik kristallisierte sich als ein Feld des politischen Handelns des Immerwährenden Reichstages heraus, der sich vor allem um die Aufrechterhaltung des Friedens und das Gleichgewicht der Staaten bemühte.

Säkularisation, Mediatisierung

Im Laufe des 18. Jahrhunderts verlor der Reichstag an Ansehen und Bedeutung, was eine Reformdebatte bedingte, die gegensätzliche Vorschläge wie eine grundlegende Aufwertung und die Abschaffung aufwies. 1803 verabschiedete der Reichstag im Reichsdeputationshauptschluss die Säkularisation und Mediatisierung. Mit der Gründung des Rheinbundes 1806 und dem Austritt einiger deutscher Staaten aus dem Reichsverband löste sich das Heilige Römische Reich endgültig auf.

Unter den Nachfolgeorganisationen stellten der Rheinbund von 1806 und der Deutsche Bund von 1815 einen Staatenbund dar, wohingegen das Deutsche Reich 1871 bis 1933 als Bundesstaat organisiert war. Die Länder waren bis 1918 im Bundesrat, in der Weimarer Republik im Reichsrat durch ihre Regierungen vertreten und an der Gesetzgebung beteiligt. Nach dem Ende der NS-Diktatur 1945 veranlassten die vier Siegermächte in ihren Besatzungszonen die Neubildung von Ländern. Nur Bayern behielt sein Staatsgebiet fast unverändert. In den Westzonen wurden die Länder zum Träger der politischen Staatsbegründung der Bundesrepublik Deutschland, während die fünf ostdeutschen Länder in der DDR aufgelöst wurden. Nach der demokratischen Wende in der DDR traten diese wieder reorganisierten Länder 1990 dem Grundgesetz bei, so dass auch die Wiedervereinigung unter föderalistischen Vorzeichen geschah. Im Bundesrat wirken die Länderregierungen an der Bundesgesetzgebung mit, um die Länderinteressen zu wahren.

5 **Sitzungssaal des Städterats**, Stich 1786

6 Jus Naturae
Kupferstich 1691 von Samuel von Pufendorf (1632–1694) aus seiner Einleitung zu „Sitten- und Staatslehre“ (1691)

7 Der Naturrechtler und Historiker Samuel Pufendorf kritisiert den Zustand Deutschlands (1667)

Kap. 7, § 7 Deutschlands innere Schwäche

Die Größe und Stärke des deutschen Reiches könnte, wenn es eine monarchische Verfassung hätte, für ganz Europa bedrohlich sein, aber es ist durch innere Krankheiten und Umwälzungen so geschwächt, dass es kaum sich selbst verteidigen kann. Eine Hauptursache des Übels ist der unharmonische und ungeordnete Zusammenhang des Staates […] Je fester und geordneter diese Einigung ist, desto stärker ist die Gesellschaft; eine lockere und schlechte Verbindung der Glieder führt notwendig zu Schwäche und Krankheiten. […]

§ 8 Deutschlands Schwäche als Folge seiner Verfassung

Deutschland ist deswegen so schwach, weil bei ihm zwei Übel zusammenkommen, eine schlecht eingerichtete Monarchie und zugleich ein ungeordneter Staatenbund; das Hauptübel ist, dass auf Deutschland keine dieser Staatsformen passt. Der äußere Schein und die leeren Formen deuten auf eine Monarchie hin. In der Frühzeit war der König tatsächlich, was sein Titel besagte. Nachdem sein Einfluss gesunken und die Macht und Freiheit der Stände gestiegen war, ist kaum ein Schatten der monarchischen Herrschaft geblieben, den man etwa bei den Führern eines Staatenbundes wahrnehmen kann. So wird der Reichskörper durch ein vernichtendes Tauziehen zwischen den Interessen des Kaisers und der Stände erschüttert: Jener erstrebt mit allen Mitteln die Wiederherstellung der alten monarchischen Rechte, diese verteidigen standhaft die errungene Machtstellung. Die Folgen sind fortwährend Argwohn, Misstrauen und verborgene Ränke, um kaiserlichen Machtzuwachs zu verhindern oder ständische Macht zu brechen. Ferner ist das sonst so starke Reich unfähig zu Angriff und Eroberungen […]. Außerdem herrschen zwischen den Ständen selbst aus verschiedenen Gründen mannigfache Gegensätze, die

8 Alexander Hamilton (1757–1804)
Gemälde von Charles Millson Peale (1741–1827), um 1791

Deutschland nicht einmal als geordneten Staatenbund erscheinen lassen. Die Stände haben unterschiedliche, schwer miteinander vereinbare Staatsformen, Freistaaten mengen sich unter die Monarchien [...] Aber auch die geistlichen und weltlichen Fürsten sind einander nicht wohlgesonnen. Im Fürstenstand hat die Geistlichkeit den höheren Rang wegen der Heiligkeit ihres Amtes und weil sich zweifellos der Geist Gottes reichlicher auf eine Glatze ergießt als auf ungeschorene Häupter. Deshalb hatten sie im barbarischen Mittelalter das größte Ansehen im Staat. Den weltlichen Fürsten aber ist es peinlich, zusehen zu müssen, wie den meist aus dem niederen Adel stammenden Geistlichen so plötzlich eine ebenbürtige und höhere Würde zukommt und sie sich auf die Gnade Gottes berufen, zumal sie ihre Würde nicht auf ihre Nachkommen vererben können [...]

Zit. nach: Samuel Pufendorf: Die Verfassung des deutschen Reiches [De statu imperii germanici, 1667]. Stuttgart (Reclam), 1976, S. 118–120. Übers. Horst Denzer

9 Johann Stephan Püttner als Verfechter der föderativen Struktur des deutschen Reiches in „Beyträge zum teutschen Staats- und Fürstenrecht“(1777):
Erwächset nun daraus die philosophisch ganz richtig abstrahierte Abteilung einfacher und zusammengesetzter Gesellschaften, warum sollten sich nicht auf eben diese Art erst einfache und zusammengesetzte Staaten voneinander teilen lassen, ehe man noch an die weitere Afterabteilung von Monarchie und Republiken kömmt. [...] Ein jeder dieser besonderen Staaten [Deutschland] hat seine eigene und der Regel nach und einer ganzen mit allen Hoheitsrechten begabte Regierung; ein jeder seine eigene innere Verfassung; ein jeder sogar gegen auswärtige Mächte solche Rechte, die sonst nur unabhängige Mächte gegeneinander in Übung haben; auch Krieg und Frieden, Bündnisse und Gesandtschaften nicht ausgeschlossen: geschweige denn von innerlichen Regierungsrechten sowohl gesetzgeberische als gerichtliche Gewalt, hohe und niedere Gerichtsbarkeit, Recht über Leben und Tod, und was irgend nur von hohen und niedrigen Regalien erdacht werden mag. Alles das hat ein jeder besonderer Staat in solcher Freiheit, dass einer daran so wenig an den andern, als eine europäische Macht an die andere gebunden oder etwa einige Gleichförmigkeit untereinander zu beobachten gehalten ist, [...] Nichts ist gewisser, als dass Mecklenburg und Baiern, Württemberg und Pommern, Passau und Münster, Oldenburg und Bentheim, Hamburg und Nürnberg, kurz geistliche und weltliche Länder, Kur- und Fürstentümer, Grafschaften und Reichsstände, wenn ihre innere Verfassung auch noch so sehr voneinander abgehet, dennoch alle ohne Ausnahme noch als Teile eines eigenen Ganzen in gleichmäßiger Verbindung unter dem Deutschen Reiche stehen; [...] unter einem gemeinsamen höchsten Oberhaupte, dem die persönliche Majestät und Unabhängigkeit so wenig als einem König von Frankreich oder irgend einem Monarchen bestritten werden kann."

Ernst Deuerlein: Föderalismus. Die historischen und philosophischen Grundlagen des föderativen Prinzips. Bonn 1972, S. 43 ff.

10 Alexander Hamilton und James Madison in „The Federalist“(1787/88) über die Struktur des deutschen Reiches anlässlich der Konflikte um die neue US-Verfassung:
Eine föderative Republik dürfte am einfachsten als ein Verband von Gemeinwesen oder als Vereinigung zweier oder mehrerer Staaten zu einem Staat zu definieren sein. [...] Die vorgeschlagene Verfassung[1], in der von einer Abschaffung der Regierung der Einzelstaaten keine Rede ist, macht diese Staaten zu Bestandteilen des souveränen Gesamtstaates, indem sie ihnen erlaubt, im Senat vertreten zu sein, und sie im Besitz gewisser ausschließlicher und sehr wichtiger Anteile an der souveränen Macht belässt. [...] Die Geschichte Deutschlands ist eine Geschichte von Kämpfen des Kaisers gegen die Reichsfürsten und Länder; von Kämpfen der Fürsten und der Länder untereinander; von Zügellosigkeit der Starken und Unterdrückung der Schwachen; von feindlichen Einfällen und von Intrigen ausländischer Mächte. [...] Die Schwäche der meisten seiner Mitglieder, die sich nicht auf Gnade und Ungnade fremden Mächten ausliefern wollen; die Tatsache, dass

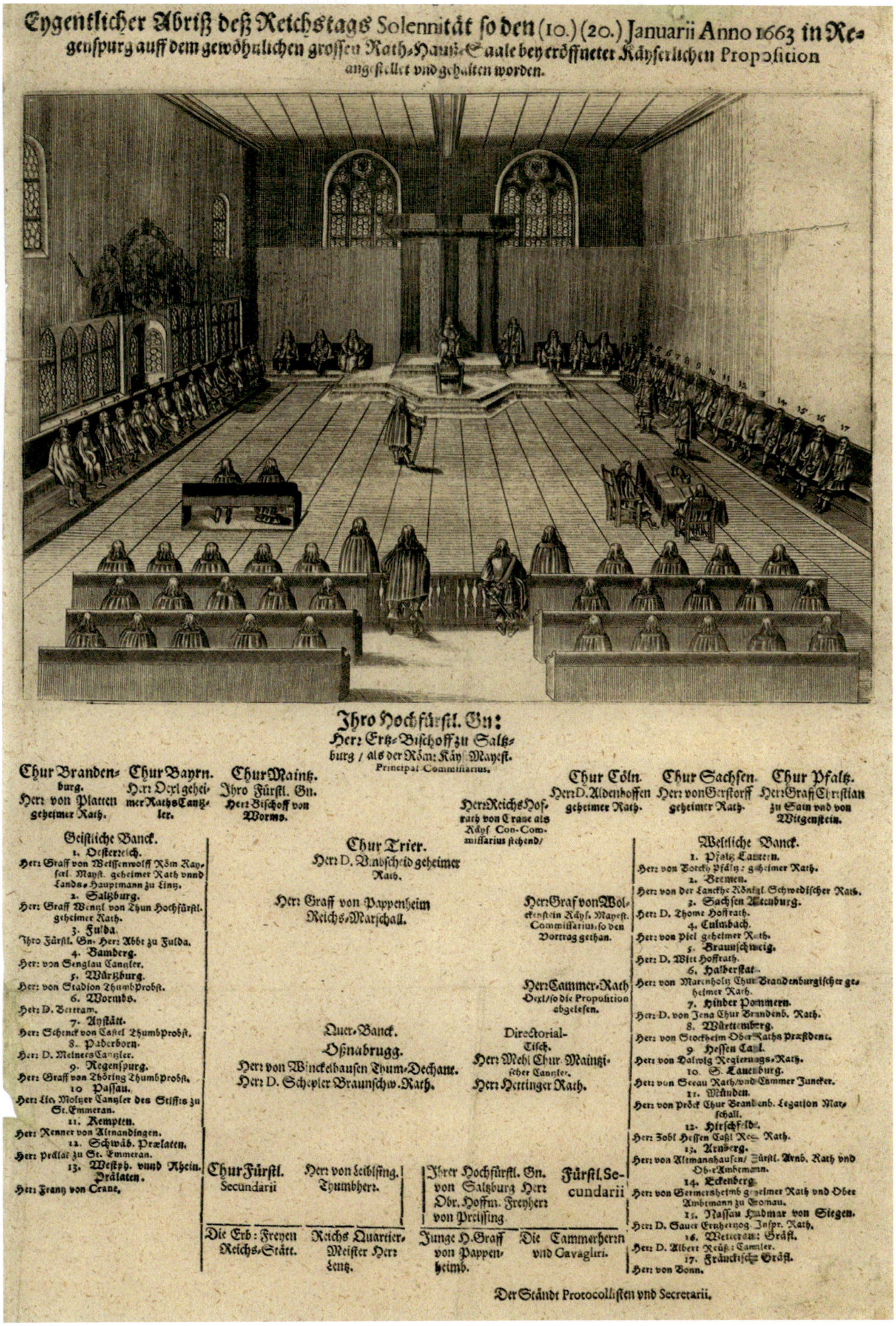

11 **Großer Sitzungssaal** (Sitzordnung bei Eröffnung des Reichstages (Stich 1786)). Stellen Sie die Sitzordnung zusammen und erläutern Sie die darin ausgedrückte Rangordnung und Machtverteilung.

sich selbst die bedeutendsten Mitglieder gegenüber den furchterregenden Mächten, von denen sie auf allen Seiten umgeben sind, schwach fühlen; die gewaltige Macht und der Einfluss, die seine Erblande dem Kaiser verleihen, und sein Wunsch, ein System aufrechtzuerhalten, das den Ruhm seines Hauses erhöht und ihn zum ersten Fürsten Europas macht. Aus diesen Gründen bleibt eine so schwache und gefährdete Union bestehen. Gleichzeitig verhindert die Zentrifugalkraft, die zum Wesen der Souveränität gehört und die im Laufe der Zeit immer stärker wird, jede auf einen wirklichen Zusammenhalt abzielende Reform, und selbst wenn dieses Hindernis überwunden werden könnte, ist nicht zu erwarten, dass die Nachbarn eine umstürzende Reform zulassen würden, die dem Reich jene Kraft und jenes Prestige verleihen müsste, die ihm zukommen. […]

1 gemeint: die zukünftige US-Verfasssung

Zit. nach: Deuerlein, a. a. O., 52 ff.

12 Die Beurteilung des Immerwährenden Reichstages in der Sicht moderner Historiker

a) Der Reichstag zwischen Bundesstaat und Staatenbund:

Die föderative Tradition in Deutschland ist immer wieder betont worden, schließlich haben „wir" ihn[1] ja seit Jahrhunderten praktiziert und das auch mit gehörigem Raffinement. […] Zunächst hatten im Mittelalter Personenverbände die Funktionen wahrgenommen, die in der Neuzeit als staatlich bezeichnet werden. Es gab eigentlich keine staatliche Herrschaft, sondern gegenseitige Treueverhältnisse, aus denen wiederum Befehlsrechte und Gehorsamspflichten erwachsen. […] Da staatliche Aufgaben im Mittelalter zunächst von Personenverbänden wahrgenommen werden, mussten erst moderne neuzeitliche Staaten geschaffen werden, damit Föderalismus als Prinzip der Staatsorganisation überhaupt denkbar werden konnte. Das Deutsche Reich erreichte dieses Stadium nicht, wohl aber seine territorialen Subeinheiten. Seit dem Westfälischen Frieden von 1648 hatte sich der Begriff der Souveränität nicht auf der Ebene des Reiches, sondern auf der Ebene der vielen Territorien, die zu modernen Staaten wurden, durchgesetzt: „Ausdruck der territorialen Souveränität war die fast unbegrenzte Bündnisfreiheit mit Reichs- wie Nichtreichsangehörigen, das ius foederis, und damit das ius belli ac pacis (dass sich ein Bündnis nicht gegen Kaiser und Reich richten durfte, war nicht mehr als eine formale Einschränkung). Die Gliedstaaten wurden Völkerrechtssubjekte. Aus dem Einungsrecht der Tradition wurde das Bündnisrecht der Moderne […]" (Nipperdey). Damit war in der Struktur des Reiches ein Problem angelegt, das die Föderalismusdiskussion in Deutschland lange beschäftigen sollte und zu der spezifisch deutschen Unterscheidung von Staatenbund und Bundesstaat führte, die eng mit den Schwierigkeiten verknüpft ist, die der von Bodin (1529–1596) geprägte Begriff der Souveränität mit sich brachte. […] Die Souveränitätslehre im Gefolge Bodins insistierte darauf, dass Bündnisse entweder die Souveränität der Bundschließenden erhielten oder einer anderen höheren Gewalt unterordneten: entweder ein völkerrechtliches Bündnis oder ein neuer Staat, aber keine Zwischenformen. Ein Staat aus Staaten war hier einfach undenkbar. […] Dennoch wurden auch Versuche unternommen, das Nebeneinander souveräner Staaten mit einer föderalen Struktur zu erklären, so etwa von dem Juristen Christoph Besold (1577–1638) sowie Ludolf Hugo.

1 gemeint: den Förderalismus

Heiderose Kilper/Roland Lhotta: Föderalismus in der Bundesrepublik. Grundwissen Politik 15, 1996, S. 38 f.

b) Der Regensburger Reichstag als neues europäisches Friedensmodell:

Der letztere (Wissenschaftler) bezeichnete das Deutsche Reich nach dem Westfälischen Frieden als „atypischen Staatenbund" […] Das Reichskammergericht wird zu einer internationalen Gerichtsbarkeit, der ewige Landfrieden zum Gewaltverbot, ähnlich dem der Satzung der Vereinten Nationen. Folgerichtig wird dann der Regensburger Reichstag mit der Generalversammlung der Vereinten Nationen verglichen. […] Es ist unbestreitbar, dass die Grundfunktionen des Immerwährenden Reichstags inmitten des vom Westfälischen Frieden legalisierten Systems der Souveränität mit ihrem Recht zum Kriege eine Organisation zur Ermöglichung der Koexistenz der Staaten in Mitteleuropa darstellte. […] Niemandem konnte es entgehen, dass unter der Herrschaft zum ungezügelten Recht zum Kriege die kleineren Staaten nur eine geringe Überlebenschance hatten. Bündnisse mit mächtigeren Staaten, Koalitionen vieler kleiner gegen einen großen, Erbverträge, Verlöbnisse und Eheschließungen regierender Fürsten und ihrer erbberichtigten Nachkommen, das ganze Arsenal der Fürstendiplomatie konnte sich nur entfalten, wenn ein Forum vorhanden war, auf dem dauernde Kontakte und rasches Regieren möglich waren. Der Reichstag bot diese Gelegenheit unter dem schützenden Dach von Kaiser und Reich. […] Ganz so friedlich war das Nebeneinander der verbliebenen Staaten allerdings nicht. Aber wie bei den Vereinten Nationen erhebt sich auch in Bezug auf den Immerwährenden Reichstag die Frage, welche Kriege durch seine Existenz vermieden worden sind. […] Viel wichtiger ist es, eine Institution zu haben, die politische Konflikte auf die Ebene des Rechts zieht und sie durch ihre Verrechtlichung – genauer durch das Ethos, das hinter einer Verrechtlichung steht – der Lösung näher bringt.

Otto Kimminich: Der Regensburger Reichstag als Grundlage eines europäischen Friedensmodells. In Dieter Albrecht (Hrsg.): Regensburg, Stadt der Reichstage. Schriftenreihe der Universität Regensburg, Bd. 21, S. 123 ff.

13 Die Bundesstaatlichkeit als Strukturprinzip des modernen Deutschland

Mit der Formulierung: „Die Bundesrepublik Deutschland ist ein demokratischer und sozialer Bundesstaat" (Art. 20, 1 GG) wird die Bundesstaatlichkeit als verfassungsrechtliches Struktur- und Organisationsprinzip der Bundesrepublik Deutschland festgelegt. Ein neuer Typ von Bundesstaat sollte geschaffen werden und auf anderen Grundlagen beruhen als der Bundesstaat, wie ihn die deutsche Geschichte bis dahin kannte. Dazu wurden verschiedene Prinzipien, nämlich das Demokratie-, das Sozialstaatsprinzip und der Föderalismus miteinander kombiniert, die zwar schon von der Weimarer Republik her überliefert, in ihrem Zusammenspiel jedoch niemals bewusst wahrgenommen worden waren. […] Früher wurden Föderalismus und Demokratieprinzip eher als Widerspruch gesehen, da föderative Verfahren das demokratische Verfahren des demokratischen Mehrheitsprinzip behindern können; zum Beispiel hemmt die Zustimmungspflichtigkeit eines Bundesgesetzes im Bundesrat die parlamentarische Mehrheit im Bundestag in ihrer Gesetzgebungstätigkeit. Heute wird Föderalismus dagegen als ein Mittel zur Förderung der Demokratie erkannt. Die im Unterschied zu Einheitsstaaten zusätzliche Ebene für die politische Beteiligung ist gerade in einem eindeutig repräsentativ ausgerichteten System wie dem bundesdeutschen von großer Bedeutung. […] Die Länder verfügen also über bestimmte, eigene Herrschaftsbereiche und sind nicht darauf reduziert, Vollzugsorgane oder Ausführungsorgane des Zentralstaats zu sein.

Ursula Münch/Kerstin Meerwald: Bundesstaatliche Verfassungsprinzipien seit 1949. In: Informationen zur politischen Bildung, Heft 298, April 2008, S. 19.

14 Der kaiserliche Gesandte in Regensburg Graf Trauttmansdorff im Mai 1785 über die Arbeit des Reichtages:

Die Geschäfte, so in Regensburg behandelt werden können, beschränken sich lediglich auf die reichstäglichen Angelegenheiten, sonst herrschet allsort über alle Begebenheiten Europas die größte Unwissenheit. Selbst die zur reichstäglichen Beratung gehörigen Gegenstände aber sind meist von gar keiner Wichtigkeit und dem kaiserlich allerhöchsten Hof äußerst gleichgültig, oder sind deren auch einige, welche ihren Folgen wegen für das ganze Reichssystem gleichwohl von Erheblichkeit werden könnten, so kreuzen sich die Privatabsichten der verschiedenen Stände und ihrer Abgeordneten gleich dergestalt, dass die diesfälligen Behandlungen in das Unendliche gespielet und die daraus entstehenden Verzögerungen, auch bei denen nicht im mindesten dazu geeigneten Gegenständen, unter dem Deckmantel des Religionsinteresses verhüllet werden.

Zit. nach: Karl Otmer von Aretin: Heiliges Römisches Reich 1176–1806. Reichsverfassung und Staatssouveränität B.2. Wiesbaden 1967, S. 108.

Arbeitsvorschläge

a) Gliedern Sie in Form einer Synopse oder Tabelle die Geschichte des Reichstages im Heiligen Römischen Reich, indem Sie verschiedene zeitliche und entwicklungsmäßige Abschnitte unterscheiden und jeweils die Organisation des Organs, seine wesentlichen Aktivitäten und seine Stellung in der Machtstruktur des Reichs verdeutlichen.

b) Stellen Sie die Argumente der Juristen Pufendorf und Püttner in Thesenform zusammen und untersuchen und vergleichen Sie die jeweiligen politischen Vorstellungen (M 7, M 9).

c) Erarbeiten Sie anhand der staatstheoretischen Ausführungen Alexander Hamiltons den Begriff des Bundesstaates und des Föderalismus. Informieren Sie sich über den historischen Hintergrund des Textes und diskutieren Sie die Bedeutung, die der Verfasser der Struktur des Deutschen Reiches beimaß (M 10).

d) Erarbeiten und vergleichen Sie die Kernaussagen der Historiker zu der Bedeutung und der Tätigkeit des Immerwährenden Reichstages und diskutieren Sie kritisch die Verbindungen, die zur Gegenwart hergestellt werden (M 12).

e) Erläutern Sie die Ausprägung des Bundesstaates in Deutschland gemäß den Bestimmungen des Grundgesetzes und analysieren Sie, ob der Bundesrat und die Bundesstaatlichkeit auf den Immerwährenden Reichstag und die Viel- und Kleinstaaterei des alten Reiches zurückgeführt werden kann (M 13, M 14).

3 Wurzeln und Traditionen europäischer Denkhaltungen

Wichtige Grundlagen des modernen Denkens wurden bereits in der griechischen und römischen Antike geschaffen. Dieses Wissen wurde teilweise im Mittelalter „gespeichert", teilweise kam es über die Araber nach Europa, teilweise wurde es in der Zeit der Renaissance neu entdeckt.
Im Zentrum stand dabei u.a. das rationale-naturwissenschaftliche Denken und Forschen. Wie aber wurde dieses antike Wissen im Mittelalter tradiert, mitunter verändert und erweitert?

Welche Akzentsetzungen für modernes Welt- und Wissenschaftsverständnis wurden daraus im 16. und 17. Jahrhundert formuliert?

Ist die Universität und das Studium ein spezifisch europäisches Phänomen?

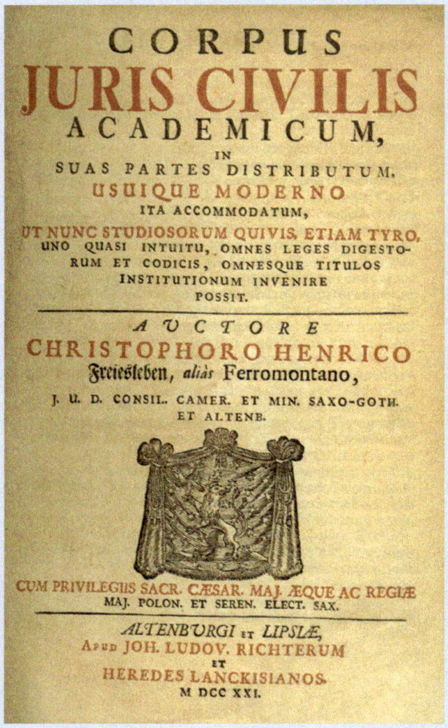
CORPUS
JURIS CIVILIS
ACADEMICUM,
IN
SUAS PARTES DISTRIBUTUM,
USUIQUE MODERNO
ITA ACCOMMODATUM,
UT NUNC STUDIOSORUM QUIVIS, ETIAM TYRO,
UNO QUASI INTUITU, OMNES LEGES DIGESTORUM ET CODICIS, OMNESQUE TITULOS INSTITUTIONUM INVENIRE POSSIT.

AUCTORE
CHRISTOPHORO HENRICO
Freiesleben, alias Ferromontano,
J. U. D. CONSIL. CAMER. ET MIN. SAXO-GOTH. ET ALTENB.

CUM PRIVILEGIIS SACR. CÆSAR. MAJ. ÆQUE AC REGIÆ MAJ. POLON. ET SEREN. ELECT. SAX.

ALTENBURGI ET LIPSIÆ,
APUD JOH. LUDOV. RICHTERUM
ET
HEREDES LANCKISIANOS.
M DCC XXI.

Druck des Corpus Juris Civilis, Ausgabe von 1721

500 v. Chr. | 200 v. Chr. | 100 | 400

ca. 450 v. Chr.
Römisches Zwölftafelgesetz

384–322
Aristoteles

ca. 530 n. Chr.
Kaiser Justinian veranlasst das Corpus Juris Civilis.

Andreas Cellarius illustrierte in seiner Harmonia Macrocosmica 1708 die kopernikanische Wende.

Titelblatt von Galileos „Dialogo" (Dialog über die zwei Weltsysteme). Auf dem Titelblatt diskutieren Aristoteles, Kopernikus und Ptolemäus, 1630.

3

Online-Link
430027-0301

700 | 1000 | 1300 | 1600

1348
Gründung der ersten „deutschen" Universität in Prag

1473–1543
Kopernikus leitet die „kopernikanische Wende" ein – heliozentrisches Weltbild.

1564–1642
Galileo Galilei begründet die moderne Naturwissenschaft.

1628
Harvey entdeckt den Blutkreislauf.

3.1 Vom Mythos zum Logos

Ein aufsehenerregender Prozess in der Antike

Im Jahre 399 v. Chr. fand in Athen ein aufsehenerregender Prozess statt, in dem der stadtbekannte Bildhauer und Philosoph Sokrates wegen Verführung der Jugend und Lästerung der Götter vor einem Volksgericht angeklagt wurde. Der 70-jährige Greis bat aber nicht etwa um Milde, versuchte seine jahrzehntelange öffentliche Lehrtätigkeit nicht zu verteidigen, sondern bekannte sich zu seiner Tätigkeit und begründete sie damit, dass er sich nur nach seinem Gewissen richten könne. Mit einer Stimme Mehrheit verurteilten ihn die 600 Athener, die die Gerichtsversammlung ausmachten, zum Tode. Sokrates, so überlieferte es sein bedeutendster Schüler Platon, trank den Becher mit dem Gift und starb gelassen im Kreise seiner Schüler. Die Philosophie aber hatte ihren ersten Helden.

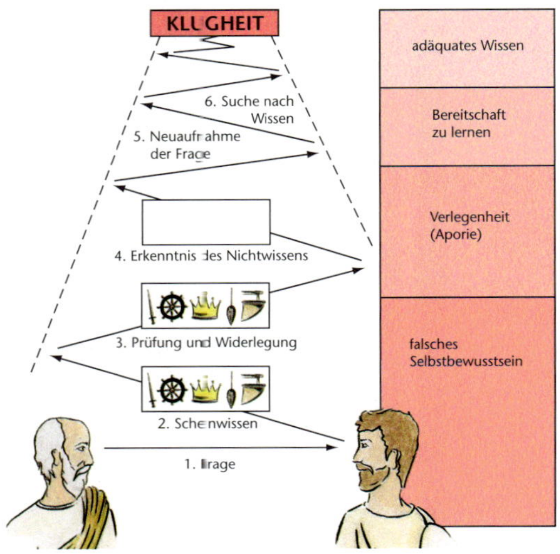

1 Gesprächsablauf im sokratischen Dialog

Philosophen, Freunde der Weisheit, nannte man die Wissenschaftler und Gelehrten, die sich nicht mehr mit dem Weltbild der griechischen Religion zufrieden gaben. Dieses war vom Mythos bestimmt, von sagenhaften Erzählungen über die Götterfamilie, die ihren Ausgang bei Gaia, der Erdmutter nahmen. Sie wurde zusammen mit Uranos, dem Himmel, aus dem Chaos geboren. Aus beiden erwuchs die Götterfamilie. Uranos jedoch hielt seine Kinder gefangen in einer Höhle, weswegen Gaia ihren jüngsten Sohn Chronos anstiftete, den Vater zu töten. Diese heiratete seine Schwester Rhea und erwies sich als noch schlimmerer Vater, denn er fraß seine Kinder. Rhea rettete ihren jüngsten Sohn Zeus in einer Höhle in Kreta, der wiederum seinen Vater stürzte und mit seinen Geschwistern die olympische Götterfamilie und der Herrschaft begründete. Die älteste europäischen Dichtungen, die Epen „Ilias" und „Odyssee", erzählen von den Heldentaten und Konflikten der frühen Griechen, an denen die unsterblichen Götter wie Menschen teilnehmen, Partei ergreifen und die Geschicke der Menschen beeinflussen.

Diese Erklärungen der Natur, des Kosmos, des menschlichen Lebens aber reichte den kritischen und rationalen griechischen Städtebewohnern im 7. und 6. Jahrhundert v. Chr. nicht mehr. Sie lernten zunehmend die Zivilisationen und das umfassende Wissen der alten orientalischen Reiche und Kulturen kennen. Die Philosophen zweifelten an den abenteuerlichen und blutrünstigen Geschichten ihrer Religion und am Wirken der Götter, die selbst menschliche Fehler und Schwächen aufwiesen. Sie versuchten, das Unbekannte in der Natur mit Bekanntem zu erklären, anstatt es wiederum an unbekannte Kräfte, die Götter, zurückzubinden. Die Physis, die wahrnehmbare Natur, bildete für sie den konkreten Ausgangspunkt ihrer Überlegungen. Die griechischen Naturphilosophen versuchten, natürliche Begründungen und Naturgesetze zu finden, und begründeten damit die wissenschaftlichen Prinzipien, die für das europäische Geistesleben prägend werden sollten. Sie hatten den Ehrgeiz, eine Form der Materie zu finden, aus der alle weiteren natürlichen Elemente sich entwickelten und deswegen am Anfang des Universums standen.

Die Welt nach mathematischen Gesetzen?

Thales aus Milet (624–546) zum Beispiel glaubte im Wasser diesen Urstoff gefunden zu haben und bezweifelte, dass das Wetter, die Sterne und Planeten von den Göttern kontrolliert würden. Er erkannte, dass die Erde rund war, der Mond

2 Rückbesinnung auf die griechischen Philosophen im Zeitalter der Aufklärung
„Der Tod des Sokrates", Gemälde des französischen Malers Jacques-Louis David (1748–1825) im Jahr 1787

das Sonnenlicht reflektiert und berechnete eine Sonnenfinsternis für das Jahr 585. Pythagoras (570–519) ist den meisten Menschen für seine geometrischen Regeln bekannt, die ihm wichtig waren, weil er überzeugt war, dass die Welt gemäß mathematischen Gesetzen funktionierte. Die Macht der abstrakten Zahl erfuhren die damaligen Griechen nicht zuletzt durch das Geldsystem, das die verschiedenen Werte und Gegenstände in einem abstrakten Symbol, einer Zahl ausdrückt. Daraus wurde das mathematische und naturwissenschaftliche Denken entschieden gefördert.
Dass mathematische Formeln jedoch die Frage nach dem Sinn des Lebens nicht beantworten können, erkannten schon die griechischen Philosophen der Antike. Heraklit aus Ephesos (520–460) sah nicht mehr wie Thales im Wasser, sondern im ständigen Wandel die Ursache des Seins. Mit seinem Spruch „Alles fließt" (Pantha rei) brachte er sowohl die Erfahrungen des grundlegenden Wandels, den er zu seinen Lebzeiten erfuhr, als auch ein universelles Prinzip von Werden und Vergehen, Geboren werden und Sterben zum Ausdruck. Er glaubte, dass der Gegensatz verantwortlich für die Veränderungen und Entwicklungen sei.

Freies Denken

Freies Denken entwickelte sich in den demokratischen Stadtstaaten der Antike, anders als in den Monarchien, in denen kritisches Denken immer eine Gefahr für den Herrscher und seine Herrschaftsrechtfertigung darstellte. Athen unter Perikles (490–429) wuchs zum Zentrum der griechischen Kultur und Kunst, was sich auch in dem vielfältigen Denken der Zeit ausdrückte. Die Sophisten bildeten die vorherrschende Richtung der Philosophen, die von der Vorstellung, dass der

Mensch das Maß aller Dinge sei, ausgingen. Sie zweifelten an einer universalen Wahrheit und glaubten, dass die Welt so sei, wie wir sie wahrnehmen. Daraus folgerten sie, dass die Wahrheit eigentlich nur vom jeweiligen individuellen Standpunkt des einzelnen Menschen abhängig sei. Auf der einen Seite traten die Sophisten für den Grundsatz des freien Denkens in der Demokratie ein, andererseits aber leugneten sie jegliche gemeinschaftliche moralische Grundsätze.

Von Sokrates zu Platon

Vor allem gegen diese Beliebigkeit des Denkens und die Verwischung einer ethischen Wahrheit trat Sokrates (469–399) auf. Er glaubte an absolute Werte wie die Gerechtigkeit, die Wahrheit oder eine Gottheit und sah die Aufgabe der Menschen und den Zweck des Lebens darin, dass sie ihr Wissen über diese Ideen vertiefen und in Übereinstimmung mit ihnen leben sollten. Er provozierte seine Schüler und Zeitgenossen durch sein kritisches Nachfragen, wodurch er vorschnelle Urteile überwinden und sie ermutigen wollte, die Wahrheit zu suchen. Über Sokrates, der selbst seine Gedanken nicht schriftlich festhielt, berichtete vor allem sein bekanntester Schüler Platon (427–347). Er systematisierte die Ansätze des Sokrates zu einem System des Idealismus: Er ging davon aus, dass von allen Dingen und Lebewesen eine ideale Form bestehe. Sehr vereinfacht heißt das, dass zu den vielen unterschiedlichen konkreten Stühlen ein Idealstuhl in unserer Vorstellung existiere. In seinem berühmten Höhlengleichnis versuchte Platon, die unüberwindbare Grenze zwischen den Menschen und den Idealen oder Ideen zu veranschaulichen: Man stelle sich vor, dass einige Menschen in einer Höhle an die Wand angekettet sind, so dass sie nur die gegenüberliegende Wand erblickten. Oberhalb der Höhlenöffnung gingen andere Menschen, die – von der Sonne beleuchtet – Schatten an diese Wand werfen. Platon stellte die Frage, ob die Gefangenen nicht die Schatten für die Wirklichkeit hielten anstelle der wahren Realität. Käme einer der Männer frei und berichtete bei seiner Rückkehr den Mitgefangenen die Wahrheit, keiner würde ihm glauben. So führte Platon ein System von Ideen und Idealen in die Ethik ein, die die eigentliche Wahrheit darstellten. Nach ihnen sollten die Menschen streben. Allerdings waren die Ideen keine Frage des Glaubens, sondern durch logisches und vernünftiges Denken erkennbar.

3 Antike Philosophen als nationale Vorbilder im heutigen Europa, Aristoteles auf einer griechischen Drachmenmünze

Platons berühmtester Schüler wiederum war der Philosoph Aristoteles (384–322). Wie Platon gründete er in Athen eine eigene philosophische Hochschule. Er wollte die logische Denkmethode des Sokrates verwenden, um das Funktionieren der wirklichen Welt zu erkennen. Er wurde zum Begründer der naturwissenschaftlichen Methoden und wandte sich besonders der Biologie zu. Er versuchte Pflanzen und Tiere zu klassifizieren, also zu unterscheiden und zu vergleichen, dass sie in eine vernünftige Ordnung gebracht wurden. In gleicher Weise untersuchte Aristoteles auch die verschiedenen zu seiner Zeit bekannten Regierungssysteme und unterschied Monarchie, Oligarchie, Tyrannis, Demokratie und Republik.

Geburt der objektiven Geschichtswissenschaft

Natürlich wandten sich die Gelehrten und Wissenschaftler der Griechen nicht nur der Natur zu, sondern auch dem Handeln der Menschen, damit der Geschichte. Im 5. Jahrhundert v. Chr. bemühten sich Thukydides (460–399) und Herodot (490–424) mit der Überlieferung geschichtlicher Vorgänge und der geschichtlichen Wahrheit. Herodot, der in seinen neun Bänden, „Historien“ genannt, sich mit den Kriegen zwischen Griechen und Persern beschäftigte, erzählte das Geschehen in Prosaform und versicherte, dass er nur über das berichte, was er selbst erforscht, erfragt oder erlebt habe. Manche mündliche Überlieferung übernahm Herodot jedoch auch ungeprüft, was ein halbes Jahrhundert später Thukydides an Herodot kritisierte. Er war ein Anhänger der oben bereits erwähnten Sophisten und glaubte, dass man das Geschehene logisch erklären könne. Er ging davon aus, dass die Menschen bei ihrem Handeln besonders durch den Machtwillen motiviert werden.

Innerhalb von drei Jahrhunderten legten die griechischen Denker und Wissenschaftler die Basis für das wissenschaftliche und philosophische Denken, die der Logik verpflichtet sind. Gemeinsam ist diesem Denken, dass man nicht mehr eine irrationale und mythologische Geschichte glaubt, die den Menschen einen Zusammenhang der Dinge erzählt. Jetzt ging es darum, für eine Aussage eine Wahrnehmung, einen konkreten oder gedanklichen Beweis, eine vernünftige Begründung zu finden. Erst dann kann eine Aussage als wahr angesehen werden. Mit diesem Ansatz und Anspruch was das kritische Denken in Europa eingeführt und wurde von den Römern in ihrem Imperium verbreitet. Über die Renaissance, den Humanismus und die Aufklärung wurde es zu einer Wurzel des modernen Europa.

4 Antikes Erbe in der Renaissance „wieder entdeckt“. Der italienische Maler Raffael (1483–1520) verewigte in seinem Gemälde „Die Schule von Athen“ die großen Philosophen der Antike.

3

5 Mythische Vorstellungswelten: Aus der Odyssee von Homer

Erzähle, Muse, vom weltgewandten Mann, der weit reiste und viel herumkam, nachdem er das berühmte Troja zerstört hatte. Viele Länder und Städte sah er, lernte deren Sitten und Gebräuche kennen; auf See geriet er in Not, versuchte sein Leben zu retten und seine Männer nach Hause zu bringen; doch was er auch tat, seinen Gefährten konnte er nicht helfen: Sie gingen durch eigene Dummheit zugrunde, denn sie frevelten und aßen von den Rindern des Helios. Deshalb verhinderte der Gott, dass sie den Tag ihrer Heimkehr erlebten. Erzähle auch uns davon, Göttin, Tochter des Zeus, und fang einfach irgendwo an [...]

Alle anderen Helden, die dem reißenden Strom des Untergangs entkommen waren, dem Krieg und dem Meer, waren schon glücklich zu Hause. Nur ihn, der krank war vor Verlangen nach seiner Frau und seiner Heimat, hielt eine Nymphe gefangen: Kalypso, die himmlisch hübsche Göttin. Als Mann wollte sie ihn haben, für immer, in ihrer geräumigen Grotte. Und viel, viel später, als im Reigen der Jahre das Jahr heraufzog, in dem die Götter ihn nach Ithaka heimkehren ließen, sollte er auch dort, mitten unter den Seinen, die Sorgen und Kämpfe nicht los sein. Doch nun hatten die himmlischen Götter erst mal Erbarmen mit ihm, außer Poseidon, der nicht aufhören sollte, Odysseus mit seinem Hass zu verfolgen, bis der endgültig in sein Land heimgekehrt sein würde.

Im Moment aber war Poseidon fort, beinahe am Ende der Welt; er besuchte die Aithiopen, ein Volk, das in zwei Landesteilen lebt; im einen geht die Sonne auf, im andern geht sie unter. Der Gott hatte dort ein Opfer von hundert Stieren und Schafen entgegenzunehmen. Während er es sich gutgehen ließ beim Festessen, versammelten sich die anderen Götter bei Zeus in den Hallen des Olympos.

Der Vater der Menschen und der Götter nahm das Wort; ihn beschäftigte immer noch der Fall des adligen Aigisthos, der gerade von Orestes, dem Sohn des Agamemnon, ermordet worden war. Und er plauderte ein wenig aus der hohen Schule: „Ach, wie gewöhnlich! Die Sterblichen beklagen sich wieder mal über uns. Für alle Übel wollen die Menschen den Göttern die Schuld in die Schuhe schieben! Dabei ist es doch meistens ihre eigene Dummheit und nicht das Schicksal, worunter sie leiden. Das beste Beispiel ist Aigisthos: Musste er sich unbedingt an die Frau des Agamemnon heranmachen, während der im Trojanischen Krieg kämpfte? War es etwa Schicksal, dass er den heimkehrenden Ehemann totschlug? Schließlich wusste er ganz genau, dass er sich damit den Tod einhandeln würde. Ich hatte extra Hermes zu ihm geschickt, um ihn zu warnen, nur ja nicht diesen Mann zu ermorden und seine Frau zu verführen. Sonst würde nämlich Orestes, der Sohn des Agamemnon, sobald er den Kinderschuhen entwuchs in seine Heimat zurückkehren und sich für den Mord an seinem Vater rächen. Ausführlich und mit den besten Absichten hatte Hermes ihm das klargemacht, doch Aigisthos hörte nicht auf ihn. Nun hat er für alles die Quittung bekommen."

Darauf sagte die Göttin mit den strahlenden Augen, Athene: „Vater, Sohn des Kronos und oberster Gebieter! Ganz klar, dass Aigisthos den Tod verdient hat, wie jeder Mensch ihn verdient, der solche Verbrechen begeht. Weit stärker aber rührt mein Herz die Notlage des ingeniösen Odysseus, der schon seit längerem zutiefst unglücklich fern von seiner Heimat und seinen Lieben festsitzt, auf einer bewaldeten Insel inmitten der unendlichen Weiten des Meeres, auf der eine kleine Göttin das Sagen hat. Sie ist die Tochter des Atlas, des tückischen Unheilsgottes, dessen Reich der dunkle Meeresgrund ist und der allein die riesigen Säulen trägt, die Himmel und Erde voneinander trennen. Seine Tochter ist es, die den Unglücklichen bei sich festhält. Mit Zärtlichkeiten und Schmeicheleien versucht sie ihn zu bezaubern, damit er seine Heimat Ithaka vergisst. Doch nun wird er langsam lebensmüde dort und wünscht sich nichts sehnlicher, als noch einmal den Rauch aus seinem heimatlichen Herd aufsteigen zu sehen. Findest du das nicht auch rührend, Olympier? Und hat dich Odysseus nicht immer mit seinen heiligen Opfern erfreut, die er dir vor Troja darbrachte? Woher kommt denn dein Zorn auf ihn, Zeus?"

Und der Sohn des Kronos, der die Gewitterwolken auftürmt, antwortete Athene: „Ach, mein liebes Kind, was redest du für einen Unsinn. Wie könnte ich den großen Odysseus je vergessen, der gewitzter ist als die meisten Sterblichen und der größere Opfer darbrachte für uns unsterbliche Götter, die wir den weiten Himmel bewohnen. Nein, es ist allein Poseidon, der Erderschütterer, der ihn mit seinem Hass verfolgt. Er kann nicht verwinden, dass Odysseus dem mächtigsten und wildesten Kyklopen, Polyphemos, das Auge geraubt hat. Die Nymphe Thoosa, Tochter des Phorkys, des alten, stürmischen Meeresgottes, gebar ihn, nachdem sie in ihrer Grotte einmal mit Poseidon geschlafen hatte. Deshalb verfolgt Poseidon Odysseus. Aber er bringt ihn nicht einfach um, sondern quält ihn, indem er ihn gnadenlos über die ganze Erde jagt und verhindert, dass er heimkehrt ins Land seiner Väter. Doch lasst uns alle hier im Olympos nun beschließen, dass er endlich nach Hause kommt. Poseidons Wut wird sich schon legen. So mächtig ist er nun auch wieder nicht, dass er sich als einzelner gegen den Willen aller übrigen Götter durchsetzen könnte."

Homer, Die Odyssee. Neu erzählt von Christoph Martin. Frankfurt 2003, S. 7–9.

6 Sokrates überprüft die politischen Kenntnisse des Glaukon

Als Glaukon, der Sohn des Ariston, eine Führungsposition im Staat gewinnen und, obwohl er noch keine 20 Jahre alt war, vor dem Volk eine Rede halten wollte, konnten ihn die Freunde und Verwandten nicht davon abhalten, von der Rednertribüne gezerrt und ausgelacht zu werden. Nur Sokrates allein, der ihn [...] gerne mochte, konnte ihn von seinem Plan abbringen. Als er ihn traf, verwickelte er ihn in ein Gespräch: „Mein lieber Glaukon, du hast die Absicht, in unserem Staat eine leitende Stellung einzunehmen?“ Glaukon antwortete: „Ja, mein lieber Sokrates.“ „Bei Gott“, fuhr Sokrates fort, „ das ist eine schöne Idee. Denn wenn du dieses Ziel erreichst, dann wirst du sicherlich auch alles andere erreichen, was du dir nur wünschst. Dann kannst du auch deinen Freunden sehr nützen [...] Du wirst überall, wo man dich trifft, willkommen sein.“ Als Glaukon das hörte, fühlte er sich sehr geschmeichelt und wollte sich gerne mit Sokrates weiter unterhalten.

Sokrates stellte ihm nun die Frage: „Es ist dir doch klar, mein lieber Glaukon, dass du etwas Nützliches für unsere Stadt tun musst, wenn du Ansehen gewinnen willst? [...] Sage mir, aus welchen Quellen bezieht die Stadt Einkünfte und wie hoch sind sie? Offensichtlich hast du darüber nachgedacht, wie du sie vermehren kannst, wenn einige zu gering fließen, oder weißt neue Einnahmequellen, die bisher übersehen wurden?“ Glaukon rief aus: „Aber bei Gott, darüber habe ich nicht nachgedacht!“ Sokrates fragte weiter: „Wenn du das vergessen hast, dann nenne mir doch wenigstens die Ausgaben der Stadt, denn du denkst sicherlich schon daran, die überflüssigen zu streichen?“ „Aber, bei Gott“, rief Glaukon aus, „auch dafür habe ich mir noch keine Zeit genommen!“ Sokrates lenkte ein: „Also werden wir den Plan, die Stadt reicher zu machen, wohl aufschieben. Denn wie könnte dies jemand verwirklichen, der die Einnahmen und Ausgaben nicht kennt!“ Glaukon erwiderte: „Aber, mein lieber Sokrates, es ist doch möglich, die Stadt auf Kosten unserer Feinde zu bereichern.“ Sokrates entgegnete: „Sag uns zunächst, wie groß die Land- und Seemacht unserer Stadt, dann, wie groß die der Feinde ist.“ Glaukon rief: „Aber, bei Gott, das weiß ich nicht auswendig!“ „Nun, wenn du die Zahlen schriftlich hast, dann bringe sie nur her, ich möchte das nämlich gerne wissen“, antwortete Sokrates. „Aber bei Gott, ich habe sie auch nicht schriftlich!“ „Dann werden wir also vorläufig“, meinte Sokrates, „über den Kriegfall nicht diskutieren können. Vielleicht hast du ja auch noch nicht darüber nachgedacht, weil diese Fragen zu schwer sind und du zuerst mit der Verwaltung der Stadt beginnen wolltest. Also um den Schutz des Landes durch die Polizei hast du dich wohl schon gekümmert und weißt, wie viele Polizeistationen günstig und wie viele ungünstig gelegen sind und wie viele Posten ausreichen und wie viele nicht. Du kannst sicherlich sagen, welche günstig gelegenen Polizeiwachen man vergrößern,

7 Griechische Philosophen im Gespräch
Pompejanisches Mosaik

welche überflüssigen man auflösen sollte." Glaukon rief: „Alle sollte man auflösen, weil sie so schlecht aufpassen, so dass alles aus dem Land gestohlen wird." „Wenn du sie aber auflöst", antwortete Sokrates, „hat dann nicht jeder deiner Meinung nach die Möglichkeit zu stehlen? Übrigens, bist du selbst zu den Polizeistationen gegangen und hast das überprüft, oder woher weißt du überhaupt, dass sie nicht genügend aufpassen?" „Ich nehme es an", meinte Glaukon.
Sokrates aber fuhr mit seinen Fragen fort: „Ich vermute, dass du nicht in die Silberbergwerke gegangen bist und mir deswegen nicht erklären kannst, warum die Einnahmen dort zurückgegangen sind." Glaukon räumte ein: „Ich bin allerdings nicht dort gewesen." „Die Gegend soll allerdings sehr ungesund sein, so dass man diese Entschuldigung gelten lassen wird, wenn du im Stadtrat dazu Stellung nehmen musst." Da rief Glaukon: „Du verspottest mich!"
„Aber etwas hast du sicher nicht vernachlässigt", begann Sokrates wieder, „sondern, das weiß ich genau, du hast untersucht, wie lange unsere eigene Getreideernte reicht, um die Stadt zu ernähren, und wie viel man jährlich braucht, damit die Stadt, ohne dass du es merkst, keine Not leiden muss. Stattdessen kannst du aus deinem Wissen heraus einen Rat geben, der Stadt helfen und sie retten". „Ja, es wäre schon wichtig, sich darum zu kümmern", meinte Glaukon.

Xenophon: Erinnerungen an Sokrates III 6. Stuttgart 1956 (vereinfacht und gekürzt). Übers. Rudolf Preiswerk

8 Xenophanes – die Götterbilder der Menschen

Alles haben Homer und Hesiod den Göttern angedichtet, was nur immer bei den Menschen Schimpf und Schande ist: Stehlen, ehebrechen und sich gegenseitig Betrügen. Die Äthiopen stellen sich ihre Götter schwarz und stumpfnasig vor, die Thraker hingegen blauäugig und rothaarig. Wenn Kühe, Pferde oder Löwen Hände hätten und damit malen und Werke wie die Menschen schaffen könnten, dann würden die Pferde pferde-, die Kühe kuhähnliche Götterbilder malen und solche Gestalten schaffen wie sie selber haben.

Zit. nach: Die Vorsokratiker, die Fragmente und Quellenberichte. Übers. und eingel. von Wilhelm Capelle. Stuttgart 1968, S. 120f.

9 Xenophon Erinnerungen an Sokrates

Sokrates entgegnet den Vorwürfen der Sophisten:
Und mit der Weisheit ist es das Gleiche: Wer sie jedem beliebigen für Geld verkauft, den nennt man Sophist; wer aber Leute mit anerkannt guten Anlagen alles lehrt, was er Gutes hat, und sie so zu seinen Freunden macht, der tut nach unserer Meinung das, was sich für einen rechtschaffenen Bürger gehört. 3, 9, 4. Weisheit und besonnenes Wesen trennte er nicht, sondern hielt den für weise und vernünftig zugleich, der das Untadlige erkannte und es auch anwendete, oder der das Schimpfliche wusste und sich davor hütete. [...] Er behauptete auch, die Gerechtigkeit und alle andere Tugend sei Wissen. Denn das Gerechte und alles, was mit Tugend getan wird, sei untadelig. Und wer dies wisse, ziehe diesem nichts anderes mehr vor; wer es aber nicht wisse, könne es nicht tun, sondern mache Fehler, selbst wenn er es versuche. 4, 6, 13. Widersprach ihm aber jemand, in irgendeinem Punkte, ohne etwas Sicheres dagegensetzen zu können, [...] dann führte er die ganze Untersuchung auf die Voraussetzung (= grundlegende Annahme) zurück. [...] So wurde durch eine Zurückführung der Reden auf die Grundlagen selbst den Widersprechenden die Wahrheit klar. So oft er aber selbst ein Thema behandelt wollte, ging er vom Anerkanntesten (= Aussagen, die von allen für zutreffend gehalten werden) aus, denn er meinte, darauf beruhe die Sicherheit des Untersuchung.

Zit. nach: Geschichte in Quellen Bd. 1. München 1965, S. 291 f. Übers. E. Bux

10 Platon: Der Staat der Philosophen

Nur von einer einzigen Veränderung glaube ich nachweisen zu können, dass sie eine Umwandlung bewirken würde, freilich einer nicht kleinen und leichten, aber doch möglichen. Wofern nicht entweder die die Philosophen Könige werden in den Staaten, oder die, welche jetzt Könige und Herrscher heißen, echte und gründliche Philosophen werden und dieses beides in einem zusammenfällt, Macht im Staate und Philosophie, den meisten Naturen unter den jetzigen, die sich einem von beiden ausschließlich zuwenden, der Zugang mit Gewalt verschlossen wird, gibt es [...] keine Erlösung für die Staaten, ich glaube aber, auch nicht für die Menschheit [...] Aber das ist es, was ich schon lange auszusprechen Bedenken trage, weil ich sehe, wie sehr es der gewöhnlichen Ansicht zuwiderläuft, denn es ist schwer zu begreifen, dass keine andere [Staatsform] glücklich sein kann, weder im Einzelnen noch im Ganzen.
Aber wer ist ein Philosoph? Die, die über das bloße Meinen zum Erkennen vorgedrungen sein, die das ewig unwandelbare Sein zu erfassen vermögen, im Gegensatz zu denen, die im mannigfaltigen und wandelbaren Sein herumtappen. [...] und die sodann auch praktisch imstande sind, nach Art der Maler mit unverwandtem Blicke auf jenes Urbild der Wahrheit, mit stets damit angestellter Vergleichung und mittels eines möglichst fleißigen Studiums desselben, auch hienieden in der Welt der Wirklichkeit die Normen des Schönen, Rechten und Guten zu schaffen.

Zit. nach: Geschichte in Quellen Bd. 1. München 1965, S. 296 f.

11 Aristoteles: Der Mensch als höchstes und staatenbildendes Wesen

Dass ferner der Mensch in höherem Grade ein staatenbildendes Lebewesen ist als jede Biene oder sonst ein Herdentier, ist klar. Denn, wie wir behaupten, macht die Natur nichts vergebens. Der Mensch ist aber das einzige Lebewesen, das Sprache besitzt. Die Stimme zeigt Lust und Schmerz an, und ist darum auch den anderen Lebewesen eigen [...] die Sprache dagegen dient dazu, das Nützliche und Schädliche mitzuteilen und so auch das Gerechte und Ungerechte. Dies ist nämlich im Gegensatz zu allen anderen Lebewesen dem Menschen allein eigentümlich, dass er eine Wahrnehmung des Guten und Schlechten, des Gerechten und Ungerechten und so weiter besitzt. Die Gemeinschaft in diesen Dingen schafft das Haus und den Staat. [...] In Wahrheit ist alles bestimmt durch seine besondere Aufgabe und Fähigkeit, und wenn es diese nicht mehr besitzt, kann es auch nicht mehr als dasselbe Ding bezeichnet werden. [...] Dass also der Staat von Natur ist und ursprünglicher als der Einzelne, ist klar. Da der Einzelne nicht autark für sich zu leben vermag, so wird er sich verhalten wie auch sonst ein Teil zu einem Ganzen. [...] Wie nämlich der Mensch, wenn er vollendet ist, das beste aller Lebewesen ist, so ist er ohne Gesetz und Recht das schlechteste von allen. Das Schlimmste ist die bewaffnete Ungerechtigkeit, Der Mensch besitzt von Natur aus als Waffen die Klugheit und die Tüchtigkeit, und gerade sie kann man allermeisten in entgegengesetztem Sinn gebrauchen.

Aristoteles: Politik, 1253b ff. Zit. nach: Geschichte in Quellen Bd. 1 S. 310 Übers. O. Gigon

12 Vom Mythos zum Logos: Naturphilosophie

a) Philosoph oder Naturwissenschaftler: Thales von Milet

Es wird gesagt, dass Thales behauptet habe: „Alles ist Wasser." Und damit, wird gesagt, fange die Philosophie an. – Für einen modernen Leser, der wenig von Philosophie weiß, ist ein solcher Anfang nicht sonderlich überzeugend: „Das ist doch barer Unsinn!" – Doch möge der Zweifel für den Angeklagten sprechen: [...]

Nehmen wir einmal an, Thales habe die Frage *nach dem Unveränderlichen in den Veränderungen und der Einheit in der Vielfalt* gestellt. Man kann sich durchaus vorstellen, dass Thales davon ausging, dass es so etwas wie Veränderung gibt und in all dieser Veränderung ein unveränderliches Element besteht, eine Art „Baustein" des Universums. Dieses „unveränderliche Etwas" wird in den Lehrbüchern gewöhnlich „Urstoff" oder „Urgrund der Dinge" (griechisch arche) genannt.

Thales hat, wie jeder Mensch, vieles gesehen, das aus dem Wasser entsteht und dort vergeht: Wasser verdampft zu Luft (Dampf), Wasser wird zu Eis – Fische wachsen im Wasser und verschwinden dort, andere Dinge wie Salz oder Zucker lösen sich in Wasser auf. Wir wissen, dass das Wasser lebensnotwendig ist. – Solche einfachen Beobachtungen können Thales zu der Behauptung veranlasst haben, dass das Wasser das grundlegende Element sei, das unveränderliche Element in jeder Veränderung und Verwandlung.

Von einer solchen Frage und solchen Beobachtungen ausgehend, ist es durchaus berechtigt zu behaupten, dass Thales mit zwei Zuständen von Wasser arbeitete: Wasser in normalem Zustand und Wasser in verändertem Zustand, also in Form von Eis, Dampf, Fisch, Erde, Baum – und alles andere, was nicht Wasser in gewöhnlichem Zustand ist: Es gibt also Wasser teils als undifferenzierten Urstoff (normales Wasser), teils als differenziertes Seiendes (alles andere).

Der Aufbau des Universums und die Verwandlung der Dinge wird somit als ewiger Kreislauf erklärt:

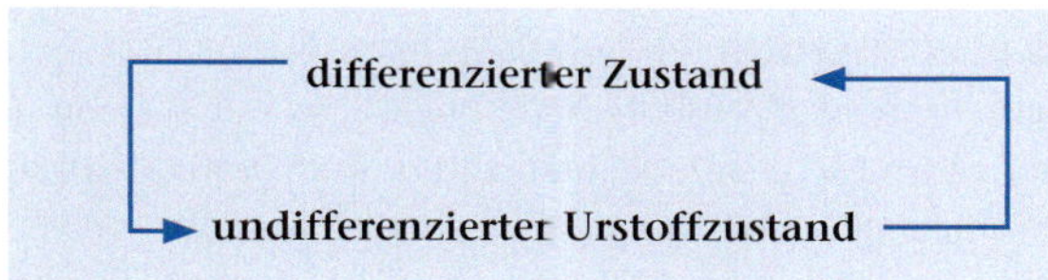

Aus Wasser zu anderen Dingen und aus anderen Dingen zu Wasser. – Das ist eine Deutung von Thales. Andere Deutungen sind möglich. Damit soll nun nicht gesagt werden, dass Thales tatsächlich mit einer klar formulierten Frage anfing, dann ein Argument suchte und dann eine Antwort fand. [...]

1. Thales geht aus von der Frage, woraus der dem Universum zugrunde liegende „Baustein" besteht. Die Substanz (das „Darunter-liegende") entspricht dem Unveränderlichen im Veränderlichen und der Einheit in der Vielfalt. Die Frage nach der Substanz wird eine der Hauptfragen in der griechischen Philosophie werden.

2. Thales beantwortet indirekt die Frage, wie die Veränderung vor sich geht: Der Urstoff (Wasser) geht von einem Zustand in den anderen über. Die Problematik der Veränderung wird ebenfalls zu einem Grundproblem in der griechischen Philosophie. Bei Thales sind Frage und Argument ebenso sehr naturwissenschaftlich wie philosophisch. Er ist deshalb ebenso sehr Naturwissenschaftler wie Philosoph. – Was meinen wir mit „Naturwissenschaft" im Gegensatz zu „Philosophie"? Dazu hier nur so viel: Philosophie kann man grob abgrenzen von vier anderen Tätigkeiten, nämlich Dichtung, Erfahrungswissenschaft, Formalwissenschaften und Theologie. Egal, wie sehr eine Philosophie mit einem dieser Bereiche verwandt ist, können wir folgende Unterscheidungsmerkmale festhalten: Philosophie muss, im Unterschied zur Dichtung, einem Wahrheitsanspruch genügen [...]. Die Philosophie stützt sich nicht auf gleiche Weise auf Erfahrungen wie die Erfahrungswissenschaften (Physik, Psychologie). Im Unterschied zu den Formalwissenschaften (Logik, Mathema-

tik) muss die Philosophie ihre eigenen Voraussetzungen (Axiome) reflektieren und versuchen, sie zu diskutieren und zu legitimieren. […]. Weil Thales auf weite Strecken von der Erfahrung her argumentiert, ist es angebracht, ihn einen „Naturwissenschaftler" zu nennen. Aber weil er gleichzeitig offenbar eine Frage stellt, die das Universum als Ganzes betrifft, trifft durchaus auch die Bezeichnung „Philosoph" auf ihn zu. (Eine solche Unterscheidung zwischen Philosophie und Naturwissenschaft gehört in unsere Zeit, nicht in die von Thales.)

Gunnar Skirbekk/Nils Gilje: Geschichte der Philosophie Bd. 1. Frankfurt (Suhrkamp) 1993, S. 15 ff. Übers. Lothar Schneider

b) Hippokrates: Aus der Schrift „Über die Umwelt":

Was den Mangel an Geist und Mut unter den Einwohnern betrifft, so besteht die Hauptursache dafür, dass die Asiaten weniger kriegerisch und sanfter sind als die Europäer in der Einheitlichkeit der Jahreszeiten, die bei ihnen keinen gewaltsamen Wechsel zwischen heiß und kalt aufweisen, sondern gleich sind. Deshalb gibt es dort keine geistigen Aufregungen und keine gewaltsamen körperlichen Veränderungen, die die Leidenschaften der Menschen wahrscheinlich mehr anheizen und ihm eher ein feuriges Temperament verleihen als ewige Gleichförmigkeit. Denn der Wechsel in den Dingen ist es, der die Leidenschaften des Menschen hervorruft und sein Erstarren verhindert. Aus diesen Gründen sind meiner Meinung nach die Asiaten kraftlos. Ihre Institutionen sind ein zusätzlicher Grund, denn der größte Teil Asiens wird von Königen regiert. Wo aber die Menschen nicht unabhängig und ihre eigenen Herren sind, sondern von Despoten beherrscht werden, da sind sie nicht interessiert an militärischen Erfolgen und wollen nicht kriegerisch erscheinen. […] Auch wenn ein Mann von Natur aus tapfer und feurig ist, wird sein Temperament durch diese ihre Institutionen beeinflusst. Dafür kann ich einen klaren Beweis liefern. Alle Bewohner Asiens, ob Griechen oder Barbaren, die nicht von Despoten beherrscht werden, sondern unabhängig sind und für sich selbst sorgen müssen, sind die tapfersten überhaupt. Das ist deshalb so, weil sie sich den Gefahren zu ihrem eigenen Vorteil aussetzen und weil sie selbst es sind, die den Gewinn ihrer Stärke davontragen oder die Strafe für ihre Feigheit erdulden müssen. Du wirst feststellen, dass sich die Asiaten auch untereinander unterscheiden. Manche sind stärker, manche schwächer. Der Grund dafür, wie ich oben schon sagte, sind die unterschiedlichen Jahreszeiten.

Zit.nach: John K. Davies: Das klassische Griechenland und die Demokratie, München (dtv) 1983, S. 50. Übers. Andrea Wörle

Arbeitsvorschläge

a) Erläutern Sie, wie die Menschen zur Zeit Homers das menschliche Schicksal deuten. Welche Rolle spielen hierbei die Götter (M 5)?

b) Konfrontieren Sie Ihre Ergebnisse mit der Deutung von Götterbildern durch Xenophanes. Was geschieht hier mit den Göttern (M 8)?

c) Untersuchen Sie die Vorgehensweise des Sokrates im Gespräch mit Glaukos und diskutieren Sie, inwieweit diese Methode dem philosophischen Denken entspricht (M 6, M 7).

d) Aristoteles und Platon untersuchten den Zusammenhang von logischem Denken und der Bildung des Staates. Zeigen Sie die unterschiedlichen Fragestellungen und Ergebnisse auf und diskutieren Sie, ob die zentralen Aussagen auch gegenwärtig Relevanz besitzen (M 10, M 11).

e) Fassen Sie die Argumentation von Thales thesenförmig zusammen. Warum spricht man hier von „Naturphilosophie" (M 12 a)?

f) Entwickeln Sie eine Mindmap. Welche beobachtbaren und erfahrbaren natürlichen Phänomene und menschlichen Eigenschaften setzt Hippokrates in einen Zusammenhang? Welchen Behauptungen oder Erklärungen können Sie zustimmen (M 12 b)?

g) Nehmen Sie Stellung zu der häufig geäußerten Meinung, das moderne wissenschaftliche Denken beruhe auf dem Wirken der griechischen Philosophie.

3.2 Historische Wirkungen des Imperium Romanum

Römisches Erbe in der Gegenwart

Welches Erbe übereignete das Römische Reich Europa? Ungeheuer viel. Immerhin hat es der gesamten Mittelmeerwelt fast 1000 Jahre lang seinen Stempel aufgedrückt und viele Jahrhunderte lang auch angrenzende Territorien geprägt. Das römische Erbe kann nicht nur an zahlreichen steinernen Brücken und restaurierten Militärbauten besichtigt werden, sondern im Alltag, in den europäischen politischen Institutionen, anhand vieler europäischer Sprachen, religiösen Strukturen usw. identifiziert werden.

Jurisprudenz

Im Mittelpunkt dieses Kapitel soll das römische Recht stehen, dessen Wirkungen bis in die unmittelbare Gegenwart reichen, ja mehr noch, das wesentliche Grundlagen unseres modernen Rechts geschaffen hat. Vieles, was als römisches Erbe gilt, hat seinen Ursprung im antiken Griechenland. Für das römische Recht gilt das nicht, die Jurisprudenz der Römer ist eine in der Antike einzigartige Leistung und eine genuin römische Schöpfung. Manche Historiker nehmen an, dass dieses Recht zum relativen inneren Frieden im Römischen Reich und damit zur langen Stabilität der römischen Herrschaft beigetragen hat.

Viele römische Rechtsprinzipien gelten heute noch (oder wieder) unvermindert. Vor Gericht, in den Beziehungen des Individuums zu staatlichen Einrichtungen und in zahlreichen Alltagssituationen gelten ganz selbstverständlich und weithin akzeptiert u. a. folgende Prinzipien:

- in dubio pro reo (im Zweifel für den Angeklagten),
- legem enim brevem esse oportet (Gesetze sollen kurz sein),
- wegen bloßer Gedanken wird niemand bestraft,
- niemand wird als Übeltäter vermutet, es sei denn, es wird bewiesen,
- de mortuis nil nisi bene (von den Toten solle nur Gutes geredet werden),
- wo kein Kläger, ist auch kein Richter,
- Öffentlichkeit der Verhandlung,
- sine lege nulla poena (ohne Gesetz keine Strafe),
- Unterscheidung zwischen Eigentum und Besitz,
- qui tacet, consentire videtur (wer schweigt, scheint zuzustimmen),
- audiatur et altera pars (man höre auch die andere Seite),
- ein unter Zwang erpresstes Geständnis ist ungültig.

Das neue weltliche Recht

Im 6. Jahrhundert hatte der oströmische Kaiser Justinian römische Gesetzesschriften sammeln und im sog. Corpus Juris zusammenstellen lassen. Ende des 11. Jahrhunderts wurde diese Gesetzessammlung von Gelehrten in Bologna „wiederentdeckt“ und in der dort gerade entstehenden Universität gelehrt. Bislang war es häufig so gewesen, dass, wer „Recht“ sprechen wollte, in der Regel alte Menschen fragte, wie in der Vergangenheit zu einer ähnlichen Fragen entschieden worden war (Gewohnheitsrecht). Das nun in Bologna gelehrte römische Recht wurde bald schon von den weltlichen Fürsten interessiert wahrgenommen, wurde dort doch Herrschergewalt wesentlich klarer definiert, als im Lehnswesen des Hochmittelalters. Dieses beruhte auf persönlichen Treueverhältnissen dem Lehnsherrn gegenüber. Das römische Recht definierte hingegen den Herrscher als die „öffentliche Gewalt“, womit dieser den „allgemeinen Willen“ verkörperte und für das „gemeine Wohl“ zu sorgen habe. Der Herrscher war nach römischer Rechtsvorstellung somit der einzige legitime Vertreter der Gesamtheit und konnte somit auch allein Gesetze erlassen, ohne seine Untertanen bzw. seine Lehnsvasallen fragen zu müssen. Darüber hinaus benötigte das römische Recht keine Absicherung durch die Theologie, weswegen es von der katholischen Kirche energisch abgelehnt wurde. Das nun sich verbreitende „neue“ weltliche Recht wurde schließlich zum Fundament des modernen Rechtsstaates.

1 Kaiser Justinian (482–565) ließ das römische Recht u.a. im Corpus Juris Civilis zusammenfassen
Diese gewaltige Gesetzessammlung erlangte eine große Bedeutung für die Rezeption des römischen Rechts im Hochmittelalter und vor allem wieder im 19. Jahrhundert, als z. B. das Bürgerliche Gesetzbuch entwickelt wurde.

2 Das „Zwölftafel-Gesetz" (451/450 v. Chr.)

Diese Tafeln waren auf der Rednerbühne des Forums aufgestellt, sie beinhalteten u.a. Regelungen bezüglich der Prozessordnung, Vollstreckung, Erb- und Nachbarschaftskonflikte, Verkehrsrecht und Körperverletzung. Insofern waren sie primär auf die Bedürfnisse der Agrargesellschaft zugeschnitten. Das Zwölftafelgesetz regelte nicht die politische Ordnung, sondern eher alltägliche Konflikte unter den Römern.

I 1 Wenn der Kläger vor Gericht lädt, soll der Beklagte gehen. Wenn er nicht geht, soll ein Zeuge zugezogen werden. Dann soll der Kläger ihn ergreifen.

I 4 Für einen Grundeigentümer soll ein Grundeigentümer Vindex (etwa: Verteidiger) sein. Für einen proletarius soll Vindex sein, wer will.

I 7 Wenn sie die Sache nicht beilegen, sollen sie auf dem Comitium oder auf dem Forum vor dem Mittag den Fall kurz vorbringen. Beide zusammen und persönlich sollen sie kommen und sprechen.

I 8 Nach dem Mittag soll der Praetor dem Anwesenden den Streitgegenstand zusprechen.

I 9 Wenn beide anwesend, soll der Sonnenuntergang die letzte Frist der Verhandlung sein.

III 1 Für eine anerkannte Schuld und bei gerichtlich zugesprochenen Schulden sollen 30 Tage Erfüllungsfrist rechtens sein.

III 2 Danach soll das Handanlegen gestattet sein. Den Schuldner soll er vor Gericht führen.

III 3 Wenn der Schuldner das Urteil nicht erfüllt oder niemand für ihn Vindex sein wird, so soll er ihn mit sich führen; er soll ihn mit einer Eisenkette oder mit Fußschellen an ein Gewicht von mindestens 15 Pfund (= 5 kg) ketten.

[Die Schuldhaft konnte bis zu 60 Tagen dauern. Dann wurde der Schuldner auf dem Forum öffentlich zum Verkauf (Schuldknechtschaft) ausgerufen. Der Erlös kam dem Gläubiger zu bzw. wurden anteilsmäßig unter den Gläubigern verteilt.]

IV 2 Wenn der Vater den Sohn dreimal verkauft hat, so soll der Sohn von der Gewalt des Vaters (patria potestas) frei werden.

VI 7 Einen gemeinsamen Balken in Gebäuden oder einem Weingarten, der fortlaufend stützt, soll man nicht herauslösen.

VIII 2 Wenn er ein Glied verstümmelt hat, soll Talion [also beim Täter das Gleiche] gelten, falls er sich nicht mit dem Geschädigten gütlich einigt.

VIII 12 Wenn einer nachts einen Diebstahl begangen hat und wenn der Geschädigte ihn erschlagen hat, so soll er mit Recht erschlagen sein.

VIII 21 Wenn der Patron den Klienten betrügt, so soll er sacer (geächtet) sein.

VIII 24 Wenn das Geschoss jemandem mehr aus der Hand geglitten als absichtlich geschleudert ist, wird ein Sühnebock [den Hinterbliebenen als Opfertier zur Entsühnung] gestellt.

X 1 Einen Toten soll man innerhalb der Stadt weder begraben noch verbrennen.

X 8 [...] und Gold soll nicht ins Grab gegeben werden. Aber wenn jemandem die Zähne mit Gold befestigt sind, so soll es ohne Schaden sein, wenn man ihn mit diesem Gold begräbt oder verbrennt.

XI 1 [...] dass es keine rechtsgültigen Ehen [kein conubium] zwischen Patriziern und Plebejern geben soll.

Dieter Flach: Die Gesetze der frühen römischen Republik. Text und Kommentar. Darmstadt 1994, S. 109 ff.

3 Der Rechtshistoriker Dieter Simon zur Herausbildung des römischen Rechts in der Römischen Republik

Hervorgegangen ist die römische Rechtswissenschaft aus der Spruchpraxis der pontifices [Vorsteher des Priesterkollegiums]. Dieses Priesterkollegium der Bürgergemeinde hütete nicht nur die tradierten Prozess- und Geschäftsformulare und stellte sie von Fall zu Fall den Rechtsuchenden zur Verfügung, sondern interpretierte (und veränderte dadurch) mittels einer überwiegend formalistischen Auslegungsmethode auch das geltende Recht. Dieses bestand in der Frühzeit im Wesentlichen (neben den wenigen Volksgesetzen) aus dem noch in Bruchstücken überlieferten, um 450 v. Chr. entstandenen Zwölftafelgesetz. Die XII Tafeln stellten eine umfassende Fixierung des geltenden römischen, nur in wenigen Einzelheiten griechisch beeinflussten Rechts dar, die von den Römern selbst als grundlegende „Rechtsquelle" begriffen wurde. Die pontifikale Rechtswissenschaft bestand zunächst nur in einem strikten Arkanwissen[1], das erst durch die Öffnung des Priesterarchivs (angeblich im 3. Jahrhundert v. Chr.) und durch den Übergang zur öffentlichen Erteilung von Rechtsauskünften (responsa) durch die pontifices insofern säkularisiert wurde, als nun auch Nichtpriester zur Rechtskunde gelangen konnten. Allerdings gehören die nichtpontifikalen Juristen (iuris consulti) noch bis zu Beginn des 1. Jahrhunderts v. Chr. fast ausnahmslos dem Senatorenstand und damit dem regierenden Amtsadel an. Diese Monopolisierung des Rechtswissens innerhalb der Nobilität sicherte dieser die Chance, aufgrund des öffentlichen Ansehens, das mit der unentgeltlichen Gutachterpraxis verbunden war, zu politischem Einfluss und damit zu einer entsprechenden Karriere zu gelangen. Erst als die unfriedlichen Verhältnisse des 1. Jahrhunderts v. Chr. diesem vergleichsweise harmlosen Mittel zur Machtgewinnung seine Effizienz nahmen, ist ein Zuwachs von Juristen aus dem Ritterstand zu beobachten. Später leitete Augustus mit Hilfe des von ihm geschaffenen ius respondendi, einem an Senatoren verliehenen Gutachterprivileg, wieder eine entgegengesetzte Entwicklung ein.

1 geheimes Wissen

Dieter Simon: Römischer Rechtskreis. In: Handlexikon zur Rechtswissenschaft, hrsg. von A. Görlitz, Bd. 2. Reinbek (Rowohlt) 1972, S. 391 f.

4 Der Frankfurter Rechtswissenschaftler Hans Erich Troje zur Rezeption des römischen Rechts (2002)

Römisches Recht ist einmal das Recht der Römer (der „alten Römer") über einen Zeitraum von fast tausend Jahren, die ungefähr zur Hälfte vor Christi Geburt und zur Hälfte nach Christi Geburt liegen. „Römisches Recht" bezeichnet dann eine Sammlung höchst unterschiedlicher Texte – unterschiedlich nach Entstehungszeit, Entstehungsbedingungen, Texttyp und Verwendung – die der spätrömische („byzantische") Kaiser Justinian I (regierte 527–565), der damals schon in Konstantinopel (dem sogenannten „Ostrom") residierte, durch eine von seinem „Justizminister" Tribonian eingesetzte Kommission hatte anfertigen lassen. Von dieser Textsammlung ist der einfachste und anspruchsloseste Teil, die sogenannten „Institutiones", die als offizielles Lehrbuch für die Studienanfänger des neuorganisierten Rechtsstudiums verfasst waren, zu allen Zeiten bekannt gewesen. Die übrigen Teile, Digesten oder Pandekten, Codex Iustinianus und schließlich die Sammlung justinianischer Novellen, sind im Westen nach dem Zusammenbruch des römischen West-Reichs für das nächste halbe Jahrtausend wahrscheinlich nur noch in Bruchstücken, Auszügen, Zusammenfassungen, Stilblütensammlungen und dergleichen bekannt und zugänglich gewesen. Sie wurden dann im Laufe des 11. Jahrhunderts [...] in Oberitalien „wiederentdeckt" wieder durchgearbeitet und erläutert und im Rahmen der sich dann bald etablierenden Rechtsschule von Bologna auch einem wachsenden Kreis von Studierenden, die aus dem ganzen Europa angereist kamen, vermittelt. [...]

Sowohl für die mittelalterliche wie für die humanistische Textkritik ist lange Zeit behauptet worden, sie seien einem rein „philologisch-antiquarischen" Interesse entsprungen. Neuere Forschungen haben aber sowohl für diese wie für jene Epoche zeigen können, dass die Sorge um den rechten Text zugleich auch ganz praktischen Interessen entsprang, praktischen Interessen der Männer, die mit dem Text praktisch zu arbeiten hatten, der ja in dieser oder jener Gestalt Rechtsgrundlage sein sollte. Oftmals unterschieden sich ja zwei Fassungen desselben Textes „nur" durch eine (eingefügte oder weggelassene) Negation und führten dann zu diametral entgegengesetzten Antworten auf die jeweils gestellte Rechtsfrage.

5 **Eine Seite der gedruckten Ausgabe des Corpus Juris Civilis: Digestorum, seu Pandectarum libri quinquaginta; Lugduni apud Gulielmum Rouillium, 1581**

Das Interesse am Text war also bei Juristen nie ein rein „historisch-antiquarisches“, sondern die Textfassungen, die sich erst im 11. und später dann im 16. Jahrhundert für jeweils knapp fünf Jahrhunderte durchsetzten, waren letztlich Produkte der Praxis, denen sie zu dienen hatten. […] Die mittelalterlichen und frühneuzeitlichen Rechtsgelehrten haben das antike römische Recht weiterentwickelt, haben ihrerseits noch eine weitere Fülle fachspezifischer Begriffe, Darstellungstechniken und Denkmuster entwickelt und angewandt, die die Sache nicht einfacher und oft genug noch schwieriger machen, als sie im antiken römischen Recht bereits gewesen war. […]
Um eine Vorstellung davon zu bilden, was das römische Recht für das sogenannte Abendland, also den lateinischen Westen (und nicht nur für ihn – im griechischen Osten blieb römisches Recht in griechischer Übersetzung ja immer lebendig) bedeutet, taugt wirklich nur der Vergleich mit der Bibel. Wie diese die Grundlage der Theologie, ist jenes die Grundlage der Rechtswissenschaft. Hier wie dort ist für die Herstellung einer brauchbaren Textgrundlage und für die Textauslegung im Laufe der Jahrhunderte Ungeheuerliches geleistet worden. […] Vom Umfang her, ist die Textmasse „römisches Recht“ noch erheblich größer. […]
Römisches Recht überlebte auch das Zeitalter des sogenannten Naturrechts der Aufklärung und blieb als sogenannte „Pandektistik“ die Grundlage des Bürgerlichen Gesetzbuches (BGB), mit dessen Inkrafttreten am 1. Januar 1900 römisches Recht formell außer Geltung gesetzt wurde, aber eben als Grundlage des BGB doch weiterhin von Bedeutung war und auch in lateinischer Textgestalt noch dann und wann zitiert wurde. Es war auch noch bis ans Ende der Weimarer Republik obligatorischer Lehr- und Prüfungsgegenstand deutscher Juristen und ist es in den meisten europäischen Ländern auch heute noch. Für alle juristischen Teildisziplinen, die sich im Laufe der Zeit bildeten und (zum Beispiel als Strafrecht oder Verfassungs- und Verwaltungsrecht) später verselbständigten, ist römisches Recht nach Form und begrifflichem Inhalt grundlegend und maßgebend geblieben. […] Für die sogenannten romanischen Rechtskreise: Italien, Frankreich, Spanien, gilt das im Grunde noch heute. Jeder wichtige Rechtsbegriff ist letztlich im römischen Recht verankert und nur aus dessen Kontext heraus ganz verständlich. […]

Hans Erich Troje: Römisches Recht heute. In: http://web.uni-frankfurt.de/fb01/Troje/RRh.html (10.12.2009)

6 **Der Jurist Uwe Wesel zur Problematik von Besitz und Eigentum**

Eine der großen Leistungen der alten römischen Juristen war die begriffliche Unterscheidung von Eigentum und Besitz. Sagt man. Die Römer waren das Volk des Rechts, so wie die alten Griechen das Volk der Philosophie gewesen sind. Die Römer haben das Weltmuster eines klar gegliederten und berechenbaren Rechts geschaffen, das heute noch die Grundlage unserer gesamten Rechtsordnung ist. Das römische Recht. Im Gegensatz zum alten griechischen Recht wurde dort zum Beispiel unterschieden zwischen Eigentum und Besitz, wie wir es heute noch tun. Mit anderen Worten: Die römischen Juristen konnten juristisch genauer denken als die Griechen. Und wir können es natürlich auch. Wir sagen, Eigentümer ist der, dem eine Sache rechtlich gehört. Besitzer ist derjenige, der sie nur tatsächlich in den Händen hält. Verleihe ich mein Buch an einen Freund, bleibe ich Eigentümer. Er ist Besitzer. Wenn es wieder in meinem Regal steht, bin ich Eigentümer und Besitzer. Oder: Der Vermieter eines Hauses ist der Eigentümer. Der Mieter hat nur Besitz. So lernt man das an der Universität seit Langem. In dem heute am meisten verbreiteten Lehrbuch des Sachenrechts, begründet von Fritz Baur, heißt es dazu:
„Im Sprachgebrauch des täglichen Lebens wird zwischen Eigentum und Besitz nicht unterschieden. Das Recht trennt diese Begriffe scharf: Eigentum ist das dingliche Vollrecht, Besitz ist die tatsächliche, vom Rechtstitel un-

abhängige, willentliche Innehabung einer Sache. Auch der Dieb ist Besitzer!“ Wir Juristen denken eben genauer als die Menschen im täglichen Leben. Und die römischen Juristen konnten genauer denken als die griechischen. Was eigentlich merkwürdig ist. Denn die Griechen haben mit ihrer Philosophie auch die abendländische Logik begründet, vorbildlich bis heute. Sollte es vielleicht doch etwas anderes sein als eine Frage der sprachlichen Genauigkeit?

Sieht man das griechische Recht etwas näher an, oder andere Rechtsordnungen, in denen es diese scharfe Unterscheidung nicht gibt, also zum Bespiel das mittelalterliche deutsche Recht, dann geht einem plötzlich ein Licht auf. Bei ihnen ist nämlich das sehr viel stärker, was wir heute die Sozialbindung des Eigentums nennen. Bei Griechen und Römern und im Mittelalter gab es zum Beispiel wie heute Mieter und Vermieter, Pächter und Verpächter. Wenn dann, wie bei den Griechen und im Mittelalter, die Unterscheidung von Eigentum und Besitz nicht existiert, dann ist die Stellung von Vermieter und Mieter, Verpächter und Pächter ungefähr gleich stark. Anders wenn unterschieden wird. Dann ist der Eigentümer sehr viel mächtiger und die Stellung von Mieter und Pächter sehr viel ungünstiger. Also bei den Römern und bei uns. Mit anderen Worten: Dort, wo man einen Eigentümer stark machen will, muss man zwischen Eigentum und Besitz scharf unterscheiden. Dann hat der Besitzer nur wenig Rechte. Er wird sogar dem Dieb gleichgestellt, wie es ganz ungewollt in dem Lehrbuch von Fritz Baur deutlich wird. Die Unterscheidung beruht also nicht darauf, dass das Denken genauer, sondern hat die Ursache, dass die Gesellschaft weniger sozial ist. Oder anders herum und noch deutlicher: Je stärker der unsoziale Charakter einer Gesellschaft, desto präziser muss die äußere Form ihrer juristischen Sprache werden. Je größer der Egoismus und die Ungleichheit unter den Menschen, desto höher die sprachliche Genauigkeit der Juristen – ganz abgesehen davon, dass es meist nur eine Pseudogenauigkeit ist, wie wir gesehen haben. Aber, und das ist entscheidend, die Pseudogenauigkeit verdeckt die unsozialen politischen Grundentscheidungen, die nicht einmal den Juristen bewusst sind, obwohl sie das Ganze jahrelang studiert haben. Sie halten es für eine logische Errungenschaft. In Wirklichkeit steht dahinter das egoistische Gruppeninteresse von Grundeigentümern. Und so etwas nenne ich ideologisch.

Uwe Wesel: Fast alles, was Recht ist. Jura für Nichtjuristen. Frankfurt (Eichborn) 2007, S. 31–33.

Arbeitsvorschläge

a) Erläutern Sie kurz die einzelnen ausgewählten Bestimmungen des Zwölftafelgesetzes und nehmen Sie zu den Bestimmungen Stellung (M 2).
b) Aufschlussreich bei der Entstehung des römischen Rechts ist das Verhältnis von politischer Macht und Rechtsprechung. Bestimmen und kommentieren Sie dieses Verhältnis (M 3).
c) Begründen Sie, warum ein angehender Jurist sich heute noch mit dem römischen Recht befasst (M 4).
d) Inwiefern verbergen sich hinter der aus dem römischen Recht abgeleiteten feinen Differenzierung zwischen Besitz und Eigentum handfeste materielle Interessen? Nehmen Sie zu der kritischen Bewertung dieser Unterscheidung durch Uwe Wesel Stellung (M 6).

3

3.3 Vernunft und Glauben im mittelalterlichen Denken

Dominanz der christlichen Kirche

Im Jahre 529 verbot der christliche oströmische Kaiser Justinian den Lehrbetrieb der nichtchristlichen Philosophen an der Akademie in Athen, die der Philosoph Platon vor rund 900 Jahren gegründet hatte. Die letzte Institution des eigenständigen antiken Geisteslebens schloss ihre Tore, das christliche Weltbild herrschte von nun an unangefochten in Europa. Allerdings wurde in der griechischen Welt des Oströmischen Reiches die griechische Philosophie über die Generationen als intellektuelles Erbe weitergegeben, wenn auch nicht mehr eigenständig weiterentwickelt.
Unproblematisch war das Verhältnis zwischen der christlichen Religion, die seit 395 als römische Staatsreligion herrschte, und der antiken Philosophie während des gesamten Mittelalters nicht. Im christlichen Glauben war die Wahrheit von Gott, besonders von Jesus, dem Sohn Gottes geoffenbart worden, wohingegen die griechischen Philosophen die Wahrheit nur als das Ergebnis vertieften, kritischen und logischen Denkens anerkannten. Deswegen war ein großer Teil des denkerischen Bemühens im Mittelalter darauf ausgerichtet, noch bekannte Ergebnisse der griechischen Philosophie der christlichen Lehre ein- oder unterzuordnen. Anders als in Konstantinopel und dem Oströmischen Reich waren in Westeuropa und Italien viele antike Schriften in der Wirren der Spätantiker verloren gegangen. Um die verbliebenen Schriften bemühten sich vor allem die Mönche in den Klöstern. Soweit antike Manuskripte noch in alten Klöstern überlebt hatten, schrieben Mönche diese ab und bewahrten sie auf diese Weise für die Nachwelt. Allerdings wurden diese von ihnen nicht interpretiert und weiter entwickelt. Ein großer Teil der alten antiken Schriften fanden, nicht zuletzt infolge der Kreuzzüge, als arabische oder hebräische Übersetzung ihren Weg nach Europa.

Vorherrschaft der Theologie über der Philosophie durch Augustinus

Der spätantike Kirchenlehrer Augustinus (354–430) beeinflusste grundlegend die christlichen Denker und Theologen des Mittelalters. Er genoss eine traditionelle, philosophische und rhetorische Ausbildung und lehrte als Rhetorikprofessor in Mailand, bevor er nach einem Bekehrungserlebnis sich der religiösen und geistlichen Karriere zuwandte. Seine Philosophie enthielt einige Gedanken Platons, die er christlich uminterpretierte. Dies betraf vor allem die Unterscheidung von einer höheren Wirklichkeit, die nur dem Denken erfassbar ist, und eine niedere Wirklichkeit, die den Sinnen zugänglich ist. Diesen Dualismus erfahre der Mensch in der widersprüchlichen Einheit von Leib und Seele. Der christliche Glaube blieb Augustinus – wie allen christlichen Denkern des Mittelalters – die Wurzel jeglichen Erkennens, was er in dem Satz zusammenfasste: „crede ut intellegas", das heißt: „Glaube, damit du erkennst", oder „Ich glaube, um zu erkennen". Er hielt wahre Erkenntnis für möglich, wobei die Urbilder oder ewigen Ideen, die Platon angenommen hatte, in Gottes Geist begründet sind, denn Gott ist die Wahrheit. Deswegen kann der Mensch diese nur durch die göttliche Erleuchtung erkennen. Damit begründete Augustinus die Vorherrschaft der Theologie über die Philosophie, so dass das logische Denken vor allem dem Zweck diente, den christlichen Glauben zu bestätigen.

Von den Kathedralschulen zu den Universitäten

Im 12. Jahrhundert gelangten neue Übersetzungen vom Werk des Aristoteles aus der islamischen und der griechischen Welt in das westliche Europa. Sie forderten neue intellektuelle Anstrengungen, dieses bislang unbeachtete Gedankensystem in das christliche Weltbild einzuordnen. Auch die Orte änderten sich, an denen das geistige Leben stattfand. Die Klöster hatten das Wissen der Antike überliefert, an den Kloster- oder Kathedralschulen war es weitergegeben worden und einzelne Gelehrten hatten sich dort um die Versöhnung des christlichen Glaubens mit der

1 Antikes Wissen aus der arabischen Welt. Viele antike Schriften wurden in der arabischen Welt bewahrt, übersetzt und diskutiert. So übte der Gelehrte Ibn Ruschd (1126–1198), lat. Averroes, großen Einfluss auf die Aristoteles-Diskurse in Europa aus (Fresko von Andrea Bonaiuti aus dem 14. Jahrhundert).

antiken Bildung bemüht. Aus der Kathedralschule von Notre Dame in Paris entwickelte sich zu Beginn des 13. Jahrhunderts die Universität von Paris. Aus allen Teilen Westeuropas strömten Studenten herbei und absolvierten das „studium generale", das heißt sie konnten in verschiedenen Fakultäten die verschiedenen Wissenszweige, nicht nur Theologie studieren. Da Lehrende und Lernende eine rechtliche und arbeitende Gemeinschaft, „universitas" bildeten, bürgerte sich der Begriff der „Universität" für die neuen Hochschulen ein, deren Satzung vom Papst oder dem Monarchen genehmigt wurde. Die älteste europäische Universität wurde 1119 in Bologna gegründet, insgesamt entstanden im mittelalterlichen Europa rund 80 solcher Hochschulen.

Thomas von Aquin und die Lehre der Vernunft

An den bedeutendsten Universitäten seiner Zeit, in Paris und Neapel, lehrte der Dominikanermönch Thomas von Aquin (1225–1274), den die Zeitgenossen als den „engelsgleichen" Theologen rühmten. Thomas wollte die Glaubensgeheimnisse mit der natürlichen Vernunft klären und zog dafür das philosophische Denken des Aristoteles heran. Die göttliche Offenbarung stufte er nicht als unvernünftig, sondern als übervernünftig ein. So unterschied er zwei Formen von Wissen: den Glauben als Wissen um die Grundlagen des Lebens, das von Gott kommt, und die Vernunft, das Wissen um die weltlichen Dinge. Deswegen nahm er auch zwei Formen des Daseins an, die Materie und die Form. Die materiellen Einzeldinge bestehen für ihn in den Formen von Raum und Zeit und sind der Vernunft zugänglich.

Gott jedoch existiere jenseits der materiellen Existenz als der „unbewegte Beweger", der Schöpfer, der selbst nicht geschaffen wurde. Thomas von Aquin bezeichnet ihn in seinem philosophischen Vokabular als die absolute Form. Gottes Existenz und Wesen übersteigt nun jegliche menschliche Vorstellungskraft, weswegen ihm gegenüber nur der Glauben angemessen ist. Dennoch ist er auch als der „unbewegte Beweger" vernünftig und logisch beweisbar. Natur und Vernunft, die den Menschen unmittelbar zugänglich sind, hat Gott geschaffen, damit der Mensch, dem Gott die Freiheit geschenkt hat, seine Vernunft gebraucht. Dann kommt er letztlich auch auf den Weg des Glaubens, weil er versteht, dass jenseits der begrenzten Natur der allmächtige Gott notwendig für alles Dasein ist. Thomas von Aquin rechtfertigte deswegen nicht die alleinige Autorität des Papstes in Glaubensfragen, sondern hielt Argumente für die Bestimmung des richtigen Glaubensinhalts für wesentlich.
Thomas von Aquin gilt heute noch als der große Denker des hohen Mittelalters, der in einem komplexen gedanklichen System das antike philosophische und das christliche Weltbild zusammenfassen wollte. Im späten Mittelalter ging diese Einheit verloren, an den verschiedenen Universitäten bildeten sich verschiedene Denkschulen aus, aber auch das Entstehen der verschiedenen europäischen Nationen beeinflusste das Denken und Fühlen der gebildeten Schichten.

Das ökonomische Denken des Wilhelm von Ockham

In dieser Zeit wirkte der englische Franziskaner Wilhelm von Ockham (1280–1347) in Oxford, London und München. Bekannt wurde er für das „Ockham`sche Rasiermesser", ein Prinzip des ökonomischen Denkens. Damit sagte er, dass es sinnlos ist, etwas umständlich, in mehrfacher Weise erreichen zu wollen, was auch einfach gemacht werden kann. Übertragen auf das menschliche Denken heißt dies, dass die Theorien, die die Philosophen entwickeln, nur ein Modell darstellen, mit dem man die Wirklichkeit so einfach wie möglich erklärt. Die ganze komplexe Natur könnten die Menschen sowieso kaum erfassen, meinte Wilhelm, und widersprach damit auch dem Bemühen des Thomas von Aquin um ein möglichst komplexes Gedankensystem. Konsequenterweise hielt er es für unmöglich, das Dasein oder die Eigenschaften Gottes vernünftig beweisen zu können. Vielmehr bedurfte es einer willensmäßige Entscheidung, das Unbeweisbare, Gott und seine Lehre, zu glauben. Das bedeutete nicht, dass die Menschen nicht denken sollten oder das Denken sinnlos sei. Die größte denkerische Sicherheit könnten die Menschen in der Auseinandersetzung mit sich selbst, in der Selbsterkenntnis gewinnen. Weil er Glauben und Vernunft als zwei getrennte Bereiche unterschied, trat er auch für die Trennung von Staat und Kirche ein. Beide erkannte er als Autoritäten an, denn die Kirche sei für den Glauben zuständig, der Staat jedoch für das Gemeinwohl und das Zusammenleben der Menschen. Indem Wilhelm von Ockham es ablehnte, das philosophische Denken für den Beweis des Unbeweisbaren, nämlich den Beweis Gottes einzusetzen, wies er ihm mit der Selbsterkenntnis und dem menschlichen Zusammenleben einen Bereich zu, der für das Denken der Renaissance ausschlaggebend wurde – das Individuum und das vernünftige Zusammenleben der Menschen.

2 Thomas von Aquin als Lehrer mit drei Schülern
Auf seiner Schulter der Heilige Geist in Form einer Taube, Holzschnitt, Köln um 1500

3 Der Historiker Alfred Haverkamp über die Aneignung antiker Traditionen im Westen

Wichtige Neuansätze in Wissenschaft und Bildung des europäischen Westens im hohen Mittelalter beruhten auf einer erneuten und umfassenden Aneignung antiker Traditionen, insbesondere der griechischen Philosophie und Naturkunde und des spätantiken römischen Rechts. Dieser Lernvorgang wurde im Westen Europas im 12. Jahrhundert eingeleitet und erhielt in demselben Säkulum bereits eine festere Gestalt, die für das folgende Jahrhundert bestimmend blieb. In diesem Zusammenhang kann mit guten Gründen von einer „Renaissance" im Sinne einer „Wiedergeburt" der Antike im 12. Jahrhundert gesprochen werden: einer „Wiedergeburt" freilich, die Bestandteil der Erneuerung und der grundlegenden Veränderungen in dieser hochmittelalterlichen Zeit war und dementsprechend von diesen zeitspezifischen Faktoren in ihren unterschiedlichen individuellen und kulturräumlichen Erscheinungen geprägt wurde, also keineswegs nur von dieser Rückwendung bestimmt war.

Diesem Zeitraum kann somit eine welthistorisch bedeutsame Mittlerrolle zwischen Antike und Moderne zugewiesen werden. Im Unterschied zu den vorgehenden Wiederaufnahmen antiker Traditionen in der Karolingerzeit und an der Wende vom 10. zum 11. Jahrhundert begründete die „Renaissance" des 12. Jahrhunderts im westlichen Europa eine nicht mehr unterbrochene Kontinuität wissenschaftlichen Denkens, das in der scholastischen Methode[1] ein festes Fundament erhalten hat.

Bei einer solchen Zuordnung ist jedoch zu betonen, dass die „Renaissance des 12. Jahrhunderts" in den zentralen Bereichen der Philosophie und der Naturkunde auf die Rezeption und Verarbeitung von Werken muslimischer und jüdischer Gelehrter beruhte. Diese hatten vor allem seit dem 9. Jahrhundert die Tradition der griechischen Philosophie [...] aufgenommen und nicht zuletzt in der Medizin selbständig weiterentwickelt. Die großen naturwissenschaftlichen und medizinischen Lehrbücher aus dem islamischen Kulturkreis wurden bereits zwischen 1070 und 1087 durch die Übersetzungen des Constantinus Africanus – wahrscheinlich eines getauften Juden aus Nordafrika, der seine letzten Lebensjahre als Mönch in Montecassino verbrachte – für die Medizinschule von Salerno zugänglich gemacht. Neben Einheimischen wie Johann von Sevilla und Hugo von Santalla wirkten während der ersten Hälfte des 12. Jahrhunderts der Engländer Robert von Chester, Hermann von Kärnten und Plato von Tivoli auf der iberischen Halbinsel, teils auch in Südfrankreich als Übersetzer arabisch verfasster oder überlieferter Werke. Daran knüpfte seit der Mitte des 12. Jahrhunderts die „Übersetzerschule" im spanischen Toledo an.

1 rein verstandesmäßig

Alfred Haverkamp: Aufbruch und Gestaltung. Deutschland 1056–1273. München 1993, S. 81 f.

4 Das Kloster Clairvaux – ein Zentrum der Gelehrsamkeit im Mittelalter

5 Kirchliche Vorstellungen im Mittelalter

a) Die Autorität der Kirche

Augustinus, Contra epistolam quam vocant fondamenti cap. 4–5

In der katholischen Kirche hält mich die Übereinstimmung der Völker und Stämme, hält mich die Autorität, die mit Wundern begonnen, aus Hoffnung genährt, von Liebe vermehrt, durch Alter gefestigt ist; es hält mich die priesterliche Sukzession (Abfolge) von dem Stuhle des Apostels Petri selbst, dem der Herr nach der Auferstehung seine Schafe zu weiden befahl, bis zum gegenwärtigen Episkopat (von Rom) (gemeint: Papsttum); es hält mich schließlich der Name der „katholischen" (allumfassenden) Kirche selbst, den diese allein mit Recht unter so vielen Häresien (Ketzereien) bewahrt. – cap. 5. Ich würde dem Evangelium nicht glauben, wenn mich die Autorität der katholischen Kirche nicht bestimmte.

b) Kirche und Schule

Leben des Bischofs Meinwerk von Paderborn cap.160

Die verschiedenen Wissenschaften blühten unter (Bischof Meinwerk). Jünglinge und Knaben von guter Begabung wurden nach mönchischer Ordnung streng unterwiesen und schritten rasch in klösterlicher Zucht wie in allen Wissenschaften voran. [...] Da gab es Musiker und Dialektiker, glänzten Rhetoriker und berühmte Grammatiker; die Magister der Artes pflegten das Trivium und wandten allen Eifer auf das Quadrivium; da leuchteten Mathematiker und Astronomen, lehrten Physiker und Geometriker. In hohem Ansehen standen Horaz und der große Vergil, Crispus Sallust und der gebildete Statius, und allen war es ein Spiel bei Vers und Aufsatz und lieblichen Liedern zu schwitzen. Ihr beharrlicher Fleiß in Schrift und Bild leuchtet mannigfaltig noch heute, da man im Gebrauch nützlicher Bücher die wissenschaftliche Anstrengung jener edlen Kleriker erfährt.

c) Kirche und Wissenschaft

Thomas von Aquin: Summe der Theologie

Es war notwendig zum menschlichen Heile, dass außer den philosophischen Fächern, in welchen die Vernunft des Menschen forscht, noch eine Wissenschaft besteht, die auf der göttlichen Offenbarung gründet. Denn fürs Erste: Der Mensch hat von Gott seine Ordnung auf einen Endzweck hin, der die Fassenskraft der Vernunft überschreitet [...] Nun aber müssen die Menschen diesen Endzweck doch vorher erkannt haben, wenn sie ihr Denken und Tun auf ihn richten sollen. Deshalb war es den Menschen zum Heile notwendig, dass ihm gewisse Dinge, welche die menschliche Vernunft übersteigen, durch göttliche Offenbarung bekannt wurden [...] Zwar soll der Mensch die Dinge, die der Erkenntniskraft seiner Vernunft entrückt sind, nicht mit seiner Vernunft ergründen wollen; aber was von Gott offenbart ist, soll durch den Glauben aufgenommen werden.

II. Die Theologie ist eine Wissenschaft. Doch ist dabei zu bedenken, dass es zweierlei Wissenschaft gibt. Die einen gehen von Prinzipien aus, die durch das natürliche Licht der Verstandes gegeben sind, wie die Arithmetik, die Geometrie und ähnliche. Andere gehen von Prinzipien aus, die sich aus dem Lichte einer anderen, höheren Wissenschaft ergeben, wie etwa die Perspektive, die ausgeht von den Prinzipien, welche die Geometrie zur Kenntnis bringt. [...] In dieser letzteren Weise ist auch die Theologie eine Wissenschaft, weil sie ausgeht von den Prinzipien, die von einem Lichte einer höheren Wissenschaft ihr gegeben sind, nämlich das Wissen Gottes und der Seligen. [...]

III. Die Theologie eine einheitliche Wissenschaft, erstreckt sich auf die Gegenstände der verschiedenen philosophischen Wissenschaften, weil es ein und derselbe Formgrund ist, den sie bei allen ins Auge fasst: nämlich sofern sie Erkenntnisgegenstände im göttlichen Lichte der Offenbarung sind. Mag darum unter den philosophischen Wissenschaften die eine spekulativ, die andere praktisch sein, so schließt doch die Theologie die beiden Arten in sich [...]

VI. Die Vernunft des göttlichen Verstandes steht anders zu den Dingen als die Vernunft des menschlichen Verstandes. Der menschliche Verstand nimmt nämlich sein Maß von den Dingen [...] Der göttliche Verstand hingegen ist das Maß aller Dinge.

Zit. nach: Joachim Leuschner: Die Kirche des Mittelalters. Klett o.J., S.1, S. 12f., S. 28ff.

6 Zisterziensermönche als raffinierte Wasserbauingenieure

Eine Beschreibung des Kloster Clairvaux (Beginn 13. Jahrhundert):

Wenn ihr die Lage von Clairvaux kennenlernen möchtet, wird euch dieser Bericht – wie ein Spiegel – ein Bild davon vermitteln. [...] Hinter der Abtei befindet sich ein ebenes und weites Land, das zum großen Teil von der Mauer umfasst wird, deren weiter Umkreis den Umfang der Abtei kennzeichnet. Dort befinden sich, vereint in der Einfriedung der Abtei, zahlreiche und verschiedenartige Bäume, die reich an Früchten verschiedener Sorten sind: Dies ist ein Obstgarten, der einem Hain vergleichbar ist. Neben der Krankenabteilung gewährt er den kranken Brüdern eine große Erleichterung; wenn sie sich ein wenig Bewegung verschaffen wollen, so finden sie dort einen ausgedehnten Spazierweg, und wenn sie müde sind, einen lieblichen Ort der Erholung. [...] Dort, wo der Hain endet, beginnt der Garten, in Vierecke eingeteilt, deren Grenzen von kleinen Flüsschen durchzogen sind. [...] Dieses Wasser dient zweifachem Nutzen: die Fische zu nähren und die Gemüse zu bewässern. Der unermüdliche Lauf der Aube, ein Fluss mit berühmtem Namen, speist es. Ein Arm dieses Flusses, der die zahlreichen Werkstätten der Abtei durchquert, wird überall gesegnet wegen der Dienste, die er erweist. [...] Sein Bett, dessen Krümmungen das Tal in seiner Mitte in zwei Teile schneidet, ist nicht von der Natur ausgehöhlt, sondern durch die Arbeit der Mönche. über diesen Weg schickt der Aube-Fluss die eine Hälfte seiner selbst in die Abtei [...]

Wenn der überströmende Fluss manchmal zu reichlich Wasser außerhalb seiner normalen Grenzen ergießt, wird er von einer Mauer zurückgestoßen, die ihm entgegensteht und unterhalb derer er gezwungen wird zu fließen; dann kehrt er zu sich selbst zurück, und die Welle, die ihrem alten Lauf folgt, nimmt in ihrer Umarmung die zurückflutende Welle auf. Doch in die Abtei eingelassen, soweit es die Mauer, die die Funktion des Pförtners innehat, erlaubt, stürzt er sich zuerst mit Ungestüm in die Mühle, wo er sehr beschäftigt ist und sich viel Bewegung verschafft, sowohl um den Weizen zwischen den Mühlsteinen zu zerstoßen, als auch um das feine Sieb anzutreiben, das das Mehl von der Kleie trennt.

Schon ist er im benachbarten Gebäude; er füllt die Kessel. [...] Aber der Fluss sagt sich noch nicht los. Die Walker, die sich nahe der Mühle niedergelassen haben, rufen ihn zu sich. Er ist in der Mühle damit beschäftigt, die Nahrung für die Brüder zu bereiten, man ist also wohl ermächtigt zu fordern, dass er sich jetzt um ihre Kleidung kümmert. Er widerspricht nicht. [...] Er hebt und senkt abwechselnd diese schweren Stampfer, die Holzschlegel, wenn ihr wollt, oder besser gesagt: diese hölzernen Füße (denn dieser Name bezeichnet die springende Arbeit der Walker genauer), er erspart den Walkern eine große Strapaze. [...] Wie er mit beschleunigtem Wirbeln so viele schnelle Räder dreht, so verlässt er sie schäumend, damit er sozusagen sich selbst besänftige und weicher werde.

Dort herausgehend tritt er in die Lohgerberei, wo er, um die notwendigen Materialien für das Schuhwerk der Brüder zu bereiten, ebenso viel Aktivität wie Sorgfalt zeigt;

dann teilt er sich in eine Menge kleiner Arme, besichtigt während seines willfährigen Laufes die verschiedensten Arbeiten und sucht überall aufmerksam jene, die seinen Dienst benötigen, welches Objekt es auch sei, ob es sich darum handelt zu kochen, zu sieben, zu zermalmen, zu begießen, zu waschen oder zu mahlen; seine Mitwirkung anzubieten, verweigert er nie. Schließlich [...] entfernt er den Müll und lässt alles sauber hinter sich.

Migne: Patrologia Latina, CLXXXV, 569–571. Zit. nach: Wolfgang Braunfels: Abendländische Klosterbaukunst Köln (DuMont) 1980, S. 305 f.

7 Der Zimmermann, Bauingenieur und Technikhistoriker Dietrich Conrad über technisches Wissen im mittelalterlichen Bauwesen

Technisches Wissen hebt sich aus handwerklichen Fertigkeiten ab. Es bedarf, um gesammelt und aufbewahrt zu werden, einer Institution, deren Bestand über mehrere Generationen von Handwerksmeistern gesichert erscheint. Von dort sind dann jene Impulse zu erwarten, die zu Wissensabstraktionen führen. Im Folgenden seien einige die Wissensbildung besonders begünstigende Elemente aufgezählt:

1. Die seit der Jahrtausendwende stark zunehmende Bautätigkeit führte zu größerer handwerklicher Erfahrung und, daraus abgeleitet, zu umfassenderem technischen Wissen. Aus der größeren Zahl der Bauten und der darin realisierten Vielfalt gestalterischer und konstruktiver Versuche ließen sich solche Lösungen hervorheben, die als besonders günstig empfunden wurden.

2. Der Widerspruch zwischen Bauabsicht und der Verfügbarkeit von Baufachleuten löste vielfältige Reisen von Werkmeistern und Bauhandwerkern aus. Auch wenn der Zweck der Reisen nur darin bestand, eine Bauleistung (Planung, Bauausführung) zu erbringen, so war solches zwangsläufig mit einer Wissensvermittlung an Nichtkundige verbunden. Der Wissenstransfer erfolgte zuerst von Oberitalien aus nach West- und Mitteleuropa und später auch von den nördlichen Großbaustellen, wie z. B. Cluny oder Speyer, kreisförmig ausstrahlend.

3. Besondere Schwierigkeiten bei der Bauplanung bzw. bei der Beurteilung von Bauschäden wurden, wegen der politischen und wirtschaftlichen Konsequenzen im Falle von Misserfolgen, zumeist kollektiv beraten. So rief man im frühen 14. Jahrhundert Meister zur Kathedrale von Chartres, um aufgetretene Risse beurteilen und Maßnahmen zur Sicherung des Bauwerkes veranlassen zu können. 1400 stritten mehrere Meister, darunter auch Jean Mignot, wie der Mailänder Dom weiter zu bauen wäre, und 1417 wurde über die Planung der Kathedrale von Gerona ebenfalls in größerem Kreise debattiert. Als Ort solcher Gespräche kamen Räumlichkeiten des Domkapitels oder auch der Bauhütte in Frage. Mit dem schon erwähnten Sammeln und Bewahren des bei solchen Treffen formulierten technischen Wissens nahm die Bauhütte jene institutionelle Aufgabe wahr, deren es bedurfte, um weiterführende Abstraktionen zu ermöglichen. Der Wissensaustausch gestaltete sich dann besonders intensiv, wenn die Meister, nicht zuletzt auch durch verwandtschaftliche Bindungen, sehr eng zusammenarbeiteten, wie dies von den Dombauhütten in Prag und Wien überliefert ist.

4. Technisches Wissen in Schriftform zu besitzen, galt zumindest in Klöstern als nicht unüblich [...]. Damit lag es nahe, dass auch Werkmeister eigene Erfahrungen schriftlich niederlegten. [...] Die Tatsache, dass Werkmeisterwissen bereits im Stadium der Wiegendrucke dem neuen Kommunikationsmittel anvertraut wurde, lässt die so oft und immer wieder postulierten „Hüttengeheimnisse“ als Relikt jener romantischen Mittelalterrezeption im 19. und zu Beginn des 20. Jahrhunderts erscheinen.

5. Der Zwang zu Rationalisierung des Mauerwerksbaues vor allem im 13. Jahrhundert erwuchs nicht primär dem Geldmangel der Auftraggeber, sondern dem Widerspruch zwischen Bauabsichten und verfügbaren Baukapazitäten. Nachdem dieses Missverhältnis abgeklungen war, gerieten die gefundenen Möglichkeiten der seriellen Vorfertigung teilweise oder ganz wieder in Vergessenheit. Aber die durch die Rationalisierungsmaßnahmen notwendig gewordene Qualifizierung der Bauplanung blieb erhalten. In den in wachsendem Umfang und in höherer Qualität entstandenen Zeichnungen schlug sich technisches Wissen nieder und blieb ständig verfügbar.

Die bei Wissensaneignung und -mehrung mittelalterlicher Werkmeister erreichten Fortschritte spiegelten sich in den größeren, kühneren und schlankeren Konstruktionen und in schriftlich niedergelegten Dimensionierungsregeln für Bauwerke und Bauteile wider [...].

Der wesentliche, dem Wirken mittelalterlicher Werkmeister zu verdankende Fortschritt ist im Übergang vom antiken Denken in weitestgehend statischen Systemen zum neugierigen, Überliefertes in Zweifel ziehenden Forschen der Neuzeit zu sehen.

Dietrich Conrad: Kirchenbau im Mittelalter. Bauplanung und Bauausführung. Leipzig 1997, S. 280, S 297.

8 **Turmbau zu Babel**, Enikels Weltchronik um 1370

9 Die Biblioteca Marciana in Venedig

Die Biblioteca Marciana gehört aufgrund Ihres umfangreichen Bestands auf den Gebieten Byzantinistik und Altphilologie und ihrer historischen Entwicklung zu den wichtigsten Forschungsbibliotheken Italiens. Sie ist eine der italienischen Bibliotheken, die zwar das Adjektiv „nazionale“ im Namen tragen, aber keine überregionalen Aufgaben übernehmen. [...]

Der Grundstock der Bibliothek geht auf Kardinal Bessarion (1395–1472) zurück, der im Jahre 1468 der Republik Venedig seine Sammlung an griechischer Literatur vermachte. Der Kardinal sah in Venedig die legitime Nachfolgerin von Byzanz und die einzige Macht, die dem Vordringen der Türken Einhalt gebieten konnte (Krieg von 1463–1479). Bereits ein Jahrhundert vorher, im Jahre 1362, hatte Francesco Petrarca (1304–1374) in Venedig die Idee einer „öffentlichen Bibliothek“ thematisiert, die nun mit der Schenkung von Bessarion realisiert wurde. 750 vorwiegend griechische und lateinische Codizes und 250 weitere Handschriften kamen so in den Besitz der Republik Venedig, die dem Geschenk dem ihm gebührenden Rahmen verlieh: der 1537 bis 1553 von Jacopo Sansovino (1486–1570) errichtete prachtvolle Bibliothekssaal.

Naoka Iki: Die Biblioteca Nazionale Marciana in Venedig. In: Bibliotheksdienst 40. Jg. (2006), H. 6, S. 693.

11 Auswirkungen des Humanismus auf die Universitäten

Der Humanismus entsteht in Italien außerhalb der Universitäten, seine Träger sind hohe städtische, päpstliche, königliche Beamte, Notare, Pädagogen, Könige, Kirchenfürsten, Ordensleute, Bankiers und Großkaufleute, Verleger, freilich waren sie zumeist auch Universitätsabsolventen. Es entwickelt sich eine neue Qualität des geschriebenen und des gesprochenen Wortes. [...]

Erst zwischen 1400 und 1450 vermag sich das humanistische Programm mit den studia humanitatis [...] an den italienischen Universitäten fest zu verankern. Poetik, Geschichte und Moralphilosophie treten nun zu den älteren Disziplinen der septem artes und den drei Philosophien hinzu. Im 16. Jahrhundert dringt der Humanismus auch außerhalb Italiens langsam in die Universitäten vor, nachdem es bereits in der 2. Hälfte des 15. Jahrhunderts

10 Universitätsgründungen in Europa 15.–17. Jahrhundert

verschiedentlich starken Widerstand gegen die überkommenen Formen des als scholastisch, als erstarrt empfundenen Wissenschaftsbetriebes gegeben hatte (z. B. an der Universität Wien). [...]

Die humanistische Auffassung war von größter Bedeutung für die weitere Entwicklung der bis dahin unverändert gebliebenen Artes-Fakultäten. Melanchthon hat seine Auffassung in den Programmen der Universität Marburg (1529) und Wittenberg (1536) zum Ausdruck gebracht, wo er nicht weniger als 10 Professuren für die Artistenfakultät vorgesehen hat, während die oberen Fakultäten sich mit 1–3 Lehrkanzeln zufriedengeben mussten. Zu den traditionellen Artes-Lehrstühlen Grammatik, Dialektik, Mathematik, Physik und Astronomie traten Professuren für Hebräisch, Griechisch, Geschichte und Poesie sowie zwei Lehrkanzeln der Eloquenz. Nicht zu den studia humanitatis gezählt wurden ursprünglich die Logik, Naturphilosophie und Metaphysik, Mathematik, Astronomie [...], Medizin, Jurisprudenz und Theologie. [...]

Die Universitäten haben an der skizzierten Entwicklung praktisch nur in reformierten Ländern profitiert – die Sorbonne wurde immer wieder als verzopfte, der alten Scholastik, in ihrer mittlerweile perhorreszierten[1] Form verbundene Universität abgelehnt, die wirklichen Kapazitäten gingen nach England und nach 1574 vor allem nach Leiden, das zu einer der ersten Universitäten Europas wird. Es kommt zu einem enormen Aufschwung der Philologie und der erkentnistheoretisch höchst wichtigen und interessanten Diskussion der Sinnhaftigkeit und Nützlichkeit historischer Forschung. Beides ist gewissermaßen konstituierend für die späteren Geisteswissenschaften. [...] Insgesamt bewirkt der Humanismus an den Universitäten im Zusammenhang mit der Säkularisierung und der Entwicklung von Kritik, neuen Rechtsvorstellungen u. Ä. eine enorme Ausweitung der Studien wie ihrer Anwendungen. [...]

1502 wird von Kurfürst Friedrich von Sachsen die Universität Wittenberg gegründet. Die Anfänge waren freilich sehr bescheiden: es wurden der Wittenberger Schlosskirche mit Erlaubnis des Papstes eine etliche Zahl Pfarren inkorporiert[2] und dadurch in ein Stift umgewandelt. Die damit gewonnenen Pfründen wurden mit Professoren besetzt: Probst, Dechant[3], Scholaster und Syndikus[4] bildeten die juristische Fakultät, Kantor und Kustos die theologische Fakultät. Die fünf Kanonikate wurden der Artistenfakultät zugeordnet. Hintergrund war das Bestreben Friedrich des Weisen, die Alleinherrschaft der Scholastik zu brechen. Ein neues wissenschaftliches Gebäude sollte sich entwickeln. 1512 holte der Kurfürst Martin Luther nach Wittenberg, der die Professur für Bibelexegese erhielt, 1518 kam Philipp Melanchthon als Professor des Griechischen nach Wittenberg – Melanchthon und Luther waren bald freundschaftlich verbunden und setzten den Prozess der Reformation in Gang. 1536 wurde durch Kurfürst Johann Friedrich von Sachsen der Universitätsbetrieb erweitert und neu geordnet: Die Artistenfakultät wurde mit zehn Professuren, zwei davon für Mathematik, ausgestattet. Die Universität bezeichnete sich als Academia Vitebergensis und bekannte sich damit zum Humanismus und dazu, dass die Lehrenden und die Studierenden gemeinsam den studia humanitatis nachgehen wollten und nach der via antiqua. Der Begriff Academia signalisierte zudem die Einführung der philologisch-historischen Methode in Forschung und Lehre. [...]

1 entschieden ablehnen, verabscheuen
2 besetzen
3 Dekan
4 juristischer Bevollmächtigter, Vorsteher

Reader zur Allgemeinen Wissenschaftsgeschichte. Wissenschaftliche Institutionen – von Walter Höflechner – Zentrum für Wissenschaftsgeschichte der Karl-Franzens-Universität Graz – März 2008 (http://gams.uni-graz.at:8080/fedora/get/o:wissg-wi-065-1/bdef:TEI/get/#section-1.4.4.1, Stand 9.6.2009)

12 Humanismus in Bayern – die Universität Ingolstadt
1472 vom niederbayerischen Herzog Ludwig begründet, entwickelte sich die Universität Landshut zu einem ersten Zentrum des Humanismus im deutschen Raum. Seit 1505 wurde auch Hebräisch und seit 1515 Griechisch gelehrt. Unter Einfluss des Ingolstädter Theologen Johannes Eck entwickelte sich Ingolstadt seit Mitte der 16. Jahrhunderts zu einem Zentrum der Gegenreformation bzw. bald des Jesuitenordens (Stich des 17. Jahrhunderts).

Arbeitsvorschläge

a) Erarbeiten Sie die Faktoren, die die Vermittlung des antiken Wissens im Mittelalter ermöglichten, und erläutern Sie die These von der „Renaissance der Antike“ (M 3).

b) Untersuchen Sie, in welchem Verhältnis die verschiedenen mittelalterlichen Denker und Schulen Glauben und Kirche einerseits, Denken und Philosophie andererseits sahen. Erläutern Sie, welche Grenzen dem philosophischen Denken im Mittelalter gesetzt waren (M 5).

c) Informieren Sie sich über Techniken, die bei dem Bau einer Kathedrale eingesetzt wurden. Welche technischen Neuerungen und Entwicklungen benennt Dietrich Conrad (M 7)?

d) Überlegen Sie, warum Bibliotheken einen immensen Wert hatten und warum Handschriften bzw. Abschriften von antiken Texten für die Menschen im Mittelalter von großer Bedeutung waren (M 9).

e) Informieren Sie sich über die Artes liberales. Wie würden wir diese einzelnen Fachrichtungen der Artes liberales heute bezeichnen?

f) Recherchieren Sie den Lebensweg des mittelalterlichen Gelehrten Thomas von Aquin. Was erscheint daran „modern“?

g) Erschließen Sie die Folgen, die die Universitäten für das spätmittelalterliche Geistesleben in Europa mit sich brachten (VT, M 10–M 12).

3

3.4 Entwicklungen des frühneuzeitlichen Rationalismus als Vorbereitung moderner Naturwissenschaft

Von der Renaissance ...

Im Jahre 1453 eroberte die türkische Dynastie der Osmanen Konstantinopel. Das Byzantinische Reich ging damit endgültig unter. Über Jahrhunderte war Byzanz der Bewahrer reichhaltigen antiken Wissens von Rhetorik und Mathematik, Astronomie und Geschichte, Poesie und Philosophie. Vieles blieb im Osmanischen Reich bestehen und wurde nicht selten weiterentwickelt. Gleichzeitig wanderten aber auch viele byzantinische Gelehrte nach Westeuropa, vor allem in die italienischen Stadtstaaten aus. Dort wurde das Wissen der Emigranten begierig aufgenommen. Die sich seit dem Beginn des 15. Jahrhundert, zunächst in Italien, ausbreitende Renaissance-Kultur erhielt dadurch zahlreiche Impulse und gewann eine Dynamik, die ganz West- und Mitteleuropa erfasste.

... zum frühneuzeitlichen Rationalismus

Ein neues Menschen- und Weltbild wurde diskutiert. Dazu zählte auch die zunehmende Anwendung experimenteller Naturwissenschaften. Diese lieferten zahlreiche neue Theorien, die mit dem Rationalismus der mittelalterlichen Scholastik verbunden wurden.

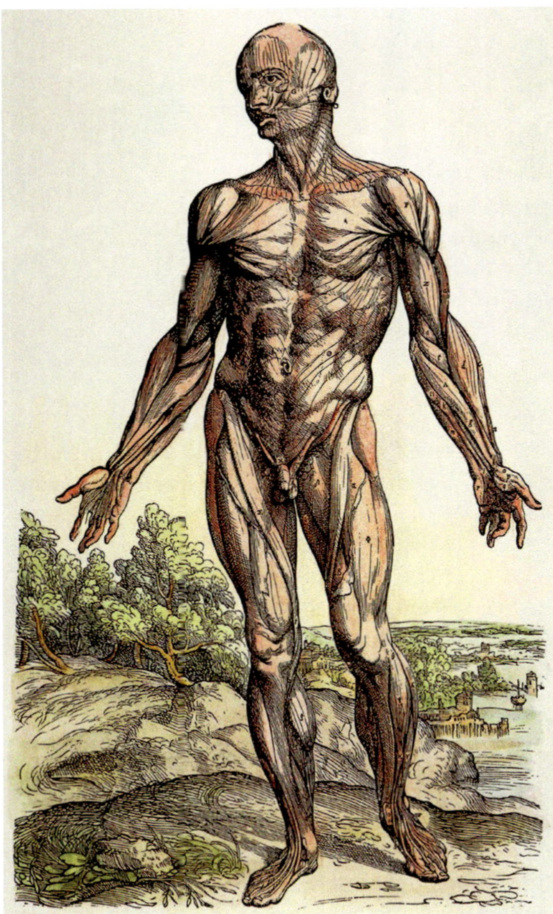

1 Zeichnung aus „Anatomia" von Andreas Vesalius (1539/42)

Wie kann man z. B. zu sicheren und vernünftigen Aussagen oder Urteilen gelangen und die Unsicherheiten des alltäglichen Lebens in Bestimmtheiten überführen? Mit diesem erkenntnistheoretischen Problem befasste sich neben vielen anderen Gelehrten z. B. der französische Philosoph und Naturwissenschaftler René Descartes (1596–1650). Descartes kritisierte naive Alltagsvorstellungen, etwa die Annahme der Gültigkeit von Sinneseindrücken, denn diese können den Menschen leicht täuschen: Wenn man einen geraden Stock ins Wasser taucht, erscheint er dem Betrachter als gekrümmt! Entfernte Gegenstände erscheinen dem Betrachter kleiner, als sie wirklich sind. Sinneseindrücke können also täuschen. Für Descartes waren alle Urteile, deren Wahrheit angezweifelt werden kann, erst einmal unwahre Urteile. Der Zweifel wird damit zu einem methodischen Prinzip erhoben. Wo gibt es wirklich Sicherheiten?

Solche erkenntniskritischen Überlegungen wurden in einer Zeit angestellt, als auch andere Gewissheiten in Frage gestellt wurden. Die „Entdeckungen" der spanischen und portugiesischen Seefahrer revolutionierten das seit der Antike vorherrschende Weltbild. Der amerikanische Kontinent rückte ebenso ins europäische Bewusstsein, wie die Küstenregionen Afrikas und Südostasiens. Dadurch erlebte nicht nur die Kartographie einen beachtlichen Aufschwung, es eröffneten sich auch für die gesamte europäische Politik und Ökonomie neue Handlungsräume.

Die Mathematiker bzw. Astronomen Tycho Brahe, Nikolaus Kopernikus und Johannes Kepler, Galileo Galilei und Isaac Newton trugen maßgeblich dazu

2 Der Jungbrunnen, Gemälde (1546) von Lucas Cranach d. Ä. (1546) (122,5 x 186,5 cm)
Im Spätmittelalter und in der Renaissance war das Motiv des „Jungbrunnens" sehr beliebt, aber auch die im damaligen Verständnis absolut seriösen Alchemisten befassten sich mit dem Problem der „Verjüngung", die älteren Männern wieder zu sexuellen Energien und älteren Frauen zu jugendlicher Schönheit verhelfen sollte. Philosophen der Renaissance betonten die Chance der Selbstveränderung der Menschen. Darin liege seine Würde. Die Kunst greift dieses Thema ebenfalls auf.

bei, dass das mittelalterliche geozentrische Weltbild (das ptolemäische Weltbild) durch ein heliozentrisches Weltbild abgelöst wurde. Aber auch der Mikrokosmos des menschlichen Körpers wurde nun genauer unter die Lupe bzw. das Messer genommen: Andreas Vesalius, Paracelsus sowie Bartolomeo Eustachi begründeten die moderne Anatomie.
Allerdings war die Renaissance nicht einfach eine Epoche, in der nach dem angeblich „finsteren Mittelalter" in Europa das Licht aufging, sie war eher eine außerordentlich widersprüchliche Zeit. Die Hexenverbrennung, der Teufelsglaube, die Inquisition, naturmagische Vorstellungen, die Astrologie und Alchemie erlebten im 16./17. Jahrhundert ihren Höhepunkt. Gerade so berühmte Naturwissenschaftler wie Galilei nutzten ihre astromischen Forschungen primär für astrologische Deutungen und fertigten sich selbst und anderen regelmäßig Horoskope an. Die Herausbildung des modernen Rationalismus vollzog sich in widersprüchlichen Bahnen.

3 Das Bildungsideal in der Renaissance: Der Diplomat und Schriftsteller Baldassare Castiglione über den „Hofmann“ (1528)

Um aber auf Einzelheiten einzugehen, bin ich der Ansicht, dass der Hofmann der Wesenheit und Hauptsache nach im Waffenhandwerk tüchtig bestehen muss; und dem soll er so eifrig obliegen, dass er sich unter den andern durch Ungestüm und Tapferkeit auszeichnet und in Treue gegen seinen Herrn. [...] Deshalb muss der Mann, den wir suchen, stets der tapferste und mutigste sein und der erste, wenn es gegen den Feind geht; sonst aber soll er gesittet, bescheiden und zurückhaltend sein und jedes Aufsehen vermeiden, ebenso unverschämtes Selbstlob, wodurch man sich immer Hass und Missgunst derer zuzieht, die es anhören müssen. [...]

Ich habe nun des Öfteren bei mir nachgedacht, woher die Anmut mit Ausnahme der durch die Gunst der Gestirne erhaltenen eigentlich stamme, und eine Regel gefunden, die mir allgemein gültig zu sein scheint bei allen menschlichen Taten und Reden; man muss jede Ziererei gleich einer spitzigen und gefährlichen Klippe vermeiden und, um eine neue Wendung zu gebrauchen, eine gewisse Nachlässigkeit zur Schau tragen, die die angewandte Mühe verbirgt und alles, was man tut und spricht, als ohne die geringste Kunst und gleichsam absichtslos hervorgebracht erscheinen lässt. [...]

[Der Hofmann] soll also nach meinem Wunsch mehr als mittelmäßig gebildet sein, wenigstens in den, wie wir sie nennen, humanistischen Wissenschaften; nicht allein die lateinische, sondern auch die griechische Sprache soll er beherrschen, worin so viele Gegenstände auf göttliche Art behandelt sind. Er kenne die Gesänge der Dichter, nicht minder die Werke der Redner und Geschichtsschreiber und besitze die Fertigkeit, in Vers und Prosa zu schreiben, hauptsächlich in unserer Volkssprache, weil ihm dann außer dem eigenen Vergnügen auch die Fähigkeit nicht mangeln wird, die Damen zu unterhalten, die ziemlich allgemein solche Dinge lieben. [...]

Ich will noch von einer andern Fertigkeit sprechen, die ich in ihrem ganzen Wert erkenne: Es ist dies die Zeichenkunst, verbunden mit einigem Verständnis der Malerei. Wundert Euch nicht, dass ich etwas verlange, was heute für Handwerkerart und einen Edelmann ungeziemend gehalten wird. Wahrlich, wer die Kunst nicht achtet, kann nicht viel Verstand besitzen: das ganze Weltgebäude, den weiten Himmel, erstrahlend im Sternenschein, in der Mitte, vom Meer umgeben, die Erde, wechselnd geteilt in Berge, Täler und Flüsse, geziert durch Bäume und liebliche Blumen und Kräuter, wir können es ein edles und großes Gemälde nennen, von der Natur und Gott gefertigt. Wer solches nachahmen kann, verdient das höchste Lob, das aber nicht zu erlangen ist, außer durch Kenntnis gar vieler Dinger, wie jeder wohl weiß, der es versucht hat. [...]

[...] es genüge zu sagen, dass unserm Hofmann auch die Kenntnis der Malerei ziemt [. ..] Wenn er schon aus dieser Kunst keinen andern Nutzen oder kein anders Vergnügen zieht, hilft sie ihm doch, die Vollkommenheit alter und neuer Statuen, Vasen, Gebäude, Münzen, geschnittener Steine und dergleichen zu beurteilen, und lässt ihn auch die Schönheit lebender Körper empfinden, nicht allein in der Feinheit der Gesichtszüge, sondern auch im Ebenmaß des ganzen Leibs beim Menschen und bei jedem andern Lebewesen. [...]

Baldassare Castiglione: Der Hofmann. Lebensart in der Renaissance. Aus dem Italienischen von Albert Wesselski. Berlin 1996, S. 28–30, S. 35, S. 50, S. 53 f., S. 55 f.

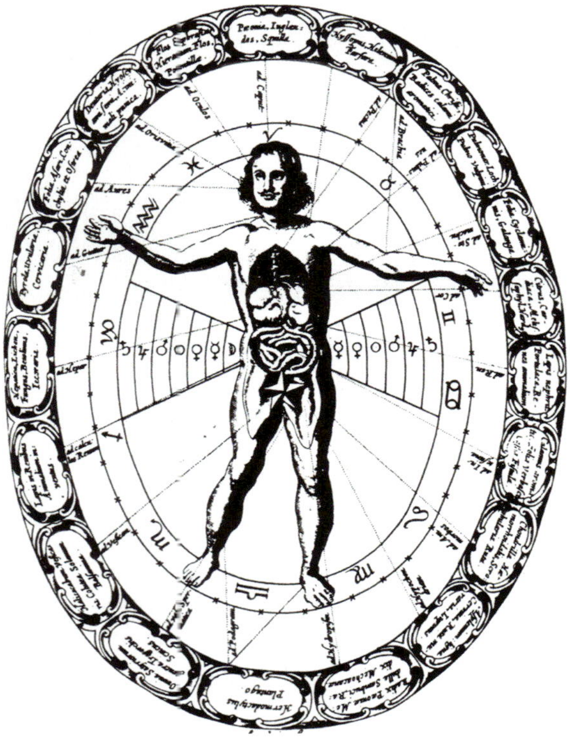

4 Mikrokosmos und Makrokosmos

Ein Beispiel für das „ganzheitliche Denken“ oder auch für naturmagische, theosophische Vorstellungen der Renaissance: Derartige Skizzen erfreuten sich im 16. Jahrhundert einer besonderen Konjunktur. Der Mensch und seine Organe werden von kosmischen Gewalten und Energien beeinflusst. Hierzu der Philosoph Ernst Bloch: „[...] dann ist es, als wäre der Mensch die verkleinerte Welt und die Welt der vergrößerte Mensch. Das heißt, wir kommen auf Mikrokosmos und Makrokosmos. Der Mensch ist ein Mikrokosmos und die Welt ist ein Makanthropos, ein vergrößerter Mensch.“

5 Buchmalerei „Der anatomische Mensch" aus dem Stundenbuch des Herzogs von Berry (1340–1415)

Vergleicht man die Buchmalerei aus dem Stundenbuch mit der Darstellung des Andreas Vesalius (1514–1564, M1), wird dessen Leistung und spezifischer Neuansatz deutlich. Bereits die antiken Naturphilosophen waren der Überzeugung, dass die große Welt, der Makrokosmos, in einem direkten Zusammenhang mit der kleinen Welt und dem menschlichen Körper steht. Die Funktionsprinzipien im Makrokosmos hätten eine Entsprechung im Mikrokosmos. Durch Vesalius wird diese „biochemische Interpretation des Weltprozesses wie des Leibes" (Harmut Böhme), wie sie noch Paracelsus (1493–1541) entworfen hatte, als spekulativ aus den Wissenschaften ausgegrenzt. Ähnlich wie Leonardo da Vinci (1452–1519), der zahlreiche anatomische Sektionen durchgeführt und Skizzen angefertigt hatte, wie Vesalius um das exakte und unbestechliche Betrachten, Zerlegen und Beobachten des menschlichen Körpers.

6 Der lange Weg zur Entdeckung des Blutkreislaufs

Bereits im 13. Jahrhundert hatte der arabische Arzt und Anatom Ibn an-Nafis (ca. 1210–1288) erkannt, dass das Blut kreislaufförmig durch den Körper und die Lungen fließt. Allerdings gelangten seine überlieferten Zeichnungen nicht bis in den europäischen Raum. Ähnliche Beobachtungen stellten Michael Servetus (1511–1553) und Realdo Colombo (1516–1559), der viele wissenschaftliche Fehden mit Vesalius austrug, an. Ihre Erkenntnisse fanden aber in der breiten Öffentlichkeit keine Anerkennung. Erst 1628 beschrieb William Harvey (1578–1657) auf der Basis der Erkenntnisse von Realdo Colombo den Blutkreislauf, was die Gelehrten schließlich überzeugte. Später wurde dieses Modell auch auf den Wirtschaftskreislauf übertragen.

a) Der renommierte niederländische Anatom Andreas Vesalius (1514–1564) sezierte zahlreiche menschliche Leichen, wobei er auch nach den von dem antiken Arzt Galen, der bislang eine unbestrittene Autorität darstellte, beschriebenen Löchern in der Herzscheidewand suchte:

Was die Struktur des Herzens und die Funktion seiner Teile anlangt, so habe ich meine Aussagen in den meisten Fällen mit den Lehren Galens in Übereinstimmung gebracht; nicht weil ich glaubte, dass diese in allen Punkten mit der Wahrheit übereinkämen, sondern, weil ich […] an meinen eigenen Ansätzen immer noch zweifle. Es ist noch nicht lange her, dass ich es nicht gewagt hätte, auch nur einen Finger breit von der Meinung Galens, des Fürsten der Ärzte abzuweichen […]. Doch die Scheidewand ist so dick, dicht und kompakt wie das ganze übrige Herz. Ich wüsste deshalb nicht, […] auf welche Weise selbst das subtilste [feinste] Teilchen von der rechten zur linken Herzkammer durch die Materie dieser Scheidewand transportiert werden könnte. […] Wir müssen uns deshalb über die Kunstfertigkeit des Schöpfers wundern, die das Blut von der rechten zur linken Herzkammer durch Poren dringen lässt, die sich der Sicht völlig entziehen.

A. Vesalius: Vom Bau des menschlichen Körpers (1543). Zit. nach: I. B. Cohen: Revolutionen in der Naturwissenschaft. Frankfurt/M. (Suhrkamp) 1994, S. 271f. Übers. Werner Kutschmann

b) W. Harvey schreibt dagegen über die von Galen beschriebenen Löcher in der Herzscheidewand:

Da ich sowohl bekenne, dass man die Anatomie nicht aus Büchern, sondern aus Zergliederungen, nicht aus philosophischen Glaubenssätzen, sondern in der Werkstatt der Natur erlernt und lehrt, [...] ist jene Meinung [noch weniger zu vertragen], die [...] behauptet, das Blut schwitze durch blinde Löcher der Herzscheidewand aus der rechten in die linke Kammer hindurch [...] und deswegen gebe es in der Herzscheidewand mehrere der Fortleitung des Blutes angepasste Löcher. Aber zum Teufel, es gibt keine Löcher, noch lassen sich solche nachweisen! Und zwar ist die Substanz der Herzscheidewand dichter und fester als irgendein beliebiger anderer Bestandteil des Körpers, ausgenommen die Knochen und Sehnen [...]. Mir für meine Person ist es wirklich wunderlich, dass man lieber einen Weg durch die dicke, harte, dichte, ganz feste Herzscheidewand schafft oder vielmehr vorgibt, als durch das offene venöse Gefäß bzw. durch die lockere, schlaffe, ganz weiche, schwammige Substanz der Lungen.

W. Harvey: Die Bewegung des Herzens und des Blutes (1628). Zit. nach: R. Ritter von Töply: Klassiker der Medizin, hrsg. v. Karl Sudhoff. Leipzig 1910, S. 15, S. 24f.

c) Und an späterer Stelle schreibt Harvey über seine Entdeckung:

So ist dies so neu und unerhört, dass ich nicht nur zufolge der Missgunst gewisser Leute eine Unbill für mich fürchte, sondern besorgt bin, ich mache mir die ganze Menschheit zum Feind: So mächtig ist bei allen Menschen die Gewohnheit bzw. eine einmal eingesogene und tief im Boden eingewurzelte, sozusagen zur zweiten Natur gewordene Lehre, und einen solchen Zwang übt irgendeine ehrwürdige Mutmaßung des Altertums! Sei dem wie immer, der Würfel ist einmal gefallen, und meine Hoffnung ruht auf der Wahrheitsliebe und auf der Ehrlichkeit der Gesinnung der Gelehrtenwelt.

Zit. nach: W. Harvey: Die Bewegung des Herzens und des Blutes (1628). Klassiker der Medizin, hrsg. v. Karl Sudhoff. Leipzig 1910, S. 53f.

7 Die „Kochung des Alten“ (16. Jh.) aus der Handschrift „Splendor Solis“; sie wird der Nürnberger Buchmalerwerkstatt Glockendon zugeschrieben.

8 **René Descartes (1596–1650): Der methodische Zweifel und der archimedische Punkt des denkenden Individuums**

Daher gab ich die wissenschaftlichen Studien ganz auf, sobald es das Alter mir erlaubte, mich der Abhängigkeit von meinen Lehrern zu entziehen, und entschlossen, kein anderes Wissen zu suchen, als was ich in mir selbst oder im großen Buche der Welt würde finden können, verbrachte ich den Rest meiner Jugend damit, zu reisen, Höfe und Heere kennenzulernen, mit Menschen verschiedenen Temperaments und Standes zu verkehren, manche Erfahrung zu sammeln, mich selbst auf die Probe zu stellen in Treffen, in die das Geschick mich stellte, und über alles, was mir begegnete, Überlegungen anzustellen, aus denen ich einigen Nutzen ziehen konnte. Denn ich würde, so schien mir, weit mehr Wahrheit in den praktischen Urteilen finden können, die jeder über die eigenen Angelegenheiten fällt und deren Erfolg ihn eine falsche Entscheidung bald danach büßen lässt, als in Überlegungen, die ein Gelehrter in seinem Studierzimmer über wirkungslose Theorien anstellt, die für ihn selbst höchstens die Folge haben, dass er sich um so mehr darauf einbildet, je weiter sie sich vom gesunden Menschenverstand entfernen, musste er doch ebenso viel mehr Geist und Geschicklichkeit darauf verwenden, ihnen einen Schein von Wahrheit zu geben. Und ich hatte immer großes Verlangen, Wahres von Falschem unterscheiden zu lernen, um in meinen Handlungen klar zu sehen und in diesem Leben sicher zu gehen.

Freilich, solange ich nur die Lebensweise anderer Menschen betrachtete, fand ich kaum etwas, das mir Sicherheit geben konnte, und ich bemerkte hier fast ebenso große Unterschiede wie vorher unter den Lehren der Philosophen. So bestand der größte Nutzen, den ich daraus zog, in der Beobachtung, dass manches, obgleich es uns ganz überspannt und lächerlich erscheint, doch immerhin bei anderen großen Völkern allgemein verbreitet ist und gebilligt wird, und dass ich daraus lernte, nichts allzu fest zu glauben, wovon man mich nur durch Beispiel und Herkommen überzeugt hatte; so befreite ich mich nach und nach von vielen Irrtümern, die das natürliche Licht unseres Verstandes verdunkeln und uns unfähiger machen können, Vernunft anzunehmen. Nachdem ich aber einige Jahre darauf verwandt hatte, so im Buche der Welt zu studieren und mich um neue Erfahrungen zu bemühen, entschloss ich mich eines Tages, auch in mir selbst zu studieren und alle Geisteskräfte aufzubieten, um den Weg zu wählen, dem ich folgen wollte; was mir weit besser gelang, so schien es mir, als wenn ich mich niemals von meinem Vaterlande und meinen Büchern entfernt hätte.

[...] Sodann untersuchte ich aufmerksam, was ich denn bin, und beobachtete, dass ich mir einbilden könnte, ich hätte keinen Körper und es gäbe keine Welt noch einen Ort, an dem ich mich befinde, dass ich mir aber darum nicht einbilden könnte, dass ich selbst nicht wäre; ganz im Gegenteil sah ich, dass gerade aus meinem Bewusstsein, an der Wahrheit der anderen Dinge zu zweifeln, ganz augenscheinlich und gewiss folgte, dass ich bin, sobald ich dagegen nur aufgehört hätte zu denken, selbst wenn alles Übrige, das ich mir jemals vorgestellt habe, wahr gewesen wäre, ich doch keinen Grund mehr zu der Überzeugung hätte, ich sei gewesen. Daraus erkannte ich, dass ich eine Substanz bin, deren ganzes Wesen oder deren Natur nur darin besteht, zu denken und die zum Sein keines Ortes bedarf, noch von irgendeinem materiellen Ding abhängt, so dass dieses Ich, d.h. die Seele, durch die ich das bin, was ich bin, völlig verschieden ist vom Körper, ja dass sie sogar leichter zu erkennen ist als er, und dass sie, selbst wenn er nicht wäre, doch nicht aufhörte, alles das zu sein, was sie ist.

Darauf erwog ich im Allgemeinen, was erforderlich ist, damit ein Urteil wahr und gewiss sei; denn soeben hatte ich ja eines gefunden, von dem ich wusste, dass es diese Eigenschaft besitzt, und meinte daher, ich müsse ebenfalls wissen, worin diese Gewissheit besteht. Nun hatte ich beobachtet, dass in dem Satz: „Ich denke, also bin ich" überhaupt nur dies mir die Gewissheit gibt, die Wahrheit zu sagen, dass ich klar einsehe, dass man, um zu denken, sein muss, und meinte daher, ich könne als allgemeine Regel annehmen, dass die Dinge, die wir ganz klar und deutlich begreifen, alle wahr sind, dass aber nur darin eine gewisse Schwierigkeit liege, richtig zu merken, welche es sind, die wir deutlich begreifen.

René Descartes: Discours de la méthode. Von der Methode des richtigen Vernunftgebrauchs und der wissenschaftlichen Forschung. Zit. nach: Gunnar Skirbekk und Nils Gilje: Geschichte der Philosophie, Bd.1. Frankfurt (suhrkamp) 1993, S. 344–346. Übers. Lothar Schneider

9 **Der Historiker van Dülmen zum Typus des frühneuzeitlichen Wissenschaftlers**

Die frühmoderne Wissenschaft empfand sich emphatisch als neue Wissenschaft, neue Philosophie. Aber obwohl das heutige Wissenschaftssystem seine erste Formierung in dieser Zeit erfuhr und in diesem Zeitraum viele Einzelwissenschaften entstanden, lässt sich nur wenig Verbindendes mit der heutigen Wissenschaft mehr erkennen. Einmal waren die Schöpfer des frühneuzeitlichen wissenschaftlichen Systems nicht Wissenschaftler im heutigen Sinn, gewissermaßen Spezialisten eines Fachs, sondern letztlich Universalgelehrte [...] mit einem großen intellektuellen Anspruch. So war beispielsweise Kepler nicht nur Astronom, sondern auch ein ebenso origineller Theologe wie ein erfolgreicher Astrologe. Descartes war nicht nur der Begründer des philosophischen Subjektivismus, sondern auch vorzüglicher Kenner der Mathematik und Physik. Comenius schließlich war nicht nur der Begründer der modernen Pädagogik, sondern auch selbständiger Theologe. Wodurch ein Gelehrter weltbekannt wurde, war oft nur ein

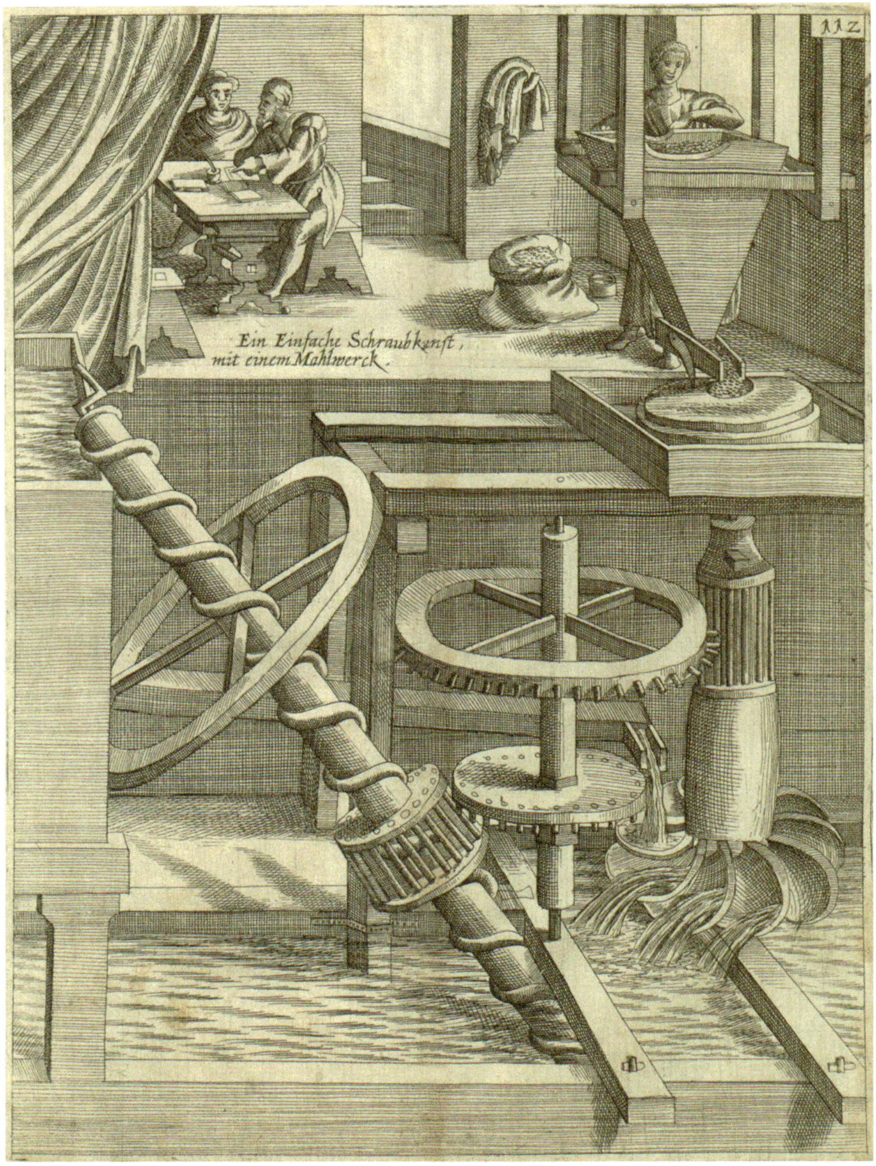

10 Kupferstich einer sich vermeintlich selbst treibenden Wassermühle aus „Strada à Rosberg, Abriss allerhand Mühlen“ (Frankfurt 1629).
Die Konstruktion eines sich selbst unaufhörlich bewegenden Perpetuum mobile bewegte die Fantasien der Ingenieure und Konstrukteure der Renaissance. Aus den Energieerhaltungssätzen der modernen Physik weiß man, dass solche Maschinen unmöglich sind.

Ausschnitt seiner Tätigkeit, der für ihn selbst oft nicht einmal der wichtigste war.

Zum anderen: So sehr alle Wissenschaftler sich einerseits des Gegensatzes von (herrschender) Philosophie und Theologie bewusst waren, sich andererseits auch zu keiner spezifischen kirchlichen Lehre bekannten, waren die Gelehrten selbst keineswegs frei von philosophisch-theologischen Erklärungsansprüchen. Im Gegenteil, sie verkündeten ihre Lehre nicht selten wie eine „neue“ Offenbarung, die nicht nur einzelwissenschaftlichen Wert besitzen sollte. Obwohl weiterhin alle sich zu einer rationalen und auf Vernunft, Erfahrung und Natur gründenden Wissenschaft bekannten, setzten sie sich doch kaum ab von theosophischen[1], alchimistischen und astrologischen Interpretationen; eine strenge Grenze zwischen rationaler und hermetischer [geheimer] Wissenschaft war beispielsweise kaum gezogen. So konnte Kepler ohne weiteres Astronom und Astrologe zugleich sein, Comenius Pädagoge und Pansoph[2].

1 „Gottesweisheit“. Die „Eingeweihten“ können in einer medidativen Schau Gott erfassen und den Weltbau sowie den Sinn des Weltgeschehens erfassen.

2 Die Pansophie ist eine religiös-philosophische Bewegung der Frühen Neuzeit, die eine Zusammenfassung aller Wissenschaften und ein universales Friedens- und Gelehrtenreich erstrebt.

Richard van Dülmen: Fischer-Weltgeschichte, Bd. 24, Entstehung des frühneuzeitlichen Europa 1550–1648. Frankfurt/M. (Fischer) 1982, S. 302.

11 Die Philosophieprofessorin Karen Gloy zur Naturauffassung in der Frühen Neuzeit

[Den Wandel der Naturauffassung von der Antike zur Gegenwart kann man in einer Drei-Stadien-Theorie erfassen,] derzufolge das erste Stadium, repräsentiert durch die griechische Naturauffassung, die Natur als vorgegebene, immer schon vorfindliche nimmt, die prinzipiell unabhängig ist vom menschlichen Erkennen und Handeln. Nur zum Zwecke der verstehenden Aneignung wird sie unter ein technisches Modell gebracht und im Sinne des hermeneutischen[1] Verstehensprozesses rekonstruiert. Nicht die Natur selbst ist Konstrukt, lediglich die Einsicht in sie vollzieht sich als Konstruktion im menschlichen Geist. Die zweite Stufe, repräsentiert durch das christliche Mittelalter, bringt eine Radikalisierung dieses Gedankens insofern mit sich, als die Natur nicht länger intellektuelles Konstrukt ist, sondern zum realen Konstrukt und Produkt des göttlichen Schöpfers wird, das der Mensch aufgrund seiner Ebenbildlichkeit mit Gott in seinem Geist nachzukonstruieren vermag. Für den Menschen ist und bleibt die Welt noch das Andere, das sich nur in der intellektuellen Rekonstruktion als Artefakt [künstliche Hervorbringung] erschließt. Das ändert sich mit der dritten Stufe, die mit dem Beginn der Neuzeit einsetzt. Gestützt auf die theologische Überzeugung von der Gottessohnschaft des Menschen, wird eine [...] Verabsolutierung des emanzipierten, selbstherrlichen Menschen zum zweiten Gott (alter deus), zum gottgleichen Menschen vorgenommen und die Welt prinzipiell zu seinem möglichen Produkt erklärt, das, wenngleich noch nicht voll realisiert, so doch sukzessiv zu realisieren ist. Dieser letzten und radikalsten Form gilt die Natur als Konstruktionsprodukt des menschlichen Geistes, zunächst nur in formaler Hinsicht, zunehmend auch in materialer. Da mit der Aufwertung des Menschen als technites (Konstrukteur) gleichzeitig die Zurückdrängung Gottes als technites einhergeht, tritt an die Stelle des Gedankens der göttlichen Schöpfung der Welt mehr und mehr der Gedanke eines menschlichen Machwerks. Diesem Säkularisationsprozess verdankt sich die neuzeitliche Auffassung von der Natur, die in dieser ein künstliches Produkt des Menschen sieht. Die Konsequenzen dieser Auffassung zeigen sich heute in der Manipulation und Technologisierung der Natur, etwa in der Genmanipulation in der Gentechnologie, in den technischen Raffinessen der künstlichen Intelligenz, in der Computerisierung usw., die hier ihren Ursprung haben. Das phýsei on ist auf dem Wege, zum menschlichen techne on zu werden.

1 Die Hermeneutik ist das wissenschaftliche Verfahren der Textauslegung und -erklärung, aber auch zum Verständnis der Natur.

Karen Gloy: Das Verständnis der Natur. Bd. 1: Die Geschichte des wissenschaftlichen Denkens. München (Beck) 1995, S. 164 f.

Arbeitsvorschläge

a) Beschreiben und untersuchen Sie die Abbildungen in diesem Kapitel: Welche Hoffnungen (oder Utopien) bewegte die Künstler und Gelehrten der Renaissance? Nehmen Sie dazu Stellung.
b) Stellen Sie zusammen, was einen „höfischen" und gebildeten Mann der Frühen Neuzeit auszeichnet. Bei welchen Aspekten würden Sie – aus heutiger Sicht – Bedenken anmelden?
c) Vergleichen Sie das Menschenbild des Stundenbuchs mit der anatomischen Darstellung des Andreas Vesalius. Welche Unterschiede in der Deutung des Menschseins fallen ins Auge (M 1, M 5)?
d) Diskutieren Sie anhand der Erforschung des Blutkreislaufs, inwiefern das Verhältnis zur Antike wissenschaftliche Innovationen inspirierte oder behinderte (M 6).
e) Fassen Sie die erkenntniskritische Position von Descartes thesenförmig zusammen. Diskutieren Sie, worin der radikale Neuansatz von Descartes besteht (M 8).
f) Legen Sie dar, inwiefern sich die gegenwärtige Wissenschaft von frühmoderner grundsätzlich unterscheidet (M 9).
g) Erläutern Sie, welche Bedenken Karen Gloy gegenüber dem modernen Wissenschaftsverständnis formuliert (M 11).

Methode: Umgang mit Bauwerken

Die Geschichte der Baukunst bietet vielfältige Ansätze, ganz unterschiedliche Erkenntnisse herauszuarbeiten. Dies beginnt bereits bei der Frage, welche Funktion einem Bau von seinen Erbauern zugewiesen oder in welcher Form dieser später umfunktioniert wurde. Gleichzeitig nahm der jeweilige Zeitgeist häufig Elemente aus anderen Kulturen oder früheren Epochen auf. So erhielt der in der zweiten Hälfte des 18. Jahrhunderts unter Kurfürst Karl Theodor von Bayern und von der Pfalz (1724–1799) umgestaltete Schlosspark der Sommerresidenz des Pfälzer Kurfürsten in Schwetzingen sowohl einen der Antike nachempfundenen Apollo-, Merkur- und Minerva-Tempel als auch eine türkische Moschee und eine „Chinesische Brücke".
Eine wichtige Vorbildfunktion wurde seit der Renaissance der griechisch-römischen Antike beigemessen. Dabei wurden von den einen die repräsentativen Prachtbauten des kaiserlichen Imperium Romanum, von anderen das „demokratische" und „aufgeklärte" antike Athen nachempfunden, in den USA ebenso wie in Europa. Beliebt waren häufig sakrale Tempelbauten. Die bevorzugte Baukunst sagt dadurch viel darüber aus, in welcher Tradition sich ein Herrscher, ein Staat oder eine Nation in unterschiedlichen Zeiten sehen will.

1. Beobachtung und Beschreibung des Bauwerks
Bei einer historischen Einordnung von Gebäuden ist es wichtig, sich zunächst einen ersten Eindruck der verwendeten Elemente und ihrer Funktionen zu verschaffen. Wurden hier einzelne Bestandteile vergleichbarer Bauwerke früherer Baustile verwendet und wenn ja, wurden diesen mit gleicher Funktion übernommen?
Hierbei ist eine sehr genaue Beobachtung erforderlich. Wie ist beispielsweise die Dachform des Gebäudes oder welcher Art sind die Säulen? Gibt es Treppenaufgänge und wenn ja, sind diese eher breit und ausladend oder umlaufen sie das gesamte Bauwerk? Soll eine Treppe vielleicht eine bestimmte Seite des Gebäudes zusätzlich gestalterisch hervorheben? Ein wertvoller Hinweis kann auch die Beschaffenheit des verwendeten Materials darstellen.

In einem zweiten Schritt gilt es, die künstlerische Ausgestaltung der einzelnen Elemente zu analysieren. Sind Verzierungen auszumachen und an welchen Stellen befinden sich diese? Gibt es allegorische Bezüge mittels Inschriften oder Figuren? Wenn Inschriften aufgenommen wurden, ist natürlich vor allem ihr Inhalt wichtig. Doch auch der Ort und ihre Größe ist zu analysieren. Fallen bereits beim ersten Blick Eigentümlichkeiten auf oder sind sie erst beim genauen Hinsehen zu erkennen?

1 **„Geldtempel": Second Bank of the United States in Philadelphia, erbaut 1818–1824**

Betrachten Sie den Grundriss des Bauwerks. Sind die Proportionen hier „stimmig"? Was schließen Sie aus der flächigen und räumlichen Ausdehnung?

Untersuchen Sie mittels eines Stadtplanes die Position des Gebäudes. Hier kann es interessant sein, sollte sich das Stadtbild einmal gravierend verändert haben, einen älteren Stadtplan heranzuziehen. Wurde das Gebäude an einer zentralen Stelle errichtet? Ist es Bestandteil einer Gruppe von Bauwerken? Gehört eine Parkanlage zum Bauwerk?

2. Hintergrundinformationen
Ähnlich wie bei der Interpretation von Gemälden oder schriftlicher Quellen ist es auch für den Umgang mit Bauwerken notwendig, so viele Informationen wie möglich zu recherchieren. Warum wurde der Bau des Gebäudes beschlossen? Ist es genauso wie geplant erbaut worden?

Informieren Sie sich, wer der Auftraggeber und wer der Architekt gewesen sind. Wurden weitere Künstler, beispielsweise bekannte Bildhauer, beteiligt?

In welcher Epoche und unter welchen spezifischen historischen Bedingungen ist das Bauwerk errichtet worden?
Welcher Zweck war ihm damals zugeordnet worden und gab es seitdem eine Veränderung in seinen Funktionen? Ist das Gebäude in staatlichem oder in privatem Besitz?
Griff der Architekt auf Traditionen und bauliche Elemente früherer Epochen oder aus anderen Kulturräumen zurück? Findet sich dies auch in dem verwendeten Material wieder?
Welche Funktion hat das Gebäude heute?

3. Eigenes Urteil
Führen Sie im 3. Schritt die gesammelten Informationen und Eindrücke zusammen. Fassen Sie diese in konkrete Aussagen zusammen.

Mit welchem Ziel fanden Adaptionen von Bautraditionen früherer Epochen oder anderer Kulturräume statt? Ist diese Adaption gelungen oder wirken „alte" und „moderne" Elemente eher befremdlich?

Wie beurteilen die Menschen, die in dem Bauwerk wohnen oder arbeiten, das Gebäude? Sind sie sich der Adaptionen bewusst und was halten sie davon? Wie beurteilen Passanten oder Bürger der Stadt das Bauwerk?

2 „Wissenstempel"
Akademie der Athener Universität, erbaut durch den dänischen Architekten Ch. Hansen 1839–1864. Der aus der bayerischen Dynastie der Wittelsbacher stammende König Otto I. von Griechenland holte während seiner Regierungszeit zahlreiche bayerische Künstler ins Land. In Anknüpfung an antike Vorbilder gründete er die erste Universität des jungen griechischen Staates.

3 Walhalla
Der „Ruhmestempel der Deutschen", erbaut zwischen 1830 und 1842 in der Nähe von Regensburg

4 Befreiungshalle
In der Nähe des bayerischen Ortes Kelheim auf dem Michelsberg entstand zwischen 1842 und 1863 in Erinnerung an die „Befreiungskriege" gegen das napoleonische Frankreich die sog. Befreiungshalle.

4 Der Nahe Osten: historische Wurzeln eines weltpolitischen Konflikts

Im Nahen Osten überlagern sich zahlreiche wirtschaftliche, nationalistische, religiöse und ideologische Konflikte. Inwiefern spielen dabei historische Wurzeln aus der Zeit der römischen Herrschaft über Palästina während der Antike und die Zeit der mittelalterlichen Kreuzzüge eine Rolle?

Welche Folgen hatte die Einflussnahme der imperialistischen Mächte Europas während des Niedergangs des Osmanischen Reiches für die Situation in Palästina?

Unter welchen Bedingungen kam es zur Gründung des israelischen Staates und welche Rolle spielte dieser während des Kalten Krieges?

Warum gestaltet sich der Friedensprozess seit Anfang der 1990er-Jahre zwischen Israel und den arabischen Nachbarn bzw. palästinensischen Organisationen immer wieder schwierig?

Orthodoxe Juden beim Gebet an der Klagemauer, Foto ca. 2009

0 — 500 — 1000 — 1500 — 1900

63. v.Chr. Judäa unter römischer Vorherrschaft

70 n. Chr. Judäa wird römische Provinz.

638 Araber erobern Jerusalem.

1096–1270 Kreuzzüge

1516–1917 Palästina unter osmanischer Herrschaft

1896 Theodor Herzl propagiert de[n] jüdischen Staat.

Betende Muslime in Jerusalem; im Hintergrund der Felsendom, Foto 2009

4

Online-Link
430027-0401

1925	1950	1975	2000

1917 Balfour-Deklaration

1932 zunehmende jüdische Einwanderung nach Palästina

1948 Gründung des Staates Israel

1967 Sechs-Tage-Krieg

1987 Erste Intifada

2000 Zweite Intifada

4

4.1 Der Beginn der Diaspora – das Ende des antiken jüdischen Gemeinwesens

Das Zeugnis der Bibel

Die Geschichte der Frühzeit des jüdischen Volkes basiert vor allem auf den Aussagen der fünf Bücher Mose. Hinzu kommen nur wenige archäologische Funde und außerbiblische Schriftquellen. Nach heutigem Forschungsstand entstanden diese Bibeltexte wahrscheinlich ab etwa 1200 v. Chr. Sie vereinen unterschiedliche Überlieferungen der hebräischen Stämme zu einer gemeinsamen Ursprungsgeschichte, enthalten aber auch Mythen und Legenden. Nach Jahrhunderten mündlicher Überlieferung wurden die Texte erst um 450 v. Chr. aufgeschrieben. Aus diesen Gründen ist der Quellenwert der historisch gemeinten Teile des Alten Testamens natürlich sehr begrenzt und die Ableitung geschichtlicher „Wahrheiten" oft nur Spekulation. Die Geschichte der Juden beginnt – nach biblischem Verständnis – mit dem aus Ur stammenden Urvater Abraham. Er verlässt auf den Befehl Gottes hin seine Heimat und zieht nach „Kanaan", einem Gebiet zwischen der östlichen Mittelmeerküste und dem Jordan sowie zwischen dem Libanongebirge und der Negevwüste. Dessen Enkel Josef gelangt nach Ägypten, wohin er seine Verwandten nachholt. In Ägypten wird aus den Israeliten ein großes Volk, das aber von den Pharaonen als Sklaven gehalten wird. Unter der Führung von Moses gelingt den Unterdrückten der Auszug aus Ägypten ins von Gott verheißene „gelobte Land" Kanaan.

Ein Volk, ein Land, ein Gott

Tatsächlich historisch belegbar ist davon nur wenig: Zwischen 1500 und 1000 v. Chr. siedeln sich halbnomadische Stämme unterschiedlicher Herkunft in der biblisch Kanaan genannten Region an. Diese Stämme wachsen im Laufe der Zeit zusammen und grenzen sich von ihren Nachbarn durch eine gemeinsame Sprache und vor allem durch den gemeinsamen Glauben an einen Gott ab. In den folgenden Jahrhunderten schlossen sich die eher lose organisierten Stämme enger zusammen, um sich gegen den wachsenden Druck der umliegenden Großmächte besser verteidigen zu können. Dass es das in der Bibel dargestellte einheitliche Königtum unter Saul, David und Salomo tatsächlich gab, muss bezweifelt werden. Außerhalb des Pentateuch gibt es dafür keine Nachweise. Stattdessen gehen viele Forscher von der Existenz eines verhältnismäßig starken, von der Schwäche der Nachbarn profitierenden Nordreiches „Israel" aus. Nachdem dieses zwischen 722 und 721 v. Chr. von den Assyrern erobert und in einen Vasallenstaat verwandelt worden war, erstarkte das erst spät entstandene Südreich Juda mit dem Mittelpunkt Jerusalem. Im 6. Jahrhundert unterwarfen die Babylonier Juda, eroberten 586 v. Chr. Jerusalem und deportierten einen Teil der Bewohner, v. a. die Oberschicht, nach Babylon. Die Zeit des „babylonischen Exils" verstärkte den Prozess der nationalen und religiösen Selbstfindung der Juden. Sie sahen sich als etwas Besonderes, nämlich als das auserwählte Volk des einen Gottes, der die Geschichte und das Schicksal seines Volkes vorherbestimmt und lenkt. Erst nach der Eroberung Babylons durch die Perser konnten die Israeliten in ihre Heimat zurückkehren und den Tempel neu errichten (520 – 515 v. Chr.). Ein Teil von ihnen blieb jedoch freiwillig in Babylon. Das war der Beginn der Diaspora. Im Verlauf der folgenden Jahrhunderte wurde Palästina Teil verschiedener Großreiche. Durch einen großen Aufstand gelang es mit Hilfe der Römer, Judäa zu einem autonomen Staat unter der Führung von Priesterkönigen (165 v. Chr. bis 63 v. Chr.) zu machen.

Juden und Römer – Judäa und Palästina

Im ersten vorchristlichen Jahrhundert begannen die Auseinandersetzungen der Römer mit den Juden. Damals eroberte Gnaeus Pompejus Judäa (63 v. Chr.) und vereinigte dieses mit dem Rest der jüdisch besiedelten Gebiete und Syrien zur

Provinz Syria. Die damals ca. 2 Millionen Juden behielten jedoch ihren König und ihre religiöse Autonomie. Trotzdem vermehrten sich, vor allem seit der Zeitwende, die sozialen, religiösen und politischen Unruhen.

Widerstand gegen Rom

Zum einen bestanden Konflikte zwischen Juden, Syrern und eingewanderten Griechen sowie zwischen der eher armen Landbevölkerung und den wohlhabenderen, griechisch geprägten städtischen Oberschichten. Zum anderen gab es Erschütterungen durch religiöse Sekten und Fanatiker, die den Einfluss der griechischen Kultur bekämpften. Hinzu kamen Provokationen und Übergriffe der römischen Besatzer. Es gab auch immer wieder religiös motivierte Konflikte, z. B. durch die Weigerung der Juden, im Tempel Standbilder des Kaisers aufzustellen. Die Römer sahen darin eine Rebellion gegen den Staat. Für die Juden handelte es sich um eine religiöse Frage. Sie sahen den Staat – im Gegensatz zur römischen Staatsphilosophie – als ein Gefäß der Religion. So kam es zu einer Reihe von Aufständen gegen die Römer. Diese erreichten ihren Höhepunkt im sogenannten „Ersten jüdischen Krieg“. Als der römische Statthalter Florus einen Teil des Tempelschatzes einforderte, begann 66 n. Chr. die Revolte unter der Führung der Zeloten, einer radikalen, paramilitärischen Widerstandsbewegung mit dem Ziel, Judäa von Fremdherrschaft zu befreien. Der römische Kaiser Nero schickte daraufhin seinen erfahrenen Feldherrn Vespasian in die aufständische Provinz. Diesem gelang es, in den beiden folgenden Jahren Galiläa und Judäa, nicht aber Jerusalem zu erobern. Dieses fiel erst im Jahre 70 n. Chr. Vespasian – nun Kaiser – hatte seinen Sohn Titus mit einem starken Heer zur Beendigung des Krieges gesandt. Dabei war auch eine „starke, in dem bei Grenznachbarn üblichen Hass mit den Juden verfeindete Araberschar“ (Tacitus V,1). Während der monatelangen Belagerung der Stadt wuchs auf beiden Seiten die Erbitterung. Als die Stadt schließlich erobert wurde, wurden die letzten Verteidiger zu Tausenden erschlagen, die Stadt geplündert und viele Überlebenden als Sklaven verkauft. Der

4

1 Das Land der Juden zwischen den Machtblöcken etwa 60 v. Chr.

Tempel – das Symbol des jüdischen Monotheismus – wurde geplündert und bis auf die Grundmauern niedergebrannt, die Tempelsteuer musste in Zukunft dem römischen Jupiter Optimus Maximus entrichtet werden. Durch die Zerstörung des Tempels hatten die Juden aber ihr religiöses Zentrum verloren. An die Stelle des Tempels trat nun die dezentrale Institution der Synagoge, des Gebetshauses. Der Priesterstand, der für die Bewahrung der religiösen Inhalte und den Kultus im Allerheiligsten zuständig gewesen war, verlor seine Legitimation. Somit gewannen die Tora und andere, später im Talmud niedergelegte Texte, an Bedeutung, da die durch die Priester gewährleisteten Traditionen entfielen. Das Judentum wurde zur „Buchreligion". Aus Sicht der Römer war die Zerstörung des Tempels die Strafe für die Widersetzlichkeit, aber auch für die Ursünde der Juden – den Verzicht auf die Hilfe der Götter.

„Iudaea capta" – Der Weg in die Diaspora

In der Propaganda von Kaiser Vespasian und seines Sohnes und Nachfolgers Titus spielte der Sieg über die Juden jahrelang eine zentrale Rolle. Für das Kaiserhaus der Flavier war dieser militärische Erfolg eine wichtige Legitimationsbasis für ihre Herrschaft. So wurden beim Triumphzug in Rom Kultgegenstände aus dem Tempel, unter anderem der siebenarmige Leuchter, der goldene Tisch und die Purpurvorhänge des Allerheiligsten dem römischen Volk präsentiert. Immer wieder wurden Münzen mit der Parole „Iudäa capta" (= Judäa ist besiegt) geprägt. Nichtsdestotrotz mussten die römischen Statthalter in den folgenden Jahren verbliebene jüdische Wiederstandsnester niederkämpfen. Trotz ihrer Bemühungen konnten die Römer die Provinz nie als völlig befriedet ansehen. Die Situation wurde schließlich durch den sogenannten zweiten jüdischen Krieg (132–135 n. Chr. auch: Bar-Kochba-Aufstand) auf die Spitze getrieben. Dieser Aufstand – sein Anlass ist nicht bekannt – war der letzte Versuch des antiken jüdischen Volkes, seine Unabhängigkeit zu erkämpfen. Der Anführer Simon bar Kochba wurde von vielen Juden – wohl vor allem von der Landbevölkerung – für den lang erwarteten Messias gehalten. Nach einigen Anfangserfolgen wurde die Revolte von den Römern unter großen eigenen Verlusten brutal niedergeschlagen. Große Teile Judäas wurden verwüstet, Jerusalem völlig zerstört. Kein Jude durfte dort mehr leben. Auf den Ruinen der Stadt wurde eine römische Siedlung erbaut, an ehemaligen Standort des jüdischen Tempels ein Jupitertempel errichtet. Die Römer benannten die Gebiete Judäa und Galiläa in „Palästina" um, nach dem Namen der Philister, der ehemaligen Feinde der Juden. Diese Bezeichnung diente also dazu, die Juden zu demütigen. Außerdem wurde vermehrt nichtjüdische Bevölkerung in der Provinz angesiedelt. Die rigorose Vorgehensweise der Römer hatte viele Ursachen (z. B. militärische Fehlschläge in anderen Reichsteilen, u. a. in Germanien), zeigt aber auch, wie sehr der Auserwähltheitsgedanke der Römer mit dem der Juden kollidierte.

2 Münze des Kaisers Vespasian zur Niederschlagung des 1. judäischen Aufstandes

Schon nach dem ersten jüdischen Krieg hatten viele Juden ihre Heimat freiwillig oder gezwungenermaßen verlassen, so dass ein großer Teil der Juden außerhalb des jüdischen Kernlandes in den Gebieten rund ums Mittelmeer, aber auch im Perserreich, lebte. Nach dem Bar-Kochba-Aufstand flüchteten unter dem Druck römischer Verfolgungen und Vertreibungen erneut zahlreiche Überlebende in andere Teile des römischen Imperiums. Von nun an gab es nur noch wenige Juden in Palästina, die Mehrheit lebte in kleinen, in sich geschlossenen Gemeinden in einer andersgläubigen Umwelt, in der Diaspora (griech.: Verstreutheit).

3 Triumphzug mit Beutestücken aus Jerusalem
Darstellung aus dem Durchgang des Titusbogen, der nach dem Sieg über die Judäer erbaut wurde (Ende 1. Jahrhunderts n. Chr.)

4 Das Heilige Land

In der Tora, identisch mit den fünf Büchern Mose im christlichen Alten Testament, finden sich zahlreiche Stellen, die den Besitzanspruch der Juden auf das Heilige Land untermauern.

a) Aus dem Buch Deuteronomium:

Mein Vater war ein heimatloser Aramäer (= Abraham, vgl. Gen 12,10). Er zog nach Ägypten, lebte dort als Fremder mit wenigen Leuten und wurde dort zu einem großen, mächtigen und zahlreichen Volk. Die Ägypter behandelten uns schlecht, machten uns rechtlos und legten uns harte Fronarbeit auf.

Wir schrien zum Herrn, dem Gott unserer Väter, und der Herr hörte unser Schreien und sah unsere Rechtlosigkeit, unsere Arbeitslast und unsere Bedrängnis. Der Herr führte uns mit starker Hand und hoch erhobenem Arm, unter großem Schrecken, unter Zeichen und Wundern aus Ägypten, er brachte uns an diese Stätte und gab uns dieses Land, ein Land, in dem Milch und Honig fließen.

Dtn. 26,5 und Dtn. 26,7–9, zit. nach der Einheitsübersetzung

b) Aus dem Buch Genesis:

Nachdem sich Lot [Neffe Abrahams] von Abram getrennt hatte, sprach der Herr zu Abram [= Abraham]: Blick auf und schau von der Stelle, an der du stehst, nach Norden und nach Süden, nach Osten und Westen. Das ganze Land nämlich, das du siehst, will ich dir und deinen Nachkommen für immer geben. Ich mache deine Nachkommen zahlreich wie den Staub auf der Erde. Nur wer den Staub auf der Erde zählen kann, wird auch deine Nachkommen zählen können. Mach dich auf, durchzieh das Land in seiner Länge und Breite; denn ich werde es dir geben.

Gen 13,14–17, zitiert nach der Einheitsübersetzung

5 Der römische Schriftsteller Tacitus über die Juden

Im erhaltenen Teil des 5. Bandes seiner zu Beginn des 2. Jahrhunderts nach Christus entstandenen „Historien" beschreibt Tacitus die Vorbereitungen zum Sturm auf Jerusalem im Jahr 70 und geht dabei auch auf die Eigenarten des Gegners ein. Damit versucht er, die Kampfkraft dieses Volkes zu erklären, das den Römern so hartnäckig Widerstand entgegenbrachte. Zum anderen ging es dem Historiker darum, die Lebensart der Juden als Gegenbeispiel zu den guten alten und – aus seiner Sicht – bedrohten römischen Sitten darzustellen.

2 Da ich nun darangehe, vom letzten Tag dieser berühmten Stadt [Jerusalem] zu berichten, erscheint es angemessen, ihre Anfangsgeschichte darzulegen. […]

3 Die meisten Autoren stimmen in Folgendem überein: Als in ganz Ägypten eine Seuche ausgebrochen sei, die den Körper entstellte, habe sich König Bokchoris an das Orakel des Ammon gewandt mit der Bitte um ein Heilmittel: Da sei ihm befohlen worden, sein Reich zu säubern und dieses Menschengeschlecht als den Göttern verhasst in andere Länder wegzuschaffen. So habe man dieses Volk zusammengesucht, zusammengetrieben und es in der Wüste sich selbst überlassen; als nun die einen

stumpfsinnig Tränen vergossen, habe Moyses, einer der Vertriebenen, sie aufgerufen, auf keine Unterstützung von Göttern und Menschen zu warten, da sie von beiden verlassen seien; vielmehr sollten sie nur auf sich selbst unter himmlischer Führung bauen, mit deren Hilfe sie schon jetzt das gegenwärtige Unglück überwinden würden. Sie stimmten zu, und in allem unerfahren, begannen sie auf gut Glück den Marsch. Aber nichts setzte ihnen so zu wie der Wassermangel, und schon waren sie, dem Untergang nahe, ringsum auf der ganzen Wüstenfläche niedergesunken, als eine Herde Wildesel zu einem im Schatten eines Hains liegenden Felsen wechselte. Moyses folgte ihr, zog aus dem grasreichen Boden seine Schlüsse und fand reiche Wasseradern. Das bot ihnen Erquickung; nach sechs Tagen ununterbrochenen Marsches vertrieben sie dann am siebenten Tag die früheren Bewohner und besetzten deren Land, in dem sie ihre Hauptstadt und ihren Tempel gründeten.

4 Damit er sich des Volkes für die Zukunft versichere, gab Moyses ihm neue Kultbräuche, die im Gegensatz stehen zu denen aller übrigen Menschen. Unheilig ist dort alles, was bei uns heilig, andererseits ist erlaubt bei ihnen, was für uns als Schande gilt. […] Schweinefleisch rühren sie nicht an – in Erinnerung an die Plage, weil auch sie damals der Aussatz entstellt hatte, von dem dieses Tier oft befallen wird. Ihre einstige lange Hungersnot bezeugen sie bis heute durch oftmaliges Fasten, und als Erinnerung an den Raub von Feldfrüchten halten die Juden an ihrem ungesäuerten Brot fest. Am siebenten Tag, so sagt man, habe es ihnen gefallen, der Ruhe zu pflegen, da dieser Tag ihnen das Ende ihrer Plagen gebracht habe; als ihnen dann die Untätigkeit behagte, hätten sie auch jedes siebente Jahr dem Müßiggang geweiht. […]

5 Diese Kultbräuche, auf welche Weise auch immer eingeführt, werden durch ihr hohes Alter gerechtfertigt: die übrigen Einrichtungen, unsinnig und abstoßend, kamen zur Geltung eben wegen ihrer Abscheulichkeit. […] Abgesondert sind sie beim Essen, getrennt beim Schlafen, und obwohl ein der Sinnlichkeit ganz hingegebenes Volk, enthalten sie sich des Geschlechtsverkehrs mit fremdländischen Frauen; untereinander gilt ihnen nichts als unerlaubt. Die Sitte der Beschneidung haben sie eingeführt, um an diesem Unterscheidungsmerkmal erkannt zu werden. Alle, die zu ihrer Lebensform übertreten, halten sich

6 Titusbogen im Forum Romanum
Er wurde Ende des 1. Jahrhunderts zu Ehren des Kaisers Titus in Erinnerung an die Niederschlagung des judäischen Aufstandes 70 n. Chr. gestiftet.

an denselben Brauch, und nichts wird ihnen früher beigebracht, als die Güter zu verachten, ihr Vaterland zu vergessen, Eltern, Kinder, Brüder gering zu achten. Dennoch kümmern sie sich um den Bevölkerungszuwachs; denn eines der nachgeborenen Kinder zu töten gilt als Frevel; die Seelen der im Krieg oder durch Hinrichtung Umgekommenen halten sie für unsterblich: daher ihre Lust zur Fortpflanzung und ihre Todesverachtung. Die Leichen begraben sie, anstatt sie zu verbrennen, und dies nach ägyptischer Sitte; bei ihnen gilt auch derselbe Totenkult und dieselbe Vorstellung von der Unterwelt; ganz anders aber ihr Bild von den Himmlischen. Die Ägypter verehren viele Tiere und zusammengesetzte Götterbilder; bei den Juden gibt es nur eine Erkenntnis im Geist, den Glauben an einen einzigen Gott. Als Gotteslästerer betrachten sie alle, die Götterbilder aus irdischem Stoff nach dem Ebenbild der Menschen schaffen; jenes höchste und ewige Wesen sei weder darstellbar noch vergänglich. Daher stellen sie in ihren Städten keine Götterbilder auf, schon gar nicht in den Tempeln. Eine solche Huldigung erweisen sie nicht den Königen, eine solche Ehre nicht den Caesaren. Weil aber ihre Priester Musik mit Flötenspiel und Pauken machten, sich mit Efeu bekränzten, und weil man im Tempel einen goldenen Rebstock fand, glaubten einige, es werde Vater Liber verehrt, der Bezwinger des Orients, obwohl die Kultsatzungen keineswegs übereinstimmen; denn Liber stiftete festliche und fröhliche Bräuche, die Sitte der Juden ist widerwärtig und schäbig.

8 Ein großer Teil Judäas ist übersät mir Dorfsiedlungen, sie haben aber auch Städte; Hierosolyma ist die Hauptstadt des Volkes. Dort steht ein Tempel von unermesslichem Reichtum. Durch den äußeren Mauerring ist die Stadt, durch einen zweiten die Königsburg, durch den innersten der Tempel umschlossen. Nur bis zu dessen Toren hat ein Jude Zutritt, von der Schwelle werden alle außer den Priestern ferngehalten. [...]

9 Als erster Römer bezwang Gnaeus Pompeius die Juden und betrat den Tempel nach dem Recht des Siegers. Seither ist bekannt, dass drinnen kein Götterbild stehe, die Stätte leer und der Gebeinkult sinn- und zwecklos sei. Die Mauern von Hierosolyma wurden geschleift, der Tempel blieb erhalten. [...]

Exkurs: Historien V, 1–9. Zit. nach: P. Cornelius Tacitus: Historien. Lateinisch/deutsch, übersetzt, erläutert und herausgegeben von Helmuth Vretska. Stuttgart 1984, S. 601–611, S. 615–617

7 Geschichte des jüdischen Krieges

Josephus Flavius (37/38–100 n. Chr.) – mit jüdischem Namen Josef Ben Matithjahu – stammte aus einer vornehmen und wohlhabenden Familie aus dem jüdischen Priesteradel. Im ersten jüdischen Krieg war er militärischer Befehlshaber der aufständischen Juden in Galliläa. Nach dem Fall des Stützpunktes Jotapata kam er in römische Gefangenschaft. Dort übertrug er die Messiaserwartung seines Volkes auf Vespasian und sagte diesem die Herrschaft als Kaiser voraus. Als die Voraussage eintrat, erhielt er von Vespasian die Freiheit und das römische Bürgerrecht. Josephus übernahm den Namen der flavischen Kaiserdynastie und trat in deren Dienst, zunächst als Dolmetscher und Berater bei der Belagerung von Jerusalem, dann als Schriftsteller. Ziel der Schriften von Flavius Josephus war die Verteidigung des Judentums und die religiöse Interpretation der Geschichte seines Volkes. Er berichtet über die Zerstörung des Tempels:

a) Titus hielt nun mit ihnen allen [= Offiziere und Befehlshaber der Legionen] Kriegsrat wegen des Tempels. Die einen meinten, man solle dem Kriegsrecht freien Lauf lassen; denn solange der Tempel, dieser Sammelpunkt aller Juden, noch stehe, würden sie niemals aufhören, an Empörung zu denken. Andere äußerten ihre Ansicht dahin, dass man, wenn die Juden den Tempel räumten und niemand mehr zu seiner Verteidigung das Schwert ziehe, ihn erhalten, wenn sie dagegen bei ihrem Widerstand beharrten, ihn verbrennen solle; denn dann sei er eben eine Festung und kein Tempel. Auch würden im letzteren Falle nicht die Römer sich einer Gottlosigkeit schuldig machen, sondern lediglich die, welche sie dazu genötigt hätten. Titus aber hielt dafür, man solle, selbst wenn die Juden vom Tempel herab sich wehren würden, seine Rache nicht an leblosen Dingen statt an Menschen auslassen und unter keinen Umständen ein so herrliches Bauwerk den Flammen preisgeben. Denn der Schaden treffe im Grunde ja doch die Römer, wie umgekehrt der Tempel, wenn er erhalten bleibe, eine Zierde des Reiches sein werde. [...]

b) Titus zog sich hierauf in die Antonia [Festung in Jerusalem] zurück, entschlossen, am folgenden Tage in aller Frühe mit seiner ganzen Heeresmacht anzugreifen und den Tempel zu umzingeln. Über diesen jedoch hatte Gott schon längst das Feuer verhängt, und es war endlich im Laufe der Zeiten der Unglückstag – der zehnte des Monats Loos – gekommen, an dem auch der frühere Tempel vom Babylonierkönig eingeäschert worden war; nur waren es diesmal die Einheimischen selbst, durch deren Veranlassung und Schuld er den Flammen zum Opfer fiel. Kaum nämlich hatte Titus sich entfernt, als die Empörer nach kurzer Rast abermals gegen die Römer ausrückten. Hierbei kam es zum Handgemenge zwischen der Besatzung des Tempels und denjenigen [von Titus geschickten] Mannschaften, die das Feuer in den Gebäuden des inneren Hofes löschen sollten. Als nun die Letzteren den zurückweichenden Juden nachsetzten und bis zum Tempelgebäude vorgedrungen waren, ergriff einer der Soldaten, ohne einen Befehl dazu abzuwarten oder die schweren Folgen seiner Tat zu bedenken, wie auf höheren Antrieb einen Feuerbrand und schleuderte ihn, von einem Kameraden emporgehoben, durch das goldene Fenster, [...] ins Innere. Sowie die Flammen aufloderten, erhoben die Juden, entsprechend der Größe des Unglücks, ein gewaltiges Geschrei und rannten, ohne der Gefahr zu achten oder ihre Kräfte zu schonen, von allen Seiten herbei, um dem Feuer zu wehren: denn es drohte unterzugehen, was sie bisher vor dem Äußersten zu bewahren gesucht hatten. Ein Eilbote meldete es dem Titus. Schnell sprang dieser von seinem Lager im Zelt, wo er eben vom Kampfe ausruhte, auf und lief, wie er war, zum Tempel hin, um dem Brande Einhalt zu tun [...]. Wie bei der ungeordneten Bewegung einer solchen Menschenmenge leicht erklärlich entstand nun ein fürchterliches, mit betäubendem Lärm untermischtes Getümmel. Der Cäsar wollte durch Schreien und Handbewegungen den Kämpfenden zu verstehen geben, man solle löschen; sie aber hörten sein Rufen nicht, da es von dem noch lauteren Geschrei der anderen übertönt wurde, und die Zeichen, die er mit der Hand gab, beachteten sie nicht, weil sie teils von der Aufregung des Kampfes, teils von ihrer Erbitterung völlig eingenommen waren. Keine gütlichen Vorstellungen, keine Drohungen vermochten den stürmischen Andrang der Legionen aufzuhalten: Die Wut allein führte das Kommando. An den Eingängen kam es zu einem so schrecklichen Gedränge, dass viele von ihren Kameraden zertreten wurden; viele auch gerieten auf die noch glühenden und rauchenden Trümmer der Hallen und teilten so das Schicksal der Besiegten. [...] Die Empörer hatten übrigens die Hoffnung, den Brand noch eindämmen zu können, völlig aufgegeben; denn allenthalben wurden sie niedergemetzelt oder in die Flucht getrieben. Auch ganze Haufen von Bürgern, lauter schwache, wehrlose Leute, fielen, wo der Feind sie traf, dem Schwert zum Opfer. Besonders um den Altar her türmten sich die Toten in Masse auf: Stromweise floss das Blut an seinen Stufen, und dumpf rollten die Leichen derer, die oben auf ihm ermordet wurden, an seinen Wänden herunter. Als nun der Cäsar dem Ungestüm seiner wie rasend gewordenen Soldaten nicht mehr zu wehren vermochte und die Flammen immer weiter um sich griffen, betrat er mit den Offizieren das Allerheiligste und beschaute, was darin war.

8 Felsenfestung Masada
Die Festung liegt auf einem Tafelberg am Westufer des Toten Meeres. Dort verschanzte sich während des jüdischen Aufstandes eine Gruppe von Zeloten. Die Römer belagerten die Festung monatelang und errichteten sogar eine Belagerungsmauer rund um den Berg und eine riesige Rampe. Kurz vor der Einnahme der Festung begingen die eingeschlossenen Aufständischen gemeinsam Selbstmord. Masada ist bis heute ein Symbol des absoluten Unabhängigkeitswillens der Juden (Foto ca. 2002). (**Online-Link** 430027-0401)

Alles fand er weit erhaben über den Ruf, den es bei den Fremden genoss, und ganz entsprechend der fast prahlerisch hohen Meinung, welche die Einheimischen davon hatten. Da übrigens das Feuer in die innersten Räume noch nicht vorgedrungen war, sondern nur erst an den Tempel anstoßenden Gemächer verzehrte, glaubte er, und zwar mit Recht, das Werk selbst könne noch gerettet werden. Er sprang also und suchte nicht nur persönlich die Soldaten zum Löschen anzuhalten, sondern befahl auch dem seiner Leibwache angehörenden Centurio die Widerspenstigen durch Stockschläge zu zwingen. Aber Erbitterung, Judenhass und die allgemeine Kampfwut erwiesen sich stärker als die Rücksicht auf den Cäsar und die Furcht vor seiner Strafgewalt. Die meisten freilich feuerte die Aussicht auf Raub an, da sie der festen Überzeugung waren, es müsse, weil sie außen alles von Gold gefertigt sahen, das Innere erst recht von Schätzen aller Art strotzen. [...] Auf diese Weise ging der Tempel gegen den Willen des Titus in Flammen auf. Sosehr man nun auch den Untergang eines Werkes beklagen muss, welches von allen, die wir durch eigene Anschauung oder vom Hörensagen kennen lernten, ebenso wohl hinsichtlich seiner Pracht und Größe im Allgemeinen, wie in Betreff der Kostbarkeit seiner einzelnen Bestandteile und besonders der hehren Bedeutung des Allerheiligsten das staunenswerteste, so mag man doch noch reichen Trost finden in dem Gedanken an Geschick, dem, wie nichts Lebendiges, so auch kein Werk von Menschenhand und keine Gegend der Erde entrinnen kann.

Flavius Josephus: Geschichte des jüdischen Krieges. Berlin 1900 (Neudruck: Wiesbaden 2005), S. 456–459. Übers. Heinrich Clementz

9 Kampf um Masada

Flavius Josephus berichtet über zwei Reden des Eleazar. Dieser war der Anführers einer Gruppe von Aufständischen, die sich in der Bergfestung Masada verschanzt hatten. Seine Reden hält er am Vorabend des entscheidenden römischen Angriffs.

An Flucht jedoch dachte Eleazar nicht im Entferntesten, wie er dieselbe auch keinem anderen gestattet haben würde; vielmehr stellte er sich, da er die Mauer vom Feuer zerstört sah und kein weiteres Mittel zur Rettung oder Verteidigung ausfindig machen konnte, die Behandlung vor Augen, welche die Weiber und Kinder von den Römern erfahren würden, wenn sie in deren [= der Römer] Hände fielen, und kam so zu dem Entschluss, dass alle in den Tod gehen müssten. Weil er nun, wie die Dinge einmal standen, dies für das Beste hielt, versammelte er die starkmütigsten seiner Gefährten und suchte sie mit folgenden Worten zur Tat zu entflammen: „Schon lange sind wir, wackere Kameraden, entschlossen, weder den Römern noch sonst jemand untertan zu sein außer Gott allein, weil er der wahre und rechtmäßige Gebieter der Menschen ist; jetzt aber ist der Augenblick gekommen, der uns mahnt, unsern hehren Entschluss durch die Tat zu bekräftigen. Entehren wir uns also nicht selbst dadurch, dass wir, die wir früher nicht einmal eine ungefährliche Knechtschaft zu ertragen vermochten, jetzt mit der Knechtschaft uns freiwillig die schrecklichsten Qualen zuziehen, die uns sicher stehen, wenn wir in die Hände der Römer fallen. Denn wie wir die Allerersten waren, die sich gegen ihr Joch aufgelehnt haben, so sind wir die Letzten, die noch von ihnen bekämpft werden. Ich halte es für eine besondere Gnade Gottes, dass er uns in den Stand setzt, ehrenvoll als freie Leute unterzugehen, was anderen, die unversehens überwältigt wurden nicht vergönnt war. Wir wissen ja schon zum Voraus, dass wir morgen in Feindeshand geraten werden; aber noch haben wir die freie Wahl, mit unseren Lieben eines edlen Todes zu sterben. Das können die Feinde nicht verhindern, so gern sie uns auch lebendig in ihre Gewalt bekommen möchten; anderseits aber sind wir auch nicht mehr imstande, sie im Kampfe zu besiegen. [...]
Nicht der Zufall war es ja, der das anfangs den Feinden zugewandte Feuer gegen die von uns errichtete Mauer umschlagen ließ, sondern der Zorn Gottes wegen der vielen Frevel, die wir in unserer Raserei gegen die eignen Landsleute begangen haben. Die Strafe dafür aber wollen wir nicht von unsern Todfeinden, den Römern, sondern von Gott durch unsere eigne Hand erleiden; denn sein Strafgericht ist das mildere. Ungeschändet sollen unsere Weiber sterben, frei von Sklavenketten unsere Kinder! Und sind sie uns im Tode vorangegangen, so wollen wir selbst einander den Liebesdienst erweisen – dann wird der Ruhm, die Freiheit hochgehalten zu haben, uns ein ehrenvolles Leichenbegängnis ersetzen! Zuvor aber wollen wir unsere Kostbarkeiten und die ganze Burg durch Feuer vernichten; denn ich bin sicher, dass die Römer sich ärgern werden, wenn sie uns nicht lebend fangen können und obendrein auch noch um die Beute kommen. Nur die Nahrungsmittel wollen wir ihnen übrig lassen, damit sie nach unserm Tode zum Zeugnis dienen, dass nicht der Hunger uns bezwang, sondern dass wir, wie von Anfang an, so auch jetzt noch entschlossen waren, den Tod der Knechtschaft vorzuziehen." [...] Als nun dieser [die] verzagte Stimmung [einiger seiner Gefährten] bemerkte [...] fuhr [er] deshalb fort, sie zu ermuntern, und [...] sprach: „Wahrlich, gar sehr habe ich mich getäuscht, indem ich wähnte, den Kampf für die Freiheit in Gemeinschaft mit wackeren Männern zu bestehen, die zu sterben entschlossen sind, wenn sie nicht mit Ehren leben können. Leider aber habt ihr, was Tapferkeit und Mut anlangt, vor jedem beliebigen Alltagsmenschen nichts voraus, da ihr den Tod selbst dann noch fürchtet, wenn er euch vom größerem Elend befreien soll, anstatt ihm unverzagt und, ohne dass es einer Aufforderung dazu bedürfte, ins Auge zu schauen. Ward uns doch stets von ersten Regung unseres Bewusstseins an nach altehrwürdiger Überlieferung die Lehre eingeprägt, die ja auch unsere Ahnen durch ihre Taten und Gesinnungen bekräftigten,

dass nicht der Tod, sondern das Leben für die Menschen ein Unglück sei. Denn der Tod gibt den Seelen die Freiheit und eröffnet ihnen den Zugang zu dem reinen Orte, der ihre Heimat ist und wo kein Leid sie mehr treffen soll. Solange sie aber noch an den sterblichen Leib gefesselt und von seinen Gebrechen angesteckt sind, kann man sie in Wahrheit als tot bezeichnen; denn die Verbindung von Göttlichem mit Sterblichem ist etwas Unnatürliches. [...] Und wäre es nicht ein Zeichen von Torheit, wenn jemand die irdische Freiheit zu erringen suchte und doch die ewige sich missgönnte? Wir sollten daher schon auf Grund der Erziehung, die wir genossen haben, anderen ein Beispiel von Sterbensfreudigkeit geben.

Flavius Josephus: Geschichte des jüdischen Krieges. Berlin 1900 (Neudruck: Wiesbaden 2005), S. 510–513. Übers. Heinrich Clementz

Arbeitsvorschläge

a) Untersuchen Sie, wie der biblische Text (M 4) den Anspruch der Juden auf Kanaan/Palästina legitimiert.

b) Informieren Sie sich über die biblischen Geschichten von Abraham, Jakob, Josef und Moses. Vergleichen Sie diese mit den Ausführungen des Tacitus (M 5) über die Geschichte der Juden.

c) Tacitus beschreibt die Sitten und religiösen Vorstellungen der Juden aus Sicht eines Römers (M 5). Informieren Sie sich über das römische Alltagsleben und die religiösen Vorstellungen im Imperium Romanum. Untersuchen Sie dann, welche Aspekte des jüdischen Lebens für Tacitus und seine Mitbürger besonders befremdlich gewesen sein müssen. Fassen Sie Ihre Ergebnisse in einem Essay zusammen.

d) Untersuchen Sie die Darstellung der Tempelzerstörung bei Josephus Flavius (M 7): Wer trägt die Verantwortung? Welche Rolle spielt Titus? Welchen Wert misst Josephus dem Tempel bei? Beachten Sie dabei auch die Fakten aus der Biographie des Josephus.

e) In der Antike wurden Münzen häufig als Mittel der Propaganda eingesetzt. Beschreiben Sie das Münzbild der Vorder- und der Rückseite (M 2) genau und stellen Sie fest, welche Aussage damit der Bevölkerung mitgeteilt werden sollte. Das Motiv „Iudaea capta" wurde in dieser oder ähnlicher Form sehr oft geprägt. Auch für andere Eroberungen gab es Münzen mit entsprechendem Bildprogramm. Überlegen Sie, warum in der Antike gerade die Motive bei der Münzprägung von besonderer Bedeutung waren.

f) Recherchieren Sie die Geschichte und die Bedeutung Masadas für die israelische Gesellschaft (M 8, M 9). Tragen Sie ihre Ergebnisse in einem Essay vor. (**Online-Link** 430027-0401)

4.2 Die Kreuzzüge – der Kampf um das „Heilige Land"

Palästina in Spätantike und Frühmittelalter

Wie alle anderen Teile des Imperium Romanum waren auch die Provinzen auf dem Gebiet des Nahen Ostens von den Umbrüchen der Spätantike (ab ca. 280 n. Chr.) betroffen: Das Christentum entwickelte sich von einer manchmal verfolgten, aber eher unbedeutenden Sekte zur Staatsreligion und das von allen Seiten bedrohte Römische Reich wurde in einen westlichen und einen östlichen Teil aufgeteilt (ab 395). Während das Weströmische Reich unter dem Ansturm germanischer und slawischer Völker 480 erlosch, dauerte die Geschichte des Oströmischen Reiches mit der Hauptstadt Konstantiopel/Byzanz noch fast 1000 Jahre (bis 1453) länger. Palästina gehörte bis zum Anfang des 7. Jahrhunderts zum Gebiet des Oströmischen Reiches, lag aber im mehrfach umkämpften Grenzgebiet zum persischen Reich der Sassaniden. Letztendlich konnte sich das Byzantinische Reich gegen die Sassaniden durchsetzen, war durch die anhaltenden Konflikte jedoch so geschwächt, dass es der Expansion der Araber im 7. Jahrhundert keinen nennenswerten Widerstand entgegensetzen konnte. So wurde Palästina Teil des Kalifenreiches (Kapitulation Jerusalems 638). Die einheimische, nicht-islamische Bevölkerung – sofern es sich um Juden oder Christen, also Anhänger der „Buchreligionen" handelte – erhielt einen besonderen Status: Sie mussten eine spezielle Kopfsteuer entrichten und durften keine Waffen tragen. Dafür durften sie ihren Glauben behalten, diesen jedoch nicht in der Öffentlichkeit ausüben. Die Mehrheit der Bevölkerung konvertierte in den folgenden Jahrzehnten freiwillig zum Islam.

Kalifenreich

Orient und Okzident

Beim Tod des Propheten Mohammed (632) umfasste der islamische Machtbereich lediglich die arabische Halbinsel. Innerhalb der nächsten knapp hundert Jahre eroberten die Araber große Teile des Oströmischen Reiches. Anfang des 8. Jahrhundert gehörten bereits Syrien, Palästina, Ägypten, Persien und ganz Nordafrika zum Reich der Kalifen. Auf dem europäischen Festland wurden große Teile der Iberischen Halbinsel und kleinere Gebiete in Südfrankreich erobert. Eine Expansion ins Frankenreich scheiterte allerdings früh und aus dem im 9. Jahrhundert eroberten Sizilien wurden die Muslime wieder verdrängt. Trotzdem unternahmen immer wieder muslimische Gruppen von Spanien aus Raubzügen ins Frankenreich. Arabische Piraten waren eine ernsthafte Bedrohung für die südfranzösischen und italienischen Küsten. Der Kampf der christlichen Europäer zur Abwehr und Zurückdrängung der Muslime aus Spanien dauerte noch das ganze Mittelalter hindurch, über 700 Jahre lang. Durch die arabischen Eroberungen war der Mittelmeerraum aufgeteilt, an der Südseite herrschte der Islam, der Norden wurde durch das Christentum bestimmt.

Christliches Schisma – muslimische Uneinigkeit

Europa wurde in dieser Zeit durch schwere innere Kämpfe erschüttert: In fast allen Ländern stritten weltliche und kirchliche Machthaber miteinander um Vormacht und Vorrang. Überdies war seit 1054 das Christentum durch das „morgenländische Schisma" (Schisma: griech.: Spaltung, Trennung) in die römisch-katholische und die östlich-orthodoxe Kirche gespalten. Dadurch wurde die bereits vorhandene politische und kirchenpolitische Konkurrenz zwischen Byzanz und dem Westen vertieft.

Aber auch die muslimische Welt war durch ein Schisma gespalten: An der Frage der rechtmäßigen Nachfolge des Propheten Mohammed entzündete sich ein Streit, aus dem sich unter anderem die beiden Richtungen der Sunniten und der – in sich wieder zerstrittenen – Schiiten entwickelten. Diese religiöse Trennung wirkte sich auch auf politischer Ebene aus, durch die Konkurrenz der sunnitischen Kalifen von Bagdad mit den schiitischen Kalifen, die in Nordafrika, in Ägypten und in Syrien herrschten. Als neue, ebenfalls sunnitische Kraft bedrohten Turkstämme,

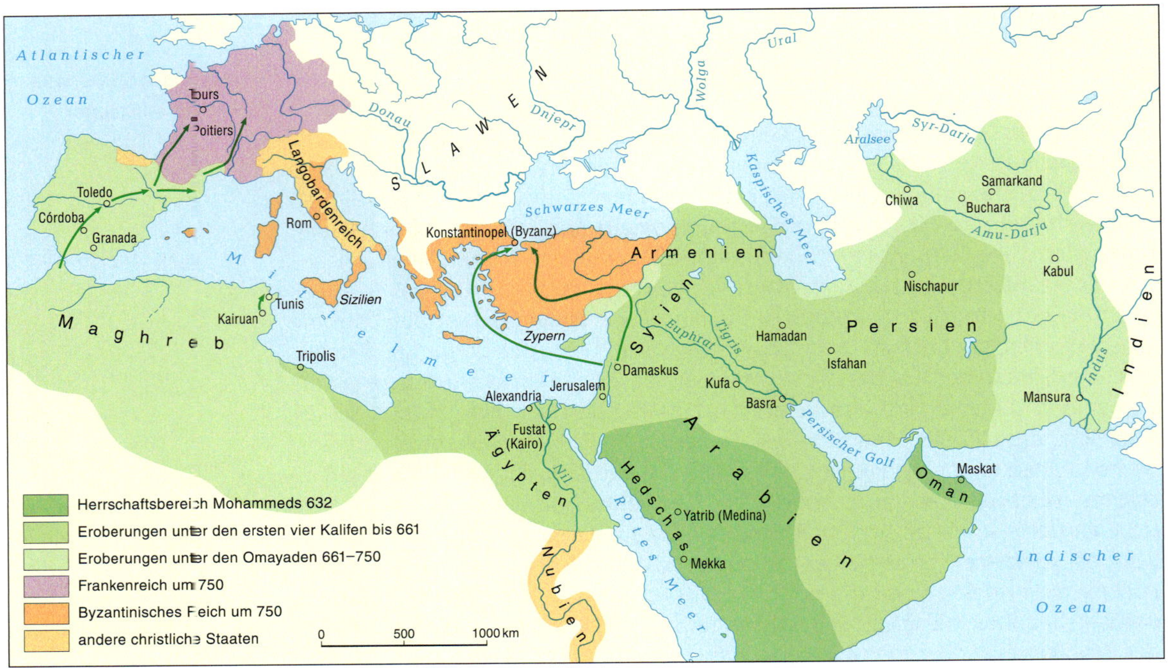

1 Die Ausbreitung des Islam im 7. und 8. Jahrhundert.
Die Pfeile stellen, letzlich fehlgeschlagene, Expansionsversuche dar.

vor allem unter der Führung der Dynastie der Seldschuken, das Byzantinische Reich, aber auch die Vormacht der bis dahin dominierenden Araber. Die Seldschuken schufen innerhalb eines halben Jahrhunderts ein Reich, das große Teile des Nahen und Mittleren Osten umfasste. Zur Zeit der Kreuzzüge hatte dieses große Reich den Zenit seiner Macht jedoch bereits überschritten und zerfiel in zahlreiche miteinander rivalisierende Einzelherrschaften. Die muslimische Gemeinschaft war also politisch und religiös gespalten, die einzelnen Teile miteinander verfeindet.

Ein Hilferuf aus dem Osten

Als die Seldschuken fast ganz Kleinasien eroberten, bat der byzantinische Kaiser im Westen um Hilfe. Ziel war es, mit dessen militärischen Unterstützung die verlorenen Gebiete zurückzugewinnen. Auf einem päpstlichen Konzil stellten die Gesandten aus Konstantinopel die Hilfe für das ebenfalls von den Seldschuken besetzte Jerusalem in den Vordergrund, wohl um eine größere propagandistische Wirkung zu erreichen. Ein halbes Jahr später (1095) rief Papst Urban II. bei einer Synode in Clermont vor zahlreichen Adeligen, Kirchenführern und einfachen Leuten zum Kreuzzug für die Befreiung Jerusalems und des „Heiligen Landes" auf. Die versammelte Menge antwortete laut den Chroniken mit dem begeisterten Ausruf „Deus le vult" – Gott will es. Urban hatte in seinem Aufruf die bedrängte Lage der Christen in den muslimisch beherrschten Gebieten betont. Jedoch ist eine gezielte Verfolgung der östlichen Christen durch die Seldschuken nicht nachweisbar, ein Hilferuf der in Palästina lebenden Christen nach Europa ist nicht erfolgt. Vermutlich war der Aufruf des Papstes in Clermont gut geplant und geschickt inszeniert. Andererseits hatte Urban wohl nicht damit gerechnet, mit seinem Appell auch eine weit reichenden Massenbewegung unter der einfachen Bevölkerung auszulösen.

Der Kreuzzugsaufruf wurde in ganz Europa verbreitet, als Lohn für eine Beteiligung der Sündenablass versprochen. Zunächst machten sich viele Menschen aus einfachen Schichten, v.a. Bauern mit ihren Familien, auf ins Heilige Land. Auf dem Weg verübten Gruppen dieser Kreuzfahrer Pogrome an Juden und verhielten sich auch sonst eher wie Plünderer und Eroberer, obwohl sie meist durch christlich besiedeltes Land zogen. Dieser „Volkskreuzzug" scheiterte in Kleinasien an der militärischen Überlegenheit der Seldschuken. Sehr viel besser organisiert waren die Heere französischer, normannischer, flämischer und lothringischer Rittern, die sich in mehreren großen Zügen unter der Führung namhafter Adeliger nach Konstantinopel begaben und von dort aus gemeinsam weiterzogen. In den folgenden zwei Jahren eroberten die Kreuzfahrer unter enormen Strapazen und großen Verlusten wichtige Stützpunkte und gelangten 1099 nach Jerusalem, wobei sie von der Uneinigkeit der muslimischen Herrscher profitierten, die sich nicht zu einer geeinten Gegenwehr zusammenfinden konnten. Erst ein Jahr zuvor hatte der fatimidische Kalif von Ägypten Jerusalem und Teile Palästinas von den Seldschuken zurückerobert.

2 Denkmal für Saladin in Damaskus
Der aus einer kurdischen Familie stammende Sultan Saladin gilt heute vielen als größter aller Helden der muslimischen Welt und als vorbildhafter Herrscher. Der erfolgreiche Gegenspieler der Kreuzritter wurde und wird oft verklärt und romantisiert.

Nach einer mehrwöchigen Belagerung wurde die Heilige Stadt im Juli 1099 von den Christen eingenommen. Außerdem entstanden entlang der Mittelmeerküste und in Armenien vier sogenannte Kreuzfahrerstaaten. Nach den ersten Massakern der Eroberung, wie sie in Kriegszeiten häufig erfolgten, kam es zu keinen gezielten Verfolgungen gegen Muslime und Juden. Allerdings wurden sie unter der Herrschaft der Kreuzfahrer rechtlich, sozial und religiös diskriminiert, auch die einheimischen Christen waren den Europäern keinesfalls gleichgestellt.
Der Verlauf des Kreuzzuges hatte gezeigt, dass jeder der ritterlichen Heerführer auf der Suche nach Macht, Besitz und Ruhm seine eigenen Interessen verfolgte, von einer gemeinsam durchgeführten, planvollen Aktion konnte keine Rede sein. Diese Uneinigkeit schwächte auch die Position der Kreuzfahrerstaaten gegen muslimische Angreifer. Die Position der Päpste im Abendland wurde hingegen durch die Kreuzzüge gestärkt. Sie gewannen an Einfluss. Die Kirche bewies ihre überlegene Autorität als geistliche Kraft gegenüber den weltlichen Herrschern. Die erhoffte Wiedervereinigung mit der Ostkirche unter römischer Führung blieb jedoch aus.

Kreuzzüge zwischen Misserfolg und Eigennutz

Nach drängenden Predigten des Zisterzienserabtes Bernhard von Clairvaux begann 1147 der zweite Kreuzzug unter der Führung des französischen Königs Ludwig VII. und des deutschen Königs Konrad III. Ein Teil der Kreuzfahrer kämpfte jedoch nicht im Heiligen Land, sondern gegen die Mauren auf der Iberischen Halbinsel oder gegen die Wenden, einen slawischen Stamm im Nordosten des Deutschen Reiches. Der Kreuzzug war von großen Rückschlägen gekennzeichnet. Der erfolglose Angriff auf das zuvor neutrale Damaskus führte nur zur Einigung der bis dahin in sich zerstrittenen muslimischen Fürsten gegen die Kreuzfahrer. So gelang es dem kurdisch-stämmigen Sultan Saladin, Ägypten und Syrien unter seiner Herrschaft zu vereinen und Jerusalem zu erobern. Ein Großteil der christlichen Kirchen wurde dort nun in Moscheen umgewandelt. Christen und Juden erhielten jedoch freien Zugang zu ihren heiligen Stätten. Der daraufhin ausgerufene dritte Kreuzzug erreichte keine Rückeroberung Jerusalems. Die völlige Vernichtung der Kreuzfahrerstaaten konnte auch durch die nachfolgenden Kreuzzüge lediglich für einige Zeit aufgeschoben werden. Die Handelsstädte Venedig und Genua, aber auch die entstandenen Ritterorden, erwarben durch die Organisation von Heereszügen und Pilgerreisen große Reichtümer. Oft lag der Kampf um die „Befreiung" der heiligen Stätten nicht in der Absicht der Organisatoren. Der 4. Kreuzzug erreichte gar nicht das Heilige Land, sondern fand ein anderes Ziel: Konstantinopel, das Zentrum des östlichen Christentums, wurde erobert und geplündert. Das Byzantinische Reich wurde bis auf einige Reste zerschlagen. Venedig schaltete damit einen Handelskonkurrenten aus. Im Mai 1291 eroberten die ägyptischen Mamelucken schließlich Akkon, die letzten Festung der Kreuzfahrer in Palästina. Damit waren die Kreuzzüge gescheitert.

Mamelucken

4

Nur ein Fehlschlag?

Trotzdem waren die Kreuzzüge mehr als ein Fehlschlag: Einerseits wurden ergiebige Handelsverbindungen zwischen Orient und Okzident (wieder)begründet, wobei die Europäer vor allem Luxusgüter aus dem Osten bezogen (Gewürze, Weihrauch, wertvolle Stoffe, ...). Andererseits erlebten die Europäer, d.h. ihre Oberschichten, eine gewaltige Vergrößerung ihres Horizonts. Sie wurden mit der verfeinerten byzantinischen und der arabischen Kultur konfrontiert und lernten dadurch – vermittelt durch Araber und Juden – auch die Philosophie und Geisteswelt der griechischen Antike kennen. Beides hatte große Auswirkungen auf die Wissenschaften (Mathematik, Medizin, ...), aber auch auf die Theologie. Überdies formierte sich unter dem Eindruck der Kreuzzüge das hochmittelalterliche Rittertum mit seiner höfischen Kultur und der Idee des „miles Christianus" aus.

3 **Verlauf der Kreuzzüge 1096–1270** (weitere Geschichtskarten siehe **Online-Link** 430027-0501)

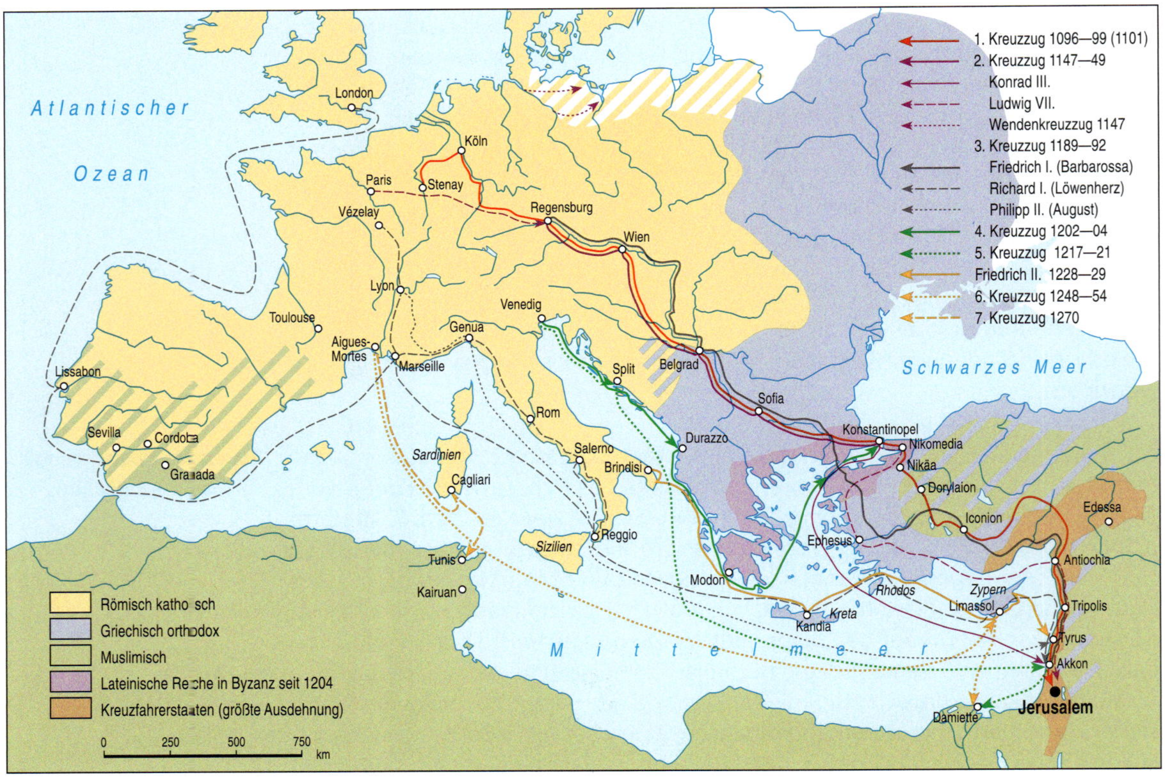

4 **Aus einem byzantinischen Pamphlet „Gegen die Franken“ Ende des 11. Jahrhunderts**

In Byzanz kursierten schon vor den Kreuzzügen Schmähschriften, die gegen die Christen im Westen gerichtet waren.

Der Papst in Rom und die Christenheit im Westen […] die Italiener also, die Langobarden, Franken oder Germanen, Amalfitaner, Venezianer und die Übrigen, ausgenommen die Kalabresen und die Alamannen – Letztere unterscheiden sich nämlich überhaupt nicht von den Heiden, weder in ihrem Kult noch in der Unzucht; die Kalabresen aber sind orthodoxe Christen seit je und erzogen in der apostolischen Tradition unserer Kirche –, diese Völker also alle und der Papst stehen seit langen Jahren außerhalb der katholischen Kirche und haben sich den evangelischen, apostolischen und patristischen Überlieferungen entfremdet infolge ihrer unerlaubten barbarischen Bräuche, deren schlimmste und schwerstwiegende folgende sind:

1. Während das heilige, aus evangelischen Texten bestellende Glaubensbekenntnis sich ganz eindeutig über den Heiligen Geist folgendermaßen äußert: „Und an den Heiligen Geist, den Herrn und Lebensspender, der vom Vater ausgeht“, haben sie hinzugesetzt „und vom Sohne – ein schlimmer und falscher Zusatz. Meiner Meinung nach kamen sie infolge ihrer schlechten Sprachkenntnisse auf den Glauben, der Ausgang des Heiligen Geistes vom Vater sei dasselbe wie seine Aussendung durch den Sohn zu uns. In ihrer barbarischen Unbildung glauben sie, es gebe keinen Unterschied zwischen Sendung und Ausgang.

2. Statt gesäuerten Brotes gebrauchen sie beim Messopfer ungesäuertes und verleumden damit den Apostel Petrus und die heiligen Väter, indem sie vorgeben, sie hätten von diesen eine solche Tradition übernommen.

3. Ihre Bischöfe ziehen in den Krieg und kämpfen mit anderen.

4. Sie fasten an den Samstagen, und selbst wenn Weihnachten oder Dreikönig auf einen Samstag fällt, brechen sie das Fasten nicht.

5. In der großen vierzigtägigen Fastenzeit fangen sie erst am Mittwoch der ersten Woche zu fasten an. […]

14. Diese Priester taufen nur mit Wasser, legen dem Täufling Salz in den Mund, spucken in die linke Hand, verreiben den Speichel mit der rechten und bestreichen damit den Täufling. Sind die Täuflinge herangewachsen und haben sie gesündigt, dann werden sie mit Öl gesalbt zum Nachlass der Sünden, also offenbar ein zweites Mal getauft.

15. Dieselben Priester vollziehen auch sonst tagtäglich verschiedene Reinigungszeremonien und Besprengungen zur Abwehr dessen, was sie fürchten – sie unterwerfen sich damit jüdischen Sitten.

16. Sie machen das Kreuzzeichen irgendwie quer mit den fünf Fingern und machen mit dem Daumen das Zeichen dann aufs Gesicht. […]

25. Das Kreuz, unseres Herrn haben sie alle Tage in der Kirche und verehren es und lassen es sehen. In der Fastenzeit aber verehren sie es nicht und lassen es auch nicht sehen, sondern verhüllen es und verbergen es in einem Winkel samt dem Alleluja. Am Karsamstag aber holen sie es aus dem Winkel hervor und zeigen es, als sei es vom Grabe auferstanden, dem Volk. Und sofort wird von allen lauthals das Alleluja gesungen und stundenlang geht das so dahin, so wie wir an Ostern singen: Christ ist erstanden!

Zit. nach: Hans-Georg Beck (Hrsg.): Byzantinisches Lesebuch. München 1971, S. 245 ff.

5 **Eine königliche Chronistin**

Anna Komnena (1083–ca. 1154), älteste Tochter des byzantinischen Kaisers Alexios I. Komnenos, verfasste ein Geschichtswerk mit dem Titel „Alexias“, in dem sie sich auch über die Kreuzfahrer äußert:

Als die Kunde von diesem Unternehmen [= erster Kreuzzug] sich überall verbreitete, da verkaufte als Erster Godofre [= Gottfried von Bouillon] sein Land und machte sich auf den vor ihm liegenden Weg (es war dies ein sehr reicher Mann, der viel auf seine ritterliche Tapferkeit und den Adel seiner Familie hielt); alle Kelten [= Europäer] waren nämlich darauf aus, den anderen zuvorzukommen. Und so entstand ein gewaltiger Zug von Männern und Frauen, wie es ihn seit Menschengedenken noch niemals gegeben hat, wobei die Einfältigeren wirklich auszogen, um zum Grabe des Herrn zu pilgern und das Land der heiligen Stätten zu besuchen; die Verschlageneren und vor allem Leute wie Baïmundos [= Bohemund von Tarent] und seine Gesinnungsgenossen aber hatten tief im Herzen verborgen einen anderen Gedanken, nämlich auf dem Marsch dorthin zu versuchen, die Kaiserstadt [= Byzanz] selbst in ihre Gewalt zu bringen, indem sie das gleichsam als einen Nebengewinn betrachteten. Vor allem Baïmundos wiegelte die Gemüter der Mehrzahl der Kühneren auf. Da er einen alten Groll gegen den Autokrator [= Titel des byzantinischen Kaisers] hegte. Petros [= Peter von Amiens] nun machte sich, nachdem er dieses gepredigt hatte, vor allen als Erster auf, setzte mit 80 000 Mann Fußvolk und 100 000 Mann Reiterei über die Meerenge der Longobardia und erreichte über Ungarn die Kaiserstadt. Der Stamm der Kelten ist, wie man vermuten kann, auch sonst äußerst heißblütig und zu rascher Tat bereit, wenn er sich aber einmal etwas vorgenommen hat, ist er nicht mehr zu halten.

Anna Komnene: Alexias. Köln 1996, S. 337. Übers. Diether Roderich Reinsch

6 **Kreuzzugaufruf Papst Urbans**

Die wohl ursprünglich in Altfranzösisch gehaltene Rede Urbans ist in vier lateinischen Fassungen überliefert. Keiner der Berichte ist wirklich authentisch, alle wurden erst mehrere Jahre später aufgezeichnet. Die Redefassung des Mönches Fulcher von Chartres gilt als die authentischste. Die zweite

7 Der Tempelberg in Jerusalem mit der Al-Aksa-Moschee, dem Felsendom und der Klagemauer
Das Gebiet des heutigen Israel und nicht zuletzt Jerusalem waren und sind für die drei monotheistischen, auf Abraham zurückgehenden Weltreligionen von profunder religiöser Bedeutung. Für die Juden ist Israel das Land, das Gott ihren Vorvätern übergeben hat. Jerusalem war der Standort des Tempels und dort erwarten sie das Heraufkommen des Messias. Für die Christen befinden sich dort die Stätten des Lebens und Wirkens ihres Religionsstifters Jesus Christus. Und für die Muslime ist es – neben Mekka und Medina – der drittheiligste Ort, da sie traditionell daran glauben, dass Mohammed vom Tempelberg in Jerusalem aus in den Himmel aufgestiegen war.

Fassung von Robert dem Mönch ist im Mittelalter viel weiter verbreitet und hatte deshalb wohl mehr Wirkung als die von Fulcher. Robert verarbeitete in seiner Rede auch Motive aus späterer Kreuzzugspropaganda.

a) Die Rede Urbans II. nach Fulcher von Chartres:

Ihr Söhne Gottes, wenn Ihr auch mannhafter als gewöhnlich versprochen habt, bei Euch Friede zu halten und die Rechte der Kirche getreulich zu bewahren, bleibt es noch der Mühe wert, daß Ihr – eben noch gestärkt durch göttliche Ermahnung – darüberhinaus noch die Stärke Eurer Tapferkeit bei einer weiteren Aufgabe Gottes und Eurer selbst unter Beweis stellt. Es ist nämlich nötig, daß Ihr Euren Mitbrüdern im Orient, die Eurer schon so oft erbetenen Hilfe bedürfen, unverzüglich diese Hilfe bringt. Wie den meisten von Euch schon gesagt worden ist, sind nämlich die Türken, ein persischer Stamm, bis hin zum Mittelmeer, bis zum sogenannten Georgsarm (Bosporus) eingefallen; diese Türken haben von den Grenzen Romaniens an die Gebiete der Christen mehr und mehr besetzt, die siebenfach besiegten Christen überwunden, wobei sie viele töteten oder gefangennahmen, Kirchen zerstörten und das Reich Gottes verwüsteten. Jedenfalls, wenn Ihr sie (die Türken) noch eine Zeitlang so gewähren lasst, werden sie die Gläubigen Gottes noch viel weiter überrennen. Darum ermahne ich Euch flehentlich, nein nicht ich, sondern der Herr ermahnt Euch als Herolde Christi, daß Ihr allen Menschen jeglichen Standes, Rittern wie Fußsoldaten, Reichen wie Armen durch häufige Bekanntmachung ratet, bei der Vertreibung dieses nichtswürdigen Stammes aus unseren Gebieten den Anbetern Christi rasch zu helfen. Den Anwesenden sage ich es, den Abwesenden lasse ich es sagen, Christus aber befiehlt es. Allen aber, die dorthin gehen, wird die sofortige Vergebung ihrer Sünden zuteil, gleichgültig ob sie auf dem Marsch oder bei der Fahrt über das Meer oder auch im Kampf gegen die Heiden ihr an den Tod gefesseltes Leben beenden. Dies sichere ich allen zu, die gehen werden, da ich von Gott mit dieser Gabe ausgestattet bin. […] Es sollen, fuhr er fort, zum Kampf gegen die Ungläubigen, der es wert ist, nun begonnen zu werden, und der siegreich beendet werden wird, alle die antreten, die sonst leichtfertig langandauernde Fehden sogar gegen Gläubige zu führen pflegten. Nun sollen Soldaten Christi werden, die gerade noch Räuber waren. Jetzt sollen rechtmäßig die gegen Barbaren kämpfen, die einst gegen Brüder und Blutsverwandte stritten. Jetzt sollen ewigen Lohn erhalten, die eben noch für ein paar Münzen Söldner waren. Für doppelte Ehre sollen sich anstrengen, die sich (bislang) zum Schaden für Leib und Seele abmühten. [...] Nichts aber soll die Reisewilligen aufhalten, sondern nach Verpachtung ihrer Eigentümer und nach Beschaffung des nötigen Reisegeldes sollen sie, wenn der Winter weicht und der Frühling folgt, unter Führung des Herrn tatkräftig die Fahrt antreten.

Aus dem Lateinischen übersetzt: Fulcheri Carnotensis Historia Hiersolymitana (1095–1127), mit Erläuterungen und einem Anhange, hrsg. von Heinrich Hagenmeyer, Heidelberg 1913, S. 132ff. Übers. Gisbert Gemein. Zit. nach: Gisbert Gemein/Joachim Cornelissen: Kreuzzüge und Kreuzzugsgedanke in Mittelalter und Gegenwart. Quellen- und Arbeitsbuch für die Oberstufe des Gymnasiums München 1992, S. 42.

b) Urban-Predigt nach Robert dem Mönch:

Volk der Franken, Volk auf dieser Seite der Berge. Du Volk, wie in vielen Eurer Werke deutlich wird, von Gott ausgewählt und geliebt, [...] herausgehoben von allen anderen Völkern: An Euch richtet sich unsere Rede und Euch meint unsere Ermahnung. [...] Aus dem Land von Jerusalem und von der Stadt Konstantinopel kam ein schwerwiegender Bericht, und schon sehr oft kam uns zu Ohren, daß nämlich das Volk des Reichs der Perser, ein fremdes Volk, ein Gott gänzlich fernstehendes Volk, eine Art von Menschen also, die weder ein Herz haben noch an Gott glauben, die Länder jener Christen überfallen, mit Schwert, Raub und Feuer verwüstet, die Gefangenen teils in ihr Land verschleppt, teils auch elendiglich abgeschlachtet hat. Die Kirchen Gottes entweder von Grund auf zerstört oder für den Ritus ihrer eigenen Heiligen in Beschlag genommen haben. Altare besudeln sie mit ihrem Unrat: sie beschneiden Christen und das Blut der Beschneidung gießen sie auf den Altar oder in die Taufbecken. Bei manchen Leuten gefällt es ihnen, sie mit einem besonders schimpflichen Tod zu quälen: sie durchbohren den Nabel, reißen den noch Lebenden den Kopf ab, binden sie an einen Baumstamm und treiben sie so unter Schlägen herum, bis sie mit heraushängenden Eingeweiden zusammenbrechen und zu Boden fallen. [...] Das Reich der Griechen ist von ihnen schon so weit niedergedrückt und besetzt, daß man es in noch nicht einmal zwei Monaten durchqueren kann. Wem also obliegt die Mühe, dies zu rächen, dies (den Feinden) zu entreißen, wenn nicht Euch, denen vor allen anderen Völkern Gott den glänzenden Schmuck der Waffen, Geistesgröße, körperliche Behendigkeit und die Fähigkeit verliehen hat, die Scheitel derer zu ducken, die sich Euch widersetzen? Zur Tapferkeit mögen Euch die Taten Eurer Vorfahren anspornen, die Tüchtigkeit und Größe König Karls des Großen und seines Sohnes Ludwig und Eurer anderen Könige, die die Reiche der Heiden zerschlugen und in ihnen das Gebiet der Heiligen Kirche ausdehnten. Besonders soll Euch bewegen das Heilige Grab unseres Herrn Heilands, das im Besitz unreiner Völker ist, und die heiligen Orte, die jetzt unehrenhaft behandelt und unehrerbietig durch deren Unrat besudelt werden. Oh, Ihr überaus tapferen Soldaten und Nachkommen unbesiegter Eltern, schlagt nicht aus der Art, sondern erinnert Euch der Tapferkeit Eurer Vorfahren. Wenn aber die Liebe zu Kindern, Eltern und Frauen Euch abhält, so ruft Euch ins Gedächtnis, was im Evangelium der Herr sagt: „Wer Vater und Mutter mehr liebt als mich, der ist meiner nicht wert. Wer aber Haus oder Vater oder Mutter oder Frau oder Kinder oder Äcker verläßt in meinem Namen, der wird hundertfach belohnt werden und das ewige Leben besitzen.“ Es sollte Euch kein Besitz festhalten, kein Kummer der Familie, denn dieses Land, das Ihr bewohnt, ringsum vom Meer umschlossen oder von Bergen umgeben, wird viel zu eng durch Eure hohe Bevölkerungszahl, strömt nicht gerade über von Reichtümern und beschert den Menschen, die es bebauen, gerade mal den Lebensunterhalt. Von daher kommt es ja auch, daß Ihr Euch gegenseitig bedrängt und bekämpft, Kriege anzettelt und Euch meistens gegenseitig umbringt. Es soll also weichen der Haß unter Euch, Unfrieden soll aufhören, Kriege sollen ruhen, und jeglicher Streit soll beigelegt werden. Macht Euch auf den Weg zum Heiligen Grab, entreißt jenes Land dem ruchlosen Volk, unterwerft es Euch; jenes Land ist den Söhnen Israels von Gott in Besitz gegeben worden, ein Land, wie die Schrift sagt, „in dem Milch und Honig fließt“.

Aus dem Lateinischen übersetzt: Roberti Monachi Historia Hierosolymitana. In: Recueil des Historiens lies Croisades Bd. 3, Paris 1866 (Neudruck 1967), S. 727 f. Übers. Gisbert Gemein. Zit. nach: Gisbert Gemein/Joachim Cornelissen: Kreuzzüge und Kreuzzugsgedanke in Mittelalter und Gegenwart. Quellen- und Arbeitsbuch für die Oberstufe des Gymnasiums. München 1992, S. 43 f.

8 Der Historiker Peter Thorau schreibt in einer aktuellen Darstellung zu den Kreuzzügen:

Damit der Aufruf Urbans II. auf fruchtbaren Boden fallen konnte, bedurfte es einer ganzen Reihe von Voraussetzungen im Abendland: Die Haltung der Kirche zum Krieg, der ihr angesichts der Friedensbotschaft Jesu zunächst wesensfremd war, musste eine radikale Veränderung erfahren. Das seit der Spätantike immer stärker aufblühende Wallfahrtswesen musste in der Christenheit ein Gespür für den religiösen Wert der heiligen Stätten wachrufen, an denen Christus lebte und litt. Soziale und wirtschaftliche Mißstände in Europa mussten in weiten Schichten der Bevölkerung die prinzipielle Bereitschaft wecken, in die Fremde zu ziehen, um dort bessere Lebensverhältnissc zu finden. Berichte von aus dem Orient zurückkehrenden Pilgern und Kaufleuten

4

über die dort gesehenen Reichtümer konnten diese Bereitschaft noch verstärken. Dazu kamen, zusätzlich geschürt durch im 11. Jahrhundert immer noch lebendige Endzeiterwartungen, die Vorstellungen einer naiven Volksfrömmigkeit von der goldenen Stadt Jerusalem inmitten des biblischen Landes, in dem Milch und Honig fließen. Die Einstellung der Kirche zum Krieg war begreiflicherweise ein heikles Problem. Wie ließen sich Mord und Totschlag im Krieg mit der friedliebenden und jegliche Gewalt ablehnenden Lehre Jesu vereinbaren? Aus der Bibel war auf diese Frage keine eindeutige Antwort zu erhalten. Auf der einen Seite standen das strikte Tötungsverbot des Dekalogs und die auf Gewaltverzicht abzielende Botschaft Jesu. Andererseits hatten die Apostel Petrus und Paulus die Schwertgewalt des Staates durchaus anerkannt, und man konnte sich zudem auf das Alte Testament berufen, in dem das Volk Israel sogar im Auftrag Gottes in den Krieg gezogen war. Ebenso widersprüchlich waren die Aussagen der Theologen. Die ältere Patristik lehnte den Waffengebrauch strikt ab. Für ihre Vertreter waren Krieg und christliche Lebensführung schlichtweg unvereinbar. Seit der späten Antike, als erste christliche Soldaten in der römischen Armee Dienst taten, vor allem aber seitdem das Christentum zur staatstragenden Religion und die Armee des Römischen Reiches weitgehend christlich geworden waren, stellte sich jedoch verstärkt und akut die Frage, wie mit dem Problem des Krieges umzugehen sei.

9 **Gemeinsames Musizieren eines Muslims und eines christlichen Ritters**, Abbildung aus einem Liederbuch Es wurde aus dem Arabischen ins Lateinische übersetzt (13. Jahrhundert).

Dem Kirchenvater Augustinus (430) gebührt das – eher zweifelhafte – Verdienst, dass er als Erster ein theologisch tragfähiges – und, wie sich in der Zukunft zeigen sollte, vor allem auch ein politisch praktikables – Konzept über Recht und Unrecht des Krieges entwickelte. Ohne den Einzelnen aus seiner moralischen Verantwortung entlassen zu wollen, war für ihn der Krieg prinzipiell eine unvermeidliche und bedauerliche Folge der Erbsünde. Es unterschied jedoch zwischen einem gerechten und einem ungerechten Krieg. Ein gerechter Krieg (bellum iustum) habe vornehmlich auf die Erlangung des Friedens abzuzielen, um die von Gott gesetzte Ordnung auch auf Erden wenigstens im Ansatz zu verwirklichen. Frieden aber erreiche man, wenn man sich für die Einhaltung und Wiederherstellung des Rechts sowie für die Bekämpfung und Bestrafung des Unrechts einsetze. Nach eingehender Gewissensprüfung durfte Augustinus zufolge demnach auch ein Christ zu den Waffen greifen, um den Frieden zu erreichen [...] und damit einer gerechten Sache [...] zu dienen, wie der Verteidigung oder der Wiedererlangung geraubten Gutes. Am gerechtesten aller war für Augustinus ein im Auftrag Gottes geführter Krieg [...]. Auf diese Weise war – wie die Zukunft zeigen sollte – ein Weg gefunden, der einer großzügigen Auslegung für die Rechtfertigung von Kriegen Tür und Tor öffnete. Während die Theologen des zivilisierteren griechischen Ostens des Römischen Reiches grundsätzlich an ihrer ablehnenden Haltung gegenüber dem Krieg festhielten, sah der Westen dadurch die Möglichkeit zu einer sehr viel weniger pazifistischen Einstellung und letztlich sogar einer allmählichen Militarisierung der Kirche selbst gegeben. Gleichzeitig passte sich die lateinische Kirche damit gleichsam der kriegerischen Haltung der barbarischen Völkerschaften an, denen Westrom erlegen war. Bei ihnen und in den Gesellschaften der von ihnen gegründeten Reiche galt Kampfesmut als höchste Tugend, und auf dem Schlachtfeld war in ihren Augen höchste Ehre zu gewinnen; ihre Einstellung zum Krieg war demnach von vornherein positiv. [...] Gleichzeitig hielt aber auch die Kirche im Westen zunächst noch an dem allgemeinen Tötungsverbot der Bibel fest. Das aber hatte zur Folge, dass man auf der einen Seite realistisch der Existenz von Kriegen Rechnung trug, ja diese sogar unter Umständen im Sinne Augustins als rechtens betrachten musste, dass man aber auf der anderen Seite zunächst weiterhin diejenigen mit Kirchenbußen belegte, die das Tötungsverbot im Krieg übertreten hatten.

Dieser Widerspruch verlangte spätestens seit dem Zusammenbruch des karolingischen Reiches im 9. Jahrhundert nach einer Klärung, als das christliche Europa über Jahrzehnte hin weg von den verheerenden Einfällen der Wikinger, Ungarn und Araber heimgesucht wurde. Ihren Raubzügen war das flache Land fast wehrlos ausgeliefert, aber auch Städte und Klöster waren aufgrund ihres Wohlstandes ein beliebtes Ziel von Plünderungen. Es lag auf der Hand, dass es sich bei der Abwehr dieser plündernden Horden um einen Verteidigungskrieg, sprich einen gerechten Krieg, handelte. Dazu kam, dass es sich bei den fremden Invasoren ohne Ausnahme nach kirchlicher Diktion um Heiden handelte. So wurde jetzt die Idee des bellum iustum mit derjenigen der Heidenabwehr verknüpft. Diese Verbindung mit dem Heidenkrieg war eine ebenso wesentliche und wichtige Voraussetzung für die spätere Ausprägung des Kreuzzugsgedankens wie die damals von den Päpsten Leo IV. (847–855) und Johannes VIII. (872–882) gemachte Verheißung des ewigen Lebens für alle, die in diesen Kämpfen fielen.

Peter Thorau: Die Kreuzzüge. München 2007, S. 28–31.

10 Die Eroberung Jerusalems aus verschiedenen Blickwinkeln

a) Der Autor der Gesta Francorum, ein Augenzeuge auf der Seite der Kreuzfahrer, beschreibt die Vorgänge:

Am Freitag ganz, früh unternahmen wir einen allgemeinen Sturm auf die Stadt, ohne ihr schaden zu können; wir waren bestürzt und in großer Furcht. Als dann die Stunde kam, in der Unser Herr Jesus Christus es zuließ, daß Er für uns den Kreuzestod erlitt, schlugen sich hitzig unsere auf dem Turm aufgestellten Ritter, unter anderem Herzog Gottfried und Graf Eustachius, sein Bruder. In diesem Augenblick erkletterte einer unserer Ritter mit Namen Lietaud die Stadtmauer. Bald nachdem er hinaufgestiegen war, flohen alle Verteidiger von den Mauern durch die Stadt, und die Unsrigen folgten ihnen und trieben sie vor sich her, sie tötend und niedersäbelnd, bis zum Tempel Salomons. wo es ein solches Blutbad gab, daß die Unsrigen bis zu den Knöcheln im Blut wateten. [...] In die Stadt eingedrungen, verfolgten unsere Pilger die Sarazenen bis zum Tempel des Salomo, wo sie sich gesammelt hatten und wo sie während des ganzen Tages den Unsrigen den wütendsten Kampf lieferten, so daß der ganze Tempel von ihrem Blut überrieselt war. Nachdem die Unsrigen die Heiden endlich zu Boden geschlagen halten, ergriffen sie im Tempel eine große Zahl Männer und Frauen und töteten oder ließen leben, wie es ihnen gut schien. Bald durcheilten die Kreuzfahrer die ganze Stadt und rafften Gold. Silber, Pferde und Maulesel an sich; sie plünderten die Häuser, die mit Reichtümern überfüllt waren. Dann, glücklich und vor Freude weinend, gingen die Unsrigen hin, um das Grab Unseres Erlösers zu verehren, und entledigten sich Ihm gegenüber ihrer Dankesschuld. Am folgenden Tag erkletterten die Unsrigen das Dach des Tempels, griffen die Sarazenen, Männer und Frauen, an, zogen das Schwert und schlugen ihnen die Köpfe ab. Einige stürzten sich von der Höhe des Tempels hinab. Bei diesem Anblick wurde Tankred von Entrüstung erfüllt. Die Unsrigen beschlossen im Rat, jeder solle Almosen spenden und beten, damit Gott denjenigen wähle, von dem Er wünschte, daß er über die anderen herrsche und die Stadt verwalte. Man befahl auch, alle toten Sarazenen aus der Stadt zu werfen, wegen des unsäglichen Gestanks, denn die ganze Stadt war völlig mit ihren Leichnamen angefüllt. Die lebenden Sarazenen schleppten die Toten aus der Stadt und machten daraus häuserhohe Haufen. Niemand hat jemals von einem ähnlichen Blutbad unter dem heidnischen Volk gehört oder gesehen. Scheiterhaufen gab es wie Ecksteine, und niemand außer Gott kennt ihre Zahl.

Gestii Dei per Francos. Z.t. nach: Giesbert Gemein/Joachim Cornelissen: Kreuzzüge und Kreuzzugsgedanke in Mittelalter und Gegenwart. München 1992, S. 68 f.

b) Ein arabischer Bericht von Ibn al-Aṯīr (1160–1233) über den Fall Jerusalems:

Da die Franken die Türken vor Antiochia besiegt und ein Blutbad unter ihnen angerichtet hatten, waren diese sehr geschwächt und zerstreuten sich. Als die Ägypter daraufhin die Schwäche der Türken bemerkt hatten, zogen sie unter dem Befehl al-Afdal ibn Badr al-Gamālis gegen Jerusalem und belagerten es. […] Über vierzig Belagerungsmaschinen richteten die Ägypter gegen Jerusalem und beschädigten die Mauem an verschiedenen Stellen: die Einwohner setzten sich jedoch zur Wehr, und Kampf und Belagerung dauerten mehr als vierzig Tage. Die Ägypter besetzten die Stadt nach ihrer Übergabe im Šaʻbān 489 (August 1096 [richtig: 1098)]). Al-Afdal behandelte Suqmān, Ilghazi und ihre Gefährten großmütig, machte ihnen reiche Geschenke und ließ sie ziehen. […] Die Ägypter setzten als Statthalter von Jerusalem einen gewissen Iftihār ad-Daula ein, der noch zu der Zeit den war, von der wir gerade reden. Die Franken wandten sich also gegen Jerusalem, nachdem sie Akkon erfolglos belagert hatten, und hielten es nach ihrer Ankunft mehr als vierzig Tage lang eingeschlossen. Sie errichteten zwei Türme, einen davon auf der Seite Zions, aber die Muslime verbrannten ihn und töteten alle, die in ihm waren. Kaum hatten sie ihn verbrannt, als ein Bote mit einem Hilferuf kam: die Stadt sei von der anderen Seite her genommen. Die Franken nahmen sie tatsächlich von der Nordseite, morgens am Freitag, dem 22. Šaʻbān 492 (15. Juli 1099). Die Einwohner wurden ans Schwert geliefert, und die Franken blieben eine Woche in der Stadt, während der sie die Einwohner mordeten. Eine Gruppe von diesen suchte Schutz in Davids Bethaus, verschanzte sich dort und leistete einige Tage Widerstand. Nachdem die Franken ihnen das Leben zugesichert hatten, ergaben sie sich: die Franken hielten den Vertrag, und sie zogen des Nachts in Richtung Askalon und setzten sieh dort fest. Im Masgid al-Aqsā dagegen töteten die Franken mehr als siebzigtausend Muslime, unter ihnen viele Imāme, Religionsgelehrte, Fromme und

11 Propaganda für den Kreuzzug – Muslime richten ein Massaker an und verrichten vor dem Altar ihre Notdurft. Mittelalterliche Illustrationszeichnung aus England

In der mittelalterlichen Kreuzzugspropaganda wurde kein in sich geschlossenes Feindbild (Christentum – Islam) verbreitet, sondern vielmehr die militärische Bedrohung durch die Sarazenen in den Mittelpunkt gestellt. Um Ritter für die Teilnahme an einem Kreuzzug zu gewinnen, wurde besonders jedoch auch nach dem Fall von Jerusalem (1187) die Gelegenheit des Gnaden- und Heilsangebots Gottes betont. Dass die Muslime die heiligen Städten verunreinigten und beschmutzten, gehörte zu den beliebtesten Stereotypen der abendländischen Kreuzzugspropaganda.

Asketen, die ihr Land verlassen halten, um in frommer Zurückgezogenheit an diesem heiligen Ort zu leben. Aus dem Felsendom raubten die Franken mehr als vierzig Silberleuchter, von denen jeder über dreitausendsechshundert Drachmen wog, einen großen Silberleuchter im Gewicht von vierzig syrischen Pfund, außerdem von den kleineren Leuchtern einhundertundfünfzig silberne und mehr als zwanzig goldene, und andere unermeßliche Beute. Die Flüchtlinge erreichten Bagdad im Ramadan. In der Kanzlei des Kalifen gaben sie einen Bericht, der die Augen mit Tranen füllte und die Herzen betrübte. Am Freitag kamen sie in die Hauptmoschee und flehten um Hilfe; sie waren in Tränen und rührten zu Tränen bei der Erzählung, was die Muslime in dieser erhabenen heiligen Stadt erlitten hatten: die Männer getötet, Frauen und Kinder gefangen, alle Habe geplündert. Wegen des schweren Unglückes, das sie erduldet hatten, brachen sie sogar das Fasten.

[…] Die verschiedenen muslimischen Fürsten lagen untereinander in Streit, wie wir noch berichten: so konnten die Franken das Land besetzen.

Ibn al-Atir 193–195. Zit. nach: Giesbert Gemein/Joachim Cornelissen: Kreuzzüge und Kreuzzugsgedanke in Mittelalter und Gegenwart. München 1992, S. 69f.

c) Die Eroberung Jerusalems und ihre Darstellung aus der Sicht eines Historikers:

Inzwischen war das Massaker an den Muslimen und Juden in vollem Gange. Mordend und plündernd zogen die Kreuzfahrer durch die Stadt, um sich, noch ehe ihr blutiges Werk vollendet war, als fromme Pilger zum Dankgebet in der Grabeskirche einzufinden. Ebenso grauenvoll war das Schicksal der Juden Jerusalems: Viele wurden wohl unterschiedslos im Kampfgetümmel niedergemacht, ein Teil von ihnen – wenn auch nicht alle, wie dies der Damaszener Chronist Ihn al-Qalānisī – in einer Synagoge verbrannt, während sich die wenigen Übriggebliebenen freikaufen lassen konnten. Auch erwiesen sich die Kreuzfahrer als geschäftstüchtig genug, die jüdische Bibliothek zu verschonen und über dreihundert Handschriften nebst acht Thorarollen an die Juden von Askalon zu verkaufen, die auch das Lösegeld für ihre Glaubensbrüder aus Jerusalem aufgebracht hatten.

Der Erste Kreuzzug harte so sein Ende gefunden. Er war der für die Christen erfolgreichste und wichtigste – vor allem aber der folgenschwerste.

Wir wissen nicht, wie viele Menschen im Juli 1099 in Jerusalem lebten, und wir kennen nicht die Zahl der hingemordeten Muslime. Die diesbezüglich in lateinischen und arabischen Quellen gemachten Angaben – die hebräischen nennen überhaupt keine Zahlen – sind allesamt vage, unzuverlässig und vermutlich unzutreffend. Völlig unglaubwürdig ist es beispielsweise, […] wenn Ibn al-Aṭīr (1160–1233) behauptet, daß allein in der al-Aqsā-Moschee 70000 erschlagen wurden. Abgesehen davon, daß Ibn al-Aṭīr für den Ersten Kreuzzug nur mit Einschränkungen noch als Primärquelle gelten kann, trägt die von ihm mit ziemlicher Sicherheit stark übertriebene Zahlenangabe bereits die Handschrift der antifränkischen ǧihād-Propaganda des 12. Jahrhunderts. Der den Ereignissen wesentlich näher stehende Ibn al-Qalānisī (1073–1160) beschränkt sich auf die Aussage, daß „viele Menschen getötet wurden“. Ebensowenig legen sich die meisten abendländischen Chronisten fest. Abgesellen von Fulcher von Chartres, der die war nicht wahrscheinliche, aber immerhin noch im Bereich des Möglichen liegende Zahl von 10000 Hingemetzelten nennt, sprechen auch sie zumeist nur von einer „sehr großen Zahl“ oder einfach davon, daß man „alle Muslime“ erschlagen habe.

Auch wenn letztere Behauptung Eingang in Standardwerke […] fand, kann sie doch zumindest nicht für das Blutbad vom 15. und 16. Juli zutreffend sein. Immerhin spricht der anonyme Verfasser der Gesta Francorum als Augenzeuge davon, daß die überlebenden Muslime (vivi Sarazeni) am nächsten Tag die Leichen der Geröteten zu Scheiterhaufen aufschichten mußten. Aber selbst wenn man dem – freilich nicht anwesenden – Albert von Aachen glauben will, dem zufolge es drei Tage später zu einem zweiten großen Massenmord kam, (was ebenfalls impliziert, daß es nach der Eroberung der Stadt noch Überlebende gegeben haben muß), ist die völlige Ausrottung der Muslime in Jerusalem eher unwahrscheinlich. Das bedeutet aber nicht auch gleichzeitig, daß das Blutbad und die in seinem Zusammenhang begangenen Gewaltexzesse nicht im wesentlichen so stattgefunden haben, wie sie um den christlichen Augenzeugen beschrieben wurden. […] Gleichzeitig gilt es zu betonen, daß das Massaker und die anderen Greueltaten durch die Kreuzfahrer, […] sehr wohl das im Krieg übliche Maß überschritten haben müssen. Denn anders läßt sich die davon ausgehende verheerende Wirkung auf die Zeitgenossen – selbst wenn man die besondere Heiligkeit des Ortes und dessen Entweihung und Besudelung durch die Kreuzfahrer mir in Rechnung stellt – kaum nachvollziehen. Nur so kann man auch erklären, warum sich die Eroberung Jerusalems 1099 als traumatisches Erlebnis tief in das kollektive Gedächtnis der islamischen Welt eingegraben hat und zum Sinnbild des Kampfes zwischen Kreuzfahrern und Muslimen respektive zwischen Christentum und Islam wurde.

Peter Thorau: Die Kreuzzüge. München 2007, S. 70–73.

12 Die längerfristigen Folgen der Kreuzzüge

Bis zum Beginn der Kreuzzüge hatte sich die islamische Welt aus dem Gefühl kultureller und religiöser Überlegenheit heraus kaum für das in ihren Augen rückständige Abendland interessiert. Seine Bewohner nahm man als unzivilisiert, schmutzig, barbarisch und moralisch minderwertig wahr. Diese Vorurteile und Einschätzungen wurden auch durch zwei Jahrhunderte persönlicher Kontakte und Erfahrungen mit den Kreuzfahrern nicht relativiert – wenn man ihnen daneben jetzt auch höchsten Kampfesmut und militärische Tüchtigkeit bescheinigte –, sondern fanden durch die genauere Kenntnis und eigenen Augenschein sogar ihre Bestätigung. Andererseits hatte aber auf politischer und diplomatischer Ebene das Wissen über die Europäer und ihre Herkunftsländer sehr wohl beträchtlich zugenommen. [...] Die Regierungszeit des Sultans Baybars [1223–1277] dürfte wesentlich zu dieser Entwicklung beigetragen haben. Dieser hatte den Muslimen ein im Inneren gefestigtes und wohlgegründetes Reich hinterlassen, das für die nächsten 250 Jahre zur bestimmenden Großmacht im Vorderen Orient wurde. Gleichzeitig belastete er aber – von der Forschung bislang so nicht wahrgenommen – sein großes Erbe mit einer schweren Hypothek: Zur moralischen Rechtfertigung seiner Regierungsmaßnahmen und seiner Feldzüge gegen die Franken griff er wieder in noch schärfer ausgeprägter Form als Saladin den Gedanken des ǧihād auf. Verstärkt finden wir muslimische Prediger und Eiferer in seinen Heeren und Feldlagern, deren Aufgabe es war, die Truppen religiös zu motivieren und auf den Kampf einzuschwören. In bislang nicht dagewesener Weise brach sich der Gedanke des

13 Umgang mit Andersgläubigen

Eine Handschriftenillustration zu Wolfram von Eschenbachs „Willehalm“ zeigt zu beiden Seiten der Erzählerfigur einen Muslim (1: gekennzeichnet durch einen hohen kegelförmigen Helm), einen Juden (2: neben dem Erzähler, mit dem typischen Judenhut) und den christlichen Ritter Willehalm (3: gekennzeichnet durch einen goldenen Stern über dem Kopf). Im „Willehalm“ wird der Respekt der Christen vor den Geschöpfen Gottes, also auch vor den sich ehrenhaft verhaltenden Heiden, thematisiert (Buchillustration aus dem 13. Jahrhundert).

„Heiligen Krieges" nun auch gegen orientalische Christen und vor allem gegen Abweichler oder Freigeister in den eigenen Reihen Bahn. Damit aber wurde das Tor hin zu einer Entwicklung aufgestoßen, die der islamischen Geisteswelt bislang fremd war. Der nun um sich greifenden, doktrinären Intoleranz fielen das spekulative Denken und die geistige Vielfalt zum Opfer, die bis dahin die islamische Wissenschaft und Gedankenwelt ausgezeichnet hatten. Letztlich erwuchs somit aus dem Geist des spätmittelalterlichen ǧihād die lange Zeit wirksame und teilweise noch heute im militanten Islam herrschende Unfreiheit des Denkens. In Europa hingegen hatten die Kreuzzüge zu einer wesentlichen Erweiterung des intellektuellen und geographischen Horizontes beigetragen. [...] Auf beiden Seiten bewirkten die Kreuzzüge eine verstärkte Selbstbewußtwerdung durch die Konfrontation mit den kulturell und religiös fremden Gegnern. Während sie im Orient jedoch angesichts der Bedrohung durch die christlichen Eroberer letztlich zu einer Einung der zerstrittenen muslimischen Fürstentümer – zunächst unter Saladin und dann für zweieinhalb Jahrhunderte im zentralistischen Mamlukenstaat – im Zeichen des Islam führten, traten in Europa verstärkt nationale Züge gegenüber einem christlichen Zusammengehörigkeitsgefühl in den Vordergrund.

Peter Thorau: Die Kreuzzüge. München 2007, S. 111–113.

4

Arbeitsvorschläge

a) Verfassen Sie einen kurzen Lexikonartikel zum Thema Kreuzzug (VT, M 3, M 6, M 8, M 10, M 12, Online Material-Zeittafel).

b) Erarbeiten Sie aus der Quelle M 4 die Vorwürfe, die das Pamphlet aus byzantinischer Sicht den Christen im Westen macht, und fassen Sie diese unter Oberbegriffen zusammen.

c) Erarbeiten Sie aus M 6 und M 8 die Haltung der christlichen Kirche im Westen zu Krieg und Gewaltanwendung.

d) Erarbeiten Sie die aus den vorliegenden Materialien erkennbaren Motive, die zur Teilnahme an einem Kreuzzug geführt haben können (M 5, M 6, M 8, M 11).

e) Vergleichen Sie die Darstellungen der Eroberung Jerusalems in den beiden Berichten aus christlicher und aus muslimischer Sicht (M 10 a, M 10 b).

f) Ein moderner Historiker muss die in den Quellen überlieferten Fakten kritisch hinterfragen. Stellen Sie mit Hilfe des Textes von Peter Thorau fest, welche Problemfelder sich dabei ergeben können (10 c).

g) Erarbeiten Sie aus M 12, welche langfristigen Folgen der Historiker Peter Thorau den Kreuzzügen zuschreibt.

h) Beschreiben Sie das aus moderner Zeit stammende Denkmal Saladins (M 2) und deuten Sie dessen Aussage. Achten Sie dabei besonders auf die Körperhaltung und beziehen Sie die anderen Figuren mit ein.

i) Projekttipp: Informieren Sie sich über die Biographie Saladins und untersuchen Sie dessen Darstellung in verschiedenen Medien, z. B. im Film „Königreich der Himmel", im Song „Crusader" von Chris de Burgh oder im Drama „Nathan der Weise" von G. E. Lessing. Vergleichen Sie damit jeweils, wie die Kreuzfahrer bzw. Christen dargestellt sind.

Methode: Die Arbeit mit Geschichtskarten

Das menschliche Leben – und damit natürlich die Geschichte – ist nicht nur durch die Zeit, sondern auch durch den Raum bestimmt, in dem sich Ereignisse abspielen. Viele historische Geschehnisse lassen sich ohne die Betrachtung der geographischen Gegebenheiten nicht vollständig verstehen. Deshalb gibt es in jedem Geschichtsbuch eine Anzahl von Karten.

Dabei muss man grundsätzlich zwischen historischen Karten und Geschichtskarten unterscheiden: Die historischen Karten sind Produkte der Vergangenheit und zeigen den Wissensstand und die Weltsicht ihrer Entstehungszeit. Somit sind sie Primärquellen. Ein Beispiel hierfür sind Palästinakarten aus der britischen Mandatszeit, auf denen arabische Dörfer verzeichnet sind, die mittlerweile nicht mehr existieren und deshalb in modernen Karten fehlen.

Geschichtskarten hingegen bilden unter spezifischen Fragestellungen geographische Räume oder Entwicklungen aus vergangenen Zeiten nach dem heutigen Forschungs- und Wissensstand ab. Sie bedienen sich dazu bestimmter Zeichen, die man lesen und deuten muss. Üblicherweise sind die Zeichen in einer sogenannten Legende erklärt. Entsprechend den historischen Gegenstandsbereichen gibt es politik-, wirtschafts-, sozial- und kulturgeschichtliche Karten. Sie enthalten Informationen aus den jeweiligen Bereichen in einer geographischen Grundkarte. Um Zusammenhänge zwischen einzelnen Informationskreisen aufzuzeigen, sind auch Mischformen üblich, z. B. aus sozialen und wirtschaftlichen Gesichtspunkten. Karten, die Zustände zu einem bestimmten historischen Zeitpunkt bzw. in einem Zeitabschnitt zeigen, nennt man „statische Karten". Zu diesen gehören auch Karten, in die – aus Gründen der Vergleichbarkeit oder zur Platzersparnis – verschiedene Zustände in eine einzige Karte eingetragen sind. Hingegen werden mit den „dynamischen Karten" nicht Zustände, sondern Entwicklungen gezeigt. Diese werden häufig mit Kreisen oder Pfeilen angedeutet.

Karten sind nützliche Hilfsmittel, sie müssen jedoch auch in ihrem Informationsgehalt hinterfragt werden. Zum einen sind Karten und ihre Symbole in ihrer Aussagekraft naturgemäß beschränkt. So kann eine Karte, die z. B. die Fluchtbewegungen der Palästinenser zum Inhalt hat, natürlich nichts über genaue Herkunft der Flüchtlinge, die näheren Umstände und Dauer der Flucht oder über die Beschaffenheit der Wege aussagen. Zum anderen bilden Karten das Ergebnis von Forschung – und somit der Interpretation – ab. Sie enthalten also die Erkenntnissinteressen und Sichtweisen des jeweiligen Forschers bzw. Kartenautors. Auch werden Karten unterschiedlich erstellt, je nachdem, für welche Adressaten (Zeitungsleser, Schüler, Experten, …) sie gedacht sind. Ohnehin muss die Anzahl der Informationen in einer Karte beschränkt sein, da sonst die Übersichtlichkeit leidet. Jede Auswahl beinhaltet aber – auch bei größtmöglich angestrebter Objektivität – gleichzeitig eine gewisse (Be-)Wertung der Fakten. Regionale

Geschichtskarten lesen und verstehen

1. Orientieren Sie sich über den allgemeinen Inhalt der Karte: Welcher geographische Raum wird in welcher Zeit dargestellt?
2. Studieren Sie die Kartenlegende: Welche Symbole haben welche Bedeutung?
3. Stellen Sie fest, welches spezifische Thema die Karte hat (Titel, evtl. Zusatztext).
4. Untersuchen Sie den Kartentyp: Handelt es sich um eine statische oder um eine dynamische Karte? Stellt die Karte einen Zustand zu einem bestimmten Zeitpunkt oder eine Entwicklung während eines bestimmten Zeitraumes dar. Wie sind Entwicklungen ausgedrückt?
5. Betrachten Sie die Karte genau: Gibt es qualitative oder quantitative Schwerpunkte (z. B. Gibt es irgendwo besonders viele oder große Siedlungen?)?
6. Versuchen Sie, die Karte zu interpretieren: Welche Ursachen, Entwicklungen, Folgewirkungen lassen sich aus den Einzelfeststellungen ableiten. Welche Rolle spielen Entfernungen oder die Struktur der Räume (fruchtbare oder unfruchtbare Zonen, städtisch oder ländliche Gebiete, Nähe zu Transportwegen, Infrastruktur, …)? Wie sind Grenzlinien gestaltet? .
7. Interpretieren Sie die Karte: Formulieren Sie ihre Hauptaussage, indem Sie Ihre Einzelfeststellungen zusammenfassen und sich Gedanken über deren Ursachen und Folgen machen.

Differenzierungen sind z. B. in Überblickskarten nur schwer oder gar nicht abbildbar. Andererseits sind Karten gerade durch den Zwang zur Reduktion für die Vermittlung bestimmter Perspektiven geeignet. Bewusste Wertungen können z. B. schon im Kartentitel ausgedrückt werden (vgl. M1), aber auch Farbgebungen und Symbole eignen sich dazu, eine bestimmte Perspektive zu vermitteln. Besonders betrifft dies politische Karten für umstrittene Gebiete: In welcher Sprache werden Ortsnamen ausgedrückt? Werden Interessensgebiete oder besetzte Gebiete in der gleichen Weise gekennzeichnet wie anerkannte Staatsgrenzen? Usw. (M2)

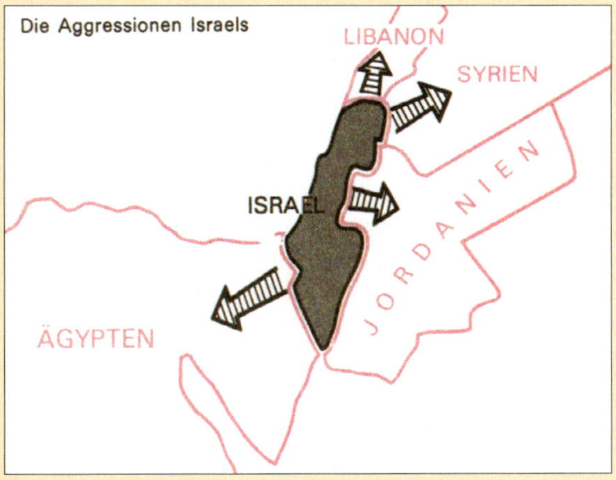

1 **„Die Aggressionen Israels“**
Eine Karte aus einem Geschichtsbuch für Schulen der ehemaligen DDR, 1989

2 **Nachzeichnung einer topographischen Karte aus einem Geschichtsbuch, herausgegeben von der palästinensischen Autonomiebehörde 2007**

Fragen und Anregungen:

a) Beschreiben Sie M1 und stellen Sie fest, welcher politische Standpunkt aus dieser Karte deutlich wird.
b) Erläutern Sie anhand der Karten M1 (S. 194) und M4 (S. 227) den Zusammenhang von geographischen Gegebenheiten und der Besatzungspolitik Israels (1948/49 und 1967).
c) Die Karte M2 stammt aus Schulbüchern der palästinensischen Autonomiebehörde von 2006/07. Vergleichen Sie die Karte mit einer entsprechenden aktuellen Karte aus Ihrem Atlas. Stellen Sie fest, welche Aspekte in der Karte weggelassen wurden bzw. was eingezeichnet, aber nicht benannt ist.
d) Untersuchen Sie die Karten Ihres Geschichtsbuches oder eines Geschichtsatlasses: Suchen Sie Beispiele der verschiedenen inhaltlichen Kartentypen (politisch, sozial, wirtschaftlich, kulturhistorisch) und nach statischen und dynamischen Karten. Stellen Sie fest, welcher Typ überwiegt. Überlegen Sie mögliche Gründe.

4.3 Vom Osmanischen Reich in die Abhängigkeit von den europäischen Staaten

Aufstieg und Niedergang des Osmanischen Reiches

Die Seldschuken, die mit der Eroberung Anatoliens dem Byzantinischen Reich seine Basis entzogen hatten, wurden – durch Thronstreitigkeiten und Teilungen geschwächt – Anfang des 14. Jahrhunderts von den Osmanen abgelöst. Dieser türkische Stamm, benannt nach seinem Herrscher Osman I., unterwarf vom nordwestlichen Anatolien ausgehend die benachbarten Stämme und eroberte – in Auseinandersetzung mit Byzanz und anderen, muslimischen Nachbarn – innerhalb der nächsten drei Jahrhunderten ein riesiges Reich. 1453 bezwangen die Osmanen Byzanz, im 16. und 17. Jahrhundert stellten sie – trotz innerer Krisen und Bedrohungen von außen – eine ernstzunehmende Bedrohung für Ostmitteleuropa dar. Mit der Größe des Osmanischen Reiches nahmen jedoch auch die Schwierigkeiten zu. Militärische Niederlagen, Thronstreitigkeiten und Aufstände erschütterten die Herrschaft der Sultane immer wieder. Verwaltung und Justiz wurden im Lauf der Zeit schwerfällig und korrupt, die Staatsfinanzen steckten in der Krise und die Armee handelte oftmals als „Staat im Staate". In der zweiten Hälfte des 18. Jahrhunderts vermehrten sich die Zeichen des Niederganges und auch durch Reformversuche konnten Probleme wie die Schwäche der Zentralregierung und der erwachende Nationalismus, u.a. der Araber, nicht dauerhaft behoben werden. Dies machten sich als Erstes Frankreich und Großbritannien zu Nutze: Aus dem Besitz des Osmanischen Reiches gewannen sie im 19. Jahrhundert Algerien, Tunesien, Ägypten, den Sudan und Kuwait für ihre Kolonialreiche. Auch andere europäische Staaten sahen das Osmanische Reich als den „kranken Mann am Bosporus" und versuchten sich im eigenen Interesse Gebiete aus der „Konkursmasse" des zerfallenden Staates zu sichern. Auf dem Balkan verlor das Osmanische Reich nahezu seine gesamten Besitzungen an Österreich-Ungarn und an die dort neu entstehenden Staaten. 1912 eroberte Italien Libyen.

1 Das Osmanische Reich von seiner größten Ausdehnung (1683) bis zu seinem Ende (1920)

Im Jahre 1516 eroberten die Osmanen Palästina und beherrschten es – von einigen kurzen Unterbrechungen abgesehen – 400 Jahre lang. Das Osmanische Reich war in Verwaltungseinheiten mit unterschiedlich ausgeprägter Selbstständigkeit unterteilt. Auch unter den Osmanen konnten Juden und Christen weiter ihrem Glauben nachgehen. Zu nennenswerten Konflikten zwischen muslimischer und nichtmuslimischer Bevölkerung kam es selten. Zwangsbekehrungen und massive Unterdrückung von Andersgläubigen gab es nur vereinzelt. Verglichen mit der Situation im christlichen Europa zu dieser Zeit (Glaubenskriege) war das alltägliche Zusammenleben der Menschen im Vielvölkerstaat des Osmanischen Reiches eher friedlich.

2 **Jüdische Einwanderer Ende des 19. Jahrhunderts**

Anfang des 19. Jahrhunderts war Palästina relativ dünn besiedelt und wirtschaftlich wenig leistungsfähig. Zu diesem Zeitpunkt machten Juden etwa drei bis fünf Prozent der Bevölkerung aus. Sie waren meist arm und lebten v. a. in den größeren Städten. In den 1880er Jahren begann die Einwanderung von Juden nach Palästina. Sie kamen zunächst vor allem aus Russland, wo es zu dieser Zeit zahlreiche Pogrome und staatliche Zwangsmaßnahmen gab. Auch viele Araber jüdischen wie muslimischen Glaubens wanderten zu dieser Zeit nach Palästina ein.

Palästina unter osmanischer Herrschaft

Mitte der 1870er Jahren entstand im Osmanischen Reich eine nationale politische Bewegung, die sich die „Jungtürken" nannte. Diese setzte sich für eine umfassende politische, militärische und wirtschaftliche Modernisierung ein. Ziel war die Schaffung eines modernen, liberalen und konstitutionellen Staates. Im Laufe der nächsten Jahrzehnte traten stärker türkisch-nationalistische und sogar turkorassische Vorstellungen in den Vordergrund.

Der Zionismus – Hoffnung auf einen eigenen Staat

Die Mehrheit der Juden lebten in der Diaspora, fern vom Land ihrer Vorväter. Die Idee von der Errichtung eines eigenen Staates war für die meisten von ihnen nur ein Traum. Dieser bedeutete für die vielfach verfolgten und benachteiligten Juden aber ein wichtiges Integrationsmittel ihrer Gemeinschaft. Gegen Ende des 19. Jahrhunderts entstand die jüdische Nationalbewegung, die sogenannte zionistische Bewegung. Die Zionisten wollten in Palästina einen jüdischen Staat errichten. Viele Juden taten diese Idee als Hirngespinst ab, andere betonten die Bedeutung des religiösen und ethnischen Zusammenhalts anstelle von politischen und nationalen Erwägungen. Politische Bedeutung gewann die zionistische Idee erst durch den Wiener Journalisten Theodor Herzl, der 1896 bereits vorhandenes Gedankengut in seinem Buch „Der Judenstaat" zusammenfasste. Auf einem ersten Zionistenkongress in Basel stellte er den Abgesandten von über 200 jüdischen Gemeinden aus aller Welt sein Programm vor. Die danach gegründete World Zionist Organisation hatte als Ziel, einen jüdischen Staat durch diplomatische Verträge mit den europäischen Großmächten zu erreichen. Eine weitere wichtige Persönlichkeit des Zionismus war Chaim Weizmann. Unter seinem Einfluss konkretisierten sich die Pläne, den neuen jüdischen Staat in Palästina – nicht in Afrika oder Südamerika –, und zwar als politisches Gebilde und nicht als bloße Kultgemeinschaft zu begründen. Herzl, Weizmann und ihre Mitstreiter warben in den folgenden Jahrzehnten unter den jüdischen Gemeinden sowie in der Öffentlichkeit in Europa um Befürworter für den Zionismus. Trotzdem gab es viele Juden, die Herzls Programm ablehnten und sogar bekämpften.

Zion

Der Erste Weltkrieg verändert die Landkarte

Jungtürken

1914 trat das Osmanische Reich an der Seite der Mittelmächte in den Ersten Weltkrieg ein, was Palästina bald zum Frontgebiet werden ließ. In der arabischen Bevölkerung gab es Vorbehalte gegen die modernen Tendenzen der jungtürkischen Bewegung und deren Reformziele. Viele wollten sich mit Hilfe der Entente von den Osmanen befreien. So kollaborierten arabische Nationalisten mit den Europäern gegen die Jungtürken. Die Entente unterstützte ihrerseits diese Aufstände. So konnte der Emir von Mekka, der Scherif Hussein ibn Ali, die jungtürkische Oberhoheit abschütteln. Im weiteren Kriegsverlauf stießen britische Truppen durch Palästina bis nach Syrien bzw. von Kuwait in den Irak vor. Die „Befreiung" von den Osmanen bedeutete also eine Aufteilung des Nahen Ostens unter den Mitgliedern der Entente. Das Osmanische Reich hörte 1922 auf zu existieren.

Versprechungen und Absprachen über die Zukunft

Im Ersten Weltkrieg setzten Frankreich und v.a. Großbritannien auf den erwachenden Nationalismus der Araber. So versprach im Oktober 1915 der britische Hochkommissar in Ägypten, Sir Henry McMahon, im Auftrag seiner Regierung in einem Brief Hussein ibn Ali von Mekka ein unabhängiges großarabisches Königreich, das auch Palästina umfasste. Dafür sollte dieser die Revolte gegen die Osmanen anführen. Allerdings planten Großbritannien und seine Verbündeten fast gleichzeitig (1915/16) eine andere Aufteilung der osmanischen Gebiete. Im sogenannten Sykes-Picot-Abkommen (Mai 1916) legten die britische und die französische Regierung ihre Einflusssphären im Nahen Osten für die Zeit nach dem Ende des Krieges fest.

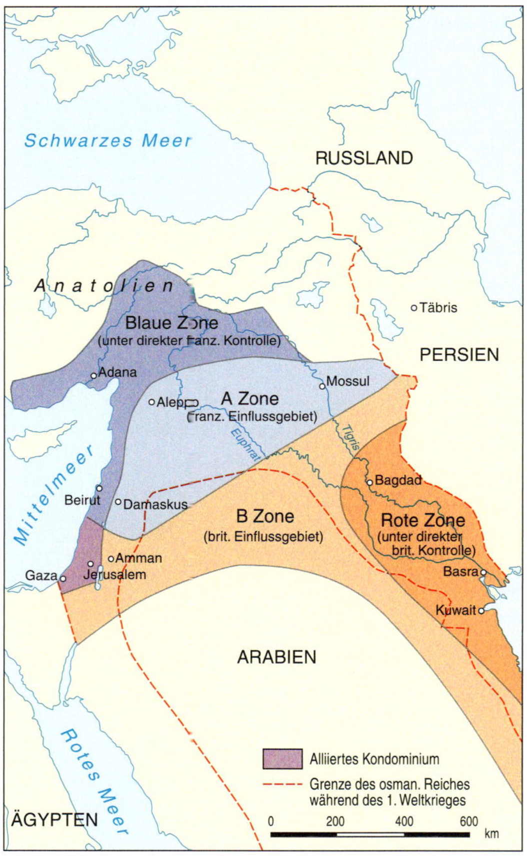

3 Aufteilungspläne des Nahen Ostens im Sykes-Picot Abkommen 1915/1916

Im November 1917 gab es noch ein weiteres, für die künftige Entwicklung zentrales Versprechen, die sogenannte Balfour-Erklärung. Der britische Außenminister Arthur James Balfour sagte in einem Brief an den prominenten Zionisten Baron Rothschild die Unterstützung der Regierung für die zionistische Bewegung und die Gründung einer „nationalen Heimstätte" für das jüdische Volk in Palästina zu. Diese Erklärung war jedoch sehr allgemein gehalten. Von arabischer Seite gab es zunächst keine Proteste gegen die Balfour-Deklaration, zumal Chaim Weizmann sich um ein Übereinkommen mit den Arabern bemühte. Auf der Friedenskonferenz in Paris unterzeichnete er Anfang Januar 1919 als Leiter der zionistischen Delegation mit Emir Faisal von Mekka (einem Sohn Hussains), dem Vertreter der nationalen arabischen Bewegung in Paris, ein Abkommen. Darin wurde den Juden die verstärkte Einwanderung nach Palästina zugesichert. Im Gegenzug sollten die heiligen Stätten des Islam unter muslimischer Kontrolle bleiben und die arabische Unabhängigkeit verwirklicht werden.

In den letzten Monaten des Jahres 1919 wurde klar, dass nicht die Absprache der Briten mit den Arabern, sondern das Sykes-Picot-Abkommen Grundlage der Nachkriegsordnung im Nahen Osten werden sollte. Der arabische Nationalismus war ge- und enttäuscht worden. So kam es zu einer Reihe von Aufständen gegen die neue, europäische Fremdherrschaft. Sie wurden blutig niedergeschlagen. Angesichts der unsicheren Lage im Nachkriegseuropa nahmen die europäischen Sieger davon

Abstand, die eroberten Gebiete offiziell als Kolonien zu behandeln. Stattdessen übernahmen sie sie als „Mandatsgebiete“ im Auftrag des von ihnen dominierten Völkerbundes. Diese Regelungen wurden nach einigen Veränderungen 1920 bei einer Konferenz in San Remo festgelegt. Scherif Hussein ibn Ali wurde nur als König eines Teils der arabischen Halbinsel anerkannt. In den folgenden Jahren gingen Frankreich und Großbritannien wegen des anhaltenden Widerstandes der einheimischen Bevölkerung zunehmend dazu über, ihre Herrschaft indirekt auszuüben. Einige arabische Staaten konnten sogar formal ihre Unabhängigkeit erreichen, faktisch blieben sie von Großbritannien abhängig. Die arabische Nationalbewegung agierte nun aber nicht mehr im gesamtarabischen Kontext, sondern auf der Basis der neuen Staaten, deren Grenzen von den Europäern gezogen waren. Bisher anti-osmanisch orientiert fand der arabische Nationalismus in den Mandatsmächten als Vertreter des Westens einen neuen Hauptgegner.

Die Enttäuschung des arabischen Nationalismus

4

Der Nahe Osten als Mandatsgebiet

Die Bestimmungen des Völkerbundes betrafen auch Palästina. Es sollte unter internationale Verwaltung gestellt werden. Das Völkerbundsmandat dafür ging an Großbritannien und umfasste die früher zum Osmanischen Reich gehörenden Teile Palästinas, also das heutige Israel und Jordanien, das Westjordanland, den Gazastreifen sowie Teile der Golanhöhen. Schon vor dem eigentlichen Inkrafttreten des Mandats teilte die britische Regierung ihr Gebiet auf: Die Gebiete östlich des Flusses Jordan, vier Fünftel des Mandatsgebietes, wurden als autonomes Emirat Transjordanien eingerichtet, ein Sohn des früheren Scherifen Hussein von Mekka aus der Familie der Haschemiten als Herrscher eingesetzt. Es handelte sich dabei wohl um eine Art Wiedergutmachung, da der autonome arabische Staat, der 1915 versprochen worden war, nicht zustande kam. Die Haschemiten wurden und werden bis heute von der einheimischen, überwiegend palästinensischen Bevölkerung nicht wirklich akzeptiert. Die Möglichkeit eines jüdischen wie auch eines echten palästinensischen Staates war mit der Teilung durch die Briten auf die westlich des Jordan gelegenen Gebiete eingeschränkt.

Balfour-Deklaration 1917

Zu den Bedingungen des britischen Mandatsauftrages gehörte die Verwirklichung der Balfour-Deklaration. Dabei sollten die religiösen und bürgerlichen Rechte der einheimischen nichtjüdischen Bevölkerung – ca. 10 % der Palästinenser waren Christen, der Rest Muslime – nicht beeinträchtigt werden. Schon im Weißbuch Winston Churchills von 1922 wurden die Zugeständnisse an die Zionisten eingeschränkt. Trotzdem bestand bei den Arabern ein großer, sich verstärkender Widerstand gegen jüdische Zuwanderung, die auch als Teil der verhassten, antiarabischen Politik Großbritanniens gesehen wurde. Es kam zu Hetze gegen die Juden und zu bewaffneten Ausschreitungen, die die Militärverwaltung nicht nur duldete, sondern teilweise auch unterstützte. Die britische – ebenso wie die französische – Politik im Nahen Osten handelte nach dem Prinzip des „divide et impera“ und spielte so Juden bzw. Zionisten und Palästinenser gegeneinander aus, indem einmal die eine, dann die andere Seite auf Kosten der jeweils anderen Partei begünstigt und besänftigt wurde.

Die jüdische Einwanderung …

Zwischen 1881 und dem Beginn des Ersten Weltkrieges verließen über zwei Millionen Juden Osteuropa. Einige kamen aus religiösen Gründen in das Land ihrer Ahnen, die meisten von ihnen flohen jedoch vor politischer und religiöser Unterdrückung oder aus wirtschaftlicher Armut und wanderten zumeist in die USA oder nach Südamerika aus.
Palästina wurde zunächst nicht als attraktives Ziel gesehen. Dort gab es wenig Wohnraum, kaum Arbeitsplätze und eine schwache Infrastruktur. Zudem waren die politischen Verhältnisse alles andere als gesichert. Dennoch gelangte ein langsam anwachsender Strom von Juden aus Osteuropa nach Palästina. Diese

4 Im Jahre 1905 litt das hebräische Gymnasium unter Schülermangel – ein Jahr danach platzt es aus allen Nähren

„Alija“ genannte Masseneinwanderung brachte zwischen 55 000 und 70 000 Juden nach Palästina. Der Zionismus spielte erst bei der zweiten Einwanderungswelle eine Rolle. Wohlhabendere Juden, wie der Bankier Baron Rothschild, investierten in jüdische Farmen in Palästina und kauften den dortigen arabischen Großgrundbesitzern Ländereien ab. Die einheimischen Bauern, die auf diesen Großgrundbesitzen gearbeitet hatten, besaßen dabei natürlich kein Mitspracherecht. Zunächst fanden sie noch Arbeit bei den neuen Besitzern oder in jüdischen Unternehmen.

... organisiert sich ...

Jewish Agency

Die Neusiedler begannen sich bald – unter der Anleitung des zionistischen Weltkongresses und der 1929 gegründeten Jewish Agency – eine Selbstverwaltung aufzubauen. So entstanden unter anderem Parteien und Gewerkschaften sowie ein eigener Wirtschaftssektor. Ab 1920 wurde eine Delegiertenversammlung und von dieser ein Nationalrat gewählt, der die jüdischen Interessen vertrat. Seit 1909 wurden auf dem vom jüdischen Nationalfonds erworbenen Boden Kibbuzzim (Singular = Kibbuz) genannte Kollektivsiedlungen gegründet. Die Kibbuzbewegung war von utopisch-sozialistischen Ideen getragen und die Mitglieder sollten nach den Prinzipien von Gleichheit, sozialer Gerechtigkeit, direkter Demokratie und Solidarität leben. Für alle Bewohner sollten die gleichen Lebens- und Arbeitsbedingungen gelten, weshalb Lohnarbeit und Privateigentum verpönt waren. Die Arbeit wurde nach dem Rotationsprinzip erledigt und die Erlöse der – meist landwirtschaftlichen – Tätigkeit aufgeteilt bzw. in einer Gemeinschaftskasse verwaltet. Mahlzeiten wurden gemeinsam eingenommen und auch die Kindererziehung galt als Gemeinschaftsaufgabe. Die führenden Zionisten sahen in der Kibbuzbewegung die Möglichkeit, den erworbenen Boden produktiv in Besitz zu nehmen und die Neusiedler in Palästina zu verwurzeln. Außerdem entsprach das Leben im Kibbuz dem Ideal des „neuen“ körperlich tätigen Menschen.

... und stößt auf Widerstand

Mit der wachsenden Zahl einwandernder Juden wuchs die Anzahl der Arbeitslosen unter den alteingesessenen Arabern und die Lage besitzloser palästinensischer Arbeiter verschlechterte sich. So sahen sich die Palästinenser nicht nur in ihren nationalen Zielen beeinträchtigt, sondern auch ihrer Existenzgrundlage beraubt. Damit wuchs ihr Widerstand und es kam Anfang der 1920er-Jahre zu ersten blutigen Auseinandersetzungen zwischen den Neusiedlern und der ansässigen arabischen Bevölkerung. Als in den 1930er-Jahren – nach einem vorübergehenden Rückgang – die Zahl der jüdischen Einwanderer stark anstieg (1919 – 1931:

ca. 120 000, 1931–1939: ca. 265 000), kam es zu einem großen arabischen Aufstand (1936–1939). Dieser begann mit einem sechsmonatigen Generalstreik, auf den die britische Mandatsmacht mit der Einsetzung einer Kommission zur Untersuchung der Lage reagierte. Diese – nach ihrem Leiter Lord Peel benannte – „Peel-Kommission" stellte einen unüberwindlichen Konflikt zwischen Juden und Arabern fest und schlug – zum ersten Mal in der Geschichte – die Teilung Palästinas in einen nördlichen, jüdischen, und einen südlichen, arabischen Staat vor. Die Zionisten waren über diesen Plan sehr enttäuscht, doch zeigten sie die Bereitschaft, ihn zu akzeptieren.

Auf palästinensischer Seite leitete die Verbitterung über das Vorhaben der Briten die zweite, blutige Phase des Aufstandes ein. Aufständische griffen jüdische Siedlungen an, unternahmen Anschläge auf britische Beamte und zerstörten Teile der Infrastruktur. Zu diesem Zeitpunkt kämpften die Palästinenser noch nicht für einen eigenen Staat, sondern gegen die Errichtung eines jüdischen Staates. Für viele war noch ein arabisches Großreich das Ziel. Die Aufständischen waren aber nicht einig, sondern in zahlreiche, z. T. rivalisierende Gruppen zersplittert. Oft wandten sie sich auch gegen die Zivilbevölkerung. Die Briten reagierten mit der konsequenten Unterdrückung des Aufstandes. In dieser Situation erlaubte die Mandatsmacht auch der jüdischen Organisation „Haganah", sich mit Waffen auszurüsten. Außerdem entstanden weitere jüdische Untergrundorganisationen, die ebenfalls Terroranschläge unternahmen.

Haganah

In der zweiten Hälfte der 1930er-Jahre erhöhte sich die Zahl der Zuwanderer erneut: Die Lage in Deutschland wurde immer gefährlicher und die anderen Staaten nahmen nur noch eine sehr begrenzte Zahl von Flüchtlingen auf. Angesichts der Situation in Europa und wegen der Unabhängigkeitsbestrebungen in den anderen arabischen Gebieten war es für die britische Regierung absolut nötig, den Nahen Osten zu befrieden. So verbot die britische Regierung jede weitere Einwanderung von Juden nach Palästina. Auch der Verkauf von Land aus palästinensischem Besitz an Zionisten wurde untersagt. Das britische Weißbuch von 1939 ließ eine Zuwanderung im geringen Maße wieder zu, erteilte aber der Aussicht auf einen jüdischen Staat eine klare Absage. So versuchte die britische Regierung einerseits, die Araber von weiteren Aufständen abzuhalten, andererseits die als Freiwillige in der britischen Armee dienenden Juden nicht zu verprellen.

Während des Zweiten Weltkrieges und nach dessen Ende gab es eine Welle illegaler Einwanderer, obwohl die Briten zu teilweise drastischen Maßnahmen griffen, um sie zu verhindern. Nicht nur die Überlebenden der Shoa wollten einwandern, sondern auch junge Juden aus anderen Staaten. Diese waren von zionistischen Jugendorganisationen angeworben worden für das Leben im Kibbuz. Die meisten Einwanderer kamen auf dem Seeweg und versuchten heimlich an Land zu kommen. Viele Schiffe wurden von der britischen Marine abgefangen und die Passagiere auf Zypern in hoffnungslos über-

5 Soldaten der arabischen Befreiungsarmee. Der Aufstand 1936–1939 forderte über 3000 Todesopfer.

füllten Lagern untergebracht. Parallel dazu verübten die israelischen Untergrundorganisationen verstärkt Anschläge auf britische und palästinensische Einrichtungen und Vertreter. Auch der palästinensische Terror nahm zu. Für die britische Mandatsmacht wurde es immer schwerer, die Situation unter Kontrolle zu halten. Hinzu kamen die hohen Kosten der Präsenz im Nahen Osten, die den Staatshaushalt Großbritanniens belasteten. Im Februar 1947 übergab die britische Regierung die Palästina-Frage an die Vereinten Nationen. Diese setzte eine Untersuchungskommission ein, die einen Vorschlag für das weitere Schicksal Palästinas erarbeiten sollte.

6 Illustration eines russischen Erinnerungsbuches 1922 jüdischer Emigranten
Theodor Herzl ist unten rechts abgebildet.

7 Theodor Herzl: Der Judenstaat

Palästina ist unsere unvergessliche historische Heimat. Dieser Name allein wäre ein gewaltig ergreifender Sammelruf für unser Volk. Wenn Seine Majestät der Sultan uns Palästina gäbe, könnten wir uns dafür anheischig machen, die Finanzen der Türkei gänzlich zu regeln. Für Europa würden wir dort ein Stück des Walles gegen Asien bilden, wir würden den Vorpostendienst der Kultur gegen die Barbarei besorgen. Wir würden als neutraler Staat im Zusammenhange bleiben mit ganz Europa, das unsere Existenz garantieren müsste. Für die heiligen Stätten der Christenheit ließe sich eine völkerrechtliche Form der Exterritorialisierung finden. Wir würden die Ehrenwache um die heiligen Stätten bilden und mit unserer Existenz für die Erfüllung dieser Pflicht haften. Diese Ehrenwacht wäre das große Symbol für die Lösung der Judenfrage nach achtzehn für uns qualvollen Jahrhunderten.

Theodor Herzl: Der Judenstaat. 1896. Zit. nach: http://www.talmud.de/artikel/derjudenstaat7.htm

8 Der McMahon-Brief an Scherif (= religiöser Ehrentitel für die Nachfahren aus der Familie des Propheten Mohammed) Hussein von Mekka (1915)

Am 24. Oktober 1915 schrieb der damalige Hochkommissar Großbritanniens in Ägypten, McMahon, einen Brief an den Scherifen Hussein Ibn Ali von Mekka:

Die beiden Distrikte von Mersina und Alexandretta sowie Teile Syriens, die westlich der Distrikte von Damaskus, Homs, Hama und Aleppo liegen, kann man nicht rein arabisch bezeichnen. Daher sollten sie von den geforderten Staatsgrenzen ausgeschlossen werden. [...]

Abgesehen von den genannten Änderungsvorschlägen ist Großbritannien bereit, die Unabhängigkeit der Araber in allen vom Scherifen von Mekka geforderten Gebieten anzuerkennen und zu unterstützen.

Ich bin davon überzeugt, dass diese Erklärung Sie zweifellos von der Sympathie überzeugt, die Großbritannien ihren arabischen Freunden entgegenbringt. Sie wird eine feste und dauerhafte Allianz begründen, deren sofortiges Ergebnis die Vertreibung der Türken aus arabischen Ländern und die Befreiung der arabischen Völker vom türkischen Joch sein wird, das so lange auf ihnen lastete.

Zit nach: Dossier der Bundeszentrale für politische Bildung: 60 Jahre Israel, http://www.bpb.de/themen/IQ4LQ4,0,0,Quellen.html

10 Die Balfour-Erklärung (2. November 1917)

Mein lieber Lord Rothschild!

Zu meiner großen Genugtuung übermittle ich Ihnen namens Seiner Majestät Regierung die folgende Sympathie-Erklärung mit den jüdisch-zionistischen Bestrebungen, die vom Kabinett geprüft und gebilligt worden ist:

9 Ein Bild vom entstehenden Tel Aviv. Männer mit Schubkarren tragen eine Düne ab (Foto 1909).

„Seiner Majestät Regierung betrachtet die Schaffung einer nationalen Heimstätte in Palästina für das jüdische Volk mit Wohlwollen und wird die größten Anstrengungen machen, um die Erreichung dieses Zieles zu erleichtern, wobei klar verstanden werde, dass nichts getan werden soll, was die bürgerlichen und religiösen Rechte bestehender nichtjüdischer Gemeinschaften in Palästina oder die Rechte und die politische Stellung der Juden in irgendeinem anderen Lande beeinträchtigen könnte."
Ich bitte Sie, diese Erklärung zur Kenntnis der Zionistischen Förderation zu bringen.
gez.: Arthur James Balfour

Zit. nach: Dossier der Bundeszentrale für politische Bildung: 60 Jahre Israel, http://www.bpb.de/themen/IQ4LQ4,1,0,Quellen.html#art1

11 Aus dem Bericht der Peel-Kommmission von 1937

In den engen Grenzen eines kleinen Landes ist zwischen zwei nationalen Gemeinschaften ein Konflikt entstanden, der nicht unterdrückt werden kann. Etwa eine Million Araber leben offen oder latent [verborgen] mit etwa 400 000 Juden im Streit. Zwischen ihnen gibt es keine gemeinsame Grundlage. Nationale Assimilierung [Angleichung] zwischen Arabern und Juden ist ausgeschlossen. [...] Die internationale Anerkennung des Rechts der Juden, in ihre alte Heimat zurückzukehren, beinhaltet nicht die Anerkennung eines jüdischen Anrechts, Araber gegen deren Willen zu beherrschen.

Zit. nach: Noah Flug/Martin Schäuble: Die Geschichte der Israelis und Palästinenser. München/Wien 2007, S. 17. © Hanser 2007

12 Britisches Weißbuch (17. Mai 1939)

I/4: Die Regierung Seiner Majestät verkündet jetzt unzweideutig, dass es nicht ihre Politik ist, aus Palästina einen jüdischen Staat werden zu lassen.

I/10/1: Das Ziel der Regierung seiner Majestät ist die Errichtung eines unabhängigen Palästina-Staates innerhalb von zehn Jahren, der Vertragsbeziehungen mit dem Vereinigten Königreich in der Weise hat, dass die wirtschaftlichen und strategischen Interessen beider Länder berücksichtigt werden.

I/10/2: In dem unabhängigen Staat sollen Araber und Juden gemeinsam in der Weise regieren, dass die wesentlichen Interessen jeder Gemeinschaft gesichert sind.

II/13/1: Die jüdische Einwanderung wird in den nächsten fünf Jahren so geregelt, dass die Zahl der jüdischen Einwanderer ungefähr ein Drittel der Gesamtbevölkerung des Landes erreicht – vorausgesetzt, die wirtschaftliche Aufnahmefähigkeit des Landes erlaubt dies [...] Vom April dieses Jahres an werden innerhalb der nächsten fünf Jahre 75 000 Einwanderer zugelassen.

II/13/3: Nach fünf Jahren wird keine jüdische Einwanderung mehr gestattet, es sei denn, die Araber Palästinas wären hierzu bereit.

II/13/4: Die Regierung Seiner Majestät ist entschlossen, die illegale Einwanderung zu verhindern.

III/16: Der Hochkommissar erhält Vollmachten, den Landverkauf zu verbieten und zu steuern.

Zit nach: Joachim Huntertmark-Dinkela/Bernd Lilienthal: Der Nahe Osten. Konfrontation oder Koexistenz. Frankfurt 1995, S. 54 f.

13 Der Historiker und Journalist Tom Segev charakterisiert die britische Politik

Sowohl die Araber als auch die Juden strebten nach Unabhängigkeit, und beide hofften, sie unter britischer Schirmherrschaft zu erlangen. Aber von Anfang an war die Lage von Verwirrung, Doppeldeutigkeit und Enttäuschung geprägt. Vor ihrem Einmarsch in Palästina hatten die Briten in einem zaudernden, dilettantischen Briefwechsel die Araber glauben lassen, sie würden im Gegenzug für die Unterstützung der Briten gegen die Türken Palästina erhalten. Kurz vor der Eroberung des Landes verkündete die Regierung Seiner Majestät jedoch in der berühmten Balfour-Deklaration, sie betrachte die Bestrebungen der zionistischen Juden zur Schaffung einer „nationalen Heimstätte" für das jüdische Volk in Palästina „mit Wohlwollen". Damit hatten die Briten den Zionisten im Grunde das Versprechen gegeben, in Palästina einen jüdischen Staat zu gründen. Mit einem Federstrich war das Gelobte Land nun zwei Parteien zugesagt [...] Die Briten hielten ihr den Zionisten gegebenes Versprechen: Sie öffneten das Land für die massive Einwanderung von Juden. Bis 1948 nahm der jüdische Bevölkerungsanteil in Palästina um mehr als das Zehnfache zu. Den Juden wurde gestattet, Land zu erwerben, Landwirtschaft zu betreiben. Industrie anzusiedeln und Banken zu gründen. Mit dem Einverständnis der Briten errichteten sie Hunderte neuer Siedlungen, darunter etliche Städte. Sie schufen ein Schulsystem und eine Armee; sie besaßen eine politische Führung und gewählte Institutionen. Das alles trug letztendlich dazu bei, dass sie die Araber besiegten – unter britischer Schirmherrschaft und als Folge des Versprechens von 1917. [...] Durch die Parteinahme für die zionistische Bewegung glaubten die Briten, die Unterstützung eines starken und einflussreichen Verbündeten zu gewinnen. Dahinter steckte die Vorstellung, dass die Juden den Lauf der Geschichte lenkten – eine Vorstellung, in der sich auf einzigartige Weise klassische antisemitische Vorurteile mit romantischer Verehrung des Heiligen Landes und seines Volkes vermischten. In Wirklichkeit war das jüdische Volk ohnmächtig, es hatte nichts aufzubieten außer diesen Mythos seiner geheimen Macht. Die Briten taten so, als wäre die Errichtung einer nationalen Heimstätte für die Juden durchführbar, ohne den Arabern zu schaden, und manche mögen dies tatsächlich geglaubt haben. Aber natürlich war es unmöglich. In Wahrheit bildeten sich in Palästina zwei rivalisierende nationalistische Bewegungen heraus, die unweigerlich auf eine

14 Hitler und der Mufti von Jerusalem
Viele Palästinenser hatten im Zweiten Weltkrieg für Deutschland Partei ergriffen. Am 28. November 1941 trafen Adolf Hitler und der Mufti von Jerusalem, Hadji Mohammed Amin el Husseini, in Berlin zusammen. Der fromme Mufti lobte Hitler als den „von der gesamten arabischen Welt bewunderten Führer“ und forderte von den Nazis Luftangriffe auf Tel Aviv. Dafür bot er sogar aktive Unterstützung bei der Judenvernichtung an.

Konfrontation zusteuerten […] Von Anfang an blieben also nur zwei Möglichkeiten: Entweder besiegten die Araber die Zionisten oder die Zionisten unterwarfen die Araber. Der Krieg zwischen beiden war unvermeidlich.

Tom Segev: Es war einmal in Palästina. Juden und Araber vor der Staatsgründung Israels. München 2006, S. 11–12, 539. Übers. Doris Gerstner

15 Jüdische Einwanderung nach Palästina

Die Einwanderungswellen der Juden nach Palästina werden als „Alija“ bezeichnet. Der Begriff meinte ursprünglich den Besuch des Tempels, also den „Aufstieg“ zum hochgelegenen Jerusalem und auf den Tempelberg.

1882–1903: erste Alija 20–30 000 Einwanderer

1904–1914: zweite Alija 35–40 000 Einwanderer, vor allem aus Russland und Polen

1919–1923: dritte Alija 35 000 Einwanderer, vor allem aus Russland

1924–1931: vierte Alija ca. 80 000 Einwanderer, vor allem aus Polen und der Sowjetunion

1932–1938: fünfte Alija: 200 000 Einwanderer vor allem aus Deutschland

1939–1945: „Alija Bet“ – Einwanderung von Verfolgten aus Deutschland trotz Hürden der britischen Mandatsmacht, ca. 60 000 meist illegale Einwanderer

Zusammengestellt aus: Rolf Steininger: Der Nahostkonflikt. Frankfurt a.M. 2003; Naher Osten. Wegweiser zur Geschichte, hrsg. von Bernhard Chiari und Dieter H. Kollmer im Auftrag des Militärgeschichtlichen Forschungsamtes. Paderborn u.a. 2007.

16 Anja Siegemund vom Gottlieb-Schumacher-Institut der Universität Haifa schreibt zum Verhältnis des Zionismus zur arabische Frage

Im Jahr 1921 erklärte der Zionistische Kongress in einer „Resolution zur arabischen Frage“ seinen „Willen, mit dem arabischen Volk in einem Verhältnis der Eintracht und der gegenseitigen Achtung zu leben“. Jedem der Völker Palästinas solle „eine ungestörte nationale Entwicklung“ gesichert werden. Der Kongress – und damit die Legislative der Zionistischen Bewegung – forderte die Zionistische Exekutive auf, „ihre Bemühungen um eine aufrichtige Verständigung mit dem arabischen Volk […] in erhöhtem Maße fortzusetzen“.
Im Groben sind im Zionismus vier große Lager in Bezug auf die Araberfrage zu unterscheiden, die sich seit Anfang der 1920er-Jahre mehr und mehr herauskristallisierten. Eingebracht hatte die Resolution Martin Buber, Philosoph und Pädagoge und ein herausragender Repräsentant des Lagers, das sich unter den Oberbegriffen „Verständigung – Integration“ zusammenfassen lässt. Für die Vertreter dieses Lagers war Zionismus vor allem Idee und außerdem verbunden mit der Vorstellung einer anderen, besseren Weltordnung, zu verwirklichen auch in Palästina. Sozialismus, Pazifismus und Messianismus flossen hier zusammen, die Ideologien der radikalen Welt- und Menschheitsveränderer im Europa des späten 19. und frühen 20. Jahrhunderts. […] So sprachen Buber und seine Mitstreiter von jener Verständigung mit den Arabern

17 **Die Exodus**, benannt nach dem zweiten Buch Mose, war 1946 von der Haganah gekauft worden, um jüdische Flüchtlinge, u. a. Holocaust-Überlebende aus Deutschland, nach Palästina zu bringen. Das mit Menschen überladene Schiff wurde noch vor der Ankunft von der britischen Marine gestoppt, die Passagiere zwangsweise auf andere Schiffe verladen und nach Frankreich transportiert. Trotz der menschenunwürdigen Situation an Bord weigerten sich dort viele, an Land zu gehen. Die Briten leiteten das Schiff erneut um und die verbleibenden Passagiere wurden in einem Lager in der Nähe von Lübeck untergebracht. Die Tatsache, dass Überlebende des Nazi-Terrors zwangsweise nach Deutschland zurückgebracht wurden und dort hinter Stacheldraht in einem Lager inhaftiert wurden, führte zu internationalen Protesten. Erst nach mehreren Wochen wurden die ehemaligen Exodus-Passagiere Anfang Oktober freigelassen. Viele von ihnen unternahmen danach erneut den Versuch, von Südfrankreich aus nach Palästina zu gelangen. Die Ereignisse um die Irrfahrt dieser Menschen trug mit dazu bei, dass die Weltöffentlichkeit dazu bereit war, das Ende des britischen Mandats und die Gründung des Staates Israel leichter zu akzeptieren.

Palästinas als wichtigem Faktor, ja fast einer Bedingung des Zionismus. [...]

Das andere Ende des zionistischen Spektrums, für das Zionismus vor allem politische Selbstbestimmung bedeutete, ging nahezu vom genauen Gegenteil aus: dass es keine Basis für solche Verständigung gebe und auch eine gewaltsame Auseinandersetzung zwischen beiden Völkern sich nicht vermeiden lasse, dass deren jeweilige nationale Bestrebungen auf gleichem Raum unvereinbar seien, dass die kulturellen Unterschiede sich nicht so einfach wegwischen ließen. Auch von seinem ganzen weltanschaulichen Hintergrund her war dieser Ansatz dem Konzept von Verständigung entgegengesetzt. Wo der eine Integration, die Gemeinschaft von Völkern und Menschen anstrebte – und solche beispielhaft in Palästina verwirklichen wollte –, stand sein Gegenüber für politische und kulturelle Abtrennung, Separation, und betonte sehr absolut die Einteilung der Menschen in Nationen mit spezifischen Interessen. [...] Vladimir Ze'ev Jabotinsky, Cheftheoretiker dieses separatistischen Ansatzes, sah keine der beiden Nationalbewegungen in Palästina zu einem Kompromiss bereit, daher Verständigung und freiwilligen Interessensausgleich als ein illusionäres Konstrukt und die zionistische Seite insofern genötigt, die eigenen Interessen auch gegen die Interessen der Araber durchzusetzen. Er selbst gehörte zu den frühesten und stärksten Advokaten eines jüdischen Staates in Palästina sogar inklusive Transjordaniens. Um dies zu verwirklichen, bliebe dem Zionismus nichts anderes, als eine „Eiserne Mauer" zu errichten. So lautete Jabotinskys symbolische Bezeichnung für den Ausbau der eigenen Macht mit Militärgewalt, eine Bastion, hinter der die jüdische Siedlung voranzutreiben sei. Dagegen würden die Araber so lange anrennen, bis sie die Aussichtslosigkeit dieses Unterfangens einsähen und schließlich ihren Widerstand gegen den Zionismus aufgäben. Sobald dies der Fall und der jüdische Staat etabliert sei, wären ernste Verhandlungen über das Zusammenleben zwischen Juden und Arabern möglich. [...] Beide Konzepte, sowohl jenes der Verständigung als auch jenes der Eisernen Mauer, befanden sich innerhalb der zionistischen Gesamtbewegung in der absoluten Minderheit. Für die zionistische Mehrheit war die arabische Frage vergleichsweise weit mehr in der Peripherie angesiedelt und beeinflusste die Ausgestaltung ihres Zionismus viel weniger. Es handelte sich dabei um das osteuropäisch geprägte zionistische Arbeiterlager um den späteren Staatsgründer David Ben Gurion sowie um die bürgerliche nationalliberale Mitte, repräsentiert durch Chaim Weizmann, langjähriger Präsident der Zionistischen Organisation. [...] Hingegen stand für beide Lager im absoluten Vordergrund, eine möglichst große jüdische Einwanderung nach und Kolonisation in Palästina voranzutreiben. Die Resolution zur arabischen Frage von 1921 reflektierte diese Haltung der Mitte: In dezidierter Absetzung von Jabotinsky erklärte sie den zionistischen Willen zur Kooperation mit den Arabern, betonte aber gleichzeitig, dass die Bemühungen dazu „unter uneingeschränkter Wahrung der Balfour-Deklaration" zu erfolgen hätten – in der die britische Regierung 1917 ihre Sympathie und Hilfestellung für jüdische Siedlung in Palästina erklärt hatte. Dass von Kooperation gesprochen wurde, war kein Lippenbekenntnis, für die zionistische Mehrheit aber eine Frage der Prioritäten und des Zeitpunkts. Kooperation wurde als wünschenswert, aber nicht als so essentiell notwendig betrachtet wie im Verständigungslager. Und im Gegensatz zu diesem war man nicht bereit, das eigene Ziel der großen jüdischen Siedlung aufgrund der Existenz der Araber stark anzupassen oder gar unterzuordnen. [...] Während im Verständigungskonzept Verständigung und Zionismus parallel kamen, lautete die Schlussfolgerung beider mittleren Lager, zunächst eine gesicherte Machtposition zu erringen, soweit wie möglich Fakten in Palästina zu schaffen. Grundsätzliche politische Änderungen in Palästina – wie sie die beiden Lager an den Polenden, in ganz unterschiedliche Richtungen, schon in den 1920er-Jahren anstrebten – sollten möglichst so lange aufgeschoben werden, bis eine für den Zionismus bessere Ausgangsposition erzielt sei.

Doch ab Ende der 1930er-Jahre entwickelte sich der Kurs der zionistischen Mehrheit immer mehr dahin, die jüdische Siedlung in Palästina durch einen jüdischen Staat zu sichern. Man löste sich vom ursprünglichen Prinzip der nur defensiven Gewaltanwendung und ging zum Prinzip der Offensive über. All dies war auch eine Reaktion auf den radikalisierten Kontext der Epoche: auf die Eskalation des Konflikts zwischen Juden und Arabern, die britische Politik der aufgehobenen Unterstützung für die jüdische Siedlung und des fast vollständigen Verbots jüdischer Einwanderung, nicht zuletzt auf Verfolgung und Ermordung der europäischen Juden. Angesichts all dessen schien damals den meisten Zionisten die Resolution von 1921 irrelevant, bestenfalls wie ein frommer Wunsch – zumal ihr Pendant auf arabischer Seite fehlte.

Anja Siegemund: Der Zionismus und die arabische Frage. In: Dossier 60 Jahre Israel. Zit. nach: http://www.bpb.de/themen/0CT34Y,0,0,Der_Zionismus_und_die_arabische_Frage.html

4

18 Der Historiker Michael Wolffsohn über das jüdisch-palästinensische Verhältnis während der britischen Mandatszeit

Die eingewanderten Zionisten waren erregt und verärgert, blieben aber in der Defensive, weil sie damals noch viel zu schwach für den Angriff (auf wen auch immer) waren. Sie mussten Zeit gewinnen, damit mehr Menschen kamen, die halfen, ihre Position zu stärken. Erregt waren auch die Gemüter der arabischen Welt, besonders der Palästinenser. Sie wollten nun endlich über sich selbst bestimmen, fühlten (und fühlen) sich als die Eigentümer des Heiligen Landes und erkannten deutlich, dass ihnen Gefahr drohte, entweder in Form britischer oder jüdischer Fremdherrschaft oder gar beides. Die Palästinenser gingen deshalb in die Offensive, und dabei waren sie schon damals brutal. Bereits am ersten Jahrestag der Balfour-Erklärung, am 2. November 1918, kam es in Jerusalem zu gewaltsamen antibritischen (und auch natürlich antizionistischen) Demonstrationen. Im April 1920 stürmte ein fanatisierter arabischer Mob während des Nebi-Mussa-Festes das jüdische Viertel in Jerusalem. Im Mai 1921 kam es besonders in der Hafenstadt Jaffa zu blutigen Unruhen. Nach Meinung der arabisch-palästinensischen Bevölkerung handelten die Zionisten nämlich nicht nur im britisch-kapitalistischen Auftrag, sondern auch aufgrund kommunistisch-gotteslästerlicher Ideen. Ein seltsames politisches Gebräu wurde hier unterstellt, aber Ängste sind nicht unbedingt dem klaren Denken förderlich. Und dass sich die Palästinenser von allen Seiten bedroht und geprellt fühlten, muss man verstehen. Verstehen muss man aber auch den Ärger der Zionisten, vor allem der sozialistischen Zionisten, die doch alles so gut meinten und so schlecht machten – zumindest im Zusammenleben mit den Palästinensern. Diese verspürten jedoch weder das Bedürfnis, von den Engländern beherrscht, noch von den sozialistischen Zionisten „befreit" zu werden.

Michael Wolffsohn: Die Briten im Heiligen Land. In: Dossier 60 Jahre Israel. Zit. nach: http://www.bpb.de/themen/KGIBOU,1,0,Die_Briten_im_Heiligen_Land.html

19 Siedlung jüdischer Einwanderer – das Dorf Nahatal um 1937

Arbeitsvorschläge

a) Erarbeiten Sie aus der Quelle M7 den Charakter, den Theodor Herzl dem zukünftigen jüdischen Staat zuschreibt.

b) Erarbeiten Sie aus M16 die grundlegenden Positionen des Zionismus in der Palästinenserfrage und deren Veränderung.

c) Theodor Herzl (M6), Ben Gurion und Chaim Weizmann waren zentrale Figuren des Zionismus. Informieren Sie sich über ihre Biographie und ihre Ziele. Überlegen Sie anhand der von Ihnen gesammelten Informationen, durch welche persönlichen Erlebnisse und Erfahrungen die beiden Männer zu Vorkämpfern des Zionismus wurden.

d) Charakterisieren Sie unter Verwendung der Materialien M3, M8, M10 bis M13, M15 bis M17 und des Verfassertextes die Politik Großbritanniens und Frankreichs im Nahen Osten. Fassen Sie Ihre Ergebnisse in einem Essay zusammen.

e) Erarbeiten Sie aus den Quellen M13 und M18 die Auswirkungen der britischen Mandatspolitik auf das Verhältnis von Juden und Palästinenser.

f) Erstellen Sie mit Hilfe der Materialien eine Übersicht, mit welchen Problemen die Einwanderer nach Palästina zu kämpfen hatten (M2, M5, M9, M11–M17, M19).

4.4 Wem gehört das „Heilige Land" – der Kampf der Palästinenser gegen Israel

„Von klein auf sah ich Kriege. Ich selbst kämpfte im Unabhängigkeitskrieg, im Suezkrieg, im Sechs-Tage-Krieg, im Jom-Kippur-Krieg und in vielen weiteren Einsätzen. Mein Sohn kämpfte. Mein Enkel kämpfte. Er liegt verwundet im Krankenhaus. Und ich glaube, der Enkel meines Enkels wird auch kämpfen."

Abraham Bar-Am, israelischer Kriegsveteran

„Meine Mutter kam während der osmanischen Besatzung auf die Welt. Ich wurde während der englischen Besatzung geboren, meine Kinder während der jordanischen, deren Kinder während der israelischen. Es gibt immer jemanden, der dieses Land will, aber nie jemanden, der uns will. Ist das keine Tragödie?"

Amelie Dschaqaman, Palästinenserin

Schon diese beiden Zitate zeigen, dass es im Nahost-Konflikt nicht die einzig wahre Wahrheit gibt. Palästinenser und Juden sehen Israel als ihr Land an, die jeweils andere Seite wird als Eindringling betrachtet. Und das, obwohl die Sprachen der Israelis und der Palästinenser – Hebräisch und Arabisch – die gleiche sprachgeschichtliche Wurzel haben. Juden und Palästinenser kämpfen erbittert um den Besitz des „Heiligen Landes", alle Friedensbemühungen scheinen vergeblich. Die Wurzeln der Auseinandersetzung liegen weit in der Vergangenheit und manifestieren sich mit der verstärkten Zuwanderung von Juden nach Palästina seit Anfang des 20. Jahrhunderts. Vom ersten Tag an begleitet der Kampf die Geschichte des Staates Israel. Dieser wird auf zwei Ebenen ausgetragen: Auf nationaler Ebene, innerhalb der Grenzen Israels zwischen Israelis und Palästinensern, sowie auf internationaler, zwischenstaatlicher Ebene zwischen Israel und den arabischen Staaten.

Die Pläne der UNO

1947 sah sich Großbritannien angesichts zunehmender Kämpfe zwischen Palästinensern und Juden, aber auch wegen der Überfälle auf seine eigenen Behörden nicht mehr in der Lage, das Mandat aufrechtzuerhalten. Die von der UNO eingesetzte Kommission verfolgte verschiedene Lösungsmöglichkeiten, von denen sich schließlich zwei als realisierbar durchsetzten: die Gründung zweier getrennter Staaten oder die Bildung eines gemeinsamen Staates, mit je einem arabischen und einem jüdischen Teilstaat. Jerusalem sollte unter internationalen Kontrolle gestellt werden.
Nach monatelangen Prüfungen stimmte die Vollversammlung der Vereinten Nationen am 29. November 1947 für die Aufteilung des Landes in einen arabischen und einen jüdischen Staat. Dabei kamen auf 33 Ja-Stimmen 13 Nein-Stimmen und zehn Staaten enthielten sich der Stimme, womit die notwendige 2/3-Mehrheit erreicht war. Die Gegenstimmen kamen vor allem von den arabischen Staaten des Nahen und Mittleren Osten.
Die meisten Juden in Palästina akzeptierten den Plan der UN. Manchen Gruppen von radikalen Nationalisten gingen die Pläne aber nicht weit genug, sie wollten ein größeres Territorium. Auch die jüdische Orthodoxie, die den Zionismus von Anfang an negiert hatte, lehnte die Gründung eines Staates ab. Trotzdem gilt für die meisten Israelis bis heute der 29. November als wichtigster Tag auf dem Weg zum eigenen Staat. Auf arabischer Seite wurde der UN-Plan abgelehnt. Entweder sprachen sich ihre Vertreter generell gegen einen eigenen jüdischen Staat aus oder sie wandten sich gegen die Größe bzw. die Qualität des den Juden zugewiesenen Landes. Jedoch bildet die UN-Resolution nicht nur die wichtigste völkerrechtliche Basis des Staates Israel, sondern auch für die Gründung eines eigenen Palästinenserstaates.

Ein Staat entsteht

Die Bevölkerungsverteilung und die im UN-Plan vorgesehene Grenzziehung zwischen den beiden Staaten bargen großen Konfliktstoff in sich. Schon nach der Verkündung der Entscheidung der UN begannen Kämpfe. In der ersten Phase (bis April 1948) griffen v.a. Palästinenser, unterstützt von Freischärlern aus den arabischen Nachbarländern, zu den Waffen und unternahmen Anschläge auf jüdische Siedlungen, Einrichtungen und wichtige Straßen. Im Mai und Juni folgten Vergeltungsmaßnahmen jüdischer Untergrundgruppen. Beide Seiten rüsteten mit Waffen – zum großen Teil aus Beständen aus dem Zweiten Weltkrieg – auf. Großbritannien bereitete bereits den vollständigen Rückzug seiner Truppen aus Palästina vor, der bis Mitte Mai abgeschlossen sein sollte. Somit war eine weitere Verschärfung der Situation vorauszusehen. Am 15. Mai 1948 endete offiziell die britische Mandatszeit. Diese Datum fiel jedoch auf einen Samstag. Aus Rücksicht auf die Shabbatruhe seiner Landsleute verlas David Ben Gurion (bald erster Ministerpräsident Israels) vor Beginn des Shabbat, aber auch vor dem Ende der Mandatszeit die Unabhängigkeitserklärung des Staates Israel. Am nächsten Tag begann der erste arabisch-israelische Krieg (siehe folgendes Kapitel). Trotz der Kämpfe formierte sich der israelische Staat. Aus bereits bestehenden paramilitärischen Gruppen wurde die israelische Armee organisiert. Aber auch zivile Einrichtungen entstanden schnell, da schon in der Mandatszeit entsprechende

1 UN-Teilungsplan
Das Mandatsgebiet Palästina war vor Beendigung des Mandats insgesamt 25 000 km² groß. Der für die arabische Bevölkerungsgruppe vorgesehene Teil umfasste 11 100 km², also 43 %. Dort lebten zu diesem Zeitpunkt 10 000 Juden und 725 000 Palästinenser. Der jüdische Staat sollte 14 100 km² umfassen, also 56 %. Dort lebten 498 000 Juden und 407 000 Palästinenser. Der Großraum Jerusalem – 1 % der Gesamtfläche – sollte eine neutrale Zone sein. Hier wohnten 100 000 Juden und 105 000 Palästinensern.

2 Ben Gurion verliest die Unabhängigkeitserklärung
Am Freitag, dem 14. Mai 1948, verliest der erste israelische Ministerpräsident Ben Gurion die Unabhängigkeitserklärung des Staates Israel. Im Hintergrund hängt ein Porträt von Theodor Herzl.

Gremien organisiert worden war. Vor allem die aus Deutschland und anderen Staaten Mitteleuropas stammenden Juden hatten durch ihren Bildungsstand und ihre Berufserfahrung zur wirtschaftlichen und kulturellen Entwicklung beigetragen. Ein im Juli 1950 verabschiedetes Gesetz gab allen Juden in der Welt das Recht, nach Israel einzuwandern. Bis 2006 kamen über drei Millionen Zuwanderer. Führende Repräsentanten der Palästinenser hatten hingegen den UN-Teilungsplan abgelehnt und damit die Chance auf die parallele Gründung eines eigenen Palästinenserstaates vergeben.

Flucht und Vertreibung der Palästinenser

Mit dem Bekanntwerden des UN-Teilungsplanes und der Staatsgründung Israels beginnt auch das Problem der palästinensischen Flüchtlinge, das bis heute Israel, aber auch seine Nachbarstaaten belastet. Die Palästinenserfrage ist sowohl von der Seite der Israelis wie aus arabisch-palästinensischer Sicht ideologisch überfrachtet, so dass es sehr schwer ist, aus den jeweils subjektiv gefärbten Berichten zu objektiven Aussagen zu kommen. Das durch den Rückzug britischer Truppen und Beamter verursachte Chaos sowie die Kämpfe zwischen den palästinensischen und jüdischen Untergrundgruppen veranlasste schon vor der offiziellen Staatsgründung eine wachsende Anzahl von Palästinensern zur Flucht. Auch geschahen bereits Vertreibungen durch einzelne jüdische Kampfgruppen. Im April 1948 kam es im Dorf Deir Yasin zu einem Massaker, bei dem über 100 Palästinenser ermordet wurden. Diese Brutalität blieb zwar eine Ausnahme, die Nachricht davon heizte die Angst vor israelischen Übergriffen jedoch an. Die Jewish Agency, die offizielle Vertretung der Juden während der Mandatszeit, verurteilte das Massaker und entschuldigte sich beim jordanischen König. Andererseits nutzten arabische Führer das Massaker - verzerrt und übertrieben dargestellt - zu Propagandazwecken. Auf beiden Seiten heizten radikale Untergrundgruppen die Stimmung an und begingen weitere Gewalttaten.

Der Beginn des Krieges im Mai 1948 führte zu einer breiten Fluchtbewegung von Palästinensern aus israelisch kontrollierten Gebieten. Bereits in den ersten vier Wochen des Krieges verließen fast 300 000 Palästinenser ihre Heimat. Dabei handelte es sich teilweise um Vertreibungen, viele hatten einfach Angst, andere Palästinenser kehrten ihren Häusern den Rücken, um nicht als Verräter zu gelten und später an der Seite der arabischen Truppen zurückzukehren. Auch wurden Palästinenser von arabischen Nachbarländern aufgerufen, während des Krieges ihre Wohnorte zu verlassen. Insgesamt belief sich die Gesamtzahl der Flüchtlinge laut dem UN-Flüchtlingshilfswerk auf 725 000. Nach dem Krieg ließ Israel die verwaisten palästinensischen Dörfer mit jüdischen Neueinwanderern besiedeln und verweigerte die Rückkehr der geflohenen Palästinenser bis zum Abschluss von Friedensverhandlungen mit den arabischen Staaten. Da diese scheiterten, blieb es bei der Ablehnung der Rückkehr. Dafür flohen rund 800 000 Juden aus den umliegenden Nahost-Staaten, wo sie erheblichem Druck (Drohungen, Enteignungen u. a.) ausgesetzt waren.

Feinde im eigenen Land

Trotz der Vertreibungen auch im Sechs-Tage-Krieg 1967 lebten noch zahlreiche Palästinenser mit israelischem Pass in Israel, im Westjordanland und im Gazastreifen. Zunächst standen sie zwischen Israel und den ihre eigenen Ziele verfolgenden Nachbarländern. Mit der Annexion der für den palästinensischen Staat vorgesehenen Gebiete durch Israel und Jordanien war den Zielen der Palästinenser zunächst im wahrsten Sinne des Wortes der Boden entzogen. Es dauerte einige Zeit, bis die Palästinenser ein Bewusstsein für ihre Identität als Volk entwickelten. Bis Mitte der 1960er Jahre fanden die Palästinenser eine Symbolfigur im ägyptischen Präsidenten Nasser, der einen starken arabischen Nationalismus propagierte. Durch dessen Niederlage im Sechs-Tage-Krieg wurden diese Hoffnungen aber enttäuscht. Viele Palästinenser suchten nach neuen Führern und Ideen und fanden sie in der bis dahin nicht sonderlich beachteten palästinensischen Widerstandsbewegung. So wurde für viele Palästinenser der Kampf gegen Israel der erste, wichtigste Teil der palästinensischen Identität. Sie organisierten sich in verschiedenen, meist militanten Gruppen, die schon in den 1960er-Jahren von Gaza und Jordanien aus Angriffe gegen Ziele in Israel unternahmen. Die bekannteste Vertretung der Palästinenser, die Palästinensische Befreiungsorganisation (PLO), wurde 1964 auf Initiative des ägyptischen Präsidenten gegründet, ab 1969 war Jassir Arafat ihr Anführer. Das gemeinsame Ziel der PLO und anderer palästinensischer Gruppen war die Vertreibung der Juden und die Zerstörung des Staates Israel, aber auch die arabische Einheit. Als einzigen Weg zur Befreiung sahen die Palästinenser den bewaffneten Kampf in Form von Guerillaaktionen an. Im Umfeld des Kalten Krieges wurden die PLO und arabische Staaten von der Sowjetunion und ihren Verbündenten (v. a. auch der DDR) unterstützt, während Israel Hilfe von den USA und den westlichen Staaten erhielt.

PLO

3 Jassir Arafat 1969

Der anhaltende Terror der Palästinenser führte jedoch auch dazu, dass sich immer mehr arabische Staaten von den Aktionen der PLO distanzierten. Auch erkannten die Regierungen der arabischen Staaten, dass ihre eigene Stabilität durch die Palästinenser bedroht wurde. Trotzdem blieb der Kampf gegen Israel das Hauptziel für die Palästinenser.
In den 1980er Jahren schien die palästinensische Sache festgefahren. Wegen der immer noch andau-

1 Die Intifada oder der „Krieg der Steine“, 1987

ernden israelischen Besetzung des Westjordanlandes und des Gazastreifens begannen die Palästinenser 1987 die sogenannte Intifada (arab.: sich erheben zum Zweck der Abschüttlung). Zuerst handelte es sich dabei um Straßenschlachten („Krieg der Steine“), Protest- und Boykottaktionen, bald eskalierte aber die Gewalt. In den folgenden Jahren geschahen zahlreiche, blutige Widerstandsaktionen und Massendemonstrationen der Palästinenser in den besetzten Gebieten. Aus Angst vor einem Übergreifen der Intifada auf Jordanien übertrug der jordanische König das Westjordanland der PLO. Es gehörte nun theoretisch den Palästinensern. Yassir Arafat nutzte das internationale Interesse am Nahostkonflikt und rief am 15. November 1988 den Staat Palästina aus. Viele Interpreten sehen diese Ausrufung aber auch als indirekte Anerkennung des Staates Israel. Trotzdem ging die Intifada weiter. Als der Irak im August 1990 Kuwait überfiel und Arafat diese Handlung Saddam Husseins guthieß, versetzte das dem israelischen Sicherheitsbewusstsein einen weiteren Schlag. Andererseits stellten die Golfstaaten nun die finanzielle Unterstützung der PLO ein. Die fortdauernden Kämpfe im eigenen Land stellten die israelische Armee vor große Probleme und führten in Teilen der israelischen Bevölkerung zu einem ersten Umdenken im Hinblick auf die Palästinenserfrage.

Frieden für Israel?

Mit der Änderung der weltpolitischen Lage (Ende des Kalten Krieges) änderte sich auch die Lage im Nahen Osten. Der Ausfall der Sowjetunion als Partner der arabischen Staaten und der Versuch der USA, eine neue Friedensordnung zu schaffen, führte zu sehr langen und schwierigen, teils geheimen Gesprächen zwischen den Palästinensern und Israel. Eines der Probleme der Verhandlungen war die Forderung auf Rückkehr der vertriebenen Palästinenser und ihrer Nachkommen. Da es sich dabei um rund sechs Millionen Menschen handeln würde, könnte der

5 Der historische Händedruck am 13. September 1993: links Jitzchak Rabin, rechts Jassir Arafat, Mitte US-Präsident Bill Clinton

Charakter Israels als jüdisch dominierter Staat nicht mehr erhalten bleiben. Aus diesem Grund lehnten die Israelis diese Forderung ab.
Auch der ungeklärte Status von Jerusalem – sowohl Israel als auch die Palästinenser fordern die Stadt als Hauptstadt – erschwerte die Verhandlungen. Hinzu kam das Problem der jüdischen Siedlungen in den 1967 besetzten Gebieten. Anfang der 1990er Jahre kam der Friedensprozess in Gang. Beide Seiten hatten vorher vorsichtige Schritte zum Ausgleich gemacht: 1989 hatte Jassir Arafat die PLO-Charta von 1964, in der zur Zerstörung des Staates Israel aufgerufen wurde, für hinfällig erklärt und Israel so indirekt anerkannt. Die neue israelische Regierung unter Ministerpräsident Jitzchak Rabin untersagte den weiteren Ausbau jüdischer Siedlungen in den besetzten Gebieten.

Oslo-Friedensprozess

Der sogenannte Oslo-Friedensprozess umfasste mehrere Vereinbarungen: 1993 wurde ein Rahmenabkommen unterzeichnet, in dem allgemeine Prinzipien für eine fünf Jahre dauernde Interimsphase palästinensischer Selbstverwaltung verankert waren. Diese wurde im Gaza-Jericho-Abkommen (Oslo I, 1994) präzisiert. Es gewährte den Palästinensern eine Teilautonomie – schrittweise Selbstverwaltung – im Gebiet von Jericho und im Gazastreifen. Die israelische Armee sollte zurückgezogen werden. Die PLO verzichtete im Gegenzug auf die Forderung, einen eigenen Staat auf dem gesamten Gebiet Israels zu errichten. Außerdem enthielt das Abkommen eine gegenseitige Anerkennung von PLO und dem Staat Israel. 1995 unterzeichneten der israelische Ministerpräsident Jitzhak Rabin und der PLO-Vorsitzende Jassir Arafat das israelisch-palästinensische Interimsabkommen über das Westjordanland (West Bank) und den Gaza-Streifen (Oslo II). Allerdings wurden zentrale Streitpunkte (die Zukunft der jüdischen Siedlungen und der palästinensischen Flüchtlinge, der endgültige Grenzverlauf zwischen den beiden Staaten und der Status Jerusalems) ausgenommen. Die Ergebnisse des Friedensprozesses riefen auf beiden Seiten Proteste hervor. So wurde der zögerliche Weg zum Frieden durch Extremisten von beiden Seiten gestört: Anschläge palästinensischer Terrorgruppen auf jüdische Zivilisten häuften sich und am 4. November 1995 wurde Jitzhak Rabin auf einer Friedenskundgebung von einem jungen jüdischen Extremisten ermordet.

Der Friedensprozess stockt

Unter Rabins Nachfolgern stagnierte der Friedensprozess: Der Rückzug der israelischen Armee aus den besetzten Gebieten stockte und die israelische Regierung trieb erneut den Bau jüdischer Siedlungen auf palästinensischem Territorium voran, während der Terror der Gegenseite weiterging. Auch die neue Palästinensische Autonomiebehörde konnte den Terror nicht eindämmen. Es kam zu Aufständen und massiver Gewaltanwendung durch das israelische Militär. Die Verbitterung der Palästinenser wuchs. Im Juli 2000 scheiterten von US-Präsident Clinton initiierte Friedensgespräche, ebenso ein weiteres Treffen drei Monate später. So begann im September 2000 die zweite Intifada. Als Antwort darauf brach die israelische Regierung den Kontakt zu Arafat ab, den sie für den Terror verantwortlich machte, und stellte ihn in seinem Hauptquartier in Ramallah praktisch unter Hausarrest.

Zweite Intifada

Die zweite Intifada wurde planmäßig durchgeführt und war von blutigen Terrormaßnahmen (Selbstmordattentate) und massiven israelischen Gegenschlägen geprägt, die weite Teile der Infrastruktur in den palästinensischen Gebieten zerstörte. Das israelische Militär überzog die besetzten Gebiete mit einem Netz von Kontrollpunkten, an dem sich alle palästinensischen Passanten ausweisen mussten und oft zermürbenden Wartezeiten und Schikanen ausgesetzt waren. Außerdem begann im Juni 2003 die Errichtung einer Sicherheitsabsperrung zum Westjordanland, die Terroristen an der Einreise nach Israel hindern sollte. Alle Friedensbemühungen in dieser Zeit waren vergeblich, zumal nach den Anschlägen vom 9. September 2001 in den USA das israelische Vorgehen als Teil des „Krieges gegen den Terrorismus" gesehen wurde (vgl. Kapitel 5.5). Eine wichtige Ursache der zweiten Intifada war die katastrophale wirtschaftliche Lage in den Palästinensergebieten. Diese wurde zum Teil durch die israelischen Maßnahmen hervorgerufen, war teilweise aber auch selbst verschuldet. Große Geldsummen, mit denen die internationale Gemeinschaft, z. B. die EU, fast den gesamten Haushalt der Palästinensischen Autonomiebehörde bestritt, erreichten nur selten die palästinensische Bevölkerung. Ein Teil der Gelder floss wahrscheinlich in die Finanzierung des anti-israelischen Terrors, anderes in die Taschen von korrupten Fatah-Funktionären. Ende April 2003 wurde den Konfliktparteien ein von der UNO, den USA, der EU und Russland ausgearbeiteter Friedensplan, Road Map genannt, übergeben. Darin war eine Stufenfolge von Maßnahmen zur Beendigung des israelisch-palästinensischen Konfliktes niedergelegt. Der Zeitplan wurde wegen des anhaltenden palästinensischen Terrors und der israelischen Vergeltungsmaßnahmen aber nicht eingehalten.

Fatah

Konflikte innerhalb des palästinensischen Lagers

Der Friedensprozess kam erst nach dem Tode Jassir Arafats im November 2004 wenigstens teilweise wieder in Gang. Anfang Februar 2005 unterzeichneten der israelische Ministerpräsident Ariel Scharon und der Vorsitzende der palästinensischen Autonomiebehörde und Arafat-Nachfolger Mahmud Abbas einen Waffenstillstand, der die zweite Intifada offiziell beendete. Im Sommer 2005 erfolgte nach 38 Jahren der völlige Abzug des israelischen Militärs und der jüdischen Siedler aus dem Gaza-Streifen. Danach kam es dort zu Kämpfen zwischen verschiedenen palästinensischen Clans, der Fatah und der Hamas. Der Sieg der extremistischen und radikalislamischen Palästinenserorganisation Hamas bei den Wahlen zum palästinensischen Parlament im Januar 2006 verschärfte die Lage erneut. Da die Hamas das Existenzrecht Israels bestritt und Friedensvereinbarungen ablehnte, verweigerten die israelische Regierung, die EU und die USA eine Zusammenarbeit mit einer von der Hamas geführten Regierung und verhängten Sanktionen. Ende des Jahres 2006 eskalierte der innerpalästinensische Machtkampf zwischen Fatah und Hamas in blutigen Auseinandersetzungen ihrer Anhänger. Das ohnehin mit vielschichtigen Problemen beladene Verhältnis Israels zu den Palästinensern hatte sich dadurch erneut verkompliziert.

Hamas

6 Die Proklamationsurkunde des Staates Israel (1948)

In Erez Israel stand die Wiege des jüdischen Volkes; hier wurde sein geistiges, religiöses und politisches Antlitz geformt; hier lebte es ein Leben staatlicher Selbständigkeit: hier schuf es seine nationalen und universellen Kulturgüter und schenkte der Welt das unsterbliche „Buch der Bücher". Mit Gewalt aus seinem Lande vertrieben, bewahrte es ihm in allen Ländern der Diaspora die Treue und hörte niemals auf, um Rückkehr in sein Land und Erneuerung seiner politischen Freiheit in ihm zu beten und auf sie zu hoffen. Auf Grund dieser historischen und traditionellen Verbundenheit strebten die Juden in allen Geschlechtern danach, ihre alte Heimat wiederzugewinnen: In den letzten Generationen kehrten viele von ihnen in ihr Land zurück: Pioniere, Helden und Kämpfer brachten die Wüste zu neuer Blüte, erweckten die hebräische Sprache zu neuem Leben, errichteten Städte und Dörfer und schufen so eine ständig zunehmende Bevölkerung eigener Wirtschaft und Kultur, friedliebend, aber imstande, sich selbst zu schützen, eine Bevölkerung, die allen Bewohnern des Landes Segen und Fortschritt bringt und nach staatlicher Selbständigkeit strebt. [...] Die über das jüdische Volk in der letzten Zeit hereingebrochene Vernichtung, in der in Europa Millionen Juden zur Schlachtbank geschleppt wurden, bewies erneut und eindeutig die Notwendigkeit, die Frage des heimat- und staatenlosen jüdischen Volkes durch Wiedererrichtung des jüdischen Staates in Erez Israel zu lösen. [...] Am 29. November 1947 hat die Vollversammlung der Vereinten Nationen einen Beschluss gefasst, der die Errichtung eines jüdischen Staates in Erez Israel fordert; [...] Diese Anerkennung des Rechtes des jüdischen Volkes auf die Errichtung seines Staates durch die Vereinten Nationen kann nicht rückgängig gemacht werden. Es ist das natürliche Recht des jüdischen Volkes, ein Leben wie jedes andere staatlich selbständige souveräne Volk zu führen. Wir, die Mitglieder des Volksrates, die Vertreter der jüdischen Bevölkerung Palästinas und der Zionistischen Bewegung, sind daher heute, am Tag der Beendigung des britischen Mandats über Erez Israel, zusammengetreten und proklamieren hiermit kraft unseres natürlichen und historischen Rechts und auf Grund des Beschlusses der Vollversammlung der Vereinten Nationen die Errichtung eines jüdischen Staates in Erez Israel, des Staates Israel. [...] er [der jüdische Staat] wird für die Entwicklung des Landes zum Wohle aller seiner Bewohner sorgen: Er wird auf den Grundlagen der Freiheit, Gleichheit und des Friedens, im Lichte der Weissagungen der Propheten Israels gegründet sein: Er wird volle soziale und politische Gleichberechtigung aller Bürger ohne Unterschied der Religionen, der Rasse und des Geschlechts gewähren: Er wird die Freiheit des Glaubens, des Gewissens, der Sprache, der Erziehung und Kultur garantieren: Er wird die heiligen Stätten aller Religionen sicherstellen und den Grundsätzen der Verfassung der Vereinten Nationen treu sein [...] Wir appellieren – sogar wahrend der Dauer des blutigen Angriffs, der auf uns seit Monaten unternommen wird – an die Angehörigen des arabischen Volkes, die im Staate Israel leben, den Frieden zu bewahren und sich am Aufbau des Staates auf der Grundlage voller bürgerlicher Gleichheit und entsprechender Vertretung in allen Institutionen des Staates, den provisorischen und den endgültigen, zu beteiligen. Wir strecken allen Nachbarstaaten und ihren Völkern die Hand zum Frieden und auf gute Nachbarschaft entgegen und appellieren an sie, mit dem in seinem Lande selbständig gewordenen jüdischen Volk in gegenseitiger Hilfe zusammenzuarbeiten.

Zit. nach: Joachim Hundertmark-Dinkela/Bernhard Lilienthal: Der Nahe Osten. Konfrontation oder Koexistenz. Frankfurt 1995, S. 58–60, gekürzt durch die Verfasserin.

7 Die palästinensische Nationalcharta vom 17. Juli 1968 (modifizierte Fassung der Charta 1964)

Artikel 1 Palästina ist das Heimatland des arabischen, palästinensischen Volkes, es ist ein untrennbarer Teil des gesamtarabischen Vaterlandes und das palästinensische Volk ist ein integraler Bestandteil der arabischen Nation. [...]

Artikel 9 Der bewaffnete Kampf ist der einzige Weg zur Befreiung Palästinas. [...]

Artikel 10 Guerillaaktionen bilden den Kern des Befreiungskrieges des palästinensischen Volkes. [...]

Artikel 16 Die Befreiung Palästinas wird vom geistig-spirituellen Standpunkt aus dem Heiligen Land eine Atmosphäre der Sicherheit und Ruhe bieten, die ihrerseits den Schutz der heiligen Stätten, die freie Religionsausübung und den Zugang zu den heiligen Stätten für alle – ohne Rücksicht auf Rasse, Hautfarbe, Sprache und Religion – garantiert. Demgemäß erwartet die Bevölkerung Palästinas die Unterstützung aller geistigen Kräfte aus der ganzen Welt.

Artikel 19 Die Teilung Palästinas im Jahr 1947 und die Schaffung des Staates Israel sind völlig illegal, ohne Rücksicht auf den inzwischen erfolgten Zeitablauf, denn sie standen im Gegensatz zu dem Willen des palästinensischen Volkes und seiner natürlichen Rechte auf sein Heimatland; sie waren unvereinbar mit den Prinzipien der Charta der Vereinten Nationen, insbesondere mit dem Recht auf Selbstbestimmung.

Artikel 20 [...] Ansprüche der Juden auf historische und religiöse Bindungen mit Palästina stimmen nicht mit den geschichtlichen Tatsachen und dem wahren Begriff dessen, was Eigenstaatlichkeit bedeutet, überein. Das Judentum ist eine Religion und nicht eine unabhängige Nationalität; ebenso wenig stellen die Juden ein einzelnes Volk mit eigener Identität dar, vielmehr sind sie Bürger der Staaten, denen sie angehören. [...]

Zit. nach: Homepage der Palästinensischen Generaldelegation Bonn; http://www.palaestina.org/dokumente/plo/plo.php (17.10.2009)

8 Jassir Arafat vor der UNO-Vollversammlung
Auf ihrer 29. Sitzung in New York am 13. November 1974 reklamierte Arafat in seiner Rede den alleinigen Machtanspruch über Palästina für die PLO.

9 Die Haltung der Staaten in der UN zur Palästinafrage

Wieso stimmten die meisten UN-Mitglieder für eine Teilung? Dafür gab es verschiedene Gründe: Für katholische Länder wie Frankreich, Polen oder Brasilien war ein international verwaltetes Jerusalem sehr wichtig. Der Zugang zur Grabeskirche Jesu in der Altstadt, zum Ölberg und weiteren Pilgerstätten wäre für Christen langfristig gesichert. Es gäbe keine Abhängigkeit vom Wohlwollen eines jüdischen oder muslimischen Staates. Für die USA war die Entscheidung alles andere als leicht. Auf dem Spiel standen die Beziehungen zu den arabischen Ländern, die alle gegen eine Teilung waren. Die US-Regierung war aber als Öl-Abnehmer auf ein gutes Verhältnis mit den arabischen Staatsführern angewiesen. Auch militärisch sprach wenig für eine Teilung. Das US-Militär rechnete aus, wie viele Soldaten notwendig wären, damit Palästina nach einer Teilung nicht im Chaos versinkt: Etwa 100 000 US-Soldaten, so hieß es, müssten in der Region stationiert werden. US-Präsident Harry S. Truman stellte sich dennoch hinter die Teilungsidee. Dafür sprachen ein innen- und ein außenpolitischer Grund. In den USA standen die Präsidentschaftswahlen an, und Truman war auf Stimmensuche. In Illinois und New York hoffte er auf Mehrheiten, dort lebten viele amerikanische Juden. Und außenpolitisch gesehen: Es war die Anfangsphase des Kalten Krieges, der Konflikt mit der Sowjetunion unter Josef Stalin gewann von Tag zu Tag an Schärfe. Ein jüdischer Staat konnte da ein wichtiger Partner im Nahen Osten werden – militärisch und wirtschaftlich. Die Sowjetunion hoffte ebenso auf einen neuen Verbündeten. Ein neuer kommunistischer, jüdischer Staat, so dachte man, könne die Pläne der USA für die Region bremsen. Den größten Einfluss auf die Entscheidung der Vereinten Nationen aber hatte der Holocaust. Von den weltweit 17 Millionen Juden waren sechs Millionen ermordet worden. Viele UN-Mitglieder wollten den Ruf nach einem unabhängigen jüdischen Staat auch deshalb nicht ignorieren.

Noah Flug/Martin Schäuble: Die Geschichte der Isreaelis und Palästinenser. München/Wien 2007, S. 42 f.

10 **Vermummte Hamas-Kämpfer**, Foto ca. 2004
Die Kämpfer der Hamas tragen grüne Stirnbänder zum Gedenken an die siegreichen Schlachten, die Mohammed als Feldherr geschlagen hat. Das grüne Stück Stoff am Kopf verdeutlicht den weltlichen absoluten Anspruch, den die Islamisten aus ihrer Auslegung des Islam ableiten. Folgerichtig steht auf dem grünen Grund der Hamas-Fahne das Glaubensbekenntnis des Islam: „Es gibt keinen Gott außer Gott, und Mohammed ist sein Prophet."

11 **Aus einem Schreiben des Palästinenserführers Jassir Arafat an den israelischen Ministerpräsidenten Jitzhak Rabin vom 9. September 1993**

Die PLO erkennt das Recht des Staates Israel auf Existenz in Frieden und Sicherheit an. Die PLO nimmt die Resolution 242 und 338 des Sicherheitsrates der Vereinten Nationen an. [siehe Kap. 4.5, M 6] Die PLO verpflichtet sich auf den Nahost-Friedensprozess und auf eine friedliche Lösung des Konflikts zwischen den zwei Parteien und erklärt, dass alle ausstehenden Fragen über den dauerhaften Status durch Verhandlungen geregelt werden.

Zit. nach: Rolf Steininger: Der Nahostkonflikt. Frankfurt a. M. 2003, S. 56.

12 **Bestimmungen der Road Map zur Beendigung des israelisch-palästinensischen Konflikts (2003)**

Stufe 1 (ab Mai 2003)
- Die Palästinenser verzichten bedingungslos auf jede Art von Gewalt.
- Anerkennung des Existenzrechts Israels durch die Palästinenser
- Erstellung eines Verfassungsentwurfs für Palästina
- Rückzug Israels aus den palästinensischen Gebieten, Abbau der dortigen Siedlungen, die nach März 2001 errichtet wurden (u. a. im Gaza-Streifen).
- Verzicht Israels auf weitere Siedlungen

Stufe 2 (Juni bis Dezember 2003)
- Einrichtung eines provisorischen, unabhängigen Staates Palästina
- Veranstaltung einer Internationalen Konferenz zur Überwachung der Ziele der Road Map

Stufe 3 (2004 bis 2005)
- Zweite Internationale Konferenz, die Folgendes klärt:
- endgültiger Vertrag zwischen beiden Seiten mit gegenseitiger Anerkennung
- Vereinbarungen über endgültige Grenzen
- Klärung der Zugehörigkeit Jerusalems
- Lösung der Flüchtlingsfrage
- Entscheidung über die israelischen Siedlungen auf palästinensischem Gebiet
- Frieden der arabischen Staaten mit Israel
- Beendigung der Besatzung durch Israel

Zusammengestellt von der Autorin

14 **„Schlag und Gegenschlag"**
Karikatur des Instituts für Friedenspädagogik 2000

13 **Auch die israelische Gesellschaft ist in sich gespalten**

Israel ist von jeher ein Land leidenschaftlicher Konflikte – Juden streiten mit Arabern, Alteingesessene mit neueingewanderten Russen und Äthiopiern, orientalische mit europäischen Juden, Siedler mit Friedensaktivisten. Doch der tiefste Graben trennt Nichtreligiöse und fromme Ultras […] Viele Orthodoxe leben in abgeschlossenen Stadtvierteln wie einst in den osteuropäischen Ghettos. Sie unterhalten eigene Schulen, Krankenhäuser und Radiostationen […] Ezioni-Halewi, die selbst religiös ist, fürchtet, dass es bald keine Brücken mehr gibt, die beide Seiten noch verbinden. Tatsächlich werden die Töne immer schriller. Die Frommen verfluchen die Säkularen als „Unreine" und „Teufel", mitunter gar als „Nazis". Für die Fundamentalisten sind „Nichtgläubige gar keine Juden", stellt die Tageszeitung „Haaretz" fest […] Viele säkulare Israelis empört, dass sie die Eiferer mit ihren Steuern auch noch alimentieren. Mehr als schätzungsweise eine Milliarde Mark lasse sich der Staat jährlich die Pflege der jüdischen Religion kosten, ein Großteil fließt an die Ultras. Der Konflikt um das Selbstverständnis des Staates kann nur gelöst werden, so glauben selbst manche Religiöse, wenn Israel endlich eine Verfassung bekommt, die Staat und Religion trennt. „Nur wenn wir den Zwang abschaffen", sagt Rabbi Naftali Rothenberg, „können wir Leute wieder zurückgewinnen, die derzeit vom Glauben weggetrieben werden." Doch ist Israel wirklich bereit für eine solche Verfassung, die dann auch den arabischen Bürgern gleiche Rechte einräumen müsste? […] „Die Mehrheit will einen jüdischen Staat", sagt der Politologe Schlomo Awneri, „doch darüber, was das heißt, ist Israel gespaltener denn je."

Annette Großbongardt: Koschere Blumen. In: Der Spiegel 38/2000, 18. September 2000, S. 206–209. Zit. nach: Nahost. Der Kampf um das Heilige Land, hrsg. vom Spiegel-Verlag und Ernst Klett Schulbuchverlag. Leipzig 2007, S. 27.

15 **Die Korrespondentin der Frankfurter Rundschau (2002) über palästinensische Selbstmordattentäter und ihre Familien:**

Ihren jüngsten Sohn hat Halima Saleh Assin zuletzt am frischen Grab seines Vetters gesehen. Er war nicht wegzubewegen von dem Friedhof am Rande des palästinensischen Flüchtlingslagers Balata. Vorher hatte er im Krankenhaus von Nablus ausgeharrt – vor dem Kühlraum, wo die von einem israelischen Panzergeschoss zerfetzte Leiche seines älteren Cousins Mahmoud Atini, eines toten Helden der örtlichen Al-Aksa-Brigaden, bis zur Bestattung aufbewahrt worden war […] Drei Tage lang blieb er verschwunden. Drei Tage, in denen Halima Saleh Assin vor Sorgen verging, ob ihm etwas zugestoßen sein könnte […] Dann standen plötzlich ein paar Männer von den Al-Aksa-Brigaden vor der Tür. „Sagritii!!!", forderten sie. „Wir haben gute Nachrichten für dich, sagritii – stimm den Freudentriller an […] Sei stolz, dein Sohn ist ein Schahid geworden, ein Märtyrer", sagte einer von ihnen. Halima wurde schwarz vor Augen. Im Grunde geht bis heute über ihre Vorstellungskraft, was wirklich passiert ist: Ihr 17-Jähriger schnallte sich am 27. Mai 2002 einen mit Nägeln gespickten Bombengürtel um den Leib und sprengte sich vor einem Eiscafé in Petach Tikva in die Luft. Dass ihr Lieblingssohn Dschihad eine israelische Großmutter und deren Enkelkind mit in den Tod riss, dazu über 50 andere unschuldige Passanten verletzte, davon mag die 53-jährige Halima bis heute nichts hören. Sie klammert sich an ihren irrwitzigen Glauben, die Opfer seien allesamt Soldaten und Geheimdienstler im Auftrag Israels gewesen. Doch ihren Jüngsten wähnt sie im Paradies, wo er „als Schahid an der Seite Allah sitzt". Selbst dieser Trost ist nichts gegen den schmerzhaften Verlust […] Einen Block weiter lebt Aisha Abu Sur in dem Flüchtlingscamp, dessen Gassen bisweilen so eng sind, dass man unwillkürlich die Schultern einzieht, um nicht an die Hausmauern zu sto-

4

ßen […] Zehn Personen teilen sich Wohnzimmer, Küche und zwei Kammern. Bis vor kurzem waren es sogar elf. Doch von Mohannad, dem zweitältesten Sohn, ist der Familie nur ein Poster an der Betonwand geblieben. Es zeigt ihn mit jungenhaftem Strahlelächeln in einem weißen T-Shirt. Ein ganz normaler Teenager, 17 Jahre alt, wäre da nicht das Logo von Fatah und Al-Aksa-Brigaden und die Kalaschnikow, die er in den Händen hält. So bewaffnet hat sich Mohannad in die jüdische Siedlung Itamar nahe der Westbank-Stadt Nablus geschlichen, das Feuer wahllos eröffnet und drei Jeschiwa-Studenten ermordet. Einen Tag nachdem sein bester Freund Dschihad sich in Petach Tikva in eine menschliche Bombe verwandelt hatte. Auch im Falle Mohannads handelte es sich um ein Selbstmordkommando. Seine Absicht, den „Weg der Märtyrer" zu gehen, hatte er in einem Video hinterlassen […] „Das sind alles Diebe", erregt sich Aisha Abu Sur, 42, und zerknüllt ein weiteres von Tränen durchnässtes Taschentuch zwischen ihren Fingern. „Sie haben mir meinen Sohn genommen und für ihre Zwecke missbraucht. Ich hätte niemals zugelassen, dass er ein Schahid wird, und alles daran gesetzt, ihm das auszureden." […] Naima al-Abed hingegen wusste schon fünf Tage zuvor von dem Entschluss ihres Sohnes Mahmoud, 23. Er habe eine, wie sie es nennt, „militärische Operation" begehen wollen. Sie, eine überaus selbstsichere Frau aus einem der besseren Slums für die Mittelklasse in Gaza-City, nahm sogar an den Vorbereitungen teil. Mit dem Sohn, dem angehenden Schahid, ist sie zum Versteck der Hamas gefahren, um gemeinsam das Abschiedsvideo aufzunehmen. „Achte darauf, dass du mit jeder Kugel auf den Kopf eines Soldaten zielst", hat sie ihm geraten […] Mit fester Stimme schildert Nairna al-Abed, 49, den Todestag ihres Sohnes, der so etwas wie der Höhepunkt ihres Lebens wurde. […] Die palästinensische Gesellschaft habe eine Kultur entwickelt, wird später der Intellektuelle Salah Abdel Schafi sagen, „die den Tod glorifiziert". Er gehört zu den Erstunterzeichnern eines öffentlichen Aufrufs gegen Selbstmordattentate in Israel, weil sie nationalen Interessen nur schadeten. Doch im Sumpf aus Armut und Verzweiflung, Hass auf die israelischen Besatzer, Aussichtslosigkeit des Diesseits und religiös verbrämter Todessehnsucht haben die Stimmen der Vernunft nur wenig Boden gewonnen […]

Inge Günther: Propaganda für den Tod. In: Frankfurter Rundschau, 27. Juli 2002. Zit. nach: Nahost. Der Kampf um das Heilige Land, hrsg. vom Spiegel-Verlag und Ernst Klett Schulbuchverlag. Leipzig 2007, S. 39.

17 Der israelische Historiker Gadi Taub über die Notwendigkeit des Zionismus

Dass die internationale Existenz der Israelis an die der Palästinenser geknüpft ist und umgekehrt – das ist eine tragisch verspätete Erkenntnis. Ein Jahrhundert lang

16 Räumung der israelischen Siedlung Amona in der West Bank durch isarelische Polizei und Militär 2005

18 Arabische Sichtweise auf die Konflikte in Palästina und im Irak.
Links der israelische Premierminister Ariel Scharon, rechts US-Präsident George W. Busch. Karikatur nach: al-ahram 2004

haben beide Seiten alles darangesetzt, die nationalen Bestrebungen der jeweils anderen zunichtezumachen. Die Palästinenser haben sich von Anfang an geweigert, die Teilung zu akzeptieren; sie haben sich geweigert, das Existenzrecht des jüdischen Staates anzuerkennen [...] Und jedes Mal bezahlten die Palästinenser für ihre Weigerung einen hohen Preis: Der arabische Aufstand der dreißiger Jahre endete im Desaster; der Krieg von 1948, der die israelische Unabhängigkeit verhindern sollte, mit der Expansion Israels und 700 000 palästinensischen Flüchtlingen (von denen viele aus Kriegsgebieten flohen, während andere von der israelischen Armee vertrieben wurden). Die Versuche Israels, den palästinensischen Nationalismus zu unterdrücken, waren nicht erfolgreicher. 1948 vertrieben wir Menschen in Massen und schüren damit das Flüchtlingsproblem, das uns fortan sowohl in Palästina wie im Libanon zu schaffen machen sollte; 1967 eroberten wir das Westjordanland und den Gaza-Streifen und korrumpieren seither die moralischen Grundlagen unserer Demokratie, indem wir eine Militärherrschaft über ein ganzes Volk ausüben, das wir seiner Menschenrechte berauben. Beginnend mit den siebziger Jahren wurde die Besetzung zu einer dauerhaften Tatsache, die den ideologischen Konsens Israels zerstörte. Jedes Mal, wenn die Israelis glaubten, sie hätten dem Drang der Palästinenser nach Selbstbestimmung einen Schlag versetzt, gefährdeten sie in Wirklichkeit ihre eigene Existenz. Und wann immer die Palästinenser meinten, sie hätten die Existenz des jüdischen Staates unterminiert, verringerten sie in Wahrheit ihre Chancen auf Unabhängigkeit [...] Treue zum Zionismus heißt, die nationale Befreiung unserer Nachbarn aktiv zu fördern. Je stabiler und sicherer der palästinensische Staat, desto größer die Chance, über die Teilung hinaus zu einem zukünftigen Frieden zu kommen [...] Das Ergebnis dieser Überlegungen, das vielleicht überrascht, lautet mithin: Der Zionismus ist nicht nur die einzige Hoffnung der Israelis. Er ist auch die einzige Hoffnung der Palästinenser.

Gadi Taub: Der Zionismus ist die Hoffnung. In: „Die Zeit", Nr. 23, 27. Mai 2004, S. 13. Übers. Tobias Dürr

19 Der Bremer Soziologieprofessor Gunnar Heinsohn in einem Artikel in der Berliner Zeitung „Der Tagesspiegel" (Juli 2006)

Gleichzeitig beschleunigt sich in Palästina der Übergang von der Intifada zum Bürgerkrieg: Hamas-Leute erschießen am 2. Juni einen hohen Offizier von Abbas' Fatah. Einen Tag später wird ein Kommandeur der Gegenseite lebensgefährlich getroffen. Pfingstmontag zielt die Fatah genauer. Ein Hamas-Mann fliegt mit seinem Haus in die Luft, ein anderer wird mit seiner schwangeren Frau im Auto von Kugeln durchsiebt. Schon für 2005 registrierte die Palestinian Human Rights Monitoring Group mehr interne Tote als solche im antijüdischen Krieg: „Unter den Opfern sind in erster Linie junge Männer." Die Söhne Palästinas werden durch UNRWA und andere Hilfswerke mit Nahrung, Bildung und Ärzten besser versorgt als die übrigen Araber außerhalb der Ölimperien. Mit dem Ergebnis, dass aus einer kleinen Gruppe von Flüchtlingen eine ausgewachsenes Volk wird, das zwischen 1967 und 2006 um den Faktor neun von 0,45 auf 3,9 Millionen anwächst. Das ist Weltrekord. Bei gleicher

Geburtenzahl hätte Deutschland heute nicht 82, sondern 660 Millionen Einwohner. Nicht nur dritte Brüder, sondern auch die meisten Erstgeborenen bleiben jedoch ohne Jobs – auch, weil die UN ihren Erfolg in den Entbindungskliniken nicht auf dem Arbeitsmarkt wiederholen können. Die Konkurrenz der Jungen wird gerade durch ihre Aussichtslosigkeit so mörderisch. Und je jünger eine Gesellschaft, desto instabiler ist sie. Junge Männer, für die eine Gesellschaft keine bessere Verwendung hat, stehen vor den klassischen Auswegen: Kriminalität, Putsch, Bürgerkrieg, Völkermord und Krieg. Heute schon stehen 650 000 Palästinenser zwischen 15 und 29 Jahren 600 000 Juden gleichen Alters gegenüber. Bei den unter 15-Jährigen träumen 1,2 Millionen arabische Knaben von der Austilgung der 600 000 jüdischen. Doch je erfolgreicher sich Israel gegen seine Vernichtung zur Wehr setzen kann, desto unausweichlicher wird das Töten zu Hause. Um gegenzusteuern, bezahlt die EU die Gehälter für 165 000 Mitarbeiter in den Bürokratien von Ramallah bis Gaza. [...] Palästina bleibt explosiv, weil man seine Menschen ungebrochen dazu verführt, nicht dem Beispiel der Algerier zu folgen [und die Geburtenrate zu senken]. Auch 2006 gibt es knapp fünf Kinder auf der Westbank und bald sechs in Gaza. Der aktuell tobenden „youth bulge" („Jugend-Delle") der 15- bis 29-Jährigen folgen die beiden nächsten auf dem Fuße. Für deren Entlastung gibt es fünf, auch miteinander kombinierbare, Optionen: (1) Gefallene im Krieg gegen Israel, (2) Dezimierung durch Mord und Bürgerkrieg, (3) Abbau der Vermehrungspolitik, (4) Aufnahme der Kämpfer in den aussterbenden Geberländern und (5) steigende Zahlungen aus Brüssel für die Verbeamtung dieser so zornigen Jugend. Europa will das Geld an der Hamas vorbei direkt an kinderreiche Familien geben. Aber wird diese verschärfte demographische Aufrüstung den Frieden näher bringen?

Artikel vom 9. Juni 2006. Zit. nach: http://www.tagesspiegel.de/meinung/kommentare/;art141,1995315

20 Extremisten heizen den Konflikt an

Von dem Gewaltkonflikt (der zweiten Intifada) profitierten die extremistischen Kräfte auf beiden Seiten. Die Hamas nutzte die anti-israelische Stimmung, um Jassir Arafats aus ihrer Sicht nun endgültig gescheiterte Friedenspolitik an den Pranger zu stellen, und forderte den Rücktritt des Autonomiechefs. Der Palästinenserführer wiederum wollte nun seinerseits militärische Stärke beweisen und ließ den Tanzim-Milizen, dem militärischen Arm der Fatah, freie Hand. Angeführt von Marwan al-Barghuti, Generalsekretär der Fatah und ein Vertreter der jüngeren Generation, verübten die Fatah-Tanzim in den Palästinensergebieten jetzt zahlreiche Feuerüberfälle und Sprengstoffanschläge auf Israelis. Es hatte den Anschein, dass sich die Spannungen zwischen der palästinensischen Autonomie und ihren islamistischen Herausforderern zunehmend entschärften. Anfang Oktober – inmitten der Unruhen – entließ die Autonomiebehörde Dutzende inhaftierter Aktivisten der Hamas und des Islamischen Dschihad, was der israelische Regierungschef als unverantwortlich kritisierte. Ehud Barak wiederum versuchte angesichts der krisenhaften Zuspitzung der Lage und nicht zuletzt wegen seiner innenpolitischen Schwäche nach dem sukzessiven Zusammenbruch der Regierungskoalition Oppositionschef Scharon dazu zu bewegen, sich an der Bildung einer nationalen „Notregierung" zu beteiligen, was dieser freilich ablehnte. Unterdessen eskalierte die Gewalt weiter. Am 11. Oktober 2000 wurden zwei israelische Soldaten, die sich auf dem Weg zu ihrer Einheit verirrt hatten, in einer Polizeistation in Ramallah von der aufgebrachten Menge, die das Gebäude stürmte, gelyncht – auch palästinensische Polizisten waren an den Morden beteiligt. Die Israelis reagierten auf den Vorfall unverhältnismäßig hart mit Luftangriffen auf palästinensische Gebäude und Straßenkreuzungen in Ramallah, Gaza und Jericho, bei denen auch besagte Polizeistation zerstört wurde. Scheich Jassins Sekretär Ismail Hanija kündigte daraufhin im Namen der Hamas Vergeltung für die „Massaker" an. Arafat sprach von einer israelischen „Kriegserklärung" und konterte, das palästinensische Volk sei stark und werde weiterhin entschlossen nach Jerusalem marschieren.

Joseph Croitoru: Hamas. Der islamische Kampf um Palästina. Bonn 2007, S. 145 f. © C. H. Beck München

21 Die Rolle der USA im Nahost-Konflikt

Die große Mehrheit der Araber und Muslime weltweit fühlt sich vom Westen missachtet und nicht ernst genommen. Das manifestiert sich für sie vor allem im Palästina-Konflikt. Die einseitige Parteinahme zugunsten Israels durch die USA vermittelt ihnen ein gefährliches Ohnmachtsgefühl, das einen Nährboden für Gewalt und Terror bildet. So wurde noch nie eine israelische Regierung zur Verantwortung gezogen, wenn sie auf dem besetztem Land der Palästinenser Siedlungen gebaut und damit die Genfer Konventionen gebrochen hat. Weder von Amerika noch von Europa. Der amerikanische Präsident George W. Bush geißelt zu Recht die entsetzlichen Selbstmordanschläge von Palästinensern gegen wehrlose israelische Bürger. Er kritisiert zu Recht den palästinensischen Präsidenten Jassir Arafat, weil dieser für die Eskalation der Gewalt seit September 2000 eine Mitverantwortung trägt. Doch für die Menschenrechtsverletzungen der israelischen Armee an der wehrlosen palästinensischen Zivilbevölkerung im April 2002 hat er – trotz entsprechender Vorwürfe der in New York beheimateten Menschenrechtsorganisation Human Rights Watch – keine Worte. Den Bruch des humanitären Völkerrechts und des Kriegsvölkerrechts in den palästinensischen Städten Jenin und Nablus übergeht Präsident

22 Sicherheitsmauer zwischen israelischem Dorf und palästinensischem Dorf
Im Jahr 2003 begann die israelische Regierung mit der Errichtung der Sperranlage. Diese verläuft etwa zu drei Vierteln ihrer Länge auf palästinensischem Gebiet (östlich der Waffenstillstandslinie von 1948). Es handelt sich größtenteils (über 700 km) um einen elektronisch und mit Stacheldraht gesicherten Zaun mit einem Graben und einem insgesamt ca. 70 Meter breiten Sicherheitsstreifen auf beiden Seiten. Andere Teile der Sperranlage bestehen aus einer bis zu acht Meter hohen Betonmauer.

Bush mit allgemeinen Floskeln. Für ihn ist der israelische Ministerpräsident ein „Mann des Friedens“, obwohl Sharon faktisch die gesamte zivile Infrastruktur der Autonomieverwaltung, einschließlich des Kulturministeriums, hat zerstören lassen. Ganz zu schweigen von den palästinensischen Krankenhäusern, die von marodierenden [plündernden] israelischen Soldaten heimgesucht wurden. Die Kritik des Internationalen Roten Kreuzes am Vorgehen der israelischen Streitkräfte ignoriert George W. Bush. Vandalismus, Plünderungen und Diebstahl – alles im Namen des Kampfes gegen den Terror? [...] Die UN-Kommission zur Untersuchung der israelischen Militäraktion im Flüchtlingslager Jenin hat der israelische Premierminister noch nicht einmal ins Land gelassen. Und er hat auch offen gesagt, warum: „Keine Nation der Welt hat das Recht, den Staat Israel oder seine Bürger vor Gericht zu stellen.“ Damit setzt sich Sharon über den bindenden Beschluss des UN-Sicherheitsrates hinweg und macht die Vereinten Nationen lächerlich. Das hat die Regierung Bush öffentlich bedauert, mehr nicht, hier kommt die Sonderrolle Israels ins Spiel, die es ihm erlaubt, sich über alle internationalen Vereinbarungen hinwegzusetzen. Hätte ein arabischer Führer dasselbe Privileg der grenzenlosen Immunität beansprucht, obwohl er verdächtigt wird, das internationale Recht gebrochen zu haben, er wäre wohl nicht so glimpflich davongekommen. „Israel hat immer Recht“, sagen die Araber. Selbst dann, wenn es in eklatanter Weise die Menschenrechte verletzt [...] Die israelische Regierung meint, sie handele immer in gerechter Selbstverteidigung. Auch, wenn sie „gezielte Liquidierungen“ militanter Kämpfer und Politiker durchführt – im Klartext: ermorden lässt. [...] „Terroristen sind immer die anderen“, sagt die israelische Regierung. Das treibt den Arabern die Zornesröte ins Gesicht. Und sie fühlen sich durch die amerikanische Palästina-Politik erniedrigt. Amerika beschützt Israel um jeden Preis. Auch wenn sich die israelische Regierung gegenüber der palästinensischen Bevölkerung ins Unrecht setzt, verhindert Washington eine Verurteilung Israels im UNO-Sicherheitsrat. Amerika misst im Nahen

Osten mit zweierlei Maß – zu Lasten der Araber. Solange den Palästinensern ein souveräner und lebensfähiger Staat in ihrer Heimat an der Seite Israels verwehrt bleibt, wird dies eine blutende Wunde im arabisch-islamischen Fleisch und der Nährboden für junge, zornige Terroristen sein. [...] Für die politische Klasse in Washington ist der palästinensisch-israelische Konflikt jedoch nur ein lästiger Nebenschauplatz, wo die Konflikte eingedämmt werden müssen, ohne den Machtanspruch Israels allzu sehr zu beschneiden und ohne die geostrategischen Interessen der USA in der Region insgesamt zu verletzen. Die Existenz des modernen jüdischen Staates Israel auf dem Boden des historischen Palästina besitzt aus amerikanisch-westlicher Sicht eine doppelte Legitimation: die Bibel – Israel, das „biblische Land" der Juden – und den Holocaust, die millionenfache Vernichtung jüdischer Menschen durch die Nazis. Entscheidend bleibt aber auch für die gegenwärtige US-Regierung die regionale Rolle Israels im geopolitischen Zusammenhang. Israel ist für die USA ein strategischer Brückenkopf, von dem aus der Nahe und Mittlere Osten in Schach gehalten wird, egal wer in West-Jerusalem an der Macht ist.

Marcel Pott: Der Nahost-Konflikt. Schuld und Sühne im gelobten Land – Israels Sonderrolle im Schutz der westlichen Welt. Köln 2004, S. 24–28.

23 Der 1954 geborene israelische Schriftsteller David Grossman schreibt in der Wochenzeitschrift „Zeit"

Aber das Schwerste an der Anerkennung der Leiden des Feindes und der Übernahme von Verantwortung dafür ist [...] die Tatsache, dass jede Seite davon abrücken müsste, sich als wahres und einziges Opfer des Konflikts zu betrachten. Denn zweifellos verleiht die Opfersicht dem israelischen wie dem palästinensischen Volk Kraft, Motivation, Rechtfertigungsgründe und ein Gefühl innerer Einigkeit, vor allem aber verschafft erst sie den Anschluss an die historische Identität, die – bei beiden auf unterschiedliche Weise – aus dem Empfinden entstanden ist, vom Schicksal unentrinnbar zu Opfern bestimmt zu sein. Doch gerade deswegen könnte eine solche Präzedenz schaffende Erklärung heilende Wirkung auf die beiden Völker ausüben. Denn wer bereit ist, seinen „Alleinanspruch" auf die Opferrolle in dem Konflikt aufzugeben, hat sich schon von dem lähmenden Defätismus[1] befreit, der in der exklusiven und ewigen Opferhaltung ruht.

Und wer nach generationenlanger Weigerung fähig ist, seine Verantwortung für das Leid, das er seinem Feind zugefügt hat, anzuerkennen (was er letzten Endes ohnehin wird tun müssen), der wird schnell entdecken, dass seine Einstellung zu dem ganzen Konflikt nüchterner und realistischer geworden ist. Auch die sonstigen zur Debatte stehenden Streitpunkte wären dann etwas weniger aufgeladen, weniger symbolträchtig und „mythologisch", dafür aber sehr viel menschlicher und daher auch viel leichter zu lösen [...] Letzten Endes kennen die meisten Palästinenser und Israelis schon jetzt die Grundlinien des Schlussabkommens und die Grenzen der beiderseitigen Verzichtsleistungen. Was dem ganzen Prozess jedoch den so dringend benötigten emotionalen Anstoß geben könnte, wäre eine wirklich große und großzügige menschliche Geste, hoch über dem kleinlichen Feilschen, das die übrigen Verhandlungsbereiche kennzeichnet. Denn nicht zu vergessen: Hinter dem zähen Gerangel um einen freizulassenden Gefangenen mehr oder weniger, um einen oder zwei weitere Kilometer, die zurückgegeben werden sollen, hinter alldem verbirgt sich eine tiefe, doppelte Wunde, die Wunde der palästinensischen Schmach, die Wunde der israelischen Schmach, die Schmach des Leids, das niemals anerkannt worden ist, die Schmach des Lebens, das verloren- und dahinging in diesem Konflikt, der längst hätte gelöst werden können, wären beide Völker nur mutiger gewesen und großzügiger miteinander umgegangen.

1 Zustand der Mutlosigkeit, Schwarzseherei

David Grossman: Gebt eure Schuld zu! In: Die Zeit Nr. 7, 10. Februar 2005, S. 46. Übers. Ruth Achlama

Arbeitsvorschläge

a) Vergleichen Sie die vorliegende Karte zum UN-Teilungsplan mit einer geographischen Karte. Stellen Sie fest, welche Teile aus unfruchtbarer Wüste bestehen und welche Gebiete landwirtschaftlich nutzbar sind (M 1).

b) Erarbeiten Sie aus dem Text, mit welchen Argumenten Ben Gurion in der Proklamation des Staates Israel dessen Existenz legitimiert. Untersuchen Sie dann, welche Haltung Israels in diesem Dokument gegenüber anderen Staaten und den Palästinensern formuliert ist (M 6).

c) Vergleichen Sie die Forderungen der palästinensischen Nationalcharta mit dem Anspruch Israels in seiner Proklamation (M 6, M 7).

d) Vergleichen Sie die Darstellung der israelischen Politik auf der Homepage der israelischen Botschaft mit der Sicht der Palästinenser auf der Seite der Palästinensischen Generaldelegation. (**Online-Link** 430027-0401)

e) Stellen Sie aus Quelle M 19 die Thesen Heinsohns zusammen. Bewerten Sie seine Meinung kritisch. Diskutieren Sie dann, welches Ziel Heinsohn mit seinen provokanten Thesen erreichen will.

f) Informieren Sie sich auf der Homepage der UNRWA dem zuständigen Hilfswerk der Vereinten Nationen, über die Situation der palästinensischen Flüchtlinge. (**Online-Link** 430027-0401)

g) Erarbeiten Sie aus den vorliegenden Materialien zentrale Gründe, warum der Friedensprozess im Nahen Osten so oft zum Erliegen kam (M 6–M 9, M 12–M 16, M 18, M 20–M 23).

h) Der Historiker Gadi Taub empfiehlt den Zionismus als Lösungsansatz für den Nahost-Konflikt. Fassen Sie seine Thesen zusammen (M 17).

i) Untersuchen Sie die Politik der UNO gegenüber den Akteuren des Nahost-Konflikts (Israel, Palästinenser, arabische Staaten). Erstellen Sie dazu zunächst eine Zeittafel des Konflikts und prüfen Sie wie die UNO jeweils auf die Geschehnisse reagierte (VT, M 8, M 9).

Projekttipps in Zusammenarbeit des Fachs Deutsch oder Sozialkunde

a) Palästinensische Flüchtlinge belasten ihre Gastländer wirtschaftlich, politisch und sozial. Informieren Sie sich – evtl. in Zusammenarbeit mit dem Fach Sozialkunde – über die aktuelle Lage in den Staaten Jordanien, Syrien und Libanon. Vergleichen Sie die Bevölkerungszahl dieser Staaten mit der Anzahl der palästinensischen Flüchtlinge, die dort leben. Stellen Sie auch fest, wie viele Flüchtlinge noch in provisorischen Lagern untergebracht sind. Präsentieren Sie Ihre Ergebnisse in Schaubildern. Die notwendigen Informationen finden Sie beispielsweise in von verschiedenen Verlagen herausgegebenen Jahrbüchern, die neueste statistische Daten zu allen Ländern der Erde enthalten (z. B. Fischer Weltalmanach, Spiegel oder Harenberg Aktuell). Im Internet bietet das Bundesministerium des Äußeren auf seiner Homepage Informationen zu allen Staaten an: http://www.auswaertiges-amt.de/diplo/de/Laender-Reiseinformationen.jsp

b) 1972 nahmen palästinensische Terroristen elf Mitglieder der israelische Olympiamannschaft als Geiseln, bei einem Befreiungsversuch wurden alle Geiseln getötet. „München", ein 2005 fertiggestellter Film des Regisseurs Steven Spielberg, hat dieses Ereignis zum Thema. Der Film zeigt v. a. die Tätigkeit einer Einheit des israelischen Geheimdienstes, welche im Auftrag der israelischen Regierung die direkt und indirekt für den Anschlag Verantwortlichen liquidiert. Spielberg selbst bezeichnet den Film als „fiktiv" und beruft sich auf seine „künstlerische Freiheit". Informieren Sie sich über die historischen Hintergründe des Olympia-Attentats und untersuchen Sie, wie Spielberg im Film historische Fakten mit fiktiven Episoden miteinander verbindet.

4.5 Der Staat Israel im Kampf mit seinen Nachbarn

Der heute vielen nur als Konfliktregion geläufige Nahe Osten ist seit Jahrtausenden umkämpft. Der jüdische Schriftsteller Amos Elon zählte allein für Jerusalem fünfzig große „Belagerungen, Plünderungen, Eroberungen und Zerstörungen" in den letzten 3000 Jahren. Meist ging es dabei nicht nur um den Besitz eines bestimmten Gebietes zwischen Mittelmeer und dem Jordan, auch wenn dessen Bedeutung ideologisch und religiös noch so hoch sein mag. Vielmehr sind die jeweiligen Konflikte in einen größeren Zusammenhang einzuordnen. Die Machtinteressen des Römischen Reiches an seinen stets bedrohten Grenzen, die Auseinandersetzungen der christlichen Kreuzfahrer mit den Muslimen oder die Ausnutzung der nationalen Interessen von Juden und Arabern durch die europäischen Kolonialmächte weisen jeweils über den unmittelbaren regionalen Rahmen hinaus. Auch der heutige Konflikt zwischen den Israelis einerseits und den Palästinensern und den arabischen Staaten andererseits wird um den Besitz dieser Region geführt. Er ist zugleich Spiegelbild der internationalen Situation zwischen den Weltmächten.

Israel kämpft gegen seine Nachbarn

1 König Hussein von Jordanien (1935–1999)

In den ersten Jahrzehnten nach der Gründung des Staates Israel war die politische Entwicklung des Nahen Ostens durch fünf große und zahlreiche kleinere militärische Konflikte geprägt. Noch in der Mandatszeit kündigten sich die zukünftigen Auseinandersetzungen an. Und schon am Tag nach der Staatsgründung – der rasche Abzug der britischen Truppen ließ den jungen Staat schutzlos zurück – begann der erste arabisch-israelische Krieg. Doch konnte Israel sich gegen seine Gegner behaupten, verzeichnet beträchtliche Gebietsgewinne und umfasst nun ungefähr 78 % des früheren britischen Mandatsgebietes. Aber auch Transjordanien (bald: Jordanien) und Ägypten machten Eroberungen. Dadurch wurde die Gründung eines eigenen Palästinenserstaates hinfällig. Diese Ergebnisse zeigen, dass sich die arabischen Staaten keinesfalls einig waren. Die Kommunikation zwischen ihnen war mangelhaft, ein gemeinsames Vorgehen der Armeen kam nicht zustande und ihre Ziele unterschieden sich voneinander. So ging es z. B. dem König von Jordanien mehr um die Erweiterung seines Herrschaftsbereichs als um die Errichtung eines Palästinenserstaates.
1952 kam in Ägypten Gamal Abdel Nasser an die Macht. Dieser entwickelte sich zu einer Symbolfigur des arabischen Nationalismus, was auch die Kampfbereitschaft der arabischen Staaten gegenüber Israel stärkte. Dieses fühlte sich erneut von seinen Nachbarn bedroht. Großbritannien sah sich in seinen wirtschaftlichen und strategischen Möglichkeiten durch die von Nasser veranlasste Verstaatlichung des Suez-Kanals eingeschränkt. So kam es im Suezkrieg (1956) zu einem gemeinsamen militärischen Vorgehen gegen Ägypten. Trotz des militärischen Erfolges der Aktion erlitten Großbritannien und Frankreich eine diplomatische Schlappe. Die USA verweigerten ihre Unterstützung, drohten mit Konsequenzen und verurteilten gemeinsam mit den Vereinten Nationen die britisch-französische Intervention. So verloren Frankreich und Großbritannien ihren ehemals großen Einfluss in der Region. Nassers Prestige nahm zu. Seine Idee eines gemeinsamen, aus Ägypten, Syrien und Palästina bestehenden Staates war für Israel Bedrohung und Kriegserklärung zugleich.

Der Nahe Osten im Zeitalter des Kalten Krieges

Anstelle der ehemaligen Kolonialmächte nahmen nun andere Nationen Einfluss: Die Sowjetunion verfolgte eine pro-arabische und israelfeindliche Politik, während die USA im Gegenzug Israel immer stärker wirtschaftlich und militärisch unterstützte. Der Nahe Osten wurde so zu einem Nebenkriegsschauplatz im Kalten Krieg.

Nach dem Suezkrieg begann – abgesehen von immer wiederkehrenden Grenzscharmützeln – zunächst eine Phase der relativen Ruhe. Hinter den Kulissen rüsteten beide Seiten auf: Ägypten importierte nun – wie bereits vor dem Suezkonflikt – im großem Umfang sowjetische Waffen. Israel kaufte vor allem französische Militärtechnik, seit Anfang der 1960er-Jahre vermehrt auch von den USA. Die amerikanische Militärhilfe stieg stetig an. Ein starkes Israel war im Interesse der US-Regierung, fürchtete man doch einen ägyptischen Sieg, der den Einfluss der Sowjetunion in der Region und somit das kommunistische Lager stärken würde. Ein direktes Eingreifen konnten die USA, die seit Jahren in Vietnam Krieg führte, weder personell leisten noch vor der Öffentlichkeit im eigenen Lande vertreten. Ab 1966 häuften sich die Grenzkonflikte der Israelis mit den arabischen Nachbarn. Vor allem der ägyptische Präsident Nasser war durch innenpolitische Probleme unter Druck geraten. Auch drohte seine Beliebtheit bei den Arabern zu schwinden, wenn er seinen Worten von der arabischen Einheit nicht auch Taten folgen ließe. Von der Sowjetunion ermuntert betrieb er zusammen mit Syrien eine aggressive Politik gegenüber Israel, das daraufhin einen militärischen Präventivschlag ausführte und den Sechs-Tage-Krieg (5.–10. Juni 1967) für sich entscheiden konnte.

„three NOs“

Nach der Niederlage Ägyptens, Jordaniens und Syriens hatte Israel Gebiete besetzt, die drei Mal größer waren als das eigene Staatsgebiet. Auch dieser Krieg wurde – wie schon 1949 und 1956 – nur durch einen Waffenstillstand, nicht durch einen Friedensschluss beendet. Das lag nicht zuletzt an der Tatsache, dass Israel sich weigerte, seine Truppen aus den besetzten Gebieten zurückzuziehen. Aus israelischer Sicht war das eroberte Land ein Pfand, um damit Frieden und die Anerkennung Israels durch die arabischen Nachbarn zu erreichen. Diese antworteten darauf mit der sogenannten Khartum-Resolution. Bei einem Treffen in der sudanesischen Hauptstadt hatten sich die Führer von acht arabischen Staaten auf ihre zukünftige Politik geeinigt. Interne Konflikte sollten gelöst und Ägypten und Jordanien von allen unterstützt werden. Gegenüber Israel legte man sich auf die „three NOs“ fest: NO peace with Israel – NO recognition of Israel – NO negotiations with Israel. Für Israel sollte es keinen Frieden, keine Anerkennung und keine Verhandlungen geben.

2 Muhammed Anwar as-Sadat (1918–1981)

Nach dem Sechs-Tage-Krieg verstärkten sich die von den arabischen Staaten aus geführten Guerillatätigkeiten der palästinensischen Befreiungsorganisationen. Ein überraschendes Friedensangebot des Nachfolgers von Nasser, Anwar as-Sadat, lehnte Israel – im Gefühl der eigenen Unbesiegbarkeit – leichtfertig ab. So versuchte Sadat auf militärischem Wege, im Zusammenwirken mit Syrien, die israelische Besetzung des Sinai zu beenden. Am 6. Oktober 1973, dem jüdischen Versöhnungsfest („Jom Kippur“), begann der sogenannte Jom-Kippur-Krieg durch einen ägyptisch-syrischen Überraschungsangriff. Nach anfänglichen schweren Niederlagen der israelischen Armee gelang es dieser schließlich, die Angreifer zurückzuschlagen. Die USA hatte Israel materiell unterstützt, andererseits – aus Angst vor einem sowjetischen Eingreifen auf dem Kriegsschauplatz – im UN-Sicherheitsrat auf eine Resolution zur schnellen Beendigung der Kampfhandlungen gedrängt. Die Sowjetunion, die ihrerseits Ägypten mit Kriegsmaterial versorgt hatte, plädierte nun ebenfalls für den Waffenstillstand. Der Jom-Kippur-Krieg hatte Israel seine eigene Verwundbarkeit deutlich gemacht. Die ständig notwendige Verteidigungsbereitschaft und deren Kosten belasteten die wirtschaftliche und soziale Lage des Landes schwer. So war der Weg für erste Friedensbemühungen bereitet. Die Folgen des Krieges erreichten auch viele westliche Staaten: Durch die Erhöhung der Ölpreise übten die arabischen Staaten Druck auf die pro-israelischen Länder aus, was in Europa zu einer Wirtschaftskrise („Ölkrise“) führte.

4

Entspannungsbemühungen zeigen Erfolge

Ab 1969 fanden bilaterale Gespräche zwischen der UdSSR und den USA zur Kontrolle und Begrenzung der Atomwaffen statt. Sie mündeten in die Unterzeichnung von Verträgen zur Rüstungsbegrenzung. Ein weiterer Schritt der Entspannung war 1973 die erste Konferenz für Sicherheit und Zusammenarbeit in Europa, die zwei Jahre später zur Schlussakte von Helsinki führte. Im Rahmen dieses politischen Tauwetters im Kalten Krieg wurden auch im Nahen Osten Friedensverhandlungen möglich. Der neu gewählte US-Präsident Carter hatte sich die Förderung diplomatischer Beziehungen zwischen Israel und den arabischen Staaten als Ziel gesetzt. Trotzdem blieb es aber bei der einseitigen Unterstützung der USA für Israel, z. B. im UN-Sicherheitsrat. Immerhin kam es auf amerikanische Vermittlung hin zu ersten Entspannungsversuchen im Verhältnis zu Ägypten. Präsident Carter lud im September 1978 Sadat und den israelischen Ministerpräsidenten Begin nach Camp David ein. Dort einigten sich beide Seiten nach zähen Verhandlungen, die mehr als einmal zu scheitern drohten, auf Rahmenbedingungen für einen Frieden zwischen ihren Ländern. Für den am 26. März 1979 unterzeichneten Vertrag erhielten Carter, Sadat und Begin den Friedensnobelpreis. Im Zuge des Vertrages gab Israel 1982 – nach dem Prinzip „Land gegen Frieden" – die Gebiete am Sinai an Ägypten zurück. Wegen des Friedensschlusses mit Israel wurde Ägypten aus der 1945 gegründeten Arabischen Liga ausgeschlossen, Präsident Sadat von palästinensischen Terroristen ermordet.

Das Palästinenserproblem belastet Jordanien …

Anwar as-Sadat war nicht der einzige arabische Staatschef, den die Palästinenser als Feind sahen. Auch der jordanische König Hussein, Urenkel des Scherifen Hussein von Mekka, galt als Gegner der Palästinenser. Sein Großvater König Abdallah war der einzige arabische Herrscher gewesen, der den Teilungsplan der UN für Palästina akzeptiert hatte, nahm dann aber doch am Krieg teil und die Westbank annektierte. Dafür war er 1951 von einem palästinensischen Attentäter ermordet worden. König Hussein nahm an den folgenden arabisch-israelischen Kriegen eher widerwillig teil, meist um die zahlreichen in Jordanien lebenden Palästinenser nicht zu Aufständen zu provozieren. Nach dem Sechs-Tage-Krieg unternahmen die PLO und ihre Kampfgruppe Al-Fatah von jordanischem Gebiet aus Anschläge auf Israel, die der eher westlich orientierte König nicht dulden wollte. Die PLO agierte in seinem Land als „Staat im Staate" und verfolgte den Plan, die Macht in Jordanien zu übernehmen. Nach einem erfolglosen Attentat auf den König im

3 Der ägyptische Präsident Anwar Sadat, US-Präsident Jimmy Carter und der israelische Premierminister Menachem Begin beim Abschluss des ägyptisch-israelischen Friedensvertrages in Camp David im September 1978. Carter war der erste US-Präsident, der das Recht der Palästinenser auf einen eigene Staat öffentlich anerkannte.

September 1970 setzte Hussein die jordanische Armee gegen den Aufstand der PLO-Milizen ein. In den bürgerkriegsähnlichen Auseinandersetzungen konnte sich schließlich Hussein durchsetzen, vor allem, weil sich – entgegen der Hoffnung der PLO – außer Syrien alle anderen arabischen Staaten im Konflikt neutral verhielten. Die PLO wurde aus Jordanien vertrieben. 1974 erkannte Hussein die PLO als Vertretung der Palästinenser an und verzichtete 1988 auf alle jordanischen Ansprüche auf das Westjordanland zugunsten der PLO. 1994 schloss Hussein einen Friedensvertrag mit Israel.

... und den Libanon

Auch im Libanon gab es palästinensische Flüchtlingslager, in denen sich Aktivisten der PLO aufhielten. Nach der Vertreibung aus Jordanien konzentrierte sich die PLO im Südlibanon und unternahm von dort aus Anschläge in Israel. Schon 1978 hatte Israel deswegen einen Teil des libanesischen Grenzgebietes besetzt. Mit dem Feldzug „Freiheit für Galiläa" im Jahr 1982 gelang es den Israelis, die PLO-Führung aus dem Libanon zu vertreiben und den südlichen Libanon zu besetzen. Die israelische Armee schien jedoch mit der Situation im Libanon und dem dortigen verwirrenden Geflecht politischer und religiöser Gruppen sowie einander bekämpfender Milizen überfordert zu sein. Darüber hinaus entstand nach dem Feldzug die libanesische Hisbollah, die nun begann, Angriffe auf Israel zu unternehmen. Die islamistische Organisation der Hisbollah wurde vom Iran initiiert und finanziell und ideologisch unterstützt. Ziel ist es, Einfluss auf den Libanon zu nehmen und Israel zu bekämpfen. Nach dem Abzug der israelischen Truppen aus dem Libanon (2000) verstärkten sich die Hisbollah-Angriffe. Israel reagierte 2006 mit einer erneuten Invasion und weitete seine militärischen Aktionen auch auf die Palästinensergebiete aus. Es gelang im Kriegsverlauf zwar, die Hisbollah empfindlich zu schwächen und die anhaltende Bedrohung Nordisraels vorerst zu beenden, doch die Lage im Libanon blieb trotz der UN-Mission instabil. Hinzu kam, dass die Militäraktion der israelischen Regierung innen- wie außenpolitisch schadete. Israels außenpolitische Situation war und ist eng mit der Palästinenserfrage verbunden. Die Beilegung des einen wie des anderen Konfliktfeldes gehört zu den schwierigen Aufgaben in Israels Zukunft.

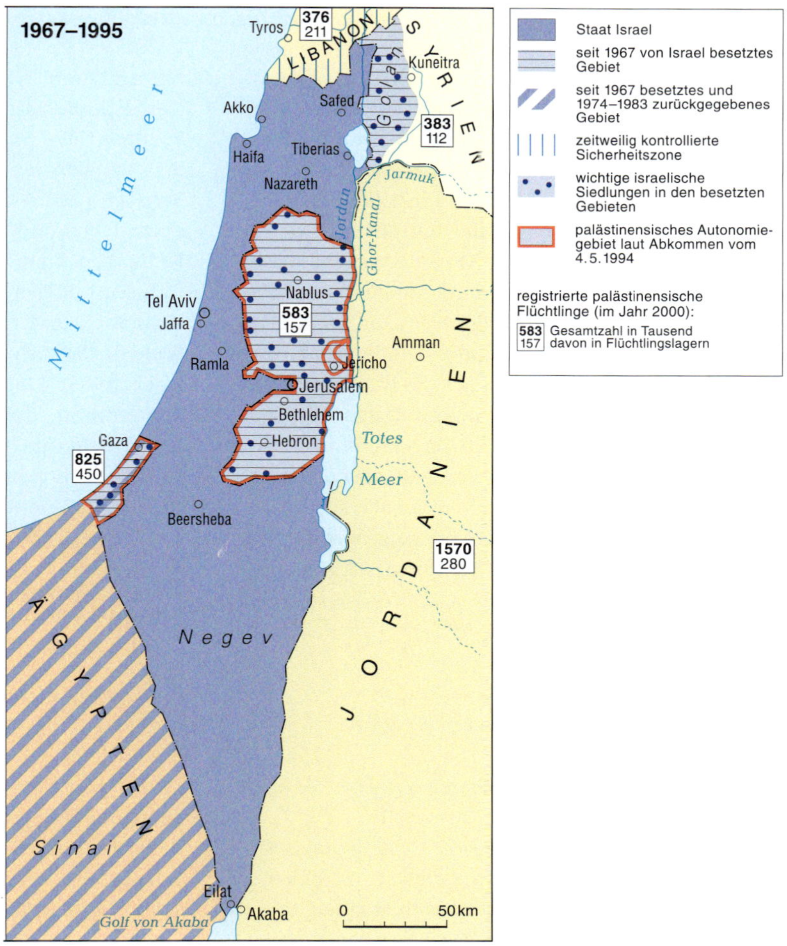

4 **Die Grenzen Israels** in den Jahren 1967 bis 1995

4

5 Die Zeitschrift „Der Spiegel" kommentiert am 12. Juni 1967 über den Sechs-Tage-Krieg

Das Volk Israel, derzeit 2,5 Millionen Menschen stark, schlug nicht nur die 80 Millionen Araber zwischen Atlantik und Persischem Golf aufs Haupt. Die Panzer mit dem Davidstern am Turm überrollten auf ihrem Marsch an den Suezkanal auch die Positionen der Sowjet-Union im Nahen Osten. In drei Tagen walzten sie nieder, was Moskau in jahrelanger Kleinarbeit mit Milliarden Rubel aufgebaut und Ende Mai als Entlastungsfront für Vietnam in Betrieb gesetzt hatte. In des Kremls Kausal-Kette fehlte ursprünglich kein Glied.

- Moskau ermunterte Nasser, den Golf von Akaba zu schließen, um Washington zum Engagement für Israel zu zwingen.
- Nasser schwang sich durch die Schließung des Golfes wieder zum Führer der Araber im Kampf gegen Israel auf. Ein Engagement der USA zugunsten Israels musste den panarabischen Nationalismus herausfordern.
- Washington zögerte und lief Gefahr, bei Israelis wie Arabern das Gesicht zu verlieren. Moskau schien zu gewinnen, ohne einen Mann aufs Spiel gesetzt zu haben.

Dann kehrte sich das vermeintlich meisterhafte politische Kalkül der Sowjets gegen die Meister und deformierte ihre Logik zum Widersinn. Der Aufmarsch der Araber trieb die Israelis so in die Enge, dass diese zum Präventivschlag gedrängt wurden. Ein Schießkrieg im Nahen Osten aber lag ebenso wenig im Interesse Moskaus wie eine direkte Konfrontation mit den USA. Am 25. Mai reiste Israels Außenminister Abba Eban in die USA und enthob Amerika der Sorge, im Nahen Osten eine zweite Front aufbauen zu müssen: In fünf Tagen würden die Israelis mit ihren Gegnern fertig – wenn man sie nur mit ihnen allein lasse. Das Pentagon bestätigte die Fünf-Tage-Rechnung. Damit war das Einverständnis zwischen Amerikanern und Israelis perfekt: Die einen konnten ihre Neutralität erklären, ohne Israel gegenüber Amerikas Juden preiszugeben; die anderen hatten bei ihrem Angriff am 5. Juni den Rücken frei.

Der Spiegel, Ausgabe vom 12. Juni 1967. Zit. nach: Spiegel Online http://www.spiegel.de/spiegel/0,1518,111288,00.html (Stand: Juni 2006)

6 UN-Resolutionen Nr. 242 & Nr. 338

a) Resolution Nr. 242 vom 22. November 1967

Der Sicherheitsrat

- in Bekundung seiner ständigen Sorge über die ernste Lage in Nahost,
- in Betonung der Unzulässigkeit, Gebiete durch Krieg zu erwerben, und der Notwendigkeit, für einen gerechten und dauerhaften Frieden zu arbeiten, in dem jeder Staat des Gebietes in Sicherheit leben kann,
- in Betonung ferner, dass alle Mitgliedstaaten durch die Annahme der Charta der Vereinten Nationen die Verpflichtung eingegangen sind, in Übereinstimmung mit Artikel 2 der Charta zu handeln,

1. bekräftigt, dass die Erfüllung der Grundsätze der Charta die Errichtung eines gerechten und dauerhaften Friedens in Nahost verlangt, der die Anwendung der beiden folgenden Grundsätze einschließt:

(i) Rückzug der israelischen Streitkräfte aus Gebieten, die während des jüngsten Konflikts besetzt wurden;

(ii) Einstellung aller Behauptungen oder Formen eines Kriegszustandes sowie die Beachtung und Anerkennung der Souveränität der territorialen Unversehrtheit und der politischen Unabhängigkeit eines jeden Staates in diesem Gebiet und die seines Rechtes, innerhalb sicherer und anerkannter Grenzen frei von Drohungen und Akten der Gewalt in Frieden zu leben;

2. bekräftigt ferner die Notwendigkeit [...]

b) eine gerechte Regelung des Flüchtlingsproblems zu verwirklichen;

c) die territoriale Unversehrtheit und die politische Unabhängigkeit eines jeden Staates in dem Gebiet durch Maßnahmen sicherzustellen, zu denen die Schaffung entmilitarisierter Zonen zählt; [...]

b) Nr. 338 vom 21./22. Oktober 1973

Der Sicherheitsrat,

1. fordert alle an den gegenwärtigen Kämpfen beteiligten Parteien auf, unverzüglich, spätestens jedoch zwölf Stunden nach Annahme dieses Beschlusses, jedes Feuer einzustellen und alle militärischen Handlungen in den Stellungen, die sie jetzt besetzen, zu beenden;
2. fordert die betroffenen Parteien auf, nach der Feuereinstellung unverzüglich mit der Erfüllung der Entschließung des Sicherheitsrats 242 (1967) in allen ihren Teilen zu beginnen;
3. bestimmt, dass Verhandlungen unverzüglich und gleichzeitig mit der Feuereinstellung zwischen den betroffenen Parteien unter geeigneter Schirmherrschaft mit dem Ziel beginnen, einen gerechten und dauerhaften Frieden im Nahen Osten herzustellen.

Vereinte Nationen 6/67, S. 203 und 6/73, S. 206. Zit. nach: Bundeszentrale für politische Bildung, Dossier 60 Jahre Israel, http://www.bpb.de/themen/IQ4LQ4,4,0,Quellen.html#art4

7 Anwar as-Sadat wagt den Weg zum Frieden

Nana, die jüngste Tochter des Präsidenten, empfing am Abend des 9. November 1977 ganz aufgeregt ihre Mutter. „Hast du die Nachrichten gehört? Papa fährt nach Israel." Sprachlos eilte Jehan Sadat nach oben zu ihrem Mann, der sich in sein Schlafzimmer zurückgezogen hatte. Anwar as-Sadat bestätigte ihr das Unglaubliche. Er hatte schon lange erkannt: „Ägyptens Image in der Welt ist lächerlich und hässlich. Wir haben die Rückgabe unseres Landes gefordert, uns aber nie an jene gewandt, die es besetzt halten [...] Wenn wir den Sinai nicht friedlich zurückholen können, müssen wir uns erneut auf einen Krieg mit Israel einlassen. Und das wird wieder

8 **Titelseite des „Stern" anlässlich des Besuchs des ägyptischen Präsidenten Sadat in Israel 1977**

zahllose Menschenleben kosten. Ist es das, was wir für unser Volk erstreben? Ich muss jede Möglichkeit eines Friedensschlusses zwischen unseren beiden Ländern erkunden." Seinen Entschluss, nach Jerusalem zu fahren, hatte Sadat wenige Stunden zuvor im Parlament so ruhig verkündet, als spreche er übers Wetter. Er sei bereit, bis ans Ende der Welt, bis in die Knesset zu gehen, wenn er damit nur einen Soldaten, nur einen Offizier vor einer Verwundung retten könne. Die verwirrten Abgeordneten klatschten mechanisch Beifall; auch PLO-Chef Jassir Arafat, der extra als Gast zu der Sitzung geladen worden war, fiel in den Applaus ein. Sadats Ankündigung löste eine Schockwelle in Ägypten aus. Kairo hatte sich stets geweigert, die Existenz Israels anzuerkennen; auf den Landkarten war der jüdische Staat als „Besetzte Gebiete Palästinas" gekennzeichnet. Doch der Entschluss kam nicht so plötzlich, wie es schien: Schon seit längerer Zeit hatten Vertreter beider Länder bei geheimen Treffen im marokkanischen Königshaus über einen möglichen Weg zum Frieden diskutiert. Eine offizielle Einladung aus Israel erfolgte kurz nach Sadats Rede im Parlament. Und schon am 19. November landete er auf die Minute pünktlich um 20 Uhr, nach dem Ende des jüdischen Sabbats, auf dem Ben-Gurion-Flughafen bei Tel Aviv. Von diesem Moment an begann Jehan Sadat, die wie die restliche Welt das Geschehen zu Hause am Bildschirm verfolgte, jede Minute zu zählen, die ihr Mann im Feindesland überleben sollte. Doch das Misstrauen war auch in Israel groß. Bis zuletzt hegte man die Befürchtung, dass ein Trick hinter dem Ganzen stehen und bewaffnete Männer aus der Maschine stürzen könnten, um die zum Empfang angetretene israelische Führung mit Premier Menachem Begin an der Spitze umzubringen. Sosehr man im jüdischen Staat den Besuch Sadats bejubelte, so ablehnend waren die Reaktionen in der arabischen Welt. Im selben Moment als Sadats Maschine auf israelischem Boden landete, brach der libysche Präsident Ghaddafi die Beziehungen zu Kairo ab. In Damaskus rief man in den Moscheen dazu auf, Gebete des Zorns an Allah zu schicken, in den umliegenden Palästinenserlagern wurden Sadats Bilder verbrannt. Er galt fortan als Verräter. [...] die Fronten waren klar: Butros-Ghali [= ägyptischer Außenminister] erklärte die Position der ägyptischen Regierung, die auf einem umfassenden Friedensabkommen mit allen Nachbarstaaten Israels bestand. Mosche Dajan hingegen plädierte für einen Separatvertrag mit Ägypten. Um die Sache nicht von Anfang an zu verderben, gab Dajan seinem ägyptischen Kollegen den Hinweis, dass Sadat in seiner geplanten Rede in der Knesset die palästinensische Befreiungsbewegung PLO besser nicht erwähnen sollte. Zwar hielt sich Sadat am kommenden Tag an diesen Rat, aber er beunruhigte die israelische Regierung trotzdem. Er betonte, dass ein Friedensabkommen den Rückzug Israels aus allen arabischen Gebieten einschließen müsste, die es seit dem Krieg von 1967 besetzt halte. Zudem müsse es das Recht der Palästinenser auf Selbstbestimmung anerkennen, einschließlich das Recht auf einen eigenen Staat. An dieser Stelle reichte Verteidigungsminister Ezer Weizman eine Notiz an Begin und Dajan weiter: „Wir müssen auf einen Krieg gefasst sein." So hart Sadats Worte von den Israelis empfunden wurden, so problematisch klang Begins Antwort in den ägyptischen Ohren. Dieser legte den vorbereiteten Text beiseite und spickte seine Rede mit Bibelzitaten. [...] Als Ägyptens Staatschef nach seinem 4-stündigen Besuch den Rückflug antrat, war der Nahe Osten nicht mehr derselbe wie zuvor. Aber bis zu einem Friedensabkommen sollte der Weg noch steiniger sein, als viele dachten. Schließlich ergriff US-Präsident Jimmy Carter die Initiative. [...] Der Friedensschluss mit Israel brachte Ägypten neue Freunde im Westen und verwandelte alte Freunde in der arabischen Welt in Feinde.

Gisela Dachs: Frieden schließen. Wie US-Präsident Carter Ägyptens Staatschef Sadat und Israels Premier Begin dazu brachte, dreißig Jahre Krieg und Haß zu überwinden. In: Die Zeit 13/1999. Zit. nach: http://www.zeit.de/1999/13/Frieden_schliessen

9 **Der Konflikt im Nahen und Mittleren Osten**

Der Nahe und Mittlere Osten ist nicht durch einen Schlüssel- oder Kernkonflikt geprägt, auf den sich die anderen Konflikte in der Region zurückführen ließen. Vielmehr überlappen sich der israelisch-arabische Konflikt und der Hegemonialkonflikt am Golf und verstärken sich gegenseitig. So hat erstens der Hegemonialkonflikt am Golf Rückwirkungen auf den israelisch-arabischen Konflikt: Während der Iran islamistische Bewegungen und Milizen in Palästina (Hamas) und Libanon (Hisbollah) unterstützt, stellte sich Saudi-Arabien (unterstützt vom Westen, Ägypten und Jordanien) zunächst auf die Seite der jeweiligen Gegenspieler, also des palästinensischen Präsidenten Abbas, des libanesischen Premierministers Siniora und, während des Sommerkrieges 2006, zumindest implizit auf die Seite Israels. Erst nach der Eskalation der innenpolitischen Auseinandersetzungen im Libanon und in Palästina 2006/2007 änderte Saudi-Arabien den Kurs, bemühte sich eine Führungsrolle auszufüllen, setzte sich mit dem Iran ins Benehmen und konnte ein Abkommen zwischen den zerstrittenen palästinensischen Fraktionen vermitteln und zumindest mäßigend auf die Situation im Libanon einwirken.

Der israelisch-arabische Konflikt hat zweitens Auswirkungen auf die Möglichkeiten einer Beruhigung der Situation im Irak. So hat insbesondere Syrien, selbst wenn es nur geringen Einfluss auf die Entwicklungen im Irak nehmen kann, kaum Interesse an einer konstruktiven Zusammenarbeit mit den USA bei der Stabilisierung des Nachbarstaates, solange es seine nationalen Interessen – dies gilt insbesondere für die Wiedererlangung der israelisch besetzten Golanhöhen[1] – nicht ausreichend beachtet sieht und solange der Eindruck vorherrscht, dass das internationale Tribunal zur Untersuchung des Mordes an Rafiq Hariri dem Ziel des Regimewechsels in Syrien dienen solle. [2]

Drittens hat das vorläufige Scheitern der Stabilisierung und Demokratisierung des Irak, der entsprechend der neokonservativen Vision von den democratic dominos zum Ausgangspunkt einer Demokratisierung der Region hätte werden sollen, nicht nur einen weitgehend staatsfreien Raum geschaffen, in dem sich auch transnationale Terroristen tummeln, die künftig ein enormes Bedrohungspotenzial für ihre Heimatstaaten darstellen werden. Es hat vor allem zu einer Strategieänderung der USA geführt: Nicht mehr die „Forward Strategy for Freedom“, die Präsident George W. Bush 2003 proklamierte, leitet die amerikanische Politik in der Region, sondern eine Bündnispolitik mit prowestlichen Staaten, die für die Stabilisierung im Irak und bei der Eindämmung des Iran in die Pflicht genommen werden. Dies – verstärkt durch islamistische Wahlerfolge in Ägypten, Irak und Palästina – hat dazu geführt, dass der Druck auf die Regime, politische Liberalisierung zu wagen, deutlich nachgelassen hat. Mittelfristig bedeutet die autoritäre Konsolidierung – wie sie etwa bei den umfangreichen Verfassungsänderungen in Ägypten deutlich wird –, dass diejenigen Oppositionskräfte, die sich bislang für eine Beteiligung im politischen System entschieden haben, aus diesem herausgedrängt werden. Damit steigt die Gefahr der Entstehung neuer gewalttätiger Oppositionsbewegungen.

In Bezug auf die Konfliktregelung und auf das europäische Verhältnis zur Region ist besonders besorgniserregend, dass die Einzelkonflikte zunehmend durch sich gegenseitig verstärkende Wahrnehmungsmuster überwölbt werden, die kulturelle, religiöse und konfessionelle Spaltungen festschreiben und für einen Interessenausgleich nicht offen sind. So ist nicht nur vom Gegensatz zwischen einem die Vertreter des „radikalen Islam“ umspannenden „schiitischen Halbmond“ und den „moderaten“ (prowestlichen) sunnitischen Staaten die Rede. Auch führen westliche Militärinterventionen, einseitige Parteinahmen und die Anwendung doppelter Standards auf der einen sowie die Eskalation von Gewalt und die (perzipierte) Zunahme des Bedrohungspotenzials seitens militanter Islamisten auf der anderen Seite zur Wahrnehmung eines „Zivilisationskonfliktes“, bei dem „der Islam“ „dem Westen“ unversöhnlich gegenübersteht.

1 Die Golanhöhen im Grenzgebiet zwischen Syrien und Israel wurden im Sechs-Tage-Krieg 1967 von Israel erobert. Das Gebiet ist seither ein zentraler Streitpunkt zwischen beiden Staaten.

2 Rafiq Hariri war libanesischer Politiker und vier Jahre lang Ministerpräsident. Wenige Monate, nachdem er sein Amt aus Protest gegen die Einmischungsversuche Syriens in die Politik des Libanon niedergelegt hatte, wurde er bei einem Bombenattentat getötet. Berichte einer Untersuchungskommission der UN deuten darauf hin, dass Mitglieder syrischer Geheimdienste in den Anschlag verwickelt waren und syrische Regierungsmitglieder von dem geplanten Attentat wussten.

Muriel Asseburg/Guido Steinberg: Konfliktdynamik im Nahen und Mittleren Osten. In: Aus Politik und Zeitgeschichte 19/2007, S. 12.

10 Die Rolle auswärtiger Staaten im Nahost-Konflikt

Die erfolgreiche Gründung des Staates Israel und die anschließende Konsolidierung in den 1950er Jahren wurde durch externe Einflussnahme stark begünstigt, wenn nicht erst ermöglicht. Mit entscheidend für Israels Erfolg in seinem Unabhängigkeitskrieg gegen die arabischen Angreifer war sowjetische Unterstützung. Diese war nicht nur im diplomatischen Bereich sehr viel ausgeprägter als die der USA, sondern umfasste auch militärische Hilfe: Während Moskau tschechoslowakischen Waffenlieferungen an Israel den Weg ebnete, hielten sich die USA bis zur Ära Kennedy an das von den Vereinten Nationen über den Nahen Osten verhängte Waffenembargo. Die Sowjetunion sah im Zionismus aufgrund dessen sozialistischer Wurzeln einen potentiellen Verbündeten, dessen Modernität für die von europäischen Kolonialherren geprägten arabischen Monarchien eine fundamentale Herausforderung darstellen würde. Die US-Administration begegnete Israel hingegen mit Ambivalenz: Zwar machte sich Präsident Harry S. Truman aus innenpolitischen und humanitären Gründen für eine Anerkennung Israels stark, das State Department verhinderte aber eine weiter reichende Unterstützung des zionistischen Projekts. Doch unter der Präsidentschaft Roosevelts hatten die USA begonnen, Pläne für den Wiederaufbau Europas zu schmieden. Hierbei spielten das Erdöl und damit gute Beziehungen zur arabischen Welt eine zentrale Rolle. Es sollte bis zum Junikrieg 1967 dauern, ehe Israel in den außenpolitischen Strategien der USA eine wichtige Rolle einnahm. In den 1950er Jahren überließen es die USA anderen, substantielle Beiträge für die Konsolidierung des jungen israelischen Staates zu leisten. Nach der durch den stalinistischen Antisemitismus ausgelösten Entfremdung Israels von der Sowjetunion waren die entscheidenden pro-israelischen Akteure in den 1950er Jahren allerdings zumindest US-amerikanische Verbündete. Wesentliche Hilfe im militärischen Bereich leistete Frankreich, dessen Rüstungslieferungen von zentraler Bedeutung für den militärischen Sieg Israels im Junikrieg 1967 sein sollten. Zur Stabilisierung des prekären Staatsbudgets trugen Mitte der 1950er bis Mitte der 1960er Jahre vor allem die sogenannten Reparationszahlungen der Bundesrepublik Deutschland bei. Die USA waren in den 1950er Jahren darum bemüht, nicht direkt in den Nahostkonflikt hineingezogen zu werden. Ihren Verbündeten gegenüber stellten sie klar, dass die Ära direkter Kontrolle über den Vorderen Orient in Form des Kolonialismus der Vergangenheit angehöre. Als Großbritannien und Frankreich in Allianz mit Israel Ägypten angriffen und damit den zweiten Nahostkrieg auslösten, übten die USA massiven diplomatischen Druck auf London um Rückzug. Die Sowjetunion hingegen hatte ein strategisches Interesse daran, den Nahostkonflikt dem Magnetfeld des Ost-West-Konfliktes auszusetzen und ließ 1955 erstmals Rüstungslieferungen aus der Tschechoslowakei an Ägypten zu. Mit dem Sechs-Tage-Krieg 1967 wurden neue Fakten geschaffen, sodass die USA ihre Balancepolitik im Nahostkonflikt aufgaben. Israels triumphaler Sieg über die von der Sowjetunion hochgerüsteten Armeen Ägyptens und Syriens machten den jüdischen Staat in der Ära des Ost-West-Konflikts gleichsam zu einem natürlichen Verbündeten der USA.

Martin Beck: Das internationale Umfeld des Nahostkonflikts. In: Naher Osten. Wegweiser zur Geschichte, hrsg. von Bernhard Chiari und Dieter H. Kollmer im Auftrag des Militärgeschichtlichen Forschungsamtes. Paderborn u.a. 2007, S. 154–156.

Arbeitsvorschläge

a) Untersuchen Sie die Bedeutung der USA, der Sowjetunion und der europäischen Staaten im Nahost-Konflikt (M 10, Verfassertext des vorliegenden Kapitels sowie M 9, M 21 und Verfassertext des vorhergehenden Kapitels).

b) Kommentare in Zeitungen sind vom persönlichen Standpunkt des Verfassers geprägt. Untersuchen Sie, welche Position der Autor des Spiegel-Artikels vertritt (M 5).

c) Untersuchen Sie den Text der UN-Resolutionen und stellen Sie fest, welche Schritte die israelische Regierung hätte einleiten müssen, wenn sie die Resolutionen befolgt hätte (M 6).

d) Beschreiben Sie ausgehend von M 9 den Zusammenhang des Nahost-Konfliktes mit der Lage im Mittleren Osten. Welche Lösungsansätze werden im Text genannt?

e) Erarbeiten Sie aus M 3, M 7 und M 8, wie die Voraussetzungen für die Friedensinitiative Anwar as-Sadats waren.

f) Informieren Sie sich über die Biographie zentraler Personen im Friedensprozess: Anwar as-Sadat, Jimmy Carter, Menachem Begin, Jitzchak Rabin, König Hussein von Jordanien, … Überlegen Sie anhand der biographischen Fakten, warum die Beteiligten auch persönlich „über ihren Schatten springen mussten“, um den Friedensprozess zu ermöglichen.

Projekttipp in Zusammenarbeit mit dem Fach Sozialkunde

Informieren Sie sich über die Beteiligung der Bundeswehr an der Friedensmission im Libanon. Erstellen Sie davon ausgehend eine Übersicht über weitere Beteiligungen der Bundeswehr an internationalen Einsätzen zur Friedenssicherung.

4

Methode: Die Macht der Bilder – Fotografien als historische Quelle

Ein Bild sagt mehr als tausend Worte – nach diesem Motto überfluten uns die Massenmedien nicht nur mit Worten, sondern auch mit zahllosen Bildern aktueller und historischer Ereignisse. Bilder wirken unmittelbarer als schriftliche und mündliche Informationen und sprechen unser Unterbewusstsein stärker an. Gerade deshalb werden Bilder, z. B. in der Werbung, oft dazu benutzt, emotionale Botschaften zu transportieren, die uns beeinflussen sollen. Trotzdem sind wir oft geneigt, den Aussagen der Bilder mehr zu trauen als den dazugehörigen Texten, vor allem dann, wenn es sich um scheinbar authentische Fotografien handelt. Gerade bei politisch oder historisch brisanten Themen darf man nicht einfach dem Augenschein trauen. Oft haben Regierungen, gesellschaftliche Gruppen oder Privatleute ein Interesse daran, dass den Menschen Ereignisse aus einem bestimmten Blickwinkel präsentiert werden. Andere Sichtweisen sollen – wenn möglich – verhindert werden. In Demokratien, in denen Pressefreiheit herrscht, können Zeitungen nicht einfach zensiert werden. Stattdessen wird versucht, vermehrt Bild- und Textmaterial zu präsentieren, das die eigene Position unterstützt. So setzte die amerikanische Regierung im Irakkrieg 2003 freie Journalisten als Kriegsberichterstatter ein. Diese „embedded journalists" (von englisch „embed" – einbetten, integrieren, deutsch etwa „eingebetteter Journalist") wurden kämpfenden Militäreinheiten zugewiesen und konnten auf diese Weise vom Kriegsgeschehen berichten und das Informationsbedürfnis der Menschen stillen. Gleichzeitig verhinderte die Militärführung, dass die Journalisten – wie z. B. im

1 Die drei Soldaten
Drei junge israelische Soldaten stehen kurz nach einem der heftigsten Gefechte des Sechs-Tage-Krieges vor der Klagemauer. Diese befindet sich im zuvor zu Jordanien gehörenden Ostteil Jerusalems, den Juden war der Zugang seit 1948 verboten gewesen. Dieses Foto war und ist bis heute für viele Menschen das Sinnbild für den Erfolg Israels in diesem Krieg. Der Fotograf David Rubinger sagte über das Bild: „I still don't think it's a great picture, but often iconic pictures are created by the media and what people read into them."

Vietnamkrieg geschehen – unzensierte Bilder und Berichte verbreiteten und damit eine unerwünschte Antikriegs-Stimmung auslösten. So erhält die Weltöffentlichkeit von modernen Konflikten meist nur gefilterte Informationen, auf deren Basis eine objektive Meinungsbildung oft nur schwer möglich ist. Im Kampf um die öffentliche Meinung sind die passenden Bilder von kaum zu überschätzender Bedeutung.

Bereits die Auswahl eines Motivs bzw. der Verzicht auf anderes bestimmen also die Aussage eines Bildes. Die Einschränkung auf einen bestimmten Bildausschnitt kann ebenfalls den Charakter eines Fotos völlig verändern. Auf diese Weise wird nur gezeigt und verbreitet, was zur vorgesehenen Botschaft passt. Doch auch die Fotos selbst können „lügen", sie können manipuliert und verändert werden und so dazu dienen, unsere Meinung in einer bestimmten Richtung zu beeinflussen. Mussten früher Fotografien noch aufwändig retuschiert werden, ist es heute ein Leichtes, mit Hilfe digitaler Bearbeitung Bilder in die gewünschte Richtung abzuwandeln. So montieren sogar seriöse Zeitungen zusätzliche Rauchwolken in Fotos von israelisch-palästinensischen Auseinandersetzungen, um die Dramatik der Szene publikumswirksam zu verstärken.

Auch die Bildlegende kann in die Irre führen. Neben Informationen kann sie versteckte Appelle enthalten und den Leser allein durch die Wortwahl beeinflussen. Häufig werden wir auch mit Bildern konfrontiert, die Filmsequenzen entnommen sind. Wie die Filme selbst können auch die daraus stammenden Bildstrecken durch Einblendungen oder Schnittfolgen eine andere Botschaft annehmen. Aus all diesen Gründen ist es notwendig, die vermeintlich neutrale Quelle Fotografie mit besonderer Sorgfalt zu untersuchen. Oft sind dazu zusätzliche Informationen notwendig, die dem Foto selbst nicht entnommen werden können. Wenn diese nicht zur Verfügung stehen oder beschafft werden können, sollte man die Bilder in jedem Fall kritisch hinterfragen und sich überlegen, welche Ziele hinter der Verbreitung gerade dieses Fotos stehen können.

Schritte zur quellenkritischen Analyse von Fotos:

- Wer hat das Foto zu welchem Zeitpunkt aufgenommen? Gab es Auftraggeber, einen konkreten Anlass? Welchem Zweck sollte die Aufnahme dienen? **Entstehungszeit und -bedingungen**
- Handelte es sich um ein gestelltes Bild, ein Propagandafoto oder einen „Schnappschuss"? Woran lässt sich diese Einordnung festmachen? **Bildtypus**
- Was ist auf dem Foto zu sehen? Einordnung des Motivs: Ist das „Normale" oder das „Besondere" festgehalten worden? Zeigt das Bild eine Einzelsituation oder gehört es in eine Fotoserie? **Motiv**
- Wie wurde das Bildmotiv „inszeniert"? Wurde die Szene vielleicht sogar nachgestellt oder ist sie in Wirklichkeit ein Ausschnitt aus einer Filmsequenz? Welcher Bildausschnitt (Übersicht oder Nahaufnahme), welche Perspektive (Standort des Fotografen) wurde gewählt? Was steht im Mittelpunkt bzw. im Vorder-/Hintergrund des Fotos? Welche Effekte erzielen Belichtung oder Kontraste? **Stilmittel**
- Wurde das Foto nachträglich bearbeitet (Beschnitt, Ausschnittsvergrößerung, Retusche, Montage oder Kolorierung)? Wer ist ggf. dafür verantwortlich?
- Gibt die Person des Fotografen Aufschluss über die Bildaussage? Andersherum: Lässt das Foto Rückschlüsse auf Motive des Fotografen oder den Zweck der Aufnahme zu?
- Wie ist das Foto überliefert worden?
- Woher stammt die Bildlegende? Ist sie informierend, appellierend oder emotionalisierend? Welche Aussage verleiht sie dem Bildmotiv? **Beschriftung**
- Wie wirkt das Foto auf den heutigen Betrachter, wie hat es vermutlich auf die Zeitgenossen gewirkt bzw. welche Wirkung war beabsichtigt? **Wirkung**

بني . .
من دمك شمسُ
فلسطين . . .
My Son..
From your BLOOD , the SUN arises...

2 Im Oktober 2000 gingen Fernsehbilder um die Welt, die angeblich den Tod des 12-jährigen Mohammed al Durah zeigten

Die Szene sorgte weltweit für Empörung und brandmarkte die israelische Armee als Kindermörder. Bis heute ist Mohammed als Märtyrer des palästinensischen Kampfes gegen Israel Teil massiver anti-israelischer Propaganda. Im Namen des Jungen wurden Selbstmordattentate vorbereitet und der amerikanische Journalist Daniel Pearl „aus Rache" ermordet. Das von einem palästinensischen Kameramann gedrehte und von einem staatlichen französischen Fernsehsender verbreitete Filmmaterial wurde jahrelang nur als kurze Sequenz veröffentlicht. Mittlerweile bestehen jedoch ernsthafte Zweifel, ob die Bilder nicht von palästinensischer Seite zu Propagandazwecken inszeniert wurden.
Laut dem Urteil eines französischen Gerichtes vom 21. Mai 2008 darf der Sender France 2 öffentlich beschuldigt werden, eine Falschmeldung verbreitet zu haben. In dem vorangegangenen Prozess konnten die Vertreter des Senders und der verantwortliche Korrespondent nicht stichhaltig beweisen, dass es sich bei den Filmsequenzen nicht um eine Fälschung handelt.

Arbeitsvorschläge

a) Informieren Sie sich über die Rolle der Journalisten im Vietnamkrieg.
b) Beschreiben Sie das Foto M1. Versuchen Sie zu ergründen, warum die israelische Regierungspresse gerade dieses Foto verbreitete.
c) Recherchieren Sie die Hintergründe der Filmsequenz zum Tod von Mohammed al Durah und bereiten Sie einen Kurzvortrag zum Thema vor. Nutzen Sie u. a.: Gerhard Paul (Hrsg.): Das Jahrhundert der Bilder. 1949 bis heute. Göttingen 2008, S. 678–685. Bei Recherchen im Internet beachten Sie bitte die Urheberschaft der jeweiligen Website.

5 Die USA – von den rebellischen Kolonien zur globalen Supermacht

In welcher Form beeinflussten innenpolitische, ideologische, religiöse und wirtschaftliche Faktoren die Entwicklung der USA zur Weltmacht? Was waren die entscheidenden Etappen und Motive auf dem Weg der Vereinigten Staaten von einer expansiven Kontinental- zu einer imperialen Weltmacht? Gibt es konstante Leitbilder und Werte?
Welche Beweggründe veranlassten die Vereinigten Staaten im Ersten und Zweiten Weltkrieg zur Intervention?

Welche Faktoren führten zur bipolaren Konstellation des Ost-West-Konfliktes und dem Kalten Krieg?

Zwischen welchen Möglichkeiten und Grenzen sehen sich die USA nach 1945 im Bestreben, als Supermacht ihren eigenen Werten global Geltung zu verschaffen?

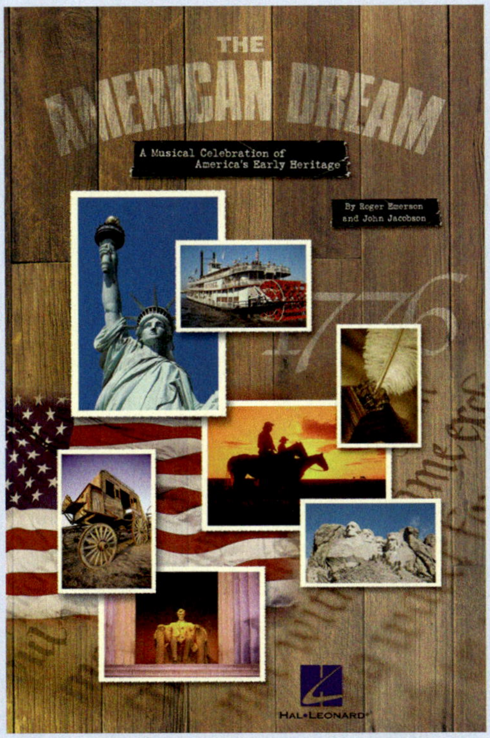

Symbole des „American Dream"?

1750 | 1800 | 1850

1777 Gründung der USA

1823 „Monroe"-Doktrin

1846–1848 amerikanisch-mexikanischer Krieg

1861–1865 amerikanischer Bürgerkrieg

Bildmontage für eine Werbebroschüre der US-Armee: US-Soldaten vor Weltkugel, ca. 2008

5

Online-Link
430027-050

1900 | 1950 | 2000

1898 spanisch-amerikanischer Krieg

1917 Kriegseintritt der USA in den Ersten Weltkrieg

1929 Weltwirtschaftskrise

1941 Pearl Habor USA treten in den Zweiten Weltkrieg

1949 Gründung der NATO

1962 Kubakrise

1965 – 1973 Vietnamkrieg

1990 Ende des Kalten Krieges

2001 „11. September" Intervention in Afghanistan

2003 Irakkrieg

5.1 Die Entwicklung der Grundelemente amerikanischen Selbstbewusstseins

Aufstieg der einstigen Kolonie zur globalen Supermacht

Der innerhalb von weniger als 250 Jahren erfolgte Aufstieg der Vereinigten Staaten von einer in den Randgebieten des britischen Empires gelegenen einstigen englischen Kolonie zur vorherrschenden Weltmacht des 21. Jahrhunderts muss als ein einzigartiges Phänomen der Neuzeit angesehen werden. Die Ursachen für diesen rasanten Aufstieg liegen nicht zuletzt auch darin begründet, dass die Vereinigten Staaten seit ihrer Gründung 1776 als „älteste Demokratie der Neuzeit" über ein politisches System verfügen, das sich äußerst flexibel an neue weltweite Gegebenheiten und gesellschaftliche Entwicklungen anzupassen vermochte. Dabei verbanden sich mehrere wichtige Faktoren. Die riesige Ausdehnung mit großen Rohstoffvorkommen und der Zustrom von über 50 Millionen Einwanderern aus Asien und Europa erlaubten den USA im 19. Jahrhundert eine rasche Industrialisierung. Bereits Ende des 19. Jahrhunderts überflügelten die USA die anderen Industrienationen mit ihrer landwirtschaftlichen und industriellen Produktion. Diese Entwicklung erlaubte ihr schließlich auch als imperialistische Macht aufzutreten und während des Ersten Weltkrieges erstmals auch maßgeblich in die europäischen Verhältnisse einzugreifen.

Koloniales Engagement Englands in Nordamerika

Begonnen hatte diese Entwicklung im 17. Jahrhundert mit dem Ansinnen des britischen Empires, die wirtschaftliche Entwicklung seiner Kolonien zu fördern. Anders als die Kolonialmächte Spanien und Frankreich in Mittel- und Südamerika strebte England nicht nur nach der Eroberung und Erschließung des neuen Territoriums, sondern förderte auch den Bau fester Siedlungen. Im Zentrum dieses Konzepts standen private Handelsgesellschaften, welche von der Krone mit Privilegien und Freibriefen (charters) ausgestattet wurden und eigenständig die Organisation der Besiedlung übernahmen. Dadurch entwickelte sich bei den Siedlern von Anfang an ein Gefühl der Selbständigkeit – ein Umstand, der in der amerikanischen Revolution für den Impuls zur letztendlichen Loslösung und Unabhängigkeit vom Mutterland nur förderlich sein konnte.

Einfluss puritanischer Einwanderer

Anglikanische Hochkirche

Starken Zustrom erhielt das Gebiet „Neuenglands" zu dieser Zeit vor allem aus der „alten Welt" Europas, da dort religiöse Konflikte vorherrschten, die Anglikaner und Katholiken bewogen, England zu verlassen. Viele dieser Siedler waren der protestantischen Glaubensgemeinschaft der Puritaner zugehörig, jener kirchlichen Protestbewegung des 16. und 17. Jahrhunderts, welche die anglikanische Hochkirche von den etablierten Hierarchien reinigen und alleine die Bibel als Grundlage menschlichen Handelns akzeptieren wollte.
Durch die Praktizierung einer in ihren Grundzügen nahezu demokratischen politischen Selbstverwaltung einer jeden Siedlung (local self-government) – die die Einmischung von Vertretern der englischen Kolonialverwaltung grundsätzlich ablehnte – trugen die Puritaner maßgeblich zur Entwicklung einer neuen Ordnung auf dem amerikanischen Kontinent bei.

Einfluss der europäischen Aufklärung

In den von Freiheitsdrang geprägten Kolonien fielen die Ideale europäischer Aufklärer mit ihrer Idee der Gleichheit aller Menschen auf fruchtbaren Boden. Immer mehr englische Kolonisten empfanden sich zunehmend weniger als Untertanen einer absolutistischen Ständegesellschaft, sondern vielmehr als freie und gleiche Bürger, die über ihr Schicksal selbst bestimmen wollten. Im Zuge dessen entstanden seit 1770 vermehrt so genannte „Committees of Correspondence", die auf Flugblättern die Unabhängigkeit von England forderten und die Idee einer eigenständigen amerikanischen Identität betonten.

1 Mayflower Vertrag
Bereits 1620 schlossen Puritaner vor dem Verlassen ihres Schiffes „Mayflower" den sog. „Mayflower Vertrag" (siehe M9), der die künftige Regierungsform der geplanten Kolonie „Plymouth Plantation" definierte. Jean Leon Gerome Ferris (1863–1930): „Signing the Mayflower Compact 1620"

Im Konflikt mit dem britischen Mutterland

Siebenjähriger Krieg

Hatte sich das britische Mutterland anfangs kaum in die Belange der Kolonisten eingemischt und den Selbstverwaltungsorganen viele Freiheiten gelassen, so änderte sich dieses Mitte des 18. Jahrhunderts. Nun suchte England die Deckung seiner Kosten im Siebenjährigen Krieg in Europa und Amerika sowie der einhergehenden Staatsverschuldung durch eine Erhöhung der Steuern und Zölle in den amerikanischen Kolonien zu finanzieren und setzte 1764 mit dem so genannten „Zuckergesetz" hohe Einfuhrzölle fest.
Zwei weitere Gesetze brachten dann schließlich das Fass zum Überlaufen: die Stationierungspflicht für englisches Militär und eine Stempelsteuer. Der Umstand, dass ein Hauptteil der mit der Stationierung verbundenen Kosten auf die Kolonisten umgewälzt sowie ein Großteil der dazu notwendigen Truppen in Privathaushalten zwangseinquartiert wurden, sorgte unter den Kolonisten für Unmut. Zudem sah der so genannte „Stamp Act" von 1765 eine Stempelsteuer für jedwede Art von Druckerzeugnissen (Reklame, amtliche Dokumente, Zeitungen, und sogar Würfel und Spielkarten) vor. Die Entrüstung über diese als unrechtmäßig empfundenen Maßnahmen sowie die britischen Bestrebungen zur Zentralisierung der Verwaltung bewirkte in den bisher zerstrittenen Kolonien rasch ein Solidaritätsgefühl. Daher verweigerten die Repräsentanten der neun Kolonien geschlossen die Zahlung der Steuer mit der Begründung, dass ihre Repräsentanten nicht im englischen Parlament vertreten seien, und somit über Steuern und Abgaben nicht mitbestimmen könnten (Motto: „No taxation without representation" – keine Besteuerung ohne politische Repräsentation), und dass im Übrigen auch nur eine repräsentative Versammlung der Kolonien das Recht beanspruchen könne, ihre Bürger zu besteuern.

2 **Boston Tea Party (1773)**, zeitgenössische Illustration von John Andrew

Die Steuerforderungen des britischen Parlaments und die auferlegten Finanzzölle führten 1770 zu ersten gewaltsamen Zusammenstößen zwischen aufrührerischen Kolonisten und britischen Truppen („Massaker von Boston").
Der gewachsene Unmut der Kolonialbevölkerung entlud sich im Dezember 1773 in der so genannten „Boston Tea Party", bei der als Indianer verkleidete radikale Kolonisten drei Schiffsladungen zu verzollenden Tees der „East India Company" in den Bostoner Hafen kippten. Daran entzündeten sich gewaltsame Auseinandersetzungen zwischen den Kolonisten und dem englischen Militär. England ließ daraufhin den Bostoner Hafen bis zur Zahlung einer Entschädigung schließen und hob die Verfassung und Selbstverwaltung von Massachusetts auf. Die Aufständischen wurden zu Rebellen erklärt.

Der amerikanische Unabhängigkeitskrieg

Im September 1774 traten Vertreter aller Kolonien mit Ausnahme von Georgia zum Ersten Kontinentalkongress in Philadelphia zusammen. Dieser erklärte im mit Beharrung auf die Autonomie der Kolonien alle seit 1763 erlassenen britischen Steuergesetze für verfassungswidrig, und beschloss den Boykott britischer Waren bzw. die Einstellung des Handels zwischen den Kolonien und dem britischen Mutterland. Der englische König Georg III. und das britische Parlament werteten dieses als offene Rebellion gegen das Mutterland. Die Kolonisten begannen, sich in Milizen zu organisieren. Im Frühjahr 1775 eskalierte die Konfrontation zum amerikanischen Unabhängigkeitskrieg (1775–1783).
Dieser Krieg, der in den Kolonien zugleich auch einen Bürgerkrieg darstellte, weitete sich nach dem Eingreifen Frankreichs (1778) sowie Spaniens und der Niederlande (1779) auf Seiten der Aufständischen zu einem internationalen Konflikt aus. Am Ende musste England den Kampf als verloren geben und im Frieden von Paris 1783 die Unabhängigkeit der dreizehn Kolonien und somit die Souveränität der Vereinigten Staaten anerkennen.

3 **Unterzeichnung der Unabhängigkeitserklärung**, Gemälde von John Trumbull 1817

Gründung der Vereinigten Staaten von Amerika

Bereits am 4. Juli 1776 nahmen in Philadelphia die Delegierten der Kolonien einstimmig die Unabhängigkeitserklärung an. Im November 1777 entwarf dann der amerikanische Kontinentalkongress die „Artikel der Konföderation", mit denen sich die dreizehn Einzelstaaten zu einem losen Staatenbund zusammenschlossen. Diesem Staatenbund sollte ein Kongress voranstehen, welcher autorisiert wurde, über Krieg und Frieden zu entscheiden, außenpolitische Kompetenzen zu übernehmen, eine Streitmacht aufzubauen und zwischenstaatliche Probleme zu lösen. Die Souveränität der Einzelstaaten blieb dadurch jedoch unangetastet, eine Zentralregierung war nicht vorgesehen.

Kontinentalkongress

Die Verfassungsfrage

Nach der Unabhängigkeitserklärung ging es nunmehr darum, das Erreichte dauerhaft zu verankern, und die Einzelstaaten zur Schaffung eines Bundesstaates zu bewegen. Dazu trat von Mai bis September 1787 ein Verfassungskonvent zusammen. Das Resultat war der Entwurf einer ersten Gesamtstaatsverfassung für den Staatenbund, die nach dem Vorbild der französischen Aufklärung das Prinzip der Gewaltenteilung und Volkssouveränität einführte. Die Vereinigten Staaten von Amerika hatten sich mit diesem Schritt die erste moderne demokratische Verfassung der Geschichte gegeben. Nur zwei Jahre später wurden ihr weitere zehn Verfassungszusätze (amendments) hinzugefügt, die so genannte „Bill of Rights" (1791), welche einen Grundsatzkatalog der Menschenrechte darstellt. (**Online-Link** 430027-0501)

Expansion nach Westen

In der ersten Hälfte des 19. Jahrhunderts kam es in den Vereinigten Staaten zu einem immensen Bevölkerungswachstum (bis 1860 um ca. 700%). Dieses ging mit einem rapiden wirtschaftlichen Wachstum und einer raschen territorialen Ausdehnung einher. Der nicht versiegende Einwandererzustrom beförderte die schnelle Erschließung des Westens. Die Besiedlung des nordamerikanischen Kontinents vom Atlantik bis zum Pazifik – die so genannte Pionierzeit, die um 1790 anfing und etwa 100 Jahre später endete – verlief in drei Etappen. Zunächst wagten sich „Trapper" (Pelzjäger, Fallensteller) und „Scouts“ (Pfadfinder) in die noch unerschlossenen Gebiete vor. Es folgten die „Squatter“ (Ansiedler), die ohne Zustimmung der formalen Eigentümer das Land urbar machten. In der letzten Etappe wurden diese durch „Farmer“ abgelöst.

Vertreibung und Verdrängung

Die Erschließung des Westens ist auch untrennbar mit der Vertreibung und Vernichtung der amerikanischen Ureinwohner (Native Americans) verbunden, deren Population durch Kriege und eingeschleppte Krankheiten um ein Vielfaches dezimiert wurde. Gegen nur geringes Entgelt wurden von den amerikanischen Ureinwohnern weiträumige Landflächen erworben und mit ihnen Verträge zu deren Nachteil über diese Gebiete geschlossen. Am Ende wurden sie meist in unfruchtbare Reservate zwangsumgesiedelt.

Ideologisch untermauert wurde diese Landerschließung in den 1840er Jahren durch das Schlagwort der „offenkundigen und unbezweifelbaren Bestimmung“ (manifest destiny). Dieser Begriff besagte, dass die Vereinigten Staaten schicksalhaft dazu bestimmt gewesen seien, als „Nation der Freiheit und der Demokratie“ den ganzen nordamerikanischen Kontinent vom Atlantik bis zum Pazifik missionarisch in Besitz zu nehmen, ihn auf ihre Art und Weise zu zivilisieren und dem Rest der Welt ein Vorbild zu sein. Dieser Begriff diente infolge auch als vermeintliche Legitimation für die territoriale Expansion sowie die einhergehende Vertreibung und Vernichtung der indianischen Ureinwohner. Auch der Siedlungsbereich zwischen Wildnis und amerikanischer Zivilisation (frontier) hat seinen symbolischen Stellenwert aus dieser Zeit behalten, und ist für die amerikanische Gesellschaft geradezu zum Mythos geworden. Aus ihm entwickelte sich vor allem das starke Selbst- und Sendungsbewusstsein der Amerikaner, aus dem auch die Idee des amerikanischen Traums (American Dream) erwuchs.

4 Territoriale Entwicklung der USA bis 1866

5 Das amerikanische Selbstverständnis in Recht und Politik

Zu den politisch-rechtlichen Grundwerten der USA:

Zum Selbstverständnis der Amerikaner und zur politisch-rechtlichen Kultur gehören unabhängig von Abstammung, Hautfarbe, Religion und politischen Meinungen einige gemeinsame Grundwerte und Überzeugungen, deren Gültigkeit nicht in Frage gestellt wird. Sie bilden das Fundament und die Basis für das politische und gesellschaftliche Leben und sind zugleich Norm in Fragen des Rechtes und der Gerichte.

Zwar variiert die Interpretation der Grundwerte und Überzeugungen im Lauf der Geschichte. Auch gibt es verschiedene Begriffe, mit denen der amerikanische gesellschaftliche Konsens auf eine Formel gebracht werden soll. Über seine Existenz selbst herrschen hingegen kein Zweifel, und dies über alle Schichten hinweg. Jedem Amerikaner sind folgende Sätze, in denen diese politisch-rechtlichen Grundwerte zum Ausdruck kommen, geläufig: „All men are created equal“ (Alle Menschen sind gleich geschaffen) – „Life, liberty and the pursuit of happiness“ (Leben, Freiheit und das Streben nach Glückseligkeit) – „Government of, by and for the people” (Regierung des Volkes, durch und für das Volk) – „The land of the free and the home of the brave” (Das Land der Freien und die Heimat der Mutigen) – „One nation, under God, indivisible, with liberty and justice for all” (Eine Nation, unter Gott, unteilbar, mit Freiheit und Gerechtigkeit für alle). Die ersten beiden Sätze stammen aus der Unabhängigkeitserklärung. Mit ihnen bekennt sich die Gesellschaft zu den Menschenrechten und zur Freiheit. Den dritten Satz sprach Präsident Abraham Lincoln. Er drückte damit die amerikanische Vorstellung von repräsentativer Demokratie aus. Der vierte Satz bildet den Refrain der Nationalhymne. Er verbindet Freiheit und Tugendhaftigkeit zu einem patriotischen Bekenntnis. Der fünfte Satz stammt aus dem allmorgendlichen Fahnengelöbnis in den Schulen, das vor hundert Jahren aufkam. Die religiöse Formel in diesem Text beschloss der Kongress in einer Resolution erst 1954.

http://www.usa.de/InfoCenter/PolitikundGesellschaft/Gerichtsbarkeit/index-b-406-1428.html

6 Freiheitsliebe als dominierendes Charaktermerkmal der Amerikaner

Rede des Oppositionsführers Edmund Burke vor dem englischen Unterhaus anlässlich des anstehenden Konfliktes mit den Amerikanern vom 22. März 1775. Er warnt darin vor dem ausgeprägten Sinn der Kolonisten für ihre Freiheit und nennt sechs unabänderliche Faktoren, die seine Entwicklung förderten und weiterhin fördern würden:

Die Freiheitsliebe ist das dominierende Charaktermerkmal der Amerikaner. Da ein intensives Gefühl immer ein eifersüchtiges Gefühl ist, werden unsere Kolonien misstrauisch, unruhig und schwer zu lenken sein, wenn sie auch nur den geringsten Versuch bemerken, ihnen mit Gewalt oder Schikanen das zu nehmen, was sie für den einzigen Vorteil halten, für den zu leben sich lohnt. Dieser entschlossene Geist der Freiheit ist in den englischen Kolonien wahrscheinlich stärker als bei jedem anderen Volk der Erde. Dafür gibt es eine Reihe triftiger Gründe. […] Die Bevölkerung der Kolonien stammt von den Engländern ab. England, Sir, ist eine Nation, die, wie ich hoffe, ihre Freiheit respektiert und einst verehrte. Die Kolonisten emigrierten aus Eurem Land, als die Gesinnung vorherrschte. Sie übernahmen diese Neigung und Einstellung in dem Augenblick, als sie Eure Hand losließen. Daher hängen sie nicht nur der Idee der Freiheit an, sondern der Idee der englischen Freiheit, nach englischen Prinzipien […]. Ihre Regierungen werden weitgehend vom Volk kontrolliert, einige völlig. In allen Kolonien sind die Abgeordneten des Volkes der einflussreichste Teil der Regierung. Die Teilhabe des Volkes am täglichen Regieren erfüllt sie immer wieder mit Stolz und mit heftiger Abneigung gegen alles, was geeignet ist, ihnen die führende Rolle zu nehmen. Wenn diese notwendige Auswirkung der Regierungsform noch einer Unterstützung bedürfte, so würde die Religion sie liefern. Religion war immer schon eine Quelle der Energie für dieses neue Volk und ist es heute in unvermindertem Ausmaß. Ihre Art der Religionsausübung ist einer der Hauptgründe für ihre freiheitliche Gesinnung. Sie sind ein Volk von Protestanten, und zwar von der Art, die jede auch nur angedeutete Unterwerfung von Gedanken und Meinungen entschieden ablehnt. Ihr Glaube ist der Freiheit nicht nur günstig, sondern beruht auf ihr. Ich glaube, Sir, dass der Grund für die Abneigung der Dissenters [Gegner der anglikanischen Staatskirche, vor allem Puritaner] gegen alles, was nach absolutistischer Herrschaft aussieht, sich weniger aus ihren Glaubensgrundsätzen als aus ihrer Geschichte ergibt. […] Der Freiheitswille ist mit der Bevölkerung gewachsen und hat mit dem Wohlstand zugenommen. Der Zusammenprall dieses Geistes mit einer Art der Machtausübung in England, die legal sein mag, mit freiheitlichen Ideen – schon gar nicht mit denen der Amerikaner – aber unvereinbar ist, hat einen Konflikt entfacht, der uns zu verschlingen droht.

Peter Force (Hrsg.): American Archives, Serie 4, Bd. 1, S. 1745–1778. In: Angela und Willi Paul Adams (Hrsg.): Die Entstehung der Vereinigten Staaten und ihrer Verfassung. Dokumente 1754–1791. Münster 1995, S. 132–136.

7 Rede am 230. Jahrestag der Unabhängigkeitserklärung

US-Präsident George W. Bush vor dem Militär bei Fort Bragg, North Carolina im Jahr 2006:

Today we mark the 230th anniversary of American independence. And on this day, we give thanks for our freedom, we also give thanks for the men and women who make our freedom possible. Each of you have stepped forward to serve, knowing the risks and dangers that accompany freedom's defense. I've come to thank you for your valor, and to thank you for your patriotism. I've come to share with you, and with the American people, how your dedication and your sacrifice are helping us to win the war on terror. (Applause.) You are serving our country at a time when our country needs you. And because of your courage, every day is Independence Day in America. (Applause.) [..] Two-hundred-and-thirty years ago, 56 brave men signed their names to a document that set the course of our nation. It changed the history of the world. Our Declaration of Independence was a bold statement of revolutionary principles. It laid down a creed of freedom and a quality that has lifted the lives of hundreds of millions here in America and around the world. [...] We celebrate Independence Day each year because that ragtag group of citizen soldiers challenged the world's most powerful military, secured our liberty and planted a standard of freedom to which the entire world has aspired. Since that first 4th of July, some 43 million Americans have defended our freedom in times of war. These brave men and women crossed oceans and continents to defeat murderous ideologies and to secure the peace for generations that followed. We live in liberty because of the courage they displayed – from Bunker Hill to Baghdad, from Concord to Kabul – on this Independence Day we honor their achievements and we thank them for their service in freedom's cause. (Applause) [...] You've given our citizens a priceless gift, the opportunity to live in freedom and to pursue their dreams, and enjoy lives of purpose and dignity. You've kept America what our founders meant her to be: a light to the nations, spreading the good news of human freedom to the darkest corners of the earth. I want to thank you for all you do for our country and for the world. May God bless you all, and may God continue to bless the United States of America. (Applause.)

http://www.whitehouse.gov/news/releases/2006/07/20060704.html (Stand: 30.12.2008)

8 Peter F. Rothermel: „Patrick Henry vor dem Virginia House of Bugesses" (1851)
Die Resolutionen kamen im Einklang mit einem lang etablierten britischen Gesetz zu dem Ergebnis, dass Virginia nur gegenüber derjenigen parlamentarischen Versammlung zu Steuerzahlungen verpflichtet sei, zu der es selbst Abgeordnete entsandte. Da jedoch keine kolonialen Repräsentanten ins britische Parlament gewählt wurden, war aus ihrer Sicht die einzige zu Steuererhebungen berechtigte Versammlung die Virginia General Assembly. Patrick Henry setzte sich in seiner berühmten Rede vom 29. Mai 1765 vor dem Virginia House of Bugesses energisch für die Verabschiedung der Resolutionen ein.

9 Der Mayflower Vertrag

Vor ihrer Landung bei Plymouth Rock im Jahre 1620 unterzeichneten die einundvierzig Einwanderer auf der Mayflower, allesamt Puritaner, noch ein Dokument, welches als „Mayflower Compact“ in die Geschichte einging. Gedacht als Maßnahme gegen potentielle Meinungsverschiedenheiten und den daraus erwachsenden möglichen Zerfall ihrer Gruppe nach der Landung, wurde es zum ersten Regierungsdokument der Kolonie Plymouth:

Im Namen Gottes, Amen. Wir, die Unterzeichner dieses, treue Untertanen unseres erhabenen Herrschers und Herrn König Jakobs I., von Gottes Gnaden König von Großbritannien […] haben zur Ehre Gottes und zur Ausbreitung des christlichen Glaubens und zum Ruhm von König und Vaterland eine Fahrt unternommen, um die erste Kolonie in den nördlichen Teilen von Virginia zu gründen. Und wir kommen hiermit feierlich und wechselseitig, vor Gottes Angesicht und voreinander überein und vereinigen uns selbst zu einem bürgerlichen politischen Körper; zur besseren Ordnung unter uns und zum Schutz und Förderung der oben genannten Absichten, und kraft dieses wollen wir von Zeit zu Zeit verordnen, errichten und einrichten rechte und billige Gesetze, Verfügungen, Erlasse, Einrichtungen und Ämter, wie es uns am zuträglichsten und zweckmäßigsten für das allgemeine Wohl der Kolonie erscheint: Und wir versprechen dazu alle schuldige Unterwerfung und Gehorsam. Zum Zeugnis dessen haben wir hier unsere Namen unter schrieben, vor Kap Codd, am 11. November […] anno Domini 1620.

Fritz Wagner: USA. Geburt und Aufstieg der neuen Welt. Geschichte in Zeitdokumenten 1607–1865. München 1947, S. 18 f.

10 Auszug aus der Unabhängigkeitserklärung

In der am 4. Juli 1776 verabschiedeten amerikanischen Unabhängigkeitserklärung heißt es:

Wenn es im Laufe der geschichtlichen Ereignisse für ein Volk notwendig wird, die politischen Bande zu lösen, die es mit einem anderen verknüpft haben, und unter den Mächten der Erde die gesonderte und gleichwertige Stellung einzunehmen, zu der die Gesetze der Natur und des Schöpfers es berechtigen, so erfordert eine geziemende Achtung vor der Meinung der Welt, dass es die Gründe angibt, die es zu der Trennung zwingen. Wir halten diese Wahrheiten für in sich einleuchtend: dass alle Menschen gleich geschaffen sind; dass sie von ihrem Schöpfer mit gewissen unveräußerlichen Rechten ausgestattet sind, darunter Leben, Freiheit und Streben nach Glück; dass zur Sicherung dieser Rechte Regierungen unter den Menschen eingesetzt sind, die ihre gerechten Vollmachten von der Einwilligung der Regierten herleiten; dass, wenn immer eine Regierungsform diesen Zielen zum Schaden gereicht, es das Recht des Volkes ist, sie zu ändern oder abzuschaffen und eine neue Regierung einzusetzen, die sich auf solchen Grundsätzen aufbaut und ihre Macht in einer Weise organisiert, wie sie am geeignetsten erscheint, seine Sicherheit und sein Glück zu schaffen. In der Tat wird die Klugheit gebieten, dass seit langem bestehende Regierungsformen nicht aus geringfügigen und vorübergehenden Ursachen geändert werden sollten, und dementsprechend beweist alle Erfahrung, dass die Menschheit eher geneigt ist zu dulden, solange die Missstände ertragbar sind, als sich Recht zu verschaffen durch Abschaffung der Formen, an die sie gewöhnt ist. Aber wenn eine lange Kette von Missbräuchen und Anmaßungen, stets das gleiche Ziel verfolgend, die Absicht enthüllt, ein Volk unter den unbeschränkten Despotismus zu beugen, so ist es sein Recht, ist es seine Pflicht, eine solche Herrschaft abzuschütteln und sich neue Bürgschaften für seine zukünftige Sicherheit zu verschaffen. Solcher Art ist das geduldige Leiden dieser Kolonien gewesen, und so zwingt sie jetzt die Notwendigkeit, ihr früheres Regierungssystem zu ändern. Die Geschichte des jetzigen Königs von Großbritannien ist eine Geschichte wiederholter Beleidigungen und Anmaßungen, die alle das direkte Ziel verfolgen, eine unbeschränkte Tyrannei über diese Staaten aufzurichten. Auf jede Stufe dieser Bedrückungen sind wir in untertänigsten Ausdrücken um Abhilfe eingekommen; unsere wiederholten Bitten wurden nur mit wiederholten Kränkungen beantwortet; ein Fürst, dessen Charakter so durch jede seiner Handlungen als tyrannisch gebrandmarkt ist, ist ungeeignet, der Herrscher über ein freies Volk zu sein. […] Wir, die Vertreter der Vereinigten Staaten von Amerika, versammelt im Allgemeinen Kongress, rufen deshalb den höchsten Richter der Welt zum Zeugen an für die Rechtlichkeit unserer Absichten. Im Namen und in Vollmacht des guten Volkes dieser Kolonien geben wir feierlich bekannt und erklären, dass diese Vereinigten Kolonien sind und von Rechts wegen sein sollen freie und unabhängige Staaten, dass sie von jeder Untertanenpflicht gegen die britische Krone befreit sind, und dass jeder politische Zusammenhang zwischen ihnen und dem Staate Großbritannien völlig gelöst ist und sein soll, und dass sie als freie und unabhängige Staaten die volle Macht besitzen: Krieg zu führen, Frieden zu schließen, Bündnisse einzugehen, Handelsbeziehungen anzuknüpfen und alle anderen Handlungen und Dinge vorzunehmen, die unabhängige Staaten von Rechts wegen tun dürfen. Und zur Bekräftigung dieser Erklärung, in festem Vertrauen auf den Schutz der göttlichen Vorsehung, verpfänden wir uns gegenseitig unser Leben, unser Gut und unsere heilige Ehre.

Geschichte in Quellen. Band 4. Amerikanische und Französische Revolution. Berlin 1981, S. 90–94. Übers. W. Lautemann

5

11 **Emanuel Gottlieb Leutze: „Westward the Course of Empire Takes Its Way“ (1861)**

12 „Manifest Destiny“

Der Herausgeber des „Democratic Review“, John O'Sullivan, schrieb 1839 über das Schicksal der Vereinigten Staaten, das er mit dem berühmt gewordenen Ausdruck „manifest destiny“ versah:

[...] Wir können als sicher unterstellen, dass unser Land dazu bestimmt ist, die große Nation der Zukunft zu sein [...] Die Zukunft ist unsere Arena und das Feld unserer Geschichte. Wenn wir sie betreten, dann mit den besten Absichten, eingedenk der Worte Gottes und mit einem reinen Gewissen, das durch keine Vergangenheit belastet ist. Wir sind die Nation des menschlichen Fortschritts, wer oder was soll unseren Vormarsch aufhalten? Die Vorsehung ist mit uns [...] die grenzenlose Zukunft wird das Zeitalter der amerikanischen Größe sein. In den ihr verschwenderisch gegebenen Dimensionen von Raum und Zeit ist diese Nation aus vielen Nationen bestimmt, der Menschheit die Größe der göttlichen Prinzipien aufzuzeigen und auf der Erde den vornehmsten Tempel, der je der Verehrung des höchsten Wesens geweiht wurde, zu weihen – dem Heiligen und dem Wahren. Sein Boden soll ein ganzer Kontinent sein, sein Dach das Firmament des Sternenhimmels, seine Gemeinde eine Union von vielen Republiken, bewohnt von Hunderten von Millionen, die niemandem Untertan sind, sondern regiert werden von Gottes natürlichem und moralischem Gesetz der Gleichheit, dem Gesetz der Brüderlichkeit – vom Frieden und guten Willen unter den Menschen.

Dominik Nagl/Marion Stange (Hrsg.): Die USA – Quellen zur Geschichte und Politik. Stuttgart 2008, S. 29.

13 Die amerikanische Mission

Der Pastor Josiah Strong äußert sich in seinem 1885 erschienenen Buch „Our Country“ zu der seiner Meinung nach den Amerikanern vorbestimmten Mission, Zivilisation und Christentum in der Welt zu verbreiten:

Ich brauche denen, für die ich schreibe, nicht auseinanderzusetzen, welches die zwei größten Bedürfnisse der Menschheit sind, deren Erfüllung alle Menschen in das Licht der höchsten christlichen Zivilisation emporheben würde: erstens ein reines, verinnerlichtes Christentum und zweitens die bürgerliche Freiheit. Ohne Zweifel liegen hier die Kräfte, die in der Vergangenheit so sehr zu Erhebung der Menschheit beigetragen haben;

und sie müssen auch in Zukunft die besten Wegweiser zum Fortschritt sein. Daraus folgt, dass die Angelsachsen – die Hauptrepräsentanten dieser zwei Grundideen, die Bewahrer dieser zwei größten Segnungen – in ganz besonderer Weise der Zukunft der Welt verbunden sind und im göttlichen Auftrag eine außerordentliche Verantwortung für ihre Mitmenschen tragen. Nimmt man dazu die Tatsache ihres rapiden Machtaufstiegs in der Gegenwart, so ist das fast ein Beweis für den höheren Beitrag. Für mich besteht kein Zweifel, dass der Angelsachse die Hauptrolle in der Welt der Zukunft spielen soll, jedoch ist die Art dieser Rolle noch nicht genau bestimmt. Es ist noch ungewiss, wie materialistisch und atheistisch seine Zivilisation sein wird, wie viel Zeit er benötigt, um sie durch und durch zu christianisieren und besser zu machen, wie schnell er die Heraufkunft des Königreiches der Rechtschaffenheit bewirken kann, oder um wie lange er es noch hinauszögert, aber dies sollte jetzt schnell entschieden werden. Lasst uns die verschiedenen Argumente, die wir geschmiedet haben, in einer Kette zusammenfügen. Ist es offenkundig, dass der Angelsachse die Geschicke der Menschheit in den kommenden Jahrhunderten in der Hand hält? Ist es augenfällig, dass die Vereinigten Staaten die Heimat der Menschheit, der Hauptsitz seiner Macht, das große Zentrum seines Einflusses sein sollen? Ist es wahr […], dass im großen Westen die Zukunft unserer Nation bestimmt wird? Ist es klar geworden […], dass diese Generation den Charakter und damit auch die Geschicke des Westens bestimmt? Dann möge Gott dieser Generation die Augen öffnen! […] Trotz der großen Gefahren, die unserer Zivilisation drohen, kann ich mir ihren Untergang nicht vorstellen; aber ich glaube, dass es völlig in der Hand der Christen in den Vereinigten Staaten liegt, die Heraufkunft des Königreiches Christi in der Welt in den kommenden fünfzehn oder zwanzig Jahren zu beschleunigen, oder sie um Hunderte oder vielleicht Tausende Jahre hinauszuzögern. Wir Angehörige dieser Generation und dieser Nation sitzen an der Schaltstelle der Jahrhunderte, wo über die Zukunft der Welt entschieden wird.

Hartmut Wasser. Die USA – der unbekannte Partner. Materialien und Dokumente zur politisch sozialen Ordnung der Vereinigten Staaten von Amerika. Paderborn 1983, S.108 f. In: Dominik Nagl/Marion Stange (Hrsg.): Die USA – Quellen zur Geschichte und Politik. Stuttgart 2008, S. 29.

14 The March of the Flag

Albert J. Beveridge (1862–1927) war ein republikanischer Senator aus Indiana und ein Befürworter für eine stark expansionistische Politik. Die folgende Rede vom 16. September 1898 entstammt seiner Wahlkampagne:

It is a noble land that God has given us; a land that can feed and clothe the world; a land whose coastlines would enclose half the countries of Europe; a land set like a sentinel between the two imperial oceans of the globe, a greater England with a nobler destiny.

It is a mighty people that He has planted on this soil; a people sprung from the most masterful blood of history; a people perpetually revitalized by the virile, man-producing working-folk of all the earth; a people imperial by virtue of their power, by right of their institutions, by authority of their Heavendirected purposes – the propagandists and not the misers of liberty. It is a glorious history our God has bestowed upon His chosen people; a history heroic with faith in our mission and our future; a history of statesmen who flung the boundaries of the Republic out into unexplored lands and savage wilderness; a history of soldiers who carried the flag across blazing deserts and through the ranks of hostile mountains, even to the gates of sunset; a history of a multiplying people who overran a continent in half a century; a history of prophets who saw the consequences of evils inherited from the past and of martyrs who died to save us from them; a history divinely logical, in the process of whose tremendous reasoning we find ourselves today. Therefore, in this campaign, the question is larger than a party question. It is an American question. It is a world question. Shall the American people continue their march toward the commercial supremacy of the world? Shall free institutions broaden their blessed reign as the children of liberty wax in strength, until the empire of our principles is established over the hearts of all mankind? […] The march of the flag! In 1789 the flag of the Republic waved over 4 000 000 souls in thirteen states, and their savage territory which stretched to the Mississippi, to Canada, to the Floridas. The timid minds of that day said that no new territory was needed, and, for the hour, they were right. But Jefferson, through whose intellect the centuries marched; Jefferson, who dreamed of Cuba as an American state, Jefferson, the first imperialist of the Republic, Jefferson acquired that imperial territory which swept from the Mississippi to the mountains, from Texas to the British possessions, and the march of the flag began! […] There are so many real things to be done: canals to be dug, railways to be laid, forests to be felled, cities to be built, fields to be tilled, markets to be won, ships to be launched, peoples to be saved, civilization to be proclaimed and the Flag of Liberty hung to the eager air over every sea. Is this an hour to waste upon triflers with nature's laws? Is this a season to give our destiny over to wordmongers and prosperity-wreckers? No! It is an hour to remember our duty to our homes. It is a moment to realize the opportunities fate has opened to us. And so is all hour for us to stand by the Government. Wonderfully has God guided us. Yonder at Bunker Hill [location of the first major battle in the War of Independence in 1775] and Yorktown [The Americans' 20-day-siege of the British army at Yorktown in 1781 was the last major conflict before the war ended in 1783] His providence was above us. At New Orleans and on ensanguined seas His hand sustained us. Abraham Lincoln was His minister and His was the altar of freedom the Nation's soldiers set up on a hundred battlefields. His power directed Dewey[1] in the East and delivered the Spanish fleet into our hands, as He delivered the elder Armada into the hands of our English sires two centuries ago [Note – actually in 1588]. The American people can not use a dishonest medium of exchange, it is ours to set the world its example of right and honor. We can not fly from our world duties; it is ours to execute the purpose of a fate that has driven us to be greater than our small intentions. We can not retreat from any soil where Providence has unfurled our banner; it is ours to save that soil for liberty and civilization.

1 Admiral George Dewey (1837–1917). Seine Schiffe zerstörten am 1. Mai 1898 die spanische Flotte in der Manila-Bucht.

Kirsten Hoffmann: The American dream – promise and reality. Stuttgart 2000, S.26.

15 Frontier-These

Der Historiker Frederick Jackson Turner entwickelte 1893 seine berühmte „Frontier-These", nach der die Grenze (frontier) in der amerikanischen Geschichte eine besondere Bedeutung habe:

[...] Bei den meisten Nationen hat sich die Entwicklung an einem begrenzten Raum abgespielt; und wenn die Nation sich ausdehnte, ist sie auf andere wachsende Völker getroffen, die sie erobert hat. Aber im Fall der Vereinigten Staaten haben wir eine andersartige Erscheinung. Beschränken wir unsere Aufmerksamkeit auf die Atlantikküste, haben wir die vertraute Erscheinung der Entwicklung von Einrichtungen in einem begrenzten Gebiet, wie etwa die Entstehung eines repräsentativen Regierungssystems; die Differenzierung einfacher Kolonialregierungen in vielschichtige Organe; den Fortschritt von einer primitiven Gewerbegesellschaft ohne Arbeitsteilung zur industriellen Zivilisation. Zusätzlich dazu aber haben wir eine Wiederholung des Entwicklungsprozesses in jedem Gebiet des Westens, das im Vorschreiten der Expansion erreicht wird. Derart hat die amerikanische Entwicklung

16 John Gast: „American Progress" (1872)

Der „Amerikanische Fortschritt" hat den Mississippi überschritten (rechts im Bild) und zieht in Richtung des Pazifischen Ozeans (links oben im Bild).

nicht bloß ein Vorrücken entlang einer einzigen Linie dargestellt, sondern die Rückkehr zu primitiven Verhältnissen auf einer ständig vorrückenden Grenzlinie und eine neue Entwicklung für dieses Gebiet. Die gesellschaftliche Entwicklung Amerikas hat an der Grenze ständig wieder von vorn angefangen. Diese beständige Wiedergeburt, dies Fließende des amerikanischen Lebens, diese Expansion westwärts mit ihren neuen Möglichkeiten, ihrer dauernden Berührung mit der Einfachheit primitiver Gesellschaft, stellen die Kräfte, die den amerikanischen Charakter beherrschen. Der wahre Gesichtspunkt in der amerikanischen Geschichte ist nicht die Atlantikküste, sondern der Große Westen. […]

Von den Lebensbedingungen an der Grenze kamen intellektuelle Züge von profunder Wichtigkeit her […], und diese Züge sind, sich abschwächend, als Überbleibsel an ihrem Ursprungsort bestehen geblieben, auch als eine höhere soziale Organisation nachfolgte. Das Ergebnis ist, dass der amerikanische Geist seine auffallenden Charakteristika der Grenze verdankt. Jene Rauheit und Kraft verbunden mit Scharfsinn und Wissbegier; jene praktische, erfinderische Denkungsart, rasch im Auffinden von Behelfen; jene meisternde Hand in materiellen Dingen, mangelhaft im Künstlerischen, aber machtvoll zur Erreichung großer Ziele; jene ruhelose, nervöse Tatkraft; jener dominante Individualismus, zum Guten und Bösen wirkend, und zu all dem die Spannkraft und Üppigkeit, die mit der Freiheit einhergehen – das sind Züge der Grenze oder Züge, die anderswo auf Grund des Daseins der Grenze hervorgerufen wurden. Seit den Tagen, da die Flotte des Kolumbus in die Gewässer der Neuen Welt segelte, war Amerika ein anderer Name für Möglichkeit, und das Volk der Vereinigten Staaten hat den Ton aufgenommen von der unaufhörlichen Ausdehnung, die den Leuten nicht nur freistand, sondern sogar aufgezwungen wurde. […]

Erich Angermann: Der Aufstieg der Vereinigten Staaten von Amerika 1607–1917. Stuttgart 1975, S. 51 f.

Arbeitsvorschläge

a) Erläutern Sie unter Einbezug des VT und der Abbildungen M 1 bis M 3 die wichtigsten Etappen in der Entwicklung der Grundelemente des amerikanischen Selbstbewusstseins.

b) Umreißen und erläutern Sie die aus dieser Entwicklung resultierenden Grundwerte der Vereinigten Staaten (M 5, M 6). Inwieweit lassen diese sich auch 230 Jahre nach der Unabhängigkeitserklärung im amerikanischen Selbstverständnis wiederfinden (M 7)?

c) Beschreiben Sie unter Einbezug von M 4 und dem VT die kontinentale Entwicklung der Vereinigten Staaten bis ins 19. Jahrhundert.

d) Erörtern und diskutieren Sie, inwieweit der „Mayflower Vertrag" (M 1; M 9) als Geburtsstunde der amerikanischen Demokratie erachtet werden kann.

e) Erstellen Sie unter Einbezug der Informationen aus dem VT und M 8 eine Rede, wie sie Patrich Henry vor dem Virginia House of Bugesses möglicherweise gehalten haben könnte. Bringen Sie anschließend Ihre Rede im Plenum ein und diskutieren Sie über deren Bestandteile.

f) Erläutern Sie unter Einbezug des VT die in M 10 angeführten Gründe, die zur Verabschiedung der amerikanischen Unabhängigkeitserklärung geführt haben.

g) Erklären Sie unter Einbezug des VT den Begriff des „manifest destiny" (M 12), den amerikanischen Missionsgedanken (M 13) und das Konzept der „frontier" (M 15). Nehmen Sie anschließend dazu kritisch Stellung.

h) Untersuchen sie die beiden Abbildungen M 11 und M 16 auf Merkmale der vorgenannten Konzepte. Diskutieren Sie anschließend, inwiefern diese auch heute noch die Grundpfeiler des amerikanischen Selbstverständnisses bilden.

i) Vergleichen Sie die Abbildungen M 11 und M 16 hinsichtlich ihrer konzeptuellen wie stilistischen Gemeinsamkeiten und Unterschiede. Äußern Sie sich auch zu den Intentionen, die ihre Urheber möglicherweise mit ihrer Erstellung verfolgten.

j) Unterziehen Sie M 14 einer eingehenden Analyse und nehmen Sie – unter anderem auch unter Einbezug der darin prophezeiten weltpolitischen Rolle der Vereinigten Staaten – zu den genannten Punkten kritisch Stellung.

Methode: Analyse eines historischen Spielfilms am Beispiel „Der Patriot"

1 Filmszene „Der Patriot" (USA, 2000)

2 The Spirit of '76
Gemälde von Archibald MacNeal Willard (1875)

Kurzinfo
South Carolina, 1776. Der Witwer Benjamin Martin, ein Veteran des blutigen Feldzugs gegen die Franzosen und die Indianer, lebt mit seinen sieben Kindern zurückgezogen auf seiner Plantage. Mit dem drohenden Krieg gegen die Engländer will der friedfertige Familienvater nichts zu tun haben. Doch als sich Benjamins idealistischer Sohn Gabriel seinem Vater zum Trotz der kontinentalen Armee anschließt und der englische Colonel Tavington Gabriels jüngeren Bruder Thomas in einem Akt grausamer Willkür erschießt, kann sich auch Benjamin dem Krieg nicht länger entziehen. Gemeinsam mit Gabriel führt er eine tapfere Rebellen-Miliz in den Kampf gegen die übermächtige englische Armee. Dabei entdeckt der Held wider Willen, dass er seine Familie nur beschützen kann, indem auch er für die Freiheit seiner jungen Nation kämpft …
http://www.moviepilot.de/movies/mel-gibson-derpatriot

A) Schritte zur quellenkritischen Analyse historischer Spielfilme:

1. Hintergrundinformationen: Wer hat den Film zu welchem Zeitpunkt gedreht? Gab es Auftraggeber, wer finanzierte den Film? Nach welchen Gesichtspunkten wurden das Drehbuch verfasst und die Schauspieler ausgewählt? Lässt die Person des Regisseurs Aussagen über den Film zu (z. B. Interesse für Einzelaspekte, Bewertung historischer Sachverhalte)?
2. Entstehungszeit: Gab es einen Anlass, den Film gerade zu dieser Zeit zu drehen (z. B. Ereignisjubiläen, Geburts- oder Todestage besonderer Personen)?
3. Gegenwartsbezug: Greift der Film aktuelle (politische/gesellschaftliche) Themen auf? Beabsichtigt der Regisseur eine bestimmte politische Wirkung?
4. Authentizität: Hält sich der Regisseur an die historischen Abläufe? Mit welcher Zielsetzung hebt er bestimmte Ereignisse hervor, lässt andere weg oder baut er fiktive Szenen in den Film ein? Was charakterisiert die Hauptfiguren? Gibt es „Helden“, „Gute“ und „Böse“; werden auch deren Schwächen gezeigt? Nimmt der Film die Perspektive der Hauptfigur ein oder werden auch andere Sichtweisen dargestellt?
5. Wirkung: Wie wirkt der Film auf den Betrachter? Welche öffentlichen Reaktionen hat er hervorgerufen; wie waren negative und positive Kritiken begründet?

B) Analyse einzelner Merkmale von Spielfilmen:

1. Einstellungsgröße: Erscheint die Szene in der Totalen, Halbtotalen, halbnah, nah, groß oder im Detail? Wird ein Überblick oder ein Ausschnitt gezeigt?
2. Kameraperspektive: Wie erscheint die Szenerie, wie erscheinen die Personen, aus der Normal-, Ober- oder Untersicht, also der Vogel- oder Froschperspektive?
3. Kamerabewegung: Nimmt die Kamera die Szene als äußerer Betrachter auf oder ist sie ins Geschehen integriert (Stand, Schwenk, Fahrt, Zoom)?
4. Bildkomposition: Wie ist der Vorder-, wie der Hintergrund gestaltet? Wie ist das Bild gefüllt? Wie kann man seinen Aufbau beschreiben?
5. Personendarstellung: Stehen Personen im Vorder- oder Hintergrund des Bildes? Werden sie frontal, im Halbprofil, Profil oder von hinten gezeigt? Welchen Effekt kreiert diese Darstellungsweise?
6. Beleuchtung: Welche Effekte werden mit der Beleuchtung, mit Licht und Schatten erzielt?
7. Ton: Welche Bedeutung kommt dem Ton zu? Wie sind Geräusche eingesetzt, wann setzt Musik ein und was für welche? Wie sind Dialoge ausgestaltet?
8. Requisiten: Welche Rolle spielen die Requisiten? Vermitteln Einrichtungsgegenstände oder Kleidung der Schauspieler historisches „Flair“?

Arbeitsvorschläge

a) Vergleichen Sie die Spielfilmszene M 1 mit dem Gemälde M 2. Welche Übereinstimmungen bzw. gemeinsame Merkmale erkennen Sie? Welche Rückschlüsse lässt dieser Vergleich zu?

b) Informieren Sie sich unter Einbezug der „Schritte zur quellenkritischen Analyse historischer Spielfilme“ über die Entstehungsgeschichte des Films „Der Patriot“ und die Person des Hauptdarstellers Mel Gibson bzw. des Regisseurs Roland Emmerich. (**Online-Link** 430027-0501)

c) Inwiefern entspricht die Rahmenhandlung des Films der historischen Realität? Recherchieren Sie dafür selbständig über den amerikanischen Unabhängigkeitskrieg von 1775–1783.

d) Untersuchen Sie mittels der „Analyse einzelner Merkmale von Spielfilmen“ anhand ausgesuchter Filmszenen, inwiefern der Film ein patriotisches Bild des amerikanischen Unabhängigkeitskrieges vermittelt. Wie werden dazu die britischen Kriegsgegner dargestellt?

e) Analysieren Sie die Endschlacht des Films auf darin verwandte patriotische Elemente.

f) Suchen Sie nach weiteren amerikanischen Spielfilmen, in denen ein vergleichbares patriotisches Bild von der amerikanischen Geschichte entwickelt wird.

5.2 Von einer isolationistischen Kontinental- zur imperialen Weltmacht

In den ersten Jahren ihres Bestehens waren die Vereinigten Staaten außenpolitisch kaum in Erscheinung getreten. Nach ihrer Gründung waren sie zu sehr damit beschäftigt gewesen, ihren noch jungen Staat zu festigen sowie eine leistungsfähige – vom einstigen Mutterland Großbritannien unabhängige – Wirtschaft aufzubauen.

Monroe-Doktrin 1823

In der Pionierzeit entwickelte sich ein wachsendes nationales Selbst- und Sendungsbewusstsein. Dieses schlug sich bald auch in der amerikanischen Außenpolitik nieder. Bereits 1823 stellte US-Präsident James Monroe (1817–1825) in seiner Jahresbotschaft an den amerikanischen Kongress die fortan geltenden Prinzipien der amerikanischen Außenpolitik vor. Jede weitere Kolonisierung oder Einflussnahme der europäischen Mächte in Amerika wurde nun als Gefährdung der nationalen Sicherheit der Vereinigten Staaten angesehen. Gewissermaßen im Gegenzug verpflichteten sich die Vereinigten Staaten ihrerseits, sich aus den Angelegenheiten der europäischen Mächte herauszuhalten und die bis dato bestehenden europäischen Kolonien in der Karibik und in Südamerika zu respektieren. Die Monroe-Doktrin bildete fortan die Basis für die inneramerikanische Politik, entfaltete ihre außenpolitische Wirkung aber erst am Ende des 19. Jahrhunderts.

1 Der amerikanische Adler
US-amerikanische Zeichnung um 1900

Mit einer neuen Definierung der weltpolitischen Rolle der Vereinigten Staaten im Zuge des imperialistischen Zeitalters trat auch das nationale Selbstverständnis der Amerikaner in eine neue Phase. Als die Besiedlung der Pazifikregion und die Zeit der kontinentalen Expansion 1890 offiziell für abgeschlossen erklärt wurde, war dieses für viele Amerikaner das Signal für den Anfang einer neuen Ära. Als das Land 1893 von einer schweren Wirtschaftskrise heimgesucht wurde, lag eine außeramerikanische Expansion durch die Suche nach neuen überseeischen Absatzmärkten für die heimische Überproduktion von Industrie- und Agrarprodukten auf der Hand.

Vor allem Mittel- und Südamerika sowie Ostasien boten sich hier als Absatzmärkte an. Geographisch nah gelegen und mit – verglichen zu Afrika – wesentlich geringerer Präsenz europäischer Konkurrenz, schienen diese besonders viel versprechend. Bereits 1867 hatten die Vereinigten Staaten die Midway-Inseln und Alaska erworben und besonders in Mexiko, Kuba, Puerto Rico und der Dominikanischen Republik hohe Investitionen getätigt.
In dieser Entwicklung zu einer imperialen Weltmacht unterstützt wurden die Vereinigten Staaten durch die Befürworter einer amerikanischen Expansion, die den Aufbau einer amerikanischen Handels- und Schutzflotte forderten und den europäischen Imperialismus durch einen spezifisch amerikanischen Sendungsgedanken erweiterten. Die Verbindung dieses amerikanischen Sendungsbewusstseins mit der Idee des „manifest destiny" erstreckte sich nun über den kontinentalen Rahmen hinaus. Fortan diente dies als Rechtfertigung für außenpolitische Aktivitäten, bei denen macht- und wirtschaftspolitische Interessen der Vereinigten Staaten mit dem einstigen Missionsgedanken in Einklang gebracht wurden.

Mit dem spanisch-amerikanischen Krieg 1898 – der vielen imperialistischen Befürwortern entgegenkam – traten die Vereinigten Staaten endgültig in eine imperialistische Phase über. Bereits seit längerem schon hatten die Vereinigten Staaten an den spanischen Herrschaftsmethoden auf Kuba Kritik geübt und die nationalistische amerikanische Presse ein sofortiges Eingreifen der Vereinigten Staaten gefordert. Als im Februar 1898 das im Hafen von Havanna liegende amerikanische Kriegsschiff „Maine" explodierte und dabei 260 Amerikaner den Tod fanden, wurde unmittelbar darauf der spanischen Regierung die Schuld an dem Unglück zugesprochen und im amerikanischen Kongress eine Intervention auf

2 Wrack des amerikanischen Schlachtschiffs „Maine" in Havanna (1898)

3 Mitglieder der philippinischen Widerstandsarmee gegen die amerikanische Okkupation 1898

5

4 Theodore Roosevelt: „Sanft reden und einen dicken Knüppel tragen"
Karikatur des US-amerikanischen Cartoonisten William Allen Rogers (1854–1931) im Jahr 1904 für den „New York Herald"

Kuba gefordert. Nach der amerikanischen Kriegserklärung im April 1898 und der Errichtung einer Seeblockade um Kuba erklärte Spanien seinerseits den Vereinigten Staaten den Krieg. Ende Juni begann die amerikanische Invasion Kubas, die nach rascher Zerstörung der spanischen Karibikflotte in relativ kurzer Zeit erfolgreich abgeschlossen werden konnte.

Annexion der Philippinen

Die Vereinigten Staaten griffen nicht nur die spanischen Positionen in der Karibik an, sondern weiteten ihren Angriff auf die Philippinen aus. Im Mai 1898 zerstörte die amerikanische Flotte die spanische Pazifikflotte und landete in der Bucht von Manila. Es zeigte sich allerdings hier, dass die Vereinigten Staaten – anders als im Falle von Kuba – eine unmittelbare Annexion der Inseln anstrebten und entgegen anfänglichen Zusagen an die zukünftigen Regierungsvertreter der Philippinen nicht bereit waren, die junge Republik anzuerkennen.
Ein 1899 daraus entstandener blutiger Guerillakrieg gegen die amerikanische Militärverwaltung dauerte über drei Jahre und wurde schließlich von amerikanischen Truppen schonungslos unterdrückt.

Friede von Paris

Im Frieden von Paris vom 10. Dezember 1898 musste Spanien den Vereinigten Staaten gegen Zahlung einer Entschädigung in Höhe von 20 Millionen Dollar die Philippinen und außerdem Puerto Rico und die Pazifikinsel Guam überlassen. Zudem musste Spanien alle Ansprüche auf Kuba aufgeben, welches zwar offiziell für unabhängig erklärt, faktisch jedoch zu einem wirtschaftlichen und militärischen Protektorat der Vereinigten Staaten wurde. 1901 wurde es zur Republik erklärt, die Vereinigten Staaten aber behielten sich im Falle einer wiederholten Gefährdung amerikanischen Lebens und Eigentums bis 1934 das Recht einer erneuten Intervention vor und unterhielten einen Flottenstützpunkt in Guantánamo. Diese Hinwendung zu einem offenen Imperialismus, zu der auch die Annexion Hawaiis im Verlaufe der Kriegshandlungen gehörte, stieß in den Vereinigten Staaten auf heftige Kritik. Der Friedensvertrag wurde 1899 daher im Senat auch nur mit einer Stimme Mehrheit angenommen.

„Big-stick-policy"

Nach dem spanisch-amerikanischen Krieg änderte sich die außen- und weltpolitische Bedeutung der Vereinigten Staaten schlagartig, zumal im Pazifik nicht nur Stützpunkte, sondern ebenso wie in der Karibik neue territoriale Besitzungen hinzugekommen waren. Der Fokus der imperialistischen Außenpolitik der Vereinigten Staaten unter US-Präsident Theodore Roosevelt richtete sich fortan verstärkt auf Südamerika. Roosevelt selbst formulierte die neue außenpolitische Strategie, wonach die Vereinigten Staaten für sich dort das Recht beanspruchten, gegebenenfalls eine internationale Polizeigewalt auszuüben (big-stick policy).

Dollarimperialismus

Für die außenpolitische Entwicklung der Vereinigten Staaten ausschlaggebend war zudem eine wirtschaftliche Orientierung in Richtung der Länder des asiatischen Festlandes – allen voran China. Während sich die Vereinigten Staaten für Mittel- und Südamerika eine militärische Intervention stets offenhielten, schlugen sie in Asien den Weg eines indirekten wirtschaftlichen Imperialismus ein. Im Gegensatz zu den europäischen Kolonialmächten sah dieser nicht die Eroberung der Länder mit Truppen, sondern eine wirtschaftliche Durchdringung deren Märkte mittels Investitionen („Dollarimperialismus") vor.

„Politik der offenen Tür"

Durch diese Öffnung der Märkte (open door policy) vermochten sich die Vereinigten Staaten nicht nur den Zugang zu Rohstoffen sowie Absatzmärkten dauerhaft zu sichern, sondern konnten diese zudem innenpolitischen Konflikte durch gemeinsame Ziele in der Außenpolitik befrieden. Auch in China setzten die Vereinigten Staaten diese „Politik der offenen Tür" durch, die zwar allen interessierten Ländern den Zugang zum chinesischen Markt ermöglichen sollte, die Vereinigten Staaten aber ganz besonders begünstigte.

Innenpolitisch führten diese Entwicklungen nicht nur zu einer uneingeschränkt nationalistischen Aufbruchstimmung, sondern beschworen auch eine kritische antiimperialistische Bewegung in den Vereinigten Staaten heraus. Diese organisierte sich in der „Anti-Imperialist League", die sich für eine Politik des allgemeinen Isolationismus stark machte und eine starke Abneigung gegenüber dem amerikanischen Kolonialbestreben hegte.

Während die Außenpolitik der Vereinigten Staaten im asiatischen Raum sehr darauf bedacht war, eine Politik des Gleichgewichts zu hegen, verfolgte sie dagegen in Mittelamerika und in der Karibik eine konsequente Durchsetzung der eigenen wirtschaftlichen Interessen und geostrategischen Vorteile.

5 Wertvoller Beitrag zur Mahlzeit
Karikatur von Charles L. Bartholomew im Minneapolis Journal (24. August 1898) mit der Unterschrift „Onkel Sam, ich dachte, nach dem Verzehr von so viel grünem Gemüse käme ich dir gerade gelegen.".

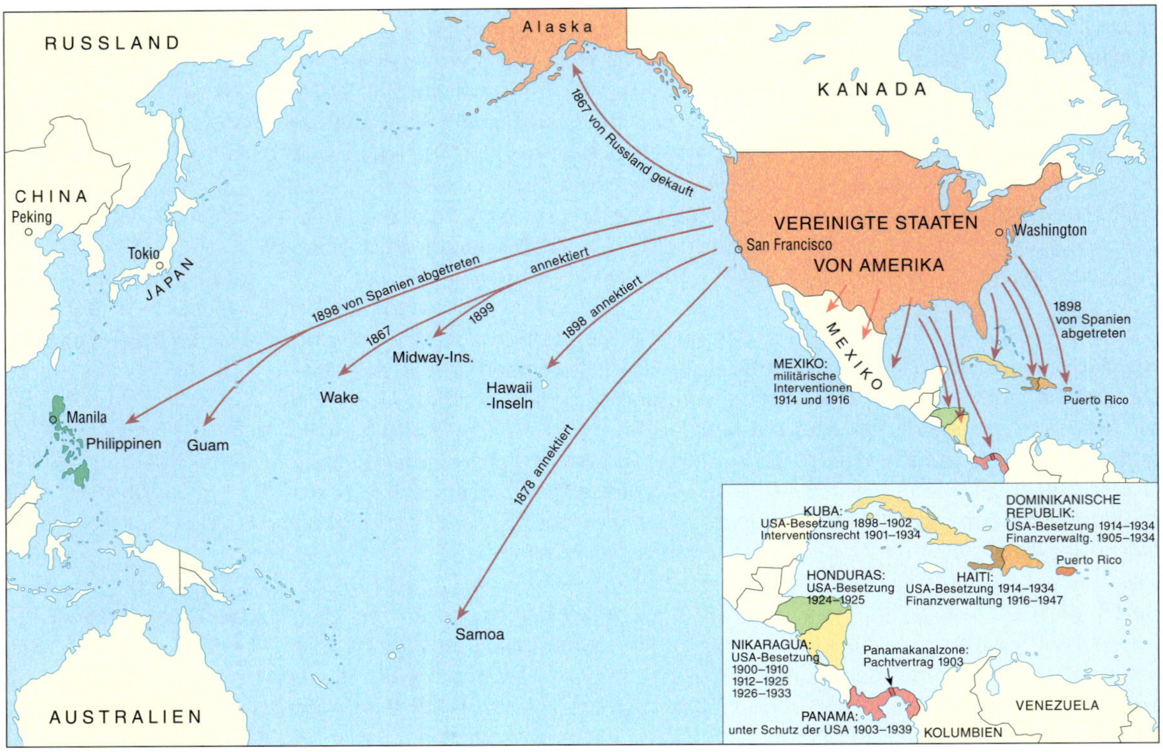

6 **Ausweitung des US-amerikanischen Einflusses bis zum Ersten Weltkrieg.**

7 George Washingtons Abschiedsbotschaft am 17. September 1796

Über die Folgen eines starken außenpolitischen Engagements der jungen Vereinigten Staaten:

Übt Treue und Redlichkeit gegen alle Länder! Haltet Frieden und Einklang mit allen! – Religion und Moral leiten euch auf diesem Wege; wäre es möglich, dass gute Politik nicht ebendahin führt? – Es ist einer freien, aufgeklärten und in nicht zu ferner Zeit großen Nation würdig, die Menschheit das hochherzige und nur zu neue Beispiel eines Volkes zu geben, das ständig von hohem Gerechtigkeitssinn und Wohlwollen geleitet ist. […] Mitbürger! Ich beschwöre euch, mir zu glauben, dass zum Schutz gegen die heimtückischen Ränke fremden Einflusses die Eifersucht eines freien Volkes ständig wach sein sollte, da Geschichte und Erfahrung gezeigt haben, wie Beeinflussung von außen her einer der allerverderblichsten Feinde einer republikanischen Regierung ist. Aber diese Eifersucht muss, um nützen zu können, unparteiisch sein, sonst wird sie an Stelle eines Schutzmittels gerade zum Werkzeug des Einflusses, der vermieden werden soll. – Ungewöhnliche Parteilichkeit für eine fremde Nation und ungewöhnliche Abneigung gegen eine andere bringt diejenigen, die sich ihnen hingeben, dazu, Gefahr nur auf der anderen Seite zu sehen, und trägt andererseits dazu bei, die listigen Künste zur Gewinnung von Einfluss zu verschleiern und sogar zu unterstützen. […] Das große Gesetz für unser Verhalten fremden Nationen gegenüber ist: während wir unsere Handelsbeziehungen ausdehnen, mit ihnen so wenig politische Verbindung wie möglich zu haben. So weit wir bereits Verbindungen eingegangen sind, müssen wir ihnen mit unverbrüchlicher Treue nachkommen. – Da aber lasst uns Halt machen. – Europa hat eine Reihe wesentlicher Interessen, die für uns gar keine oder eine sehr geringe Bedeutung haben. – Daher muss es häufig in Verwicklungen geraten, deren Ursachen unseren Interessen wesentlich fremd sind. – Es kann für uns deshalb nicht klug sein, uns durch künstliche Bande in die üblichen Wechselfälle seiner Politik oder in die üblichen Verbindungen und Zusammenstöße seiner Freundschaften und Feindschaften zu verwickeln – Unsere gesonderte und abgetrennte Lage fordert von uns und macht uns auch fähig, einen eigenen Weg zu gehen. – Wenn wir ein Volk bleiben, unter einer tatkräftigen Regierung, ist die Zeit nicht fern, da wir ernsthafte Kränkungen durch Belästigungen von außen abweisen können; da wir in der Lage sind, eine Haltung einzunehmen, durch die dafür Sorge getragen wird, dass die Neutralität, zu der wir uns jeder Zeit entschließen können, peinlich genau geachtet wird; – eine Zeit, da kriegführende Staaten in der Erkenntnis der Unmöglichkeit, bei uns Eroberungen zu machen, uns nicht leichtherzig herausfordern werden;

da wir zwischen Frieden und Krieg wählen können, wie unsere Interessen, von unserem Gerechtigkeitssinn geleitet, es uns gebieten. – Warum sollten wir auf die Vorteile einer so besonderen Lage verzichten? – Warum unseren eigenen Standpunkt verlassen, um auf fremdem Boden zu stehen? – Warum unser Schicksal mit dem irgendeines Teiles von Europa verflechten und unser Glück in die Plackereien europäischen Ehrgeizes, europäischer Feindschaften, Interessen, Launen und Grillen[1] verwickeln? – Die richtige Politik für uns ist, an dauernden Bündnissen mit irgendeinem Teil der übrigen Welt glücklich vorbeizukommen, – insoweit natürlich nur, als wir gegenwärtig frei sind, es zu tun; – denn versteht mich nicht dahin, als ob ich fähig wäre, Untreue gegen bestehende Bündnisse zu fordern. [...] Darum wiederhole ich: Haltet solche Verpflichtungen in ihrem genauen Sinne ein. – Meiner Überzeugung nach ist es aber unnötig und unklug, sie zu erweitern.

1 sonderbarer Einfall, Laune

Adolf u. Helga Rein (Hrsg.): Die drei großen Amerikaner. Berlin 1923, S.178–181.

8 Monroe-Doktrin

In seiner siebten Jahresbotschaft an den Kongress stellte Präsident James Monroe am 2. Dezember 1823 die Prinzipien der amerikanischen Außenpolitik vor, die als „Monroe-Doktrin“ in die Geschichte eingegangen sind und die außenpolitischen Erwägungen der USA jahrzehntelang prägen sollten:

Wir sind stets eifrige und interessierte Zuschauer gewesen bei den Ereignissen in jenem Teil der Erde, mit dem wir so starken Verkehr haben und von dem wir unseren Ursprung ableiten. Die Bürger der Vereinigten Staaten hegen die freundlichsten Gefühle für die Freiheit und das Glück ihrer Mitmenschen auf jener Seite des Atlantischen Ozeans. An den Kriegen der europäischen Mächte um ihre eigenen Angelegenheiten haben wir nie teilgenommen, noch verträgt sich eine solche Handlungsweise mit unserer Politik. Nur wenn in unsere Rechte eingegriffen wird oder sie ernstlich bedroht sind, nehmen wir Kränkungen übel oder treffen Vorbereitungen zu unserer Verteidigung. Mit den Wandlungen, die auf dieser Hemisphäre vor sich gehen, sind wir notwendigerweise und aus Gründen, welche allen erleuchteten und unparteiischen Beobachtern klar sein müssen, unmittelbar verbunden. Das politische System der verbündeten Mächte ist in dieser Hinsicht grundverschieden von dem Amerikas. Dieser Unterschied rührt von demjenigen her, der zwischen ihren bezüglichen Regierungen besteht. Und die ganze Nation ist der Verteidigung der Unsern ergeben, die unter Verlust von so viel Blut und Gut geschaffen und durch die Weisheit unserer erleuchtetsten Bürger gereift ist und unter der wir beispielslose Glückseligkeit genossen haben. Wir schulden es deshalb der Aufrichtigkeit und den freundschaftlichen, zwischen den Vereinigten Staaten und jenen Mächten bestehenden Beziehungen, zu erklären, dass wir jedweden Versuch ihrerseits, ihr System auf irgendwelchen Teil dieser Hemisphäre auszudehnen, als gefährlich für unseren Frieden und unsere Sicherheit ansehen würden. In die bestehenden Kolonien oder Dependenzen irgendeiner europäischen Macht haben wir uns nicht eingemischt und werden wir uns nicht einmischen. Aber wir könnten einen Eingriff seitens einer europäischen Macht in die Regierungen, die ihre Selbständigkeit erklärt und sie aufrechterhalten haben, und deren Unabhängigkeit wir nach großer Überlegung und auf Grund gerechter Prinzipien anerkannt haben, zu dem Zwecke sie zu unterdrücken oder in irgendeiner Weise ihr Schicksal zu bestimmen, in keinem anderen Lichte denn als Kundgebung eines unfreundlichen Verhaltens gegenüber den Vereinigten Staaten ansehen. In dem Kriege zwischen diesen neuen Regierungen und Spanien erklären wir zur Zeit ihrer Anerkennung unsere Neutralität und dabei sind wir geblieben und werden fortfahren, dabei zu bleiben, vorausgesetzt, dass keine Änderung eintritt, die nach dem Urteile der zuständigen Autoritäten dieser Regierung eine entsprechende Änderung seitens der Vereinigten Staaten für ihre Sicherheit unerlässlich notwendig macht.

Herbert Kraus: Die Monroedoktrin in ihren Beziehungen zur amerikanischen Diplomatie und zum Völkerrecht. Berlin 1913, S.37 ff.

9 Amerikanisches Selbstverständnis im späten 19. Jahrhundert

Albert J. Beveridge (1862–1927) war ein republikanischer Senator aus Indiana und ein Befürworter für eine stark expansionistische Außenpolitik. In seiner Rede vom 27. April 1898 in Boston heißt es:

Amerikanische Fabriken stellen mehr her, als für die Versorgung des amerikanischen Volkes notwendig ist. Die amerikanische Erde erzeugt mehr, als es verzehren kann. Das Schicksal hat uns unsere Politik vorgeschrieben: Der Handel der Welt muss und wird unser sein. Und wir werden ihn bekommen [...]

Wir werden in der ganzen Welt Handelsniederlassungen als Umschlagplätze für amerikanische Waren gründen. Unsere Handelsflotte wird bald über den ganzen Ozean fahren. Wir werden eine Kriegsmarine aufbauen, die unserer Größe entspricht. Aus unseren Handelsniederlassungen werden Kolonien erwachsen, die sich selbst regieren, unsere Flagge führen und mit uns Handel treiben. Auf den Bahnen des Handels werden unsere Institutionen unserer Flagge folgen. Und das amerikanische Recht, die amerikanische Ordnung, die amerikanische Zivilisation und die amerikanische Flagge werden an bis dahin blutigen und unkultivierten Ufern Fuß fassen, Ufern, die durch diese Werkzeuge Gottes aber von nun an schöner und zivilisierter werden [...] Wenn dies bedeutet, dass das Sternenbanner über dem Panama-Kanal [...], über Hawaii [...], über Kuba und der Südsee wehen wird, so lassen Sie uns dies mit großer Freude begrüßen [...]. Kuba muss in unsere Hände fallen [...]. Im Pazifik liegt das eigentliche Feld unserer nächsten Aufgaben [...] Die Philippinen müssen also logischerweise unser nächstes Ziel sein.

Claude G. Browers: Beveridge and the Progressive Era. New York 1932, S. 69 f.

10 Die Annexion Hawaiis

Im Juli 1898 beschloss der Kongress: Joint Resolution to provide for annexing the Hawaiian Island to the United States.

Whereas the Government of the Republic of Hawaii having, in due form, signified its consent, in the manner provided by its constitution, to cede absolutely and without reserve to the United States of America all rights of sovereignty of whatsoever kind in and over the Hawaiian Islands and their dependencies, and also to cede and transfer to the United States the absolute fee and ownership of all public, Government, or Crown lands, public buildings or edifices, ports, harbors, military equipment, and all other public property of every kind and description belonging to the Government of the Hawaiian Islands, together with every right and appurtenance thereunto appertaining: Therefore, Resolved, That said cession is accepted, ratified, and confirmed, and that the said Hawaiian Islands and their dependencies be, and they are hereby, annexed as a part of the territory of the United States and are subject to the sovereign dominion thereof, and that all and singular the property and rights hereinbefore mentioned are vested in the United States of America. The existing laws of the United States relative to public lands shall not apply to such lands in the Hawaiian Islands; but the Congress of the United States shall enact special laws for their management and disposition: Provided, that all revenue from or proceeds of the same, except as regards such part thereof as may be used or occupied for the civil, military, or naval purposes of the United States, or may be assigned for the use of the local government, shall be used solely for the benefit of the inhabitants of the Hawaiian Islands for educational and other public purposes. Until Congress shall provide for the government of such islands all the civil, judicial, and military powers exercised by the officers of the exis-

11 Uncle Sam lädt die Philippinen ein, am amerikanischen Wohlstand teilzuhaben
Karikatur aus der Zeitschrift „Judge" vom 3. Februar 1906. Der Untertitel lautet: „There's plenty of room at the table. Why not ask the hungry little fellow to sit down?"

12 **Beteuerung der guten Absichten**, Propagandaplakat 1900

ting government in said islands shall be vested in such person or persons and shall be exercised in such manner as the President of the United States shall direct; and the President shall have power to remove said officers and fill the vacancies so occasioned. The existing treaties of the Hawaiian Islands with foreign nations shall forthwith cease and determine, being replaced by such treaties as may exist, or as may be hereafter concluded, between the United States and such foreign nations. […] There shall be no further immigration of Chinese to the Hawaiian Islands, except upon such conditions as are now or may hereafter be allowed by the laws of the United States; and no Chinese, by reason of anything herein contained, shall be allowed to enter the United States from the Hawaiian Islands.

Henry Steele Commager (Hrsg.): Documents of American History, Bd. 2. New York 1958 (6. Auflage), S.186f. Aus: Dr. Oliver Näpel/Dr. Rolf Theis: Sources of Modern History – Quellen zur Geschichte und Politik. Stuttgart 2007, S. 54.

13 Der Imperialismus im US-amerikanischen Schulbuch (2005)

One final conquest in Southeast Asia occurred at the end of the nineteenth century. In 1898, during the Spanish-American War, United States naval forces under Commodore George Dewey defeated the Spanish fleet in Manila Bay. Believing it was his moral obligation to "civilize" other parts of the world, President William McKinley decided to turn the Philippines, which had been under Spanish control, into an American colony. This action would also prevent the area from falling into the hands of the Japanese. In fact, the islands gave the United States a convenient jumping-off point for trade with China. […] Emilio Aguinaldo […] was the leader of a movement for independence in the Philippines. He began his revolt against the Spanish. When the United States acquired the Philippines, Aguinaldo continued the revolt and set himself up as the president of the Republic of the Philippines. Led by Aguinaldo, the guerrilla forces fought bitterly against the United States troops to establish their independence. However, the United States defeated the guerrilla forces, and President McKinley had his stepping-stone to the rich markets of China. […] By 1900, the United States, which had emerged as a world power, had begun to interfere in the affairs of its southern neighbors. As a result of the Spanish-American War (1898), Cuba became a United States protectorate, and Puerto Rico was annexed to the United States. In 1903, the United States supported a rebellion that enabled Panama to separate itself from Columbia and establish a new nation. In return, the United States was granted control of a strip of land 10 miles (16.09 km) wide running from coast to coast in Panama. There, the United States built the Panama Canal, which was opened

14 „Holding his end up“
Karikatur von Fred Morgan aus dem „Philadelphia Inquirer" von 1899. Stolz balanciert Uncle Sam [Personifizierung der Vereinigten Staaten] seine Neuerwerbungen (Puerto Rico, Hawaii, Kuba, die Philippinen und die „Ladrones“ [Marianen]). Die Personifikationen anderer Nationen schauen zu. Der Untertitel aus der Sicht von John Bull [Personifizierung Englands; u. rechts] lautet: „It's really most extraordinary what training will do. Why, only the other day I thought that man was unable to support himself.“

in 1914. American investments in Latin America soon followed, as did American resolve to protect those investments. Beginning in 1898, American military forces were sent to Cuba, Mexico, Guatemala, Honduras, Nicaragua, Panama, Colombia, Haiti, and the Dominican Republic to protect American interests. Some expeditions remained for many years. United States Marines were in Haiti from 1915 to 1934, and Nicaragua was occupied from 1909 to 1933. Increasing numbers of Latin Americans began to resent this interference from the "big bully" to the north.

Jackon J. Spielvogel (Hrsg.) World History – Modern Times. Chapter 14: "The Height of Imperialism". © Glencoe/McGraw-Hill, New York 2005, S. 432 und 458

15 Präsident McKinley über den Krieg von 1898
Es ist mein Wunsch, dass während der ganzen [...] Verhandlungen der Zweck und der Geist ständig im Auge behalten werden, womit die Vereinigten Staaten die unwillkommene Notwendigkeit des Krieges akzeptiert haben. Wir griffen zu den Waffen allein im Gehorsam gegenüber den Geboten der Menschlichkeit und in Erfüllung hoher öffentlicher und moralischer Verpflichtungen. Wir hatten keine Absicht auf Vergrößerung und keinen Ehrgeiz nach Eroberung. Während der langen Reihe wiederholter Vorstellungen, die dem Kampf vorangingen und darauf zielten, ihn abzuwenden, und in der schließlichen Entscheidung der Gewalt war dieses

Land lediglich durch den Zweck getrieben, leidvolle Unbilligkeiten zu erleichtern und lang währende Verhältnisse zu beseitigen, die seine Ruhe störten, die den moralischen Sinn der Menschheit empörten und die nicht länger zu ertragen waren. Es ist mein ernstlicher Wunsch, dass die Vereinigten Staaten beim Friedensschluss die gleiche hohe Verhaltensregel befolgen, die sie angesichts des Krieges geleitet hat. Sie sollten bei der abschließenden Übereinkunft ebenso gewissenhaft und großmütig sein, wie sie in ihrem anfänglichen Handeln gerecht und human waren. Der Ruhmesglanz und die moralische Kraft, die einer Sache anhaften, die vertrauensvoll dem bedachten Urteil der Welt anheimgestellt werden kann, sollten nicht unter irgendeiner Illusion der Stunde durch nachträgliche Absichten getrübt werden, die uns zu übermäßigen Forderungen oder einem Aufbruch auf unerprobten Pfaden verlocken möchten. Wir glauben, dass dem wahren Ruhm und den dauernden Interessen des Landes am sichersten gedient werde, wenn eine gewissenhaft übernommene selbstlose Pflicht und ein ehrvoll errungener bemerkenswerter Triumph durch ein Beispiel der Mäßigung, der Zurückhaltung und der Vernunft im Sieg gekrönt wird, das sich am besten mit den Traditionen und dem Wesen unserer aufgeklärten Republik verträgt. Unser Ziel bei der Regelung des Friedens sollte auf dauernde Ergebnisse und die Herbeiführung des allgemeinen Wohls unter den Forderungen der Zivilisation anstatt auf ehrgeizige Absichten gerichtet sein. Die Bestimmungen des Protokolls wurden auf Grund dieser Überlegung entworfen. Die Räumung der westlichen Hemisphäre durch Spanien war eine gebieterische Notwendigkeit. Indem wir diese Forderung vorbrachten, erfüllten wir nur eine allgemein anerkannte Pflicht. Es bedeutet keine kleinliche Bezugnahme auf unseren Feind von gestern, sondern einfach eine Anerkennung der offenkundigen Lehren der Geschichte, wenn man sagt, es vertrage sich nicht mit der Zuversicht auf einen dauernden Frieden auf und nahe unserem Gebiet, wenn die spanische Flagge auf dieser Seite des Meeres bliebe. […]

Herbert Strauß. Botschaften der Präsidenten der Vereinigten Staaten von Amerika zur Außenpolitik

E. Angermann: Der Aufstieg der Vereinigten Staaten von Amerika – Innen- und außenpolitische Entwicklung 1607–1917. Stuttgart 1973, S. 53 f.

16 Roosevelts Auslegung der Monroe-Doktrin. US-amerikanische Karikatur ca. 1903.

17 Aus Theodore Roosevelts Zusatz zur Monroe-Doktrin vom 6. Dezember 1904

1902 blockierten britische, deutsche und italienische Kriegsschiffe die Häfen Venezuelas, um das Land zur Begleichung seiner Auslandsschulden zu zwingen. Um die europäischen Mächte davon abzuhalten, mit Kriegsschiffen die Schulden mittelamerikanischer Staaten einzutreiben, hatten die USA vielfach diese Zahlungen übernommen und leiteten davon das Recht ab, in diesen Staaten auch selbst einzugreifen. Dazu erweiterte Präsident Roosevelt die Monroe-Doktrin in seiner Jahresbotschaft 1904:

Es ist nicht wahr, dass die Vereinigten Staaten Hunger auf Land haben und irgendetwas mit anderen Nationen der westlichen Hemisphäre vorhaben, es sei denn, es dient deren eigener Wohlfahrt. Dieses Land wünscht nur, seine Nachbarländer stabil, geordnet und blühend zu sehen. Jedes Land, dessen Bewohner sich gut betragen, kann unserer herzlichen Freundschaft sicher sein. Wenn eine Nation zeigt, dass sie weiß, wie man mit angemessener Tüchtigkeit und Anständigkeit soziale und politische Angelegenheiten anfasst, wenn sie für Ordnung sorgt und ihre Schulden bezahlt, braucht sie kein Eingreifen der Vereinigten Staaten zu befürchten. Chronisches Fehlverhalten oder Schwäche, die auf eine allgemeine Lockerung der Bindungen einer zivilisierten Gesellschaft hinauslaufen, kann in Amerika wie überall schließlich die Intervention einer zivilisierten Nation erfordern, und in der westlichen Hemisphäre kann die Bindung der Vereinigten Staaten an die Monroe-Doktrin die Vereinigten Staaten zwingen, in besonders schlimmen Fällen von Fehlverhalten oder Schwäche, wenn auch widerstrebend, eine internationale Polizeigewalt auszuüben. […] Unsere Interessen und die unserer südlichen Nachbarn sind in Wirklichkeit identisch. Sie besitzen große Naturschätze, und wenn in ihren Grenzen Gesetz und Gerechtigkeit hergestellt werden, dann kommt bestimmt auch der Wohlstand zu ihnen. Halten sie sich also an die Normen der zivilisierten Gesellschaft, dann können sie versichert sein, dass wir sie

18 „Frieden"
Karikatur von J. S. Pughe aus „Harper's Weekly" vom März 1905. Präsident Theodore Roosevelt, einstiger Ministerialdirektor der Navy, war ein überzeugter Befürworter einer starken Flotte. Zur Umsetzung seiner Folgerungen aus der Monroe-Doktrin, die für die Vereinigten Staaten die Rolle als Vormund und Beschützer der Amerikas vorsahen, war die Seeherrschaft ein entscheidender Faktor. Diese Vorreiterrolle war erst durch die beschleunigte Produktion von Kriegsschiffen im Zuge der Industrialisierung möglich geworden. Während Karikaturen des 19. Jahrhunderts Amerika als Frau (Columbia) darstellten, begannen während des spanisch-amerikanischen Krieges viele Karikaturisten die Vereinigten Staaten als Mann (Uncle Sam) abzubilden.

im Geiste herzlicher und hilfreicher Anteilnahme behandeln. Wir würden uns bei ihnen nur einmischen, wenn uns kein anderer Ausweg bleibt, und auch dann nur, wenn offenkundig geworden ist, dass sie unfähig oder nicht willens sind, Gerechtigkeit im Innern walten zu lassen, und wenn sie nach außen die Rechte der Vereinigten Staaten verletzen oder den Angriff eines anderen Landes zum Schaden der Gesamtheit der amerikanischen Nationen herausgefordert haben. Es ist eine Binsenwahrheit, dass jede Nation, in Amerika oder irgendwo anders, die Freiheit und Unabhängigkeit aufrechtzuerhalten wünscht, letzten Endes erkennen muss, dass das Recht auf solch eine Unabhängigkeit nicht von der Verpflichtung zu trennen ist, von ihr auch guten Gebrauch zu machen.
Wenn wir uns auf die Monroe-Doktrin berufen, wenn wir solche Schritte tun, wie wir sie in Kuba, Venezuela und Panama unternommen haben, wenn wir uns bemühen, den Kriegsschauplatz im Fernen Osten einzugrenzen und die „Offene Tür" in China zu sichern, dann handeln wir sowohl in unserem eigenen Interesse als auch im Interesse der Menschlichkeit allgemein. Es gibt allerdings auch Fälle, in denen unsere Anteilnahme sehr stark erregt ist, ohne dass auch unsere eigenen Interessen besonders berührt sind. [...] In extremen Fällen mag ein Einschreiten gerechtfertigt und angemessen sein. Wie dieses Einschreiten aussieht, hängt von den Umständen des Falles ab, d. h. von dem Grad der Abscheulichkeit und von unserer Macht, sie zu beheben. Die Fälle, in denen wir uns mit Waffengewalt so einmischen können, wie wir es getan haben, um die unerträglichen Verhältnisse in Kuba zu beenden, sind selbstverständlich sehr selten.

Günter Moltmann: Die Vereinigten Staaten von Amerika von der Kolonialzeit bis 1917. Paderborn 1980, (Dok. 57), S. 87 f.

19 Roosevelts Auslegung der Monroe-Doktrin
In einer Rede vor dem Kongress skizzierte Präsident William Howard Taft am 3. Dezember 1912 die US-amerikanische Interventionspolitik in Mittelamerika:
Die Außenpolitik der gegenwärtigen Regierung war darauf angelegt, moderne Konzeptionen des Handelsverkehrs zu berücksichtigen. Diese Politik ist als Ersetzung der Kugeln durch Dollars umschrieben worden. Sie kommt zugleich idealistisch-humanitären Gefühlen, Geboten vernünftiger Politik und Strategie und legitimen Handelsinteressen entgegen. Sie ist in ihrem Bemühen offen auf das Wachstum des amerikanischen Handels gerichtet, gemäß dem unumstößlichen Grundsatz, dass jede Regierung der Vereinigten Staaten legitimen und nützlichen amerikanischen Wirtschaftsunternehmungen im Ausland jede nur irgendwie angemessene Unterstützung zukommen lassen soll. Wie bedeutend die Ergebnisse dieser Diplomatie, gekoppelt mit Maximal- und Minimaltarifen der Zollgesetzgebung, gewesen sind, kann man am außerordentlichen Anwachsen des Exporthandels der Vereinigten Staaten sehen. Weil moderne Außenpolitik Handelspolitik ist, war man in einigen Kreisen geneigt, ihr rein materialistische Ziele zu unterstellen. Wie absolut falsch solch ein Eindruck ist, zeigt jedoch das Studium der Resultate, nach denen die Außenpolitik der Vereinigten Staaten beurteilt werden kann. [...] In Mittelamerika war es unser Ziel, Länder wie Nicaragua und Honduras so zu unterstützen, dass sie sich selbst helfen können. Sie sind selbst die unmittelbaren Nutznießer unserer Hilfe. Für die Vereinigten Staaten gibt es dabei zwei nationale Vorteile. Zunächst ist klar, dass die Monroe-Doktrin in der Nachbarschaft des Panamakanals und im karibischen Raum von viel größerer Bedeutung ist als irgendwo anders. Außerdem fällt dort die Hauptlast bei der Aufrechterhaltung dieser Doktrin den Vereinigten Staaten zu. Es ist deshalb notwendig, dass von den Ländern in diesem Bereich die Gefahren,

die sich aus Fremdverschuldung und zerrütteten Staatsfinanzen ergeben, und damit verbunden auch die stete Drohung internationaler Verwicklungen aufgrund innenpolitischer Unordnung abgewendet werden. Deswegen haben die Vereinigten Staaten gern amerikanische Bankiers ermutigt und gefördert, die bereit waren, beim finanziellen Aufbau solcher Länder zu helfen, denn dieser finanzielle Wiederaufbau und die Sicherung ihrer Zollstationen vor dem gierigen Zugriff potentieller Diktatoren pflegt auf einen Streich die Bedrohung durch ausländische Gläubiger und das Damoklesschwert revolutionärer Unruhe zu beseitigen. Der zweite Vorteil für die Vereinigten Staaten betrifft hauptsächlich alle amerikanischen Häfen im Süden und am Golf von Mexiko sowie den Handel und die Industrie der Südstaaten. Die amerikanischen Republiken und die Karibik sind reich an Rohstoffen. Sie brauchen nur ein Maß an innerer Stabilität und ausreichende Mittel zur finanziellen Erholung, um in eine Ära des Friedens und Wohlstandes einzutreten, die ihnen selbst Gewinn und Zufriedenheit bringt und die gleichzeitig Bedingungen schafft, unter denen der Handelsverkehr mit unserem Lande blühen und gedeihen wird.

Günter Moltmann: Die Vereinigten Staaten von Amerika von der Kolonialzeit bis 1917. Paderborn 1980, S.89f. In: Dominik Nagl/Marion Stange: Die USA – Quellen zur Geschichte und Politik. Stuttgart 2008, S. 57f.

20 Die Gegenposition der Anti-Imperialisten

Aus dem Programm der im Oktober 1899 gegründeten „Anti-Imperialist League“:

Wir glauben, dass die Politik, die man als „Imperialismus“ bezeichnet, gegen die Freiheit gerichtet ist und zum Militarismus tendiert, einem Übel, dem wir zu unserem Ruhm bisher nicht erlegen waren. Wir bedauern, dass es im Lande Washingtons und Lincolns notwendig geworden ist, daran zu erinnern, dass alle Menschen ungeachtet ihrer Rasse oder Hautfarbe, ein Recht auf Leben, Freiheit und Streben nach Glück haben. Wir halten uns an den Grundsatz, dass Regierungen ihre rechtmäßige Macht von der Zustimmung der Regierten ableiten. Wir möchten betonen, dass die Unterwerfung eines Volkes eine „verbrecherische Angriffshandlung“ und eine offene Verletzung charakteristischer Grundzüge unseres Regierungssystems ist. Wir verurteilen nachdrücklich die Politik unserer derzeitigen nationalen Regierung auf den Philippinnen. Sie ist darauf gerichtet, den Geist von 1776 auf diesen Inseln auszulöschen. Wir bedauern das Opfer unserer Soldaten und Seeleute, deren Tapferkeit selbst in einem ungerechten Krieg Bewunderung verdient. Wir verurteilen das Abschlachten der Filipinos als eine unnötige Gräueltat. Wir protestieren gegen die Ausweitung der amerikanischen Herrschaft mit Hilfe spanischer Methoden. Wir verlangen die sofortige Beendigung des Krieges gegen die Freiheit, den Spanien begonnen hat und den wir fortsetzen. Wir verlangen den sofortigen Zusammentritt des Kongresses, um den Filipinos unsere Absicht mitzuteilen, dass wir ihnen die Unabhängigkeit geben, für die sie so lange gekämpft haben und die ihnen rechtmäßig zukommt. Die Vereinigten Staaten haben stets gegen jene Doktrin des internationalen Rechts protestiert, die eine Unterwerfung der Schwachen durch die Mächtigen zulässt. Ein Staat, der sich selbst regiert, kann nicht die Herrschaft über ein widerstrebendes Volk errichten. Die Vereinigten Staaten können nicht nach der alten Irrlehre handeln, dass Macht Recht schafft. Die Imperialisten glauben, dass jede Opposition in unserem Lande aufhört, wenn erst die Selbstverwaltung auf den Philippinen durch die Amerikaner beseitigt worden ist. Das ist ein schwerer Irrtum. So sehr wir auch den „verbrecherischen Angriffskrieg“ auf den Philippinen verabscheuen, so sehr wir bedauern, dass das Blut der Filipinos an amerikanischen Händen klebt, sind wir noch mehr empört über den Verrat an amerikanischen Ordnungsprinzipien hier bei uns. Das wirkliche Kampffeld liegt nicht in den Vororten von Manila. Der Feind sitzt im eigenen Land. 1861 wurde der Versuch gemacht, unser Land zu teilen. 1899 wird der Versuch gemacht, die fundamentalen Prinzipien und höchsten Ideale dieses Landes zu zerstören.

Günter Moltmann: Die Vereinigten Staaten von Amerika von der Kolonialzeit bis 1917. Paderborn 1980, S. 82. In: Dominik Nagl/Marion Stange. Die USA – Quellen zur Geschichte und Politik. Stuttgart 2008, S. 55f.

21 Antiimperialistischer Cartoon 1898

This anti-imperialist cartoon by Charles Nelan seeks to illustrate the risks of “incorporating” the Philippines into the U.S. republican body politic by casting the Philippine population as a whole as “savage” and incapable of exercising political rationality. It suggests that because of Filipinos’ “incapacity for self-government,” imperialism could threaten the United States’ own political institutions. (Charles Nelan, Cartoons of Our War with Spain, New York, 1898)

Arbeitsvorschläge

a) Analysieren Sie M 7 hinsichtlich der darin zum Ausdruck kommenden weltpolitischen Rolle, welche die Vereinigten Staaten am Ende des 18. Jahrhunderts einzunehmen gedachten, und erläutern Sie die darin angeführten Vorbehalte gegenüber einem zu starken außenpolitischen Engagement der USA.

b) Kontrastieren Sie anschließend Ihre Feststellungen mit den Kernpunkten der nur ein Vierteljahrhundert später verabschiedeten Monroe-Doktrin (M 8). Diskutieren Sie, inwiefern diese bereits eine Abkehr der Vereinigten Staaten von ureigensten (außen)politischen Grundprinzipien darstellte. Inwiefern und warum wurde die Monroe-Doktrin Anfang des 20. Jahrhunderts einer erneuten Rektifizierung unterzogen (M 17)?

c) Skizzieren Sie die relevanten Faktoren, welche die Vereinigten Staaten im 19. Jahrhundert zur imperialen Expansion bewogen (VT, M 2, M 4, M 5, M 8, M 13).

d) Vergleichen Sie die in M 8 geäußerten Feststellungen mit jenen in M 6. Erläutern Sie, warum spätestens am Ende des 19. Jahrhunderts von einem krassen Wandel in der amerikanischen Außenpolitik gesprochen werden muss.

e) Erörtern Sie am Beispiel von Hawaii (M 10), wie eine Gebietsannexion im imperialen Zeitalter typischerweise vollzogen wurde. Wie mögen dagegen die Betroffenen (M 3) eine solche Okkupation empfunden haben?

f) Lokalisieren und erläutern Sie anhand von M 5, M 9 und dem VT die Interessensgebiete der Vereinigten Staaten im späten 19. und frühen 20. Jahrhundert.

g) Legen Sie in einer arbeitsteiligen Gruppenarbeit in Form einer kurzen Darstellung dar: Wie rechtfertigten die Vereinigten Staaten ihr außenpolitisches Engagement in den amerikanischen Interessensgebieten (M 13, M 15, M 16, M 19)? Wie wurde dieses dagegen von der damaligen Weltöffentlichkeit wahrgenommen (M 11, M 14, M 16, M 18)? Welcher Argumente bedient sich dagegen die heimische antiimperialistische Oppositionsbewegung (M 20, M 21)?

h) Analysieren Sie die Abbildungen M 12 und M 14 im Hinblick auf die verwendeten darstellerischen Mittel, inhaltliche wie optische Gemeinsamkeiten und deren Aussagen.

i) Äußern Sie sich unter Einbezug von M 9 und dem VT zu den tatsächlichen Beweggründen der amerikanischen Imperialpolitik.

j) Erklären Sie anhand von M 4, M 17 und dem VT die „big-stick-policy" von US-Präsident Theodore Roosevelt Anfang des 20. Jahrhunderts.

5.3 Motive und Hintergründe der amerikanischen Intervention im Ersten und Zweiten Weltkrieg

Propagierte Neutralität 1914

Als die europäischen Nationen 1914 den Ersten Weltkrieg entfesselten, drängte sich in den Vereinigten Staaten auch die Frage nach einem amerikanischen Engagement auf. Der 1913 ins Amt gewählte US-Präsident Woodrow Wilson (1913–1921) vertrat wie die überwiegende Mehrheit der Amerikaner die Ansicht, dass die USA sich aus diesem europäischen Konflikt heraushalten sollten. Wilson wollte die amerikanische Gesellschaft vor einer Zerreißprobe bewahren, zumal diese zum Großteil aus europäischen Immigranten bestand. Er rief seine Landsleute zur Einhaltung einer strikten Neutralität auf und mahnte sie, amerikanisch zu denken und alte Loyalitäten aufzukündigen.

Kurs der „parteiischen Neutralität“

Dieser offiziellen politischen Neutralität stand jedoch eine hohe Affinität zu Großbritannien als Land verwandter Sprache, Geschichte und Kultur sowie die Erinnerung an Frankreichs Hilfe im Kampf um die eigene Unabhängigkeit gegenüber. Auch Wilson stand den Westmächten näher als dem Deutschen Reich, das in seinen Augen Autokratie und Militarismus verkörperte. Durch diese unterschwellige Sympathie für die Alliierten war die Möglichkeit einer wirklichen Neutralität für Wilson sowie die Mehrheit des amerikanischen Volkes von vornherein nicht gegeben. Diese verkam daher recht schnell zu einem Kurs der „parteiischen Neutralität“ – einem geschickten Lavieren zwischen den unterschiedlichen Interessen der Krieg führenden europäischen Nationen.

Daher kam es gegen die britische Seeblockade – die auf die Unterbrechung des deutschen Seehandels und eine Störung der Versorgungswege mit lebenswichtigen Gütern zielte – auch nur zu halbherzigen Protesten seitens der amerikanischen Regierung. Zudem wurden die durch die Blockade hervorgerufenen amerikanischen Außenhandelseinbußen durch die hohe Kapitalnachfrage der Alliierten und deren Bedarf an amerikanischen Rüstungsgütern wieder wettgemacht. Die amerikanische Wirtschaft, die sich vor dem Krieg noch in einer ernsthaften wirtschaftlichen Rezession befunden hatte, konnte sich durch diese Rüstungsexporte wieder erholen. Finanziert wurden diese Importe von den Alliierten ab 1915 durch immer größere Anleihen in den Vereinigten Staaten. Ein entscheidender Faktor bei der Wende vom amerikanischen Sympathisieren bis zum offenen Bündnis mit den Entente-Staaten war also, dass sich die Vereinigten Staaten zunehmend wirtschaftlich auf die Alliierten festlegten und sich letzten Endes keinen militärischen und politischen Zusammenbruch ihrer wichtigsten Kunden und Schuldner mehr leisten konnten.

1 US-Propagandaplakat, 1917

Das Deutsche Reich mit Kaiser Wilhelm II. an seiner Spitze verstand es dagegen, durch eine polternde Art sämtliche politische Sympathien zu verspielen. Entscheidend für die zunehmend kritische Haltung der Vereinigten Staaten gegenüber dem Deutschen

5

2 „Wilful Murder"
US-amerikanische Karikatur 1915 in Reaktion auf die Versenkung der „Lusitania"

Reich war jedoch der Einmarsch deutscher Truppen in das neutrale Belgien im August 1914 sowie die Versenkung des britischen Passagierschiffs „Lusitania" im Rahmen des uneingeschränkten – weil warnungslosen – deutschen U-Bootkrieges am 7. Mai 1915, bei der unter anderen auch 128 Amerikaner ums Leben kamen. Der deutsche U-Boot-Kommandant hatte angenommen, dass der von New York nach Liverpool fahrende Dampfer Munition und Waffen schmuggelte – ein Verdacht, der sich im Nachhinein als gegeben bestätigen sollte.

Aufgrund des uneingeschränkten deutschen U-Boot-Krieges drohten die Vereinigten Staaten dem Deutschen Reich schließlich mit Sanktionen. Neben diesen angedrohten Sanktionen bewegte vor allem ein befürchteter Kriegseintritt der Vereinigten Staaten das Deutsche Reich, den uneingeschränkten U-Boot-Krieg infolge zumindest zeitweise einzustellen. Fortan unterstützten die USA die alliierten Mächte mit Krediten und Nachschub, nur eine starke Friedensbewegung verhinderte vorerst noch die Entsendung von amerikanischen Soldaten. Gleichzeitig trieb Präsident Wilson ab Dezember 1915 die militärischen Anstrengungen voran. 1916 wurde die Armee verstärkt und ein Flottenaufbauprogramm im Umfang von 313 Millionen Dollar aufgelegt. Ungeachtet dessen ging Wilson weiter davon aus, die Vereinigten Staaten aus dem europäischen Konfliktherd heraushalten zu können. So forderte er noch am 22. Januar 1917 in einer Rede vor dem Senat einen „Frieden ohne Sieg" und das Selbstbestimmungsrecht der Völker.

Uneingeschränkter U-Boot-Krieg

„Zimmermann-Telegramm"

Ein Hauptauslöser für den amerikanischen Eintritt in den Ersten Weltkrieg war die Wiederaufnahme des uneingeschränkten deutschen U-Boot-Krieges am 1. Februar 1917, der fortan wieder amerikanisches Leben und Eigentum bedrohte. Ein weiterer Hauptauslöser war eine Geheimnote des deutschen Staatssekretärs des Äußeren, Arthur Zimmermann, an Mexiko („Zimmermann-Telegramm"). Darin wurde der mexikanischen Regierung im Falle eines amerikanischen Kriegseintritts ein Bündnis mit dem Deutschen Reich vorgeschlagen und der Rückerwerb einst verloren gegangener mexikanischer Gebiete auf amerikanischem Territorium in Aussicht gestellt. Dieses verschlüsselte Telegramm wurde vom britischen Geheimdienst abgefangen und der amerikanischen Regierung übermittelt.

Amerikanischer Kriegseintritt 1917 und Wilsons „Vierzehn Punkte"

Am 2. April 1917 trat Wilson vor den Kongress und verlangte die Vollmacht, Krieg führen zu dürfen, um die Welt „für die Demokratie sicher" (safe for democracy) zu machen. Am 6. April 1917 stimmte das Repräsentantenhaus der Kriegserklärung zu. Mit seinen am 8. Januar 1918 im Kongress verlesenen „Vierzehn Punkten" definierte Präsident Wilson seine Kriegsziele und Vorstellungen einer friedlichen Nachkriegsordnung, die einen dauerhaften Frieden durch ein Bündnis der demokratischen Nationen gewährleisten sollte. Mit der Entsendung von über zwei Millionen Soldaten und einer entsprechend hohen Menge an Kriegsmaterial an den europäischen Kriegsschauplatz erwies sich das amerikanische Engagement für den letztendlichen Ausgang des Krieges als entscheidend. Erschöpft musste das Deutsche Reich am 9. November 1918 den bedingungslosen Waffenstillstand unterschreiben.

Vierbundstaaten

Während der Friedensverhandlungen gelang es Präsident Wilson nicht, sich gegen das große Sicherheitsbedürfnis der europäischen Verbündeten durchzusetzen. Den besiegten Vierbundstaaten wurden erdrückende Reparationszahlungen und harte Vertragsbedingungen aufgezwungen. Gemessen an den hohen Erwartungen waren die Ergebnisse der Versailler Friedenskonferenzen im Frühjahr 1919 aus amerikanischer Sicht somit eher enttäuschend und als diplomatischer Misserfolg zu erachten.

Völkerbund ohne die USA

Schwerwiegende Konsequenzen für die europäische Nachkriegsordnung hatte auch die Entscheidung des amerikanischen Senats vom November 1919, die Unterzeichnung des Versailler Vertrages zu verweigern und den Beitritt der Vereinigten Staaten in den Völkerbund abzulehnen. Viele Amerikaner befürchteten, dass die von Wilson initiierte Weltorganisation die Vereinigten Staaten zukünftig in weitere Konflikte und Kriege hineinziehen würde.

Außenhandelspolitisches Engagement

In wirtschaftlicher Hinsicht waren die Vereinigten Staaten durch den Ersten Weltkrieg von einer Schuldnernation zu einem der größten Gläubiger der Welt und einer der bedeutendsten Handelsmächte geworden. Trotz ihrer weitgehend isolationistischen Außenpolitik blieben sie nach 1919 in der Außenhandelspolitik sehr aktiv, da sie einerseits die Rückzahlung der alliierten Kriegsschulden erwarteten und sich andererseits auch eine Mitgestaltung bei den Bestimmungen für die Reparationszahlungen der Besiegten erhofften. Ihr einsetzendes Engagement in Europa zeigte, dass den Vereinigten Staaten außenpolitisch durchaus an einer Stabilität Europas gelegen war – nicht zuletzt zur Sicherung der eigens dort getätigten Investitionen.

Die Große Depression

Der nach der Umstellung von Kriegs- auf Zivilproduktion erfolgte Wirtschaftsaufschwung in den „Roaring Twenties" war jedoch trügerisch. Der Traum vom grenzenlosen Wohlstand zerplatzte am 24. Oktober 1929 mit dem New Yorker Börsenkrach an der Wall Street, infolgedessen die amerikanische Wirtschaft innerhalb kürzester Zeit in einer Art Kettenreaktion in vielen Bereichen zusammenbrach und die Zeit der Großen Depression (great depression) eingeleitet wurde.
Nachdem erste Gegenmaßnahmen der damaligen US-Regierung wirkungslos geblieben waren, versuchte der neu gewählte US-Präsident Franklin D. Roosevelt mit dem so genannten „New Deal" – einem von 1933 bis 1939 durchgeführten Wirtschafts- und Sozialprogramm – die Krise zu bewältigen. Die letztendliche Überwindung der Krise sollte jedoch erst in der Folgezeit mit dem Eintritt der Vereinigten Staaten in den Zweiten Weltkrieg im Dezember 1941 gelingen, als die Produktion von Kriegsgütern wieder für einen erhöhten Bedarf an Arbeitskräften und somit vermehrt für Beschäftigung sorgte.

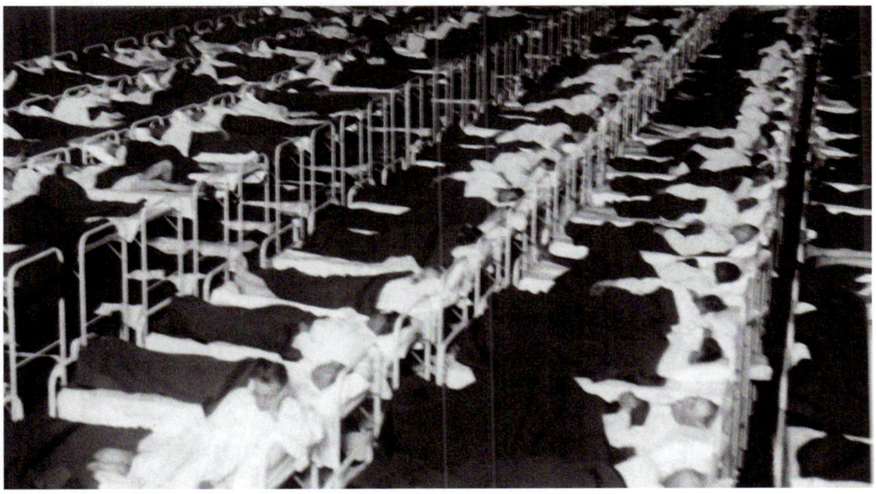

3 Nachtasyl für obdachlos gewordene Arbeitslose in New York 1931

Neutralitätsgesetze

Die Große Depression schärfte in den Vereinigten Staaten den Blick nach innen, weshalb sich Roosevelt Mitte der 1930er-Jahre veranlasst sah, die bislang getätigten wirtschaftlichen Maßnahmen innen- und außenpolitisch abzustützen. Der überwiegend isolationistisch geprägte amerikanische Kongress verabschiedete infolgedessen von 1935 bis 1937 mehrere Neutralitätsgesetze, die den Handlungsspielraum des US-Präsidenten in der Außenpolitik stark einschränkten. So verbot ein Gesetz von 1935 etwa die Ausfuhr von Waffen, Munition und Kriegsgerät und die Vergabe von Krediten an Krieg führende Staaten.
1937 wurden diese strikten Neutralitätsgesetze allerdings durch die „cash-and-carry"-Klausel gelockert: Krieg führende Staaten konnten nun alle Waren außer „tödlichen Waffen" in den USA kaufen, wenn sie bar bezahlt und auf eigenen Schiffen abtransportiert wurden. Die „cash-and-carry"-Klausel war jedoch im Kongress heftig umstritten, da viele Kongressabgeordneten in ihr Potenzial für eine erneute Verwicklung in einen Krieg sahen. Diese Anhänger eines konsequenten Isolationismus traten daher für eine strikte Einhaltung der Neutralitätsgesetze und gegen alle Maßnahmen ein, die einen Kriegseintritt der USA zur Folge haben konnten. Im schroffen Gegensatz zu ihnen standen die Internationalisten und Präsident Roosevelt. Noch während die rigorosen Neutralitätsgesetze im Kongress behandelt und beschlossen wurden, vollzog Roosevelt eine Wendung hin zum Gedanken der kollektiven Sicherheit. Seiner Auffassung zur Folge durften die USA aus ideellen und wirtschaftlichen Gründen einer Expansion Japans seit 1937 in Asien sowie Deutschlands in Europa nicht tatenlos zusehen.

Amerikanische Neutralität in Theorie und Praxis

Nach dem Beginn des Krieges in Ostasien zwischen Japan und China 1937 und dem deutschen Überfall auf Polen 1939 versuchte die Regierung Roosevelt, das bestehende Neutralitätsgesetz zu umgehen und England zu unterstützen. Im Juli 1939 kündigten die USA das Handelsabkommen mit Japan. Ab dem 1. August 1940 galt ein Ölembargo gegen Japan, welches vier Fünftel seines Erdöls aus den USA bezog. Gegen stark isolationistische Strömungen im Kongress und in der Öffentlichkeit bereitete die Roosevelt-Administration ab 1939 die Vereinigten Staaten nach und nach auf einen möglichen Kriegseintritt vor.

Doch erst nach der Niederlage Frankreichs 1940 und in Anbetracht des für Großbritannien äußerst verlustreichen Seekrieges bewilligte der Kongress Mittel für eine gigantische Aufrüstung. Im September 1940 wurde mit der Einführung der Wehrpflicht die nationale Verteidigung vorbereitet – zum ersten Mal in Friedenszeiten. Bis zu ihrem letztendlichen Kriegseintritt 1941 bauten die Vereinigten Staaten ihre weltweite Präsenz und ihre Unterstützung befreundeter Nationen zunehmend aus. Sie wurden nun, wie Roosevelt am 29. Dezember 1940 nach seiner erneuten Wiederwahl gefordert hatte, zu einem „Arsenal der Demokratie".

Leih-Pacht-Gesetz

Als England mit dem „cash-and-carry"-Prinzip in große Zahlungsschwierigkeiten geriet, gelang es Roosevelt im März 1941 trotz erheblicher Widerstände im Kongress, das Leih-Pacht-Gesetz durchzubringen. Im „Lend-Lease-Act" vom 11. März 1941 wurde der Präsident ermächtigt, in eigener Verantwortung alle kriegswichtigen Waffen, Waren und Güter an alle Staaten zu verkaufen, zu verleihen oder zu verpachten, deren Verteidigung von vitalem Interesse für die Sicherheit der Vereinigten Staaten war. Auf dieser Grundlage erhielten nicht nur Großbritannien, sondern ab Sommer 1941 auch die Sowjetunion amerikanische Waffenlieferungen.

Im August 1941 kam es an Bord eines Kriegsschiffes im Atlantik vor Neufundland zu einem geheimen Treffen von Roosevelt und dem britischen Premierminister Winston Churchill, bei dem beide ihre Zusammenarbeit mit der am 15. August verabschiedeten „Atlantikcharta" auf eine breite politische Grundlage stellten.

4 Iwo Jima Memorial Monument, Washington D.C.
Die Gedenkstätte erinnert an das Hissen der Flagge auf dem Mount Suribachi auf Iwo Jima am 23. Februar 1945 und gedenkt allen gefallenen US-Marines seit 1775. (**Online-Link** 430027-0501)

Diese enthielt vor allem ein Programm für eine friedliche Weltordnung nach dem Zweiten Weltkrieg. Kern des Dokuments waren die „Vier Freiheiten": Freiheit der Rede, Freiheit des Glaubens, Freiheit von Not und Freiheit von Furcht. Diese Grundsätze, der die Sowjetunion im September 1941 zustimmte, prägten auch die Diskussionen um die Charta der späteren Vereinten Nationen.

Im September 1941 befahl Roosevelt den Schutz britischer Schiffe durch die amerikanische Flotte. Dadurch gelang es, die hohen Verluste englischer Transportschiffe durch deutsche U-Boote auf dem Atlantik einzuschränken, was eine militärische Konfrontation mit Deutschland heraufbeschwor.
Für die Vereinigten Staaten völlig überraschend hingegen kam am 7. Dezember 1941 der japanische Flugzeugangriff auf den Stützpunkt der amerikanischen Pazifikflotte in Pearl Harbor – ein Angriff, bei dem über 2400 amerikanische Marinesoldaten getötet und ein Großteil der amerikanischen Flotte zerstört wurden. Für die Vereinigten Staaten war der Angriff auf Pearl Harbor ein Schock. Aufgrund der „schmachvollen Niederlage" in Pearl Harbor schlug die abwartende, immer noch isolationistische Stimmung in den Vereinigten Staaten über Nacht um. Anders als im Ersten Weltkrieg befürwortete nun eine überwältigende Mehrheit der US-Amerikaner eine aktive Beteiligung am Konflikt.
Am 8. Dezember 1941 erklärten die Vereinigten Staaten Japan den Krieg. Das Deutsche Reich und Italien reagierten als Japans Verbündete ihrerseits am 11. Dezember 1941 mit einer Kriegserklärung an die Vereinigten Staaten.

Massenmobilisierung und Aufrüstung

Der Krieg schmiedete die amerikanische Nation zusammen, die nun umgehend zur Mobilisierung ihrer Ressourcen überging. Alle Männer zwischen achtzehn und fünfundvierzig wurden in die Armee einberufen und Fabriken gingen über zur Rüstungsproduktion. Auf einen Schlag wich die Massenarbeitslosigkeit der Vollbeschäftigung, denn alle Arbeitskräfte wurden nun gebraucht. Binnen kürzester Zeit bauten die Vereinigten Staaten die größte Kriegsmaschinerie der Geschichte auf. Dazu wurde von 1939 bis 1945 die Industrieproduktion mehr als verdoppelt.

5

5 **Roosevelt und Churchill im Gespräch zur Atlantikcharta**
Foto, 15. August 1941

Amerikanische Kriegsschauplätze

Nachdem bereits nach der gewonnenen Schlacht bei den Midway-Inseln Anfang Juni 1942 der Gegenangriff gegen Japan begann, wurde der möglichst frühe Aufbau einer „zweiten Front" auf dem europäischen Kriegsschauplatz angestrebt, um den sowjetischen Verbündeten zu entlasten.
Am 6. Juni 1944 erfolgte zusammen mit britischen und französischen Truppen die erfolgreiche Landung in der Normandie („Decision Day": Tag der Entscheidung). Durch sowjetische Erfolge im Osten und ein gleichzeitiges Vorrücken alliierter Truppen in Italien und Frankreich wurde Deutschland zunehmend eingekreist. Anfang 1945 brach sowohl die deutsche Ost- als auch Westfront zusammen. Am 8. Mai 1945 schließlich erfolgte die deutsche Kapitulation.

Potsdamer Konferenz

Da Roosevelt bereits am 12. April 1945 verstorben war, kamen auf der Konferenz der drei Siegermächte in Potsdam, dem letzten Gipfeltreffen der Alliierten, vom 17. Juli bis 2. August 1945 der neue US-Präsident Harry S. Truman, der sowjetische Staatschef Josef Stalin und der britische Premierminister Winston Churchill zusammen. Doch außer der Einigung über die Modalitäten der Besetzung Deutschlands, das in vier Zonen aufgeteilt und als Wirtschaftseinheit behandelt werden sollte, sowie dem erneuten sowjetischen Versprechen einer Kriegserklärung an Japan kamen sie zu keinen weiteren Übereinkünften.

Unterdessen ging der Krieg im Pazifik unerbittlich weiter. Nach den für beide Seiten verlustreichen Schlachten von Iwo Jima und Okinawa erkannten die Vereinigten Staaten, dass Japan nicht ohne erbitterten Widerstand kapitulieren würde. Als von amerikanischen Oberbefehlshabern für den Fall einer amerikanischen Invasion des japanischen Festlandes gewaltige Verluste vorausgesagt wurden, entschied sich Präsident Truman noch während der Potsdamer Konferenz für den Abwurf der beiden Atombomben auf Hiroshima (6. August 1945) und Nagasaki (9. August 1945). Beide Städte wurden dem Erdboden gleichgemacht. Hunderttausende Menschen starben oder litten den Rest ihres Lebens an den Folgen der atomaren Strahlung. Nach dem Atombombenabwurf erzwang der japanische Kaiser gegenüber der japanischen Regierung am 14. August 1945 die Kapitulation und verkündete den Waffenstillstand. Die förmliche Kapitulation wurde am 2. September 1945 unterzeichnet und Japan von amerikanischen Truppen besetzt.

6 Der Neutralitätskurs der USA

Aus einem US-amerikanischen Schulbuch für die High School (1999):

Nach Ausbruch des Krieges reagierten viele Amerikaner überrascht und geschockt. Nachdem sich die erste Aufregung gelegt hatte, sahen viele diesen Krieg als weit entfernten Konflikt an, mit dem die USA nichts zu tun hatten. Ein amerikanischer Diplomat schrieb zu dieser Zeit: „Wieder einmal danke ich dem lieben Gott für den Atlantischen Ozean." Es kam daher nicht überraschend, dass Präsident Wilson große Unterstützung für seine angekündigte Neutralitätspolitik erhielt. Er forderte alle Amerikaner auf, neutral zu bleiben – sowohl im übertragenen als auch im wörtlichen Sinn – und unbeteiligt – sowohl in Gedanken als auch in ihrem Handeln. Wilson war der Ansicht, dass die Vereinigten Staaten durch diese neutrale Einstellung eine Mittlerrolle in der Lösung des Konfliktes spielen könnten. Dieses Ziel verfolgte er in den Jahren 1915 und 1916, allerdings ohne Erfolg. Mit Verlauf des Krieges verhielten sich die meisten Amerikaner zwar neutral in ihrem Handeln, aber nur wenige konnten von sich behaupten, auch in Gedanken unparteiisch zu sein. Rund 28 Millionen Amerikaner und damit fast 30 Prozent der Bevölkerung waren Immigranten oder die Kinder von Immigranten. Viele Frauen und Männer mit deutschen, österreichischen, ungarischen oder türkischen Wurzeln sympathisierten mit den zentralen Kriegsmächten. Dies traf auch auf viele Irland-stämmige Amerikaner zu, die Irland aus den Händen Großbritanniens befreien wollten.

Ein Großteil der Amerikaner unterstützte allerdings die Alliierten. Viele US-Bürger fühlten sich aufgrund ihrer Abstammung, Sprache und Kultur mit Großbritannien verbunden. Es bestanden allerdings auch starke und lang anhaltende Verbindungen zu Frankreich. Schließlich hatte Frankreich den USA geholfen, ihren Unabhängigkeitskrieg zu gewinnen. Die Briten förderten die amerikanische Unterstützung der Alliierten durch eine geschickte Propagandakampagne, in der die Deutschen als brutale Kriegstreiber dargestellt wurden. […] Trotz der verfolgten Neutralitätspolitik blieben die Vereinigten Staaten nicht unberührt von diesem Krieg. Mit Kriegsbeginn blockierte die britische Marine die deutschen Küstenstreifen und versenkte Minen in der Nordsee. Sie stoppte sogar amerikanische Schiffe, die Häfen in neutralen Ländern anlaufen wollten, und untersuchten die Ladungen, einschließlich der Post, nach Waren, die möglicherweise nach Deutschland gehen sollten. Die Vereinigten Staaten protestierten gegen dieses Vorgehen und beschuldigten die Briten, die amerikanische Neutralität zu verletzen. Die amerikanische Feindseligkeit den Briten gegenüber nahm ab, als die Deutschen U-Boote in den Krieg einbrachten. Anfang 1915 errichtete Deutschland um Großbritannien herum eine „Kriegszone". Alle Schiffe, die in dieses Gebiet eintraten, begaben sich in Gefahr, von U-Booten angegriffen zu werden. Dies betraf auch Schiffe aus neutralen Staaten. Daraufhin kündigte Wilson an, dass die USA das Deutsche Reich entsprechend der internationalen Neutralitätsgesetze zur Rechenschaft ziehen würden, wenn es auf hoher See zum Angriff auf amerikanische Bürger oder amerikanisches Eigentum kommen sollte. Am 29. März 1915 versenkte ein U-Boot ein britisches Passagierschiff in der Irischen See, wobei mehr als 100 Menschen starben. Unter den Toten befand sich auch ein Amerikaner. Während in den USA über eine entsprechende Reaktion diskutiert wurde, kam es zu einem noch schwerwiegenderen Vorfall. Am 7. Mai 1915 griff ein deutsches U-Boot, das die irische Küste patrouillierte, das britische Passagierschiff „Lusitania" an. Unter den Toten befanden sich 128 Amerikaner. Der New York Herald beschuldigte die Deutschen der „Piraterie auf hoher See" und die New York Times bezeichnete die Deutschen als „blutverschmierte Wilde". Viele empörte Amerikaner stimmten dem zu. Führende deutsche Politiker versuchten ihre Schritte zu rechtfertigen und erklärten, dass zuvor Anzeigen in amerikanischen Zeitungen veröffentlicht worden waren, in denen vor dem Beschiffen der Kriegsgewässer gewarnt wurde. Außerdem beschuldigen sie die „Lusitania", Rüstungsgüter für England befördert zu haben. Diese Anschuldigungen stellten sich im Nachhinein als richtig heraus. Wilson protestierte dennoch heftig und forderte von der deutschen Regierung konkrete Versprechen zur Unterlassung eines uneingeschränkten U-Boot-Krieges. Infolgedessen trat der amerikanische Außenminister William Jennings Bryan zurück, da er der Meinung war, dass der Protest des Präsidenten letztlich ein Ultimatum bedeuten würde, und dass sich ein solches Ultimatum nicht mit dem Neutralitätsgrundsatz der USA vereinbaren ließe. Er sah die Gefahr, dass das Land über kurz oder lang mit in den Krieg gezogen werden würde.

Paul Boyer: The American Nation. (High School 9–12) Holt. Rinnehart and Winston 1999, S. 591 f. Aus: Dr. Tobias Arand: Geschichte und Geschehen Themenheft – Epochenjahr 1917. Stuttgart 2007, S. 40 f.

7 Wilsons Neutralitätsappell

Woodrow Wilsons richtet am 19. August 1914 in seiner Botschaft einen Neutralitätsappell an den Senat:

MEINE MITBÜRGER: Ich nehme an, dass jeder denkende Mensch in Amerika sich während der letzten beunruhigenden Wochen gefragt hat, welchen Einfluss der europäische Krieg auf die Vereinigten Staaten wohl ausüben mag und ich nehme mir daher die Freiheit, an Sie einige Worte zu richten, um aufzuzeigen, dass es vollkommen an uns liegt, welches seine Auswirkungen auf uns sein werden, und ich will Ihnen gegenüber auch sehr ernst und nachdrücklich herausstreichen, welche Redeweise und welches Verhalten am besten die Nation gegen Not

8 **„Enlist"**
Die Torpedierung und Versenkung des amerikanischen Passagierschiffes „Lusitania" wurde von der alliierten Propaganda in einer Vielzahl von Schriften und Plakaten 1915/16 (hier in einem Poster von Fred Spear) aufgegriffen.

und Unheil schützen wird. Die Auswirkung des Krieges auf die Vereinigten Staaten wird davon abhängen, was die amerikanischen Bürger sagen und tun. Jedermann, der Amerika wirklich liebt, wird in einem ehrlichen Geist der Neutralität handeln und sprechen, das heißt in einem Geist der Unparteilichkeit und Fairness und Freundlichkeit gegenüber allen Betroffenen. Die Stimmung der Nation in dieser kritischen Angelegenheit wird hauptsächlich davon bestimmt, was Individuen und die Gesellschaft und jene, die in öffentlichen Zusammenkünften sich versammeln, tun und sagen, sie wird davon abhängig sein, was Zeitungen und Magazine enthalten, wird weiters davon abhängen, was Geistliche auf der Kanzel sagen und was die Menschen als ihre Meinungen auf der Straße zum Ausdruck bringen. Die Menschen der Vereinigten Staaten kommen von vielen Nationen, und hauptsächlich von den Nationen, die sich jetzt im Krieg befinden. Es ist natürlich und unvermeidlich, dass es die größte Vielfalt von Sympathien und Wünschen unter ihnen gibt im Hinblick auf die Anliegen und Umstände des Konfliktes. Einige werden wünschen, dass diese Nation, andere, dass jene Nation in dem momentanen Streit Erfolg haben wird. Es wird leicht sein, Leidenschaft zu entfachen und schwierig, sie zu mäßigen. [...] Solche Spaltungen unter uns würden fatal sein für unseren Seelenfrieden und würden ernsthaft den Vollzug unserer Pflicht als die einzige große Nation im Friedenszustand gefährden, als das einzige Volk, dass sich selbst bereit hält, eine Rolle der unparteiischen Vermittlung zu übernehmen und Ratschläge zu geben, für Frieden und Entgegenkommen, und zwar nicht als jemand, der Partei ergreift, sondern als ein Freund. Ich wage daher, meine Mitbürger, an Sie ein feierliches Wort der Warnung zu richten gegen jenen tiefsten, subtilsten und wichtigsten Bruch der Neutralität, welcher aus einer Parteinahme entspringen kann, wenn man leidenschaftlich für eine Seite Partei ergreift. Die Vereinigten Staaten müssen ihrem Handeln nach wie auch dem Worte nach während dieser Tage, die eine Versuchung darstellen für die Seelen der Menschen, neutral bleiben. [...] Mein Denken gilt Amerika. Ich spreche, ich bin sicher, den ernsthaften Wunsch und Vorsatz jedes besorgten Amerikaners aus, dass dieses unseres großes Land, welches in unserem Denken und Fühlen selbstverständlich den ersten Platz einnimmt, sich selbst in dieser Zeit der besonderen Versuchung als eine Nation erweisen sollte, welche unter anderem in der Lage ist, die vornehme Haltung eines ungetrübten Urteils zum Ausdruck zu bringen, die Würde der Selbstkontrolle und die Wirksamkeit des leidenschaftslosen Handelns; als eine Nation, die weder über andere zu Gericht sitzt noch verwirrt ist hinsichtlich ihrer eigenen Meinungen und welche sich die Fähigkeit und Freiheit herausnimmt, das zu tun, was aufrichtig und uneigennützig und was wirklich dienlich ist für den Frieden der Welt.

Herbert Schambeck u. a. (Hrsg.): Dokumente zur Geschichte der Vereinigten Staaten von Amerika. Berlin 2007 (2., erweiterte Auflage.), S. 430 ff. Aus: Dominik Nagl/Marion Stange (Hrsg.): Die USA – Quellen zur Geschichte und Politik. S. 58 f.

9 „Peace Without Victory"

Rede des US-Präsidenten Woodrow Wilson vor dem Senat am 22. Januar 1917:

Ich habe diese Gelegenheit gesucht, zu Ihnen zu sprechen, weil ich glaube, dass ich es Ihnen als der mit mir zusammen für die Entscheidungsfindung hinsichtlich internationaler Verpflichtungen verantwortlichen Institution schuldig bin, offenzulegen, [...] welche Gedanken und Absichten ich in diesen Tagen [...] entwickelt habe, wenn es notwendig wird, ein neues Konzept für den Frieden unter und zwischen den Nationen vorzulegen. [...] Es ist unvorstellbar, dass das Volk der Vereinigten Staaten keinen Anteil an einem solch großen Unternehmen haben sollte. Die Beteiligung an diesem Unterfangen bietet jene Gelegenheit, auf die das Volk sich vorzubereiten versucht hat mit den Prinzipien und Zielsetzungen seiner Politik und deren akzeptierter Umsetzung durch seine Regierung. Und dies gilt bereits seit jener Zeit, als es selbst eine neue Nation formte in der großen und ehrenhaften Hoffnung, dass diese neue Nation in allem, was sie darstellte und was sie tat, der Menschheit den Weg zur Freiheit wies. [...] Wenn ein zu gestaltender Friede ein dauerhafter sein soll, dann muss er ein Friede sein, der von der organisierten Gewalt der gesamten Menschheit gesichert wird. Die Bedingungen des bevorstehenden Friedens werden darüber entscheiden, ob es sich um einen Frieden handeln wird, der eine solche Garantie gewährleisten kann. Die Frage, von der der ganze zukünftige Friede und die Politik der Welt abhängt, ist die folgende: Ist der gegenwärtige Krieg ein Kampf um einen gerechten und sicheren Frieden oder nur ein Kampf um ein neues Gleichgewicht der Macht? Wenn es sich nur um den Kampf um ein neues Mächtegleichgewicht handelt, dann stellt sich wiederum die Frage, wer das stabile Gleichgewicht der neuen Ordnung garantieren wird und garantieren kann. Denn nur ein ruhiges Europa kann ein stabiles Europa sein. Es darf kein Gleichgewicht der Macht, es muss eine Gemeinsamkeit der Macht entstehen; keine organisierte Rivalität, sondern ein organisierter gemeinsamer Friede. [...] Das bedeutet zunächst einmal, dass es einen Frieden ohne Sieger geben muss. [...] Ein Siegfrieden bedeutete, dass der Frieden dem Verlierer aufgezwungen werden würde, zu den Bedingungen, die der Sieger dem Besiegten auferlegt. [...] Nur ein Friede zwischen Gleichberechtigten kann dauerhaft sein, nur ein Friede wird von Dauer sein, dessen Prinzip die Gleichheit und gemeinsame Beteiligung am gemeinsamen Nutzen darstellt. [...]

Woodrow Wilson (President of the United States): Why We Are At War. Messages to the Congress January to April. New York and London 1917, S. 7–21. Übers. Christian Große Höötmann. Aus: Reinhard Neebe/Werner Abelshauser (Hrsg.): Deutschland und Europa in der Weltwirtschaft bis 1945 – Quellen zur Geschichte und Politik. Stuttgart 2007, S. 64 f.

10 Gründe für den Kriegseintritt der USA

a) Aus einem amerikanischen Schulbuch (2005):

At first, the United States tried to remain neutral. As World War I dragged on, however, it became more difficult to do so. The immediate cause of United States involvement grew out of the naval war between Germany and Great Britain.

Britain had used its superior naval power to set up a naval blockade of Germany. The blockade kept war materials and other goods from reaching Germany by sea. Germany had retaliated by setting up its own blockade of Britain. Germany enforced its blockade with the use of unrestricted submarine warfare, which included the sinking of passenger liners. On May 7, 1915, the British ship Lusitania was sunk by German forces. There were about 1,100 civilian casualties, including over 100 Americans. After strong United States protests, the German government suspen-

5

11 Deutsche Aufteilungspläne im Südwesten der USA
Karikatur in der Washingtoner Zeitung „The Evening Star“ März 1917

12 Präsident Woodrow Wilsons Antwort auf die wiederholten Attacken deutscher U-Boote
Karikatur vom 21. März 1917

ded unrestricted submarine warfare in September 1915 to avoid antagonizing the United States further. […]
By January 1917, however, the Germans were eager to break the deadlock in the war. German naval officers convinced Emperor William II that resuming the use of unrestricted submarine warfare could starve the British into submission within six months. When the emperor expressed concern about the United States, he was told not to worry. The British would starve before the Americans could act. Even if the Americans did intervene, Admiral Holtzendorff assured the emperor, "I give your Majesty my word as an officer that not one American will land on the continent." The German naval officers were quite wrong. The British were not forced to surrender, and the return to unrestricted submarine warfare brought the United States into the war in April 1917. United States troops did not arrive in large numbers in Europe until 1918. However, the entry of the United States into the war not only gave the Allied Powers a psychological boost, but also brought them a major new source of money and war goods.

Jackson J. Spielvogel (Hrsg.): World History – Modern Times. © Glencoe/McGraw-Hill, New York 2005, S. 507 f.

b) Aus einem deutschen Schulbuch (1969):

Bei Kriegsbeginn nahmen die Westmächte amerikanische Anleihen auf, um ihre Rüstung finanzieren zu können. Nicht mehr London, sondern New York war der Umschlagplatz für das Aktiengeschäft. Die Wirtschaft der USA, vor dem Krieg in einer leichten Depression, blühte durch die Kriegsexporte auf. Die Ausfuhr stieg auf das Dreifache. Die USA wahrten unter ihrem Präsidenten Woodrow Wilson (1858–1924) zunächst Neutralität. Er selbst, wie die Mehrzahl der Amerikaner, sympathisierte mit den Ententemächten. Die Erklärung des uneingeschränkten U-Boot-Krieges war der letzte Anlass, um Deutschland am 6. April 1917 den Krieg zu erklären. Die amerikanische Entscheidung wurde durch eine Reihe ideeller und materieller Motive gestützt: Kampf für die Demokratie gegen das monarchischautokratische Regiment; Einsatz für das Selbstbestimmungsrecht der Völker; Schutz der international garantierten Freiheit der Meere; Sicherung der bisherigen Kriegsanleihen der Ententemächte; Steigerung des amerikanischen Exports.

Grundzüge der Geschichte, Band 4, hrsg. von Eugen Kaier, Bearb. Hans Deißler. Frankfurt/M. 1969, S. 62.

13 Wilsons Plädoyer für eine Kriegserklärung

Präsident Woodrow Wilson setzt sich am 2. April 1917 vor dem Kongress für eine Kriegserklärung an Deutschland ein:

Während wir diese Dinge tun, diese tieffolgenschweren Dinge, lasst uns sehr klar darüber sein und es der ganzen Welt sehr klarmachen, was unsere Motive und unsere Ziele sind. Mein eigenes Denken ist nicht aus seiner gewohnten und normalen Bahn gedrängt worden durch die unglücklichen Ereignisse der letzten zwei Monate, und ich glaube nicht, dass das Denken der Nation durch sie verändert oder vernebelt worden ist. Ich habe genau dieselben Dinge jetzt im Sinn, wie ich sie im Sinn hatte, als ich am 22. Januar zum Senat sprach; dieselben, die ich im Sinn hatte, als ich zum Kongress sprach am 3. und am 26. Februar. Unsere Absicht ist jetzt wie damals, den Prinzipien von Frieden und Gerechtigkeit im Leben der Welt Geltung zu verschaffen gegen selbstische und autokratische Macht und unter wirklich freien und sich selbst regierenden Völkern der Welt ein solches Zusammenspiel der Zwecke und des Handelns einzurichten, dass es hinfort die Beobachtung jener Prinzipien sichert. Neutralität ist nicht länger durchführbar oder wünschenswert, wo es um den Frieden der Welt und die Freiheit der Völker geht, und die Bedrohung dieses Friedens und dieser Freiheit liegt also in der Existenz autokratischer Regierungen, die sie auf organisierte Gewalt stützen, welche gänzlich durch ihren Willen, nicht den ihres Volkes kontrolliert wird. Wir haben das Ende der Neutralität unter solchen Umständen erlebt. Wir stehen am Anfang eines Zeitalters, in dem man darauf beharren wird, dass die gleichen Maßstäbe für das Verhalten und für die Verantwortlichkeit für getanes Unrecht von den Nationen und ihren Regierungen beobachtet werden wollen, die von den einzelnen Bürgern zivilisierter Staaten befolgt werden. Wir haben keinen Streit mit dem deutschen Volk. Wir haben keine andere Empfindung ihm gegenüber als eine der Sympathie und der Freundschaft. Es war nicht auf seinen Impuls hin, dass seine Regierung handelte, als sie in diesen Krieg eintrat. Es geschah nicht mit seinem vorherigen Wissen oder Beifall. Es war ein Krieg, über den entschieden wurde, wie über Krieg entschieden zu werden pflegte in den alten, unglücklichen Zeiten, als die Völker nirgendwo von ihren Herrschern zu Rate gezogen und Kriege provoziert wurden im Interesse von Dynastien oder kleinen Gruppen ehrgeiziger Leute, die ihre Mitmenschen als Schachfiguren oder Werkzeuge zu benützen gewohnt waren. […] Ein beständiges Zusammenspiel für den Frieden kann nicht anders erhalten werden als durch eine Partnerschaft demokratischer Nationen. Keiner autokratischen Regierung könnte man vertrauen, dass sie in ihm die Treue hält und seine Abkommen beobachtet. Es muss ein Bund der Ehre, eine Partnerschaft der Meinung sein. […] Allein freie Völker können ihre Zwecke und ihre Ehre stetig auf ein gemeinsames Ziel richten und die Interessen der Menschheit jedem engeren Eigeninteresse vorordnen. […] Wir sind froh, jetzt, da wir die Tatsachen ohne einen Schleier trügerischen Scheins sehen, dass wir so für den schließlichen Frieden der Welt und für die Befreiung der Völker, die deutschen Völker eingeschlossen, kämpfen: für die Rechte der Nationen, groß und klein, und das Vorrecht der Menschen allüberall, sich ihre Weise des Lebens und des Gehorsams auszusuchen.

Die Welt muss sicher gemacht werden für die Demokratie. Ihr Friede muss auf den erprobten Grundlagen politischer Freiheit errichtet werden. Wir haben keine selbstischen Ziele, denen wir dienen. Wir verlangen nach keiner Eroberung, keiner Herrschaft. Wir suchen keinen Schadenersatz für uns selbst, keine materielle Entschädigung für die Opfer, die wir bereitwillig bringen werden. Wir sind lediglich einer der Vorkämpfer für die Rechte der Menschheit. Wir werden befriedigt sein, wenn diese Rechte so gesichert sein werden, wie die Redlichkeit und die Freiheit der Nationen sie eben sichern können. […] Es ist eine schmerzliche und bedrückende Pflicht, meine Herren Kongressabgeordneten, die ich mit dieser Botschaft erfüllt habe. Wir haben vielleicht viele Monate der Feuerprobe und des Opfers vor uns. Es ist eine fürchterliche Sache, dieses große friedfertige Volk in den Krieg zu führen, in den schrecklichsten und verheerendsten aller Kriege, in dem die Zivilisation selbst auf dem Spiele zu stehen scheint. Aber das Recht ist wertvoller als der Friede, und wir werden für die Dinge kämpfen, die wir stets unserem Herzen zunächst getragen haben – für die Demokratie, für das Recht jener, die der Autokratie unterworfen sind, auf ein Mitspracherecht bei ihrer Regierung, für die Rechte und Freiheiten kleiner Nationen, für eine allgemeine Herrschaft des Rechts durch ein Konzert der freien Völker, das allen Nationen Frieden und Sicherheit bringt und die Welt selbst endlich frei machen wird. Solch einer Aufgabe können wir unser Leben und unser Vermögen weihen, alles was wir sind und alles was wir haben, mit dem Stolz derer, die wissen, dass der Tag gekommen ist, da Amerika die Auszeichnung erfährt, sein Blut und

14 **„Halte diese von den USA fern/Zeichne mehr Freiheitsanleihen"**
Amerikanisches Werbeplakat für die Zeichnung von Kriegsanleihen 1917

seine Macht für Prinzipien darzubringen, denen es seine Geburt, und sein Glück und den Frieden verdankt, den es wertschätzte. Gott helfe ihm, es kann nicht anders.

Erich Angermann: Der Aufstieg der Vereinigten Staaten von Amerika, 1914–1957. Stuttgart 1963, S. 5ff. Aus: Dominik Nagl/Marion Stange (Hrsg.): Die USA – Quellen zur Geschichte und Politik. Stuttgart 2008, S. 59f. (Klett Tempora)

15 Reaktion auf die Kriegsbotschaft

Senator George W. Norris aus Nebraska zur Kriegsbotschaft des Präsidenten Wilson 1917:

Nach meiner Meinung hätten wir von Anfang an die strikteste Neutralität wahren sollen. Wenn wir das getan hätten, stünden wir jetzt nicht am Rande des Krieges. Der Krieg bringt Reichtum für die Spekulanten der Wall Street […] Sie wollen Geld verdienen durch den Krieg […] Wir gehen in den Krieg auf Befehl des Geldes […] Die Folgen könnten sein, dass Millionen unserer Brüder ihr Blut vergießen müssen, dass Millionen Frauen weinen müssen […] und alles nur, weil wir das Recht amerikanischer Bürger wahren wollen, Waffen an Krieg führende Staaten zu liefern.

R. Hofstadter: Great Issues in American History, Bd. 2. New York 1958, S. 219ff. Aus: Ludwig Bernlochner: Die USA im 20. Jahrhundert. Stuttgart 1998, S. 39. (Klett Historisch-Politische Weltkunde)

16 Wilsons Vierzehn Punkte

Am 8. Januar 1918 nennt der amerikanische Präsident Woodrow Wilson vor dem US-Kongress 14 Punkte, die das Deutsche Reich und seine Verbündeten erfüllen müssen, um die Voraussetzungen für die Beendigung des Krieges zu schaffen (**Online-Link** 430027-0501)

Das Programm des Weltfriedens ist unser Programm und dieses Programm – unserer Auffassung nach das einzig mögliche – ist folgendes:

I. Offene Friedensverträge, die offen zustande gekommen sind, und danach sollen keine geheimen internationalen Vereinbarungen irgendwelcher Art mehr getroffen werden, sondern die Diplomatie soll immer offen und vor aller Welt arbeiten.

II. Vollkommene Freiheit der Schifffahrt auf den Meeren, außerhalb der Küstengewässer, sowohl im Frieden als auch im Kriege, außer insoweit, als die Meere ganz oder teilweise durch internationale Maßnahmen zur Erzwingung internationaler Abmachungen geschlossen werden mögen.

III. Beseitigung aller wirtschaftlichen Schranken, soweit möglich, und Errichtung gleicher Handelsbeziehungen unter allen Nationen, die dem Frieden zustimmen und sich zu seiner Aufrechterhaltung zusammenschließen.

IV. Austausch ausreichender Garantien dafür, dass die nationalen Rüstungen auf das niedrigste, mit der inneren Sicherheit zu vereinbarende Maß herabgesetzt werden.

V. Eine freie, weitherzige und unbedingt unparteiische Schlichtung aller kolonialen Ansprüche, die auf einer genauen Beobachtung des Grundsatzes fußt, dass bei der Entscheidung aller derartigen Souveränitätsfragen die Interessen der betroffenen Bevölkerung ein ebensolches Gewicht haben müssen wie die berechtigten Forderungen der Regierung, deren Rechtsanspruch bestimmt werden soll.

[…]

IX. Es sollte eine Berichtigung der Grenzen Italiens nach den klar erkennbaren Linien der Nationalität durchgeführt werden.

X. Den Völkern Österreich-Ungarns, deren Platz unter den Völkern wir sichergestellt und zugesichert zu sehen wünschen, sollte die freieste Gelegenheit zu autonomer Entwicklung gewährt werden.

XI. Rumänien, Serbien und Montenegro sollten geräumt werden; besetzte Gebiete sollten wiederhergestellt werden; Serbien sollte freier und sicherer Zugang zum Meere gewährt werden; und die Beziehungen der verschiedenen Balkanstaaten zueinander sollten durch freundschaft-

17 Die Welt kann nicht als halber Sklave leben

Ein Poster der US-Regierung von 1918 mit einer Karte, welche das Ausmaß der Vorherrschaft des Deutschen Reiches widerspiegelt.

liche Verständigung gemäß den geschichtlich feststehenden Grundlinien von Zugehörigkeit und Nationalität bestimmt werden. [...]

XII. Den türkischen Teil des gegenwärtigen Osmanischen Reiches sollte eine sichere Souveränität, den anderen derzeit unter türkischer Herrschaft stehenden Nationalitäten aber eine unzweifelhafte Sicherheit der Existenz und unbeeinträchtigte Gelegenheit für autonome Entwicklung zugesichert werden; auch sollten die Dardanellen unter internationaler Garantie dauernd als ein freier Durchgang für die Schiffe und den Handel aller Nationen geöffnet werden.

XIII. Es sollte ein unabhängiger polnischer Staat errichtet werden, der die von unbestritten polnischen Bevölkerungen bewohnten Gebiete einschließen sollte, dem ein freier und sicherer Zugang zum Meere zugesichert werden sollte und dessen politische und wirtschaftliche Unabhängigkeit und territoriale Unverletzlichkeit durch internationales Abkommen garantiert werden sollten.

XIV. Es muss zum Zwecke wechselseitiger Garantieleistung für politische Unabhängigkeit und territoriale Unverletzlichkeit der großen wie der kleinen Staaten unter Abschluss spezifischer Vereinbarungen eine allgemeine Gesellschaft von Nationen gebildet werden.

Der Waffenstillstand 1918–1919. Das Dokumenten-Material der Waffenstillstands-Verhandlungen von Compiègne, Spa, Trier und Brüssel, hrsg. im Auftrage der Deutschen-Waffenstillstands-Kommission, Bd.1. Berlin 1928, S. 3–6.

18 Das Neutralitätsgesetz vom 1. Mai 1937

1 a) Wenn immer der Präsident feststellen sollte, dass ein Kriegszustand zwischen zwei oder mehreren ausländischen Staaten besteht, soll er diese Tatsache bekannt machen und es soll hernach die Ausfuhr, der Versuch oder die Veranlassung der Ausfuhr von Waffen, Munition oder Kriegsgerät von irgendeinem Ort der USA nach einem in einer solchen Proklamation genannten Krieg führenden Staat verboten sein, ebenso an einen neutralen Staat zur Weiterlieferung an einen oder Verwendung in einem solchen Krieg führenden Staat.

b) Der Präsident soll von Zeit zu Zeit durch Proklamation solches Embargo auf den Export von Waffen, Munition oder Kriegsgerät auf andere Staaten ausdehnen, sofern sie in solch einen Krieg verwickelt werden [...]

E. Krautkrämer: Die Vereinigten Staaten von Amerika. Frankfurt 1971, S. 87. Aus: Ludwig Bernlochner: Die USA im 20. Jahrhundert. Stuttgart 1998, S. 75.

19 Roosevelts „Quarantäne-Rede" vom 5. Oktober 1937

Roosevelt gibt darin seiner Wendung hin zum Gedanken der kollektiven Sicherheit erstmalig Ausdruck:

Ich bin gezwungen und Sie sind gezwungen, in die Zukunft zu blicken. Friede, Freiheit und Sicherheit von neunzig Prozent der Menschheit werden von den übrigen zehn Prozent gefährdet, durch die der Zusammenbruch aller Ordnung und allen Rechts im internationalen Leben droht. Die Situation ist zweifellos für die ganze Welt von größter Bedeutung. Unglücklicherweise scheint die Epidemie der Gesetzlosigkeit sich auf der Welt auszubreiten. Wenn eine Krankheit sich epidemisch ausbreitet, beschließt die Gemeinschaft, um sich vor Ansteckung zu schützen, die Patienten in Quarantäne zu legen. Der Krieg ist eine Seuche, ob er nun erklärt ist oder nicht. Er kann Staaten und Völker verschlingen, die vom ursprünglichen Schauplatz der Feindseligkeiten weit entfernt sind [...] Am allerwichtigsten ist, dass der Wille zum Frieden von Seiten der friedliebenden Völker so deutlich zum Ausdruck kommt, dass Völker, die vielleicht in Versuchung geraten, ihre Verträge und die Rechte anderer Völker zu verletzen, davon Abstand nehmen. Es müssen positive Bestrebungen vorhanden sein, den Frieden zu bewahren. Amerika hasst den Krieg. Amerika hofft auf den Frieden. Deshalb müht sich Amerika tatkräftig um die Erhaltung des Friedens.

Franklin D. Roosevelt: Links von der Mitte – Briefe, Reden, Konferenzen, ausgewählt und zusammengestellt von Donald Day. Übers. P. Stadelmayer u. Ch. Hübener. Frankfurt 1951, S. 169 f. Aus: Dominik Nagl/Marion Stange (Hrsg.): Die USA – Quellen zur Geschichte und Politik. S. 63 f.

20 Roosevelts „Vier-Freiheiten-Rede" vom 6. Januar 1941

Roosevelt legt in seiner Jahresbotschaft in knapper Form die Grundsätze nieder, um derentwillen die USA zu jeder Unterstützung Englands und – seit Sommer 1941 – der Sowjetunion, bereit waren:

Ich verlange auch vom Kongress Vollmacht und ausreichende Geldmittel für eine gesteigerte Produktion von Kriegsmaterial aller Art, das an die Länder, die sich mit den Angreifern im Kriege befinden, geliefert werden soll. Für den Augenblick nützen wir ihnen am meisten, wenn wir für sie und auch für uns als Waffenarsenal dienen. Truppen brauchen sie nicht. Aber sie brauchen Verteidigungswaffen im Werte von Milliarden Dollar. Bald kommt der Augenblick, da sie nicht mehr imstande sein werden, mit barem Geld zu bezahlen. Wir können und werden ihnen wohl nicht sagen, dass sie kapitulieren müssen, nur weil sie im Augenblick nicht die Waffen bezahlen können, die sie, wie wir wissen, unbedingt brauchen.

Ich schlage nicht etwa vor, eine Dollaranleihe für den Ankauf dieser Waffen zu bewilligen – eine Anleihe, die in Dollars zurückzuzahlen wäre. Ich schlage vor, dass wir die Bestellungen dieser Länder in unser eigenes Programm mit einrechnen und ihnen auf diese Weise auch weiterhin das nötige Kriegsmaterial zukommen lassen. So ziemlich das ganze Material wird zur gegebenen Zeit für unsere Landesverteidigung sein [...] Eine solche Hilfe ist keine Kriegshandlung, auch wenn ein Diktator von sich aus erklären sollte, sie sei es [...] In der Zukunft, die wir jetzt zu sichern versuchen, hoffen wir eine Welt schaffen zu können, die sich auf vier wesentliche mensch-

21 **„Isn't This What We Really Want?"**
Amerikanische Kartuschezeichnung von Herb Block 1939

liche Freiheitsrechte gründet. Erstens – Redefreiheit, und zwar in der ganzen Welt. Zweitens – Freiheit für jeden Einzelnen, Gott auf seine Weise zu verehren, und zwar überall in der Welt. Drittens – Freiheit von aller Not – das bedeutet, international gesehen, wirtschaftliche Abkommen, die in jedem Lande den Einwohnern gesunde Friedensverhältnisse sichern –, und zwar überall in der Welt. Viertens – Freiheit von aller Angst – das bedeutet, international gesehen, eine Welt umfassende Abrüstung, so gründlich und bis zu einem solchen Grade, dass kein Land mehr in der Lage ist, irgendeines seiner Nachbarländer gewaltsam anzugreifen –, und zwar überall in der Welt. Das sind nicht etwa Träume von einem fernen tausendjährigen Reiche. Das ist eine bestimmte Grundlage für eine Welt, wie wir sie in unserer Zeit und in unserer Generation schaffen können.

Henry Steele Commager-Milton Cantor: Documents of American History, Vo. II.10. New Jersey 1988 (Doc. 537), S. 446 ff.; dt. aus: Roosevelt spricht – Die Kriegsreden des Präsidenten. Stockholm 1945, S. 124 ff. Übers. Paul Bandisch

22 **Die Atlantikcharta vom 14. August 1941**

Wenige Monate vor dem Kriegseintritt der USA formulieren Roosevelt und Churchill an Bord eines Kriegsschiffes im Atlantik die Grundsätze ihrer Politik:

Der Präsident der Vereinigten Staaten und Premierminister Churchill, als Vertreter von Seiner Majestät Regierung in dem Vereinigten Königreich, erachten es bei ihrem Zusammentreffen für richtig, gewisse allgemeine Grundsätze der nationalen Politik ihrer beiden Länder bekannt zu machen, von denen sie eine bessere Zukunft für die Welt erhoffen. Erstens, ihre Länder streben nach keiner Vergrößerung, weder auf territorialem Gebiet noch anderswo. Zweitens, sie wünschen keine territorialen Änderungen, die nicht mit dem frei zum Ausdruck gebrachten Wunsch der betreffenden Völker übereinstimmen. Drittens, sie achten das Recht aller Völker, sich die Regierungsform zu wählen, unter der sie leben wollen. Sie wünschen die obersten Rechte und die Selbstregierung der Völker wiederhergestellt zu sehen, denen sie mit Gewalt genommen

23 **Zerstörungen nach dem Angriff auf Pearl Habor,** 7. Dezember 1941

24 **Propagandaplakat „Rächt den 7. Dezember"** (unbekanntes Datum)

wurden. Viertens, sie werden, unter gebührender Achtung ihrer bestehenden Verpflichtungen, danach streben, dass künftig alle Staaten, große und kleine, Sieger und Unterlegene, gleicher Weise Zugang zum Handel und den Rohmaterialien der Welt haben, die sie für das Gedeihen ihrer Wirtschaft benötigen. Fünftens, sie wünschen die engste Zusammenarbeit aller Nationen auf wirtschaftlichem Ge biet, um bessere Löhne, wirtschaftlichen Fortschritt und soziale Sicherheit zu gewährleisten. Sechstens, nach der endgültigen Vernichtung der Nazityrannei hoffen sie auf einen Frieden, der allen Nationen die Möglichkeit bietet, innerhalb der eigenen Grenzen sicher zu leben, und der allen Menschen die Sicherheit gibt, in ihren Ländern frei von Not und Furcht zu leben.

Siebentens, ein solcher Friede würde allen Menschen gestatten, ungehindert die Meere und Ozeane zu überqueren.

Achtens, sie glauben, dass alle Nationen der Welt, sowohl aus praktischen wie aus sittlichen Gründen, dazu kommen werden, auf Gewaltanwendung zu verzichten. Da kein künftiger Friede aufrechtzuerhalten ist, so lange die Rüstungen zu Land, zur See und in der Luft von Nationen weiterhin zum Angriff außerhalb der Grenzen eingesetzt werden, glauben sie auch, dass es wesentlich ist, diese Nationen zu entwaffnen, bis ein umfassenderes und dauerndes System der allgemeinen Sicherheit geschaffen wurde. Ebenso werden sie jeden Schritt, der dazu dient, friedliebenden Völkern die erdrückende Last der Rüstung zu erleichtern, unterstützen und fördern.

W.S. Churchill: Reden. Zürich 1946, S. 325 f. Aus: Reinhard Neebe/Werner Abelshauser: Deutschland und Europa in der Weltwirtschaft bis 1945 – Quellen zur Geschichte und Politik. Stuttgart 2007, S. 105 f.

25 Ein „Tag der Schande": Rede des US-Präsidenten Franklin D. Roosevelt an die Nation vom 7. Dezember 1941

Mr. Vice President, Mr. Speaker, Members of the Senate, and of the House of Representatives:

Yesterday, December 7th, 1941 – a date which will live in infamy – the United States of America was suddenly and deliberately attacked by naval and air forces of the Empire of Japan. The United States was at peace with that nation and, at the solicitation of Japan, was still in conversation with its government and its emperor looking toward the maintenance of peace in the Pacific. Indeed, one hour after Japanese air squadrons had commenced bombing

in the American island of Oahu, the Japanese ambassador to the United States and his colleague delivered to our Secretary of State a formal reply to a recent American message. And while this reply stated that it seemed useless to continue the existing diplomatic negotiations, it contained no threat or hint of war or of armed attack. It will be recorded that the distance of Hawaii from Japan makes it obvious that the attack was deliberately planned many days or even weeks ago. During the intervening time, the Japanese government has deliberately sought to deceive the United States by false statements and expressions of hope for continued peace. The attack yesterday on the Hawaiian islands has caused severe damage to American naval and military forces. I regret to tell you that very many American lives have been lost. In addition, American ships have been reported torpedoed on the high seas between San Francisco and Honolulu. Yesterday, the Japanese government also launched an attack against Malaya.
Last night, Japanese forces attacked Hong Kong.
Last night, Japanese forces attacked Guam.
Last night, Japanese forces attacked the Philippine Islands.
Last night, the Japanese attacked Wake Island.

26 **„Wir sind jetzt in diesem Krieg"**
Amerikanisches Propagandaplakat (1941–1945)

And this morning, the Japanese attacked Midway Island. Japan has, therefore, undertaken a surprise offensive extending throughout the Pacific area. The facts of yesterday and today speak for themselves. The people of the United States have already formed their opinions and well understand the implications to the very life and safety of our nation. As commander in chief of the Army and Navy, I have directed that all measures be taken for our defense. But always will our whole nation remember the character of the onslaught against us. No matter how long it may take us to overcome this premeditated invasion, the American people in their righteous might will win through to absolute victory. I believe that I interpret the will of the Congress and of the people when I assert that we will not only defend ourselves to the uttermost, but will make it very certain that this form of treachery shall never again endanger us. Hostilities exist. There is no blinking at the fact that our people, our territory, and our interests are in grave danger. With confidence in our armed forces, with the unbounding determination of our people, we will gain the inevitable triumph -- so help us God. I ask that the Congress declare that since the unprovoked and dastardly attack by Japan on Sunday, December 7th, 1941, a state of war has existed between the United States and the Japanese empire.

http://www.americanrhetoric.com/speeches/fdrpearlharbor.htm

27 Bedingungslose Kapitulation

Roosevelt in Casablanca am 24. Januar 1943:

Der Weltfriede kann nur durch die totale Ausmerzung des deutschen und japanischen Kriegspotentials erreicht werden. Wir hatten einen General, Ulysses S. Grant, aber in meinen und des Premierministers [Churchill] Jugendtagen nannte man ihn „Unconditional Surrender" Grant. Die Ausmerzung des deutschen, japanischen und italienischen Kriegspotentials ist gleichbedeutend mit der bedingungslosen Übergabe Deutschlands, Italiens und Japans. Das bedeutet nicht die Ausrottung der Bevölkerung, aber es bedeutet die Ausrottung der Ideologien dieser Länder, die auf Eroberung und Unterjochung anderer Völker gegründet sind.

Franklin D. Roosevelt: Links von der Mitte – Briefe, Reden, Konferenzen, ausgewählt und zusammengestellt von Donald Day. Frankfurt 1951, S. 418. Übers. P. Stadelmayer/Ch. Hübener.

28 Schlussdokument der Konferenz von Jalta

Aus den Beschlüssen der Konferenz von Jalta, bei der die USA, Großbritannien und die Sowjetunion im Februar 1945 ihre Kriegsziele diskutierten:

1. Niederwerfung Deutschlands. Wir haben die militärischen Pläne der drei alliierten Mächte für die endgültige Niederwerfung des gemeinsamen Feindes erwogen und festgesetzt. [...] Das nationalsozialistische Deutschland ist dem Untergang geweiht. Dem deutschen Volk wird

29 **Zerstörtes Hiroshima,** Foto Ende August 1945

seine Niederlage nur noch teurer zu stehen kommen, wenn es versucht, einen hoffnungslosen Widerstand fortzusetzen. 2. Besetzung und Kontrolle [...] Gemäß dem in gegenseitigem Einvernehmen festgelegten Plan werden die Streitkräfte der drei Mächte je eine besondere Zone Deutschlands besetzen. Der Plan sieht eine koordinierte Verwaltung und Kontrolle durch eine Zentralkommission mit Sitz in Berlin vor, die aus den Oberbefehlshabern der drei Mächte besteht. Es ist beschlossen worden, dass Frankreich von den drei Mächten aufgefordert werden soll, eine Besatzungszone zu übernehmen und als viertes Mitglied an der Kontrollkommission teilzunehmen, falls es dies wünschen sollte. [...] Es ist unser unbeugsamer Wille, den deutschen Militarismus und Nationalsozialismus zu zerstören und dafür Sorge zu tragen, dass Deutschland nie wieder imstande ist, den Weltfrieden zu zerstören. [...] 9. Einigkeit im Frieden wie im Kriege. [...] Wir sind der Ansicht, dass der Sieg in diesem Kriege und die Gründung der vorgeschlagenen internationalen Organisationen die größte Gelegenheit in der Geschichte bieten werden, in den kommenden Jahren die für einen solchen Frieden wesentlichen Voraussetzungen zu schaffen.

Dokumente und Berichte des Europa-Archivs, Bd.6. Oberursel/Taunus 1948, S. 54–57. Aus: Dominik Nagl/Marion Stange (Hrsg.): Die USA – Quellen zur Geschichte und Politik. S. 64.

30 **Rede an die Nation**

Radioansprache Präsident Trumans an die amerikanische Nation vom 9. August 1945:

Die Welt wird Kenntnis davon nehmen, dass die erste Atombombe auf den militärischen Stützpunkt Hiroshima abgeworfen worden ist. Wir wollten nämlich, soweit als möglich, die Tötung von Zivilpersonen vermeiden. Aber dieser Angriff stellt nur ein Vorspiel der kommenden Dinge dar. Wenn Japan nicht kapituliert, müssen weitere Atombomben auf seine Rüstungsindustrien abgeworfen werden und leider werden dann viele Tausende von Zivilisten ihr Leben verlieren. Ich fordere die japanische Zivilbevölkerung auf, unverzüglich die Industriestädte zu verlassen und sich der Vernichtung zu entziehen. Ich gebe mir Rechenschaft ab von der tragischen Bedeutung der Atombombe. Die amerikanische Regierung hat nicht leichten Herzens die Produktion dieser Bombe und ihre Verwendung beschlossen. Wir wussten, dass unsere Feinde Forschungen anstellten, um die Atombombe herstellen zu können. Wir wissen auch, dass ihnen das beinahe geglückt wäre. Wir sind uns bewusst, dass unser Land und alle anderen friedliebenden Nationen, ja unsere ganze Zivilisation von einer Katastrophe betroffen worden wäre, wenn die Feinde diese Erfindung gemacht hätten. Deshalb sahen wir uns gezwungen, lange Untersuchungsarbeiten, die sehr kostspielig waren, durchzuführen. Wir haben den Wettlauf mit den Deutschen gewonnen. Nach der Erfindung der Atombombe sind wir zu ihrer Verwendung übergegangen. Wir haben sie gegen die verwendet, die uns ohne Warnung in Pearl Harbor angriffen, gegen die, die amerikanische Kriegsgefangene ausgehungert, misshandelt und hingerichtet haben, gegen die schließlich, die auf die Beachtung der internationalen Kriegsgesetze verzichtet haben. Wir haben die Bombe verwendet, um den Krieg abzukürzen und um das Leben tausender junger Amerikaner zu erhalten. Wir werden mit ihrer Verwendung fortfahren, bis wir die Fähigkeit Japans, Krieg zu führen, vollständig zerstört haben. Nur die Kapitulation Japans wird uns aufhalten können. […]

Archiv der Gegenwart, 1945, S. 361 f. Aus: Ludwig Bernlochner: Die USA im 20. Jahrhundert. Stuttgart 1998, S. 83.

Arbeitsvorschläge

a) Analysieren Sie die Selbstdarstellung des Deutschen Reiches aus Sicht der Vereinigten Staaten (M 1, M 2, M 17, VT).
b) Arbeiten Sie aus M 7 und dem VT die Gründe für die am Anfang des Ersten Weltkrieges neutrale Einstellung bzw. recht wankelmütige Haltung der Vereinigten Staaten gegenüber den europäischen Kriegsbeteiligten heraus. Welche Faktoren bewogen Sie 1917 dennoch zu einem Engagement auf Seiten der Ententemächte (M 6, M 8–M 13)?
c) Analysieren Sie arbeitsteilig die Propagandaplakate (M 1, M 8, M 14, M 17) im Hinblick auf verwendete propagandistische Mittel, darin enthaltene Botschaften und die mit ihnen verfolgten Ziele bzw. Absichten.
d) Erläutern Sie US-Präsident Woodrow Wilsons Vorstellungen zur Erstellung eines dauerhaften Weltfriedens nach dem Ersten Weltkrieg (M 9, M 16). Inwieweit gleichen diese den Vorstellungen der Vereinigten Staaten von einer friedlichen Nachkriegsordnung nach dem Zweiten Weltkrieg (M 20–M 22)?
e) Erläutern Sie M 11 vor dem Hintergrund der „Zimmermann-Telegramm-Affäre" (VT).
f) Erörtern Sie die Beweggründe für das in den Vereinigten Staaten 1937 verabschiedete Neutralitätsgesetz. Welche Faktoren bewogen die Vereinigten Staaten infolge dagegen zum Umdenken (M 18–M 22)?
g) Vergleichen Sie die Darstellungen zum Angriff auf Pearl Harbor vom 7. Dezember 1941 (M 23, M 24, VT) mit jenen zu den Terroranschlägen vom 11. September 2001 (siehe Kapitel 5.5). (**Online-Link** 430027-0503) Welchen Stellenwert nehmen beide Ereignisse in der amerikanischen Geschichte ein?
h) Umreißen Sie die Kriegspläne der Alliierten sowie deren Vorstellungen von einer deutschen Nachkriegsordnung (M 22, M 28).
i) Diskutieren Sie unter Einbezug der Materialien M 29 und M 30 (Bild von Hiroshima) sowie dem VT, ob oder inwiefern der Einsatz der Atombombe am 8. August 1945 gegen Japan als Mittel zur raschen Beendigung der Kampfhandlungen zwischen den amerikanischen und japanischen Streitkräften politisch vertretbar bzw. ethisch und moralisch zulässig war.

5.4 Die USA zur Zeit des Kalten Krieges

Weltpolitische Konstellation

Wie schon aus dem Ersten Weltkrieg gingen die Vereinigten Staaten auch aus dem Zweiten Weltkrieg als die eigentlichen Sieger hervor. Anders als nach dem Ersten Weltkrieg trat jedoch außenpolitisch keine Wende zu einem erneuten Isolationismus ein. Wirtschaftlich war die Nation mit der Erhebung des US-Dollars zur internationalen Leitwährung, militärisch durch die Entwicklung einer überlegenen Waffentechnologie und dem Alleinbesitz von Atomwaffen zu einer globalen Supermacht aufgestiegen. Außer der Sowjetunion, die gleichsam zu einer bedeutenden Weltmacht aufgestiegen war, existierte somit in der Welt für die Vereinigten Staaten kein ernsthafter Konkurrent, der eine machtpolitische Herausforderung hätte darstellen können.

Herausbildung des Ost-West-Konflikts

Diese Machtkonstellation bedeutete jedoch nicht zwangsläufig auch eine entsprechende automatische Kontrolle und Einflussnahme der Weltmächte in deren jeweiligen Interessensgebieten. Hatte es schon während des Zweiten Weltkrieges im sowjetisch-amerikanischen Verhältnis Differenzen im Bezug auf die internationale Nachkriegsordnung gegeben, so traten die fundamental unterschiedlichen politischen Interessen nach dem Auseinanderbrechen der Anti-Hitler-Koalition im Zuge einer globalen Nachkriegsordnung offen zutage. Der aus den unterschiedlichen politischen, gesellschaftlichen und wirtschaftlichen System- und Wertvorstellungen beider ideologischen Blöcke entstandene Ost-West-Konflikt sollte von 1945 bis 1990 zum bestimmenden Merkmal der Weltpolitik werden. Gekennzeichnet wurde er durch eine machtpolitische Rivalität zwischen den Vereinigten Staaten und der Sowjetunion sowie dem weltanschaulichen Gegensatz von Kommunismus und westlicher Demokratie. Die Auseinandersetzung zwischen diesen gegensätzlichen Systemen in Form des „Kalten Krieges" sollte mehrfach bis an den Rand eines Atomkrieges eskalieren, mündete aber aufgrund der gemachten Erfahrungen in eine Phase der Entspannung, um dann mit der Selbstauflösung der Sowjetunion infolge der Revolution 1989 ein – zumindest vorläufiges – Ende zu finden.

Ende der Kriegsallianz

Während die Sowjetunion mit allen Mitteln versuchte, im Nachkriegseuropa ihre eigenen Vorstellungen in ihrer Einflusssphäre zu realisieren und ihren autokratisch gelenkten kommunistischen Staat gegen die kapitalistisch-imperialistischen Einflüsse des Westens durch einen „Eisernen Vorhang" (Winston Churchill) von der Ostsee zur Adria abzuschirmen, war das sowjetische Vorgehen in den von der Roten Armee besetzten Ländern für die Vereinigten Staaten nicht mit der westlichen Auffassung eines befreiten Europas in Einklang zu bringen. Die Gewährleistung freier Entscheidungsmöglichkeiten in den betroffenen Ländern hatte daher bei ihnen oberste Priorität. Als die Sowjetunion diese Konzeption ablehnte und die osteuropäischen Länder nach ihren eigenen Vorstellungen umzugestalten begann, legte man dieses in den USA und Großbritannien als weltrevolutionären Expansionsdrang der Sowjetunion aus, den es zurückzudrängen galt. Die Sowjetunion ihrerseits empfand diese Bemühungen der Westmächte als Einmischung in ihre Angelegenheiten und als Ausdruck einer kapitalistischen Expansionspolitik.

Auf dieses Expansionsstreben der sowjetischen Außenpolitik reagierten die Vereinigten Staaten ihrerseits mit der Strategie der diplomatischen und wirtschaftlichen „Eindämmung" (containment) – eine Politik, die auf eine Verhinderung des weltweiten Vordringens der Sowjetunion und des Kommunismus abzielte.

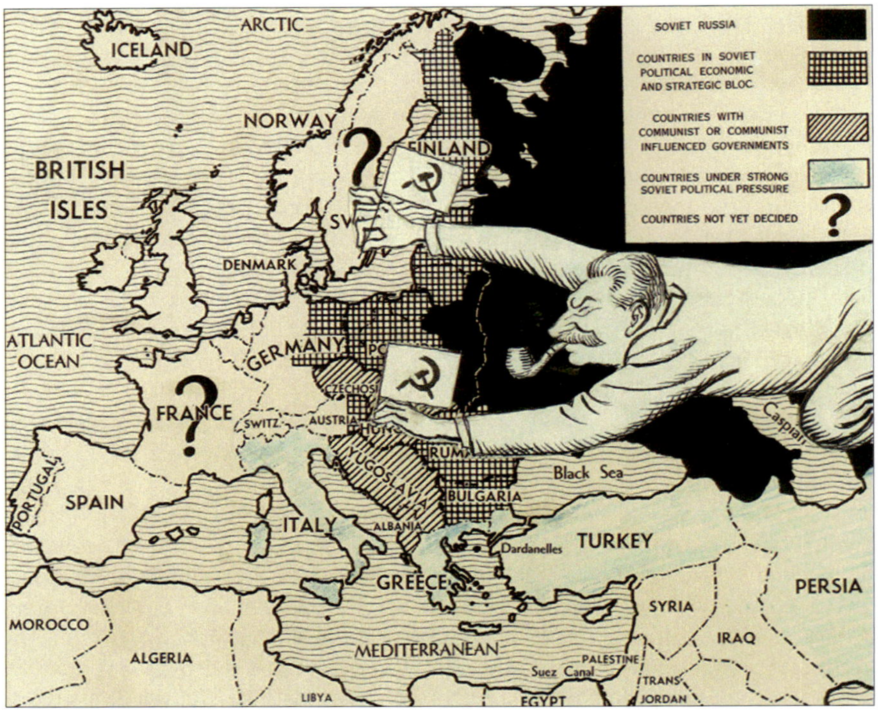

1 Karikatur des Briten Leslie Gilbert Illingworth (Juni 1947)

Truman-Doktrin

Als erste Maßnahme im Rahmen dieser Eindämmungspolitik beschloss US-Präsident Truman in einer später als „Truman-Doktrin" in die Geschichte eingegangenen Kongressbotschaft eine Wirtschafts- und Militärhilfe für Griechenland und die Türkei, um deren Regierungen in ihrem Kampf gegen vermeintliche von der Sowjetunion geförderte kommunistische Aktivitäten zu unterstützen. Truman zur Folge müsste in Zukunft jede Nation zwischen westlicher Demokratie und Kommunismus wählen – also zwischen einer Lebensweise, die sich auf den Willen der Mehrheit, freie Wahlen und Freiheit vor politischer Unterdrückung stützt, und einer Lebensweise, die auf dem Willen einer Minderheit beruht und der Mehrheit durch Terror und Unterdrückung aufgezwungen wird.

Marshallplan

„Marshallplan"

Ganz im Sinne dieser Doktrin verkündete noch im selben Jahr der amerikanische Außenminister George Marshall seinen Plan, der europäischen Bevölkerung im Rahmen des so genannten „Marshallplan" materielle und wirtschaftliche Unterstützung beim Wiederaufbau ihrer vom Krieg gebeutelten Länder zukommen zu lassen, um durch die rasche Überwindung der europäischen Wirtschaftsprobleme und die Herausbildung einer Wohlstandsgesellschaft den Ideen und Absichten der kommunistischen Propaganda den Nährboden zu entziehen.

Gründung der NATO und des Warschauer Pakts

Im April 1949 schlossen sich die Vereinigten Staaten, Kanada und zehn westeuropäische Staaten – nominell gleichberechtigt, jedoch faktisch unter amerikanischer Führung – in der „North Atlantic Treaty-Organisation" (NATO) zusammen, um die Sowjetunion an einer weiteren Expansion zu hindern.
Die Sowjetunion reagierte ihrerseits im Januar 1949 mit dem Zusammenschluss der unter dem Einfluss Moskaus stehenden osteuropäischen Staaten im „Rat für gegenseitige Wirtschaftshilfe" (RGW) und dem in Warschau am 14. Mai 1955 geschlossenen „Vertrag über Freundschaft, Zusammenarbeit und gegenseitigen Beistand" („Warschauer Pakt").

Auf diese Weise wurde die Teilung Europas und der Welt sowie das Nebeneinander zweier unversöhnlicher Blöcke institutionalisiert. Begleitet wurde der Aufbau dieser Bündnissysteme infolge der Zündung der ersten Atombombe seitens der Sowjetunion 1949, die das amerikanische Atombombenmonopol beendet hatte, durch eine gigantische Aufrüstung und ein nukleares Wettrüsten. Als 1952 die Vereinigten Staaten und 1953 die Sowjetunion ihre erste Wasserstoffbombe zündeten, begann sich ein atomares Patt abzuzeichnen, das die Strukturen der Weltpolitik auf Jahrzehnte hinaus bestimmen sollte.

Politik der „friedlichen Koexistenz"

Dieser Verlust der geostrategischen Sonderstellung veranlasste die Vereinigten Staaten, politische Schlüsse aus der veränderten Weltlage zu ziehen und die eigene Rolle in der Welt neu zu definieren. Vor allem das Verhältnis zur anderen Supermacht Sowjetunion bedurfte einer Korrektur. Der Einsicht, dass die Beziehungen zwischen den beiden Weltmächten in Zukunft auf der Grundlage der bestehenden Grenzen und politischen Ordnungen gestaltet werden mussten, konnte sich auch die US-Regierung nicht mehr verschließen. So stieß der Vorschlag des sowjetischen Parteisekretärs Chruschtschow, dass beide Supermächte in eine Politik der „friedlichen Koexistenz" – also eine Phase, die den Krieg als Mittel der Politik ausschließt – übertreten sollten, bei ihr auf große Resonanz. Dieses bedeutete aber keineswegs die Billigung oder gar Anerkennung der gegnerischen Politik und Ideologie.

Konzept der „flexiblen Reaktion"

In den Vereinigten Staaten wurde zu Beginn der 1960er-Jahre daher das Konzept der „flexiblen Reaktion" (flexible response) entwickelt. Dieses zog je nach Umständen und Notwendigkeiten vom begrenzten Einsatz konventioneller Truppen bis zum Atomkrieg alle zur Verfügung stehenden Mittel in Betracht. Nachdem in den 1970er-Jahren durch unaufhörliches Anwachsen der tödlichen Waffenarsenale auf beiden Seiten ein Rüstungsgleichgewicht („Gleichgewicht des Schreckens") hergestellt worden war, beschränkten sich die strategischen Planungen der Vereinigten Staaten darauf, einen atomaren Erstschlag der Sowjetunion zu überstehen und den Gegner durch die Möglichkeit des Zweitschlags zu besiegen. Indem beide Seiten ihre „Zweitschlagsfähigkeit" erhöhten, nahmen sie dem Gegner jegliche Hoffnung, den Sieg ohne unerträgliche eigene Verluste mit einem Erstschlag herbeiführen zu können.

Brennpunkte des amerikanisch-sowjetischen Interessenskonflikts

Die Brennpunkte des amerikanisch-sowjetischen Interessenskonflikts waren vor allem Europa und das geteilte Deutschland. Hier schienen sich die beiden Weltmächte jedoch mit der seit dem Potsdamer Abkommen 1945 entstandenen Lage weitgehend abgefunden zu haben. So griffen die Vereinigten Staaten weder in die Aufstände gegen die sowjetische Vormachtsstellung in Osteuropa (DDR 1953, Polen und Ungarn 1956, Tschechoslowakei 1968) ein, noch ergriffen sie 1961 Maßnahmen gegen den Bau der Berliner Mauer.

Kubakrise 1962

Dagegen sollte es in der so genannten „Kubakrise" 1962 zu einer direkten Konfrontation zwischen der Sowjetunion und den Vereinigten Staaten kommen, welche die Welt an den Rand eines dritten – diesmal atomaren – Weltkrieges führte. In Kuba hatte eine nationale Befreiungsarmee unter Fidel Castro 1959 die von Amerikanern unterstützte diktatorische Regierung gestürzt und ein sozialistisches Regierungs-, Gesellschafts- und Wirtschaftssystem eingeführt. Die Vereinigten Staaten bekämpften das neue Regime wirtschaftlich und politisch. Ein Beweggrund war, dass nach der kubanischen Revolution zahlreiche US-amerikanische Kapitaleigner von den Verstaatlichungen der sozialistischen Regierung betroffen gewesen waren. Mit einer durch den amerikanischen Geheimdienst CIA geplanten und von Exil-Kubanern durchgeführten, aber letzten Endes gescheiterten

5

2 **Atomwaffen-Angriffsübung einer amerikanischen Grundschulklasse**, Florida 1962

Invasion in der Schweinebucht am 17. April 1961 zielte die amerikanische Regierung sogar auf einen militärischen Umsturz des sozialistischen Regimes in Kuba. Zum Schutz gegen die Vereinigten Staaten wandte sich Kuba an die Sowjetunion. Diese gewann nun mit dem sozialistischen Regime Fidel Castros einen neuen Alliierten in der unmittelbaren Nachbarschaft des ideologischen Rivalen.

Eine sowjetische Raketenbasis vor der Haustür

Am Morgen des 14. Oktober 1962 fotografierte ein amerikanisches Aufklärungsflugzeug erste Spuren einer auf Kuba entstehenden Basis für sowjetische atomare Trägerwaffen. Die auf der nur ca. 150 Kilometer vom amerikanischen Festland entfernten Karibikinsel stationierten Mittelstreckenraketen bedrohten fast das gesamte Territorium der USA. Durch die erfolgreiche Stationierung von Systemen gewissermaßen vor der amerikanischen Haustür wollte die Sowjetunion offenbar ihre Unterlegenheit im nuklearen, insbesondere jedoch im strategischen Bereich der Interkontinentalraketen ausgleichen. Zudem wollte sie ein Gegengewicht zu den US-Raketenbasen in der Türkei in die Hand bekommen. Während amerikanische Militärs in Form einer Invasion oder Bombardierung Kubas einen sofortigen Präventivschlag forderten, lehnte US-Präsident John F. Kennedy dies mit Blick auf die großen Gefahren für den Weltfrieden, die damit verbunden waren, ab und steuerte einen maßvolleren Kurs. Er verkündete seinerseits am 22. Oktober 1962 in einer Fernsehansprache an die Nation die Verhängung einer amerikanischen Seeblockade für Kuba, drohte mit einer gewaltsamen Intervention und forderte ultimativ den bedingungslosen Abzug der dort stationierten sowjetischen Abschussrampen und Nuklearraketen. Zudem wurden die strategischen amerikanischen Luftstreitkräfte zum ersten und einzigen Mal im Verlauf des „Kalten Krieges" in die höchste Alarmbereitschaft versetzt.

Als sich sowjetische Schiffe mit weiteren Raketenlieferungen der amerikanischen Schiffsblockade zusehends näherten und strategische amerikanische Bomber in die Luft stiegen, stand die Welt am Rande eines Atomkrieges. Nur durch einen

Briefwechsel zwischen dem sowjetischen Regierungschef Nikita Chruschtschow und Kennedy, in welchem der sowjetische Staatschef Kennedy einen Abzug der sowjetischen Raketen auf Kuba unter Aufsicht der Vereinten Nationen in Aussicht stellte, wurde im letzten Moment eine Katastrophe verhindert. Die Sowjetunion stoppte ihre Schiffe und veranlasste deren Rückkehr. Am 28. Oktober 1962 ordnete sie außerdem den Abzug der auf Kuba stationierten Nuklearraketen an. Kennedy versprach Chruschtschow seinerseits, keinen Versuch zu unternehmen, das sozialistische Regime auf Kuba durch ein militärisches Eingreifen zu stürzen. In einem Geheimabkommen wurde außerdem vereinbart, dass die von der Sowjetunion monierten, in der Türkei stationierten amerikanischen „Jupiter"-Raketen im Frühjahr 1963 entfernt würden. (Darstellung der Krise in einem kubanischen Schulbuch: **Online-Link** 430027-0504)

Einrichtung des „heißen Drahts"

Die Kubakrise wurde zu einem Wendepunkt im Kalten Krieg und schärfte das Bewusstsein für die Notwendigkeit einer verbesserten Kommunikation und Politik der nuklearen Kooperation, durch die die Entstehung ähnlicher Konfliktsituationen von vornherein vermieden werden sollte. Hatten sich Kennedy und Chruschtschow während der Kubakrise noch umständlich durch den Austausch von Briefen bzw. über Rundfunk und Fernsehen verständigen müssen, so wurde nun ein „rotes Telefon" bzw. ein „heißer Draht" – also eine direkte Fernschreibverbindung zwischen dem Weißen Haus in Washington und dem Kreml in Moskau – eingerichtet, damit die Regierungschefs fortan in Krisenzeiten direkt und umgehend miteinander verhandeln konnten. Für Kennedy war dieses nur Teil einer umfassenden „Strategie des Friedens", die er am 10. Juni 1963 in einer Rede vor der Washington-Universität verkündete.

3 Werbebild für einen privaten Atombunker, USA 1950er-Jahre

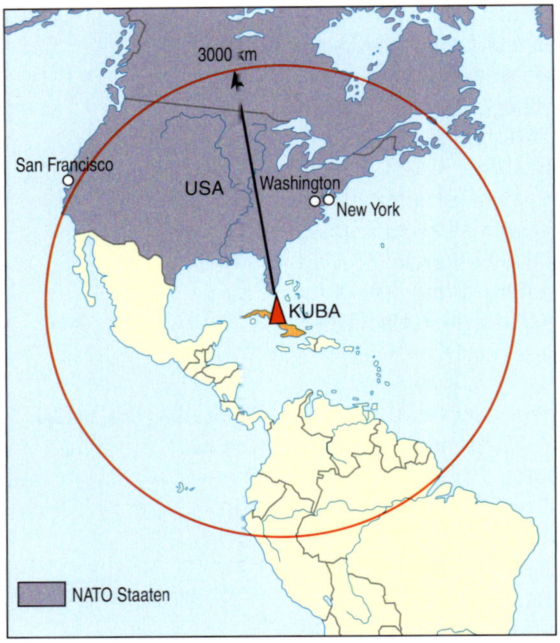

4 Nukleare Bedrohung auf dem Höhepunkt des Kalten Krieges
Einsatzradien der 1962 in Kuba stationierten sowjetischen und in der Türkei stationierten amerikanischen Atomraketen

Die Krise führte außerdem zur Wiederaufnahme und Intensivierung der von Kennedy befürworteten Gespräche über Rüstungskontrolle und Rüstungsbegrenzung. Der Anfang wurde am 5. August 1963 mit dem „Moskauer Vertrag" gemacht, einem begrenzten Atomteststoppabkommen zwischen der Sowjetunion, den Vereinigten Staaten und Großbritannien. Dieses verbot fortan jegliche Kernwaffenversuche in der Atmosphäre, im Weltraum und unter Wasser. Zudem war der Vertrag der erste Schritt hin zu einer Nichtverbreitungspolitik der Nuklearmächte, die verhindern wollten, dass weitere Staaten in den Besitz von Kernwaffen kamen bzw. zu Kernwaffenstaaten aufstiegen. Der nächste Schritt auf diesem Weg war der am 1. Juli 1968 von den Vereinigten Staaten, Großbritannien und der Sowjetunion geschlossene und 1970 in Kraft getretene Atomwaffensperrvertrag. Der Vertrag untersagte den Kernwaffenstaaten die Weitergabe von Kernwaffen an Dritte und verpflichtete sie zu einer nuklearen Abrüstung.

Atomwaffensperrvertrag

Vietnamkrieg

Doch schon bald fühlten sich die Vereinigten Staaten durch aufkommenden kommunistischen Druck in Vietnam erneut herausgefordert. Nachdem sich die bisherige Kolonialmacht Frankreich nach ihrer Niederlage im Indochinakrieg (1946–1954) gegen die kommunistische Befreiungsbewegung Ho Chi Minh zurückgezogen hatte, wurde noch 1954 durch die Indochinakonferenz in Genf eine Teilung des Landes in den kommunistischen Norden unter der Regierung Ho Chi Minhs und dem westlich orientierten Süden unter der Regierung Ngo Dinh Diems beschlossen.

Zwar sah die Schlusserklärung des Genfer Abkommens für 1956 die Abhaltung freier Wahlen für ganz Vietnam und eine Wiedervereinigung des Landes vor, doch diese Erklärung wurde von den Vereinigten Staaten nur zur Kenntnis genommen, nicht aber unterzeichnet, da sich bei den Wahlen mit großer Wahrscheinlichkeit Ho Chi Minh in ganz Vietnam durchgesetzt hätte. Diem errichtete in Südvietnam eine antikommunistische Diktatur, die jede Opposition unterdrückte und sich weigerte, mit der Demokratischen Republik Vietnam (DRV) des Nordens für die vorgesehenen gesamtvietnamesischen Wahlen zusammenzuarbeiten. Die amerikanische Vietnampolitik orientierte sich dabei an der schon 1953 von US-Präsident Dwight D. Eisenhower vertretenen „Domino-Theorie": Um zu verhindern, dass in Indochina weitere Staaten in einer Art Kettenreaktion dem Kommunismus zum Opfer fielen, unterstützten die Vereinigten Staaten die südvietnamesische Regierung Diems und nach dessen Ermordung 1963 auch die nachfolgende Militärdiktatur Nguyen Van Thieus. Da Ho Chi Minh und Nordvietnam von der Sowjetunion und China mit Waffen beliefert wurden, griffen die Vereinigten Staaten immer massiver auf Seiten Südvietnams in die Kämpfe gegen Widerstandsgruppen wie beispielsweise die Vietcong ein und entsandten ab 1965 auch eigene Bodentruppen. Daraufhin griff auch Nordvietnam mit ganzer Kraft in den sich zunehmend zu einer direkten Konfrontation zwischen Ost und West ausweitenden Bürger- und Guerillakrieg ein. Zum Ende des Krieges hin ging es nicht mehr nur um die Zurückdrängung des Kommunismus, sondern stand auch das Prestige der Vereinigten Staaten und ihr Status als Weltmacht auf dem Spiel. Trotz modernster Waffentechnik und Kriegsführung konnten sich die Vereinigten Staaten in einem Dschungelkrieg mit wenigen festen Fronten nicht gegen die Guerillataktik der durch die nordvietnamesische Armee unterstützten Vietcong durchsetzen.

Nachdem diese Art der Kriegsführung zuletzt von immer mehr Amerikanern verurteilt wurde, führte der Nachfolger Lyndon B. Johnsons, US-Präsident Richard Nixon, ab 1968 Friedensverhandlungen. Erst am 27. Januar 1973 kam es jedoch in Paris mit der Unterzeichnung des „Abkommens über die Kriegsbeendigung und Friedenswiederherstellung in Vietnam" zu einem Waffenstillstand und amerikanischen Truppenabzug.

5 Massaker in My Lai
Fotoaufnahme von US-Soldaten ermordeter Zivilisten in My Lai (16. März 1968)

6 „Der Spion, der mich liebte"
Nach dem rätselhaften Verschwinden eines britischen und eines sowjetischen Atom-U-Bootes auf hoher See beauftragt der britische Auslandsgeheimdienst James Bond mit der Aufklärung des Falls. Die Sowjets wiederum setzen ihre Spionin Major Anya Amasova (Deckname „Triple X") als konkurrierende Agentin ein. Der Film thematisiert gleichzeitig die bestehende Rivalität zwischen Ost und West im Kalten Krieg als auch deren gegenseitige Annäherung im Zuge eines in den 1970er-Jahren einsetzenden außenpolitischen „Tauwetters". Plakat eines James-Bond-Films 1977

Der amerikanische Prestigeverlust war enorm, das Vertrauen in den amerikanischen Schutz dahin und zudem war den Vereinigten Staaten der Nimbus der Unbesiegbarkeit genommen. Das Land stürzte in eine tiefe Krise des Selbstvertrauens – ein Trauma, das die außenpolitischen Aktivitäten für Jahrzehnte prägen sollte.

Trotz der bestehenden Konflikte und Auseinandersetzungen, welche die Labilität des Gleichgewichts zwischen den beiden ideologischen Blöcken und die Unversöhnlichkeit ihrer Systeme stets von neuem vor Augen führte, gab es in der Zeit des Kalten Krieges auch Phasen der Entspannung im Verhältnis zwischen den Vereinigten Staaten und der Sowjetunion. Doch erst die Einsicht in die Gefahren und Möglichkeiten eines weltweiten Atomkrieges infolge der Kubakrise ergaben in der amerikanischen Außenpolitik Neuorientierungen, durch die eine wirkliche Entspannungspolitik zwischen den Vereinigten Staaten sowie der Sowjetunion entscheidend vorangebracht wurde. Die beiden atomar gerüsteten Führungsmächte kamen nun zu der Erkenntnis, dass man alles tun müsse, um Eskalationen zu vermeiden und zu verhindern, dass aus lokalen Konflikten globale Krisen wurden. Diese Politik der Entspannung, die 1969 begann, bemühte sich vor allem um eine Verbesserung der politischen Atmosphäre und um größere Rationalität und Transparenz im Rüstungswesen. Anders als die bisher verfolgte Zielsetzung, den Gegner durch die Bereitstellung eines starken militärischen Drohpotentials abzuschrecken, war die Entspannungspolitik ein Versuch, den Spannungsgrad des Ost-West-Konflikts zu reduzieren und auf der Basis des Status quo zu einer Zusammenarbeit zu gelangen.

Rüstungsbegrenzungen und -kontrolle

Das Anfang der 1970er-Jahre eingetretene atomare und ballistische Patt ließ einen weiteren Rüstungswettlauf aussichtslos erscheinen. Hinzu kamen die enormen finanziellen Belastungen durch die Rüstungsfinanzierung, denen beide Seiten – insbesondere jedoch die Sowjetunion – ausgesetzt waren. Daher ließen die nun einsetzenden Verhandlungen und Abkommen zur Rüstungsbegrenzung und Rüstungskontrolle, vor allem jedoch die Konferenz von Helsinki (1973–1975) über die „Sicherheit und Zusammenarbeit in Europa" (KSZE) Hoffnungen auf eine wirkliche Entspannung im Verhältnis zwischen den Vereinigten Staaten und der Sowjetunion aufkommen. In den nachfolgenden Jahren wurden Verträge über Rüstungsbegrenzungen nuklearer Atomraketen vereinbart (SALT I- und SALT II-Abkommen).

Zweite „Eiszeit"

Ronald Reagan, der 1980 die Präsidentschaftswahlen gewann, versprach durch den eindeutigen Standpunkt „Frieden durch Stärke" die Abkehr von jeglicher Entspannungspolitik und die Rückkehr zur alten globalen Vormachtstellung der Vereinigten Staaten („America first"). Für Reagan war der Konflikt zwischen Ost und West nicht nur ein Ringen um Macht und Einfluss, sondern auch ein ideologischer Kampf zwischen zwei grundverschiedenen und nicht miteinander zu vereinbarenden Weltanschauungen. Er prägte denn auch die Bezeichnung der Sowjetunion als „Reich des Bösen" (Empire of Evil). Mit seiner von 1980 bis 1984 verfolgten Politik der Rüstungserhöhungen (von 1981 bis 1985 stieg das amerikanische Verteidigungsbudget von 178,4 auf 286,8 Milliarden Dollar) und einem entschiedenen Antikommunismus stieß er in der amerikanischen Bevölkerung auf eine relativ breite Zustimmung. Den Höhepunkt der militärischen Planungen der Vereinigten Staaten stellte die „Strategic Defense Initiative" (SDI) – ein ganz Amerika schützendes Raketenabwehrsystem – dar, ein Projekt, welches populär als „Star Wars" bezeichnet zwar nie durchgeführt wurde, aber die neuen Dimensionen eines amerikanischen Rüstungswahns aufzeigte und die militärische Konfrontation der Blöcke als unvermeidbar erscheinen ließ.

7 Anti-Star-Wars-Button 1983

Verständigung und Abrüstung

Dennoch wurden am 30. November 1981 in Genf die Verhandlungen über nukleare Mittelstreckenraketen sowie im Juni 1982 die Rüstungskontrollgespräche als Gespräche über die Reduzierung strategischer Waffen wieder aufgenommen. Störte das von Reagan verkündete Verteidigungsprogramm im März 1983 noch die Abrüstungsgespräche, so brachte es Ende 1984 die Sowjetunion zurück an den Verhandlungstisch. Ziel war es jetzt, nicht nur über eine Reduzierung des Raketenarsenals die Militärausgaben zu senken, sondern auch eine Militarisierung des Weltraums, mithin das SDI-Projekt, zu verhindern. Im Gegenzug für massive Abrüstungsschritte, die die Sowjetunion im Frühjahr 1985 vorschlugen, sollten die Vereinigten Staaten auf ihr Raketenabwehrprogramm verzichten.

SDI

8 Schwierige Verständigung
Gorbatschow und Reagan auf der Genfer Abrüstungskonferenz 1985 im Gespräch mit ihren Dolmetschern

5

Die eigentliche Wende im mittlerweile nahezu fünfzig Jahre anhaltenden Ost-West-Konflikt ging von der Sowjetunion aus. Ihr neuer Generalsekretär Michael Gorbatschow unterbreitete bereits im Jahre seines Amtsantritts 1985 weit reichende Abrüstungsvorschläge. Seiner Innenpolitik der Offenheit *(Glasnost)* und Umgestaltung bzw. Umbau *(Perestroika)* entsprach in der Außenpolitik der Wille zur Verständigung und Abrüstung. Bei Reagans Deutschlandbesuch im Sommer 1987 ging selbiger mit seiner Rede vor dem Brandenburger Tor – in welcher er den sowjetischen Staats- und Parteichef aufforderte, seine Reformpolitik auch wirklich umzusetzen und die Berliner Mauer als Symbol der Unfreiheit abzureißen – in die Geschichte ein.

Ende des Kalten Krieges

Das Ergebnis der Verhandlungen zwischen Reagan und Gorbatschow waren der Abbau aller in Europa stationierten Interkontinentalraketen und Atomsprengköpfe sowie wirksame Möglichkeiten zur Kontrolle dieser Maßnahmen. Nach mehreren Konferenzen der beiden Großmächte wurde 1990 schließlich das Ende des Kalten Krieges verkündet. Am 31. Juli 1991 wurde von Gorbatschow und Reagans Nachfolge George Bush in Moskau der START-I-Vertrag unterzeichnet – ein Abkommen, welches nicht nur eine Reduzierung der nuklearen Trägersysteme, sondern erstmals auch strenge Kontroll- und Verifikationsmöglichkeiten (Vor-Ort-Inspektionen) vorsah.

9 **„Durch vereinten Schlag"**
Sowjetische Propagandapostkarte für die Anti-Hitler-Koalition aus der Zeit des Zweiten Weltkrieges

10 Der Zerfall der Anti-Hitler-Koalition

Aus dem Bericht des britischen Außenministers Eden über sein Gespräch mit dem sowjetischen Botschafter Maisky am 31. August 1943:

Maiksy führte des Weiteren aus, es gebe zwei mögliche Wege, Europa nach dem Krieg zu organisieren. Entweder könnten wir übereinkommen, dass jeder eine Interessenssphäre habe, die Russen im Osten und wir und die Amerikaner im Westen. Er seinerseits glaube nicht, dass dies ein guter Plan sei, aber wenn er angewandt würde, sollten wir die Freiheit haben, die Russen von der Mitwirkung an den französischen Angelegenheiten, im Mittelmeer und so weiter auszuschließen, und die Russen würden eine ähnliche Freiheit im Osten für sich beanspruchen. Wenn andererseits wir beide und die Vereinigten Staaten übereinkämen, Europa als Einheit zu betrachten, was seine Regierung nachdrücklich bevorzuge, dann müsse jeder dem anderen das Recht zubilligen, ein Interesse in allen Teilen Europas zu haben. Wenn wir uns um die Tschechoslowakei und um Polen kümmerten, dann müssten wir auch das russische Interesse an Frankreich und dem Mittelmeerraum verstehen.

Klaus von Beyme/Ernst-Otto Czempiel/Peter Graf Kielmannsegg (Hrsg.): Funkkolleg Politik 11. Weinheim o.J., S.65.

11 Ideologische Machtansprüche

Stalin am Ende des Zweiten Weltkrieges:

Dieser Krieg ist nicht wie in der Vergangenheit; wer immer ein Gebiet besitzt, erlegt ihm auch sein eigenes gesellschaftliches System auf. Jeder führt sein eigenes System ein, so weit seine Armee vordringen kann. Es kann gar nicht anders sein.

Milovan Djilas: Gespräche mit Stalin. Frankfurt/Main 1962, S.146. Übers. Hermann Junius

12 Der „Eiserne Vorhang"

Aus einer Rede des ehemaligen britischen Premierministers Winston S. Churchill in Fulton am 5. März 1946:

Ein Schatten ist auf die Erde gefallen, die erst vor kurzem durch den Sieg der Alliierten hell erleuchtet worden ist. Niemand weiß, was Sowjetrussland und die kommunistische internationale Organisation in der nächsten Zukunft zu tun gedenken oder was für Grenzen ihren expansionistischen und Bekehrungstendenzen gesetzt sind, wenn ihnen überhaupt Grenzen gesetzt sind. […] Von Stettin an der Ostsee bis hinter nach Triest an der Adria ist ein „Eiserner Vorgang" über den Kontinent gezogen. Hinter jener Linie liegen alle Hauptstädte der alten Staaten Zentral- und Osteuropas: Warschau, Berlin, Prag, Wien, Budapest, Belgrad, Bukarest und Sofia. Alle jene berühmten Städte liegen in der Sowjetsphäre und alle sind sie in dieser oder jener Form nicht nur dem sowjetrussischen Einfluss ausgesetzt, sondern auch in ständig zunehmendem Maße der Moskauer Kontrolle unterworfen. […] Welches auch die Schlussfolgerungen sind, die aus diesen Tatsachen gezogen werden können, eines steht fest, das ist sicher nicht das befreite Europa, für dessen Aufbau wir gekämpft haben.

Archiv der Gegenwart, XVI./XVII. (1946), S.669 f.

13 Stalins Reaktion

Aus einem Interview des sowjetischen Staatschefs J. W. Stalin anlässlich der Fulton-Rede Churchills vom 14. März 1946:

Frage: Wie schätzen Sie die letzte Rede Churchills ein, die er in den Vereinigten Staaten von Amerika hielt?

Stalin: Ich schätze sie als einen gefährlichen Akt ein, der zum Ziele hat, Zwietracht zwischen den verbündeten Staaten zu stiften und ihre Zusammenarbeit zu erschweren.

Frage: Muss man damit rechnen, dass die Rede Churchills der Sache des Friedens und der Sicherheit Schaden zufügt?

Stalin: Ja, unbedingt. Im Grunde genommen nimmt Churchill jetzt die Stellung der Kriegsbrandstifter ein und Churchill steht hierbei nicht allein – er hat nicht nur in England, sondern auch in den Vereinigten Staaten von Amerika Freunde. Man muss bemerken, dass Churchill und seine Freunde in dieser Beziehung auffallend an Hitler und seine Freunde erinnern. […] Es ist unbezweifelbar, dass die Einstellung Churchills eine

Einstellung für den Krieg ist, ein Aufruf zu einem Krieg gegen die UdSSR.

Tägliche Rundschau, Berlin, Nr. 51 vom 14.3.1946.

14 Ideologische Feindbilder (I)

George F. Kennan, amerikanischer US-Botschafter in Moskau, urteilte am 22. Februar 1946 in einem „langen Telegramm" nach Washington:

Die Erfordernisse ihrer eigenen vergangenen und gegenwärtigen Position sind es, die die sowjetische Führung dazu zwingen, ein Dogma zu verkünden, nach dem die Außenwelt böse, feindselig und drohend, aber zugleich von einer schleichenden Krankheit befallen und dazu verurteilt ist, von immer stärker werdenden inneren Kämpfen zerrissen zu werden, bis sie schließlich von der erstarkenden Macht des Sozialismus den Gnadenstoß erhält und einer neuen und besseren Welt weicht. [...] Wo es angezeigt und Erfolg versprechend scheint, wird man versuchen, die äußeren Grenzen der Sowjetmacht zu erweitern. Im Augenblick beschränken diese Bemühungen sich auf gewisse Punkte in der Nachbarschaft, die man hier für strategisch notwendig hält. [...] Alles in allem haben wir es mit einer politischen Kraft zu tun, die sich fanatisch zu dem Glauben bekennt, dass es mit Amerika keinen dauernden Modus Vivendi [Zustand erträglichen Zusammenlebens] geben kann, dass es wünschenswert und notwendig ist, die innere Harmonie unserer Gesellschaft, unsere traditionellen Lebensgewohnheiten und das internationale Ansehen unseres Staates zu zerstören, um der Sowjetmacht Sicherheit zu verschaffen. [...] Sie arbeitet nicht nach festgelegten Plänen. Sie geht keine unnötigen Risiken ein. Der Logik der Vernunft unzugänglich, ist sie der Logik der Macht in hohem Maße zugänglich. Daher kann sie sich ohne weiteres zurückziehen – und tut das im Allgemeinen –, wenn sie irgendwo auf starken Widerstand stößt. Wenn also dem Gegner genügend Hilfsmittel zur Verfügung stehen und er die Bereitschaft zu erkennen gibt, sie auch einzusetzen, wird er das selten tun müssen. [...] Viel hängt von der Gesundheit und Kraft unserer eigenen Gesellschaft ab. Der Weltkommunismus ist wie ein bösartiger Parasit, der sich nur von erkranktem Gewebe nährt.

George F. Kennan: Memoiren eines Diplomaten, Band 1. Stuttgart 1968, S. 553ff. Übers. Heidi von Alten

15 Kritische Literatur in der McCarthy-Ära

Der US-amerikanische Romancier Philip Roth setzte sich in seinem Buch „Mein Mann, der Kommunist" sehr kritisch mit dem Hang der McCarthy-Ära, Andersdenkende zu diskriminieren, auseinander. Der Roman wurde unter dem Titel „I married a Communist" verfilmt und sorgte für zahlreiche Proteste in den USA.

16 Ideologische Feindbilder (II)

Das „Kommunistische Informationsbüro" (Kominform), das weltweit die Aktivitäten der kommunistischen Parteien koordiniert, erklärt 1947:

Der Kampf zwischen den beiden entgegengesetzten Lagern – dem imperialistischen und dem antiimperialistischen – vollzieht sich unter den Bedingungen einer weiteren Verschärfung der allgemeinen Krise des Kapitalismus und der Demokratie. Aus diesem Grund entfalten das imperialistische Lager und seine leitenden Personen in den Vereinigten Staaten eine besonders aggressive Aktivität. Diese wird gleichzeitig nach allen Richtungen entwickelt: in der Richtung militärischer und strategischer Maßnahmen, der wirtschaftlichen Expansion und des ideologischen Kampfes. Der Truman-Marshall-Plan ist nur ein Teil, das europäische Kapitel eines allgemeinen Planes für eine die Welt umfassende expansionistische Politik, die von den Vereinigten Staaten in allen Teilen der Welt verfolgt wird. Der Plan für die wirtschaftliche und politische Versklavung Europas durch den amerikanischen Imperialismus wird durch die Pläne einer wirtschaftlichen und politischen Versklavung Chinas, Indonesiens und der südafrikanischen Länder ergänzt. Die Aggressoren von gestern – die kapitalistischen Magnaten in Deutschland und Japan – werden durch die Vereinigten Staaten von Amerika auf ihre neue Rolle vorbereitet. Sie besteht darin, als Werkzeug der imperialistischen Politik der USA in Europa und Asien zu dienen.

B. Meissner (Hrsg.): Das Ostpakt-System. Frankfurt 1955, S. 98.

17 Die „Truman-Doktrin"

Aus einer Rede des US-Präsidenten Harry S. Truman in einer gemeinsamen Sitzung von Senat und Repräsentantenhaus vom 12. März 1947:

Eines der vornehmsten Ziele der Außenpolitik der Vereinigten Staaten ist die Schaffung von Verhältnissen, unter

18 „Aus dem Wege, Ihr Kriegsbrandstifter!"
Plakat der Sozialistischen Einheitspartei Deutschlands (SED) der Deutschen Demokratischen Republik (DDR) von 1951

denen wir und andere Nationen in der Lage sind, ein Leben frei von Zwang zu führen. Dies war der Grundgedanke im Krieg mit Deutschland und Japan. Unser Sieg wurde über Länder errungen, die darauf ausgingen, anderen Nationen ihren Willen und ihre Lebensweise aufzuzwingen. Um eine friedliche Entwicklung der Nationen, frei von Zwang, sicherzustellen, haben die Vereinigten Staaten den größten Anteil bei der Schaffung der Vereinigten Nationen übernommen. Die Vereinigten Nationen sind dazu ausersehen, dauernde Freiheit und Unabhängigkeit für alle ihre Mitglieder zu ermöglichen. Wir werden jedoch unsere Ziele erst verwirklichen, wenn wir willens sind, freien Völkern bei der Erhaltung ihrer freien Institutionen und ihrer nationalen Integrität gegen Bewegungen zu helfen, die ihnen ein totalitäres Regime aufzwingen wollen. Dies ist nur die Anerkennung der Tatsache, dass totale Regierungsformen, die freien Völkern durch direkte oder indirekte Aggression auferlegt werden, die Grundlagen des internationalen Friedens und damit die Sicherheit der Vereinigten Staaten untergraben.

Den Völkern einer Reihe von Staaten der Welt wurde vor kurzem gegen ihren Willen ein totalitäres Regime aufgezwungen. [...] Im gegenwärtigen Augenblick der Weltgeschichte muss fast jede Nation zwischen zwei verschiedenen Lebensarten wählen. Zu oft ist die Wahl keine freie. Die eine Art zu leben gründet sich auf den Willen der Mehrheit und zeichnet sich durch freie Institutionen, repräsentative Regierungen, freie Wahlen, Garantien der persönlichen Freiheit von politischer Unterdrückung aus. Die zweite Lebensart hat als Grundlagen den Willen einer Minderheit, die mit Gewalt der Mehrheit gegenüber geltend gemacht wird. Sie stützt sich auf Terror und Unterdrückung, kontrollierte Presse und Rundfunk, von vornherein bestimmte Wahlen und auf die Unterdrückung der persönlichen Freiheit. Ich bin der Ansicht, dass wir den freien Völkern beistehen müssen, ihr eigenes Geschick auf ihre Weise zu bestimmen. Ich glaube, dass unser Beistand in erster Linie in Form von wirtschaftlicher und finanzieller Hilfe gewährt werden sollte, eine Hilfe, die wesentlich ist für die wirtschaftliche Stabilität und ordnungsgemäße politische Entwicklung.

Archiv der Gegenwart. 1947, S. 1038 ff.

19 Der Marshallplan

Aus einer Rede des US-Außenministers George Marshall in der Harvard-Universität (5. Juni 1947):

Unsere Politik ist nicht gegen irgendein Land oder eine Doktrin, sondern gegen Hunger, Armut, Verzweifelung und Chaos gerichtet. Ihr Zweck soll es sein, die Weltwirtschaft wiederherzustellen, um das Entstehen politischer und sozialer Verhältnisse zu ermöglichen, unter welchen freie Institutionen existieren können. Jede Regierung, die willens ist, bei der Aufgabe des Wiederaufbaus mitzuwirken, wird, dessen bin ich sicher, seitens der Regierung der Vereinigten Staaten volle Unterstützung erfahren. Eine Regierung, welche den Wiederaufbau anderer Länder zu verhindern sucht, kann keine Hilfe von uns erwarten. Regierungen, politische Parteien oder Gruppen, welche bestrebt sind, das menschliche Elend zu verewigen, um daraus politisch oder in anderer Weise zu profitieren, werden auf den Widerstand der Vereinigten Staaten stoßen.

Helmut Krause/Karlheinz Reif: Die Welt seit 1945. München 1984, S. 370 f.

20 Sowjetische Sichtweisen

Aus dem Informationsbericht G. M. Malenkows, Sekretär beim ZK der KPdSU (September 1947):

Durch den siegreichen Krieg gegen den Faschismus sind die Positionen des Sozialismus und der Demokratie erstarkt, die Positionen des imperialistischen Lagers dagegen geschwächt worden. Eines der wichtigsten Ergebnisse des Zweiten Weltkrieges ist die Erstarkung der Sowjetunion und die Errichtung eines neuen demokratischen Regimes unter der Führung der Arbeiterklasse in einer Reihe von Ländern. […] In den durch die Ausschaltung der Hauptkonkurrenten der USA, Deutschlands und Japans, und durch die Schwächung Englands und Frankreichs entstandenen Verhältnissen sind die USA zu einer neuen unverhüllten Expansionspolitik übergegangen, die auf die Herstellung ihrer Weltherrschaft gerichtet ist. Unter diesen neuen Nachkriegsverhältnissen vollzieht sich eine Wandlung in den Beziehungen zwischen den Kriegsverbündeten von gestern, die gemeinsam gegen das faschistische Deutschland und das imperialistische Japan gekämpft haben.

Es bildeten sich zwei entgegengesetzte Richtungen in der internationalen Politik heraus. Die eine Politik wird von der Sowjetunion und den Ländern der neuen Demokratie gebildet. Die Außenpolitik der Sowjetunion und der demokratischen Länder ist auf die Untergrabung des Imperialismus, auf die Sicherstel-

21 „Back to where it all started“

Karikatur von Michael Cummings in der britischen Zeitung „Daily Express“ vom 24. August 1953

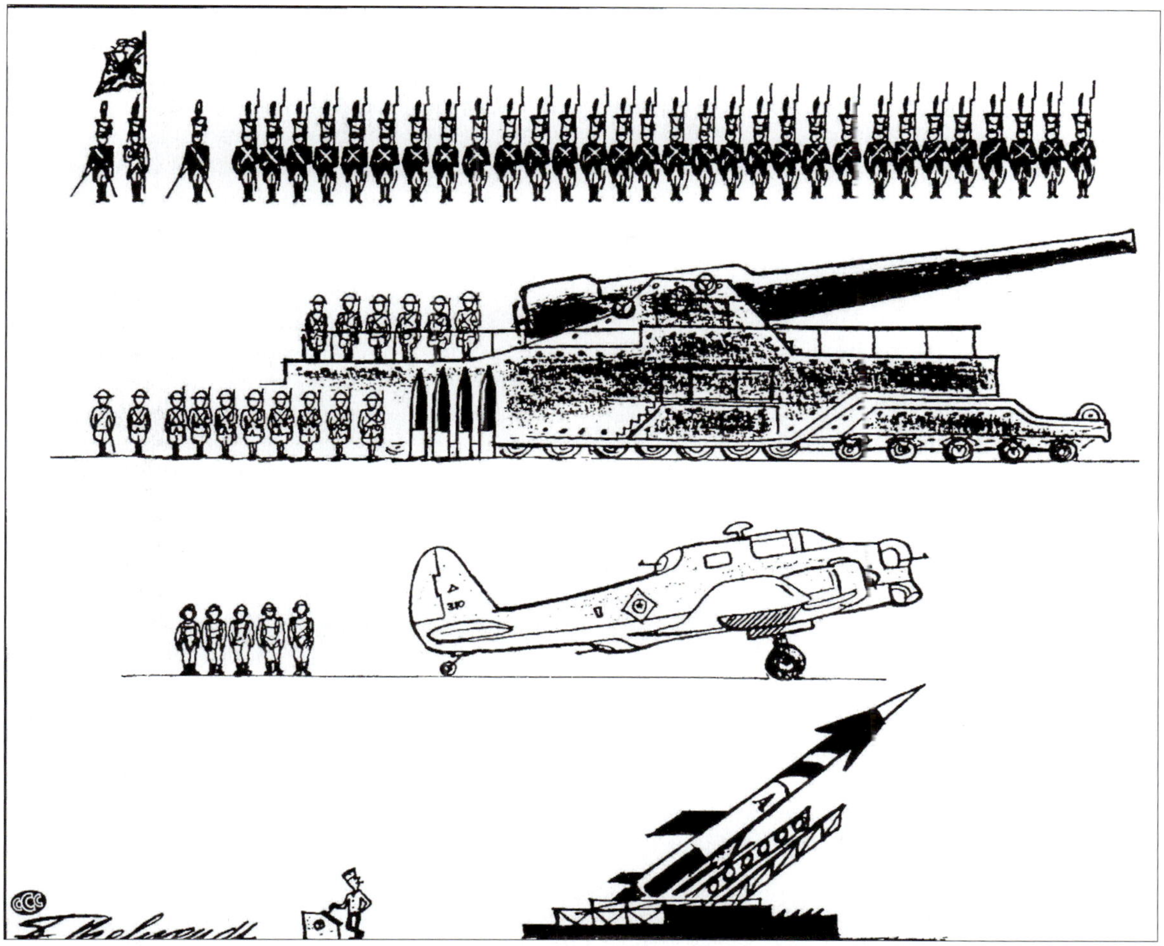

22 **„Als Zeichen unseres Friedenswillens haben wir einen Teil unserer Streitkräfte demobilisiert“**
Karikatur von Fritz Behrendt(1956) zum vermeintlichen Abrüstungswillen der beiden Weltmächte

lung eines festen demokratischen Friedens zwischen den Völkern und auf den größtmöglichen Ausbau der freundschaftlichen Zusammenarbeit der friedliebenden Völker gerichtet. [...] In der anderen Richtung der internationalen Politik ist die herrschende Clique der amerikanischen Imperialisten führend. In dem Bestreben, die Positionen zu festigen, die das amerikanische Monopolkapital während des Krieges in Europa und Asien erobert hat, hat diese Clique nun den Weg der offenen Expansion betreten, den Weg der Versklavung der geschwächten kapitalistischen Länder Europas, der Versklavung der kolonialen und abhängigen Länder, den Weg der Vorbereitung neuer Kriegspläne gegen die UdSSR und die Länder der neuen Demokratie, wobei sie sich des Vorwandes eines Kampfes gegen die „kommunistische Gefahr“ bedient. Den klarsten und konkretesten Ausdruck fand diese Richtung der Politik des amerikanischen Kapitals in den Plänen von Truman und Marshall. [...] Wir gehen von der Tatsache aus, dass für eine längere Periode die Existenz zweier Systeme, des Kapitalismus und Sozialismus, unvermeidlich ist, und verfolgen den Kurs loyaler, gutnachbarschaftlicher Beziehungen zu allen Staaten, die den Wunsch zu freundschaftlicher Zusammenarbeit unter den Bedingungen der Anerkennung des Grundsatzes der Gegenseitigkeit und der Erfüllung übernommener Verpflichtungen bekunden.

Heinrich Bodensieck: Der Kalte Krieg – Weltpolitik 1945–1962. Stuttgart 1971, S. 32 f.

23 Die Zwei-Lager-Theorie

Auszug aus der Rede des sowjetischen Chef-Delegierten Alexejew A. Shdanow bei der Gründung des Kommunistischen Informationsbüros (Kominform) im September 1947:

Die grundlegenden Veränderungen in der internationalen Lage und in der Lage der einzelnen Staaten nach dem Krieg haben das ganze politische Weltbild verändert. Es ist zu einer Neuaufteilung der politischen Kräfte gekommen. Je größer der Zeitraum wird, der uns von der Beendigung des Krieges trennt, desto schärfer heben sich zwei Grundtendenzen in der internationalen Nachkriegspolitik hervor, die der Teilung der politischen Kräfte in zwei Lager entsprechen: in das imperialistische und antidemokratische Lager einerseits und das antiimperialistische und demokratische Lager andererseits. Die führende Hauptkraft des imperialistischen Lagers sind die USA. [...] Die antiimperialistischen und antifaschistischen Kräfte bilden das andere Lager. Die Grundlage dieses Lagers sind die UdSSR und die Länder der neuen Demokratie. [...] Das Ziel dieses Lagers ist der Kampf gegen die Gefahr neuer Kriege und der imperialistischen Expansion, die Befestigung der Demokratie und die Ausrottung der Überreste des Faschismus. Das Ende des Zweiten Weltkriegs hat an alle freiheitsliebenden Völker die überaus wichtige Aufgabe der Gewährleistung eines stabilen demokratischen Friedens gestellt, der den Sieg über den Faschismus festigt.

Keestings Archiv der Gegenwart, 1946/47

24 Auftakt der Kubakrise

Rede des amerikanischen Präsidenten John F. Kennedy vom 22. Oktober 1962:

Im Laufe der letzten Wochen haben eindeutige Beweise die Tatsache erhärtet, dass derzeit auf dieser unterdrückten Insel [Kuba] mehrere Anlagen für Angriffsraketen errichtet werden. Der Zweck dieser Anlagen kann nur darin bestehen, die Möglichkeit eines Atomschlags gegen die westliche Hemisphäre zu schaffen. [...] Aber diese geheime, schnelle und außerordentliche Massierung kommunistischer Raketen in einem Gebiet, von dem sehr gut bekannt ist, dass es besondere und geschichtliche Bindungen zu den Vereinigten Staaten und den Nationen der westlichen Hemisphäre hat – diese plötzliche und heimliche Entscheidung, zum ersten Mal außerhalb der Sowjetunion strategische Waffen zu stationieren, ist eine absichtlich provokatorische und ungerechtfertigte Veränderung des Status quo, die von unserem Land nicht hingenommen werden kann, wenn unser Mut und unsere Versprechungen von Freund und Feind noch ernst genommen werden sollen. [...] Unser unerschütterliches Ziel muss es deshalb sein, den Einsatz dieser Raketen gegen dieses oder irgendein anderes Land zu verhindern und ihren Abzug oder ihre Beseitigung aus der westlichen Hemisphäre sicherzustellen. [...] Wir werden nicht verfrüht oder unnötigerweise einen weltweiten Kernwaffenkrieg riskieren, bei dem selbst die Früchte des Sieges in unserem Munde zu Asche würden. Aber wir werden vor diesem Risiko auch nicht zurückschrecken, wenn wir ihm gegenüberstehen.

Wolfgang Jäger: Die Geschichte der USA – Von der Kolonialzeit zu den Herausforderungen des 21. Jahrhunderts. Berlin 2005, S.171.

25 Amerikanisches Aufklärungsfoto vom Bauplatz für eine Raketenabschussrampe in Kuba 1962

26 Kennedys „Rede an die Nation“

Aus einer Rundfunk- und Fernsehansprache des US-Präsidenten John F. Kennedy vom 23. Oktober 1962:

Meine Regierung hat, wie angekündigt, den militärischen Aufbau der Sowjets auf der Insel Kuba auf das Genaueste beobachtet. In der vergangenen Woche haben eindeutige Beweise die Tatsache erhärtet, dass gegenwärtig eine Reihe offensiver Abschussrampen auf dieser in ein Gefängnis verwandelten Insel vorbereitet wird. Der Zweck dieser Basen kann nur sein, eine nukleare Angriffskapazität gegen die westliche Hemisphäre zu schaffen. [...] Die rasche Umwandlung Kubas in einen wichtigen strategischen Stützpunkt – durch das Vorhandensein dieser großen, weit reichenden und eindeutig offensiven Waffen der plötzlichen Massenvernichtung – stellt eine ausdrückliche Bedrohung des Friedens und der Sicherheit aller amerikanischen Staaten, [...] der Tradition unserer Nation und unserer Hemisphäre [...] sowie meiner eigenen öffentlichen Warnungen an die Sowjets vom 4. und 13. September 1962 dar. Diese Handlung widerspricht auch den wiederholten Zusicherungen sowjetischer Sprecher, die sowohl öffentlich als auch privat abgegeben wurden, dass der Rüstungsaufbau in Kuba seinen ursprünglich defensiven Charakter behalten würde und dass die Sowjetunion es weder nötig habe noch wünsche, strategische Raketen auf dem Territorium irgendeiner anderen Nation zu stationieren. [...]

Ich appelliere an Ministerpräsident Chruschtschow, diese heimliche, unbesonnene und provokatorische Bedrohung des Weltfriedens und der stabilen Beziehungen zwischen unseren beiden Ländern zu beenden. Ich appelliere ferner an ihn, dieses Streben nach Weltherrschaft aufzugeben und sich an einem historischen Bemühen zu beteiligen, das gefährliche Wettrüsten zu beenden und die Geschichte der Menschheit zu wandeln. Er hat jetzt eine Gelegenheit, die Welt vor dem Abgrund der Vernichtung zu bewahren, indem er sich auf die Worte seiner eigenen Regierung besinnt, dass keine Notwendigkeit für die Stationierung von Raketen außerhalb des eigenen Territoriums besteht, und diese Waffen aus Kuba abzieht.

Archiv der Gegenwart, 26./28.10.1962, S. 10193f.

28 Game of International Power Politics

Unter dem Originaltitel „Summit – The Top Level Game of Global Strategy“ erschien 1961 dieses Gesellschaftsspiel für Erwachsene. Die Spieler suchen darin ihre Gegner durch wirtschaftliche Stärke und militärische Bedrohung zu beeinflussen. Im Handbuch heißt es: „Vergleichen Sie manche Ihrer Spielzüge mit den Tagesnachrichten – Sie werden feststellen, dass vieles übereinstimmt“. Nach dem Ende der Kubakrise 1962 schossen die Verkaufszahlen des Spiels in die Höhe.

27 Kennedys „Quarantäne“-Proklamation

Am 24. Oktober 1962 verkündete Kennedy die Verhängung einer Waffensperre gegen Kuba:

Angesichts der Tatsache, dass in einer vom amerikanischen Kongress verabschiedeten und am 3. Oktober 1962 gebilligten gemeinsamen Resolution erklärt wurde, dass die Vereinigten Staaten entschlossen sind, mit allen etwa erforderlichen Mitteln, einschließlich der Anwendung von Waffengewalt, das marxistisch-leninistische Regime auf Kuba daran zu hindern, durch Gewalt oder Gewaltandrohung seine aggressiven oder umstürzlerischen Tätigkeiten auf andere Teile dieser Hemisphäre auszudehnen und zu verhindern, dass in Kuba ein von außen unterstütztes militärisches Potential aufgebaut oder eingesetzt wird, das die Sicherheit der Vereinigten Staaten gefährdet, [...] und um zu verhindern, dass die Raketen mit offensiver Kapazität auf Kuba jemals eine aktive Bedrohung des Friedens und der Sicherheit des Kontinents werden: – proklamiere ich, John F. Kennedy, Präsident der Vereinigten Staaten von Nordamerika, [...] hiermit, dass die unter meinem Befehl stehenden Streitkräfte angewiesen sind, vom 24. Oktober 1962, 2 Uhr nachmittags Greenwicher Zeit an die Auslieferung von Offensivwaffen und hiermit in Verbindung stehendem Material an Kuba gemäß in dieser Anordnung enthaltenen Anweisungen zu unterbinden [...].

Dies schließt auch die Festlegung von Verbots- und Sperrzonen in angemessener Entfernung von Kuba und vorgeschriebener Kurse ein. Jedes Schiff oder Boot, das in Richtung Kuba fährt, kann angehalten und angewiesen werden, sich, seine Ladung, seine Ausrüstung und Vorräte sowie seine Bestimmungshäfen zu identifizieren, zu stoppen, beizudrehen, ein Betreten und eine Durchsuchung zuzulassen oder einen vorgeschriebenen Kurs zu laufen. Jedes Schiff oder Boot, das sich diesen Anordnungen entzieht oder sich weigert, ihnen nachzukommen, wird aufgebracht werden [...].

Archiv der Gegenwart 1962, S. 10197f.

5

29 Sowjetische Reaktion auf die Waffensperre

Aus der Antwort des Kremlchefs Nikita Chruschtschow auf Kennedys „Quarantäne" – Proklamation vom 26. Oktober 1962:

Ich versichere Ihnen im Namen der sowjetischen Regierung und des sowjetischen Volkes, dass Ihre Schlussfolgerungen in Bezug auf Offensivwaffen auf Kuba vollkommen unbegründet sind. […] Alle Waffen – das versichere ich Ihnen – sind defensiver Art; sie sind ausschließlich zu Verteidigungszwecken in Kuba gedacht und wir haben sie auf Bitten der kubanischen Regierung nach Kuba entsandt. […] Sie haben nun piratenhafte Maßnahmen der Art angekündigt, die man im Mittelalter praktiziert hat, als man Schiffe überfiel, die internationale Gewässer befuhren; und Sie haben das eine „Quarantäne" um Kuba genannt. Unsere Schiffe werden wahrscheinlich bald die Zone erreichen, in der Ihre Kriegsmarine patrouilliert. […] Lassen Sie uns deshalb staatsmännische Klugheit beweisen. Ich schlage vor: Wir erklären unsererseits, dass unsere Schiffe mit Kurs auf Kuba keine Waffen an Bord haben. Sie erklären, dass die Vereinigten Staaten weder mit eigenen Truppen eine Invasion in Kuba durchführen werden noch andere Truppen unterstützen werden, die eine Invasion in Kuba planen könnten. Damit hätte sich die Präsenz unserer Militärexperten in Kuba erübrigt.

Bern Greiner: Kuba-Krise – 13 Tage im Oktober. Nördlingen 1988, S. 319 ff.

31 Sowjetisches Vergleichsangebot

Aus der zweiten Botschaft Chruschtschows an Kennedy vom 27. Oktober 1962:

Sie wollen die Sicherheit Ihres Landes gewährleisten und dies ist verständlich. Das will aber auch Kuba. Alle Länder wollen ihre Sicherheit gewährleisten. Wie aber sollen wir, die Sowjetunion, soll unsere Regierung Ihre Handlungen bewerten, die darin Ausdruck finden, dass Sie die Sowjetunion mit Militärstützpunkten eingekreist haben, buchstäblich rings um unser Land Militärstützpunkte angelegt und dort Raketenwaffen stationiert haben? Das ist kein Geheimnis. Verantwortliche amerikanische Männer erklären dies demonstrativ. Ihre Raketen sind in Großbritannien stationiert, sie sind in Italien stationiert und sie sind gegen uns gerichtet. Ihre Raketen sind in der Türkei stationiert. Sie sind wegen Kuba beunruhigt. Sie sagen, dass es Sie beunruhigt, weil es 90 Seemeilen von der Küste der USA entfernt liegt. Doch die Türkei liegt in unserer Nähe, unsere Wachtposten gehen auf und ab und blicken einander an. Sie halten sich also für berechtigt, für Ihr Land Sicherheit und die Entfernung jener Waffen zu fordern, die Sie als offensiv bezeichnen, erkennen aber uns dies Recht nicht zu. Sie haben doch zerstörende Raketenwaffen, die Sie offensiv nennen, in allernächster Nähe von uns, in der Türkei stationiert. Wie vereinbart sich denn aber die Anerkennung unserer in militärischer Beziehung gleichen Möglichkeiten mit solchen ungleichen

30 **„Was für eine Frechheit, mir Raketen vor die Tür zu stellen!"**, Evening Standard 1962

32 **„Einverstanden, Herr Präsident, wir wollen verhandeln …“**

Karikatur aus der britischen Zeitung „Daily Mail“ von 1962. Zu sehen sind Kremlchef Nikita Chruschtschow und US-Präsident John F. Kennedy. Hinweis: „H“ ist das Zeichen für Wasserstoff.

Verhältnissen zwischen unseren großen Staaten? Dies ist keineswegs miteinander zu vereinbaren. […] Deshalb mache ich den Vorschlag: Wir willigen ein, die Mittel aus Kuba zu entfernen, die Sie für offensive Mittel halten. Wir willigen ein, dies zu tun und in der UNO eine entsprechende Verpflichtung abzugeben. Ihre Vertreter geben eine Erklärung ab, dass die USA, der Beunruhigung und Besorgnis des Sowjetstaates Rechnung tragend, ihrerseits ihre entsprechenden Mittel aus der Türkei entfernen. Lassen Sie uns eine Vereinbarung treffen, welche Zeit für Sie und für uns notwendig ist, um dies zu verwirklichen.

Archiv der Gegenwart, 28.10.1962, S. 10201.

33 Sowjetisch-amerikanischer Kompromiss

Aus der Antwortbotschaft Kennedys an Chruschtschow vom 27. Oktober 1962:

Was […] als Erstes getan werden muss, ist die Arbeit an den offensiven Raketenstützpunkten auf Kuba einzustellen und alle Waffensysteme auf Kuba, die für offensive Zwecke benutzt werden können, einsatzunfähig zu machen, und zwar unter wirksamen Vorkehrungen der Vereinten Nationen. […] Wie ich aus Ihrem Schreiben […] entnehme, sind die Kernpunkte Ihrer Vorschläge, die – so wie ich sie verstehe – im Allgemeinen annehmbar erscheinen, die folgenden: 1. Sie würden der Beseitigung dieser Waffensysteme unter angemessener Beobachtung und Überwachung der Vereinten Nationen zustimmen und sich unter geeigneten Garantien verpflichten, die weitere Einfuhr solcher Waffen nach Kuba zu stoppen. 2. Wir würden unsererseits nach Ausarbeitung entsprechender Vereinbarungen […] zustimmen: a) sofort die jetzt bestehenden Sperrmaßnahmen aufzuheben und b) Garantien gegen eine Invasion Kubas zu geben. Ich bin überzeugt, dass andere Nationen der westlichen Hemisphäre bereit sind, dies ebenfalls zu tun.

Archiv der Gegenwart 32 (1962), S. 10200 ff.

34 Kennedys „Friedensrede“

Auszug aus einer Rede Kennedys vor der Universität Washington am 10. Juni 1963:

Ich spreche vom Frieden, weil der Krieg ein neues Gesicht bekommen hat. Ein totaler Krieg ist sinnlos in einem Zeitalter, in dem Großmächte umfassende und verhältnismäßig unverwundbare Atomstreitkräfte unterhalten können und sich weigern zu kapitulieren, ohne vorher auf diese Streitkräfte zurückgegriffen zu haben. Es ist sinnlos in einem Zeitalter, in dem eine einzige Atomwaffe fast das Zehnfache an Sprengkraft aller Bomben aufweist, die von den gesamten alliierten Luftstreitkräften während des Zweiten Weltkriegs abgeworfen wurden. Und er ist sinnlos in einem Zeitalter, in dem die bei einem Atomkrieg freigesetzten tödlichen Giftstoffe von Wind und Wasser, Boden und Saaten bis in die entferntesten Winkel des Erdballs getragen und sich selbst auf die noch ungeborenen Generationen auswirken würden. […] Ich spreche daher vom Frieden als dem zwangsläufigen vernünftigen Ziel vernünftiger Menschen. […] Ich spreche jetzt nicht von der absoluten, nicht mehr fassbaren Idee des Weltfriedens und des guten Willens, von der einige Phantasten und Fanatiker immer noch träumen. […] Wir sollten uns stattdessen auf einen praktischeren, erreichbareren Frieden konzentrieren, der nicht auf einer plötzlichen Revolution der menschlichen Natur, sondern auf einer allmählichen Evolution der menschlichen Institutionen basiert – auf einer Reihe von konkreten Maßnahmen und wirksamen Übereinkünften, die im Interesse aller Betroffenen liegen. […]

Wir Amerikaner empfinden den Kommunismus als Verneinung der persönlichen Freiheit und Würde im tiefsten abstoßend. Dennoch können wir das russische Volk wegen vieler seiner Leistungen – sei es in der Wissenschaft und Raumfahrt, in der wirtschaftlichen und industriellen Entwicklung, in der Kultur und in seiner mutigen Haltung – rühmen. Unter den vielen Zügen, die den Völkern unserer beiden Länder gemeinsam sind, ist keiner ausgeprägter als unsere beiderseitige Abscheu vor dem Krieg. Unter den großen Weltmächten haben wir – und dies ist beinahe einzigartig – niemals gegeneinander im Krieg gestanden. […]

Kurz gesagt: Beide, die Vereinigten Staaten und ihre Verbündeten sowie die Sowjetunion und ihre Verbündeten, haben ein gemeinsames tiefes Interesse an einem gerechten und wirklichen Frieden und einer Einstellung des Wettrüstens. Abkommen, die zu diesem Ziel führen, sind im Interesse der Sowjets wie auch im unsrigen.

Europa-Archiv, Folge 11/1963, S. 289 ff.

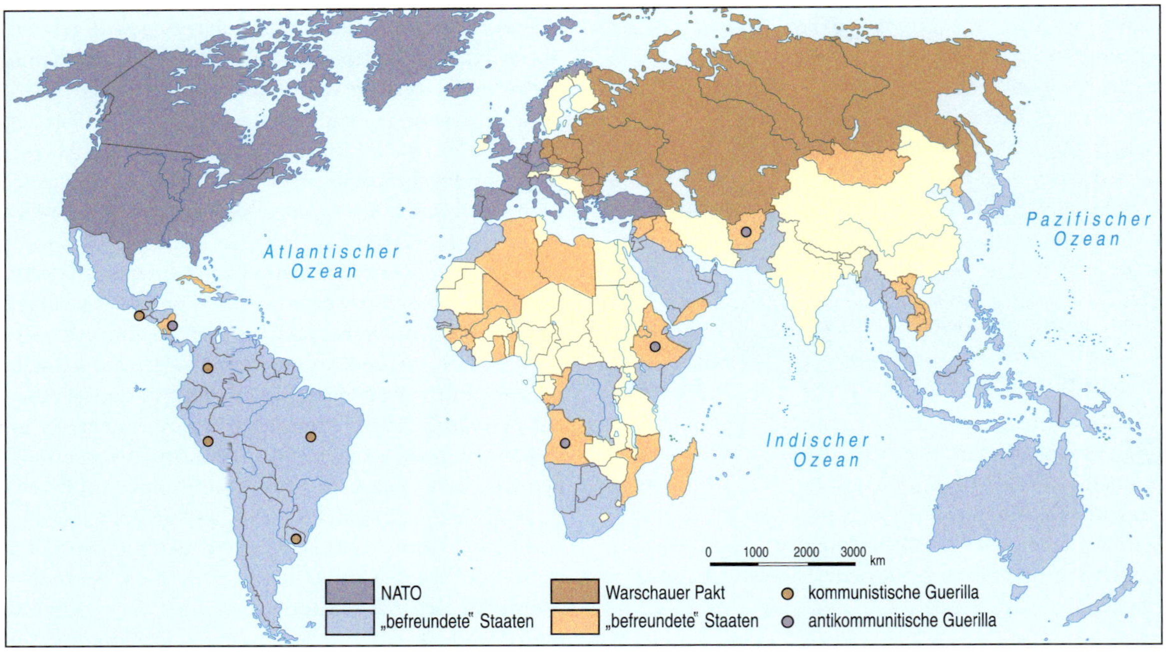

35 **Machtblöcke im Kalten Krieg in den 1980er Jahren**

36 Sicherheitspolitik, Rüstung und Abrüstung

Militärische Kräfteverhältnisse von NATO und Warschauer Pakt 1984:

	NATO	Warschauer Pakt
Divisionen	115	192
Kampfpanzer	18 000	64 000
Kampfflugzeuge	3000	7 500
U-Boote	200	250
Interkontinentalraketen	1 700	2 500
Mittelstreckenraketen	280	540
Kurzstreckenraketen	300	1 300

Informationen zur politischen Bildung: Frieden und Sicherheit, Teil 2. Bonn 1985, S. 7.

37 „Détente" – Entspannungspolitik im Kalten Krieg

Der Historiker Knud Krakau über die Versuche des US-Präsidenten Richard Nixon, die amerikanische Außenpolitik zu entideologisieren und durch eine neue Realpolitik eine Entspannung im Kalten Krieg herbeizuführen (2004):

Kennedy warb ab 1963 wiederholt für mehr Offenheit, Flexibilität und Entspannung. Begünstigt wurde diese neue Tendenz intern durch Kalte-Kriegs-Müdigkeit, durch die Dringlichkeit sozialer und wirtschaftlicher Probleme wie Rassenfrage und Armut, und extern durch die russisch-chinesischen Spannungen wegen der Grenz- und Gebietskonflikte, die den angeblich monolithischen Charakter des sino-sowjetischen „internationalen Kommunismus" als Mythos entlarvten. […] Beide Seiten [einigten sich] bald über wichtige Schritte auf dem Wege zur Rüstungsbegrenzung- und kontrolle. Hierzu gehörten schon 1967 der Vertrag über die friedliche Nutzung und Erforschung des Weltraums, sodann der Vertrag über die Nichtverbreitung von Kernwaffen 1968 sowie die Vereinbarungen über die Obergrenzen für defensive antiballistische Raketen (ABM permanent) und für offensive interkontinentale ballistische Raketen (ICBM, begrenzt auf fünf Jahre); die beiden letzten bildeten zusammen den Gegenstand des ersten Strategic Arms Limitation Talks (SALT I) und des daraus resultierenden Abkommens SALT I im Jahr 1972. […] Der SALT-Vertrag bedeutete keine Abrüstung, sondern fixierte lediglich – im Einzelnen sehr komplizierte – Rüstungsobergrenzen. […] Weitere Abkommen ergänzten bis 1973 diese Entspannungsphase. […] Langfristig viel wichtiger wurde die Konferenz über Sicherheit und Zusammenarbeit in Europa (KSZE), die auf Initiative der Sowjetunion 1973 in Helsinki zusammentrat. Von den USA zunächst nicht besonders geschätzt, entfaltete sie über die Schlussakte von 1975 und mehrere Folgekonferenzen ihre spezifische und darum letztlich doch auch von den USA anerkannte Nützlichkeit, weil sie zum einen außer allen europäischen Staaten auch die USA und Kanada einbezog, also deren Präsenz und Mitsprache in Europa prinzipiell anerkannte; und weil sie zum anderen in und für Europa nicht nur klassische Sicherheits-, Grenz- und neuartige vertrauensbildende

Maßnahmen vorsah, sondern, was in der Folge immer wichtiger wurde, auch die Menschenrechtsfrage im so genannten „Korb III“ zum unmittelbaren concern aller Beteiligten machte. […] Der Grundkonflikt des Kalten Krieges wurde in der Folge zeitweilig gedämpft, das ist Nixons außenpolitisches Verdienst; überwunden wurde er erst später, nach seinem heftigen Wiederaufflammen in der späten Carter- und ersten Reagan-Administration, in Reagans zweiter Amtszeit.

Knud Krakau: Außenbeziehungen der USA, 1945–1957. In: Peter Lösche/Hans Dietrich von Loeffelholz (Hrsg.): Länderbericht USA. 4. Aufl. Bonn 2004, S. 196 ff.

38 Verschnaufpause im Kalten Krieg – Realpolitik und Rüstungskontrolle

Präsident Nixon in einer Rundfunkansprache vom 25. Februar 1971:

Heute stellen unsere Gegner nicht länger eine fest geeinte Front dar; wir können jetzt Unterschiede in unserem Verhalten zu ihnen machen; heute hat keine der Supermächte mehr einen eindeutigen nuklearen Vorteil; damit ist die Zeit für ein Rüstungskontrollabkommen reif. Die Welt hat sich gewandelt. Unsere Außenpolitik muss sich mit ihr wandeln. Wir haben in den vergangenen Jahren die Gefahren eines Überengagements unsererseits kennen gelernt. Die andere Gefahr – und zwar eine sehr ernste Gefahr, die wir genauso entschlossen sind zu vermeiden – ist ein Unterengagement. Nach einem langen und unpopulären Krieg besteht die Versuchung, sich nach innen zu wenden – sich von der Welt zurückzuziehen und von unseren Verpflichtungen zurückzutreten. Dieser verführerisch glatte Weg eines neuen Isolationismus ist mit Sicherheit der Weg zum Krieg.

Keesings Archiv der Gegenwart, XLI. Jg. 1971, S. 16082.

39 Der Kalte Krieg – ein „Kinderspiel“?

Auszug aus der Comicbuch-Reihe „Calvin und Hobbes“ von Bill Watterson

5

40 Verhärtete Fronten in einer „zweiten Eiszeit"

Außenminister George P. Shultz am 15. Juni 1983 über die außenpolitischen Grundsätze der ersten Reagan-Administration:

Wir und die Sowjets haben völlig verschiedene Ziele und Vorstellungen von politischer und moralischer Ordnung; diese Unterschiede werden nicht bald verschwinden. Jede andere Annahme ist wirklichkeitsfremd. Gleichzeitig haben wir das grundlegende gemeinsame Interesse, Krieg zu vermeiden. Dieses gemeinsame Interesse veranlasst uns, auf Beziehungen zwischen unseren Staaten hinzuarbeiten, die für die ganze Menschheit zu mehr Sicherheit in der Welt führen können. […]

Anders als die Politik der Eindämmung geht unsere Politik von der klaren Erkenntnis aus, dass die Sowjetunion eine Supermacht mit weltweiten Interessen ist und bleiben wird. Als Reaktion auf die Lektionen, die uns durch das Verhalten der Supermacht in den letzten Jahren erteilt wurden, geht unsere Politik – anders als einige Fassungen von Entspannungspolitik – von der Annahme aus, dass es wahrscheinlicher ist, dass die Sowjetunion von unseren Maßnahmen, die ihr die mit einer Aggression verbundenen Risiken verdeutlichen, eher abgeschreckt wird als durch ein zerbrechliches Netz der Interpendenz.

Ernst-Otto Czempiel/Carl-Christoph Schweitzer: Weltpolitik der USA nach 1945. Bonn 1984, S. 396ff.

41 „Herr Gorbatschow, reißen Sie diese Mauer nieder!"

Auszug aus der Rede des US-Präsidenten Ronald Reagan vor dem Brandenburger Tor anlässlich der 750-Jahr-Feier Berlins am 12. Juni 1987:

Jetzt wird den Sowjets wohl auch allmählich die Bedeutung der Freiheit klar. Aus Moskau ist viel von einer neuen Politik der Reform und Offenheit zu vernehmen. Einige politische Gefangene sind freigelassen worden. Bestimmte ausländische Nachrichtensendungen werden nicht länger gestört. Manche Wirtschaftsunternehmen können jetzt freier von staatlicher Kontrolle operieren. Sind dies die Anfänge tief greifender Veränderungen im Sowjetstaat? Oder sind es Scheingesten, die im Westen falsche Hoffnungen wecken oder das sowjetische System festigen sollen, ohne es zu verändern? Wir begrüßen Veränderungen und Offenheit. Wir sind nämlich der Ansicht, dass Freiheit und Sicherheit zusammengehen – dass das Vorrücken der Freiheit des Menschen die Sache des Friedens nur vorantreiben kann. Die Sowjets würden damit ein unmissverständliches Zeichen setzen, das die Sache von Freiheit und Frieden dramatisch voranbringen würde. Generalsekretär Gorbatschow, wenn Sie nach Frieden streben – wenn Sie Wohlstand für die Sowjetunion und für Osteuropa wünschen – wenn Sie die Liberalisierung wollen, dann kommen Sie hierher zu diesem Tor. Herr Gorbatschow, öffnen Sie dieses Tor. Herr Gorbatschow, reißen Sie diese Mauer nieder […] Wir werden die Rüstungsverminderungen fortsetzen, aber ich verbürge mich gleichzeitig für die Aufrechterhaltung unserer Fähigkeit zur Abschreckung einer möglichen sowjetischen Aggression, auf welchem Niveau sie auch stattfinden mag. […] Aber eins dürfen wir nicht vergessen: Ost und West misstrauen sich nicht, weil wir bewaffnet sind. Wir sind vielmehr bewaffnet, weil wir einander misstrauen. Und unsere Differenzen beziehen sich nicht auf Waffen, sondern auf die Freiheit. […] Und die Freiheit selbst verwandelt die Erde.

Europa-Archiv, Folge 15, 1987, S. 410f.

42 „Neues politisches Denken"

Der sowjetische Generalsekretär Michael Gorbatschow formulierte 1987:

Sicherheit kann nicht mehr durch militärische Mittel hergestellt werden – weder durch nukleare Waffen und Abschreckung noch durch die unablässige Perfektionierung von „Schwert" und „Schild". Versuche, eine militärische Überlegenheit herstellen zu wollen, sind absolut unsinnig. Gegenwärtig werden solche Versuche im Weltraum unternommen. Dass dieser erstaunliche Anachronismus sich behaupten kann, ist eine Folge der aufgeblasenen Rolle der Militaristen in der Politik.

Vom Standpunkt der Sicherheit aus ist das Wettrüsten zu einer Absurdität geworden, da es in logischer Konsequenz zur Destabilisierung der internationalen Beziehungen und schließlich zum nuklearen Konflikt führt. Da das Wettrüsten riesige Ressourcen von anderen, vordringlichen Projekten abzieht, wird dadurch der Grad der Sicherheit herabgesetzt und beeinträchtigt. Das Wettrüsten als solches ist ein Feind des Friedens. Der einzige Weg zur Sicherheit ist der der politischen Entscheidungen und der Abrüstung. Wirkliche und für alle gleiche Sicherheit kann in unserem Zeitalter nur durch die kontinuierliche Herabsetzung des Niveaus des strategischen Gleichgewichts garantiert werden, aus dem nukleare und andere Massenvernichtungswaffen völlig verbannt werden sollten.

Michael Gorbatschow: Perestroika. München 1989, S. 180, Übers. Reiner Pfleiderer, Wolfram Ströle, Gabriele Burkhard

Arbeitsvorschläge

a) Schildern Sie Ihre Gedanken und Emotionen beim Betrachten der jeweiligen Abbildungen M 2 bzw. M 3.

b) Beschreiben Sie, welches Bild die Sowjetunion in M 9 während des Zweiten Weltkrieges von sich selbst und den Koalitionsstreitkräften zeichnete. Inwieweit entsprach dieses Bild noch den Gegebenheiten der Zeit (VT)?

c) Erklären Sie anhand von M 10 und dem VT, mit welchen Problemen sich die Westalliierten im Hinblick auf die europäische Nachkriegsordnung nach dem Zweiten Weltkrieg konfrontiert sahen.

d) Vergleichen Sie die Aussage Stalins am Ende des Zweiten Weltkrieges (M 11) mit der britischen Karikatur vom Juni 1947 (M 1). Welche Schlussfolgerungen mussten sich angesichts der damaligen politischen Konstellationen in Europa für die Westalliierten zwangsläufig ergeben?

e) Erläutern Sie die Aussage des ehemaligen britischen Premierministers Winston Churchill kurz nach Ende des Zweiten Weltkrieges, dass über Europa ein „Eiserner Vorhang" niedergegangen sei (M 12, VT). Prüfen Sie anschließend die Reaktion Stalins (M 13) auf ihre Verhältnismäßigkeit und Legitimität.

f) Skizzieren Sie arbeitsteilig anhand von M 11 bis M 20 und dem VT das jeweilige Selbst- und das ideologische Feindbild, welches in der Nachkriegszeit zunehmend im kapitalistisch geprägten Westen und kommunistisch geprägten Osten aufgebaut wurde.

g) Analysieren Sie, mit welchen Mitteln und Methoden die Vereinigten Staaten einer Ausdehnung des Machtbereichs der Sowjetunion bzw. einer Ausbreitung des Kommunismus in Europa zu begegnen suchten (M 17, M 19, VT). Erörtern Sie auch die Chancen und Grenzen dieses Engagements.

h) Erklären Sie die in M 21 und M 22 enthaltene Kritik an der atomaren Aufrüstung beider Weltmächte.

i) Rekonstruieren Sie anhand der Materialien M 23 bis M 27 und dem VT die politisch-militärische Konfliktkonstellation, die 1962 zur Kubakrise führte.

j) Stellen Sie die von US-Präsident Kennedy vorgebrachten Argumente jenen des sowjetischen Staatschefs Chruschtschow gegenüber (M 24, M 26, M 27, M 29, M 31). Welche Position halten Sie für die überzeugendere?

k) Beurteilen Sie anhand von M 24, M 26, M 27, M 31 und M 33 den Umgang der Regierungsverantwortlichen beider Weltmächte mit der Konfliktsituation. Überlegen Sie in diesem Zuge, ob es auch andere Handlungsoptionen gegeben hätte.

l) Erläutern Sie anhand von M 4, M 30, M 32, M 34 und dem VT, inwieweit auch in der unmittelbaren Folgezeit der Kubakrise die amerikanische Gesellschaft und Politik weiterhin durch den anhaltenden Ost-West-Konflikt geprägt wurden.

m) Verfolgen Sie unter Einbezug des VT anhand von M 37, M 38, M 40 bis M 42 die Höhen und Tiefen der gegenseitigen Annäherung von der Sowjetunion und den Vereinigten Staaten bis zur letztendlichen Beilegung des Kalten Krieges.

n) Reflektieren Sie die Aussage des Comicstrips M 39 hinsichtlich der darin geäußerten Kritik an einer vermeintlichen Räson des Ost-West-Konflikts.

5

5.5 Außenpolitische Neuorientierung nach dem Kalten Krieg

Nach dem Zerfall der Sowjetunion und des gesamten Ostblocks im Laufe des Jahres 1991 wuchs zunehmend das Vertrauen und die Kooperationsbereitschaft zwischen den einstigen Gegnern des Kalten Krieges, wie sich auch im sowjetischen Verhalten während des Golfkrieges widerspiegeln sollte.

1. Golfkrieg

Als im August 1990 auf Befehl des irakischen Diktators Saddam Hussein das kleine erdölreiche Golf-Emirat Kuwait von irakischen Truppen besetzt wurde, forderten die Vereinigten Staaten und die Sowjetunion in mehreren Resolutionen der Vereinten Nationen gemeinsam ein entschiedenes Vorgehen gegen diesen kriegerischen Akt. Nachdem die erhofften Wirkungen der gegen den Irak verhängten Wirtschaftssanktionen ausgeblieben und das vom Sicherheitsrat der Vereinten Nationen gestellte Ultimatum zum Rückzug der irakischen Truppen am 15. Januar 1991 ergebnislos verstrichen war, stimmte der amerikanische Kongress dem Gesuch des US-Präsidenten George Bush nach einem militärischen Eingreifen im Irak zu. Mittels einer gewaltigen und technologisch überlegenen Kriegsmaschinerie gelang es einer insgesamt 28 Nationen umfassenden internationalen Koalitionsstreitmacht unter amerikanischer Führung, in der Operation „Desert Storm" (Wüstensturm) Kuwait innerhalb von sechs Wochen die irakischen Truppen durch Luftschläge und den Einsatz von Bodentruppen zu vertreiben.

Neue Weltordnung

Angesichts des erfolgreich verlaufenen Golfkrieges und dem Zusammenbruch von Sowjetunion und Ostblock sah sich die amerikanische Regierung nun veranlasst, öffentlich über eine „neue Weltordnung" nach dem Kalten Krieg nachzudenken. Die einzig verbliebene Supermacht vertrat dabei das Konzept einer globalen Verantwortung zur weltweiten Durchsetzung der Menschenrechte und sah sich als Garant der Weltordnung mit freiem Handel und Warenverkehr. Aufgrund der

1 Außenpolitische Neuorientierung
Karikatur von Walter Hanel (1991)

2 Terroranschläge vom 11. September 2001

nachfolgenden außen- und innenpolitischen Entwicklungen wurde diese weltpolitische Vision jedoch nicht weiter konkretisiert. Eine seit 1990 andauernde Wirtschaftsrezession in den Vereinigten Staaten, auf welche die amerikanische Regierung keine konzeptionelle Antwort parat hatte, und ein zunehmender Autoritätsverlust in außenpolitischen Fragen führten zu einem raschen Popularitätsschwund Bushs, der sich nach dem Golfkrieg noch großer Beliebtheit erfreut hatte. Bush verlor denn auch 1992 die amerikanischen Präsidentschaftswahlen gegen seinen demokratischen Herausforderer William Jefferson („Bill") Clinton.

Terroranschläge des 11. September 2001/ Intervention in Afghanistan

Erst infolge der Terroranschläge vom 11. September 2001, bei denen islamistische Terroristen der Organisation „Al Kaida" zwei Passagierflugzeuge in die Türme des „World Trade Centers" (WTC) in New York City und ein Passagierflugzeug in das amerikanische Verteidigungsministerium (Pentagon) in Washington steuerten, sollte dieses Konzept einer neuen Weltordnung im Rahmen des „Kampfes gegen den Terror" unter Clintons Nachfolger George W. Bush erneuten Auftrieb erhalten. Als militärische Reaktion auf die Terroranschläge intervenierten die Vereinigten Staaten und ihre Verbündeten im Rahmen der Operation „Enduring Freedom" (andauernde Freiheit) noch im selben Jahr gegen das in Afghanistan seit Mitte der 1990er Jahre vorherrschende islamisch-fundamentalistische Taliban-Regime. Die Taliban unterstützten und beherbergten Osama bin Laden, das spirituelle Oberhaupt von Al Kaida, sowie andere militante, fundamentalistische Organisationen. Die Hauptphase des Afghanistan-Einsatzes endete mit dem Fall der Hauptstadt Kabul im November 2001 sowie der Einsetzung einer Interimsregierung.

Kreuzzug gegen das Böse

In seiner Aufsehen erregenden Rede zur Lage der Nation am 29. Januar 2002 stellte George W. Bush auch die Länder Nordkorea, Iran und Irak in einen gemeinsamen Kontext, indem er behauptete, sie hätten sich mit Terroristen verbündet und rüsteten auf, um den Weltfrieden zu bedrohen. Im Rahmen eines „Kreuzzugs

3 Intervention in Afghanistan – ein Krieg, der nicht zu enden scheint
US-Soldaten in der Provinz Helmand, Foto ca. 2009

gegen das Böse" forderte er die anderen Länder der Welt dazu auf, gegen diese „Achse des Bösen" (axis of evil) gemeinsam vorzugehen.

2. Irakkrieg

Vor diesem Hintergrund erklärte die amerikanische Regierung unter George W. Bush, dass der Irak vermeintlich im Besitz von Massenvernichtungswaffen sei und somit eine ernsthafte Bedrohung für den Weltfrieden darstellte. Aufgrund dessen erfolgte am 20. März 2003 ohne offizielle Kriegserklärung die Invasion des Iraks durch die Streitkräfte der Vereinigten Staaten, des Vereinigten Königreichs und verbündeter Staaten in der so genannten „Koalition der Willigen", die im April desselben Jahres mit der Kapitulation der irakischen Streitkräfte und der Beseitigung des diktatorischen Regimes von Saddam Hussein endete.

Krise der Supermacht

Da der Irakkrieg von den Vereinigten Staaten unter Vorspieglung falscher Tatsachen und ohne Beschluss des Sicherheitsrates der Vereinten Nationen geführt worden war, es zudem in den von den amerikanischen Streitkräften besetzten Teilen des Iraks zu Verstößen gegen international geltendes Kriegsrecht und Menschenrechtsverletzungen kam, wurde die weltpolitische Rolle der Vereinigten Staaten von der Weltöffentlichkeit infolge zunehmend kritischer betrachtet. Es wuchs die internationale Kritik an der Rolle der Vereinigten Staaten als „Weltpolizist", der nach Meinung der Weltöffentlichkeit, wenn es um die eigenen Interessen geht, zweierlei Maß anlegte und zu unsolidarischen Alleingängen neigte, die einer Weltordnung gleichberechtigter Nationen entgegenstand. Erstmalig seit dem Ende des Zweiten Weltkrieges wurde somit die Rolle der Vereinigten Staaten als Wächter über die Einhaltung von Recht und Ordnung in der Welt auf den Prüfstand gestellt. Hinzu kam, dass die USA nicht in der Lage waren, dauerhaft ohne Rücksicht auf andere Mächte zu handeln. Zu Beginn des 21. Jahrhunderts begann sich wieder eine eher multipolare Weltordnung, in der auch Staaten wie China, Russland oder Indien an Gewicht gewannen, herauszubilden.
Zu einer radikalen Kehrtwende der amerikanischen Selbstauffassung und einem einhergehenden Wandel des außenpolitischen Renommees der Vereinigten Staaten sollte es mit der Wahl des demokratischen Präsidentschaftskandidaten Barack Obama am 20. Januar 2009 kommen, der durch sein Bekenntnis zu einer gemeinsamen internationalen Verantwortung für die weltpolitische Sicherheit eine neue Herangehensweise an die Herausforderungen des 21. Jahrhunderts zu finden suchte.

4 Die „Neue Weltordnung“

Präsident George Bush nach dem Golfkrieg am 6. März 1991:

Ich bin heute Abend in dieses Haus gekommen, um über die Welt zu sprechen – die Welt nach dem Krieg [...]. Erstens müssen wir zusammenarbeiten, um gemeinsame Sicherheitsarrangements in der Region hervorzubringen. Unsere Freunde und Verbündeten im Nahen Osten erkennen, dass sie den Hauptteil der Verantwortung für die regionale Sicherheit tragen werden. Wir möchten ihnen jedoch versichern, dass die Vereinigten Staaten – ebenso wie sie ihnen zur Abwehr der Aggression beigestanden haben – nun bereit sind, mit ihnen bei der Sicherung des Friedens zusammenzuarbeiten.

Zweitens müssen wir handeln, um die Weiterverbreitung von Massenvernichtungswaffen und der zu ihrem Abschuss eingesetzten Raketen zu kontrollieren. Es wäre tragisch, wenn die Länder im Nahen Osten und am Persischen Golf jetzt nach dem Krieg einen neuen Rüstungswettlauf aufnehmen würden. Dem Irak gebührt besondere Aufmerksamkeit. Bis der Irak die Welt von seinen friedlichen Absichten überzeugt – dass seine Führer nicht erneut Mittel einsetzen, um seine bedrohliche Kriegsmaschinerie neu auszurüsten und wiederaufzubauen –, darf der Irak keinen Zugang zu Instrumenten der Kriegsführung bekommen.

Drittens müssen wir an der Schaffung neuer Möglichkeiten für Frieden und Stabilität im Nahen Osten arbeiten. In der Nacht, als ich die Operation Wüstensturm ankündigte, habe ich auch meine Hoffnung bekundet, dass sich aus den Schrecken des Krieges neue Impulse für den Frieden ergeben. Wir haben in der heutigen Zeit gelernt, dass die geographische Lage keine Sicherheit garantiert und Sicherheit nicht allein aus militärischer Stärke resultiert.

Viertens müssen wir zugunsten von Frieden und Fortschritt die wirtschaftliche Entwicklung ankurbeln. Der Persische Golf und der Nahe Osten gehören zu einer Region, die reich an Bodenschätzen ist und wo Menschen leben, die über große, ungenutzte Potentiale verfügen.

U.S. Policy Information and Texts, USIS, Bonn, No.39, 8.3.1991; dt. aus: Amerika-Dienst, Nr.10, 13.3.1991, S. 1 ff.

5 Zur außenpolitischen Rolle der USA

Zur amerikanischen Irak-Politik bemerkt der deutsche Politikwissenschaftler Manfred Knapp (1992):

Ein großer Fehler der USA war, dass sie zu lange mit dem Potentaten in Bagdad in der irrigen Hoffnung zusammengearbeitet hatten, ihn als leicht steuerbares Gegengewicht gegen den revolutionären Iran und im Bedarfsfall auch gegen Syrien ins Feld bringen zu können. [...] Schwere Versäumnisse der USA und anderer im Nahen Osten engagierter Mächte entstanden auch insofern, als sie insgesamt zu wenig zur Regelung des israelisch-arabischen Dauerkonflikts und zum Abbau der in dieser Krisenregion nach wie vor fortbestehenden ungerechten Macht- und Gesellschaftsstrukturen beigetragen haben. Erst dadurch war es möglich, dass sich Saddam Hussein zeitweilig als selbst ernannter Schirmherr und Verfechter der Rechte der islamisch-arabischen Welt in Szene setzen konnte.

Manfred Knapp: Die Außenpolitik der USA unter George Bush. In: Aus Politik und Zeitgeschehen, B 44/92, S. 50.

6 Demokratie: der Garant für dauerhafte Sicherheit und Frieden?

US-Präsident Bill Clinton im Jahre 1994:

Die beste Strategie, unsere Sicherheit zu gewährleisten und einen dauerhaften Frieden zu bewahren, ist die Förderung der Demokratie überall. Demokratien greifen sich nicht gegenseitig an. Sie sind bessere Handelspartner und kommen diplomatisch besser miteinander aus. Das ist der Grund, warum wir – Sie und ich – die demokratischen Reformer in Russland und anderen Staaten des ehemaligen Ostblocks unterstützt haben. [...]

Wir werden fortfahren, Russland und die anderen Staaten zu drängen, ihre wirtschaftlichen Reformen voranzutreiben, und wir werden uns weiterhin um Kooperation in der Lösung regionaler Probleme bemühen. Gleichzeitig bestehen wir darauf, dass russische Truppen in ihren Nachbarstaaten nur dann aktiv werden, wenn diese Staaten es wünschen – und wenn dies in strikter Übereinstimmung mit internationalen Regeln erfolgt. Aber wir dürfen nicht vergessen, dass in dem Maße, wie diese Nationen ihre eigene Zukunft gestalten – und sie müssen ihre eigene Zukunft gestalten –, unser eigenes Volk sicherer und wohlhabender sein wird: falls demokratische und wirtschaftliche Reformen im gesamten ehemaligen Ostblock erfolgreich sein werden. [...] Es gibt einige in unserem Lande, die argumentieren, nun, nach dem Ende des Kalten Krieges solle Amerika dem Rest der Welt seinen Rücken zuwenden. Viele in der ganzen Welt befürchten, wir würden genau dies tun. Aber ich habe dieses Amt mit dem Versprechen übernommen, die Sicherheit unseres Landes zu erhalten durch unser Engagement in der Welt.

US Policy & Texts, 26.1.1994

7 Die „Achse des Bösen“

Erster Bericht zur Lage der Nation von US-Präsident George W. Bush vom 29. Januar 2002:

Unser [...] Ziel ist es, den Terror unterstützende Regime daran zu hindern, Amerika oder seine Freunde und Bündnispartner mit Massenvernichtungswaffen zu bedrohen. Einige dieser Regime haben sich seit dem 11. September ziemlich ruhig verhalten. Aber wir kennen ihr wahres Gesicht. Nordkorea ist ein Regime, das sich mit Raketen und Massenvernichtungswaffen ausrüstet und gleichzeitig seine Bürger verhungern lässt. Der Iran strebt aggressiv den Besitz dieser Waffen an und exportiert den Terror,

5

während einige wenige Ungewählte die Hoffnung des iranischen Volks auf Freiheit unterdrücken. Der Irak stellt weiterhin seine Feindseligkeit gegenüber Amerika zur Schau und unterstützt den Terror. Das irakische Regime plant insgeheim seit über zehn Jahren die Herstellung von Milzbranderregern, Nervengas und von Nuklearwaffen. Dies ist ein Regime, das bereits Giftgas zur Ermordung von tausenden der eigenen Bürger einsetzte – die Körper der Mütter wurden über den toten Kindern liegen gelassen. Dies ist ein Regime, das internationalen Inspektionen zustimmte – und dann die Inspektoren hinausschmiss. Dies ist ein Regime, das etwas vor der zivilisierten Welt zu verstecken hat. Staaten wie diese und ihre terroristischen Verbündeten stellen eine Achse des Bösen dar, die sich bewaffnet, um den Frieden auf der Welt zu bedrohen. Diese Regime sind eine ernste und wachsende Gefahr, da sie den Besitz von Massenvernichtungswaffen anstreben. Sie könnten Terroristen ihre Waffen zur Verfügung stellen und ihnen damit die Mittel geben, ihren Hass zu verwirklichen. Sie könnten unsere Bündnispartner angreifen und versuchen, die Vereinigten Staaten zu erpressen. Auf jeden Fall wäre der Preis der Gleichgültigkeit katastrophal. Wir werden eng mit unserer Koalition zusammenarbeiten, um den Terroristen und den sie fördernden Staaten das Material, die Technologie und das Fachwissen für die Herstellung und Lieferung von Massenvernichtungswaffen zu verwehren. Wir werden zum Schutz der Vereinigten Staaten und ihrer Bündnispartner vor einem plötzlichen Angriff eine effektive Raketenabwehr entwickeln und stationieren. Und alle Länder sollten wissen: Amerika wird das für die Sicherheit seines Landes Erforderliche tun.

http://www.unikassel. de/fb5/frieden/regionen/USA/bush-rede.html

8 Der Zweite Irakkrieg 2003

Auszug aus der Rede von US-Präsident George W. Bush zum Beginn des Irakkrieges vom 19. März 2003:

Liebe Mitbürger, zu dieser Stunde befinden sich amerikanische Truppen und Streitkräfte der Koalition im frühen Stadium militärischer Operationen zur Entwaffnung des Irak, zur Befreiung seines Volkes und zur Abwehr schwerwiegender Gefahren von der Welt. Auf meinen Befehl hin haben die Koalitionsstreitkräfte begonnen, ausgewählte militärisch wichtige Ziele anzugreifen, um Saddam Husseins Fähigkeiten zur Kriegsführung zu untergraben. […] Das Volk der Vereinigten Staaten und unsere Freunde und Bündnispartner werden sich nicht der Gnade eines geächteten Regimes ausliefern, das den Frieden mit Massenvernichtungswaffen bedroht. Wir werden dieser Bedrohung jetzt entgegentreten – mit unserem Heer, unserer Luftwaffe, mit der Küstenwache und Marineinfanteristen – damit wir ihr nicht später mit Heerscharen von Feuerwehrleuten, Polizisten und Ärzten auf den Straßen unserer Städte begegnen müssen. […]

9 Sheriffs Revier

Karikatur von Horst Haitzinger über die Außenpolitik von Präsident George W. Bush (Rhein-Zeitung vom 21. Januar 2004)

Die Gefahren für unser Land und die Welt werden überwunden werden. Wir werden diese Zeit der Gefahr durchstehen und die Friedensarbeit fortführen. Wir werden unsere Freiheit verteidigen. Wir werden anderen Freiheit bringen und wir werden obsiegen.

http://amerikadienst.usembassy.de.

10 Kontroverse Beurteilungen der amerikanischen Außenpolitik

a) Der Publizist Josef Joffe über die unverzichtbare Rolle der „Hypermacht“ USA in der Weltpolitik:

Es gibt eine Fülle von Problemen, die kein Land allein lösen oder mit den traditionellen Werkzeugen der Machtpolitik anpacken kann. Hier nur eine verkürzte Liste: Terrorismus, Kapital- und Menschenströme, Währungskrisen, multilaterale Handelsstreitigkeiten, Pandemien von Aids bis zur Vogelgrippe, Massenvernichtungswaffen, Völkermord, Naturkatastrophen. Immer mehr Aufgaben der Staaten müssen in einem globalen Rahmen gelöst werden. Multilateralismus ist kein verschwiemelter Idealismus, sondern Realpolitik. […]

Ein gemeinsamer Zweck, dessen sollte sich die Hypermacht bewusst sein, sorgt nicht zwangsläufig für gemeinsames Handeln. Sobald ein Gemeingut wie Frieden […] vorhanden ist, kommt jedermann in dessen Genuss, ohne etwas dafür tun zu müssen. Aus diesem Grund entstehen Gemeingüter nur sehr selten, wenn der „Große Organisator“ fehlt. Die Produktion von Gemeingütern erfordert einen Sponsor und Einpeitscher und nicht bloß eine Gruppe von Menschen und Staaten, die das Gute wollen. Wer wird als der „Große Organisator“ im weiten Weltenrund fungieren, wenn nicht die USA? Mangels Alternativen und kraft ihres Selbstverständnisses bleiben die Vereinigten Staaten die Ordnungsmacht par excellence, was sich auch daran

11 Scheinbarer Sieg im Irak
Am 9. April 2003 stürzen US-Soldaten in Bagdad die Statue des irakischen Saddam Hussein mit einer Schlinge um den Hals vom Sockel. Die Bilder davon gingen um die Welt (siehe dazu Methode S. 93), während US-Präsident Bush die „Befreiung“ des Iraks als abgeschlossen verkündete.
(**Online-Link** 430027-0505)

zeigt, dass die Konkurrenten sie in die Schranken zu weisen, aber nicht zu ersetzen versuchen. Das hat nicht nur mit Amerikas beispiellosem Potenzial, sondern auch mit dem Charakter seiner Macht zu tun. […] Wenn denn die USA ein Imperium sind, dann ein liberales. Zumindest von der Ideologie her, wenn auch nicht immer in der Praxis, stehen die USA für Werte, die eher internationale Gemeingüter unterfüttern als eigensüchtig-nationale Ambitionen. Mag der Rest der Welt auch unter dem Gewicht amerikanischer Macht ächzen und stöhnen, so darf man doch darauf wetten, dass die anderen im Zweifel Washington den Zuschlag geben würden, anstatt die Zukunft der Welt China, Russland, Indien, Japan, Frankreich oder einer Gruppierung dieser Mächte anzuvertrauen.

Josef Joffe. Die Hypermacht USA. München 2006. In: Die Zeit, 14.09.2006, Nr. 38.

b) Der prominente Kritiker der amerikanischen Außenpolitik Noam Chomsky sieht die USA dagegen auf dem Weg zu einer „neuen imperialen Großstrategie“:

Im September 2002 trugen sich […] Ereignisse zu, die eng miteinander verbunden und von beträchtlicher Wichtigkeit waren: Erstens, die USA, der mächtigste Staat in der Geschichte, die USA, gaben ihre neue nationale Sicherheitsstrategie bekannt, mit der sie die permanente Globalhegemonie beanspruchen. Jede Herausforderung soll gewaltsam abgeblockt werden – und Gewalt ist eine Dimension, in der die USA alleinherrschend sind. Gleichzeitig setzten die Kriegstrommeln ein – die Bevölkerung sollte für eine Irak-Invasion mobilisiert werden. […] Die neue „imperiale Großstrategie“ […] sieht die USA als […] revisionistischen Staat, der seine momentanen Vorteile in eine Weltordnung umzusetzen sucht […]; es geht um eine unipolare Welt, in der kein Staat oder Bündnis je in der Lage sein soll, seine Rolle [die Rolle der USA] als globaler Führer, Protektor und Durchdrücker anfechten kann. […] Es galt, eine zögerliche US-Bevölkerung in die richtige Kriegsstimmung, in ein Kriegsfieber, zu treiben. Seit September (2002) wurden grimmige Warnungen ausgegeben, Saddam u. seine angeblichen Verbindungen zu Al Kaida stellten eine ungeheuerliche Bedrohung für die USA dar. Plumpe Andeutungen wurden gemacht, er stehe mit den Anschlägen vom 11. September in Verbindung. […]
Die einzig bekannte Verbindung zwischen diesem Sieg [im Krieg gegen den Terror] und dem Terror ist, dass die Invasion zu einem „massiven Rückschlag im Krieg gegen den Terror“ (so US-Offizielle) geführt hat. Seither habe die Zahl der Rekrutierungen für Al Kaida massiv zugenommen. […]

Noam Chomsky: Präventivkrieg – das „schlimmste“ Verbrechen. Übers. Andrea Noll. In: Z-Mag. 11.3.2003; http://zmag.de/artikel/Praeventivkrieg-dasschlimmste-Verbrechen

12 Abkehr vom Multilateralismus

Der Historiker Philipp Gassert über die Entwicklung des „Krieges gegen den Terror“:

Der erste Krieg, der gegen Al Kaida und die ihr in Afghanistan gewährenden Taliban-Miliz, [geriet] zum „Triumph des Multilaterialismus“ (Klaus Schwabe). Er war Ausdruck der neuen Weltordnung: Die NATO, bisher eine auf Europa und den Nordatlantik beschränkte Allianz, erklärte den Afghanistankrieg zum Bündnisfall. Auch Russland und China, die den islamistischen Terrorismus ebenfalls fürchteten, gaben ihre Einwilligung zu diesem Schritt: Russland erhob kein Veto gegen die Nutzung zentralasiatischer Basen durch das US-Militär und ließ, eben-

13 Krise einer Weltmacht
Die Intervention der USA in den Irak führte zu einer Destabilisierung der Golfregion und beschädigte in der Welt nachhaltig das Ansehen Amerikas.
US-Soldat auf Patrouille in Bagdad 2008

5

so wie China, in der UNO die USA gewähren. Die Allianz im Krieg gegen den Terror zerbrach, als Bush [junior] dem Rat der neokonservativen Falken um Vizepräsident Cheney, Verteidigungsminister Rumsfeld und Sicherheitsberaterin Rice folgte und auf einen Regimewechsel im Irak hinzuarbeiten begann. Dagegen sprachen sich vor allem Außenminister Powell und einige hochrangige Mitglieder der Regierung von Bush senior aus [...]. Angesichts fehlender Verbindungen von Saddam Hussein zu den Terroristen und nicht vorhandener Massenvernichtungswaffen werde ein Krieg im Irak keine Glaubwürdigkeit finden, sondern von dem eigentlichen Ziel, der Bekämpfung des weltweiten Terrorismus, ablenken. [...] Ungeachtet des Widerstands auch wichtiger Verbündeter, darunter Frankreichs und Deutschlands, die angesichts massiver Protestdemonstrationen in fast allen europäischen Ländern im Konzert mit China und Russland entsprechende Vorstöße der USA in der UNO blockierten, wurde der Aufmarsch vorbereitet. Die Regierung Bush versicherte sich dabei der Unterstützung militärischer Kontingente auch anderer Staaten wie z. B. auch Italiens und Spanien, die jedoch mit Ausnahme Großbritanniens eher symbolische Bedeutung hatten. Nachdem Saddam Hussein ein letztes Ultimatum hatte verstreichen lassen, schlugen die USA in der Nacht vom 19. auf den 20. März 2003 mit massiven Bombardements los.

Philipp Gassert/Mark Häberlein/Michael Wala: Kleine Geschichte der USA. Stuttgart 2007, S. 519 ff.

14 Bekenntnis zur gemeinsamen Sicherheit und Erneuerung
Auszug aus der Rede von Joseph R. Biden, Vizepräsident der Vereinigten Staaten von Amerika, auf der 45. Münchner Sicherheitskonferenz am 7. Februar 2009:
Ich fühle mich [...] geehrt, als Vizepräsident der Vereinigten Staaten [...] eine neue Regierung sowie hoffentlich ein neues Zeitalter vertreten zu dürfen. [...] Ich bin im Auftrag der neuen Regierung nach Europa gekommen, einer Regierung, die entschlossen ist, nicht nur in Washington einen neuen Ton anzuschlagen, sondern auch in den Beziehungen der Vereinigten Staaten auf der ganzen Welt. Dieser neue Ton gründet auf starke überparteiliche Zusammenarbeit zur Bewältigung gemeinsamer Herausforderungen. Wir sind uns bewusst, dass die Bewältigung dieser Herausforderungen keine Chance, kein Luxus ist, sondern eine absolute Notwendigkeit. [...] Zu diesem Zeitpunkt ist es unseres Erachtens unsere Pflicht gegenüber unseren Mitbürgern, kleinliche politische Vorstellungen beiseite zu lassen, die Nullsummenmentalitäten und starren Ideologien zurückzuweisen und einander zuzuhören, voneinander zu lernen und zusammenzuarbeiten, um Wohlstand und Sicherheit für alle hier in diesem Raum zu erreichen. [...] Und genau dazu ist diese neue Regierung auch entschlossen. [...] Seit 45 Jahren kommen auf dieser Konferenz Amerikaner und Europäer zusammen [...] um über ihre physische Sicherheit zu sprechen. Aber uns ist in diesem Jahr mehr als je zuvor bewusst, dass unsere physische und unsere wirtschaftliche Sicherheit untrennbar miteinander verbunden sind. [...] Wir werden also soweit wie möglich zusammenarbeiten müssen, um zu gewährleisten, dass sich unsere Maßnahmen ergänzen [...] Während wir

uns mit dieser Wirtschaftskrise befassen, müssen wir uns auch in einem Krieg in Afghanistan behaupten, der nun ins achte Jahr geht, und in einem Krieg im Irak, der seit sechs Jahren andauert. Und wir müssen erkennen, […] dass es andere Kräfte gibt, die dieses neue Jahrhundert prägen. Die Verbreitung von Massenvernichtungswaffen und gefährlichen Krankheiten, Epidemien, die wachsende Kluft zwischen Arm und Reich, ethnische Differenzen in gescheiterten Staaten sowie die Erderwärmung und eine unsichere Versorgung mit Energie, Nahrungsmitteln und Wasser. Auch die von radikalem Fundamentalismus ausgehenden Herausforderungen für Freiheit und Sicherheit müssen auf diese Liste gesetzt werden. Bei der Bewältigung dieser Herausforderungen werden sich die Vereinigten Staaten von diesem Grundsatz leiten lassen, der da lautet: Es gibt keinen Konflikt zwischen unserer Sicherheit und unseren Idealen. Unseres Erachtens stärken sie sich gegenseitig. Kraft der Waffen haben wir unsere Unabhängigkeit gewonnen, und im gesamten Verlauf unserer Geschichte haben Waffen unsere Freiheit geschützt. Das wird sich nicht ändern. […]

Die Vereinigten Staaten werden ihre Sicherheit und Werte rigoros verteidigen und unserer Meinung nach werden wir alle sicherer sein, wenn wir dies tun. So sehr wir uns auch bemühen, weiß ich doch, dass wir wahrscheinlich in der Zukunft – wie es auch in der Vergangenheit war – unseren Idealen nicht immer gerecht werden können. Aber ich verspreche Ihnen, diese Regierung wird jeden Tag – jeden Tag – danach streben, die Werte zu würdigen, die die amerikanische Demokratie mit Leben erfüllen, und die, wie ich hinzufügen möchte, uns mit Ihnen allen in diesem Raum verbinden. […]

Auf der Suche nach einem dauerhaften Rahmen für unseren gemeinsamen Kampf gegen Extremismus müssen wir mit Ländern auf der ganzen Welt zusammenarbeiten – und wir benötigen Ihre Hilfe. Wir werden Ihre Hilfe brauchen. […] An unserer Sicherheit sind wir alle beteiligt. Und das Gleiche gilt, möchte ich respektvoll anmerken, für unsere Verantwortung, sie zu verteidigen. Auf dieser Basis möchten wir eine neue Herangehensweise an die Herausforderungen dieses Jahrhunderts finden. Die Vereinigten Staaten werden mehr tun – das sind die guten Neuigkeiten. Die schlechten Neuigkeiten sind, dass die Vereinigten Staaten auch mehr von ihren Partnern verlangen werden.

http://www.unikassel.de/fb5/frieden/themen/Sicherheitskonferenz/2009-biden-dt.html

Arbeitsvorschläge

a) Erklären Sie anhand der Materialien M 1 bis M 4 und dem VT, vor welchen Herausforderungen sich die Vereinigten Staaten und ihre westlichen Bündnispartner nach dem Zusammenbruch des Ostblocks und dem Ende des Kalten Krieges Anfang der 1990er Jahre sahen.

b) Diskutieren Sie – unter Einbezug der jüngsten weltpolitischen Entwicklungen – die im Jahre 1994 vom damaligen US-Präsidenten Clinton aufgestellte Feststellung: „Die beste Strategie, unsere Sicherheit zu gewährleisten und einen dauerhaften Frieden zu bewahren, ist die Förderung der Demokratie überall“ (M 6).

c) Beschreiben Sie das Bild, welches die Vereinigten Staaten durch ihre Außenpolitik am Anfang des 21. Jahrhunderts von sich selbst und ihren Interessensgegnern vermittelten (M 5–M 8, M 14).

d) Diskutieren Sie Berechtigung und Überzeugungskraft der in M 10 vorgebrachten beiden Standpunkte.

e) Erklären Sie den in M 12 angeführten Begriff des „Triumphs des Multilateralismus“ als Ausdruck einer neuen Weltordnung. Inwiefern lässt sich dieses Konzept nach Ende der Ära George W. Bush in den außenpolitischen Zielsetzungen der US-Regierung unter US-Präsident Barack Obama wiederfinden (M 14)?

f) Diskutieren Sie Möglichkeiten und Grenzen der USA als bislang noch einzigen Supermacht zur Friedenssicherung in Konflikten. Beziehen Sie dabei auch die Chancen und Grenzen multinationaler Kooperationen, wie z. B. in Afghanistan, mit ein.

Glossar

Anglikanische Hochkirche
Als solche wird die englische Staatskirche verstanden, die entstand, als sich 1534 König Heinrich VIII. wegen seiner vom Papst verweigerten Ehescheidung von Rom lossagte. Der König erklärte sich zum Oberhaupt der Kirche von England („höchstes Oberhaupt der Kirche von England auf Erden"). Die anglikanische Kirche blieb allerdings in den meisten Bereichen katholisch und zog entsprechend viel Kritik seitens der kirchlichen Reformbewegungen wie der Puritaner auf sich.

Antijudaismus
Religiöse Judenfeindlichkeit, die im Christentum mit theologischen Motiven begründet wurde. Dazu zählte die Anschuldigung, durch den Tod Christi eine Kollektivschule auf sich geladen zu haben. Der Antijudaismus erlebte seine Blütezeit im ausgehenden Mittelalter und gipfelte in der weitgehend erfolglosen Judenmission durch Zwangstaufen, der Ghettoisierung in den Städten und schließlich in Vertreibung (z. B. aus Spanien 1492). Durch das Aufkommen nationalistischer und sozialdarwinistischer Vorstellungen wurde der theologische begründete Antijudaismus im 19. Jahrhundert zunehmend vom rassisch motivierten Antisemitismus abgelöst.

Atomwaffensperrvertrag
Der Treaty on the Non-Proliferation of Nuclear Weapons (NPT) ist ein internationaler Vertrag, von den fünf Atommächten (USA Russland, Frankreich, Großbritannien und Volksrepublik China) sowie den meisten anderen Staaten ohne Atomwaffen unterzeichnet. Ausnahmen bilden bis heute (2010) Indien, Israel, Nordkorea und Pakistan. Die Vertragspartner verzichten auf eine nukleare Rüstung. Kontrolliert wird der Vertrag durch Internationale Atomenergiebehörde (IAEO).

Elsass-Lothringen-Frage
Infolge des Deutsch-Französischen Krieges 1870/71 war Frankreich gezwungen, große Teile des Elsass und Lothringen (ungefähr entlang der deutsch-französischen Sprachgrenze) an das neue Deutsche Reich abzutreten. Im Deutschen Reich erhielt dieses Gebiet nur einen autonomen Status. Die Rückgewinnung Elsass-Lothringen gehörte bis zum Ersten Weltkrieg zum festen Bestandteil national gesinnter Kreise in Frankreich und bildete ein zentrales Element in der Rivalität beider Großmächte. Infolge der deutschen Niederlage im Ersten Weltkrieg fiel Elsass-Lothringen 1919 wieder zurück an Frankreich, wo es – von einer kurzen Unterbrechung 1940–1944 abgesehen – verblieb.

Fatah
Politische Partei in den palästinensischen Autonomiegebieten. Sie wurde ursprünglich (1959) als Guerillagruppe gegründet und ist bis heute die stärkste Gruppe innerhalb der PLO. Ihr Ziel ist die Unabhängigkeit der Palästinenser. Terror und bewaffneter Kampf wurden als legitime Mittel zur Durchsetzung dieses Ziels angesehen. Seit Ende der 1980er Jahre vertrat ihr Anführer Arafat im Konflikt mit Israel immer stärker den Weg von Verhandlungen.

Goldene Bulle
Das unter Kaiser Karl IV. 1356 erlassene Gesetz wurde zum wichtigsten „Grundgesetz" des Heiligen Römischen Reich Deutscher Nation und regelte die Wahl des römisch-deutschen Königs durch die Kurfürsten. Nunmehr genügte die Mehrheit der Kurfürsten zur Wahl des Königs, anstatt wie zuvor die Einstimmigkeit. Hinzu kamen zahlreiche weitere Bestimmungen über die Privilegien und rechtliche Stellung der Kurfürsten. Dadurch erhielten die einzelnen Territorien der Fürsten eine weitreichende Souveränität, was die Territorialisierung des Reiches beförderte und die Herausbildung eines Zentralstaates (wie England oder Frankreich) verhinderte.

Haganah
Die „Haganah (hebr.: „Verteidigung") war eine 1920 gegründete paramilitärische zionistische Untergrundorganisation zur Verteidigung jüdischer Siedlungen, aus ihr ging später die Armee des Staates Israel hervor. David Ben Gurion: „Wir werden gemeinsam mit England gegen Hitler kämpfen, als gäbe es kein Weißbuch, und wir werden das Weißbuch bekämpfen, als gäbe es keinen Krieg."

Hamas
Sie ging 1987 aus einer einflussreichen islamisch-fundamentalistischen Bewegung, der so genannten Muslimbruderschaft, hervor, besteht aus mehreren lose organisierten Gruppen, von denen einige eher politisch, andere schwerpunktmäßig religiös und karitativ tätig sind. Jahrelang machte die Hamas jedoch v. a. durch Dutzende von Selbstmordattentaten und anderen Anschlägen ihrer militanten Vorkämpfer auf israelische Zivilisten von sich reden. Sie kämpft für einen islamischen Gottesstaat, der an die Stelle Israels treten soll. Der Terror wird dabei als legitimes Kampfmittel angesehen. Ein vorübergehender Waffenstillstand mit Israel erlaubte ihr ein Auftreten als politische Partei.

Hausmeier
Das, lateinisch als major domus bezeichnete Amt zählte als „Verwalter des Hauses" zu den typischen Ämtern eines frühmittelalterlichen Hofes. Unter dem fränkischen Geschlecht der Merowinger gewannen die Hausmeier jedoch zunehmend an politischem Einfluss. Ab dem 7. Jahrhundert leiteten sie mehr oder weniger die Regierungsgeschäfte des Frankenreichs, während die Merowingerkönige kaum noch Einfluss behielten. Seit 687 wurde das Hausmeier-Amt zugunsten der Familie der Karolinger erblich.

Jewish Agency
Offizielle Vertretung der Juden im britischen Mandatsgebiet und Ansprechpartner der Mandatsmacht. Sie kümmerte sich um den Bau von Siedlungen, die Ansiedlung der Einwanderer, die kulturelle und ökonomische Entwicklung und das Gesundheitswesen.

Judenemanzipation
Damit wird ein historischer Prozess beschrieben, bei dem die jüdische Bevölkerung als eine rechtlich, religiös und sozial diskriminierte Gruppe in der Zeit der Aufklärung versuchte, als gleichberechtigt anerkannt zu werden. Dies gelang in Teilen in der jungen US-amerikanischen Gesellschaft durch die Bill of Rights 1776 und der Erklärung der Menschenrechte im revolutionären Frankreich 1791. Diese Gleichstellung wurde unter der napoleonischen Herrschaft auch in den direkt an Frankreich angeschlossenen deutschen Gebieten durchgesetzt. In den anderen europäischen Staaten erlangte die jüdische Bevölkerung im 19. Jahrhundert erst nach und nach die volle rechtliche und religiöse Gleichstellung.

Jungtürken
Die jüngtürkische Bewegung („Jungtürken") war eine um 1876 entstandene nationaltürkische Partei. Sie propagierte liberale Reformen nach westlichem Vorbild, um das Osmanische Reich politisch, wirtschaftlich und militärisch zu modernisieren und so die äußeren und inneren Bedrohungen abzuwenden. Seit etwa 1900 gewann die Partei Einfluss auf das türkische Offizierskorps. Vertreter der Jungtürken regierten das Osmanische Reich von 1908 bis 1918. Die Partei wurde schließlich durch Kemal Atatürk ausgeschaltet und verboten.

Jurisprudenz
Hier handelt es sich um einen alternativen Begriff zu Rechtswissenschaft und somit über den systematischen Umgang mit juristischen Texten und Quellen. Jurisprudenz zählt neben Theologie, Medizin und Philosophie zu den vier klassischen Universitätsdisziplinen der Frühen Neuzeit. Neben der weltlichen Jurisprudenz existiert das Kirchenrecht.

Kalifenreich
In der Regel wird darunter die Herrschaftszeit der Dynastie der Umayyaden (661–750) als Nachfolger der Herrschaft Mohammeds über die im Nahen Osten und Nordafrika eroberten Gebiete gesehen. Der Kalif beinhaltete die sowohl geistliche als auch weltliche Oberhoheit als Stellvertreter Gottes.

Kleindeutsche Lösung
Im Rahmen der sog. „Deutschen Frage" auf der Frankfurter Nationalversammlung diskutiertes Modell, bei dem alle deutschen Staaten unter preußischer Führung und unter Ausschluss des Kaiserreichs Österreich zusammengeschlossen werden sollten. Dieses Modell stand in Konkurrenz zur „Großdeutschen Lösung" unter Einschluss jener Gebiete Österreichs, die überwiegend dem deutschen Sprachraum zuzuordnen gewesen wären. Mit den Einigungskriegen 1864–1871 setzte sich schließlich die kleindeutsche Lösung durch.

Kontinentalkongress
Versammlung von Delegierten aller 13 nordamerikanischer Kolonien, die sich gegen die zu große Bevormundung durch das englische „Mutterland" wehrten. Der Kongress trat erstmals 1774 in Philadelphia zusammen. Der sog. 2. Kontinentalkongress bestand schließlich von 1775–1789 und leitete den Unabhängigkeitskrieg gegen England.

Kulturkampf
Im Kulturkampf standen sich die deutsche Regierung unter Otto von Bismarck und die katholische Kirche unter Papst Pius IX. gegenüber. Zwischen 1871 und 1878, teilweise bis 1887, ging es u.a. um die politische Macht der organisierten katholischen Minderheit im Deutschen Reich (u.a. organisiert in der Zentrumspartei) sowie um liberale Politikfelder wie der Einführung der Zivilehe und die Rolle der katholischen Kirche in der Schule. Letztlich konnte die Regierung Bismarck, die mit scharfen Maßnahmen versuchte, auf die katholische Kirche Druck auszuüben, sich nicht durchsetzen. Das Zentrum konnte nicht geschwächt werden, sondern gewann an Wählerstimmen. Als Bismarck die Unterstützung der Katholiken für seine Sozialistengesetze benötigte, näherten sich beide Lager wieder allmählich an.

Mamelucken
Die Mamelucken waren ursprünglich türkisch-kaukasische Militärsklaven, d.h. Soldaten, die als Kinder auf dem Sklavenmarkt gekauft und zu Elitesoldaten ausgebildet worden waren. Solche wurden erstmals im 9. Jahrhundert zur Zeit der Abbasiden-Kalifen eingesetzt. Als Leibgarde der Kalifen und Sultane gewannen

die Mamelucken an Einfluss. In Ägypten putschten sich schließlich 1250 Mameluckengeneräle an die Macht und begründeten eine eigene Herrschaft, die bis zur Eroberung Ägyptens durch das Osmanische Reich 1517 anhielt. Sie blieben jedoch auch weiterhin ein wichtiger politisch-militärischer Faktor und konnten 1790 noch einmal zur beherrschenden Macht in Ägypten aufsteigen.

Marshallplan

Offiziell als European Recovery Program (ERP) bezeichnet, war der Plan des US-amerikanischen Außenministers George C. Marshall (1947–1949) das Kernstück des wirtschaftlichen Wiederaufbauprogramms der USA für das durch den Zweiten Weltkrieg zerstörte Westeuropa. Das Programm diente sowohl dazu, der notleidenden Bevölkerung zu helfen, als auch die politische Expansion der Sowjetunion in Europa einzudämmen. Gleichzeitig wurden durch das Hilfsprogramm wichtige Absatzmärkte für US-amerikanische Produkte geschaffen. Die UdSSR verbot allen Staaten unter ihrer Kontrolle, sich am Marshallplan zu beteiligen, und gründete im Gegenzug den „Rat für gegenseitige Wirtschaftshilfe" (RGW).

Mediatisierung

Die Mediatisierung bezeichnet die Aufhebung des rechtlichen Status aller jener Territorien im Heiligen Römischen Reich, die direkt dem Kaiser unterstanden (in erster Linie die Reichsstädte und Reichsgrafschaften), und deren Unterstellung unter die Herrschaft anderer Landesherren. Dies geschah größtenteils infolge des Reichsdeputationshauptschlusses von 1803.

PLO

1964 auf Betreiben des damaligen ägyptischen Präsidenten Gamal Abdel Nasser gegründet. Durch den Sieg Israels im Sechs-Tage-Krieg gewannen die militanten Gruppen innerhalb der PLO (z. B. Fatah) die Oberhand; Wahl des Fatah-Gründers Jassir Arafats zum Vorsitzenden der PLO im Jahre 1969; bis 1997 gehört die Zerstörung des Staates Israel zu den Hauptzielen der PLO. Diese führte von verschiedenen arabischer Staaten aus einen Untergrundkampf gegen Israel. Sie gilt seit 1974 als offizielle Vertretung des palästinensischen Volkes und erhielt sogar einen Beobachterstatus in der UN-Vollversammlung.

Säkularisation

Mit diesem Begriff wird die Einziehung kirchlicher Besitztümer an Land und/oder Vermögen zugunsten des Staates verstanden. Dazu zählte auch die Einverleibung der geistlichen Territorien im Heiligen Römischen Reich durch die Territorialstaaten unter der napoleonischen Vorherrschaft zu Beginn des 19. Jahrhunderts.

SDI

Die Strategische Verteidigungsinitiative (Strategic Defense Initiative) wurde in der Schlussphase des kalten Krieges von US-Präsident Ronald Reagan 1983 ins Leben gerufen. Die Reagan-Administration plante damit den Aufbau eines Abwehrschirms gegen sowjetische Interkontinantalraketen mittels neuer Waffen, die teilweise satellitengestützt verwendet werden sollten. Es wurden durch SDI mehrere Forschungsprojekte ins Leben gerufen, die jedoch hinter den Erwartungen zurückblieben und den US-Staatshaushalt extrem belasteten. Letztlich gilt das Projekt als gescheitert.

SDI zeigte allerdings, dass die UdSSR nicht mehr in der Lage war, beim Rüstungswettlauf gegenüber den USA mitzuhalten.

Spätere US-Präsidenten (Clinton, George W. Bush, Obama) förderten allerdings auch weiterhin die Idee eines Raketenabwehrschirms.

Siebenjähriger Krieg

Dieser Konflikt wurde zwischen Großbritannien, Kurhannover und Preußen auf der einen und Österreich, Russland und Frankreich auf der anderen Seite zwischen 1756 und 1763 ausgetragen. In Europa lag der Schwerpunkt der Auseinandersetzung um die Besitzansprüche auf Schlesien durch die junge Großmacht Preußen. In Übersee handelte es sich hingegen um einen Machtkampf zwischen Frankreich und Großbritannien, der in Nordamerika und der Karibik ebenso ausgetragen wurde wie in Westafrika und Indien. In Nordamerika wird diese Auseinandersetzung, die dort bereits 1754 begann, auch als Franzosen- und Indianerkrieg bezeichnet. Letztlich setzte sich Großbritannien durch und verdrängte Frankreich als Konkurrenten im amerikanischen Raum. Die durch den Krieg verursachte hohe Schuldenlast trug sowohl zum Ausbruch der Französischen Revolution als auch des amerikanischen Unabhängigkeitskrieges bei.

Sprachprinzip

Das Sprachprinzip entspricht dem Prinzip der Blutsverwandtschaft (Ius Sanguinis), knüpft die Bedingung zur Erlangung einer Staatsbürgerschaft daran, dass die Eltern oder mindestens ein Elternteil bereits Staatsbürger dieses Staates waren.

Das Sprachprinzip diente allerdings in der Hochphase des Nationalismus auch dazu, territoriale Ansprüche zu legitimieren.

Syagrius

Römischer Herrscher in Gallien Mitte des 5. Jahrhunderts, der formell die Oberhoheit des oströmischen Kaisers anerkannte, faktisch aber unabhängig regierte.

Unter der Herrschaft des Syagrius konnte sich die römische Kultur gegenüber den wachsenden germanischen Einflüssen bewahren. 486/87 ging das Hoheitsgebiet des Syagrius in fränkische Oberhoheit über.

Territorialprinzip
Das sog. Recht des Bodens (Ius Soli) regelt, dass ein Staat all jenen die Staatsbürgerschaft zuerkennt, die auf dem Territorium des Staates geboren wurden.

Uneingeschränkter U-Boot-Krieg
Kampfhandlungen, bei denen U-Boote ohne vorherige Warnung feindliche Schiffe angreifen. Dieses Mittel wurde durch das Deutsche Reich auf Antwort gegen die britische Seeblockade ab dem 22. Februar 1915 eingesetzt. Nach den Protesten der USA infolge der Versenkung des Passagierdampfers Lusitania am 13. Mai 1915 wurde der U-Boot-Krieg wieder eingeschränkt. Am 1. Februar 1917 entschloss sich die deutsche Admiralität zur Wiederaufnahme eines uneingeschränkten U-Boot-Krieges und provozierte damit den Kriegseintritt der USA am 6. April 1917. Der erhoffte Erfolg, Großbritannien noch vor dem Eintreffen nennenswerter US-amerikanischer Hilfe durch den U-Boot-Krieg wirtschaftlich zu besiegen, trat nicht ein.

Vercingetorix
Antiker Fürst der Arverner, dem es gelang, einen Großteil der gallischen Stämme zum Widerstand gegen den Angriff Roms unter Julius Caesar zu einen. Die Führungsgestalt von Vercingetorix gegen Rom wurde später in Frankreich zu einem nationalen Helden verklärt. Auf diese Weise wollte die französische Nation im 19. Jahrhundert eine historische Kontinuität bis in die Zeit der Antike herleiten.

Vierbundstaaten
Bündnis des Deutschen Reiches, Österreich-Ungarn, des Osmanischen Reiches und Bulgariens im Ersten Weltkrieg gegenüber der Entente und deren Verbündete.

Zimmermann-Telegramm
Bei dem, auch als Zimmermann-Depesche bekannten, Telegramm handelte es sich um ein Schreiben des deutschen Staatssekretärs des Auswärtigen Amtes Arthur Zimmermann vom 19. Januar 1917 an den deutschen Gesandten in Mexiko. Darin bot das Deutsche Reich der mexikanischen Regierung ein Bündnis an, sollten die USA ihre Neutralität im Weltkrieg aufgeben. Das Telegramm wurde vom britischen Geheimdienst abgefangen und der US-Regierung weitergeleitet. Dieses Telegramm diente der US-Regierung u.a. als Begründung für ihren Kriegseintritt am 6. April 1917.

Zion
Der Begriff „Zion" bezeichnete ursprünglich einen Berg im Südosten Jerusalems, den Standort des Salomonischen Tempels. Im babylonischen Exil (6. Jh. v. Chr) wurde „Zion" zum Synonym für Jerusalem. Für die Zionisten ist der Begriff der symbolische Name für das ganze biblische Israel.

Personenregister

Sachregister

Bayerischer Lehrplan für Geschichte Oberstufe (Stand Juni 2009)

G 12.1
Historische Komponenten europäischer Kultur und Gesellschaft

An ausgewählten Bereichen erfahren die Schüler, dass ihre Lebenswelt nicht nur durch die jüngere Geschichte, sondern grundlegend und langfristig wirksam auch von Entwicklungen der Antike, des Mittelalters, der Frühen Neuzeit und des 19. Jahrhunderts geprägt ist. Sie begegnen diesen Fragestellungen über eine quellennahe Beschäftigung mit Wahrnehmungen, Lebenswelten und Verhaltensweisen von Menschen vergangener Zeiten, aus denen in einer oberstufengemäßen Analyse eine Herausarbeitung von Strukturen, Prozessen und Denkformen erfolgt. Dabei geht es immer darum, zu erkennen, wie historische Entwicklungen zur Ausbildung von Charakteristika beigetragen haben, die vielfach als spezifisch europäisch angesehen werden und in dieser Weise auch die gegenwärtige Welt mitprägen; zum anderen setzen sich die Schüler auch differenziert mit der Frage auseinander, inwieweit solche Einsichten als Bausteine eines europäischen Selbstverständnisses gelten können. Sie begegnen damit kulturellen Entwicklungen, die in Ergänzung zu den Themen der Unterrichtseinheiten 11.2 (z. B. Antisemitismus und Genozid) und 12.2 (z. B. Kreuzzüge und Imperialismus) ein differenziertes Bild der positiven und negativen Seiten europäischer Kulturtradition eröffnen, und vertiefen so, auch unter Berücksichtigung aktueller Fragestellungen, ihr Verständnis für die Herausforderung des europäischen Integrationsprozesses.

G 12.1.1
„Volk" und „Nation" als Identifikationsmuster

Konzepte von „Völkern" und „Nationen" erweisen sich weltweit als Triebkräfte politischer und ethnischer Veränderungsbewegungen und beeinflussen in Europa auch die Debatte um die Möglichkeit einer europäischen Integration. Das Nebeneinander einer Mehrzahl von Völkern und Nationen wird gemeinhin als typisch europäisch angesehen, ihre Existenz vielfach als weit zurückreichende historische Gegebenheit angenommen. Die Schüler befassen sich mit der Vorstellung von „Völkern" und „Nationen" und ihren tatsächlichen und angenommenen historischen Ursprüngen und setzen sich mit der Rolle und Problematik dieser Vorstellungen intensiv auseinander.

- „Volk" als Konstrukt eines Geschichtsbildes: Rom und die Germanen am Beispiel von Arminius/Hermann; Rolle historischer Ursprungsmythen bei der „Erfindung der Nation" in späteren Epochen
- historischer Prozess der Ethnogenese am Beispiel der Franken in der Spätantike (Romanisierung; Christianisierung; fränkische Identität)
- die moderne Nationsvorstellung als neue, antiständische Integrationsideologie seit der Französischen Revolution; Probleme der Nationalstaatsbildung (Sprach- oder Territorialprinzip)
- nationale Fremd- und Selbstbilder: ihre Funktion und Wirkung am Beispiel des deutsch-französischen Verhältnisses im 19. und zu Anfang 20. des Jahrhunderts (insbesondere Vorstellungen vom „Erbfeind"; deutsches Sonderwegsbewusstsein)

G 12.1.2
Grundlagen moderne- politischer Ordnungsformen in Mittelalter und Früher Neuzeit

Die Schüler erkennen, dass wesentliche Prinzipien der Legitimation und der Gestaltung politischer Gewalt in modernen westlichen Gesellschaften auf historischen Prozessen des vormodernen Europa beruhen.

- Trennung von weltlicher und geistlicher Gewalt als Wurzel des weltlichen Staats: priesterkönigliches Selbstverständnis des Monarchen als rex et sacerdos; Erschütterung des theokratischen Modells in den religionspolitischen Auseinandersetzungen des 11. und des 12. Jahrhunderts
- Mitsprache als Grundlage der Gewaltenteilung: konsensuale Herrschaft an historischen Fallbeispielen aus dem Lehenwesen und aus dem ständischen Parlamentarismus (insbesondere am regionalgeschichtlichen Beispiel)
- Differenzierung von gesetzgebender, vollziehender und rechtsprechender Gewalt: das politische Denken der Aufklärung im Zusammenhang mit zeitgenössischen Menschenrechtsvorstellungen
- das föderalistische Prinzip der Gewaltenteilung als politisches Ordnungsmodell: Struktur des Heiligen Römischen Reichs am Beispiel des frühneuzeitlichen Reichstags

G 12.1.3
Wurzeln und Traditionen europäischer Denkhaltungen

Die moderne Welt hat bestimmte Herangehensweisen des Denkens sowie Formen der Entstehung und Weitergabe von Wissen zur Voraussetzung. Diese erkennen die Schüler als ein spezifisches Charakteristikum europäischer Kultur mit weit zurückreichenden Wurzeln, die sehr wesentlich in der griechischen Antike und im Imperium Romanum liegen.

- Entstehung prägender Grundformen europäischen Denkens in der griechischen Antike: Empirie, Rationalität und Diskurs in Abgrenzung zu mythischen Welterklärungen (Beispiele für Themen und Inhalte aus dem Nachdenken über Mensch und Natur)
- historische Wirkungen des Imperium Romanum für die geistige Entwicklung Europas: Rolle des Christentums bei der Bewahrung antiken Wissens an Beispielen (z. B. Philosophie, Literatur); römisches Recht in der Spätantike als eine Wurzel europäischen Rechtsdenkens und europäischer Rechtskultur
- Wissensentstehung und Wissenstradierung im Mittelalter: Universität und Studium als spezifisch europäische Form
- Entwicklungen des frühneuzeitlichen Rationalismus als unmittelbare Vorbereitung moderner Naturwissenschaft: Experiment und Beweis als methodologische Grundlagen des Wissens an einem Beispiel (z. B. Schwerkraft, Blutkreislauf, Luftdruck)

G 12.2
Konfliktregionen und Akteure internationaler Politik in historischer Perspektive

Die zwischenstaatlichen Beziehungen waren seit der Antike von militärischen Auseinandersetzungen einerseits und dem diplomatischen Bemühen um Beilegung von Konflikten andererseits gekennzeichnet. Da sich je nachdem, ob man einzelne Phänomene der internationalen Politik mit Blick auf die betroffene Konfliktregion oder aus der Sicht der handelnden Parteien betrachtet, unterschiedliche Bilder ergeben, sollen die Schüler beide Perspektiven an repräsentativen Beispielen kennen lernen. So erfassen sie nicht nur die Mehrdimensionalität von Geschichte, sondern auch die historische Bedingtheit der internationalen Beziehungen der Gegenwart. Am Fallbeispiel des Nahen Ostens wird ihnen die historische Tiefendimension gegenwärtiger Konflikte bewusst. Am Beispiel der Vereinigten Staaten von Amerika wird das politische Handeln eines bedeutenden Akteurs thematisiert, der immer weiter ausgreifend die Verhältnisse in zahlreichen Weltregionen beeinflusst. Beide Perspektiven öffnen den Blick für die historische Bedingtheit, die wachsende Komplexität und die zunehmende Globalisierung internationaler Konflikte.

G 12.2.1
Der Nahe Osten: Historische Wurzeln eines weltpolitischen Konflikts

Durch die Beschäftigung mit ausgewählten Epochen der Geschichte des Nahen Ostens erkennen die Schüler, dass sich herrschaftliche, wirtschaftliche, religiöse, nationalistische, machtpolitische und ideologische Konflikte in diesem Raum zu einem immer komplexer werdenden Problembündel verdichtet haben, das nur unter Berücksichtigung der historischen Wurzeln verstanden werden kann.

- Widerstreit zwischen römischen Herrschaftsinteressen und jüdischem Selbständigkeitsstreben im antiken Palästina
- religiöse und kulturelle Konfliktpotentiale zwischen Christen und Muslimen in der Zeit der Kreuzzüge
- imperialistische bzw. nationalistische Verwerfungen im Nahen Osten: osmanisches Erbe, arabisches Unabhängigkeitsstreben, zionistische Bewegung, britische und französische Dominanz
- Gründung des Staates Israel – Kampf um die Selbstbestimmung des jüdischen Volks gegen den Widerstand der arabischen Staaten und der Mehrheit der palästinensischen Einwohner
- Israel und seine arabischen Nachbarn im ideologischen Spannungsfeld des Kalten Kriegs
- „Intifada" und „Roadmap" als Beispiele für die Gefährdung und Gestaltung des Friedensprozesses im Nahen Osten

G 12.2.2
Die USA – von den rebellischen Kolonien zur globalen Supermacht

Am Beispiel der Vereinigten Staaten von Amerika erfassen die Schüler das Zusammenspiel innenpolitischer, ideologischer, religiöser und wirtschaftlicher Faktoren für das außenpolitische Agieren von Staaten und die historische Dynamik von Großmächten. Gleichzeitig erkennen sie das konstante Fortwirken von Leitbildern und Werten, die auf der Grundlage der Ideen der europäischen Aufklärung in den Gründungsjahren der USA entstanden sind. Sie setzen sich vor dem Hintergrund der historischen Entwicklung mit den Möglichkeiten und Grenzen einer Supermacht auseinander, den eigenen Werten weltweit Geltung zu verschaffen.

- Ausformung der Grundelemente des US-amerikanischen Selbstbewusstseins im Zusammenhang des Unabhängigkeitskampfs gegen England: Auserwähltheitsglaube, Patriotismus und republikanisches Sendungsbewusstsein
- der Schritt zum Imperialismus: handelspolitische Gründe für die Ausweitung des politischen Handlungsspielraums auf dem amerikanischen Kontinent und im pazifischen Raum in der zweiten Hälfte des 19. Jahrhunderts
- Intervention in Europa: Motive und Hintergründe des Eingreifens in den Ersten und Zweiten Weltkrieg
- weltweite Auseinandersetzung mit dem ideologischen Gegner in der Zeit des „Kalten Kriegs": militärische, diplomatische und wirtschaftliche Mittel des Kampfs gegen den Kommunismus am Beispiel eines regionalen Konflikts (z. B. Korea-Krieg, Kuba-Krise, Vietnam-Krieg)
- Motive, Möglichkeiten und Grenzen der einzig verbliebenen Supermacht am Beispiel des amerikanischen Engagements in einem Konfliktherd nach 1990 (z. B. Jugoslawien, Sudan, Irak)

Bündnissysteme 2010

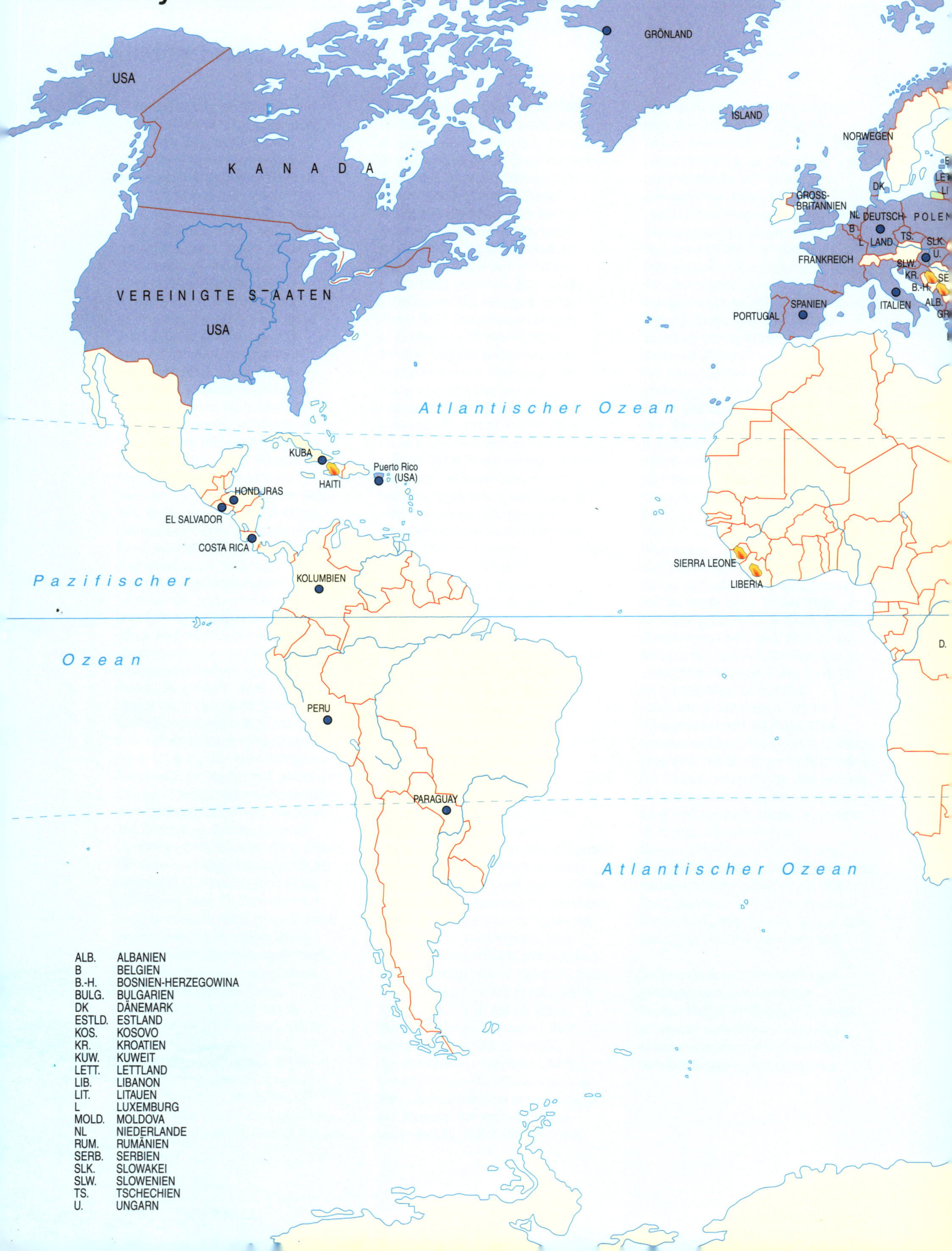